Josef Schnettler • Gero Wendt

Werbung planen – Konzeption, Media und Kreation

Lehr- und Arbeitsbuch
für die Aus- und Weiterbildung

3. bearbeitete Auflage

Über die Autoren

Josef Schnettler hat ein Studium der Wirtschaftswissenschaften und der Mathematik in Köln absolviert. Gero Wendt studierte in Aachen Wirtschaftswissenschaften mit dem Schwerpunkt Marketing sowie Germanistik. Beide Autoren unterrichten als Berufsschullehrer mit dem Schwerpunkt Werbebetriebslehre und sind als Dozenten in der Fortbildung tätig.

Hinweis

Es wird ausdrücklich darauf hingewiesen, dass die in diesem Buch genannten Firmennamen, Markennamen und Softwarebezeichnungen im Allgemeinen durch Bestimmungen des gewerblichen Rechtsschutzes geschützt sind. Dies gilt unabhängig davon, ob sie in diesem Buch als solche gekennzeichnet sind. Bei den wiedergegebenen Anzeigen und Anzeigenausschnitten handelt es sich lediglich um Anschauungsbeispiele im Sinn von Produktabbildungen. Es wird darauf hingewiesen, dass eine Vervielfältigung oder Nutzung zu anderen Zwecken nicht gestattet ist.

Die erste Auflage dieses Bandes erschien 2003 unter dem Titel „Konzeption und Mediaplanung für Werbe- und Kommunikationsberufe".

Verlagsredaktion: Erich Schmidt-Dransfeld
Technische Umsetzung: Holger Stoldt, Düsseldorf
Umschlaggestaltung: Knut Waisznor, Berlin

Informationen über Cornelsen Fachbücher und Zusatzangebote:
www.cornelsen.de/berufskompetenz

3. bearbeitete Auflage

© 2009 Cornelsen Verlag Scriptor GmbH & Co. KG, Berlin

Das Werk und seine Teile sind urheberrechtlich geschützt.
Jede Nutzung in anderen als den gesetzlich zugelassenen Fällen bedarf der vorherigen
schriftlichen Einwilligung des Verlages.
Hinweis zu den §§ 46, 52a UrhG: Weder das Werk noch seine Teile dürfen ohne eine solche Einwilligung eingescannt und in ein Netzwerk eingestellt werden. Dies gilt auch für Intranets von Schulen und sonstigen Bildungseinrichtungen.

Druck: Druckhaus Thomas Müntzer, Bad Langensalza

ISBN 978-3-589-23727-2

 Inhalt gedruckt auf säurefreiem Papier aus nachhaltiger Forstwirtschaft.

Inhaltsverzeichnis

1 Werbestrategie 9
   1.1 Werbeanalyse 10
   1.2 Werbeobjekte 11
   1.3 Werbeziele 14
   1.4 Zielgruppen 16
      1.4.1 Zielgruppenabgrenzung bei Konsumgütern und Dienstleistungen . 16
      1.4.2 Zielgruppenabgrenzung bei Produktionsgütern 18
      1.4.3 Zielgruppenabgrenzung bei Innovationen 18
      1.4.4 Zielgruppenmerkmale 19
      1.4.5 Meinungsführer 20
      1.4.6 Lifestyle-Typologien 20
   1.5 Budget/Etat 21
      1.5.1 Methoden der Budgetbestimmung (Etatbestimmung) 22
      1.5.2 Budgetverteilung 31
   1.6 Briefing 32
   1.7 Positionierung 43
      1.7.1 Positionierungsanlässe 45
      1.7.2 Positionierungsmethoden 45
      1.7.3 Positionierungsstrategien 54
      1.7.4 Zusammenfassung zur Positionierung 57
   1.8 Copy-Strategie 58
      1.8.1 Consumer Benefit 58
      1.8.2 Reason Why 59
      1.8.3 Flair (Tonality) 60
      1.8.4 Zusammenfassung Copy-Strategie 61
   1.9 Copy-Analyse 63
   1.10 Situationsaufgabe zur Positionierung 64
      1.10.1 Situationsdarstellung 64
      1.10.2 Exkurs: Erläuterungen zur Faktorenanalyse 68
      1.10.3 Lösungshinweise zur Fallsituation „Positionierung Weinselig-Sekt" 73

2 Auflagenbegriffe und Leser-/Kontaktzahlen 77
   2.1 Kennziffern und Grössen zur Bewertung von Werbeträgern 78
      2.1.1 Auflagen und Auflagearten 78
      2.1.2 Leserschaftsbegriffe 79

3 Vertiefung: Wahrscheinlichkeitstheoretische Grundlagen der Leserschaftsanalyse 87
   3.1 Zufallsexperiment 88
   3.2 Wahrscheinlichkeitsbegriffe 88
   3.3 Wahrscheinlichkeit und relative Häufigkeit 89
   3.4 Eigenschaften von Wahrscheinlichkeiten 89
   3.5 Baumdiagramme 90

3.6	Hilfsmittel aus der Kombinatorik	92
3.6.1	Ziehen von Stichproben mit Berücksichtigung der Reihenfolge	92
3.6.2	Ziehen von ungeordneten Stichproben	93
3.7	Anwendung der Wahrscheinlichkeitsrechnung auf Problemstellungen aus dem Medienbereich	95

4 Begriffe und Kennziffern der Mediaplanung 101

4.1	Kennziffern zur Bewertung von einzelnen Werbeträgern	102
4.1.1	Reichweite eines Mediums	102
4.1.2	Affinität	104
4.1.3	Affinitätsindex	107
4.1.4	Tausender-Preise – Kennziffern zur unmittelbaren Bewertung der Wirtschaftlichkeit	110
4.1.5	Unterscheidung zwischen einem Werbeträgerkontakt und einem Werbemittelkontakt	111
4.1.6	Indexsumme	112
4.1.7	Übung	113
4.2	Kennziffern und Begriffe zur Bewertung von Mediaplänen	115
4.2.1	Interne Überschneidungen	115
4.2.2	Externe Überschneidungen	116
4.2.3	Nettoreichweite, Bruttoreichweite und Durchschnittskontakte	117
4.2.4	Kontaktverteilung	120
4.2.5	Reichweiten in der Zielgruppe	123
4.2.6	Gross-Rating-Points (GRP)	123
4.2.7	Übung	125
4.2.8	Werbewirkungsfunktionen	126
4.2.9	Wirksame Reichweite	130
4.2.10	Übung	131
4.3	Trackingstudien als Hilfsmittel zur Bestimmung von Kontaktdichte und GRP	135
4.3.1	Effektive Reichweite	136
4.3.2	Auswirkungen von Werbepausen	139
4.3.3	GRP und Kampagnenrecall	141
4.3.4	Durchschnittskontakte und Reichweite	143

5 Mediengattungen 145

5.1	Zeitungen	146
5.1.1	Medialeistung	147
5.1.2	Steuerbarkeit	148
5.2	Publikumszeitschriften	154
5.2.1	Klassifizierung	154
5.2.2	Leistung als Werbeträger	155
5.2.3	Steuerbarkeit	156
5.3	Fachzeitschriften	157
5.3.1	Medialeistung	158
5.3.2	Steuerbarkeit	158

5.4	TV-Werbung	160
5.4.1	Medialeistung	163
5.4.2	Steuerbarkeit	164
5.4.3	Zuschauermessung	168
5.5	TV-Begriffe	170
5.6	Hörfunkwerbung	174
5.6.1	Leistung als Werbeträger	176
5.6.2	Steuerbarkeit	176
5.6.3	Weitere Aspekte zum Hörfunk	177
5.7	Online-Werbung	178
5.8	Kinowerbung	191
5.8.1	Medialeistung	192
5.8.2	Steuerbarkeit	194
5.8.3	Werbemittel	194
5.9	Außenwerbung	196
5.9.1	Plakatwerbung	196
5.9.2	Verkehrsmittelwerbung	200
5.9.3	Medialeistung der Außenwerbung	200
5.9.4	Steuerbarkeit der Außenwerbung	202
5.10	Weitere Werbeträgergattungen	206
5.10.1	Anzeigenblätter	206
5.10.2	Supplements	206
5.10.3	Stadtillustrierte	207
5.10.4	Adress- und Telefonbuchwerbung	207
5.10.5	Lesezirkel	207
5.10.6	Kundenzeitschriften	207
5.10.7	Konfessionelle Presse (Konpress)	208
5.11	Ermittlung des Konkurrenzwerbedrucks	208
6	**Durchführung der Mediaplanung**	**211**
6.1	Mediabriefing	212
6.2	Konkurrenzanalyse	213
6.3	Mediazielgruppe	214
6.4	Ableitung von Mediazielen	215
6.5	Zeitliche Verteilung des Werbedrucks	221
6.5.1	Kampagnenstrategien mit kontinuierlichem Werbedruck	221
6.5.2	Kampagnenstrategien mit zeitlich begrenztem Werbedruck	222
6.6	Intermediavergleich	223
6.7	Intramediavergleich/-selektion	224
6.8	Erstellung von Mediaplänen/Evaluierung und Optimierung	228
6.9	Streu- und Kostenplan	232
6.10	Situationsaufgabe zur Mediaplanung	234
6.11	TV-Planung	243
6.12	Situationsaufgabe zur Onlineplanung	253
6.13	Informationsquellen zur Verbreitung von Werbeträgern	259
6.13.1	Mediaanalysen	259
6.13.2	Markt-Media-Analysen	260

6.13.3	Panel	261
6.14	Datenfusion	263
6.15	Übungsaufgaben zur Gesamtwiederholung	265

7 Vertiefung: Werbewirkungsmodelle … 273

7.1	Werbung als Werbewirkungsprozess	274
7.2	Historische Entwicklung	281
7.3	Ansätze und Aspekte der modernen Werbewirkungstheorie	291
7.4	Psychologische Phänomene bei der Informationsverarbeitung	304
7.4.1	Priming-Effekt	304
7.4.2	Halo-Effekt und Kontrast-Effekte	305
7.4.3	Mere-Exposure-Effekt	307
7.4.4	Psychologische Konsistenz/Kognitive Dissonanz	309
7.4.5	Reaktanz	312
7.5	Heterarchie der Effekte-Modelle nach Rossiter und Percy	313
7.6	Modell der Wirkungspfade (nach Kroeber-Riel)	317
7.7	Involvement und andere Einflussfaktoren auf Konsumentenverhalten	320
7.8	Partialmodelle des Konsumentenverhaltens	323
7.8.1	Einstellungsmodell	324
7.8.2	Imagemodell	324
7.8.3	Modell des erlebten Risikos	325
7.8.4	Modell der kognitiven Dissonanz	327
7.8.5	Praktische Anwendung der Partialmodelle	327
7.9	Kollektive Kaufentscheidungen	334
7.10	Werbungsplanungsmodell (von Vaughn)	338
7.11	Neuere psychologische Ansätze zur Kaufverhaltenssteuerung durch Werbung	340
7.11.1	Dynamischer Erklärungsansatz für Konsumentenverhalten von Tor Nørretranders	340
7.11.2	Aktuelle Erkenntnisse zur psychologischen Steuerung der Markenkommunikation	349

8 Kreation von Werbemitteln – Werbung als Gestaltungsprozess 359

8.1	Werbung als Gestaltungsprozess	360
8.1.1	Bewusste und unbewusste Wahrnehmung	360
8.1.2	Konsequenzen für die Werbung	362
8.2	Vorbereitung der Kreation	368
8.3	Kategorien der Werbewirkung	372
8.4	Basisstrategien	375
8.5	Grundprinzipien der Anzeigengestaltung	381
8.5.1	Wahrnehmungsphase	383
8.5.2	Phase der Informationsaufnahme	393
8.5.3	Informationsverarbeitung	412
8.5.4	Informationsspeicherung	421
8.5.5	Einstellungswirkung	438

8.5.6	Verhaltensreaktion/-steuerung	439
8.6	Besondere Aspekte bei der Gestaltung von Werbemitteln	440
8.6.1	Grundsätzliches zu speziellen Stil-Elementen	440
8.6.2	Übersicht über ausgewählte Stilelemente	441
8.7	Besonderheiten bei der audiovisuellen Werbung	445
8.8	Zusammenfassung	449
8.9	Copy-Analyse und Anzeigen-Analyse	451
8.10	Übungsaufgaben zur Anzeigen-Analyse	452

9	**Rechtliche Grundlagen der Werbung**	**459**
9.1	Einführung	460
9.2	Beispiele unlauteren Wettbewerbs laut § 4 UWG	465
9.2.1	Behinderung im Wettbewerb (Schutz der Wettbewerber untereinander)	465
9.2.2	Unlautere Beeinflussung (Schutz der Verbraucher)	467
9.2.3	Sonderfälle	474
9.2.4	(Übungs-)Fälle zum § 4 UWG	475
9.3	Irreführende geschäftliche Handlung laut § 5 UWG	476
9.3.1	Rechtslage	476
9.3.2	Konsequenzen bei irreführenden geschäftlichen Handlungen	481
9.3.3	(Übungs-)Fälle zum § 5 UWG	482
9.4	Vergleichende Werbung (§ 6 UWG)	483
9.4.1	Gesetzestext § 6 UWG mit Kommentar	483
9.4.2	(Übungs-)Fälle zur vergleichenden Werbung § 6 UWG	486
9.5	Unzumutbare Belästigung laut § 7 UWG	488
9.5.1	Rechtslage	488
9.5.2	(Übungs-)Fälle zum § 7 UWG	489
9.6	Durchsetzung wettbewerbs- und markenrechtlicher Ansprüche	490
9.6.1	Klagebefugnis, Unterlassungs- und Schadenersatzansprüche, §§ 8, 9 UWG	490
9.6.2	Außergerichtliche Maßnahmen	491
9.6.3	Gerichtliche Maßnahmen	491
9.7	Schutz des geistigen Eigentums	493
9.7.1	Urheberrechtsgesetz	494
9.7.2	Geschmacksmustergesetz	497
9.8	Markengesetz	498
9.9	Persönlichkeitsrechte	505
9.10	(Übungs-)Fälle zu den gewerblichen Schutzrechten	507
9.11	Freiwillige Selbstkontrolle der Werbewirtschaft	509
9.12	Lösungen zu den Übungsaufgaben zum UWG	510

Anhang		**517**
	Anlage (Datentabelle)	518
	Literaturverzeichnis	520
	Stichwortverzeichnis	522

Hinweis:
Der vorliegende Band „Werbung planen" ist Teil eines dreibändigen Werks. Die jeweiligen Bände können einzeln, aber auch als Gesamtwerk genutzt werden. Zu diesem Zweck enthalten sie wechselseitige Verweise.

Inhaltsübersicht zum Band „Marketing und Marktforschung"
(ISBN 978-3-589-23726-5)

Teil I: Marketing
1 Grundlagen des Marketings
2 Analyse der Marketing-Situation
3 Strategische Ansätze der Marketing-Planung
4 Produktpolitik
5 Kontrahierungspolitik
6 Distributionspolitik
7 Kommunikationspolitik

Teil II: Marktforschung
8 Grundlagen der Marktforschung
9 Auswahlverfahren
10 Befragung
11 Beobachtung
12 Experiment
13 Panel
14 Testmärkte
15 Werbeträgerforschung
16 Werbewirkungsforschung/Werbeerfolgskontrolle

Inhaltsübersicht zum Band „Kommunikationspolitik"
(ISBN 978-3-589-23722-7)

1 Kommunikationsmodelle und Werbung
2 Zielsysteme
3 Zielgruppen
4 Vertiefung: Clusteranalyse
5 Öffentlichkeitsarbeit/Public Relations (PR)
6 Corporate Identity
7 Sponsoring und Event
8 Verkaufsförderung (Sales Promotion)
9 Direktmarketing
10 Messen und Ausstellungen
11 Productplacement

Kapitel 1

Werbestrategie

„Marketing is not a battle of products, it's a battle of perceptions"
[dt.: Wahrnehmung, Erkennung, Erkenntnis]

Al Ries / Jack Trout, amerik. Marketingexperten, in: Positioning. A Battle for Your Mind

1.1	Werbeanalyse	10
1.2	Werbeobjekte	11
1.3	Werbeziele	14
1.4	Zielgruppen	16
1.5	Budget/Etat	21
1.6	Briefing	32
1.7	Positionierung	43
1.8	Copy-Strategie	58
1.9	Copy-Analyse	63
1.10	Situationsaufgabe zur Positionierung	64

Im Rahmen einer Werbestrategie wird festgelegt, auf welche Weise die mit der Werbung angestrebten Ziele erreicht werden sollen und welche Mittel dafür zur Verfügung stehen.

Den Kern einer Werbestrategie bildet die Werbekonzeption – sie beinhaltet Angaben zur werblichen Grundausrichtung, zu den Werbeinhalten und zur Auswahl von Werbeträgern.

Die Abb. 1.1 gibt einen Überblick über die Bestandteile einer Werbestrategie, die in den folgenden Abschnitten im Einzelnen behandelt werden.

1.1 Werbeanalyse

Rahmenbedingungen für eine Werbestrategie

Grundlage einer Werbestrategie ist eine Werbeanalyse, in der – meistens mithilfe von Marktforschung – die Rahmenbedingungen für die Erstellung der Werbestrategie ermittelt werden. Dies umfasst die
- Analyse des Unternehmens,
- Analyse der Marktsituation,
- Konkurrenzsituation,
- Konsumentenanalyse.

Eine Aufgliederung in Einzelaspekte ist in der nebenstehenden Übersicht zusammengestellt.

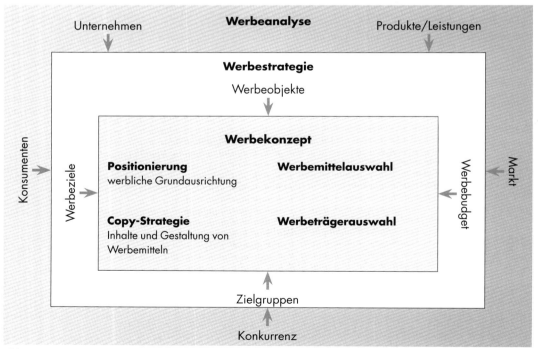
Abb. 1.1: Bestandteile der Werbestrategie

ASPEKTE DER WERBEANALYSE

Analyse des Unternehmens
- Unternehmensgeschichte
- Entwicklung des Unternehmens
- CI/Unternehmensphilosophie
- Umsatzentwicklung
- Marktanteile
- Gewinnentwicklung
- finanzielle Situation
- bisherige Kommunikationsmaßnahmen
- Produkt-/Leistungspalette
- Angebotsschwerpunkte
- Absatz-/Umsatzentwicklung der verschiedenen Produkt-/Leistungsgruppen
- Deckungsbeiträge der Produkte/Leistungen
- Eigenschaften und Merkmale der Produkte/Leistungen
- Positionierung der Produkte/Leistungen/Marken bzw. des Unternehmens
- Vertrieb/Distribution
- Preisstellung

Analyse der Marktsituation
- Marktvolumina (wert-/mengenmäßig)
- Entwicklung der Marktvolumina
- Sättigungsgrade
- Entwicklung von Teilmärkten
- regionale Unterschiede bei Marktentwicklung

Konkurrenzanalyse
- Anzahl der Wettbewerber
- Hauptwettbewerber
- Marktanteile der Wettbewerber
- Produkt-/Leistungspalette der Hauptwettbewerber
- Eigenschaften und Besonderheiten der Konkurrenzprodukte
- Positionierungen
- Preisstellungen
- Distribution
- Kommunikationsmaßnahmen
- Werbeaufwendungen
- Mediasplit

Konsumentenanalyse
- Vorlieben und Wünsche der Konsumenten bezüglich der Produkte/Leistungen
- Ansprüche der Konsumenten an die Produkte/Leistungen
- Kauf-/Verwendungs-/Gebrauchsverhalten
- Ausgabebereitschaft
- Produktinvolvement

u. a.

1.2 WERBEOBJEKTE

In der Regel bieten Unternehmen mehrere Produkte oder Leistungen an. In solchen Fällen muss dann zunächst festgelegt werden, welche Produkte/Leistungen beworben werden sollen. Verschiedene Möglichkeiten sind hierbei denkbar:

Auswahl der Werbeobjekte

- Bewerbung einzelner Produkte/Leistungen: **Einzelproduktwerbung,**
- Bewerbung einer Produktreihe: **Range-Werbung,**
- Bewerbung der gesamten Produktpalette: **Schirmwerbung,**
- Bewerbung einzelner Leitobjekte: **Leitobjektwerbung,**
- Bewerbung einer bestimmten Marke: **Markenwerbung,**
- Bewerbung eines Unternehmens: **Unternehmenswerbung.**

Normalerweise muss davon ausgegangen werden, dass ein begrenztes Budget zur Verfügung steht und nicht alle Produkte/Leistungen eines Unternehmens effektiv beworben werden können. Es gibt eine Vielzahl von Kriterien und Methoden, die bei der Auswahl der Werbeobjekte berücksichtigt werden können, darunter die Portfolioanalyse und die Berücksichtigung des Lebenszyklus.

Durchführung einer Portfolioanalyse und Produktlebenszyklus
Bei diesem Verfahren werden die Produkte/Leistungen eines Unternehmens unter Berücksichtigung der Marktattraktivität (z. B. hohes Marktwachstum) und der relativen Wettbewerbsposition bezogen auf den Hauptkonkurrenten in bestimmte Klassen eingeteilt.

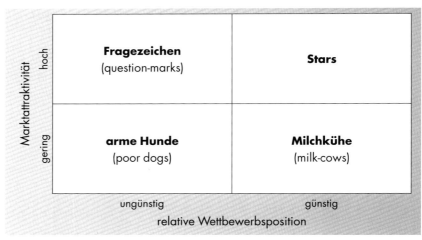

Abb. 1.2: Portfoliodiagramm

Marktpositionen halten oder ausbauen

Bevorzugte Werbeobjekte sind die so genannten Stars. Bei den Stars sollte der Marktanteil mindestens gehalten, möglichst aber noch ausgebaut werden. Bei den Fragezeichen ist zu prüfen, ob durch Werbung die Wettbewerbsposition verbessert werden kann. Weiterhin kommen auch die Milchkühe als potenzielle Werbeobjekte infrage, da mit diesen Produkten in der Regel das meiste Geld verdient wird. Hier sollte versucht werden, den Marktanteil möglichst lange zu halten.

Lebenszyklusphasen

Neben der Position innerhalb des Portfoliodiagramms ist auch die Stellung im Produktlebenszyklus zu beachten. Abb. 1.3 zeigt eine typische Kurve.

Produkte/Leistungen, die sich in der Einführungsphase befinden, müssen intensiv beworben werden, da sie bekannt gemacht und im Markt positioniert werden müssen. Auch Produkte/Leistungen in der Wachstumsphase sollten in der Regel intensiv beworben werden, da es in dieser Phase darauf ankommt, sich gegenüber Mitwettbewerbern durchzusetzen und sich einen entsprechenden Marktanteil zu sichern. Ob und wie intensiv Produkte/Leistungen in der Reifephase beworben werden sollten, muss im Einzelfall geprüft werden. Hier spielen die Marktsituation, die eigene Marktstellung und das Verhalten der Konkurrenz eine Rolle. Bei Produkten/Leistungen in der Sättigungs- und Rückgangsphase können die Werbeaufwendungen in der Regel deutlich reduziert werden.

Ausführlichere Darstellungen zu Portfolioanalyse und Produktlebenszyklus finden Sie im Band „Marketing und Marktforschung".

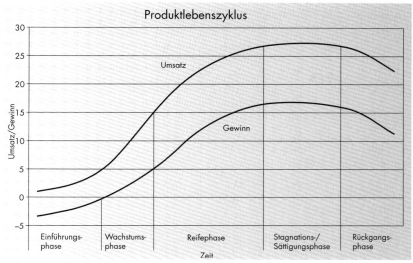

Abb. 1.3: Produktlebenszyklus

Beachtung des Spillover-Effekt und weitere Kriterien

Bei der Auswahl der Werbeobjekte sollte auch berücksichtigt werden, ob die Werbung für ein Produkt Auswirkungen auf die Marktstellung anderer Produkte des gleichen Unternehmens hat. Hier kann zwischen substitutionalen und komplementären Beziehungen unterschieden werden. Besteht zwischen zwei Produkten A und B eine substitutionale Beziehung, könnten Werbemaßnahmen für A die Marktstellung von B negativ beeinflussen. Umgekehrt kann zwischen den beiden Produkten eine komplementäre Beziehung bestehen. Diesen Zusammenhang bezeichnet man als Spillover-Effekt.

Substitutionale/komplementäre Beziehungen zwischen Werbeobjekten

Weitere Auswahlkriterien können sein:
- Markt-/Werbereife der Objekte (ein Objekt hat eine hohe Marktreife, wenn es einen echten, möglichst einzigartigen Nutzen für die Konsumenten bietet),
- Funktion eines Produktes als Leitprodukt für eine ganze Produktrange,
- notwendige Pflege und Aktualisierung von Marken,
- Erklärungsbedürftigkeit der Objekte (Objekte mit einem hohen Erklärungsbedarf müssen evtl. stärker beworben werden als andere),
- Produktinvolvement der Konsumenten (ein geringes Produktinvolvement erfordert in der Regel einen höheren Werbeeinsatz),
- erwartete Aufwands-/Ertragsverhältnisse.

Hinweis auf mathematische Verfahren

Kann für die zur Auswahl stehenden Objekte ein funktionaler Zusammenhang zwischen Höhe der Werbeaufwendungen und dadurch erzielten Erträgen angegeben werden, lassen sich marginalanalytische Verfahren einsetzen, die auf Methoden der Differenzialrechnung beruhen. Die optimale Objektauswahl ist dann erreicht, wenn das verfügbare Budget so auf die Objekte verteilt wird, dass sich jeweils gleiche Grenzerlöse ergeben (vgl. auch Abschnitt 1.5.1.7).

1.3 Werbeziele

Die Planung und Ausarbeitung einer Werbekonzeption ist nur möglich, wenn feststeht, welche Ziele mit den Werbemaßnahmen angestrebt werden sollen. Hierbei ist zu berücksichtigen, dass Ziele auf verschiedenen Ebenen angestrebt werden können. Einen Überblick gibt Abb. 1.4 (das Thema Ziele wird ansonsten im Band „Kommunikationspolitik" ausführlicher behandelt).

Werbeziele werden in der Regel aus den angestrebten Marketingzielen abgeleitet. Diese beziehen sich klassischerweise auf den Absatz, den Umsatz, den Marktanteil oder die Marketingkosten.

Typische Werbeziele sind
- Bekanntmachung des Werbeobjektes,
- Vermittlung von Informationen über das Werbeobjekt,
- Beeinflussung der Umworbenen.

Beispiele für Werbeziele sind auf der nebenstehenden Seite zusammengestellt.
Die wichtigste Anforderung an die Formulierung von Zielen ist ihre Messbarkeit und damit ihre Überprüfbarkeit. Zu diesem Zweck müssen **Ziele vollständig und damit präzise formuliert** werden.

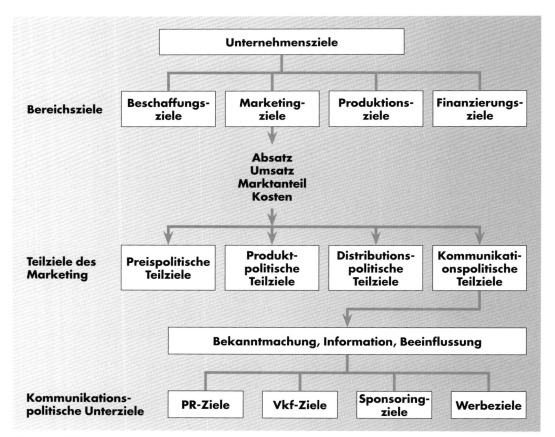

Abb. 1.4: Zielhierarchien

Diesen Vorgang nennt man Operationalisierung von Zielen. Hierbei werden die Ziele in allen so genannten Zieldimensionen festgelegt:

Operationalisierung von Zielen

- Angabe einer Zielart: Was will ich erreichen?
  (z. B. Markenbekanntheit, Image ...)
- Angabe des Objektbezuges: Bei welchem Objekt will ich das Ziel erreichen?
  (z. B. Produkt, Marke, Produktgruppe/Range, Unternehmen)
- Angabe der Zielgruppe: Bei wem will ich das Ziel erreichen?
  (z. B. nach soziodemografischen, psychografischen und verhaltensbeschreibenden Merkmalen segmentierte Gruppen)
- Angabe des angestrebten Ausmaßes der Zielerreichung: Wie groß soll die beabsichtigte Veränderung ausfallen?
  (z. B. eine Steigerung der Markenbekanntheit von 15 % auf 45 %)
- Angabe des Zeitbezuges: Bis wann soll das Ziel erreicht werden?
  (z. B. innerhalb eines Quartals, eines halben Jahres, eines Jahres ...)
- Angabe der Messvorschrift: Wie und mit welcher Methode kann ich die Zielerreichung überprüfen?
  (z. B. aktive oder gestützte Bekanntheit)

Beispiele für Werbeziele

Bekanntmachung
- Objekte sollen dem Konsumenten vorgestellt werden
- Werbung soll Bekanntheit für das Objekt schaffen

Beeinflussung (allgemein)
- Weckung von Bedürfnissen
- Überzeugung der Zielpersonen
- Erzeugung von Harmonie
- Bewirkung von Kaufwünschen/-entschlüssen

Beeinflussung (Aktualisierung)
- Eindruck größerer Zeitgemäßheit erwecken

Beeinflussung (Exklusivität und Alleinstellung)
- Eindruck der Knappheit erwecken
- Eindruck von Objektsouveränität erwecken

Beeinflussung (Image)
- Wecken von Vertrauen und Sympathie
- Aufbau und Festigung eines positiven Wert- und Vorstellungsbildes (Image)
- Korrekturen des Wert- und Vorstellungsbildes

- Übertragung des positiven Wert- und Vorstellungsbildes eines Objektes auf ein anderes (Imagetransfer)
- Objekt soll personifiziert werden

Beeinflussung Einstellung
- Präferenz für eine Marke aufbauen
- Hervorheben eines besonderen Grundes für ein sofortiges Zugreifen, zum Beispiel der Preis
- zum Markenwechsel ermutigen
- die Wahrnehmung von Produkteigenschaften beim Kunden verändern
- den Kunden zum sofortigen Kauf animieren
- beim Kunden den Wunsch nach einem Verkäuferbesuch wecken
- Änderung des Produkt- oder Firmenimages
- Beeinflussung bestehender Verbrauchs- oder Verwendungsgewohnheiten
- Induzierung eines erhöhten Verbrauchs pro Konsument
- Rückgewinnung abgewanderter Käufer
- Umlenkung der Nachfrage von einem bestimmten Erzeugnis auf einen anderen Artikel des eigenen Sortiments

1.4 Zielgruppen

Zielbezug

Dieser Abschnitt umfasst eine kurze Zusammenfassung der wichtigsten Aspekte zur Zielgruppenabgrenzung, eine ausführliche Behandlung erfolgt im Rahmen der Kommunikationspolitik (im betreffenden Band).

Die Abgrenzung von Zielgruppen muss immer unter Berücksichtigung der Marketing- und Werbeziele erfolgen. Hierbei sollte berücksichtigt werden, bei welchen Personen oder Personengruppen die angestrebten Ziele erreicht werden können. Darüber hinaus müssen bei einer Zielgruppenabgrenzung folgende Aspekte berücksichtigt werden:

Anforderung an eine Zielgruppenabgrenzung

- **Trennschärfe**: Es sollte für jede Person aus der Grundgesamtheit klar sein, ob sie zur Zielgruppe gehört oder nicht.
- **Auffindbarkeit**: Die Zielgruppenbeschreibung sollte so sein, dass die Zielpersonen mit diesen Eigenschaften auch tatsächlich existieren und identifiziert werden können.
- **Erreichbarkeit**: Die Zielpersonen müssen mit Marketing und Kommunikationsmaßnahmen auch tatsächlich erreicht werden können.
- **Homogenität**: Die Zielgruppen sollten möglichst homogen sein, d. h., die in einer Zielgruppe zusammengefassten Personen sollten sich bezüglich der als relevant erachteten Merkmale möglichst wenig unterscheiden.

Güterart

Wichtig für die Zielgruppenanalyse ist die Art der Güter, die beworben werden soll. Hier ist zunächst zwischen Sachgütern und Dienstleistungen zu unterscheiden. Bei den Sachgütern muss wiederum zwischen Konsum- und Produktionsgütern differenziert werden. Schließlich ist sowohl bei den Konsum- als auch bei den Produktionsgütern wichtig, ob es sich um Verbrauchsgüter handelt, die nur einmal verwendet werden können, oder um Gebrauchsgüter, die in der Regel über einen längeren Zeitraum verwendet werden können. Daneben spielt es auch eine Rolle, ob es sich um echte Innovationen handelt oder ob die zu bewerbenden Objekte schon im Markt eingeführt sind.

1.4.1 Zielgruppenabgrenzung bei Konsumgütern und Dienstleistungen

Die Übersichten in Abb. 1.5, 1.6 und 1.7 geben jeweils einen kurzen Überblick über die jeweiligen Aspekte, die bei Konsumgütern und Dienstleistungen im Zusammenhang mit einer Zielgruppenanalyse berücksichtigt werden können.

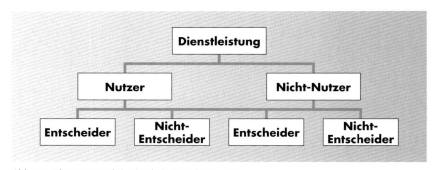

Abb. 1.5: Abgrenzungskriterien bei Dienstleistungen

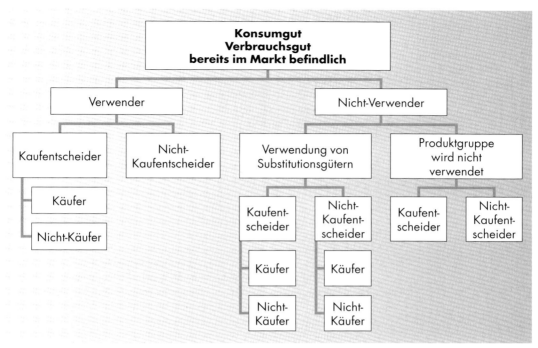

Abb. 1.6: Abgrenzungskriterien bei Konsumgütern/Verbrauchsgütern

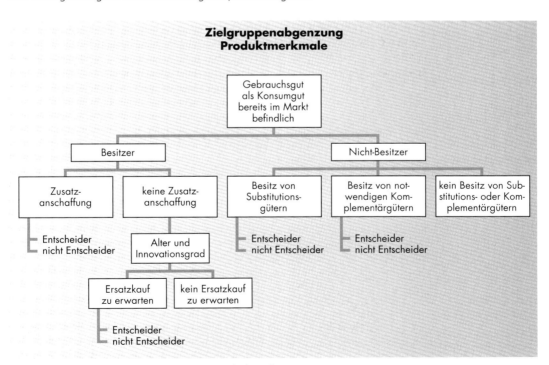

Abb. 1.7: Abgrenzungskriterien bei Konsumgütern/Gebrauchsgütern

1.4.2 Zielgruppenabgrenzung bei Produktionsgütern

Zweistufigkeit

Die Zielgruppenabgrenzung bei Produktionsgütern erfolgt in einem zweistufigen Prozess. In der ersten Stufe müssen die Unternehmen, in der zweiten Stufe geeignete Personen innerhalb der Unternehmen abgegrenzt werden. Bei der Unternehmensabgrenzung spielen folgende Aspekte eine Rolle:

- Anwendungsbereich des Produktes/Branche,
- Unternehmensgröße,
- Verwendungshäufigkeit,
- Kaufsituation,
- Absatzgebiet.

Einkaufsgremium/ Buying Center

Bei der Abgrenzung von Personen innerhalb der Unternehmen geht man davon aus, dass Einkaufentscheidungen in der Regel von mehreren Personen getroffen werden. Dieses Einkaufsgremium bezeichnet man üblicherweise als **Buying Center**. In diesem Zusammenhang unterscheidet man häufig zwischen verschiedenen Rollenträgern. Das Rollenkonzept von Webster und Wind berücksichtigt z. B. die folgenden Funktionsträger:

- **Einkäufer** (Buyer) sind Organisationsmitglieder, die auf Grund ihrer formalen Kompetenz Lieferanten auswählen und Kaufabschlüsse tätigen.
- **Benutzer** (User) sind die Personen, die später mit dem zu kaufenden Gut arbeiten müssen.
- **Beeinflusser** (Influencer) sind Personen, die formal nicht am Kaufprozess beteiligt sind, aber über ein Beschaffungsobjekt durch (informelle) Einflussnahme mitentscheiden, z. B. durch Festlegung von bestimmten Normen oder technischen Mindestanforderungen.
- **Informationsselektierer** (Gatekeeper) steuern den Informationsfluss im und in das Buying Center. Hierbei kann es sich z. B. um Assistenten von Entscheidungsträgern oder um Sekretärinnen handeln.
- **Entscheider** (Decider) sind diejenigen Organisationsmitglieder, die auf Grund ihrer Machtposition letztlich über die Auftragsvergabe bestimmen.

1.4.3 Zielgruppenabgrenzung bei Innovationen

Bei einem völlig neuen Produkt gibt es verschiedene Aspekte, die bei einer Zielgruppenanalyse berücksichtigt werden können. Vergleichen Sie dazu Abb. 1.8. In jedem Einzelfall muss geprüft werden, welche Merkmale eine Rolle spielen.

Diffusionsmerkmal

Die Kriterien unter der Rubrik Innovationsfreude berücksichtigen die Neigung von Personen, sich auf Neuerungen einzulassen, und zwar in gestufter Reihenfolge. Die Stufung reicht von den

- Innovatoren, die Neuerungen gegenüber sehr aufgeschlossen sind, bis zu
- Zauderern, sie akzeptieren Neuerungen dagegen häufig erst, wenn diese sich schon in der Reife- oder Stagnationsphase befinden.

Eine Werbekonzeption wird sich in der Regel gezielt an eine oder mehrere Gruppen richten und die Kommunikationsinhalte und die Gestaltung auch auf diese Gruppen ausrichten (vgl. zu Einzelheiten das Kap. 3 im Band „Kommunikationspolitik").

Abb. 1.8: Abgrenzungskriterien bei Innovationen

1.4.4 Zielgruppenmerkmale

Üblicherweise werden bei der Beschreibung von Zielgruppen drei grundlegende Merkmalsarten unterschieden:

- demografische Merkmale,
- psychografische Merkmale und
- Merkmale des beobachtbaren Konsumverhaltens.

Eine weitere Klassifizierungsmöglichkeit ist die Unterteilung in verhaltensbestimmende und verhaltensbeschreibende Merkmale, siehe Abb. 1.9.

Klassische Merkmalsarten

Verhaltensdispositionen

Hierbei handelt es sich um Merkmale, bei denen je nach Ausprägung auf ein bestimmtes zukünftiges Verhalten geschlossen werden kann. Der Zusammenhang zwischen einer Merkmalskonstellation und einem Kauf-/Konsumverhalten ist bei demografischen Merkmalen deutlich geringer als bei psychografischen. Wegen einfacherer Verfügbarkeit und hoher Objektivität werden demografische Merkmale jedoch nach wie vor häufig zur Zielgruppenbeschreibung verwendet.

Verhaltensprognose

Verhaltensdeskriptionen

Durch Merkmale dieser Gruppe wird das tatsächliche Kauf- und Konsumverhalten von Personen beschrieben. Je mehr Merkmale zur Charakterisierung verwendet werden, umso homogener sind in der Regel die Gruppenmitglieder im Sinne der Marketingziele. Es muss jedoch berücksichtigt werden, dass mit der Anzahl der Merkmale zwar der Homogenitätsgrad wächst, gleichzeitig aber die Anzahl der Personen, die zu der so abgegrenzten Gruppe gehören, abnimmt.

Verhaltensbeschreibung

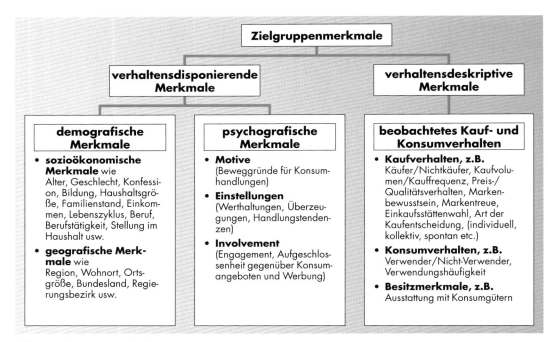

Abb. 1.9: Zielgruppenmerkmale

1.4.5 Meinungsführer

Minderung des Kaufrisikos

Bei Produkten, bei deren Erwerb die Konsumenten ein hohes Risiko empfinden, z. B. wegen des hohen Kaufpreises oder weil das Produkt eine hohe Bedeutung für die Konsumenten hat, können so genannte Meinungsführer als Berater oder Beeinflusser eine Rolle spielen.

 Meinungsführer sind unternehmensunabhängige Personen, die starken persönlichen Einfluss auf die Kaufentscheidung anderer in einer kleinen sozialen Gruppe ausüben.

1.4.6 Lifestyle-Typologien

Traditionell wurden Zielgruppen mithilfe soziodemografischer Merkmale beschrieben, was teilweise auch heute noch geschieht.

Der Vorteil besteht darin, dass solche Merkmale leicht erhoben werden können und daher stets aktuelle Daten in großer Zahl zur Verfügung stehen. Nachteilig ist jedoch, wie oben schon erwähnt, dass nur ein schwacher Zusammenhang zwischen der Sozidemografie einer Person und ihrem Konsum- und Kaufverhalten besteht. Dieser Zusammenhang ist in der letzten Zeit eher noch geringer geworden.

Vielfach wird heute angenommen, dass das Konsumentenverhalten von Menschen stark von deren Lebensstil geprägt wird. Vereinfacht ausgedrückt ist der Lebensstil eines Menschen die Art und Weise, wie er seine Zeit verbringt und sein Geld ausgibt.

Häufig erfolgt eine Operrationalisierung des Lebensstils mithilfe des AIO-Ansatzes:
Activities: beobachtbares Verhalten in Freizeit und Berufsleben
Interests: bedeutsame/wichtige Objekte und Aspekte für die Person
Opinions: Meinungen

Im Rahmen von Lifestyle-Typologien wird versucht, eine Grundgesamtheit so in Teilgruppen zu zerlegen, dass den einzelnen Typen bestimmte typische Lebensstile zugeordnet werden können. Man kann davon ausgehen, dass der Aussagewert einer Lifestyle-Typologie für die Zielgruppenbestimmung mit zunehmendem Produktbezug steigt. Teilweise wird im Rahmen der Erhebung auch die Medianutzung erfasst, sodass für die einzelnen Lifestyle-Typen auch Informationen über die Erreichbarkeit durch Medien vorliegen.

Typ = homogene Teilgruppe

Zur Zeit existieren im Wesentlichen vier anerkannte Lifestyle-Typologien
- Lifestyle-Typologie der Agentur M. C. & Leo Burnet,
- Typologie sozialer Milieus der Sinus Marktforschungsgesellschaft,
- Euro-Socio-Styles-Typologie,
- RISC-Eurotrends-Typologie (Research Institute on Social Change).

1.5 BUDGET/ETAT

Die grundlegende Definition für das Budget (der Begriff Etat wird weit gehend synonym verwendet):

Unter dem Werbebudget versteht man den Betrag, der für die Durchführung aller Werbemaßnahmen während der betreffenden Planperiode vorgesehen ist.

Häufig unterscheidet man zwischen dem streufähigen Anteil des Budgets, dem so genannten **Streuetat** und dem nicht streufähigen Budgetanteil. Der Streuetat stellt in der Regel den weitaus größeren Budgetanteil dar und beinhaltet die Streukosten für die Verbreitung der Werbemittel. Bei dem nicht streufähigen Etatanteil handelt es sich um Ausgaben für die Konzeption und Erstellung der Werbemittel.

Den Betrag, den ein Unternehmen einer Agentur für Werbezwecke zur Verfügung stellt, bezeichnet man häufig als Account oder Billing.

Bei der Bestimmung des Budgets sollten
- die Marktsituation,
- die Marktentwicklung,
- die Konkurrenzsituation und
- das Niveau der angestrebten Ziele

berücksichtigt werden.

1.5.1 Methoden der Budgetbestimmung (Etatbestimmung)

1.5.1.1 Prozentverfahren

percentage of profit method

percentage of sales method

Bei den Prozentverfahren wird das Werbebudget als bestimmter Prozentanteil einer sich im Zeitablauf ändernden Größe bestimmt. Als Bezugsgrößen zur Etatbestimmung werden üblicherweise der Gewinn (percentage of profit method) oder der Umsatz (percentage of sales method) verwendet. Als Ausgangsdaten können folgende Werte verwendet werden:

- Gewinn/Umsatz der letzten Periode,
- Durchschnitt aus den Gewinnen/Umsätzen zurückliegender Perioden,
- Plangewinn/-umsatz zukünftiger Perioden,
- Durchschnitt aus Werten zurückliegender Perioden und angestrebten Werten zukünftiger Perioden.

Beispiel

Die „Lecker Schmecker AG" möchte den Werbeetat für die Original „Lecker-Schmecker-Cornflakes" für das nächste Jahr bestimmen. Sie erwägt dabei folgende Methoden:

- 10 % des Umsatzes wird für Werbung aufgewendet oder
- 25 % des Gewinns wird für Werbung aufgewendet

Sie orientiert sich dabei

- an den durchschnittlichen Werten (Umsatz/Gewinn) der vergangenen zwei Jahre und des aktuellen Jahres,
- dem angestrebten Wert (Umsatz/Gewinn) des Folgejahres,
- dem Durchschnitt (Umsatz/Gewinn) aus aktuellem Wert und angestrebtem Wert des Folgejahres

	Werte vor zwei Jahren	Werte im letzten Jahr	Werte des akt. Jahres	angestrebte Werte des Folgejahres
Absatz (Packungen zu je 0,5 kg)	20 Mio.	19 Mio.	18 Mio.	22 Mio.
Preis in €	1,00	1,00	1,10	0,95
Umsatz in €	20 Mio.	19 Mio.	19,8 Mio.	20,9 Mio.
Gewinn in €	7,5 Mio.	6 Mio.	5 Mio.	8 Mio.

Ansatzmöglichkeiten Werbeetat 10 % des Umsatzes (alle Geldbeträge in Euro)

- durchschnittlicher Umsatz der letzten 2 Jahre und des aktuellen Jahres = 19,6 Mio. ⇒ Werbeetat: 1,96 Mio.
- angestrebter Umsatz des Folgejahres = 20,9 Mio. ⇒ Werbeetat: 2,09 Mio.
- Durchschnitt aus aktuellem Umsatz und angestrebtem Umsatz des Folgejahres = 20,35 Mio. ⇒ Werbeetat: 2,04 Mio.

Ansatzmöglichkeiten des Werbeetats 25 % des Gewinns
(alle Beträge in Euro)

- durchschnittlicher Gewinn der letzten 2 Jahre und
  des aktuellen Jahres = 6,16 Mio. ⇒ Werbeetat: 1,54 Mio.
- angestrebter Gewinn des Folgejahres = 8 Mio. ⇒ Werbeetat: 2,00 Mio.
- Durchschnitt aus aktuellem Gewinn und
  angestrebtem Gewinn des Folgejahres = 6,5 Mio. ⇒ Werbeetat: 1,63 Mio.

Nachteile der Prozentverfahren
- Es besteht kein unmittelbarer sachlogischer Zusammenhang zwischen den Werbezielen und der Höhe des Werbeetats. Der Zusammenhang ist aber beim Umsatz stärker als beim Gewinn.   *Unzureichender Zielbezug*
  - Der Umsatz hängt vom Preis und von der Absatzmenge ab. Zwischen diesen Größen und den Werbeaufwendungen besteht nur ein indirekter Zusammenhang.
  - Der Gewinn hängt vom Preis und von der Absatzmenge, aber auch noch von den Kosten ab. Er kann durch Werbung ebenfalls nicht unmittelbar beeinflusst werden (und die Kosten überhaupt nicht).
- Bei einer Orientierung an Vergangenheitswerten wird die Situation aus der Vergangenheit in die Zukunft fortgeschrieben. Daraus ergibt sich eine prozyklische Entwicklung des Werbeetats. Das heißt, wenn z. B. der Umsatz in der vergangenen Periode gering war, ergibt sich für die Folgeperiode auch ein entsprechend niedriger Werbeetat, obwohl er aber vielleicht höher sein müsste, um wieder Umsatzzuwächse zu erreichen.   *Prozyklische Entwicklung*
- Die Höhe des anzuwendenden Prozentsatzes ist unklar, hierüber geben die Methoden keinen Aufschluss. Häufig wird der branchenübliche Satz genommen, dann wird aber die evtl. unterschiedliche Situation der betreffenden Unternehmen der Branche nicht berücksichtigt.   *Höhe des Prozentsatzes*

Vorteile der Prozentverfahren
- Bei der Gewinnmethode ist bei einer Orientierung an Vergangenheitswerten gesichert, dass ausreichend finanzielle Mittel vorhanden sind.
- Die Rechnung ist einfach und unkompliziert und erfordert nur einen geringen Informationsbedarf.

1.5.1.2 Verkaufseinheitsmethode *(per unit method/per case rate)*

Pro Herstellungs- oder Absatzeinheit fließt ein bestimmter fixer Betrag in das Werbebudget. Wie bei den Prozentmethoden kann auch bei dieser Methode der Absatz der vergangenen Periode, der prognostizierte Absatz/Planabsatz der folgenden Perioden oder Durchschnittswerte als Basis für die Ermittlung des Budgets verwendet werden.

Die Kritikpunkte, die für die Prozentmethode aufgeführt wurden, gelten in gleicher Weise für die Verkaufseinheitsmethode. Allerdings ist der sachlogische Zusammenhang zwischen dem Budget und dem Absatz stärker als bei Umsatz und Gewinn.

> **Beispiel**

Die Lecker Schmecker AG möchte den Werbeetat für die Original Lecker-Schmecker-Cornflakes mit der Verkaufseinheitsmethode bestimmen. Pro verkaufter Packung sollen 0,1 € für Werbung aufgewendet werden. Die Unternehmensleitung orientiert sich dabei an dem angestrebten Absatz des Folgejahres (Tabelle obiges Beispiel).
- angestrebter Absatz des Folgejahres 22 Mio. Packungen

$$\Rightarrow \text{Werbeetat: } 0{,}1 \times 22 \text{ Mio. Packungen} = 2{,}2 \text{ Mio. €}$$

1.5.1.3 Restwertmethode (finanzmittelbezogene Methode, all you can afford method/affordable method)
Bei dieser Methode hängt die Höhe des Etats von der aktuellen Ertragslage ab. Das Unternehmen wendet so viel für Werbung auf, wie es glaubt sich leisten zu können. Häufig wird bei dieser Methode der Etat als Summe aller finanziellen Mittel, die nach Abzug aller Kosten verbleiben, ermittelt.

> **Beispiel**

Die Lecker Schmecker AG hat im aktuellen Jahr mit ihren Original-Cornflakes einen Gewinn von 5 Mio. € erzielt. Davon werden Rücklagen von 2 Mio. € zur Finanzierung einer Verpackungsanlage und 0,5 Mio. € als Rückstellungen für eine zu erwartende Steuernachzahlung gebildet. 1,5 Mio. € werden an die Aktionäre ausgeschüttet. Welcher Betrag kann im folgenden Jahr für Werbung verwendet werden?
Es ergibt sich: 5 Mio. € − 2 Mio. € − 0,5 Mio. € − 1,5 Mio. € = 1 Mio. €, also

$$\Rightarrow \text{Werbeetat 1,0 Mio. €}$$

Nachteile der Restwertmethode
- Es besteht kein sachlogischer Zusammenhang zwischen den Zielsetzungen der Werbung und der Höhe des Etats.
- Der Werbeetat ergibt sich weit gehend zufällig.
- Die Verfolgung einer kontinuierlichen Werbestrategie ist nicht möglich.
- Der Werbeetat kann so klein ausfallen, dass er wirkungslos ist.
- Der Werbeetat kann zu groß ausfallen, sodass Geld verschwendet wird.

Vorteile der Restwertmethode
- Die Mittel, die für Werbung aufgewendet werden sollen, stehen tatsächlich zur Verfügung.
- Das Verfahren ist einfach zu handhaben.

1.5.1.4 Fortschreibungsmethode (Vorjahresmethode)
Der Etat der vorausgegangenen Periode wird unverändert für die Folgeperiode übernommen. Das ist nur sinnvoll, wenn der Etat der vorausgegangenen Periode optimal war und sich weder an den Zielen noch bei den Umfeldbedingungen etwas geändert hat. Da das in der Regel nicht zutrifft, ist diese Methode nicht empfehlenswert. Auch kann man kaum von einer Methode sprechen.

1.5.1.5 Wettbewerbsmethoden

Bei der Anwendung der Wettbewerbsmethoden orientiert man sich bei der Bestimmung des eigenen Etats an den Etathöhen der Konkurrenz. Hierbei kann man sich einmal an die Werbeaufwendungen des Hauptkonkurrenten halten (Competitive-Parity-Method bzw. Konkurrenz-Paritäts-Methode) oder sich an den Werbeaufwendungen des Gesamtmarktes orientieren. Bei einer starren Anwendung der Competitive-Parity-Method versucht man das Verhältnis aus eigenen Werbeaufwendungen und Werbeaufwendungen des Hauptwettbewerbers konstant zu halten.

Orientierung an der Konkurrenz

Beispiel

Der schärfste Konkurrent der Lecker Schmecker AG, die Knusper Knäuschen AG, hat im vergangenen Jahr 4 Mio. € für Cornflakes-Werbung ausgegeben. Die Lecker Schmecker AG will immer 75 % der Werbeaufwendungen der Knusper Knäuschen AG selbst für Werbung aufwenden. Der Werbeetat der Lecker Schmecker AG soll unter dieser Voraussetzung ermittelt werden.
Man berechnet 75 % von 4 Mio. €, also ⇒ Werbeetat 3 Mio. €

Bei einer Ausrichtung des eigenen Etats an den Werbeaufwendungen des Gesamtmarktes versucht man bestimmte Relationen zwischen dem Marktanteil (SOM = Share of Market) und dem Werbeanteil (SOA = Share of Advertising) herzustellen. Man bezeichnet diese Methode daher als Werbeanteils-Marktanteils-Methode (Share of Advertising-Share of Market-Method). Der Share of Advertising eines Unternehmens gibt an, wie viel Prozent die Werbeaufwendungen dieses Unternehmens an den gesamten Werbeaufwendungen des Marktes ausmachen.

Verhältnis zwischen Marktanteil und Werbeanteil

$$SOA = \frac{\text{Werbeaufwendungen des Unternehmens X}}{\text{Summe der Werbeaufwendungen aller Unternehmen dieses Marktes}} \cdot 100$$

Bei der Anwendung der Werbeanteils-Marktanteils-Methode sind verschiedene strategische Ausrichtungen denkbar:

SOA > SOM aggressives Wettbewerbsverhalten
SOA = SOM neutrales Wettbewerbsverhalten
SOA < SOM defensives Wettbewerbsverhalten

Beispiel

Auf dem Gesamtmarkt für Cornflakes wurden im vergangenen Jahr 60 Mio. € für Werbung aufgewendet. Die Lecker Schmecker AG hat einen Marktanteil von 8 %. Die Geschäftsleitung möchte, dass der Anteil der Lecker Schmecker AG an den Gesamtwerbeaufwendungen (Share of Advertising (SOA)) dem Marktanteil entspricht. Wie hoch muss das Werbebudget für das folgende Jahr sein, wenn man davon ausgeht, dass die Gesamtwerbeaufwendungen auch im folgenden Jahr 60 Mio. € betragen?
Es ergeben sich 8 % von 60 Mio. € = 4,8 Mio. € Werbeetat.

Bewertung der Wettbewerbsmethoden
Die Berücksichtigung der Konkurrenz ist im Zusammenhang mit der eigenen Etatplanung sinnvoll und notwendig. Wenn man davon ausgeht, dass Werbung die Marktverhältnisse beeinflusst, muss folglich auch das Werbeverhalten der Mitwettbewerber in das eigene Kalkül einbezogen werden. Eine starre Anwendung dieser Verfahren ist allerdings nicht zu empfehlen, da dann die Verfolgung eigener Ziele und Strategien nicht möglich ist. Ferner ist zu beachten, dass die beschriebenen Verfahren die möglicherweise unterschiedlichen Situationen der Unternehmen nicht berücksichtigen, wie z. B. die Finanzkraft. Beachtet werden sollte auch, dass die Daten über die Werbeaufwendungen der Konkurrenzunternehmen immer aus der Vergangenheit stammen und damit für eine in die Zukunft gerichtete Planung nur eine eingeschränkte Bedeutung haben können.

1.5.1.6 Ziel-Aufgaben-Methode
(objective and task method, adequate-campain method)

Von den Zielen zum Etat

Ausgangspunkt dieser Etatplanungsmethode sind die Ziele, die das Unternehmen mit der Werbung erreichen möchte. Die Zielformulierung sollte möglichst präzise und operationalisiert erfolgen. Aus den Werbezielen sind im nächsten Schritt Maßnahmen abzuleiten, durch deren Einsatz die angestrebten Ziele erreicht werden können. Die Summe der Einsatzkosten für diese Maßnahmen ist identisch mit dem notwendigen Werbebudget. Wenn der so ermittelte Betrag die finanziellen Möglichkeiten des Unternehmens übersteigt, müssen die Ziele hinsichtlich Anzahl und/oder Umfang reduziert und das Verfahren erneut durchlaufen werden. Diese Vorgehensweise ist prinzipiell so oft zu wiederholen, bis die Einsatzkosten für das Unternehmen akzeptabel sind.

Beispiel

Die Lecker Schmecker AG hat im letzten Jahr von dem Original Lecker-Schmecker-Cornflakes 18 Mio. 500 g-Packungen abgesetzt. Die Geschäftsleitung möchte durch eine Werbekampagne die Absatzmenge im folgenden Jahr auf 22 Mio. 500-g-Packungen steigern und will das hierzu notwendige Werbebudget bestimmen.
- Vorgehensweise
- Ausgangspunkt ist das Marketingziel: Absatzsteigerung um 4 Mio. Packungen.
- Aus dem Marketingziel müssen Werbeziele abgeleitet werden, z. B. Steigerung des Bekanntheitsgrades um x %, Erzeugung von Kaufwünschen etc.
- Aus den Werbezielen müssen Mediaziele abgeleitet werden, z. B.
  – Reichweite und
  – Werbedruck, dies möglichst operationalisiert.
- Ermittlung, welche Mittel, wie häufig eingesetzt werden müssen, um die angestrebten Ziele zu erreichen.
- Ermittlung, wie viel der notwendige Mitteleinsatz kostet.
- Falls keine finanziellen Restriktionen existieren, sind die ermittelten Kosten gleich dem Werbebudget. Falls finanzielle Restriktionen existieren, müssen die Ziele reduziert und der Prozess wiederholt werden, bis die Kosten dem aufwendbaren Budget entsprechen.

Vorteile der Ziel-Aufgaben-Methode
- Der Hauptvorteil dieser Methode besteht darin, dass der Etat ausgehend von den angestrebten Zielen her ermittelt wird. Es besteht also ein sachlogischer Zusammenhang zwischen den Zielen und der Höhe des Etats. — Zielbezug ist gegeben
- Da der Etat sich aus den Kosten von Einzelmaßnahmen zusammensetzt, ist der Planungsvorgang sehr transparent. Daher können Planungsfehler leichter erkannt und Planänderungen schneller durchgeführt werden. So ist auch die Anpassung an kurzfristig veränderte Marktbedingungen schnell möglich. — Hohe Flexibilität

Nachteile der Ziel-Aufgaben-Methode
- Es ist in der Regel nicht möglich, aus den angestrebten Zielen eindeutig bestimmte Maßnahmen abzuleiten – der Etat muss nicht unbedingt optimal sein, da die gleichen Ziele auf unterschiedlichen Wegen und damit zu unterschiedlichen Kosten erreicht werden können. — Keine Garantie für optimale Etats
- Das Planungsverfahren ist sehr aufwendig.

1.5.1.7 Marginalanalytische Verfahren der Budgetbestimmung

Marginalanalytische Methoden der Etatplanung unterstellen, dass ein funktionaler Zusammenhang zwischen der Etathöhe und der Absatzmenge besteht. Ziel dieser Planungsverfahren ist es, den Etat so zu bestimmen, dass ein maximaler Gewinn erzielt wird. Zu diesen Verfahren gibt es eine Vielzahl unterschiedlicher Ansätze. Teilweise werden neben den Werbeaufwendungen auch noch andere Bestimmungsgrößen für die Absatzmenge berücksichtigt. Ferner gibt es dynamische Ansätze, die davon ausgehen, dass Werbung mit abnehmender Wirkungsintensität über mehrere Perioden wirkt. — Gewinnoptimaler Etat

Nachfolgend wird die Vorgehensweise an einem einfachen Beispiel erläutert.

Bewertung der marginalanalytischen Verfahren
Der Hauptkritikpunkt an diesen Verfahren besteht darin, dass es kaum möglich ist, einen funktionalen Zusammenhang zwischen der Höhe der Werbeaufwendungen und der Absatzmenge empirisch zu ermitteln. Teilweise wird auch bezweifelt, dass ein solcher Zusammenhang überhaupt existiert. Vermutlich wegen dieser Probleme finden marginalanalytische Verfahren bei der praktischen Etatplanung kaum Anwendung.

1.5.1.8 Exkurs: Beispiel zu den marginalanalytischen Planungsverfahren
(Der Exkurs wendet sich an mathematisch vorgebildete und interessierte Leser/innen und kann überschlagen werden; wer ihn nicht bearbeitet, sollte auf S. 30 bei der qualitativen Zusammenfassung weiterlesen.)

Die Unternehmensleitung der Lecker Schmecker AG geht davon aus, dass zwischen den Werbeaufwendungen für die Original Lecker-Schmecker-Cornflakes und der Cornflakes-Absatzmenge ein funktionaler Zusammenhang besteht.

 Eine Funktion, die den Zusammenhang zwischen den Werbeaufwendungen w pro Jahr und der absetzbaren Menge x(w) pro Jahr beschreibt, bezeichnet man als Responsefunktion. — Responsefunktion

Die Geschäftsleitung der Lecker Schmecker AG stellt aus Plausibilitätsgründen folgende Anforderungen an die Responsefunktion:

1. Es muss ein Grundabsatz existieren, der auch ohne Werbung abgesetzt wird.
   $\Rightarrow w(0) = g$ mit $g > 0$
2. Mit wachsenden Werbeaufwendungen wächst auch die absetzbare Menge.
   $\Rightarrow$ Die Responsefunktion muss streng monoton steigend sein.
3. Die Absatzmenge muss in Abhängigkeit der Werbeaufwendungen zunächst progressiv und ab einer bestimmten Etatgröße degressiv steigen. Ab dieser Etatgröße wird mit weiter wachsenden Werbeaufwendungen der Zuwachs der absetzbaren Menge immer kleiner.
   $\Rightarrow$ Die Responsefunktion muss zunächst linksgekrümmt und ab einem bestimmten Wert für w rechtsgekrümmt sein;
4. Die absetzbare Menge muss nach oben begrenzt sein. Das heißt, auch wenn die Werbeaufwendungen immer weiter erhöht werden, steigt der Absatz nicht über einen bestimmten Wert.
   $\Rightarrow \lim\limits_{w \to \infty} x(w) = k$ mit $k \in \mathbb{R}^+$

Die Geschäftsleitung der Lecker Schmecker AG geht davon aus, dass der Grundabsatz bei 0,8 Mio. kg pro Jahr liegt und die Sättigungsmenge 8,19 Mio. kg pro Jahr beträgt. Sie hat ferner festgestellt, dass bei jährlichen Werbeaufwendungen von 2 Mio. € pro Jahr 3,51828 Mio. kg Cornflakes verkauft werden können. Bezüglich des funktionalen Zusammenhangs zwischen der Höhe der Werbeaufwendungen und der absetzbaren Cornflakes-Menge geht sie von folgendem Ansatz aus:

$x(w) = x_0 + e^{a - \frac{b}{w}}$ x_0; a; $b \in \mathbb{R}^+$

Die Produktionskosten der Lecker Schmecker AG lassen sich durch eine lineare Funktion beschreiben. Die variablen Kosten pro 1 Mio. kg Cornflakes betragen 0,3 Mio. €. Die Fixkosten betragen pro Jahr 0,5 Mio. €.

Die Lecker Schmecker AG verkauft 1 Mio. kg Cornflakes zu einem Preis von 1,5 Mio. €.
Es ist zunächst zu überprüfen, ob der angegebene Funktionstyp die Anforderungen erfüllt, die von der Lecker Schmecker AG an eine Responsefunktion gestellt werden. Ferner müssen für die Parameter a und b die zugehörigen Werte bestimmt werden und schließlich ist das optimale Werbebudget zu ermitteln.

Hinweis:
1 Mengeneinheit (ME) für x: 1 Mio. kg
1 Geldeinheit (GE) für w: 1 Mio. €

Grundabsatz:
Die Funktion ist an der Stelle 0 nicht definiert, es muss daher der Grenzwert für $w \to 0$ gebildet werden.

$\lim\limits_{w \to 0} x(w) = \lim\limits_{w \to 0} = x_0 + e^{a - \frac{b}{w}} = x_0$

$\Rightarrow$ Der Grundabsatz beträgt x_0 Einheiten

Untersuchung des Monotonieverhaltens:
Nach dem Monotoniesatz ist die Funktion auf denjenigen Intervallen, auf denen $x'(w) > 0$ gilt, streng monoton steigend.

$x'(w) = e^{a - \frac{b}{w}} \cdot \frac{b}{w^2} > 0$

da $b > 0$
$\Rightarrow$ Die Funktion ist auf ihrem Definitionsbereich streng monoton steigend.

Untersuchung des Krümmungsverhaltens:
Der Funktionsgraph ist auf Intervallen linksgekrümmt, auf denen gilt $x''(w) > 0$ und auf Intervallen rechtsgekrümmt, auf denen gilt $x''(w) < 0$.

$x''(w) = e^{a - \frac{b}{w}} \cdot \left(\frac{b^2}{w^4} - \frac{2bw}{w^4}\right)$

$\Rightarrow x''(w) > 0$ falls $\frac{b^2}{w^4} - \frac{2bw}{w^4} > 0 \Leftrightarrow w < \frac{b}{2}$

und

$\Rightarrow x''(w) < 0$ falls $\frac{b^2}{w^4} - \frac{2bw}{w^4} < 0 \Leftrightarrow w > \frac{b}{2}$

Damit ist gezeigt: Für w < b/2 ist der Graph der Responsefunktion linksgekrümmt (progressiv steigender Verlauf), für w > b/2 ist der Graph der Responsefunktion rechtsgekrümmt (degressiv steigender Verlauf).

Sättigungsmenge

$$\lim_{w\to\infty} x(w) = \lim_{w\to\infty} x_0 + e^{a-\frac{b}{w}} = x_0 + e^a$$

⇒ Die Sättigungsmenge beträgt
   $x_0 + e^a$ Einheiten

Bestimmung der Werte für die Parameter a und b
Grundabsatz ist $0,8 \Rightarrow x_0 = 0,8$

Sättigungsmenge ist 8,19
⇒ $\quad x_0 + e^a = 8,19$
⇒ $\quad 0,8 + e^a = 8,19$
⇔ $\quad\quad\quad e^a = 7,39$
⇔ $\quad\quad\quad a = \ln(7,39)$
⇔ $\quad\quad\quad a = 2,00012\ldots$
gerundet: $a = 2$

$x(2) = 3,51828$

⇒ $0,8 + e^{2-\frac{b}{2}} = 3,51828$
⇔ $\quad\quad e^{2-\frac{b}{2}} = 2,71828$
⇔ $\quad\quad\quad\quad b = 2,000001346\ldots$

gerundet: $\quad b = 2$

Die Responsefunktion lautet:

$x(w) = 0,8 + e^{2-\frac{2}{w}}$

Ermittlung des optimalen Budgets

Gewinn
= Erlös – Produktionskosten – Werbeaufwand

$G(w) = x(w) \cdot p - K(x(w)) - w$

$G(w) = (0,8 + e^{2-\frac{2}{w}}) \cdot 1,5 - ((0,8 + e^{2-\frac{2}{w}})$
$\quad\quad\quad \cdot 0,3 + 0,5) - w$

⇔ $G(w) = 0,46 + 1,2 \cdot e^{2-\frac{2}{w}} - w$

Die Gewinnfunktion muss auf ein globales Maximum hin untersucht werden. Dazu wird sie zunächst auf relative Extrema untersucht (Nullstellen der Ableitungsfunktion von G).

$G'(w) = \frac{2,4}{w^2} \cdot e^{2-\frac{2}{w}} - 1$

Die Nullstellen von G' lassen sich nicht elementar bestimmen, aber mit numerischen Methoden ermittelt man 0,44 und 3,03.
Notwendige und hinreichende Bedingung für relative Extrema: $G'(w) = 0$ und $G''(w) \neq 0$

$G''(w) = \frac{-4,8w + 4,8}{w^4} \cdot e^{2-\frac{2}{w}}$

$G''(0,44) = 5,625 > 0$
⇒ An der Stelle 0,44 hat die Gewinnfunktion ein relatives Minimum.

$G''(3,03) = -0,44 < 0$
⇒ An der Stelle 3,03 hat die Gewinnfunktion ein relatives Maximum.

Es muss noch überprüft werden, ob das relative Maximum auch ein globales Maximum ist. Da die Gewinnfunktion auf einem offenen Intervall definiert ist (w ∈]0; ∞[), ist das relative Maximum entweder das absolute Maximum, oder es existiert kein absolutes Maximum.
$G(3,03) = 2,0125\ldots$

$\lim_{w\to\infty} G(w) = \lim_{w\to\infty} 0,46 + 1,2 \cdot e^{2-\frac{2}{w}} - w = -\infty$

$\lim_{w\to 0} G(w) = \lim_{w\to 0} 0,46 + 1,2 \cdot e^{2-\frac{2}{w}} - w$

$\quad\quad\quad = 0,46 < 2,0125\ldots$

Damit ist gezeigt, dass die Gewinnfunktion an der Stelle 3,03 ein absolutes Maximum besitzt. Wenn die Lecker Schmecker AG pro Jahr 3,03 Mio. € für Werbung aufwendet, erzielt sie einen maximalen Gewinn von 2,0125 ... Mio. €.

Qualitative Zusammenfasssung

Im Beispiel ist die Lecker Schlecker AG vom Grundabsatz 0,8 Mio. kg und der Sättigungsmenge 8,19 Mio. kg pro Jahr ausgegangen. Sie hatte ferner festgestellt, dass bei jährlichen Werbeaufwendungen von 2 Mio. € 3,51828 Mio. kg des Produkts verkauft werden können. Abb. 1.10 zeigt den Graph der Responsefunktion; er setzt bei 0,8 Mio. kg ein und steigt bis 8,19 Mio. kg. Bis w = 1 nimmt die Steigerungsrate zu und danach ab. Abb. 1.11 zeigt die Gewinnfunktion. Ohne Werbung ist der Gewinn zunächst höher als mit wenig Werbung, er steigt dann bis zu einem Maximum bei 3,03 Mio. € Werbeaufwendungen an. Gibt man noch mehr für Werbung aus, schmälert das den Gewinn wieder bis in die Verlustzone. Diese beginnt, wenn die Werbeaufwendungen so hoch werden, dass sie den Gewinn aufzehren bzw. überschreiten. Die Betrachtung setzt, wie oben schon erwähnt, voraus, dass man einen funktionalen Zusammenhang kennt, und daran scheitert der Einsatz dieser Methode vielfach in der Praxis.

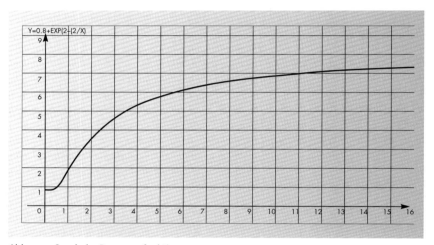

Abb. 1.10: Graph der Responsefunktion

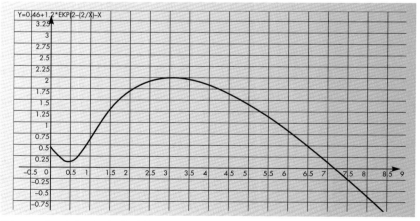

Abb. 1.11: Graph der Gewinnfunktion

1.5.2 Budgetverteilung

Nachdem das Gesamtbudget für die Planperiode ermittelt worden ist, muss es nach sachlichen, zeitlichen und räumlichen Kriterien verteilt werden.

Sachliche Verteilung
Hierunter versteht man die Aufteilung des Gesamtbudgets auf die einzelnen Werbeobjekte. Bezüglich der Aufteilungskriterien vergleichen Sie die Ausführungen zu den Werbeobjekten. Unter Umständen erfolgt im Rahmen der sachlichen Verteilung auch schon eine Aufteilung auf Werbeträgergattungen und Werbeträger.

Verteilung auf die Werbeobjekte

Räumliche Verteilung
Hiermit ist eine regionale Steuerung des Werbedrucks gemeint. Mögliche Verteilungskriterien können regionale Unterschiede im Absatz/Umsatz bzw. in der Distribution sein.

Verteilung auf die Werbegebiete

Zeitliche Verteilung
In der Regel ist es wegen des beschränkten Budgets nicht möglich, häufig aber auch nicht sinnvoll, während der gesamten Planperiode einen konstanten Werbedruck zu erzeugen. Im Rahmen der zeitlichen Verteilung wird daher festgelegt, wie sich der Werbedruck im Zeitablauf entwickeln soll. Mögliche Entscheidungskriterien hierbei können z. B. Saison- oder Konjunkturverläufe, aber auch zeitbezogene Zielsetzungen sein. Daneben können auch lerntheoretische Aspekte eine Rolle spielen. Abb. 1.12 verdeutlicht die Ergebnisse einer empirischen Untersuchung über den Zusammenhang zwischen der zeitlichen Abfolge von Werbeanstößen und der erzielten Werbewirkung, die von Zielske 1953 durchgeführt wurde und bis heute als Standard gilt.

Verteilung innerhalb des Werbezeitraums

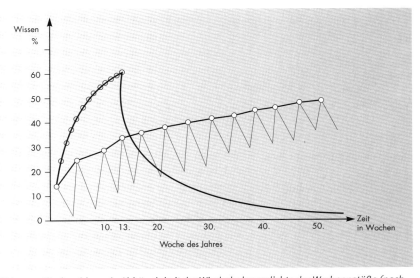

Abb. 1.12: *Werbewirkung in Abhängigkeit der Wiederholungsdichte der Werbeanstöße (nach Pickert, Die Konzeption der Werbung, 1994)*

1.6 Briefing

Die Ergebnisse der Werbeanalyse und der Werbestrategie finden ihren Niederschlag in dem Briefing.

Begriff
Der Begriff kommt ursprünglich aus dem Militärjargon und bezeichnet dort eine Einsatzbesprechung mit kurzer Lagebeschreibung und Erläuterung von Operationszielen und Strategien.

Grundlage der Agenturarbeit *Innerhalb der Werbung versteht man unter einem Briefing eine sachbezogene Arbeitsgrundlage für die Agentur. In dem Briefing werden alle relevanten Fakten zusammengetragen, die die Agentur für ihre Arbeit benötigt.*

Das Briefing ist daher der verbindliche Maßstab des Kunden für die Bewertung der Agenturleistung.

 Die Forderung, dass ein Briefing knapp sein sollte (engl. brief = kurz) heißt allerdings nicht, dass es unvollständig sein darf, sondern möglichst präzise.

Inhalte eines Briefings

Ein Briefing sollte mindestens zu folgenden Punkten Angaben enthalten:
- Hintergrundinformationen
  - Unternehmen
  - Produkt (Eigenschaften, Entwicklung, Verwendungsmöglichkeiten, Positionierung, Absatzkanäle, Besonderheiten, Packungseinheiten, Distribution etc.)
  - Produktpalette
  - Marktsituation (Marktvolumen, Marktentwicklung, Marktpotenzial, Konkurrenzsituation, Segmente etc.)
  - Wettbewerber (Anzahl, Größe, Marktanteile, Werbeaufwendungen, Distribution, Produkte, Positionierungen etc.)
  - Verbraucher (Verwender/Käufer, Verbrauchsverhalten, Demografie, Vorstellungsbilder, Interessen, Neigungen, Einstellungen, Lebensstile etc.)
- Aufgabenstellung (dies umfasst die konkreten Angaben zur erwarteten Agenturleistung)
- Ziele (evtl. Differenzierung in Unternehmens-, Marketing-, Kommunikations-, Werbeziele)
- Zielgruppen
- Zeitrahmen (Präsentationstermine, Kampagnenstart, Kampagnendauer)
- Budget
- Werbekonstante (Vorgabe bestimmter stilbildender Elemente, in der Regel Corporate-Design mit Firmenfarben, Firmenschriften etc. und Markenzeichen, Slogans etc.)
- Vorgabe strategischer Eckpunkte (bestimmte Kommunikationsmaßnahmen, Angaben zur Copy-Strategie, Vorgabe bestimmter Medien etc.)

Das Briefing wird vom Kunden an die Agentur geleitet. Da die Agentur das Briefing empfängt, spricht man häufig von **Agenturbriefing**, teilweise wird hier aber auch der Begriff **Kundenbriefing** verwendet, da der Kunde das Briefing erstellt.

Kunde → Agentur

Re-Briefing
Das Briefing erhält in der Regel der Kundenberater (Kontakter) in der Agentur. Häufig ist ein Agenturbriefing unvollständig oder unklar, sodass es im Dialog mit dem Kunden vervollständigt bzw. präzisiert werden muss.

Agentur → Kunde

Die schriftlichen Zusammenfassungen der modifizierten und/oder vervollständigten Informationen, die von der Agentur an den Kunden zurückgeschickt werden, um sie damit verbindlich zu machen, bezeichnet man als Re-Briefings.

Interne Briefings (Agenturbriefings)
Der Kundenberater als Empfänger des Briefings kann die gestellte Aufgabe in der Regel nicht alleine lösen. Er braucht entsprechende Unterstützung aus der Agentur oder von Externen. Alle Akteure, die an der Lösung der Aufgabe beteiligt sind, müssen wissen, was von ihnen verlangt wird. Sie müssen sich aufgabenmäßig, terminlich und kostenmäßig am Briefing orientieren. Dazu müssen vom Berater die Briefinginhalte für die internen und externen Arbeitsgruppen und Personen akzentuiert werden. In diesem Zusammenhang spricht man von internen Briefings.

Kundenberater → interne/externe Mitarbeiter

 Interne Briefings sind also aus dem Agenturbriefing abgeleitete Briefings, um die in- und externen Arbeitsgruppen, die an der Lösung der Aufgabe beteiligt sind, zu instruieren und zu informieren.

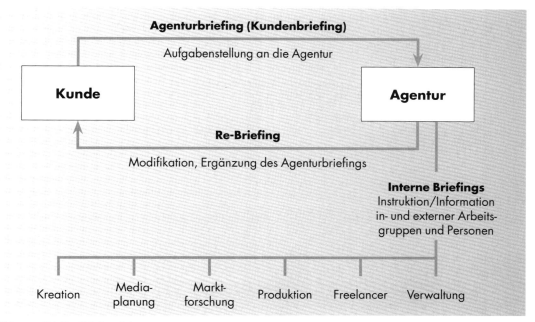

Abb. 1.13: Briefing/Briefing-Arten

Situationsaufgabe: Entwicklung einer Werbestrategie

Unternehmen
Die Röstgut AG ist ein Unternehmen, das sich auf die Herstellung von Röstkaffee spezialisiert hat. Das Unternehmen wurde 1878 gegründet und hat daher eine entsprechend lange Tradition als Kaffeeröster.

Produkte
Verarbeitet wird ausschließlich Rohkaffee aus Brasilien. Da Geschmack und Bekömmlichkeit des Kaffees in starkem Maße von der Qualität und Beschaffenheit des Rohkaffees abhängen, verwendet die Röstgut AG hier nur beste Qualität. Den größten Teil des Rohkaffees bezieht sie von Kaffeeplantagen, mit denen sie langfristige Lieferverträge hat. Damit hat sie die Möglichkeit auf den Anbau und die Lagerung des Kaffees Einfluss zu nehmen. Die Verarbeitung des Rohkaffees erfolgt sehr schonend, sodass der eigentliche Kaffeegeschmack weitgehend unverfälscht erhalten bleibt. In Blindtests wurde der Geschmack des Kaffees der Röstgut AG immer als sehr gut bewertet. Die Röstgut AG stellt ausschließlich normalen Kaffee her, der aber wegen der besonderen Qualität des Rohkaffees und des aufwendigen Röstverfahrens sehr bekömmlich ist. Der Kaffee wird unter der Marke „Brasilica" vertrieben.

Preis
Der Endverbraucherpreis der Marke Brasilica befindet sich im oberen Preisbereich.

Absatzentwicklung und Marktanteile der Röstgut AG							
Brasilica Röstkaffee	Absatz in Tonnen						
Absatzvolumen/ Marktanteil	2002	2003	2004	2005	2006	2007	2008
Absatzvolumen: Brasilica Röstkaffee	8.440	8.260	7.733	6.957	6.860	6.698	6.411
Marktanteil: Brasilica Röstkaffee	2,0 %	2,0 %	1,9 %	1,8 %	1,83 %	1,70 %	1,60 %

Marktinformationen
Nachfolgend erhalten Sie noch einige Hinweise über die Situation und Entwicklung auf dem Kaffeemarkt:

Entwicklung des mengenmäßigen Marktvolumens von Röstkaffee (Angaben in Tonnen)							
Jahr	2002	2003	2004	2005	2006	2007	2008
Röstkaffee gesamt	422.000	413.000	407.000	386.500	374.500	394.000	400.698
koffeinhaltig	377.000	370.000	364.500	348.000	338.100	360.000	366.898
entkoffeiniert	45.000	43.000	42.000	38.500	36.400	34.000	33.800

Röstkaffeesegmente (2008)	
normaler Kaffe	53 %
mild behandelter Kaffee	20 %
naturmilder Kaffee	18 %
entkoffeinierter Kaffee	9 %

Entwicklung des pro-Kopf-Verbrauchs von Röstkaffee	
pro-Kopf-Verbrauch in kg (Rohkaffee)	
1997	6,7
1998	6,7
1999	6,7
2000	6,7
2001	6,7
2002	6,6
2003	6,5
2004	6,4
2005	6,1
2006	6,0
2007	6,0
2008	6,1

Preisentwicklung von Röstkaffee	
Preisentwicklung pro 0,5 kg in €	
1997	3,97
1998	4,02
1999	3,56
2000	3,43
2001	3,27
2002	3,06
2003	3,00
2004	2,91
2005	3,61
2006	3,59
2007	3,65
2008	3,45

Konkurrenz

Röstkaffee
Die Geschäftsleitung der Röstgut AG betrachtet beim Röstkaffee die folgenden Marken als ihre Hauptkonkurrenzmarken: Lavazza, Mövenpick, Tchibo Gran Café, Tchibo Privat Kaffee

Diese Marken haben folgende Verwenderanteile:

	Lavazza	Mövenpick	Tchibo Gran Café	Tchibo Privat Kaffee
Verwenderanteil	3,2 %	2,7 %	1,3 %	3,1 %

Beachten Sie, dass Verwenderanteile nicht mit den Marktanteilen identisch sind.

Die Verwenderanteile der hauptsächlichen Röstkaffeemarken und die Markentreue können Sie der folgenden Tabelle entnehmen.

Verbraucher-Analyse – Klassik (14 Jahre +)

Gesamtbevölkerung
Potenzial: 100,0 %, 29.926 Fälle, 65,07 Mio.
Röstkaffee, Bohnenkaffee: Getrunkene Marken

Insgesamt = 57,60 Mio.	Verwender	Verw.-Anteil	Marken-treue
Marke	Mio.	%	%
Aldi-Kaffee	11,81	20,5	74,0
Dallmayr prodomo	10,02	17,4	64,3
Dallmayr andere Marken	1,57	2,7	56,7
Eilles	0,72	1,2	53,6
Gala Mild und Elegant von Eduscho	1,95	3,4	54,0
Gala Nr. 1 von Eduscho	3,76	6,5	58,4
Gala Reizarm von Eduscho	1,57	2,7	59,4
Gala Schonkaffee von Eduscho	1,00	1,7	58,1
Gala andere Marken von Eduscho	0,40	0,7	48,6
Idee Kaffee	1,33	2,3	58,6
Jacobs Krönung	15,52	26,9	70,3
Jacobs Krönung free	0,84	1,5	54,6
Jacobs Krönung light	2,62	4,5	66,9
Jacobs Krönung mild	3,91	6,8	63,9
Jacobs Meisterröstung	2,44	4,2	60,0
Jacobs Milea	0,66	1,2	51,1
Jacobs andere Marken	0,40	0,7	49,2
Kaffee Hag	2,38	4,1	66,6
Lavazza	1,82	3,2	63,2
Melitta Auslese	7,74	13,4	62,5
Melitta Auslese Mild	3,26	5,7	60,2
Melitta Harmonie entcoffeiniert	1,14	2,0	64,3
Melitta Harmonie naturmild	1,30	2,3	54,4
Melitta andere Marken	1,97	3,4	59,0
Mövenpick	1,55	2,7	58,3
Onko	3,74	6,5	58,6
Senseo	1,05	1,8	57,2
Tchibo Beste Bohne	7,18	12,5	64,3
Tchibo Feine Milde	8,33	14,5	68,7
Tchibo Frische Ernte	1,01	1,8	50,0
Tchibo Gran Café	0,77	1,3	52,4
Tchibo Herzhaft Mild	1,45	2,5	55,5
Tchibo Privat Kaffee	1,81	3,1	59,6
Tchibo Sana	1,81	3,1	64,5
Tchibo andere Marken	0,41	0,7	58,1
andere Marken	9,13	15,9	68,1

Die Markentreue ist dabei eine Prozentzahl, die etwas über die Anzahl der verwendeten Marken aussagt. Wenn der Wert 100 % beträgt, wird nur die angegebene Marke verwendet. Je kleiner der Wert ist, umso mehr Marken werden zusätzlich zu der angegebenen Marke verwendet.

Marktanteile
Die Kaffeemarken mit den höchsten Marktanteilen sind die Marken Jacobs, Tchibo und Melitta, deren Marktanteile über 15 % liegen. Weitere große Marken sind die Marken Dallmayr und Onko mit Marktanteilen in der Nähe von 10 %.

Verbraucher
Informationen über Verbrauchshäufigkeiten und Verbrauchsgewohnheiten können den folgenden Tabellen entnommen werden.

MDS online – TdW Menschen & Märkte – Kreuztabelle
Basis-Zielgruppe: 20.095 Fälle / 64,89 Mio. / 100,0 %

	Basis			Basis	
	Mio.	% vert.		Mio.	% vert.
Basis	64,89	100	Basis	64,89	100
Genusshäufigkeit von Röstkaffee			Anzahl getrunkener Tassen Röstkaffee pro Tag		
Täglich	44,08	67,9	1 Tasse pro Tag	7,01	10,8
Mehrmals wöchentlich	6,25	9,6	2 Tassen pro Tag	14,06	21,7
1-mal wöchentlich	1,06	1,6	3 Tassen pro Tag	12,56	19,4
Mehrmals monatlich	1,96	3	4 Tassen pro Tag	12,6	19,4
1-mal monatlich	0,51	0,8	5 Tassen pro Tag	4,95	7,6
Seltener	2,41	3,7	6 Tassen pro Tag	2,5	3,9
So gut wie nie/nie	7,67	11,8	7 und mehr Tassen pro Tag	1,88	2,9
Keine Angabe	0,94	1,5			

Problemstellung
Für die Röstgut AG soll eine Werbestrategie für die nächsten zwei Jahre entwickelt werden.

Mithilfe der zu planenden Werbestrategie möchte die Röstgut AG die Absatzmenge auf deutlich über 9.000 t pro Jahr steigern. In diesem Zusammenhang soll der Marktanteil der Röstgut AG auf 2,4 % erhöht werden. Die Röstgut AG möchte dieses Ziel durch eine stärkere Profilierung der Marke „Brasilica" erreichen. Gegebenenfalls kommt auch eine Umpositionierung der Marke in Betracht. Auf jeden Fall soll die angestrebte Position in der Vorstellungswelt der Zielpersonen verankert werden.

Aufgaben

1. Untersuchen Sie, welche Informationen die Situationsbeschreibung zur Röstgut AG liefert.
   Geben Sie möglichst differenziert an, zu welchen Punkten einer Werbeanalyse mithilfe der Situationsbeschreibung Aussagen gemacht werden können.

2. Geben Sie an, welche Ziele die Röstgut AG mit der geplanten Werbekampagne anstrebt. Differenzieren Sie dabei zwischen Marketing- und Werbezielen.

3. Erläutern Sie kurz, welche Aspekte bei einer Zielgruppenanalyse im Zusammenhang mit der geplanten Werbestrategie der Röstgut AG berücksichtigt werden müssen.

4. Die Röstgut AG möchte den Werbeetat für das Jahr 2010 bestimmen.
   a) Sie erwägt dabei folgende Methoden:
   - 12 % des Umsatzes werden für Werbung aufwendet
   - 20 % des Gewinns werden für Werbung aufwendet
   - 240 € je verkaufter Tonne werden für Werbung aufwendet

   Sie orientiert sich dabei
   - an den durchschnittlichen Werten (Umsatz/Gewinn/Verkaufsmengen) der Jahre: (2006; 2007; 2008).
   - dem angestrebten Wert (Umsatz/Gewinn/Verkaufsmengen) des Jahres 2010

	2006	2007	2008	2010 (angestrebt)
Absatz in t	6.860	6.698	6.411	9.100
Durchschnittsabgabepreis pro t in €	3.950	4.000	4.000	4.000
Umsatz in €	27.097.000	26.792.000	25.644.000	36.400.000
Gewinn in €	4.064.550	4.018.800	3.846.600	5.824.000

   a1) Ermitteln Sie für alle möglichen Fälle das zugehörige Werbebudget.
   a2) Würdigen Sie die einzelnen Methoden kritisch.

   b) Die Röstgut AG erwartet für das Jahr 2009 einen Gewinn von 4.210.500,00 €. Davon sollen Rücklagen in Höhe von 1,2 Mio. € zur Finanzierung einer neuen Verpackungsanlage gebildet werden, 0,1 Mio. € sollen als Rückstellungen für eine zu erwartende Steuernachzahlung gebildet, 2,2 Mio. € sollen an die Aktionäre ausgeschüttet werden.
   b1) Welcher Betrag kann 2009 noch für Werbung verwendet werden?
   b2) Bewerten Sie diese Methode zur Werbeetatermittlung kritisch.

c) Der schärfste Konkurrent der Röstgut AG, die Schwarzbrüh AG, hat im Jahr 2008 4 Mio. € für Werbung ausgegeben. Die Röstgut AG will immer 80 % der Werbeaufwendungen der Schwarzbrüh AG selbst für Werbung aufwenden.
c1) Ermitteln Sie unter dieser Voraussetzung den Werbeetat.
c2) Bewerten Sie diese Methode der Etatermittlung.

d) Auf dem Röstkaffeemarkt wurden im Jahr 2008 70 Mio. € für Werbung aufgewendet. Die Röstgut AG hat einen Marktanteil von 1,60 %. Die Geschäftsleitung möchte, dass der Anteil der Röstgut AG an den Gesamtwerbeaufwendungen (Share of Advertising (SOA)) dem Marktanteil entspricht.
d1) Wie hoch muss das Werbebudget der Röstgut AG für das Jahr 2010 sein, wenn die Geschäftsleitung der Röstgut AG davon ausgeht, dass die Gesamtwerbeaufwendungen auch im Jahr 2010 70 Mio. € betragen?
d2) Bewerten Sie diese Methode, den Werbeetat zu bestimmen.

e) Die Röstgut AG hat im letzten Jahr (2008) 6.411 t abgesetzt und erwartet für das Jahr 2009 eine Absatzmenge von 7.100 t. Die Geschäftsleitung möchte durch eine Werbekampagne die Absatzmenge im Jahr 2010 auf 9.100 t steigern und will das hierzu notwendige Werbebudget bestimmen.
e1) Erläutern Sie in groben Zügen, wie hierbei vorgegangen werden müsste.
e2) Welche Vorteile und welche Schwächen hätte diese Methode der Etatermittlung?
e3) Der Leiter der Marketingabteilung kommt zu dem Ergebnis, dass der Röstkaffeeetat für 2010 4,5 Mio. € betragen müsste. Die Geschäftsleitung möchte aber höchstens 2,5 Mio. € aufwenden.
Welche Konsequenzen müssten daraus gezogen werden und welche Probleme können sich aus der Reduktion des Budgets ergeben?

Lösungshinweise zur Situationsaufgabe „Entwicklung einer Werbestrategie Röstgut AG"

zu Aufgabe 1

Unternehmensanalyse
Die Situationsbeschreibung enthält Angaben zum Unternehmen:
- Gründung des Unternehmens
- Produktportfolio (ausschließlich normaler Röstkaffee)
- Eigenschaften und Merkmale der Produkte (Herkunft, Qualität der Bohnen, Röstverfahren)
- Entwicklung des Absatzvolumens
- Entwicklung des Marktanteils (mengenmäßig)
- Preisstellung (ansatzweise)

Viele, evtl. wichtige Informationen zum Unternehmen fehlen:
- Geschichte/ Entwicklung des Unternehmens
- CI/ Unternehmensphilosophie
- Umsatz-/ Gewinnentwicklung
- finanzielle Situation
- Deckungsbeiträge
- bisherige Kommunikationsmaßnahmen
- Distribution

Marktsituation/Marktentwicklung
Die Situationsbeschreibung enthält Informationen zur Marktsituation und Marktentwicklung:
- Entwicklung des mengenmäßigen Marktvolumens für Röstkaffee, differenziert nach koffeinhaltigem und entkoffeiniertem Kaffee
- Verteilung des gesamten Marktvolumens für Röstkaffee auf die verschiedenen Röstkaffeearten, dabei bleibt unklar, ob es sich um das mengen- oder wertmäßige Marktvolumen handelt
- Preisentwicklung von Röstkaffee
- Entwicklung des pro-Kopf-Verbrauchs von Röstkaffee

Es fehlen:
- Angaben zum wertmäßigen Marktvolumen und dessen Entwicklung
- Angaben zum Marktpotenzial
- Angaben zu regionalen Unterschieden

Konkurrenzanalyse
Die Situationsbeschreibung enthält Angaben zur Konkurrenzsituation:
- Benennung der Hauptkonkurrenzmarken
- Verwenderanteile der Hauptkonkurrenzmarken
- Verwenderanteile und Anzahl der Verwender bezüglich der Hauptröstkaffeemarken
- grobe Angabe von Marktanteilen einiger Röstkaffeemarken

Es fehlen:
- Angaben zur Produkt-/Leistungspalette der Hauptkonkurrenzmarken
- Angaben zu den Eigenschaften der Konkurrenzprodukte
- Angaben zur Preisstellung der Konkurrenzmarken
- Angaben zur Positionierung
- Angaben zur Distribution
- Angaben zur Kommunikation
- Angaben zu den Werbebudgets und zum Mediensplit der Hauptkonkurrenzmarken

Konsumentenanalyse
Die Situationsbeschreibung enthält Angaben zu den Konsumenten:
- Angaben zur Anzahl der Verwender von Röstkaffee, differenziert nach Verwendungshäufigkeit
- Angaben zu verwendeten Marken

Es fehlen:
- Angaben zu Wünschen, Vorlieben, Einstellungen zu Röstkaffee
- Bedeutung von Röstkaffee für die Konsumenten
- Ausgabebereitschaft für Kaffee, ausgedrückt in Geldeinheiten
- Kaufhäufigkeit
- Kaufmengen
- Kauforte

zu Aufgabe 2

Marketingziele
- Steigerung der Absatzmenge auf deutlich über 9.000 t
- Steigerung des Marktanteils auf 2,4 %

Werbeziele
- stärkere Profilierung der Marke „Brasilica"
- evtl. Umpositionierung der Marke „Brasilica"
- Verankerung der Positionierung in der Vorstellungswelt der Zielpersonen

zu Aufgabe 3

Im Rahmen der Marketingziele strebt die Röstgut AG eine Ausweitung der Absatzmenge und eine Vergrößerung des Marktanteils an. Im Zusammenhang mit der Zielgruppenanalyse müsste also überlegt werden, bei welchen Personen die zusätzlichen Absatzmengen erreicht werden sollen. Gleichzeitig muss auch darauf geachtet werden, bisherige Verwender der Marke „Brasilica" nicht zu verlieren. Grundsätzlich hat die Röstgut AG zwei strategische Optionen:

- **Ausdehnung des Marktvolumens**
  - zusätzliche Verwender
  - höhere Verwendungsmengen der bisherigen Verwender
- **Verdrängung**
  Ausdehnung des Absatzvolumens der Röstgut AG geht zu Lasten der Absatzmengen der Konkurrenzunternehmen

Die Tatsache, dass das Marktvolumen und der pro-Kopf-Verbrauch von Röstkaffee in den letzten Jahren kontinuierlich gesunken sind, deutet darauf hin, dass der Röstkaffeemarkt weitgehend gesättigt ist. Für diese Vermutung spricht auch die kleine Anzahl an Nichtverwendern und die relativ hohe Verwendungsintensität. Da das Marktvolumen zumindest kurz bis mittelfristig nicht ausgeweitet werden kann, entfällt für die Röstgut AG die erste Strategievariante. Damit bleibt hier nur die Strategie der Marktverdrängung. Das bedeutet wiederum, dass es nur Sinn macht, sich an die Verwender von Röstkaffee zu wenden. Zusätzlich könnte noch nach Verwendungshäufigkeit differenziert werden.

Zusätzlich zu den vorstehenden Überlegungen sollte untersucht werden, ob hier zwischen Käufern und Verwendern differenziert werden muss. Da es sich bei Kaffee um ein Produkt des täglichen Bedarfs handelt, wird der Kauf hauptsächlich von den Haushaltsführenden vorgenommen. Diese treffen dann häufig auch die Markenwahl. Es müsste daher überprüft werden, in welchem Umfang Haushaltsführende auch Verwender von Röstkaffee sind. Falls der größte Teil der Haushaltsführenden zu den Verwendern zählt, ist eine Trennung zwischen Käufern und Verwendern nicht erforderlich.

zu Aufgabe 4. a1) und 4. a2)

Werbeetat = 12 % des Umsatzes
- durchschnittlicher Umsatz der Jahre 2006 bis 2008: 26.511.000,00 €
  - Werbeetat: 3.181.320,00 €
- angestrebter Umsatz im Jahr 2010: 36.400.000,00 €
  - Werbeetat: 4.368.000,00 €

Werbeetat = 20 % des Gewinns
- durchschnittlicher Gewinn der Jahre 2006 bis 2008: 3.976.650,00 €
  - Werbeetat: 795.330,00 €
- angestrebter Gewinn im Jahr 2010: 5.824.000,00 €
  - Werbeetat: 1.164.800,00 €

Werbeetat = 240 € je verkaufter Tonne
- durchschnittlicher Absatz der Jahre 2006 bis 2008: 6.656,33 Tonnen
  - Werbeetat: 1.597.519,20 €
- angestrebter Absatz im Jahr 20010: 9.100 Tonnen
  - Werbeetat: 2.184.000,00 €

Kritische Würdigung

Nachteile
- Es besteht bei diesen Methoden der Etatbestimmung kein unmittelbarer sachlogischer

Zusammenhang zwischen den Werbezielen und der Höhe des Werbeetats:
- Gewinn hängt vom Preis, von der Absatzmenge und von den Kosten ab, diese Größen können durch Werbung nicht unmittelbar beeinflusst werden
- Umsatz hängt vom Preis und der Absatzmenge ab
- Der Absatz kann auch von anderen Größen außer der Werbung beeinflusst werden. Es besteht allerdings ein stärkerer sachlogischer Zusammenhang zwischen dem Werbeetat und dem Absatz als zwischen dem Werbeetat und dem Umsatz bzw. dem Gewinn. Beim Gewinn ist der Zusammenhang am geringsten.
- Bei einer Orientierung an Vergangenheitswerten wird die Situation aus der Vergangenheit in die Zukunft fortgeschrieben.
  - prozyklische Entwicklung des Werbeetats
- Die Höhe des anzuwendenden Prozentsatzes ist unklar. Hierüber geben die Methoden keinen Aufschluss. Häufig wird der branchenübliche Satz genommen, dann wird aber die unterschiedliche Situation der jeweiligen Unternehmen nicht berücksichtigt.

Vorteile
- Bei der Gewinnmethode und einer Orientierung an Vergangenheitswerten ist gesichert, dass ausreichend finanzielle Mittel vorhanden sind
- einfache und unkomplizierte Rechnung

zu Aufgabe 4. b1) und 4. b2)
4.210.500,00 € − 1.200.000,00 € − 100.000,00 € − 2.200.000,00 € = 710.500,00 €

Kritische Würdigung

Nachteile
- kein sachlogischer Zusammenhang zwischen Zielsetzungen der Werbung und Höhe des Etats
- Werbeetat ergibt sich zufällig
- keine kontinuierliche Werbestrategie möglich

- Werbeetat kann so klein sein, dass er wirkungslos ist
- Werbeetat kann zu groß ausfallen → Geld wird verschwendet

Vorteile
- Mittel, die für Werbung aufgewendet werden, stehen tatsächlich zur Verfügung
- einfache Handhabung

zu Aufgabe 4. c1) und 4. c2)
80 % von 4 Mio. € = 3,2 Mio. €

Kritische Würdigung

Nachteile
- Die Methode berücksichtigt evtl. nicht unterschiedliche Zielsetzungen und Situationen der Unternehmen.
- Eine starre Anwendung dieser Methode verhindert die Durchsetzung einer eigenständigen Marketingstrategie.
- Die Konkurrenzdaten sind immer vergangenheitsbezogen.
- eher defensive Strategie, es wird nur reagiert, nicht selbstständig agiert

Vorteile
- Eine Berücksichtigung des Konkurrenzverhaltens ist durchaus sinnvoll, da Werbung das Wettbewerbsgefüge verändern kann, die Berücksichtigung des Konkurrenzverhaltens sollte allerdings nicht in dieser starren Form erfolgen.

zu Aufgabe 4. d1) und 4. d2)
1,6 % von 70 Mio. € = 1,12 Mio. €

Kritische Würdigung

Nachteile
- Das Verfahren ist defensiv, es wird lediglich versucht den Marktanteil zu halten.
- Der Werbeetat des Gesamtmarktes könnte im nächsten Jahr steigen, dann wäre SOA < SOM.

- Eine starre Anwendung dieses Verfahrens erlaubt nicht die Verfolgung eigener Strategien oder Zielsetzungen.
- Orientierung an Vergangenheitswerten

Vorteile
- Wie zu 4. c2), eine Orientierung an den Werbeaufwendungen der Konkurrenz (hier aller Konkurrenten) ist sinnvoll und notwendig, allerdings nicht in dieser starren Form.

zu Aufgabe 4. e1)
- Ausgangspunkt ist das Marketingziel: Absatzsteigerung gegenüber 2008 um 2.689 Tonnen auf 9.100 Tonnen.
- Aus dem Marketingziel müssen Werbeziele abgeleitet werden, z.B. Steigerung des Bekanntheitsgrades um x%, Erzeugung von Kaufwünschen etc.
- Aus den Werbezielen müssen Mediaziele abgeleitet werden
  - Reichweite
  - Werbedruck
  möglichst operationalisiert
- Ermittlung, welche Mittel wie häufig eingesetzt werden müssen, um die angestrebten Ziele zu erreichen.
- Ermittlung, wie viel der notwendige Mitteleinsatz kostet.
- Falls keine finanziellen Restriktionen existieren, sind die ermittelten Kosten gleich dem Werbebudget.
- Falls finanzielle Restriktionen existieren, müssen die Ziele reduziert und der Prozess wiederholt werden, bis die Kosten dem aufwendbaren Budget entsprechen.

zu Aufg. 4. e2)

Hauptvorteil:
Der Etat wird ausgehend von den angestrebten Zielen ermittelt. Es besteht also ein sachlogischer Zusammenhang zwischen den angestrebten Zielen und der Höhe des Etats.

Nachteile
- Es ist in der Regel nicht möglich, aus den angestrebten Zielen eindeutig bestimmte Maßnahmen abzuleiten.
  - Der Etat muss nicht unbedingt optimal sein, da die gleichen Ziele auf unterschiedlichen Wegen und damit zu unterschiedlichen Kosten erreicht werden können.
- Das Planungsverfahren ist sehr aufwändig.

zu Aufg. 4. e3)
Zu den Konsequenzen vergl. die Hinweise zu Aufg. 4. e1), letzter Spiegelstrich.

Mögliche Probleme bestehen darin, dass durch die ständige Reduktion der Ziele evtl. schließlich Ziele übrigbleiben, deren Erreichung nicht mehr wirklich lohnenswert wäre.

1.7 POSITIONIERUNG

Begriff
Durch die Positionierung eines Objektes wird die angestrebte Stellung für das Objekt im Markt festgelegt. Es wird also festgeschrieben, wie die Konsumenten das Objekt im Vergleich zu Konkurrenzobjekten wahrnehmen und welche Vorstellungen sie damit verbinden sollen.

Der Begriff wird in der Fachliteratur unterschiedlich umschrieben und in der Praxis entsprechend unterschiedlich verstanden (siehe Zitat auf der Folgeseite).

Zusammenfassend lässt sich sagen, dass man unter einer Positionierung eines Objektes die unverwechselbare Kennzeichnung dieses Objektes in den Augen der Konsumenten versteht.

Dadurch wird das Objekt in den Augen der Konsumenten hervorgehoben und gleichzeitig von den Konkurrenzprodukten abgegrenzt.

Definitionen zum Begriff Positionierung

„Unter Positionierung versteht man alle Maßnahmen, die darauf abzielen, das Angebot so in die subjektive Wahrnehmung der Abnehmer einzufügen, dass es sich von den konkurrierenden Angeboten abhebt und diesen vorgezogen wird."

(Kroeber-Riel 2004: Strategie und Technik der Werbung)

„Die Produktpositionierung beschreibt die Position der verschiedenen miteinander im Wettbewerb stehenden Produkte (Marken) in einem sog. Eigenschaftsraum. Aus Vereinfachungs- bzw. Darstellungsgründen wird hierfür meist ein zweidimensionales Positionierungsmodell verwendet. Bausteine eines solchen Positionierungsmodells sind die wahrgenommenen bzw. erlebten relevanten Produkteigenschaften, die von den Konsumenten den Produkten (Marken) unterschiedlich zugeordnet werden bzw. auf die sie unterschiedlich reagieren im Hinblick auf ihre Produkt- bzw. Markenwahl."

(Becker 2006: Marketing-Konzeption)

„Die Positionierung beginnt bei einem Produkt. Das kann eine Ware, eine Dienstleistung, ein Unternehmen, eine Institution, ja selbst eine Person sein. Aber Positionierung ist nicht das, was man mit einem Produkt tut, sondern was man mit der Gedankenwelt des potenziellen Käufers tut. Das heißt, ein Produkt wird in der Gedankenwelt des potenziellen Käufers positioniert."

(Ries/Trout 2000: The Battle for Your Mind)

„Positionierung, das ist die Kunst, sich vorausschauend richtig ‚in Szene' zu setzen oder akademisch: die Technik, Marktangebote antizipierend in einem psychologischen Marktmodell bzw. der Erlebniswelt der Konsumenten zu etablieren."

(Mike Pickert 1994: Die Konzeption der Werbung)

In diesem Zusammenhang muss zwischen der Soll-Position und der Ist-Position unterschieden werden. Die Soll-Position beschreibt, welche Objektwahrnehmung der Konsumenten von der Unternehmensleitung angestrebt wird. Die Ist-Position ist die Wahrnehmung, die die Konsumenten von dem Objekt tatsächlich haben.

1.7.1 Positionierungsanlässe

Es lassen sich verschiedene Gründe für die Durchführung einer Positionierung unterscheiden.

Erstpositionierung
Hiermit ist die Positionierung im Zusammenhang mit der Neueinführung eines Produktes oder einer Marke in den Markt gemeint.

Aktualisierung einer bestehenden Positionierung
Hierbei geht es darum, eine bereits bestehende Position weiter auszubauen, z.B. durch Produktdifferenzierung, indem verschiedene Varianten des gleichen Produktes angeboten werden, oder durch Diversifikationen, wodurch das Angebot auf andere Produktbereiche ausgedehnt wird. Durch die Aktualisierung der Positionierung wird die Position den neuen Erfordernissen und Gegebenheiten angepasst.

Umpositionierung
Wenn die alte Position, z.B. durch gesellschaftliche Veränderungen, Änderungen im Wertesystem etc. zunehmend ungünstig wird, empfiehlt es sich, die Positionierung dieser Veränderung anzupassen. Hierbei sollte es sich aber um dauerhafte Veränderungen handeln, da eine Positionierung immer langfristig angelegt sein sollte, damit sie in den Köpfen der Konsumenten verankert werden kann. Eine ständige Anpassung der Positionierung an den jeweils aktuellen Trend würde die Konsumenten eher verwirren.

Eine Umpositionierung wird in der Regel durch eine Produktvariation begleitet, durch die das Produkt verbessert wird oder neue bzw. zusätzliche Eigenschaften erhält. Damit eine Umpositionierung glaubwürdig bleibt, sollte sie nur in kleinen Schritten erfolgen.

Positionsverstärkung
Das Ziel ist hierbei, die einmal erreichte Position zu verteidigen, z.B. gegen Angriffe von Konkurrenten. Konkurrenten könnten versuchen, die eigene Position zu schwächen, indem sie Nachahmerprodukte, die ähnlich positioniert sind, auf den Markt bringen. Die Besonderheiten und die Einmaligkeit des Originalproduktes sollen durch die Positionsverstärkung herausgestellt werden.

1.7.2 Positionierungsmethoden

Die klassische Vorgehensweise bei einer Positionierung ist die Anwendung eines Positionierungsmodells, mit dessen Hilfe die Positionen der Konkurrenzmarken, die Idealposition bzw. die Idealpositionen und gegebenenfalls die eigene Position grafisch dargestellt werden können.

Vorgehensweise bei einer Positionierung mithilfe eines Positionierungsmodells

Die Positionierung mithilfe eines Positionierungsmodells erfolgt in mehreren Schritten. Sie wird nachfolgend beispielhaft für die Röstkaffeemarke „Brasilica" dargestellt, bei der es sich um eine qualitativ hochwertige Traditionsmarke handelt. Die Marke soll durch eine entsprechende Positionierung ein klares Profil erhalten. Die dabei verwendeten Primärerhebungen beziehen sich auf 100 fiktive Personen.

1. *Positionierungsschritt: Abgrenzung des relevanten Marktes*
   Die Marktabgrenzung ist weitgehend mit einer Zielgruppenanalyse identisch. Hierbei muss festgelegt werden, an welche Personen sich die Positionierung richten soll.

   Beispiel:

   Die Positionierung bezieht sich auf Personen, die regelmäßig (täglich) Kaffee trinken. In der Zielgruppe befinden sich 44,08 Mio. Personen.

2. *Positionierungsschritt: Ermittlung verhaltensrelevanter Beurteilungskriterien*
   Hier kommt es darauf an zu erfahren, welche Aspekte für die Zielpersonen bedeutsam sind, wenn sie das Positionierungsobjekt oder vergleichbare Objekte bewerten sollen. In dieser Phase ist es wichtig, Anhaltspunkte für bewertungsrelevante Aspekte zu erhalten. Es wird daher noch keine Repräsentativität gefordert.

> **Beispiel:**
>
> Die Röstgut AG hat festgestellt, dass den Zielpersonen bei der Bewertung einer Kaffeemarke folgende Aspekte wichtig sind:
> - Geschmack
> - Rohstoffe
> - aktivierende Wirkung
> - Bewertung durch andere
> - Lebensgefühl

3. *Positionierungsschritt: Formulierung geeigneter Aussagen oder Fragen zu den einzelnen Bewertungsaspekten*
In der Regel werden zu jedem Bewertungsaspekt mehrere Aussagen/Fragen formuliert.

Man formuliert zu jedem Bewertungsaspekt mehrere Aussagen, damit der Bewertungsaspekt differenzierter und detaillierter bewertet werden kann.

4. *Positionierungsschritt: Kennzeichnung bzw. Charakterisierung eines idealen Produktes anhand der im 3. Positionierungsschritt formulierten Statements durch Mitglieder des relevanten Marktes*

Idealprodukt
Die Bewertung erfolgt in der Regel mithilfe eines Fragebogens, der unter Berücksichtigung der Statements aus Positionierungsschritt 3 erstellt wird. Da die Zielgruppen in der Regel sehr groß sind, erfolgt die Bewertung nicht bei allen Zielpersonen, sondern nur bei einer repräsentativen Stichprobe.

> **Beispiel:**
>
> | Bewertungsaspekt | Aussagen |
> |---|---|
> | Geschmack | 1. Ich lege bei Kaffee großen Wert auf den Geschmack |
> | | 2. Mein Kaffee sollte mir Genuss bereiten |
> | Rohstoffe | 3. Mein Kaffee sollte naturrein, ohne Zusätze sein |
> | | 4. Ich lege bei Kaffee großen Wert auf eine hohe Qualität der Kaffeebohnen |
> | aktivierende Wirkung | 5. Mein Kaffee sollte mich munter machen |
> | | 6. Beim Kaffee lege ich hauptsächlich Wert auf die aktivierende Wirkung |
> | | 7. Ich möchte mein Leben aktiv gestalten; dazu sollte die Kaffeemarke passen |
> | Bewertung durch andere | 8. Meine Kaffeemarke sollte auch bei meinen Freunden gut ankommen |
> | | 9. Meine Kaffeemarke sollte „in" sein |
> | Lebensgefühl | 10. Meine Kaffeemarke sollte dazu beitragen, mein Leben zu verschönern |
> | | 11. Ich möchte mein Leben genießen, dazu sollte meine Kaffeemarke passen |

Abb. 1.14: Bewertungsaspekte zur Positionierung

> **Beispiel**
>
> Die Bewertung erfolgt in einer fiktiven Stichprobe von 100 Personen. Fiktiv bedeutet hier, dass die Ergebnisse nicht wirklich erhoben, sondern ausgedacht wurden. Die Bewertung wird mithilfe einer vierstufigen Ratingskala durchgeführt.
>
> Die Skalenpunkte haben dabei folgende Bedeutung:
> (1) = unwichtig (2) = weniger wichtig
> (3) = wichtig (4) = sehr wichtig
>
> Die Ergebnisse der Befragung sind für die ersten zehn Personen in der folgenden Tabelle angegeben. Diese Ergebnistabelle in Abb. 1.15 ist wie folgt zu lesen:
>
> Die Person mit der Nr. 1 legt bei Kaffee sehr großen Wert auf den Geschmack (Skalenwert 4), der Aspekt „Verschönerung des Lebens" spielt für diese Person bei der Bewertung einer Kaffeemarke dagegen gar keine Rolle (Skalenwert 1)

Person Nr.	Ich lege beim Kaffee großen Wert auf den Geschmack	Mein Kaffee sollte mir Genuss bereiten	Mein Kaffee sollte naturrein und ohne Zusätze sein	Ich lege großen Wert auf eine hohe Qualität der Kaffeebohnen	Mein Kaffee soll mich munter machen	Beim Kaffee lege ich hauptsächlich Wert auf die aktivierende Wirkung	Ich möchte mein Leben aktiv gestalten und dazu sollte meine Kaffeemarke passen	Meine Kaffeemarke sollte auch bei meinen Freunden gut ankommen	Meine Kaffeemarke sollte „in" sein	Meine Kaffeemarke sollte dazu beitragen, mein Leben zu verschönern	Ich möchte mein Leben genießen, dazu sollte meine Kaffeemarke passen
1	4	3	4	3	2	1	2	3	2	1	2
2	3	3	3	3	2	4	3	3	2	2	3
3	2	2	2	2	4	3	4	3	4	3	4
4	4	4	4	4	2	3	1	2	3	2	2
5	3	3	3	3	4	3	2	3	3	2	4
6	2	2	2	2	4	3	4	3	3	4	4
7	4	3	3	3	2	3	3	2	4	3	4
8	3	4	4	4	1	2	2	2	3	2	2
9	4	3	4	4	2	2	1	2	2	1	2
10	3	4	4	4	1	2	2	2	2	2	2
...	...	...	...	...	...	...	...	...	...	...	...

Abb. 1.15: Bewertung Idealprodukt

5. Positionierungsschritt: Bewertung der realen Produkte/Marken
   - Konkurrenzprodukte
   - evtl. eigene Produkte anhand der im 3. Positionierungsschritt formulierten Statements durch Mitglieder des relevanten Marktes (Realprodukte)

Die Bewertung der Realprodukte erfolgt im Prinzip mit dem gleichen Fragebogen, der für die Charakterisierung des Idealproduktes eingesetzt wurde, die Statements müssen allerdings entsprechend umformuliert werden.

Beispiel

Für die Marke A lauten die Aussagen wie folgt:
1. Der Kaffee der Marke A schmeckt sehr gut.
2. Der Kaffee der Marke A bereitet mir Genuss.
3. Der Kaffee der Marke A ist naturrein und ohne Zusätze.
4. Die Kaffeebohnen der Marke A sind von sehr hoher Qualität.
5. Der Kaffee der Marke A macht mich munter.
6. Der Kaffee der Marke A wirkt auf mich aktivierend.
7. Die Kaffeemarke A passt sehr gut zu einer aktiven Lebensgestaltung.
8. Die Kaffeemarke A kommt auch bei meinen Freunden gut an.
9. Die Kaffeemarke A ist „in".
10. Die Kaffeemarke A trägt dazu bei, mein Leben zu verschönern.
11. Die Kaffeemarke A passt gut zu einem genussvollen Leben.

Die Bewertung erfolgt hier ebenfalls mit einer vierstufigen Ratingskala.

6. Positionierungsschritt: Durchschnittsbildung je Produkt/Marke (Idealprodukt und Realprodukte) für jede Frage des Fragebogens über alle befragten Personen

Die Produkte/Marken sind jetzt die Fälle/Objekte, die Fragen sind die Variablen, die durchschnittlichen Bewertungen / durchschnittliche Charakterisierung sind die Merkmalsausprägungen.

Beispiel

Die folgende Tabelle zeigt die Durchschnittswerte für das Idealprodukt und die Marken A bis F. Für die Aussagen wurden dabei geeignete Abkürzungen verwendet.

	Geschmack	Genuss	naturrein	Qualität	Muntermacher	Aktivierung	aktive Lebensgestaltung	Freunde schätzen Kaffeemarke	Kaffeemarke ist „in"	schöneres Leben	Leben genießen
Idealprodukt	2,95	3,11	3,10	3,08	2,75	2,85	2,55	2,67	2,92	2,74	2,91
Marke A	3,54	3,55	3,09	3,52	2,07	1,93	1,95	3,00	1,98	2,93	3,08
Marke B	3,49	3,38	3,41	3,48	1,66	1,53	1,57	2,92	1,52	2,63	2,49
Marke C	3,43	3,43	3,32	3,48	3,37	3,39	3,45	3,47	3,38	3,42	3,36
Marke D	3,37	3,43	3,30	3,37	3,48	3,45	3,37	3,34	3,31	3,38	3,38
Marke E	1,49	1,69	1,58	1,60	3,42	3,40	3,36	3,49	3,47	3,40	3,35
Marke F	1,59	1,57	1,53	1,57	3,44	3,31	3,34	3,30	3,36	3,31	3,32

Abb. 1.16: Durchschnittsbildung

In dem Beispiel erfolgt die Durchschnittsbildung für das Idealprodukt und den Bewertungsaspekt „Geschmack", indem die betreffenden Bewertungsziffern aller 100 Personen addiert werden und die Summe durch die Anzahl der Personen, hier also durch 100 geteilt wird.

Der Vorteil der Durchschnittsbildung besteht in einer Vereinfachung durch die Verringerung des Komplexitätsgrades. Statt der 100 Bewertungsziffern braucht man nur noch die Durchschnittswerte zu berücksichtigen.

7. Positionierungsschritt: Verdichtung der Fragen bzw. Beurteilungskriterien mithilfe multivariater Verfahren, z.B. einer Faktorenanalyse

Ziel dieses Schrittes ist es, die Vielzahl der Bewertungskriterien auf wenige, aussagekräftige Aspekte zu konzentrieren, die dann als Dimensionen für ein Positionierungsmodell verwendet werden können. Bezogen auf das Beispiel würde man also versuchen, die elf Statements von „Geschmack" bis „Leben genießen" zu wenigen Statementgruppen zusammenzufassen, für die dann jeweils wieder eine neue, treffende Bezeichnung gefunden werden müsste. Diese Gruppierung der Statements kann z.B. durch eine Faktorenanalyse erreicht werden. Die einzelnen Statementgruppen bezeichnet man dabei als Faktoren. Bei zwei Statementgruppen würde man also zwei Faktoren erhalten. Das bei einer Faktorenanalyse anzuwendende Rechenverfahren ist sehr komplex und erfordert den Einsatz höherer Mathematik. Auf die Darstellung des Verfahrens wird daher verzichtet. Durch den Einsatz entsprechender statistischer Analyseprogramme, z.B. SPSS, lässt sich eine Faktorenanalyse in der Praxis schnell und problemlos durchführen. Man kann dabei auch prüfen, ob das vorhandene Datenmaterial überhaupt für eine Faktorenanalyse geeignet ist. Das Verfahren liefert auch Hinweise darauf, wie viele Faktoren (Statementgruppen) mindestens gebildet werden sollten, damit noch ein ausreichender Zusammenhang zwischen dem verdichteten Modell und der zugrundeliegenden Datenbasis besteht.

Beispiel

Im vorliegenden Fall ergibt die Faktorenanalyse, dass die elf Statements auf zwei Faktoren bzw. Gruppen verteilt werden können.

Gruppe 1:
- Ich möchte mein Leben aktiv gestalten und dazu sollte meine Kaffeemarke passen.
- Meine Kaffeemarke sollte dazu beitragen, mein Leben zu verschönern.
- Mein Kaffee soll mich munter machen.
- Ich möchte mein Leben genießen, dazu sollte meine Kaffeemarke passen.
- Beim Kaffee lege ich hauptsächlich Wert auf die aktivierende Wirkung.
- Meine Kaffeemarke sollte „in" sein.
- Meine Kaffeemarke sollte auch bei meinen Freunden gut ankommen.

Gruppe 2:
- Mein Kaffee sollte mir Genuss bereiten.
- Ich lege großen Wert auf eine hohe Qualität der Kaffeebohnen.
- Ich lege beim Kaffee großen Wert auf den Geschmack.
- Mein Kaffee sollte naturrein und ohne Zusätze sein.

Diese zwei Gruppen bilden die Dimensionen des Positionierungsmodells.
Die erste Gruppe (Faktor 1) kann mit „Lebensstil/Lebensgefühl", die zweite Gruppe (Faktor 2) mit „Genuss" bezeichnet werden.

---

8. Positionierungsschritt: Ermittlung von Ausprägungen für die Realprodukte und das Idealprodukt bezüglich der im 7. Schritt ermittelten Dimensionen des Positionierungsmodells

Ausgangspunkt der Faktorenanalyse waren ja Durchschnittsbewertungen für die einzelnen Marken (Realprodukte) und das Idealprodukt. Da die Variablen im Rahmen der Faktorenanalyse zu Gruppen zusammengefasst wurden, müssen nun in diesem Schritt für die jeweiligen Gruppen oder Faktoren zusammengefasste Bewertungszahlen ermittelt werden. Man spricht in diesem Zusammenhang von Faktorwerten. Im einfachsten Fall könnte man die Faktorwerte als arithmetisches Mittel der Durchschnittsbewertungen der Variablen in den jeweiligen Gruppen berechnen. Tatsächlich ist die Berechnung aber deutlich komplizierter. Im Zusammenhang mit einer Faktorenanalyse kann man sich auch gleichzeitig Faktorwerte für die jeweiligen Variablengruppen ausweisen lassen.

Beispiel

In dem vorliegenden Beispiel ergeben sich für die beiden Faktoren folgende Faktorwerte:

	Faktorwerte	
	Faktor 1 Lebensstil/ Lebensgefühl	Faktor 2 Genuss
Idealprodukt	2,2462	2,5908
Marke A	2,0774	3,0269
Marke B	1,3381	2,7959
Marke C	3,6581	3,4737
Marke D	3,5876	3,3957
Marke E	3,1344	1,1536
Marke F	2,9582	1,0635

Abb. 1.17: Faktorwerte

Bei dem Idealprodukt liegen die Anforderungen an den Faktor 1 leicht unter dem Durchschnitt, da bei einer vierstufigen Ratingskala die Durchschnittsbewertung bei 2,5 liegt. Die Anforderungen an den Faktor 2 liegen leicht über dem Durchschnitt. Die Zielpersonen erwarten von einer idealen Kaffeemarke nur unterdurchschnittliche Anmutungen in Richtung eines aktiven, trendigen, genussvollen Lebensstils. Die Anforderungen an das Genusserlebnis beim Konsum des idealen Kaffees sind nur leicht überdurchschnittlich.

Die Marke A wird von den Zielpersonen hinsichtlich der Dimension „Lebensstil" klar unterdurchschnittlich, hinsichtlich der Dimension „Genuss" klar überdurchschnittlich bewertet. Die Zielpersonen verbinden mit der Marke A also nur geringe Vorstellungen in Richtung Trend- und Spaßorientierung, aber einen hohen Trinkgenuss. Bei A handelt es sich also um eine bodenständige, konservative Qualitätsmarke.

9. *Positionierungsschritt: Anordnung der Realprodukte und des Idealproduktes in dem Positionierungsmodell*
   • *Realpositionen*
   • *Idealposition*

Die Idealposition und die Positionen der einzelnen Marken (Realpositionen) werden dabei in einem Positionierungsmodell grafisch dargestellt.

Beispiel

Abb. 1.18 zeigt die Positionen des Idealproduktes und der Kaffeemarken A bis F in dem mit der Faktorenanalyse ermittelten Positionierungsmodell. Der Trendcharakter spielt bei der idealen Kaffeemarke keine Rolle, die Anforderungen an Geschmack, Genuss und Qualität sind nur leicht überdurchschnittlich. Die Tatsache, dass die Anforderungen an das Idealprodukt hinsichtlich beider Dimensionen im Wesentlichen nur durchschnittlich sind, hängt mit der Durchschnittsbildung zusammen. Diese führt leider zu einer Nivellierung auf mittlerem Niveau. Eine Positionierung in der Nähe des Idealproduktes wäre für die Kaffeemarke „Brasilica" nicht zu empfehlen, da die Marke in dieser Position kein wirkliches Profil gewinnen kann, was aber das erklärte Ziel der Unternehmensleitung ist. Die Besonderheiten und Vorzüge der Marke ließen sich in dieser Position nicht vermitteln. Die Marke würde halt als durchschnittlich wahrgenommen und sich damit von anderen ebenfalls durchschnittlichen Marken kaum abgrenzen. Im vorliegenden Modell wäre eine Positionierung in der Nähe des Idealproduktes sinnvoll, wenn die Marke für möglichst viele Zielpersonen eine Kaufalternative sein möchte. In dieser Position erfüllt die Marke zwar nur bei wenigen Zielpersonen die Anforderungen voll und ganz, sie erfüllt sie aber bei sehr vielen Zielpersonen zumindest teilweise. Solche Positionen sind typisch für Marken, die sich relativ undifferenziert an die breite Masse wenden. Man würde wesentlich aussagekräftigere Positionen für das Idealprodukt erhalten, wenn man vor der Durchschnittsbildung eine Marktsegmentierung bezüglich der Anforderungen an das Idealprodukt durchführen würde. In den Marktsegmenten befinden sich dann nur solche Personen, die ähnliche Anforderungen an das Idealprodukt haben. Daher würde dann die Durchschnittsbildung das Ergebnis nicht so stark verfälschen wie bei der Untersuchung des Gesamtmarktes.

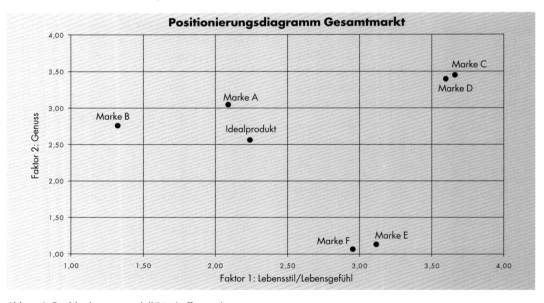

Abb. 1.18: Positionierungsmodell Röstkaffeemarken

Positionierung mithilfe eines Positionierungsmodells in Verbindung mit Marktsegmentierung

Um bei der Erstellung von Positionierungsmodellen zu aussagekräftigeren Ergebnissen zu kommen, sollte nach dem 5. Positionierungsschritt eine Marktsegmentierung eingefügt werden. Es ist dabei sinnvoll, die Segmentierung anhand der Bewertungsdaten für das Idealprodukt vorzunehmen. Hierbei werden die 100 Personen des Gesamtmarktes so auf die Marktsegmente aufgeteilt, dass die Personen in den jeweiligen Marktsegmenten ähnliche Anforderungen an das Idealprodukt haben. Die Positionierungsschritte 6 bis 9 müssen dann für jedes Marktsegment durchgeführt werden. Eine ausführliche Darstellung der Marktsegmentierung finden Sie im Band „Marketing und Marktforschung".

Beispiel:

Im vorliegenden Fall ergibt eine Clusteranalyse, dass eine Zerlegung des Gesamtmarktes in drei Marktsegmente sinnvoll ist. Marktsegment 1 besteht aus 33 Personen, Marktsegment 2 aus 27 Personen und Marktsegment 3 aus 40 Personen. Die Technik der Clusteranalyse als Verfahren einer Marktsegmentierung wird im Band „Kommunikationspolitik für Werbe- und Kommunikationsberufe" dargestellt.

Durchschnittliche Bewertungen Marktsegment 1	Geschmack	Genuss	naturrein	Qualität	Muntermacher	Aktivierung	aktive Lebensgestaltung	Freunde schätzen Kaffeemarke	Kaffeemarke ist „in"	schöneres Leben	Leben genießen
Idealprodukt	3,50	3,78	3,74	3,80	1,87	2,17	1,59	1,85	2,33	1,89	1,98
Marke A	3,48	3,54	3,00	3,50	2,02	1,91	1,93	3,04	1,87	2,96	3,13
Marke B	3,41	3,33	3,35	3,50	1,67	1,41	1,65	2,85	1,52	2,54	2,52
Marke C	3,33	3,43	3,24	3,46	3,33	3,43	3,43	3,48	3,37	3,43	3,41
Marke D	3,33	3,52	3,33	3,30	3,50	3,48	3,35	3,48	3,33	3,33	3,33
Marke E	1,54	1,65	1,61	1,65	3,33	3,39	3,41	3,50	3,46	3,39	3,37
Marke F	1,59	1,52	1,50	1,52	3,39	3,24	3,24	3,26	3,41	3,26	3,22

Abb. 1.19: Marktsegment 1, Durchschnittsbewertungen

Durchschnittliche Bewertungen Marktsegment 2	Geschmack	Genuss	naturrein	Qualität	Muntermacher	Aktivierung	aktive Lebensgestaltung	Freunde schätzen Kaffeemarke	Kaffeemarke ist „in"	schöneres Leben	Leben genießen
Idealprodukt	3,27	3,32	3,23	3,23	3,41	3,36	3,00	3,18	3,23	3,14	3,55
Marke A	3,59	3,55	3,23	3,50	2,23	1,77	1,95	2,91	2,14	2,55	2,86
Marke B	3,55	3,36	3,55	3,55	1,59	1,73	1,36	2,95	1,50	2,59	2,50
Marke C	3,32	3,45	3,27	3,50	3,41	3,32	3,32	3,41	3,32	3,45	3,18
Marke D	3,32	3,41	3,32	3,36	3,32	3,32	3,32	3,23	3,27	3,50	3,27
Marke E	1,50	1,64	1,50	1,41	3,45	3,32	3,32	3,59	3,41	3,50	3,50
Marke F	1,36	1,68	1,68	1,50	3,45	3,41	3,55	3,36	3,45	3,41	3,45

Abb. 1.20: Marktsegment 2, Durchschnittsbewertungen

Durchschnittliche Bewertungen Marktsegment 3	Geschmack	Genuss	naturrein	Qualität	Muntermacher	Aktivierung	aktive Lebensgestaltung	Freunde schätzen Kaffeemarke	Kaffeemarke ist „in"	schöneres Leben	Leben genießen
Idealprodukt	1,94	2,00	2,09	1,94	3,56	3,47	3,63	3,50	3,56	3,69	3,81
Marke A	3,59	3,56	3,13	3,56	2,03	2,06	1,97	3,00	2,03	3,16	3,16
Marke B	3,56	3,47	3,41	3,41	1,69	1,56	1,59	3,00	1,53	2,78	2,44
Marke C	3,66	3,41	3,47	3,50	3,41	3,38	3,56	3,50	3,44	3,38	3,41
Marke D	3,47	3,31	3,25	3,47	3,56	3,50	3,44	3,22	3,31	3,38	3,53
Marke E	1,41	1,78	1,59	1,66	3,53	3,47	3,31	3,41	3,53	3,34	3,22
Marke F	1,75	1,56	1,47	1,69	3,50	3,34	3,34	3,31	3,22	3,31	3,38

Abb. 1.21: Marktsegment 3, Durchschnittsbewertungen

Für jedes Segment wird nun getrennt eine Faktorenanalyse durchgeführt.

Beispiel

Bei allen drei Marktsegmenten verteilen sich bei der Faktorenanalyse die elf Statements auf zwei Gruppen. Die Verteilung der Statements auf die Gruppen entspricht hier der des Gesamtmarktes, das muss aber nicht immer so sein.
Für die drei Marktsegmente ergeben sich also jeweils die beiden Dimensionen „Lebensstil/Lebensgefühl" und „Genuss".

Für jedes Marktsegment werden nun die Faktorwerte für das Idealprodukt und für die Marken berechnet. Deren Positionen werden schließlich in den entsprechenden Diagrammen grafisch dargestellt.

Beispiel

Da wir im Beispiel drei Marktsegmente haben, erhalten wir auch drei Diagramme (Abb. 1.22 bis Abb. 1.24).

Es ist ersichtlich, dass sich durch die Marktsegmentierung aussagekräftige Positionen für das Idealprodukt ergeben. Die Mitglieder des Marktsegmentes 1 legen bei Kaffee großen Wert auf den Genussaspekt, das Lebensgefühl spielt dagegen keine Rolle. Die Mitglieder des Marktsegmentes 2 legen bei Kaffee sowohl großen Wert auf den Genuss als auch auf das Lebensgefühl. Den Mitgliedern des Marktsegmentes 3 ist nur das Lebensgefühl, jedoch nicht der Genuss wichtig. Obwohl sich die Mitglieder der drei Marktsegmente hinsichtlich ihrer Anforderungen an das Idealprodukt sehr stark unterscheiden, ergeben sich bei der Bewertung der Marken A bis F keine großen Abweichungen.

Abb. 1.22: Positionierungsmodell Marktsegment 1

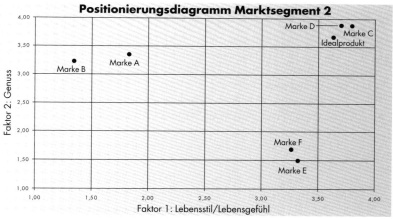

Abb. 1.23: Positionierungsmodell Marktsegment 2

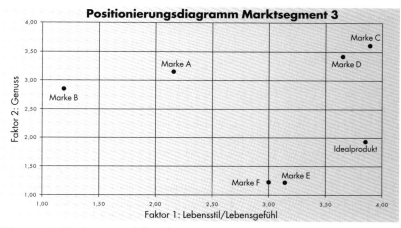

Abb. 1.24: Positionierungsmodell Marktsegment 3

1.7.3 Positionierungsstrategien

Grundsätzlich sind bei einer Positionierung:
- die Eigenschaften und Wünsche der Zielpersonen,
- die Eigenschaften des Positionierungsobjektes,
- die Positionen der Konkurrenzobjekte und
- die bisherige Position, falls es sich um eine Umpositionierung handelt,

zu berücksichtigen.

Damit das Positionierungsobjekt durch die Positionierung ein klares Profil erhält, sollten bei der Positionierung möglichst wenige Dimensionen berücksichtigt werden. Ideal wäre dabei eine Positionierung auf nur einer Dimension. Um sich von anderen Marken abzugrenzen, ist auch eine zweidimensionale Positionierung möglich. Die Berücksichtigung von drei oder mehr Dimensionen sollte möglichst vermieden werden.

Idealposition ist in der Regel bereits besetzt

Wie oben erläutert, ist – bezogen auf das Positionierungsmodell – die ideale Position diejenige, die sich möglichst nahe an einer Idealposition befindet, gleichzeitig aber möglichst weit von den Positionen der Konkurrenten entfernt ist. Solch eine Position gewährleistet eine ideale Alleinstellung im Markt.

Auf entwickelten Märkten, mit denen man es in aller Regel zu tun hat, ist die Idealposition allerdings meistens schon durch Konkurrenzprodukte besetzt. In diesem Fall bieten sich folgende Möglichkeiten:

Neue Dimension

1. Versuchen, **Alleinstellung auf einer neuen Dimension außerhalb des ermittelten Wahrnehmungsraumes** zu erreichen. Problematisch ist hierbei allerdings die Ermittlung einer neuen relevanten Dimension.

Annäherung an Wettbewerber

2. Positionierung in einem **günstigen Segment** anstreben, das bereits durch die Konkurrenz besetzt ist. Diese Vorgehensweise kann sinnvoll sein, wenn
   - man die berechtigte Hoffnung haben kann, die entsprechende Positionierung besser umzusetzen als die Konkurrenz,
   - das eigene Produkt den Konkurrenzprodukten überlegen ist,
   - es sich um eine weit gehende Nachahmung eines erfolgreichen Konkurrenzproduktes handelt und man hofft, von dessen Erfolg zu profitieren.

3. Positionierung an der **Schnittstelle mehrerer Segmente** anstreben.

Randbereiche mehrerer Segmente abdecken

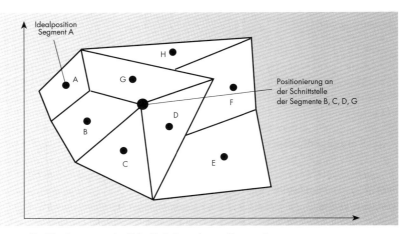

Abb. 1.25: Positionierung an der Schnittstelle mehrerer Segmente

Der mögliche Vorteil dieser Vorgehensweise besteht darin, dass ein unmittelbarer Konkurrenzkampf vermieden wird, man in der entsprechenden Position aber Nachfrager aus dem Randbereich mehrerer Segmente abziehen kann, sodass damit auch ein ausreichendes Potenzial gesichert ist. Hierbei spielt die **Theorie des Aufforderungsgradienten** eine Rolle.

Unter dem Aufforderungsgradienten eines Objektes bezüglich einer Person versteht man das Verhältnis aus Aufforderungsgröße des Objektes und Distanz zwischen Person und Objekt. Die Aufforderungsgröße ergibt sich als Summe des von der Person wahrgenommenen Bedarfs bezüglich des Objektes und der erlebten Verstärkung, z.B. durch Werbung. Hat eine Person die Wahl zwischen verschiedenen Objekten, dann ist zu vermuten, dass sie sich für das Objekt mit dem größten Aufforderungsgradienten entscheidet. Es ist ersichtlich, dass bei konstanter Aufforderungsgröße der Aufforderungsgradient mit Verringerung der Distanz zwischen Objekt und Person immer größer wird. Positioniert ein Anbieter also sein Produkt an den Schnittstellen mehrerer Marktsegmente, dann haben Personen aus den Randbereichen der entsprechenden Segmente zu diesem Produkt eine geringere Distanz als zu den Produkten in den Segmentzentren. Damit ergibt sich dann für das neue Produkt bei gleicher Aufforderungsgröße ein größerer Wert für den Aufforderungsgradienten.

Aufforderungsgradient

Aufforderungsgradient steigt mit Verringerung der Distanz

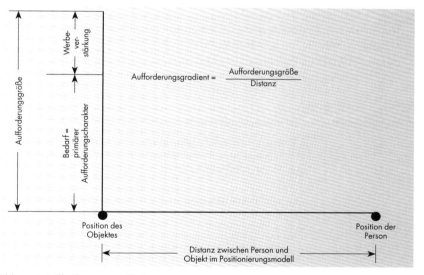

Abb. 1.26: Aufforderungsgradient

4. Man kann eine **Marktnische besetzen**. Der vorhandene Bedarf auf einem bestimmten Markt wird von den Anbietern auf diesem Markt in der Regel nur teilweise abgeschöpft. Ein Teil der potenziellen Konsumenten wird von dem bestehenden Angebot nicht ausreichend angesprochen und verzichtet daher auf eine Nachfrage. Die entsprechende potenzielle Nachfrage mit ähnlichen Anforderungen an das Angebot bezeichnet man als manifeste Marktnische. Darüber hinaus gibt es Personen, deren Ansprüche durch das bestehende Angebot zwar nur teilweise befriedigt werden, die aber mangels ent-

Manifeste / latente Marktnische   sprechender Alternativen trotzdem das bestehende Angebot nachfragen. Die entsprechende Nachfrage mit ähnlichen Anforderungen an das Angebot bezeichnet man als latente Marktnische. Bei der Marktnischenstrategie versucht man das eigene Angebot so zu positionieren, dass es den Anforderungen der Konsumenten in der Marktnische entspricht. Voraussetzung hierfür ist natürlich die Existenz einer ausreichend großen Nische.

Kroeber-Riel (Strategie und Technik der Werbung, 1993/2004) empfiehlt folgende Positionierungsstrategien:

- Informative Positionierung

  Objektorientierung — Die Positionierung erfolgt ausschließlich über die Eigenschaften des Positionierungsobjektes. Diese Vorgehensweise ist eigentlich nur sinnvoll
  - bei wenig entwickelten Märkten,
  - bei echten Innovationen.

- Positionierung durch Emotion und Information

  Bedürfnisorientierung — Im Rahmen dieser Strategievariante wird an ein Bedürfnis appelliert und über Eigenschaften des Positionierungsobjektes informiert, die geeignet sind, das Bedürfnis zu befriedigen. Der emotionale Aspekt besteht hierbei in der Ansprache eines Bedürfnisses, der informative Aspekt in der Information über die Produkteigenschaften.

- Emotionale Positionierung

  Erlebniswelten — Hierbei soll das Positionierungsobjekt in der „emotionalen Erfahrungs- und Erlebniswelt der Konsumenten verankert werden". Kroeber-Riel unterscheidet dabei folgende Phasen zur Entwicklung eines Erlebnisprofils:
  - Erlebnisse generieren,
  - ungeeignete Erlebnisse aussondern (Ängste, Ablehnung, nicht mit CI vereinbar etc.),
  - systematische Überprüfung geeigneter Erlebnisse:
    - Entspricht das Erlebnis dem langfristigen Lebensstiltrend der Zielpersonen?
    - Ermöglicht das Erlebnis eine starke Position gegenüber der Konkurrenz?
    - Kann das Erlebnis auch durch andere Marketinginstrumente außer Werbung vermittelt werden?
    - Stellt die Umsetzung des Erlebnisses nicht zu hohe Anforderungen an die umsetzende Agentur?
  - Auswahl einer Erlebnislinie

- Positionierung durch Aktualität

  Präsenz als Positionierungsprinzip — Die Positionierung hat das Ziel, die Aktualität des Positionierungsobjektes zu erhöhen. Mit Aktualität ist dabei gemeint, dass das Positionierungsobjekt in den Köpfen der Zielpersonen unmittelbar präsent ist und z. B. bei Fragen nach Marken der betreffenden Produktgattung möglichst früh genannt wird. Die Prägung eines bestimmten Vorstellungsbildes und die Vermittlung von Informationen treten bei diesem Positionierungsansatz in den Hintergrund. Insofern ist zu fragen, ob es sich hierbei tatsächlich um eine Positionierung im eigentlichen Sinne handelt.

1.7.4 Zusammenfassung zur Positionierung

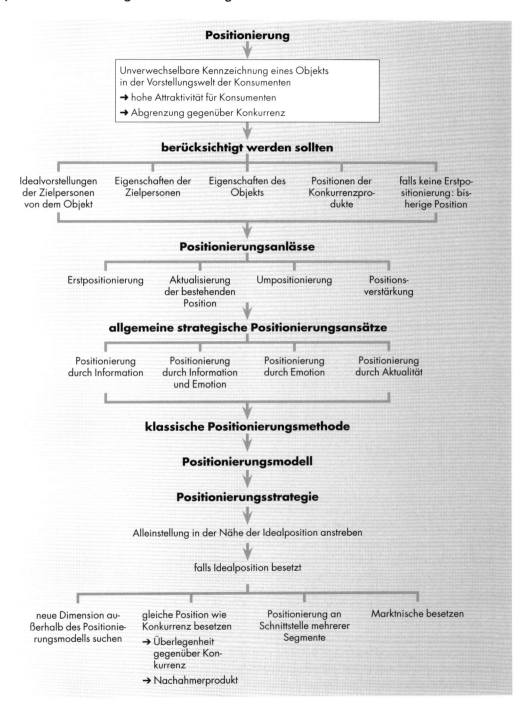

Abb. 1.27: Übersicht Positionierung

1.8 Copy-Strategie

Grundlage für die Werbemittelgestaltung

 In der Copy-Strategie wird festgelegt, welche Botschaften durch die Werbung vermittelt werden sollen. Außerdem enthält sie Angaben zur Gestaltung der Werbemittel, indem angegeben wird, welche werbliche Grundstimmung die Werbung vermitteln soll.

Die Copy-Strategie besteht üblicherweise aus drei Elementen:
- Consumer Benefit ⇒ Nutzenversprechen,
- Reason Why ⇒ Nutzenbegründung,
- Tonality/Flair ⇒ werbliche Grundstimmung.

1.8.1 Consumer Benefit

Grund-/Zusatznutzen

Hier wird festgelegt, welcher Objektnutzen den Zielpersonen im Rahmen der Werbung versprochen werden soll. Hierbei muss zwischen dem Grundnutzen und einem Zusatznutzen unterschieden werden. Der Grundnutzen ist durch die funktionalen Eigenschaften des Produktes bestimmt. Da alle Produkte der betreffenden Produktgattung den gleichen Grundnutzen besitzen, ist er in aller Regel nicht für werbliche Zwecke geeignet. Der Grundnutzen eines Automobils besteht z.B. in der Möglichkeit der Fortbewegung ohne eigene Kraftanstrengung. Dieser Nutzen ist bei allen Automobilen gleich. Nur bei echten technischen Innovationen kann der Grundnutzen evtl. eine werbliche Relevanz haben. Da der Grundnutzen für die Werbung also normalerweise keine Rolle spielt, muss für die Werbebotschaft ein entsprechender Zusatznutzen entwickelt werden. Ein Zusatznutzen wird also zusätzlich zum Grundnutzen vermittelt.

 Bei dem Consumer Benefit handelt es sich fast immer um einen Zusatznutzen. Man unterscheidet im Wesentlichen objektive und subjektive Zusatznutzen.

Objektive Zusatznutzen

Nachweisbarkeit

Sie bringen für den Käufer beweisbare Vorteile. Beispielsweise ist der Hinweis auf einen niedrigen Benzinverbrauch ein objektiver Zusatznutzen. Da hierbei an die Ratio der Umworbenen appelliert wird, spricht man häufig auch von einem **rationalen Zusatznutzen**.

Subjektive Zusatznutzen

Kein echter Nachweis möglich

Hierbei handelt es sich um Zusatznutzen, die erst durch die Werbung erzeugt werden. Beispiele sind:
- Emotionale Zusatznutzen: Sie sprechen die Gefühle der potenziellen Konsumenten an – vor allem positive Emotionen im Zusammenhang mit dem Produkt oder der Produktverwendung (z.B. idyllische Familiensituationen im Zusammenhang mit einem Auto).
- Sensorische Zusatznutzen: Sie sprechen die Sinne der potenziellen Konsumenten an – positive Sinneserlebnisse im Zusammenhang mit dem Produkt oder der Produktverwendung (z.B: eine ästhetische, schöne Darstellung eines Autos).

- Soziale Zusatznutzen: Sie verändern die Stellung der Konsumenten in der Gesellschaft (z. B.: jemand wird wegen seines Autos bewundert).
- Egoistische Zusatznutzen: Sie stärken die Ich-Bestätigung der Konsumenten (z. B.: ein Auto wird als Prestigeobjekt dargestellt).
- USP/UAP: Handelt es sich bei dem Consumer Benefit um einen Zusatznutzen, der in dieser Form von keinem anderen Unternehmen geboten wird, so spricht man von einem so genannten USP (unique selling proposition). Bei einem echten USP handelt es sich in der Regel immer um einen objektiven Zusatznutzen, der durch die Produkteigenschaften bedingt ist. Da echte USPs eher selten sind, wird häufig versucht, einen Einzigartigkeitsanspruch durch die Art der werblichen Darstellung zu vermitteln. In solchen Fällen spricht man von einem UAP (unique advertising proposition).

Einzigartigkeitsanspruch

Demonstrationsmöglichkeiten für einen subjektiven Consumer Benefit
- Orientierung am Gefühl
  Hier soll ein starker Einfluss auf die Gefühlswelt der Zielgruppe ausgeübt werden. Emotionale Kategorien sind z. B. Vertrautheit, Liebe, Freundschaft etc. Der Zusatznutzen liegt darin, dass eine Verbindung zwischen dem Produkt und angenehmen Emotionen hergestellt wird.
  Hierzu gehören auch:
  - Erotische Darstellungen: Durch die Darstellungsart soll das Produkt mit Erotik in Verbindung gebracht werden und entsprechende Assoziationen und Gefühle erzeugen.
  - Humorvolle Darstellungen: Hierdurch soll das Produkt eine positive, sympathische Ausstrahlung erhalten. Mit dem Produkt sind angenehme Gefühle (Schmunzeln) verbunden.

Nutzen: positive Emotionen

- Orientierung an Leitbildern/Lebensstil (Lifestyle)
  Da jeder Konsument eine gewisse Stellung in der Gesellschaft einnimmt (oder einnehmen möchte) und diesen Status zum Ausdruck bringt, versucht die Werbung, eine Verbindung zwischen dem Produkt und dem Status zu schaffen. Die beworbenen Produkte sollen zum Statussymbol werden und sich bestimmten Konsumentengruppen zuordnen lassen.
  Häufig wird auch dargestellt, dass das Produkt ein unverzichtbarer oder selbstverständlicher Bestandteil eines bestimmten Lebensstils ist. Die Produktverwendung wird in bestimmten lebensstiltypischen Situationen gezeigt.

Nutzen: Demonstration bestimmten Lebensstils

- Orientierung an der Produktpersönlichkeit
  Hier wird lediglich durch eine starke Produktpersönlichkeit auf den Verbraucher eingewirkt. Der Zusatznutzen liegt darin, dass die starke Produktpersönlichkeit auch auf Konsumenten dieses Produktes abstrahlt.

Nutzen: starkes Produkt → starke Person

1.8.2 Reason Why

Der Reason Why ist eine Erläuterung und Begründung, dass der versprochene Zusatznutzen tatsächlich existiert. Durch die Nutzenbegründung wird der Effekt der Werbung verstärkt und die Werbebotschaft glaubwürdiger.

Demonstrationstechniken für einen Reason Why
Die Begründung für den Consumer Benefit kann mit verschiedenen Techniken erfolgen.

Beispiele

- Garantieerklärung,
- Testergebnisse,
- Wirkstoffe,
- Bürgschaften (Testimonials),
- Tradition,
- Herstellungsverfahren,
- Forschungsergebnisse,
- Kompetenz des Unternehmens
etc.

1.8.3 Flair (Tonality)

Das Flair bestimmt die besondere Atmosphäre (Tonality), welche die zentrale Werbebotschaft umgeben soll. Dabei kann der Darstellungsstil (Tonality) in zwei Dimensionen beschrieben werden: in der psychologischen und in der semiotischen.

Die psychologische Dimension

Anmutungen, Emotionen

Die psychologische Dimension vermittelt unthematische Informationen, die von dem angestrebten Image abgeleitet werden. Dabei kommt den Anmutungsqualitäten, d.h. dem Appellieren an die Gefühle der Umworbenen, eine besondere Bedeutung zu.

Zu den unthematischen Informationen zählen alle Wahrnehmungsqualitäten, die jenseits der bewussten Wahrnehmung auf den Empfänger einwirken,
- ihn in bestimmter Weise anmuten,
- in ihm Stimmungen und Gefühlslagen auslösen und/oder verfestigen,
- Erinnerungen wachrufen,
- bestimmte Erwartungen wecken
etc.

Hierzu gehören z. B. Farben, Ausstattungsgegenstände, Hintergrund etc.

Die semiotische Dimension

Stilrichtungen

Die semiotische Dimension wird durch bestimmte verbale, visuelle, typografische und auditive Stilmittel realisiert.

Beispiele

Stilrichtungen sind z. B.: wissenschaftlich, sachlich, informativ, trocken, erzählend, Erlebnis, Story, Märchen, intim, künstlerisch, feuilletonistisch, schockierend, ironisierend, paradox (verfremdend) u. a.

1.8.4 Zusammenfassung Copy-Strategie

Die folgende Übersicht gibt eine Zusammenfassung der Erläuterungen zum Consumer Benefit.

Die Copy-Strategie darf nicht mit einer Copy-Analyse verwechselt werden. Während eine Copy-Strategie immer die Gestaltungsplattform für ein eigenes Produkt darstellt, handelt es sich bei einer Copy-Analyse um ein Instrument der Wettbewerbsanalyse. Hierbei versucht man aus den Werbemitteln der Wettbewerber die zu Grunde liegende Copy-Strategie zu erschließen.

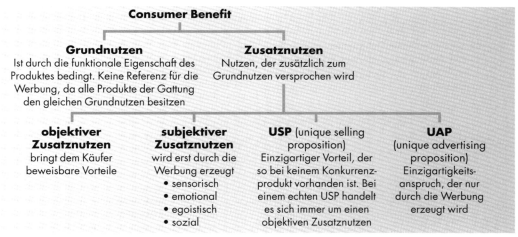

Abb. 1.28: Übersicht Consumer Benefit

Übersichten zum Ablauf bei der Erstellung einer Positionierungs-/Copy-Strategie
Positionierungs-/Copy-Strategie bei einer Produktneueinführung

Es wird angenommen, dass Ziele, Zielgruppen, Positionierungsdimensionen und Positionierungsdiagramme gegeben sind.
1. Analyse der Hintergrundsituation
2. Evtl. Analyse von Zielen und Zielgruppe(n)
3. Vergleich der Positionierungsdimensionen mit den Produkteigenschaften und den Eigenschaften der Zielpersonen sowie Ableitung, welche Positionierungsdimensionen geeignet sind.
4. Prüfung, ob auf einer geeigneten Positionierungsdimension eine weitgehende Alleinstellung erreicht werden kann.

Falls ja:
- Positionierung auf dieser Dimension

Falls nein:
- weiter mit 5.

5. Prüfung, ob durch die Kombination von zwei geeigneten Positionierungsdimensionen eine weitgehende Alleinstellung erreicht werden kann.

Falls ja:
- Positionierung auf diesen Dimensionen

Falls nein:
- Versuch, eine neue, geeignete Dimension für die Positionierung zu finden. Das dürfte problematisch sein, zumal auch keine Informationen zu den Ist-Positionen der Konkurrenzmarken bezüglich der neuen Dimension vorliegen.

alternativ:
- Gegebenenfalls Besetzung einer günstigen Position, die bereits von der Konkurrenz besetzt ist. Es muss dann versucht werden, die Positionierung besser umzusetzen und der Konkurrenz Marktanteile abzunehmen. Das dürfte allerdings schwierig sein und erfordert ein hohes Budget.

6. Gegebenenfalls Positionierungsformulierung
7. Angaben zum Benefit
   Für jede Positionierungsdimension muss ein Benefit formuliert werden. Evtl. Differenzierung zwischen objektivem und subjektivem Benefit. Darauf achten, dass keine Verwechslung zwischen objektivem Benefit und Reason Why stattfindet.
8. Angaben zum Reason Why
   Für jeden Benefit muss eine Nutzenbegründung formuliert werden.
9. Angaben zur Tonality
   - Auf jeden Fall müssen Angaben zur psychologischen Dimension der Tonality gemacht werden.
     – Welche Gefühle, Anmutungen, Assoziationen etc. sollen durch die Werbung geweckt werden?
   - Angaben zum Darstellungsstil sind nicht unbedingt notwendig, sollten aber gemacht werden, falls Ihnen dazu etwas Sinnvolles einfällt. Achten Sie darauf, dass die Stilrichtung zu den Angaben, die bei der psychologischen Dimension gemacht wurden, passt.
   - Evtl. Angaben zur Umsetzung der Tonality, z.B. Farben, Sättigung, Inhalte, Personen etc.

Positionierungs-/Copy-Strategie bei einer Umpositionierung

Es wird angenommen, dass Ziele, Zielgruppen, Positionierungsdimensionen und Positionierungsdiagramme gegeben sind.
1. Analyse der Hintergrundinformationen
2. Gegebenenfalls Analyse von Zielen, Zielgruppe(n)
3. Analyse der bisherigen Positionierungs-/Copy-Strategie
4. Vergleich von Ist-Position und Soll-Positionierung
5. Bewertung der aktuellen Positionierung
   - Passt sie zu den Produkteigenschaften?
   - Passt sie zu den Zielgruppeneigenschaften?
   - gewährleistet sie eine Alleinstellung?

Falls die bisherige Positionierung als günstig eingeschätzt wird, Empfehlung die Positionierung beizubehalten
   - Danach weiter mit Copy-Strategie

Falls die bisherige Positionierung als verbesserungsbedürftig eingeschätzt wird, Untersuchung, wie sie verbessert werden kann.

Falls bisher eindimensional positioniert wurde:
- stärkere Betonung der Positionierungsdimension
- Positionierung auf einer anderen Dimension (problematisch, da es einen völligen Positionierungswechsel bedeuten würde)
- Hinzunahme einer zusätzlichen Positionierungsdimension

Falls bisher zweidimensional positioniert wurde:
- stärkere Betonung einer Positionierungsdimension oder beider Positionierungsdimensionen
- Kombination einer der beiden Positionierungsdimensionen mit einer neuen Dimension
- Als Ergebnis dieser Untersuchung muss eine begründete Empfehlung für eine Umpositionierung stehen. Auf jeden Fall muss darauf geachtet werden, dass die neue Positionierung nicht zu sehr von der alten abweicht, da sie sonst nicht glaubwürdig ist.
- **Weiter mit Positionierungsformulierung und Copy-Strategie**
  (Siehe Positionierung und Copy-Strategie bei einer Produktneueinführung)

1.9 Copy-Analyse

Zweck einer Copy-Analyse
Eine Copy-Analyse ist Bestandteil der Konkurrenzanalyse.

 Durch die Copy-Analyse soll ermittelt werden, welche Positionen die Konkurrenzunternehmen für ihre Produkte bzw. Marken im Markt anstreben und welche Copy-Strategien ihren Werbemitteln zu Grunde liegen.

Analyse von Werbemitteln

Bestandteile einer Copy-Analyse
Die Inhalte einer Copy-Analyse differieren bei den verschiedenen Agenturen, berücksichtigen aber natürlich die Positionierung, die Bestandteile der Copy-Strategie und die Zielgruppe. Kernbestandteile sind deshalb

Kernelemente

- Positionierung,
- Consumer Benefit,
- Reason Why,
- Tonality,
- Zielgruppe.

Weitere mögliche Aspekte
Sie beziehen sich vor allem auf die Umsetzung in der Kommunikation, d.h. vor allem auf
- Headline (= Hauptüberschrift),
- Subline (= Zwischenüberschrift),
- Claim und Slogan (diese sind nur bei Vorliegen mehrerer Werbemittel der gleichen Unternehmen identifizierbar)
- Key Visual und
- CD-Konstante (Farbe, Logo, Typo etc.)

Auf diese in der Werbepraxis alltäglich gängigen Elemente ist im Band über Kommunikationspolitik schon teilweise eingegangen worden und sie werden in nachfolgenden Kapiteln noch näher behandelt, hier vorab kurze Begriffserläuterungen:
- Claim:
  Getexteter Zusatznutzen, meist auf eine Kampagne beschränkt und daher zeitlich befristet.
- Slogan:
  Prägnanter, einprägsamer Werbespruch oder Werbevers, der als eine Konstante über einen langen Zeitraum in allen Werbemitteln verwendet wird.
- Key-Visual:
  Das visuelle Grundmotiv, das den langfristigen visuellen Auftritt einer Marke oder eines Unternehmens bestimmt.

1.10 Situationsaufgabe zur Positionierung

1.10.1 Situationsdarstellung

Klaus Weinselig hat viele Jahre erfolgreich als selbstständiger Unternehmensberater gearbeitet und dabei sehr viel Geld verdient, das er gut angelegt hat. Mit diesem Geld hat er sich seinen Lebenstraum verwirklicht und zu seinem 50. Geburtstag eine Sektkellerei in einem Teil eines ehemaligen Schlosses eröffnet. Weinselig stellt vier Sektsorten her:
- einen extra trockenen Weißsekt,
- einen trockenen Weißsekt,
- einen trockenen Rosésekt und
- einen trockenen Rotsekt.

Alle Sektsorten sind von sehr hoher Qualität und werden handgerüttelt im Flaschengärungsverfahren hergestellt. Der Endverbraucherpreis für die billigste Sorte beträgt 12,00 €, für die teuerste Sorte 16,00 € pro 0,75 l-Flasche. Als Basis für die Sektherstellung wird hochwertiger Badischer Wein verwendet.

Produktfachliche Begriffserläuterungen

Flaschengärung:
Bei der Sektherstellung wird der Wein, der versektet werden soll, durch Zugaben von Gärhefe in einen zweiten Gärprozess versetzt, der das Perlen des Sektes bewirkt. Im Gegensatz zur sonst üblichen Containergärung erfolgt dieser Gärvorgang bei der Flaschengärung in den Sektflaschen. Hierdurch hat der Wein einen intensiveren Kontakt mit der Gärhefe und nimmt daher auch mehr Geschmacksstoffe auf. Die Flaschengärung entspricht dem Champagnerverfahren, darf aber aus Gründen des Markenrechtes für Sekt, der nicht aus der Champagne stammt, nicht so genannt werden.

Handrüttelung:
Während der Gärung liegen die Flaschen auf Rüttelregalen. Durch wiederholte, komplizierte Drehungen (rütteln) rutscht die Hefe in den Flaschenhals und spritzt bei Entfernung des Kronkorkens am Ende der Gärzeit heraus. Erfolgen die Drehungen per Hand und nicht maschinell, spricht man von Handrüttelung.

Aufgabe
Es soll eine Positionierung für den Sekt von Weinselig entwickelt werden. Dabei sind die folgenden Informationen zu berücksichtigen. Der Weinselig-Sekt soll neu in den deutschen Markt eingeführt werden, es muss daher keine bestehende Position berücksichtigt werden. Außerdem sind der Consumer-Benefit, der Reason Why und die Tonality anzugeben. Die Vorschläge müssen ausreichend begründet werden.

Informationen zur Situationsaufgabe

Marktdaten
Das mengenmäßige Marktvolumen für Sekt liegt zurzeit bei etwa 520 Mio. Flaschen zu je 0,75 l. Es schwankt schon seit einigen Jahren um diesen Wert, sodass grundsätzlich von einer Stagnation auf dem Sektmarkt ausgegangen werden kann. Dabei nimmt der Anteil der Importsekte in den letzten Jahren relativ kontinuierlich zu und liegt zurzeit bei etwa 20 %. Der durchschnittliche Pro-Kopf-Verbrauch pro Jahr stagniert schon seit mehreren Jahren und liegt zurzeit bei etwa 4,80 l pro Kopf und Jahr.

Werbeaufwendungen
Die Werbeaufwendungen für Sekt haben sich schwankend entwickelt und lagen bei Drucklegung dieses Buches bei etwa 40 Mio. € jährlich. Die ca. 14 größten Etats für Marken verteilen sich wie folgt (im Einzelnen nachzulesen in Studien des Axel Springer Verlags, Näheres siehe z.B. unter www.mediapilot.de.):

5 bis 12,5 Mio. €	– 2 Marken
2,5 bis 5 Mio. €	– 4 Marken
0,5 bis 2,5 Mio. €	– 8 Marken

Angaben zur Preisstruktur
Die Preise der meisten bekannten Sektmarken befanden sich bei einem Storecheck im Preisbereich zwischen € 2,50 und € 5,00.
(Folgende Angaben sind nicht repräsentativ und geben nur die Verteilung zu einem Zeitpunkt wieder – in der Praxis müsste ein bundesweit repräsentativer Storecheck erfolgen und die zeitlichen Änderungen der Preispolitik beobachtet werden.)

€ 2,00 bis unter € 3,50:	Faber, Rüttgers Club, Carstens SC, Söhnlein, MM Extra, Kupferberg
€ 3,50 bis unter € 5,00:	Rondell, Rotkäppchen, Henkell,
€ 5,00 bis unter € 7,50:	Mumm, Chandon, Freixenet
€ 7,50 bis unter € 10,00:	Fürst Metternich
€ 10,00 +:	Krimskoye

Die Preise für Champagner liegen in der Regel über € 10,00, für bekannte Marken müssen € 17,50 bis € 25,00 gezahlt werden.

Faktorenanalyse (siehe auch 1.10.2)
Sie wurde auf Basis von Daten aus der „Typologie der Wünsche Intermedia" (TdW Intermedia GmbH & Co. KG, Offenbach), berechnet.

Nr.	Variable	Faktor 1	Faktor 2
1	Um mich zu verwöhnen, leiste ich mir ab und zu einen guten Tropfen	0,922	
2	Zu meinem Leben gehören selbstverständlich Literatur, Kunst und Theater	0,876	
3	Ich würde mich selbst als Genießer bezeichnen	0,875	
4	Ich bin auch bei Produkten des täglichen Lebens sehr anspruchsvoll	0,866	
5	Es ist mir sehr wichtig, mich mit schönen Dingen zu umgeben	0,81	
6	Ich gehe gern in exklusive Geschäfte	0,803	0,563
7	Ich leiste mir gern teure Sachen	0,743	0,584
8	Ich glaube, ich bin kreativer als andere	0,737	0,608
9	Ich bin anderen oft einen Schritt voraus	0,718	0,595
10	Es kommt häufig vor, dass ich mich in wichtigen Fragen der Gesellschaft stark engagiere	0,61	
11	Mein beruflicher Erfolg ist mir sehr wichtig, dafür setze ich mich ein		0,939
12	Ich habe ehrgeizige Pläne und Ziele, will weiterkommen		0,934
13	Ich bin ziemlich spontan		0,857
14	Es ist mir wichtig, mich weiterzubilden		0,823
15	Ich bin besonders risikobereit		0,806
16	Ich versuche, mich durch regelmäßige sportliche Betätigung fit zu halten		0,800

Abb 1.29: Faktorenanalyse, rotierte Komponentenmatrix (zur Erläuterung siehe Abschnitt 1.10.2)

Zielgruppen für den Weinselig-Sekt

- **Kernzielgruppe:** Personen, die im Allgemeinen mindestens 7,50 € pro Flasche Sekt ausgeben und trockenen Sekt bevorzugen
  Potenzial: 1,27 Mio. Personen (ermittelt über TdWI)

- **Erweiterte Zielgruppe:** Personen, die im Allgemeinen mindestens 5 € pro Flasche Sekt ausgeben und trockenen Sekt bevorzugen
  Potenzial: 6,68 Mio. Personen (ermittelt über TdWI)

Zielgruppeneigenschaften

Merkmal	Kernzielgruppe	erweiterte Zielgruppe
Geschlecht	leicht überproportional männlich	leicht überproportional männlich
Alter	30 – 59 Jahre	30 – 59 Jahre
Schulabschluss	FOR + (FHR und AHR stark überproportional)	FOR + (FHR und AHR stark überproportional)
Haushaltsnettoeinkommen	2.000 + € (3.000 + stark überproportional)	2.000 + € (3.000 + deutlich überproportional)
Durchsetzungsvermögen	sehr hoch	hoch
Überlegenheitsanspruch	hoch	relativ hoch
Führungsanspruch	hoch	relativ hoch
Risikobereitschaft	hoch	leicht überproportional
Erfolgsstreben	relativ hoch	relativ hoch
Entscheidungen	rational	eher rational
gesellschaftliches und politisches Engagement	hoch	leicht überproportional
Bedeutung von Luxusgütern	sehr hoch	hoch
Bedeutung von Genuss	hoch	ziemlich hoch
Qualitätsbewusstsein	sehr hoch	hoch
Markenbewusstsein	relativ hoch	relativ hoch

Abb. 1.30: Weinselig-Sekt, Zielgruppeneigenschaften

Verwenderprofile
Für den deutschen Sektmarkt liegen in der Fachliteratur differenzierte Verwenderprofile vor. Nachfolgend sind von den ausführlichen, in der „Typologie der Wünsche Intermedia" (Burda Publishing Center, GmbH / www.tdwi.de) dargestellten Profilen die vier allgemeinen für regelmäßige und intensive Sekt- und Champagnerverwender wiedergegeben. Wer sich detaillierter dafür interessiert, findet am angegebenen Ort die Aufschlüsselung für die einzelnen Marken, und der Kellereigründer Weinselig würde in der Praxis natürlich auch diese komplette Marktinformation heranziehen.
Aus den Verwenderprofilen lässt sich in Verbindung mit einer Faktorenanalyse ein Positionierungsdiagramm für die auf dem Markt befindlichen Sektmarken erstellen. Ein solches Diagramm ist in Abb. 1.31 abgedruckt. (Hinweis: Es dient nur Übungszwecken – für jegliche Verwendung in der Praxis müssen aktuelle, authentische Informationen aus der Marktforschung und deren Originalpublikationen herangezogen werden!)

Verwenderprofile	regelmäßige Sektverwender	intensive Sektverwender	gelegentliche Verwender von Champagner	regelmäßige Verwender von Champagner
Potenzial	13,44 Mio.	6,5 Mio.	1,65 Mio.	0,58 Mio.
Geschlecht	leicht überproportional weiblich	leicht überproportional weiblich	leicht überproportional männlich	leicht überproportional männlich
Alter	25 – 35 Jahre	25 – 35 Jahre	30 – 59 Jahre	keine klare Differenzierung (teilweise sehr jung, aber auch mittlere Altersgruppen)
Haushaltsnettoeinkommen	überproportional 2.000 + €	überproportional 2.500 + €	2.500 + € deutlich überproportional 3.000 + €	2.500 + € deutlich überproportional 3.000 + €
Schulabschluss	überproportional FOR + deutlich überproportional FHR und AHR	überproportional FOR + deutlich überproportional FHR und AHR	überproportional FOR + deutlich überproportional AHR	überproportional FOR + deutlich überproportional FHR und AHR
Ausgabebereitschaft für Sekt	Hauptanteil 3 € – 7,5 € deutlich überproportional aber auch 7,5 € +	Hauptanteil 3 € – 7,5 € deutlich überproportional aber auch 7,5 € +	Hauptanteil 5 € – 7,5 € und 7,5 + € (7,5 + € sehr stark überproportional)	Hauptanteil 5 € – 7,5 € und 7,5 + € (7,5 + € sehr stark überproportional)
bevorzugte Sektart	trocken (46,6 %) und lieblich (42,6 %)	trocken (47,1 %) und lieblich (42,3 %)	trocken	trocken (43,2 %) und lieblich (34,5 %)
Markenbewusstsein	hoch	hoch	hoch	hoch
Qualitätsbewusstsein	relativ hoch	relativ hoch	sehr hoch	hoch

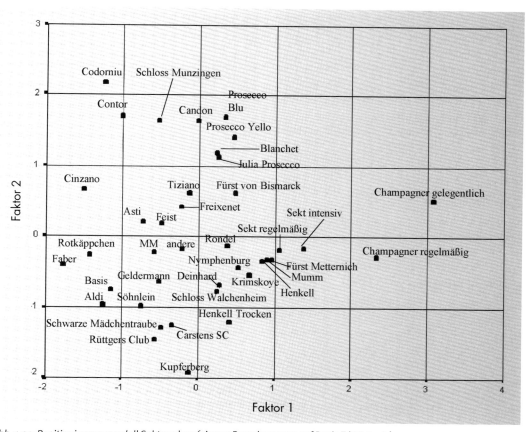

Abb. 1.31: Positionierungsmodell Sektmarken (eigene Berechnungen auf Basis TdWI-Basis)

1.10.2 Exkurs: Erläuterungen zur Faktorenanalyse

Um zu den zwei in der Abbildung/Tabelle 1.29/1.31 berücksichtigten Faktoren zu gelangen, wurde zunächst eine Vielzahl qualitativer Merkmale der TdWI berücksichtigt. Für jedes Merkmal wurde

- für alle Personen der Grundgesamtheit 14+ (Basis),
- für alle Personen, die mindestens mehrmals pro Monat Sekt trinken (Sekt intensiv),
- für alle Personen, die regelmäßig Sekt trinken (mindestens 1 x pro Monat),
- für alle Personen, die regelmäßig Champagner trinken (mindestens 1 x pro Monat) und
- für alle Personen, die gelegentlich Champagner trinken (mindestens 1 x pro Vierteljahr) sowie
- für die verschiedenen Sektmarken

eine **Gesamtbewertung als gewogener Durchschnitt** ermittelt. Die Ausgangsdaten der Detailtabelle (mit neutralisierten Markennamen im Anhang dieses Buches auf S. 516/517) findet man in der TdWI (www.tdwi.de).

Beispiel

Merkmal	Codierung	Nennung durch Käufer einer Marke (vertikale Prozentuierung)
Ich habe ehrgeizige Pläne und Ziele, will weiterkommen.		
Trifft überhaupt nicht zu.	1	9,1 %
	2	12,1 %
	3	16,5 %
	4	24,5 %
	5	20,9 %
Trifft voll und ganz zu.	6	17,0 %

ØBewertung
= 1·0,091 + 2·0,121 + 3·0,165 + 4·0,245 + 5·0,209 + 6·0,17
= **3,87**

In die Faktorenanalyse wurden jedoch nur solche Merkmale einbezogen, bei denen sich signifikant unterschiedliche Bewertungen bei den verschiedenen Markenverwendern ergaben.

> *Ziel einer Faktorenanalyse ist es, eine große Zahl von Merkmalen (Variablen) auf wenige Faktoren zu verdichten.*

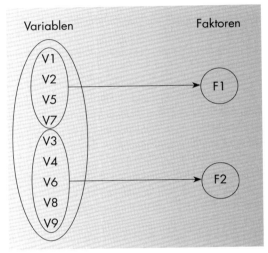

Abb. 1.32: Grundidee einer Faktorenanalyse

Im vorliegenden Fall wurden die 16 einbezogenen Variablen auf zwei Faktoren verdichtet.

Der Zusammenhang zwischen den Faktoren und den Variablen wird durch die Komponenten in der **Faktorladungsmatrix (Komponentenmatrix)** wiedergegeben. Die Komponenten können Werte zwischen -1 und 1 annehmen. Sie können als Korrelationskoeffizienten zwischen der betreffenden Variablen und dem zugehörigen Faktor gedeutet werden:

- Ein Wert in der Nähe von -1 bedeutet einen starken negativen Zusammenhang zwischen Variable und Faktor.
- Ein Wert in der Nähe von 1 bedeutet einen starken positiven Zusammenhang zwischen Variable und Faktor.
- Ein Wert in der Nähe von Null bedeutet keinen oder nur einen sehr geringen Zusammenhang zwischen Variable und Faktor.

In der Regel werden Variablen mit einer Faktorladung ab 0,5 dem betreffenden Faktor zugeordnet.

In günstigen Fällen erhält man eine Faktorladungsmatrix, bei der sich die einzelnen Variablen relativ eindeutig bestimmten Faktoren zuordnen lassen. Durch bestimmte Verfahren (Rotation) lässt sich die Zuordnung in der Regel noch deutlich verbessern (rotierte Komponentenmatrix); vergleichen Sie die Tabelle „rotierte Komponentenmatrix" in Abb. 1.29 bzw. Abb. 1.33.

Problematisch ist es, wenn Variablen auf mehrere Faktoren hoch laden. Sie müssen dann bei jedem der betreffenden Faktoren zur Interpretation herangezogen werden.

Für alle Faktoren muss nun versucht werden, einen einheitlichen Begriff (eine gemeinsame Ursache) für die Variablengruppen zu finden, die dem jeweiligen Faktor zugeordnet ist. Diesen Prozess bezeichnet man als **Faktorinterpretation**.

Durch die Faktorinterpretation werden die einbezogenen Variablen auf wenige relevante Dimensionen verdichtet, die dann bei der Positionierung berücksichtigt werden können.

Für die Faktoren lassen sich für alle zu Grunde liegenden Fälle (hier Marken und Verwendergruppen) Faktorwerte ermitteln. Im vorliegenden Fall lassen sich die Faktorwerte als Bewertungszahlen für die Faktoren interpretieren. Da es sich um standardisierte Werte handelt (Abweichungen vom Mittelwert, der gleich Null gesetzt wird), ist ein unmittelbarer Vergleich mit den ursprünglichen Durchschnittsbewertungen nicht mehr möglich. Hohe positive Faktorwerte bedeuten stark überdurchschnittliche Ausprägungen im Vergleich zu allen anderen Objekten. Hohe negative Faktorwerte bedeuten stark unterdurchschnittliche Ausprägungen im Vergleich zu allen anderen Objekten. Faktorwerte in der Nähe von Null bedeuten, dass ein Objekt (Marke) in Bezug auf diesen Faktor eine dem Durchschnitt entsprechende Ausprägung besitzt.

Beispiel

Für eine der Marken ermittelt man:

Faktor   Faktorwert
Faktor 1   −1,23287
Faktor 2   2,16752

Die Bewertung dieser Marke weicht bei der Variablengruppe des 1. Faktors stark nach unten, bei der Variablengruppe des 2. Faktors dagegen deutlich nach oben vom Mittelwert ab.

Bei zwei oder drei Faktoren lassen sich die Ergebnisse in einem Streudiagramm grafisch veranschaulichen. Dieses Diagramm eignet sich gut als Positionierungsmodell. Das zu den hier vorgestellten Daten zugehörige Streudiagramm ist das Positionierungsdiagramm in Abb. 1.31.

Ob die zu Grunde liegenden Daten überhaupt für eine Faktorenanalyse geeignet sind, lässt sich mit dem so genannten Kaiser-Maier-Olkin-Maß (KMO-Maß) ermitteln.

Wert des KMO-Maßes	Eignung der Daten für eine Faktorenanalyse
0,9 bis 1	sehr gut
0,8 bis unter 0,9	gut
0,7 bis unter 0,8	ziemlich gut
0,6 bis unter 0,7	mittelmäßig
0,5 bis unter 0,6	kläglich
unter 0,5	untragbar

Im vorliegenden Fall hat das KMO-Maß einen Wert von 0,877 also gute Eignung.

Der Zusammenhang zwischen den Variablen und den Faktoren bzw. der Zusammenhang zwischen den Variablen untereinander, der aus den Faktorladungswerten abgelesen werden kann, soll im Folgenden noch näher erläutert werden. Die in Abb. 1.29 zur besseren Übersichtlichkeit weggelassenen Faktorladungswerte unter 0,5 sind in der folgenden Tabelle in Abb. 1.33 ergänzt, hier sind jetzt alle Faktorladungswerte angegeben.

Nr.	Variable	Faktor 1	Faktor 2
1	Um mich zu verwöhnen, leiste ich mir ab und zu einen guten Tropfen	0,922	0,134
2	Zu meinem Leben gehören selbstverständlich Literatur, Kunst und Theater	0,876	0,310
3	Ich würde mich selbst als Genießer bezeichnen	0,875	0,270
4	Ich bin auch bei Produkten des täglichen Lebens sehr anspruchsvoll	0,866	0,403
5	Es ist mir sehr wichtig, mich mit schönen Dingen zu umgeben	0,81	0,383
6	Ich gehe gern in exklusive Geschäfte	0,803	0,563
7	Ich leiste mir gern teure Sachen	0,743	0,584
8	Ich glaube, ich bin kreativer als andere	0,737	0,608
9	Ich bin anderen oft einen Schritt voraus	0,718	0,595
10	Es kommt häufig vor, dass ich mich in wichtigen Fragen der Gesellschaft stark engagiere	0,61	0,481
11	Mein beruflicher Erfolg ist mir sehr wichtig, dafür setze ich mich ein	0,242	0,939
12	Ich habe ehrgeizige Pläne und Ziele, will weiterkommen	0,241	0,934
13	Ich bin ziemlich spontan	0,372	0,857
14	Es ist mir wichtig, mich weiterzubilden	0,354	0,823
15	Ich bin besonders risikobereit	0,387	0,806
16	Ich versuche, mich durch regelmäßige sportliche Betätigung fit zu halten	0,498	0,800

Abb. 1.33: Vollständige rotierte Komponentenmatrix (eigene Berechnungen auf Basis TdWI-Daten)

Beispiele für Streudiagramme
Es werden im Folgenden einige typische Konstellationen exemplarisch betrachtet.

a) Beziehung zwischen Variable und Faktor
Die Variable Nr. 1 „Um mich zu verwöhnen, leiste ich mir ab und zu einen guten Tropfen" hat bezüglich des Faktors 1 mit 0,922 einen hohen Faktorladungswert, der in der Nähe von +1 liegt. Gegenüber Faktor 2 hat diese Variable mit 0,134 dagegen einen geringen Wert, der relativ nahe bei Null liegt.

Die beiden Streudiagramme in Abb. 1.34 und Abb. 1.35 zeigen grafisch den Zusammenhang zwischen dieser Variablen und den beiden Faktoren 1 und 2.

Grafik 1.34 zeigt, dass ein enger positiver Zusammenhang zwischen der Variablen 1 und dem Faktor 1 besteht. Niedrige Werte der Variablen 1 korrespondieren mit niedrigen Werten des Faktors 1, hohe Werte der Variablen 1 gehen auch mit hohen Werten des Faktors 1 einher.

Grafik 1.35 zeigt demgegenüber, dass zwischen der Variablen 1 und dem Faktor 2 nahezu kein Zusammenhang erkennbar ist. Die Streuung erscheint weitgehend zufällig.

Auch die Variable 3 „Ich würde mich selbst als Genießer bezeichnen" hat bezüglich des Faktors 1 mit 0,875 einen Faktorladungswert in der Nähe von +1. Wie dann in Grafik 1.36 erkennbar ist, besteht auch zwischen dieser Variablen und dem Faktor 1 ein starker positiver Zusammenhang.

b) Beziehung zwischen Variablen
Wenn Variablen ähnliche Zusammenhänge zu Faktoren aufweisen, lässt sich vermuten, dass auch zwischen den Variablen dieser Zusammenhang besteht. Da beispielsweise zwischen der Variablen 1 und dem Faktor 1 und zwischen der Variablen 3 und dem Faktor 1 jeweils ein enger positiver Zusammenhang besteht, ist zu erwarten, dass dieser Zusammenhang auch zwischen den Variablen selbst besteht.

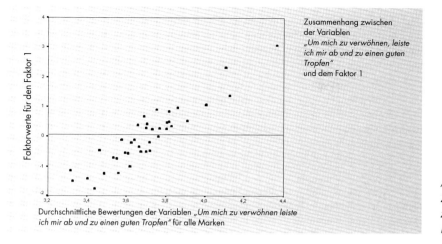

Abb. 1.34: Zusammenhang zwischen Variable Nr. 1 und Faktor 1

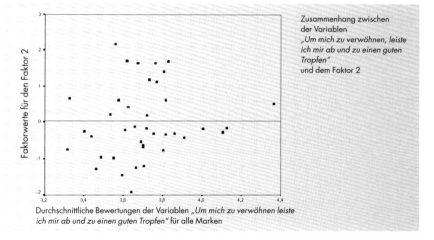

Abb. 1.35: Zusammenhang zwischen Variable Nr. 1 und Faktor 2

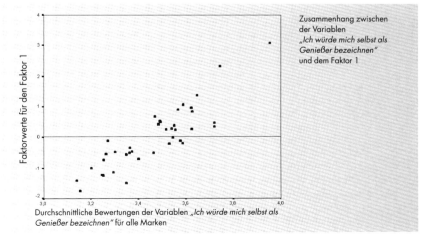

Abb. 1.36: Zusammenhang zwischen Variable Nr. 3 und Faktor 1

Die Grafik in Abb. 1.37 bestätigt die Vermutung. dass zwischen den Variablen Nr. 1 und Nr. 3 ein gewisser positiver Zusammenhang besteht.

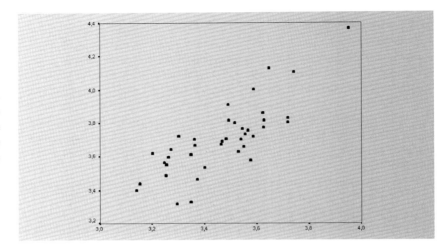

Abb. 1.37:
Zusammenhang
zwischen Variable
Nr. 1 und Variable
Nr. 3

Variable Nr. 12 „Ich habe ehrgeizige Pläne und Ziele, will weiterkommen" hat bezüglich Faktor 1 mit 0,241 eine geringe und Faktor 2 mit 0,934 eine hohe Faktorladung. Es ist zu vermuten, dass zwischen den Variablen 1 und 12 kein erkennbarer Zusammenhang besteht, was durch Abb. 1.38 bestätigt wird.

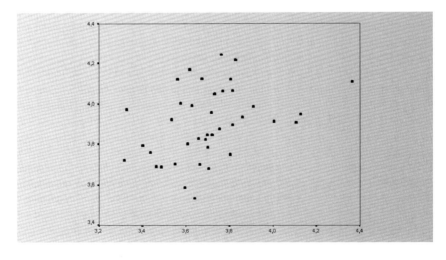

Abb. 1.38:
Zusammenhang
zwischen Variable
Nr. 1 und Variable
Nr. 12

Zusammenfassend lässt sich sagen: Variablen, die auf den gleichen Faktor hoch laden (Faktorladung in der Nähe von −1 oder +1), haben sowohl zu diesem Faktor als auch untereinander einen engen Zusammenhang. Variablen, die auf unterschiedliche Faktoren hoch laden und bezüglich des jeweils anderen Faktors aber nur eine geringe Faktorladung haben (Faktorladung in der Nähe von Null), haben untereinander keinen oder zumindest keinen nennenswerten Zusammenhang.

1.10.3 Lösungshinweise zur Fallsituation „Positionierung Weinselig-Sekt"

1.10.3.1 Positionierung

Faktorinterpretation
Die Variablen Nr. 1–5 und 10 haben bezüglich Faktor 1 hohe, bezüglich Faktor 2 geringe Faktorladung und werden dem 1. Faktor zugeordnet. Sie berücksichtigen „Genuss/Lebensart" und mit diesem Begriffspaar wird Faktor 1 zunächst versuchsweise belegt. Die Variablen Nr. 11 – 16 laden auf Faktor 2 hoch und auf Faktor 1 niedrig. Sie lassen sich unter „Erfolgsstreben" subsumieren. Es ist zu prüfen, ob sich dieser Begriff zur Kennzeichnung von Faktor 2 eignet.

Die Variablen Nr. 6 – 9 laden sowohl auf Faktor 1 als auch auf Faktor 2 hoch, wobei die Koeffizienten bei Faktor 1 deutlich höher sind. Dieses Ergebnis verträgt sich mit der vorläufigen Belegung der Faktoren mit Begriffen. Das Streben nach schönen, teuren, exklusiven Dingen ist von Genussmenschen mit gehobener Lebensart als auch von Menschen, die nach Erfolg streben, zu erwarten. Das gilt auch für „Kreativität" und „Vorsprung vor anderen". Damit lassen sich die beiden Faktoren wie folgt interpretieren:
Faktor 1: Genuss/Lebensart
Faktor 2: Erfolgsstreben

Vorüberlegungen
1. Identifikation potenziell günstiger Positionen nach folgenden Kriterien:
   - Übereinstimmung der Position mit den Zielgruppen,
   - Position muss zu dem Produkt passen: sehr hohe Qualität, Champagnerverfahren, trockener/extra trockener Sekt, hoher Preis (12 € – 16 €),
   - Position sollte nicht so stark durch Wettbewerbsmarken besetzt sein,
   - mäßiger Werbedruck von Wettbewerbsmarken.
2. Probleme bei der Neueinführung:
   - Sektmarkt scheint gesättigt zu sein:
     - Marktvolumen stagniert,
     - Pro-Kopf-Verbrauch stagniert.

3. Hinweise Positionierungsmodell (Abb. 1.31):
   - Hier kann nicht unmittelbar eine Idealposition entnommen werden.
   - Das Modell zeigt aber Positionen und Abstände der hauptsächlichen Sektmarken.
   - Das Modell zeigt die Positionen von bestimmten Verwendergruppen.
   - Es ist eingeschränkt möglich, Positionen Verwenderpotenzialen zuzuordnen.

Untersuchung der Eignung verschiedener Positionen in dem Positionierungsmodell
Die Ausprägung der Faktoren lässt sich in Stufen einteilen, Felder im Positionierungsdiagramm sind durch Kombinationen beschrieben, im Folgenden werden die wesentlichen betrachtet:

❶ Faktor 1: unterdurchschnittlich
   Faktor 2: unterdurchschnittlich
Diese Position ist von ca. 10 Marken besetzt.
Potenzial: hoch
Eignung: Die Position ist ungeeignet, denn wegen der Vielzahl der preiswerten Marken ist der hochpreisige Weinselig-Sekt in dieser Position nicht konkurrenzfähig.

❷ Faktor 1: leicht überdurchschnittlich
   Faktor 2: leicht überdurchschnittlich
Diese Position ist von einer Marke besetzt.
Potenzial: gering (unter 1 Mio.)
Eignung: Diese Position ist für Weinselig nicht geeignet. Die notwendige Ausgabebereitschaft ist evtl. bei einem Teil des Potenzials vorhanden, ungünstig sind aber das niedrigere Qualitätsbewusstsein und die teilweise Bevorzugung von lieblichem Sekt.

❸ Faktor 1: leicht überdurchschnittlich
   Faktor 2: deutlich unterdurchschnittlich
Diese Position ist von drei Marken besetzt.
Potenzial: mittel (ca. 4 Mio.)
Eignung: Nicht geeignet, da Ausgabebereitschaft hauptsächlich zwischen 3 € und 7,50 € und damit unterhalb der angestrebten Preiskategorie liegt.

❹ Faktor 1: überdurchschnittlich
   Faktor 2: leicht unterdurchschnittlich
Hier finden sich drei Marken und die Verwendergruppen „Sekt regelmäßig" und „Sekt intensiv".
Potenzial: mittel bis hoch (über 4 Mio.)
Eignung: Die Position ist nicht uninteressant:
- teils Ausgabebereitschaft 7,50 +,
- trockener Sekt wird bevorzugt,
- hohes Qualitätsbewusstsein,
- nah zu regelmäßigen u. intensiven Sektverwendern, hohe Potenziale,
- Abgrenzung von vorhandenen Marken d. Betonung 1. Faktors möglich.

„Mehr Genuss und Lebensstil durch mehr Qualität"

❺ Faktor 1: unterdurchschnittlich
   Faktor 2: leicht überdurchschnittlich
Diese Position ist von fünf Marken besetzt.
Potenzial: relativ hoch (7 – 8 Mio.)
Eignung: problematisch, denn
- Ausgabebereitschaft 3 € – 7,5 €,
- Ausgabebereitschaft 7,5 € + zwar teilweise vorhanden, lieblicher Sekt wird jedoch tendenziell bevorzugt.
- Qualitätsbewusstsein durchschnittlich/leicht unterdurchschnittlich.

❻ Faktor 1: unterdurchschnittlich
   Faktor 2: deutlich überdurchschnittlich
Diese Position ist von vier Marken besetzt.
Potenzial: gering, vermutlich unter 1 Mio.
Eignung: eher ungünstig, da
- geringes Potenzial,
- vor allem lieblicher Sekt bevorzugt,
- durchschnittliches, teils unterdurchschnittliches Qualitätsbewusstsein.

❼ Faktor 1: leicht überdurchschnittlich
   Faktor 2: leicht überdurchschnittlich
Die Position ist von einer Marke besetzt.
Potenzial: eher gering, vermutl. unter 1 Mio.
Eignung: könnte interessant sein, da
- rel. hohe Ausgabebereitschaft,
- trockener Sekt wird bevorzugt,
- rel. hohes Qualitätsbewusstsein,
- geringe Anzahl Konkurrenzmarken.
Prüfen, ob sich Potenzial weiter ausbauen lässt.

❽ Faktor 1: leicht überdurchschnittlich
   Faktor 2: deutlich überdurchschnittlich
Die Position ist von vier Marken besetzt.
Potenzial: mittel bis gering (1 – 2 Mio.)
Eignung: könnte interessant sein, da hohe Ausgabebereitschaft (über 7,5 €), aber Probleme:
- teilweise lieblicher Sekt bevorzugt,
- teils durchschnittliches/unterdurchschnittliches Qualitätsbewusstsein.

❾ Faktor 1: stark überdurchschnittlich
   Faktor 2: leicht unterdurchschnittlich
Verwendergruppen: Champagner regelmäßig
Potenzial: eher beschränkt, vermutlich deutlich unter 1 Mio.
Eignung: könnte interessant sein:
- sehr hohe Ausgabebereitschaft,
- hohes Qualitätsbewusstsein.
Probleme:
- lieblicher Sekt teilweise bevorzugt,
- kleines Potenzial.
Problem: Abgrenzung von Champagnermarken!

❿ Faktor 1: stark überdurchschnittlich
   Faktor 2: leicht überdurchschnittlich
Verwendergruppen: Champagner gelegentlich
Potenzial: deutlich über 1 Mio.
Eignung: Position grundsätzlich interessant:
- hohe Ausgabebereitschaft,
- sehr hohes Qualitätsbewusstsein,
- trockener Sekt wird bevorzugt,
- relativ hohes Potenzial,
- da die Verwendergruppe nur gelegentlich Champagner trinkt, ist sie evtl. aufgeschlossener gegenüber hochwertigem Sekt.
Problem: Abgrenzung von Champagnermarken!

⓫ Faktor 1: stark überdurchschnittlich
   Faktor 2: stark überdurchschnittlich
Verwendergruppen/Marken, die diese Position besetzen: keine
Potenzial: kann nicht richtig abgeschätzt werden, ist aber vermutlich sehr gering
Eignung: vermutlich ungeeignet wegen des sehr geringen Potenzials.

Empfohlene Position
- Faktor 1: überdurchschnittlich,
- Faktor 2: leicht überdurchschnittlich

Diese Position ist in Abb. 1.39 eingetragen. Der Hauptaspekt liegt auf der deutlichen Betonung des 1. Faktors:
- Genuss,
- Lebensart/Lebensstil.

Faktor 2 (Erfolgsstreben) bleibt aber nicht unberücksichtigt.

Formulierungsversuch für eine Positionierung:

„Weinselig, der Sekt, mit dem Sie
Ihren Erfolg genießen können,
unverzichtbar für Menschen mit Stil"

Begründung:
- vermutlich ausreichend hohes Potenzial,
  - relativ nah zu intensiven und regelmäßigen Sektverwendern
- hohe Ausgabebereitschaft für Sekt vorhanden,
- hohes Qualitätsbewusstsein,
- keine Konkurrenzsektmarken in unmittelbarer Nähe,
- ausreichend weit von den Champagnerverwendern entfernt,
  - Abgrenzungsproblematik zu den Champagnermarken,
- passt zu den Eigenschaften des Weinselig-Sekt,
- passt zu den Eigenschaften der Zielpersonen von Weinselig.

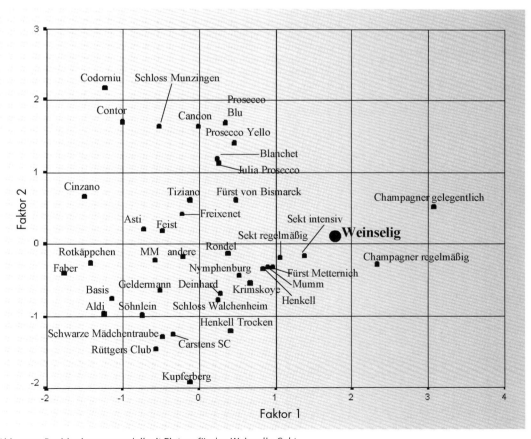

Abb. 1.39: Positionierungsmodell mit Eintrag für den Weinselig-Sekt

1.10.3.2 Copy-Strategie

a) Consumer Benefit
Bei der Formulierung von Zusatznutzen ist zu beachten, dass sie zu der Positionierung passen und sich schlüssig aus dieser herleiten lassen müssen. In diesem Fallbeispiel bietet sich hauptsächlich die Auslobung von subjektiven Benefits an. Hier einige Ideen:

Formulierungen zum Zusatznutzen

Sensorischer Zusatznutzen – Geschmack/Genuss:
Der Weinselig-Sekt schmeckt so gut, dass es ein Genuss ist, ihn zu trinken.
Jeder Schluck ein Genuss

Egoistischer Zusatznutzen:
Mit dem Sekt von Weinselig wird Erfolg erst zum Genuss.
So schmeckt der Erfolg.
Der Geschmack des Erfolgs.

Sozialer Zusatznutzen:
Wenn Sie Ihren Gästen Weinselig-Sekt anbieten, werden Sie nicht beneidet, sondern bewundert.
Der Sekt, der jedes Fest zu einem Erfolg macht.

Evtl. lassen sich in der Kampagne alle angegebenen Benefits vermitteln, da sie alle die angestrebte Positionierung unterstützen. In den jeweiligen Werbemitteln sollte aber nur jeweils ein Zusatznutzen berücksichtigt werden. Auf diese Weise könnte die Kampagne Abwechslung bieten und würde nicht so schnell langweilig werden.

b) Reason Why
Der Reason Why muss zu dem jeweiligen Benefit eine schlüssige Begründung liefern.

Argumentationen zum Reason Why

Sensorischer Zusatznutzen Genuss/Geschmack:
Hinweis auf hohe Qualität des Grundweines und auf das Herstellungsverfahren:

- Flaschengärung
- Handrüttlung

Reason Why zum egoistischen Zusatznutzen:
Argumentation
Erfolgreiche Menschen haben hohe Ansprüche. Die überragende Qualität des Weinselig-Sektes und die individuelle Art der Herstellung ermöglichen höchsten Sektgenuss. Dadurch wird der Erfolg erst wirklich schön.

Beweisführung für die hohe Qualität
- erlesener Grundwein
- Herstellungsverfahren

Reason Why zum sozialen Zusatznutzen
Argumentation
Erfolgreiche Menschen werden oft beneidet. Wer seinen Gästen aber Weinselig-Sekt anbietet, wird wegen seines guten Geschmacks bewundert. Gleichzeitig verleiht man damit auch seiner Wertschätzung gegenüber den Gästen Ausdruck, da man ihnen einen Sekt von so hoher Qualität anbietet, was mit einem außergewöhnlichen Trinkgenuss verbunden ist.
Beweisführung für die hohe Qualität
- erlesener Grundwein
- Herstellungsverfahren

---

c) Tonality
Die Tonality muss die Positionierung und den Benefit durch die Art der Darstellung unterstützen. Die Tonality sollte daher Anmutungen in Richtung edel, stilvoll, gehobenes Ambiente in Verbindung mit Genuss zum Ausdruck bringen. Gleichzeitig sollte aber auch eine gewisse Dynamik vermittelt werden, um den Aspekt des Erfolgsstrebens zu unterstützen.

Hinweis:
Eine Weiterführung der Situationsaufgabe zur Entwicklung einer Werbestrategie finden Sie im Internet (www.berufskompetenz.de).

Kapitel 2

Auflagenbegriffe und Leser-/Kontaktzahlen

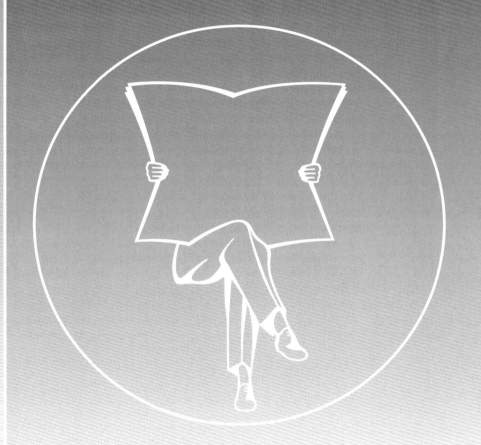

Bildmotiv: FAZ

„Der Worte sind genug gewechselt, lasst uns endlich Daten sehen"

Dr. Gerhard Kocher, Schweizer Politologe und Gesundheitsökonom

2.1 Kennziffern und Grössen zur Bewertung von Werbeträgern

2.1 Kennziffern und Grössen zur Bewertung von Werbeträgern

2.1.1 Auflagen und Auflagearten

Verbreitung von Printmedien

Ein Werbungtreibender wird seine Entscheidung, in welchen Werbeträgern er seine Werbung verbreitet, unter anderem davon abhängig machen, wie viele Personen er mit dem jeweiligen Werbeträger erreichen kann. Bei Printmedien gibt die Auflage eines Titels hierzu einen groben Anhaltspunkt. Dabei lassen sich verschiedene Auflagearten unterscheiden. Vergleichen Sie hierzu Abb. 2.1.

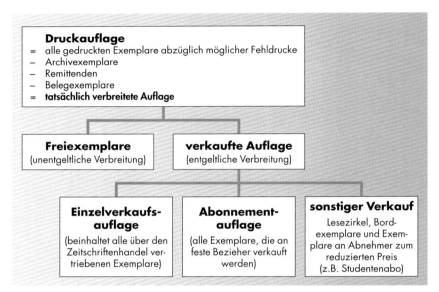

Abb. 2.1: Auflagearten

Begriffserklärungen:
- Archivexemplare sind solche, die der Verlag ins eigene Archiv einstellt.
- Remittenden sind Rückläufe vom Zeitschrifteneinzelhandel.
- Belegexemplare dienen Agenturen und Werbungtreibenden als Beleg für die Verbreitung der Werbung.
- Lesezirkel sind Unternehmen, die Zeitschriften vom Verlag beziehen, diese mit einem Umschlag versehen und mehrfach weitervermieten. Dabei werden jeweils mehrere Titel zu einem Paket zusammengefasst.
- Bordexemplare werden von Luftverkehrsgesellschaften (oder anderen Verkehrsunternehmen) bezogen und deren Passagieren unentgeltlich zur Verfügung gestellt.

IVW

Die Auflagenhöhe wird von den jeweilgen Verlagen gemeldet bzw. veröffentlicht. Um den Werbungtreibenden eine gewisse Sicherheit zu geben, dass die angegebenen Auflagen auch wirklich erreicht werden, erfolgt für die meisten Printmedien eine Prüfung der gemeldeten Auflagen durch die Informationsgemeinschaft zur Prüfung der Verbreitung von Werbeträgern (IVW).

Die IVW ist eine neutrale Einrichtung. Sie wird von den Medien, den Werbungtreibenden und den Werbeagenturen getragen.

Neben den Auflagen von Zeitungen und Zeitschriften kontrolliert die IVW auch den Plakatanschlag, die Kinobesucherzahlen und ob TV- und Funkspots ordnungsgemäß ausgestrahlt wurden. Darüber hinaus erfasst sie auch die Nutzungsdaten von Online-Medien.

2.1.2 Leserschaftsbegriffe

Durch die Angabe der Auflage eines Titels wird nicht berücksichtigt, dass die einzelnen Exemplare dieses Titels in der Regel von mehreren Personen genutzt werden. Wenn beispielsweise eine Familie, die aus zwei Eheleuten und einem erwachsenen Kind besteht, das noch im elterlichen Haushalt lebt, eine Tageszeitung abonniert hat, wird jedes Exemplar dieser Tageszeitung vermutlich von drei Personen genutzt. Durch die bloße Angabe der verbreiteten Auflage dieser Zeitung lässt sich folglich nicht ableiten, wie viele Personen mit einer Ausgabe dieser Zeitung im Durchschnitt Kontakt haben.

Mehrere Leser pro Exemplar

 Hierbei ist definiert, dass eine Person einen Werbeträgerkontakt mit einer Zeitung oder einer Zeitschrift hat, wenn sie das betreffende Exemplar in der Hand gehalten und durchgeblättert hat.

Werbeträgerkontakt

Die Anzahl der Personen, die mit einer durchschnittlichen Ausgabe eines Titels einen Werbeträgerkontakt haben, kann offenbar nur durch eine Befragung ermittelt werden. Dabei geht man in mehreren Schritten vor.

2.1.2.1 Weitester Leserkreis

Zunächst wird ermittelt, wie viele Personen während der letzten zwölf Erscheinungsintervalle wenigstens mit einer Ausgabe des Titels Kontakt hatten. Diese Personenzahl bezeichnet man als **Weitesten Leserkreis (WLK)**.

Unter dem **Erscheinungsintervall** eines Titels versteht man die Zeit, die zwischen dem Erscheinen zweier aufeinander folgender Ausgaben des Titels liegt. zwölf Erscheinungsintervalle umfassen also:

Erscheinungsintervall

Abb. 2.2: Erscheinungsintervall

- bei wöchentlich erscheinenden Titeln: 12 Wochen = 3 Monate
- bei 14-tägig erscheinenden Titeln: 24 Wochen = 6 Monate
- bei monatlich erscheinenden Titeln: 12 Monate = 1 Jahr

Bei täglich erscheinenden Titeln, z.B. Tageszeitungen, bezieht sich der weiteste Leserkreis allerdings auf einen Zeitraum von 14 Tagen, da die meisten Tageszeitungen sonntags nicht erscheinen.

2.1.2.2 Lesefrequenz

Frequenzabfrage

Im nächsten Schritt werden die Mitglieder des weitesten Leserkreises danach befragt, mit wie vielen der zwölf Ausgaben, die innerhalb der zwölf Erscheinungsintervalle erschienen sind, sie Kontakt hatten. Diese Abfrage bezeichnet man als **Frequenzabfrage**.

2.1.2.3 Leser pro Nummer (LpN)

Leser im letzten Erscheinungsintervall

Im dritten Schritt wird schließlich ermittelt, wie viele Personen im letzten Erscheinungsintervall mit dem Titel Kontakt hatten, wobei es keine Rolle spielt, welche Ausgabe des Titels genutzt wurde. Dadurch sollen z. B. auch die Nutzer von Lesezirkeln berücksichtigt werden, die je nach Art des Abonnements ältere Zeitschriften beziehen. Die Gesamtheit der Personen, die einen Titel innerhalb des letzten Erscheinungsintervalls genutzt hat, bezeichnet man als **Leser pro Nummer (LpN)**.

In der Kennzahl „Leser pro Nummer" werden also alle Personen zusammengefasst, die im jeweilgen Erscheinungsintervall mit irgendeiner Ausgabe des betreffenden Titels Kontakt hatten.

Bei einer Wochenzeitschrift wären das also alle Personen, die irgendeine Ausgabe dieser Zeitschrift in den letzten sieben Tagen vor der Befragung gelesen haben. Man geht davon aus, dass die durch Befragung ermittelte Anzahl der Leser im letzten Erscheinugsintervall identisch ist mit der Anzahl der Leser einer durchschnittlichen Ausgabe des betreffenden Titels. Der LpN-Wert eines Titels gibt damit an, wie viele Personen im Durchschnitt mit einer beliebigen Ausgabe dieses Titels Kontakt haben.

2.1.2.4 K1-Wert

Normalerweise kann man davon ausgehen, dass bei der Erstellung eines Mediaplans ein Titel nicht nur einmal, sondern mehrmals belegt wird. Der LpN-Wert hat den Nachteil, dass er keine Auskunft darüber gibt, wie viele Personen erreicht werden, wenn z. B. zwei- oder dreimal in dem gleichen Titel geschaltet wird. Angenommen, ein Titel hat einen LpN-Wert von 1 Mio. Personen. Das bedeutet, dass mit einer Schaltung in einer beliebigen Ausgabe dieses Titels 1 Mio. Personen erreicht werden, die die betreffende Ausgabe gelesen oder durchgeblättert haben. Daraus kann man aber nicht schließen, dass bei einer Belegung von zwei Ausgaben dieses Titels 2 Mio. verschiedene Personen erreicht werden, die mindestens eine der betreffenden Ausgaben gelesen oder durchgeblättert haben, da es ja möglicherweise Personen gibt, die mit beiden belegten Ausgaben Kontakt hatten und daher nur einmal gezählt werden dürfen. Hierüber gibt der LpN-Wert keine Auskunft.

Nutzungswahrscheinlichkeiten

Man versucht daher über die Frequenzabfrage „Wie viele der zwölf Ausgaben werden im zwölffachen Erscheinungsintervall durchgeblättert oder gelesen?" Nutzungswahrscheinlichkeiten zu ermitteln, mit deren Hilfe auch bei einer Mehrfachbelegung die Anzahl der erreichten Personen ermittelt werden kann. Im einfachsten Fall interpretiert man die jeweiligen Nutzungshäufigkeiten im zwölffachen Erscheinungsintervall als Nutzungswahrscheinlichkeiten. Wenn also jemand angibt, dass er mit fünf der zwölf Ausgaben der letzten zwölf Erscheinungsintervalle Kontakt hatte, geht man davon aus, dass seine Chance, Leser pro Nummer eines beliebigen Erscheinungsintervalls zu sein, 5/12 beträgt.

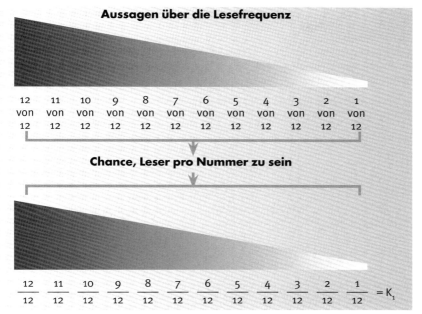

Abb. 2.3: Zusammenhang zwische K1- und LpN-Wert (Quelle: in Anlehnung an Eva-Maria Hess, Die Leser, Burda-Verlag)

Man ermittelt nun einen Schätzwert für den LpN-Wert, indem die Anzahl der Personen in den jeweiligen Frequenzklassen mit der zugehörigen Kontaktchance gewichtet und die so ermittelten Werte addiert werden. Das Ergebnis bezeichnet man als K1-Wert. Dabei steht K1 für Kumulation nach einer Ausgabe. Der K1-Wert gibt also an, wie viele Personen mit einer einmaligen Insertion in einer durchschnittlichen Ausgabe des Titels erreicht werden.

K1-Wert als Schätzwert für den LpN

Beispiel

Der Weiteste Leserkreis eines Titels besteht aus 22.000 Personen. Diese verteilen sich wie folgt auf die Frequenzklassen:

Lesefrequenz	1 von 12	2 von 12	3 von 12	4 von 12	5 von 12	6 von 12	7 von 12	8 von 12	9 von 12	10 von 12	11 von 12	12 von 12
Kontaktwahr-scheinlichkeit	$\frac{1}{12}$	$\frac{2}{12}$	$\frac{3}{12}$	$\frac{4}{12}$	$\frac{5}{12}$	$\frac{6}{12}$	$\frac{7}{12}$	$\frac{8}{12}$	$\frac{9}{12}$	$\frac{10}{12}$	$\frac{11}{12}$	$\frac{12}{12}$
Anzahl der Personen	1.200	2.500	3.000	2.900	2.800	2.600	1.800	1.500	1.400	1.200	800	300

Zur Ermittlung des K1-Wertes muss die Anzahl der Personen in jeder Frequenzklasse mit der zugehörigen Kontaktwahrscheinlichkeit gewichtet werden.

$$\begin{aligned} K1 \ =\ & \frac{1}{12}\cdot 1.200 + \frac{2}{12}\cdot 2.500 + \frac{3}{12}\cdot 3.000 + \frac{4}{12}\cdot 2.900 + \frac{5}{12}\cdot 2.800 \\ & + \frac{6}{12}\cdot 2.600 + \frac{7}{12}\cdot 1.800 + \frac{8}{12}\cdot 1.500 + \frac{9}{12}\cdot 1.400 + \frac{10}{12}\cdot 1.200 \\ & + \frac{11}{12}\cdot 800 + \frac{12}{12}\cdot 300 = 9.833 \end{aligned}$$

Mit einer durchschnittlichen Ausgabe werden also 9.833 Personen erreicht.

2.1.2.5 Leser pro Ausgabe (LpA)

Abweichung zwischen K1-Wert und LpN-Wert

K1-Wert und LpN-Wert drücken offenbar den gleichen Sachverhalt aus. Beide geben an, wie viele Personen mit einer durchschnittlichen Ausgabe eines Titels Kontakt haben. Die Ermittlung ist unterschiedlich – der LpN-Wert wird unmittelbar durch Befragung erhoben, den K1-Wert berechnet man aus Frequenzangaben. In der Praxis ergeben sich allerdings teilweise erhebliche Unterschiede zwischen dem LpN-Wert und dem K1-Wert. Man erklärt sich diese Differenzen durch Erinnerungsprobleme bei der Frequenzabfrage, da diese sich auf einen relativ langen Zeitraum bezieht. Bei wöchentlich erscheinenden Titeln umfassen zwöf Erscheinungsintervalle immerhin einen Zeitraum von drei Monaten, bei Monatstiteln handelt es sich sogar um ein Jahr.

Der LpA-Wert berücksichtigt K1-Wert und LpN-Wert

Durch ein entsprechendes Verfahren ermittelt man aus dem LpN-Wert und dem K1-Wert eine dritte Größe, die als **Leser pro Ausgabe (LpA)** bezeichnet wird. Da man davon ausgeht, dass der LpN-Wert der Realität näher kommt als der K1-Wert, ist das Verfahren so geartet, dass der LpA- näher am LpN- als am K1-Wert liegt. Da der LpA-Wert aber auch mithilfe von Nutzungswahrscheinlichkeiten berechnet wird, besteht wie beim K1-Wert die Möglichkeit, auch die Anzahl der erreichten Personen bei Mehrfachschaltung zu ermitteln.

Der LpA-Wert ist die zur Zeit gültige „Währung" zur Ermittlung der erreichten Personen bei Printmedien. Er gibt an, wie viele Personen mit einer durchschnittlichen Ausgabe eines Titels erreicht werden.

2.1.2.6 Leser pro Exemplar (LpE)

Der Leser pro Exemplar gibt an, wie viele Personen im Durchschnitt ein Exemplar eines Titels lesen.

$$\text{Leser pro Exemplar} = \frac{\text{Leser pro Ausgabe}}{\text{verbreitete Ausgabe}}$$

Beispiel

LpA-Wert 600.000 Personen und verbreitete Auflage von 150.000 Exemplaren ergibt einen LpE-Wert von LpE = 600.000 : 150.000 = 4. Das bedeutet, dass jedes der 150.000 verbreiteten Exemplare im Durchschnitt von vier Personen gelesen wird.

Aufgaben zu Auflagen und Leserschaftsbegriffen

Aufgabe 1
Gegeben ist die folgende Tabelle mit Angaben zu den Zeitschriften „Capital",
„Echo der Frau" und „Gala".

Name	Woche	Ausgabe Nummer	Ersch.-weise	Druckauflage	Remittenden	Verbreitung
Capital Hauptausgabe	38	20	14-TGL	277.000	43.826	221.179
Echo der Frau	40	41	WOE	566.950	210.254	349.875
Gala	40	41	WOE	546.738	143.332	398.756

Name	Freistücke	Verkauf	Einzelverkaufslieferung	Einzelverkauf	Abo	Sonstiger Verkauf	davon Lesezirkel	davon Bordexemplare
Capital Hauptausgabe	3.566		62.107		108.063		41.889	30.507
Echo der Frau	1.042		421.864		115.753		21.470	0
Gala	7.581		359.599		31.058		64.490	72.664

a) Erläutern Sie, warum die Differenz aus Druckauflage und Remittenden nicht die verbreitete Auflage ergibt.
b) Ergänzen Sie die Tabelle.
c) Die Addition der Lesezirkel- und Bordexemplare ergibt offenbar nicht die Exemplare des „Sonstigen Verkaufs". Geben Sie an, welche verbreiteten Exemplare auch noch zum „Sonstigen Verkauf" gerechnet werden.

Aufgabe 2
Die Zeitschrift „Capital" hat einen LpA-Wert von 1,32 Mio.
a) Erläutern Sie, was dieser Wert bedeutet.
b) Wie ist der beträchtliche Unterschied zwischen dem LpA-Wert und der verbreiteten Auflage der Zeitschrift „Capital" zu erklären?
c) Ermitteln Sie den LpE-Wert für die Zeitschrift „Capital" und geben Sie an, was der ermittelte Wert aussagt.

Aufgabe 3
Bei einer Erhebung im Rahmen einer Markt-Media-Untersuchung wurden 15.000 Personen zu ihrem Leseverhalten befragt.

4.000 gaben an, die wöchentlich erscheinende Zeitschrift „Die Macken des Mannes" innerhalb der letzten 24 Wochen genutzt zu haben (in der Hand gehalten und durchgeblättert).

2.500 haben die Zeitschrift innerhalb der letzten zwölf Wochen genutzt.

Nutzung im einzelnen:

Ausgaben Nutzer	12 von 12	11 von 12	10 von 12	9 von 12	8 von 12
	300	150	160	200	220
Ausgaben Nutzer	7 von 12	6 von 12	5 von 12	4 von 12	3 von 12
	300	140	160	220	200
Ausgaben Nutzer	2 von 12	1 von 12			
	240	210			

1.100 Personen gaben an, irgendeine Ausgabe der Zeitschrift in der letzten Woche gelesen zu haben.
a) Geben Sie die folgenden Werte an:
a1) den weitesten Leserkreis
a2) den K1-Wert
a3) den LpN- Wert
b) Erläutern Sie allgemein den Unterschied zwischen dem K1-Wert und dem LpN-Wert und geben Sie an, warum sich in der Realität unterschiedliche Zahlen für diese beiden Werte ergeben.

LÖSUNGSHINWEISE

zu Aufg. 1. a)
Es fehlen die Archiv- und Belegexemplare.

zu Aufg. 1. b)

Name	Woche	Ausgabe Nummer	Ersch.-weise	Druckauflage	Remittenden	Verbreitung
Capital Hauptausgabe	38	20	14-TGL	277.000	43.826	221.179
Echo der Frau	40	41	WOE	566.950	210.254	349.875
Gala	40	41	WOE	546.738	143.332	398.756

Name	Freistücke	Verkauf	Einzelverkaufslieferung	Einzelverkauf	Abo	Sonstiger Verkauf	davon Lesezirkel	davon Bordexemplare
Capital Hauptausgabe	3.566	217.613	62.107	18.281	108.063	91.269	41.889	30.507
Echo der Frau	1.042	348.833	421.864	211.610	115.753	21.470	21.470	0
Gala	7.581	391.175	359.599	216.267	31.058	143.850	64.490	72.664

zu Aufg. 1. c)
Exemplare, die zu einem geringeren als dem regulären Abo-Preis an feste Bezieher abgegeben werden.

zu Aufg. 2. a)
Mit einer durchschnittlichen Ausgabe der Zeitschrift „Capital" haben im Durchschnitt 1,32 Mio. Personen Kontakt.

zu Aufg. 2. b)
Jedes verbreitete Exemplar der Zeitschrift „Capital" wird offenbar von mehreren Personen genutzt. Bei der „Capital" sind das im Durchschnitt:

$$\frac{1.320.000 \text{ Personen}}{221.179 \text{ verbreitete Exemplare}} = 5{,}97 \text{ Personen pro Exemplar}$$

zu Aufg. 2. c)
Wie bereits unter 2. b) berechnet, hat die „Capital" einen LpE-Wert von 5,97. Das bedeutet, dass jedes verbreitete Exemplar der „Capital" im Durchschnitt von 5,97 Personen genutzt wird.

zu Aufg. 3. a1)
Der weiteste Leserkreis eines Titels gibt an, wie viele Personen während der letzten zwölf Erscheinungsintervalle wenigstens mit einer Ausgabe des Titels Kontakt hatten. Bei dem Titel „Die Macken des Mannes" sind das 2.500 Personen.

zu Aufg. 3. a2)

$$\begin{aligned}
K_1 &= \frac{12}{12} \cdot 300 + \frac{11}{12} \cdot 150 + \frac{10}{12} \cdot 160 + \frac{9}{12} \cdot 200 + \frac{8}{12} \cdot 220 + \frac{7}{12} \cdot 300 \\
&\quad + \frac{6}{12} \cdot 140 + \frac{5}{12} \cdot 160 + \frac{4}{12} \cdot 230 + \frac{3}{12} \cdot 200 + \frac{2}{12} \cdot 240 + \frac{1}{12} \cdot 210 \\
&= 1.360
\end{aligned}$$

zu Aufg. 3. a3)
Der LpN-Wert gibt an, wie viele Personen im letzten Erscheinungsintervall vor der Befragung mit dem Titel Kontakt hatten: Bei dem Titel „Die Macken des Mannes" sind das 1.100 Personen.

zu Aufg. 3. b)
Der K1-Wert und der LpN-Wert geben im Prinzip das Gleiche an, nämlich wie viele Personen mit einer Ausgabe des Titels erreicht werden. Während der K1-Wert mit Hilfe der Frequenzangaben berechnet wird, wird der LpN-Wert direkt befragt. Die zum Teil beträchtlichen Unterschiede zwischen diesen beiden Werten werden durch Erinnerungsprobleme erklärt. Da sich die Frequenzabfrage beim K1-Wert auf einen relativ langen Zeitraum bezieht, ist es wahrscheinlich, dass die hier gemachten Angaben fehlerhaft sind, da man sich nicht mehr genau erinnert, mit

wie vielen Ausgaben man in den letzten zwölf Erscheinungsintervallen Kontakt hatte. Da die Abfrage beim LpN-Wert sich auf das letzte Erscheinungsintervall bezieht, kann man davon ausgehen, dass diese Angaben richtig sind. Der LpN-Wert ist also wahrscheinlich der zutreffendere von den beiden. Er hat aber den Nachteil, dass hierzu keine Nutzungswahrscheinlichkeiten vorliegen. Daher ist es mithilfe des LpN-Wertes nicht möglich zu ermitteln, wie viele Personen man erreicht, wenn man in mehreren Ausgaben des gleichen Titels schaltet.

Kapitel 3

Vertiefung: Wahrscheinlichkeitstheoretische Grundlagen der Leserschaftsanalyse

„Zur Wahrscheinlichkeit gehört auch,
dass das Unwahrscheinliche eintreten kann"

Aristoteles, griech. Philosoph (384–322 v. Chr.)

3.1	Zufallsexperiment	88
3.2	Wahrscheinlichkeitsbegriffe	88
3.3	Wahrscheinlichkeit und relative Häufigkeit	89
3.4	Eigenschaften von Wahrscheinlichkeiten	89
3.5	Baumdiagramme	90
3.6	Hilfsmittel aus der Kombinatorik	92
3.7	Anwendung der Wahrscheinlichkeitsrechnung auf Problemstellungen aus dem Medienbereich	95

Bei der Ermittlung des K1-Wertes und des LpA-Wertes (siehe Kapitel 2) spielen Wahrscheinlichkeitsüberlegungen eine Rolle. Möchte man z. B. wissen, wie viele Personen man erreicht, wenn man zwei- oder dreimal in dem gleichen Zeitschriftentitel schaltet, dann lässt sich das nur mithilfe von Wahrscheinlichkeitsmodellen ermitteln. Insgesamt basieren zahlreiche Mediabegriffe auf solchen Modellen. Nachfolgend werden daher kurz die entsprechenden Grundlagen aus der Wahrscheinlichkeitsrechnung dargestellt, die zu einem tieferen Verständnis der Leserschaftsbegriffe benötigt werden. Dieser Exkurs ist aber nur als Vertiefung gedacht, für ein Verständnis der folgenden Kapitel nicht notwendig und kann von Leserinnen und Lesern, die sich nicht so weitgehend in die mathematischen Zusammenhänge vertiefen möchten, überschlagen werden.

3.1 ZUFALLSEXPERIMENT

Der Wahrscheinlichkeitsaspekt spielt bei solchen Vorgängen eine Rolle, bei denen das Ergebnis nicht vorhersagbar ist, weil es vom Zufall abhängt. Solche Vorgänge bezeichnet man als **Zufallsexperimente**. Die Anzahl aller möglichen Ergebnisse bei einem Zufallsexperiment bezeichnet man als **Ergebnisraum**. Klassische Zufallsexperimente sind z. B. das Werfen einer Münze oder das Würfeln mit einem sechsseitigen Würfel. Beim Werfen einer Münze gibt es nur zwei mögliche Ergebnisse, Kopf oder Zahl. Diese beiden Ergebnisse bilden hier den Ergebnisraum. Beim Würfeln mit einem sechsseitigen Würfel besteht der Ergebnisraum aus sechs möglichen Ergebnissen, nämlich den Zahlen 1 bis 6. Zufallsexperimente, bei denen alle Ergebnisse des Ergebnisraumes die gleiche Chance haben, heißen **Laplace-Experimente**. Das Werfen einer „guten" Münze wäre z. B. ein solches Laplace-Experiment.

Ergebnisraum

Laplace-Experiment

3.2 WAHRSCHEINLICHKEITSBEGRIFFE

Beim Werfen mit einer „guten" Münze könnte man sich dafür interessieren, wie groß die Chance ist, bei einem einmaligen Wurf Wappen zu werfen. In diesem Fall würde man das Ergebnis Wappen als „Ereignis" bezeichnen. Man könnte sich auch dafür interessieren, wie groß die Chance ist, bei einem Wurf mit einem sechsseitigen Würfel eine gerade Zahl zu erhalten. In diesem Fall würde das Ereignis: „Es wird eine gerade Zahl gewürfelt" eintreten, wenn eine Zwei, eine Vier oder eine Sechs gewürfelt würde. Es gibt also für das Ereignis „Es wird eine gerade Zahl gewürfelt" drei günstige Ergebnisse.

Ereignisse und günstige Ergebnisse

Bei Laplace-Experimenten definiert man die Wahrscheinlichkeit für ein bestimmtes Ereignis (E) als Quotienten der Anzahl aller günstigen Ergebnisse und der Anzahl aller möglichen Ergebnisse. Man spricht dann von einer Laplace-Wahrscheinlichkeit.

$$P(E) = \frac{\text{Anzahl der für E günstigen Ergebnisse}}{\text{Anzahl aller möglichen Ergebnisse}}$$

P(E) steht dabei für die Aussage: „Die Wahrscheinlichkeit, dass das Ereignis E eintritt."

Beipiele

a) Beim Werfen mit einer Münze ist z. B. die Wahrscheinlichkeit für Wappen 0,5, denn es gibt ein günstiges Ergebnis: „Wappen" und zwei mögliche Ergebnisse: „Wappen oder Zahl", also P (Wappen) = 1/2 = 0,5.

b) Beim Würfeln mit einem sechsseitigen Würfel ist die Wahrscheinlichkeit für jede der sechs möglichen Zahlen 1/6. Die Wahrscheinlichkeit eine gerade Zahl zu würfeln, ist dann 0,5. Denn für das Würfeln einer geraden Zahl gibt es drei günstige Ergebnisse: 2; 4; 6 und sechs mögliche Ergebnisse: 1; 2; 3; 4; 5; 6. Folglich gilt für E: „Die gewürfelte Zahl ist gerade"

$P(E) = \frac{3}{6} = 0{,}5$.

3.3 Wahrscheinlichkeit und relative Häufigkeit

Angenommen, bei einem Zufallsexperiment ist die Wahrscheinlichkeit für ein bestimmtes Ereignis E gleich 0,4. Das bedeutet, dass bei einer sehr häufigen Durchführung dieses Experiments mit ziemlich hoher Genauigkeit in 40 % aller Fälle das Ereignis E eintritt. Diese Tatsache führt dazu, dass häufig die Wahrscheinlichkeit für ein bestimmtes Ereignis durch die relative Häufigkeit dieses Ereignisses angenähert wird.

Annäherung von Wahrscheinlichkeiten durch relative Häufigkeiten

Beispiel

Angenommen, ein Zufallsexperiment wird 10.000 mal durchgeführt. Dabei tritt 2.500-mal das Ereignis E ein. Dann ist die Wahrscheinlichkeit für das Ereignis E näherungsweise 2.500/10.000 = 0,25.
Dieser Zusammenhang gilt selbst dann, wenn das zu Grunde liegende Experiment kein Laplace-Experiment ist, wie z. B. das Werfen einer Heftzwecke. Die beiden Ergebnisse Seite = ∧ und Kopf = ⊥ haben hier nämlich nicht die gleiche Chance (probieren Sie es aus!).

3.4 Eigenschaften von Wahrscheinlichkeiten

Die Wahrscheinlichkeit für ein Ereignis kann Werte zwischen 0 und 1 besitzen (0 und 1 eingeschlossen). Dabei gilt:

Bei einem Zufallsexperiment ist die Summe der Wahrscheinlichkeiten aller möglichen Ergebnisse immer gleich 1.

> **Beispiel**

Beim Würfeln mit einem sechsseitigen Würfel können die Zahlen 1 bis 6 gewürfelt werden. Die Wahrscheinlichkeit für jede dieser sechs Zahlen ist 1/6 und die Summe der Wahrscheinlichkeiten der Zahlen von 1 bis 6 ist 1.

 Das Gegenteil eines Ereignisses bezeichnet man als Gegenereignis. Wenn ein Ereignis die Wahrscheinlichkeit p hat, besitzt das Gegenereignis die Wahrscheinlichkeit 1 – p.

> **Beispiel**

Beim Würfeln mit einem sechsseitigen Würfel hat das Ereignis „Zwei" die Wahrscheinlichkeit 1/6. Das Gegenereignis – keine Zwei zu würfeln – tritt ein, wenn 1; 3; 4; 5; oder 6 gewürfelt werden. Die Wahrscheinlichkeit dafür ist 5/6 = 1 – 1/6.

3.5 Baumdiagramme

Grafische Darstellung von möglichen Ergebnissen

Wird ein Zufallsexperiment mehrmals durchgeführt, dann lässt sich die Wahrscheinlichkeit für ein bestimmtes Ereignis relativ einfach mithilfe eines Baumdiagramms ermitteln. In einem Baumdiagramm werden durch entsprechende Verzweigungen alle möglichen Ergebnisse dargestellt.

> **Beispiel**

Eine Münze wird dreimal hintereinander geworfen. Es soll die Wahrscheinlichkeit für zweimal Kopf ermittelt werden. Die möglichen Ergebnisse lassen sich durch das folgende Baumdiagramm (Abb. 3.1) darstellen.

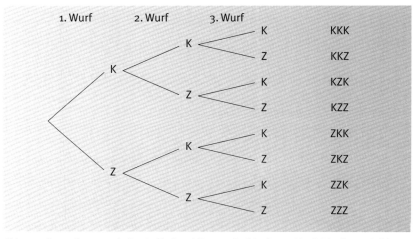

Abb. 3.1: Baumdiagramm beim dreifachen Münzwurf – K bedeutet Kopf, Z bedeutet Zahl

Bei jedem der drei Würfe sind die möglichen Ergebnisse Kopf oder Zahl. Jeder Pfad im Baumdiagramm repräsentiert ein mögliches Ergebnis. KZK bedeutet, dass beim 1. Wurf Kopf, beim 2. Wurf Zahl und beim 3. Wurf Kopf geworfen wurde (Abb. 3.2).

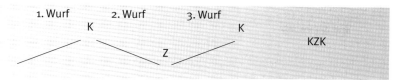

Abb. 3.2: Pfad für das Ergebnis KZK

Die Wahrscheinlichkeit für zweimal Kopf lässt sich auf verschiedene Arten ermitteln. Dem Baumdiagramm kann entnommen werden, dass insgesamt acht Ergebnisse möglich sind. Günstige Ergebnisse für das Ereignis „zweimal Kopf" sind: KKZ; KZK und ZKK. Nach der Wahrscheinlichkeitsdefinition ergibt sich die Wahrscheinlichkeit für zweimal Kopf also zu: P(E) = 3/8 = 0,375.
Eine andere Möglichkeit besteht darin, die Wahrscheinlichkeiten für die günstigen Pfade direkt zu berechnen. Dabei schreibt man zunächst die jeweiligen Wahrscheinlichkeiten an die Pfade. In unserem Beispiel ist die Wahrscheinlichkeit für Kopf oder Zahl bei jedem der drei Würfe gleich groß, nämlich jeweils 0,5.

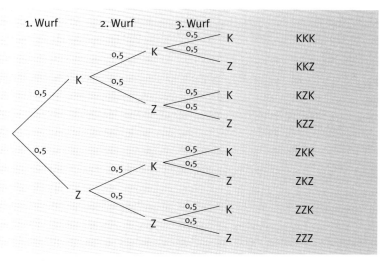

Abb. 3.3: Baumdiagramm beim dreifachen Münzwurf mit Pfadwahrscheinlichkeiten

Günstige Pfade sind KKZ; KZK und ZKK. Wir betrachten zunächst den Pfad KKZ.

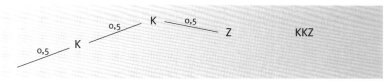

Abb. 3.4: Detailbetrachtung des Pfades KKZ

Baumdiagramme | 91

Wird der Versuch sehr oft durchgeführt, erwartet man, dass in der Hälfte aller Fälle beim 1. Wurf Kopf kommt. Beim 2. Wurf erwartet man in der Hälfte dieser Fälle also in 50 % von 50 % bzw. 1/2 · 1/2 aller Fälle erneut Kopf. Beim dritten Wurf wäre in 50 % dieser Fälle, also in 50 % von 50 % von 50 % oder 1/2 · 1/2 · 1/2 aller Fälle Zahl zu erwarten. Die Wahrscheinlichkeit für Pfad KKZ ist dann 0,5 · 0,5 · 0,5 = 0,125.

Die Überlegungen im obigen Beispiel lassen sich zu der so genannten Pfadmultiplikationsregel verallgemeinern:

Pfadmultiplikationsregel *Pfadmultiplikationsregel*
In einem Baumdiagramm stellt jeder Pfad ein Ergebnis des zugehörigen Zufallsexperiments dar. Die Wahrscheinlichkeit für dieses Ergebnis ergibt sich durch Multiplikation aller Zweigwahrscheinlichkeiten entlang des Pfades.

In dem Baumdiagramm gibt es insgesamt drei Pfade, die zum Ereignis „zweimal Kopf" führen. Jeder Pfad hat die Wahrscheinlichkeit 0,5 · 0,5 · 0,5 = 0,125. Die Wahrscheinlichkeit für alle drei Pfade zusammen erhält man durch Addition der Wahrscheinlichkeiten der einzelnen Pfade. Damit ergibt sich für die Wahrscheinlichkeit des Ereignisses „zweimal Kopf": 0,125 + 0,125 + 0,125 = 0,375.

Diesen Zusammenhang bezeichnet man als Pfadadditionsregel:

Pfadadditionsregel *Pfadadditionsregel*
Setzt sich bei einem mehrstufigen Zufallsexperiment ein Ereignis aus mehreren Pfaden zusammen, dann erhält man die Wahrscheinlichkeit des Ereignisses durch Addition der einzelnen Pfadwahrscheinlichkeiten.

3.6 Hilfsmittel aus der Kombinatorik

3.6.1 Ziehen von Stichproben mit Berücksichtigung der Reihenfolge

Beispiel

Eine Urne enthält fünf Kugeln, die mit den Zahlen 1 bis 5 durchnummeriert sind. Wie viele Möglichkeiten gibt es, aus dieser Urne drei Kugeln ohne Zurücklegen zu ziehen, wenn die Reihenfolge, in der die Kugeln gezogen werden, berücksichtigt werden soll?
Die Möglichkeiten sind in dem Baumdiagramm in Abb. 3.5 dargestellt. Für den Zug der 1. Kugel gibt es fünf Möglichkeiten. Für jede mögliche Kugel der 1. Ziehung gibt es für die Kugel der 2. Ziehung vier Möglichkeiten. Für jede mögliche Kugelkombination der 1. und 2. Ziehung gibt es für die 3. Kugel noch drei Möglichkeiten.
Offenbar gibt es also insgesamt 5 · 4 · 3 = 60 verschiedene Möglichkeiten, die drei Kugeln zu ziehen.

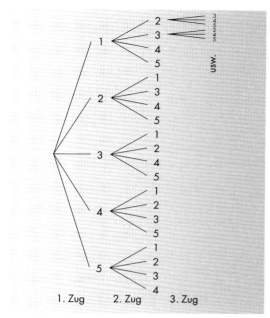

Abb. 3.5: *Baumdiagramm zum Urnenmodell: Ziehung ohne Zurücklegen, „drei Kugeln aus fünf, mit Berücksichtigung der Reihenfolge" (geordnete Stichprobe)*

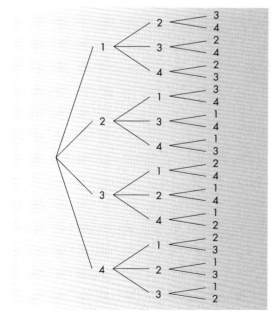

Abb. 3.6: *Baumdiagramm zum Urnenmodell: Ziehung ohne Zurücklegen, „drei Kugeln aus vier, ohne Berücksichtigung der Reihenfolge"*

Allgemeiner betrachtet man einen Zufallsversuch, der in k Stufen durchgeführt wird:

Stufe	Anzahl der möglichen Ergebnisse
1	n_1
2	n_2
3	n_3
...	...
k	n_k

Dafür gilt die Produktregel: Sind die Ergebnisse der einzelnen Stufen voneinander unabhängig, gibt es bei dem Versuch insgesamt
$n_1 \cdot n_2 \cdot n_3 \cdot \ldots \cdot n_k$ mögliche Ergebnisse.

Verallgemeinerung des Urnenbeispiels

Eine Urne enthält n unterscheidbare Kugeln. Nacheinander sollen ohne Zurücklegen k Kugeln gezogen werden, die Reihenfolge spielt eine Rolle. Gesucht ist die Anzahl der verschiedenen Möglichkeiten hierfür. Anders formuliert: Wie viele geordnete Stichproben vom Umfang k können aus einer Urne mit n Kugeln gezogen werden?
Anzahl der Möglichkeiten
$= n \cdot (n-1) \cdot (n-2) \cdot \ldots \cdot (n-(k-1))$
$= n \cdot (n-1) \cdot (n-2) \cdot \ldots \cdot (n-k+1)$

Man nennt das Produkt der ersten n natürlichen Zahlen n-Fakultät und schreibt dafür: n!.
$n! = 1 \cdot 2 \cdot 3 \cdot \ldots \cdot n$ (Man definiert: 0! = 1)
Für eine geordnete Stichprobe vom Umfang k aus einer Urne mit n Kugeln gilt dann

Anzahl der Möglichkeiten $= \dfrac{n!}{(n-k)!}$

3.6.2 Ziehen von ungeordneten Stichproben

Beispiel

Eine Urne enthält vier Kugeln, nummeriert von 1 bis 4. Wie viele Möglichkeiten gibt es, aus dieser Urne drei Kugeln ohne Zurücklegen zu ziehen, wobei die Reihenfolge, in der die Kugeln gezogen werden, keine Rolle spielt? Da hier die Reihenfolge der Kugeln keine Rolle spielt, spricht man von einer ungeordneten Stichprobe von drei Kugeln, die aus einer Urne mit vier Kugeln gezogen werden soll.

Hilfsmittel aus der Kombinatorik

Dem Baumdiagramm in Abb. 3.6 können folgende geordnete Ziehungen entnommen werden:
(1/2/3); (1/2/4); (1/3/2); (1/3/4); (1/4/2); (1/4/3);
(2/1/3); (2/1/4); (2/3/1); (2/3/4); (2/4/1); (2/4/3);
(3/1/2); (3/1/4); (3/2/1); (3/2/4); (3/4/1); (3/4/2);
(4/1/2); (4/1/3); (4/2/1); (4/2/3); (4/3/1); (4/3/2).
Die Ziehungen (1/2/3); (1/3/2); (2/1/3); (2/3/1); (3/1/2); (3/2/1) dürfen nur einmal gezählt werden, da sie sich nur in der Reihenfolge der Kugeln mit den Nummern 1; 2 und 3 unterscheiden, was aber keine Rolle spielen soll. Entsprechendes gilt für:
(1/2/4); (1/4/2); (2/1/4); (2/4/1); (4/1/2); (4/2/1) und
(3/1/4); (3/4/1); (4/1/3); (4/3/1); (1/3/4); (1/4/3) und
(4/1/3); (4/3/1); (3/1/4); (3/4/1); (1/3/4); (1/4/3).

Offenbar gibt es also nur vier verschiedene Möglichkeiten, aus den vier Kugeln drei Kugeln ohne Berücksichtigung der Reihenfolge zu ziehen:
1. Kugeln 1; 2 und 3 / 2. Kugeln 1; 2 und 4
3. Kugeln 1; 3 und 4 / 4. Kugeln 2; 3 und 4

Die gesuchte Anzahl der Möglichkeiten lässt sich auch durch folgende Überlegungen ermitteln:
1. Man bestimmt die Anzahl der möglichen geordneten Stichproben von drei aus vier Kugeln:

$$\frac{4!}{(4-3)!} = \frac{1 \cdot 2 \cdot 3 \cdot 4}{1} = 24$$

Allgemein:
Anzahl der Möglichkeiten, k aus n Kugeln mit Berücksichtigung der Reihenfolge auszuwählen:
$$\frac{n!}{(n-k)!}$$

2. Man bestimmt die Anzahl der Möglichkeiten, die zu ziehenden Kugeln anzuordnen
Bei drei Kugeln gibt es für die 1. Kugel drei Möglichkeiten (als 1., 2. oder 3. gezogen), für die 2. Kugel zwei Möglichkeiten. für die 3. Kugel eine Möglichkeit.
Nach der Produktregel der Kombinatorik gibt es also insgesamt $3 \cdot 2 \cdot 1 = 3!$ = sechs Möglichkeiten
Allgemein: Es sollen k Kugeln angeordnet werden:
Anordnung der 1. Kugel → k Möglichkeiten.
Anordnung der 2. Kugel → (k – 1) Möglichkeiten
...

Anordnung k-te Kugel → nur noch eine Möglichkeit
⇒ Anzahl der Möglichkeiten, k Kugeln anzuordnen
$= k! = 1 \cdot 2 \cdot \ldots \cdot (k-1) \cdot k$

3. Die Anzahl der verschiedenen Möglichkeiten, eine ungeordnete Stichprobe zu ziehen, errechnet sich, indem man die Anzahl der Möglichkeiten für eine geordnete Stichprobe durch die Anzahl der Anordnungsmöglichkeiten der zu ziehenden Kugeln dividiert.

Anzahl der Möglichkeiten, drei aus vier Kugeln ohne Berücksichtigung der Reihenfolge auszuwählen:

$$\frac{24}{6} = 4$$

Allgemein:
Anzahl der Möglichkeiten k aus n Kugeln ohne Berücksichtigung der Reihenfolge auszuwählen:

$$\frac{\frac{n!}{(n-k)!}}{k!} = \frac{n!}{(n-k)! \cdot k!}$$

Den Quotienten $\frac{n!}{(n-k)! \cdot k!}$ bezeichnet man als

Binomialkoeffizienten und schreibt dafür

$\begin{bmatrix} n \\ k \end{bmatrix}$ (gesprochen: n über k)

Die Anzahl der verschiedenen Möglichkeiten, eine ungeordnete Stichprobe vom Umfang k aus n Objekten auszuwählen beträgt also:

$$\begin{bmatrix} n \\ k \end{bmatrix} = \frac{n!}{(n-k)! \cdot k!}$$

Veranschaulichung:
Wenn man wissen will, wie viele Möglichkeiten es gibt, beim Lotto sechs Richtige zu tippen, muss man die Anzahl der Möglichkeiten berechnen, aus 49 Zahlen sechs Zahlen ohne Berücksichtigung der Reihenfolge auszuwählen, also:

$$\begin{bmatrix} 49 \\ 6 \end{bmatrix} = \frac{49!}{(49-6)! \cdot 6!} = 13.983.616$$

Will man also mit Sicherheit sechs Richtige im Lotto haben, müsste man 13.983.816 Tippreihen ausfüllen.

3.7 ANWENDUNG DER WAHRSCHEINLICHKEITSRECHNUNG AUF PROBLEMSTELLUNGEN AUS DEM MEDIENBEREICH

1. Beispiel
Eine Person hat bezüglich des Titels XY eine Kontaktwahrscheinlichkeit von 1/4. In drei Ausgaben dieses Titels wird eine Anzeige geschaltet. Wie groß ist die Wahrscheinlichkeit, dass die Person mit zwei der drei belegten Ausgaben dieses Titels Kontakt hat?

Die Wahrscheinlichkeit für einen Kontakt mit einer beliebigen Ausgabe, also auch mit einer belegten, ist 1/4. Die Wahrscheinlichkeit, mit einer beliebigen Ausgabe keinen Kontakt zu haben, ist demnach 3/4.

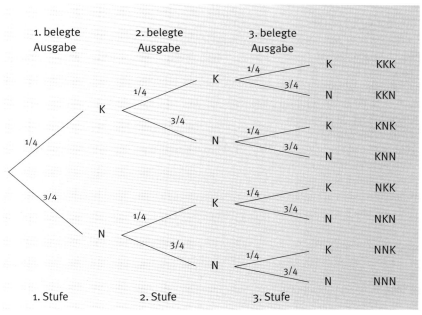

Abb. 3.7: Baumdiagramm: Belegung von drei Ausgaben einer Zeitschrift mit den Kürzeln K = Kontakt und N = Nicht-Kontakt

Überlegungen mithilfe der Kombinatorik
Das Baumdiagramm besteht aus insgesamt drei Stufen. In jeder Stufe kann K oder N gewählt werden. KNK bedeutet z. B.: In der 1. Stufe wird K, in der 2. Stufe N und in der dritten Stufe wieder K gewählt. Wenn die betreffende Person mit zwei der belegten Ausgaben Kontakt haben soll, müssen also aus den drei Stufen zwei Stufen ausgewählt werden, bei denen K gewählt wird. Die Reihenfolge spielt hierbei keine Rolle. Die Anzahl der Möglichkeiten, aus drei Stufen zwei Stufen ohne Rücksicht auf die Reihenfolge auszuwählen ist:

$$\binom{3}{2} = \frac{3!}{(3-2)! \cdot 2!} = 3$$

Es gibt also in dem Baumdiagramm drei Pfade, in denen zweimal K vorkommt. Das sind: KKN; KNK und NKK. Die Wahrscheinlichkeit für jeden dieser Pfade ist auf Grund der Pfadmultiplikationsregel:

$$\frac{1}{4} \cdot \frac{1}{4} \cdot \frac{3}{4} = \left(\frac{1}{4}\right)^2 \cdot \frac{3}{4} = \frac{3}{64}$$

Die Wahrscheinlichkeit für alle drei Pfade zusammen ist (Pfadadditionsregel):

$$3 \cdot \left(\frac{1}{4}\right)^2 \cdot \frac{3}{4} = \frac{9}{64}$$

Griffiger formuliert: Die Kontaktwahrscheinlichkeit liegt bei ca. 14%.

2. Beispiel

Eine Person hat bezüglich des Titels XY eine Kontaktwahrscheinlichkeit von 1/4. Es werden zwölf Ausgaben dieses Titels mit der Anzeige eines Werbungtreibenden belegt. Wie groß ist die Wahrscheinlichkeit, dass die Person mit fünf der belegten Ausgaben Kontakt hat?

In dem zugehörigen Baumdiagramm müssen von den zwölf Stufen fünf ausgewählt werden, bei denen K (Kontakt) gewählt wird. Die Reihenfolge spielt dabei keine Rolle. Die Anzahl der Möglichkeiten, aus zwölf Stufen fünf ohne Rücksicht der Reihenfolge auszuwählen, ist:

$$\binom{12}{5} = \frac{12!}{(12-5)! \cdot 5!} = 792$$

Es gibt also insgesamt 792 Pfade, in denen fünfmal K (Kontakt) und siebenmal N (Nicht-Kontakt) vorkommt. Die Wahrscheinlichkeit für jede K-Stufe ist 1/4, die Wahrscheinlichkeit für jede N-Stufe ist 3/4. Jeder der 792 Pfade hat also folgende Wahrscheinlichkeit:

$$\left(\frac{1}{4}\right)^5 \cdot \left(\frac{3}{4}\right)^7$$

Die Wahrscheinlichkeit aller 792 Pfade zusammen ist also:

$$792 \cdot \left(\frac{1}{4}\right)^5 \cdot \left(\frac{3}{4}\right)^7 = 0{,}10324$$

$= 0{,}10324$ (d.h. ungefähr 10%).

Verallgemeinerung

Eine Anzeige wird in n Ausgaben einer Zeitschrift geschaltet. Eine Person habe für diese Zeitschrift eine Nutzungswahrscheinlichkeit von p. Es soll die Wahrscheinlichkeit ermittelt werden, dass die Person mit k der belegten Ausgaben Kontakt hat, wobei natürlich k ≤ n ist.

In dem zugehörigen Baumdiagramm müssen von den n Stufen k ausgewählt werden, für die K gelten soll. Für die anderen (n – k) Stufen gilt dann N. Die Anzahl der Möglichkeiten, aus n Stufen k Stufen ohne Rücksicht auf die Reihenfolge auszuwählen, ist $\binom{n}{k}$.

Die Wahrscheinlichkeit für jede K-Stufe ist p, die Wahrscheinlichkeit für jede N-Stufe ist 1 – p. Jeder Pfad mit k K-Stufen und (n – k) N-Stufen hat eine Wahrscheinlichkeit von:

$$p^k \cdot (1-p)^{n-k}$$

Alle Pfade mit k K-Stufen und (n – k) N-Stufen zusammen haben eine Wahrscheinlichkeit von:

$$\binom{n}{k} \cdot p^k \cdot (1-p)^{n-k}$$

Definiert man:
X = Anzahl der belegten Ausgaben, mit denen ein Kontakt erfolgt, dann lässt sich folgende Gleichung bilden:

$$P(X = k) = \binom{n}{k} \cdot p^k \cdot (1-p)^{n-k}$$

$P(X = k)$ ist dabei die Abkürzung für die Wahrscheinlichkeit, dass mit k der n belegten Ausgaben ein Kontakt zu Stande kommt.

Da X variabel ist, lässt sich mit dieser Gleichung die Wahrscheinlichkeit für unterschiedliche Kontaktzahlen ermitteln. Ermittelt man für X = 0 bis X = n die zugehörigen Wahrscheinlichkeiten, dann erhält man eine so genannte Wahrscheinlichkeitsverteilung, die als **Binomialverteilung** bezeichnet wird.

3. Beispiel

Jemand hat für eine Zeitschrift eine Kontaktwahrscheinlichkeit von 1/4. Ein Werbungtreibender schaltet in drei Ausgaben dieser Zeitschrift eine Anzeige. Gesucht wird die Wahrscheinlichkeit, dass die betreffende Person mit mindestens einer der belegten Ausgaben einen Kontakt hat.

Wenn die betreffende Person mit mindestens einer der belegten Ausgaben einen Kontakt haben soll, kann sie mit einer belegten Ausgabe oder mit zwei belegten Ausgaben oder mit drei belegten Ausgaben einen Kontakt haben.

Die Basisangaben sind also
$n = 3$, $p = 1/4$ und $1 - p = 3/4$.

Die Wahrscheinlichkeit für den Kontakt mit genau einer, für zwei der drei und für alle drei Ausgaben sind:

$$P(X = 1) = \binom{3}{1} \cdot \left(\frac{1}{4}\right)^1 \cdot \left(\frac{3}{4}\right)^2 = 0{,}421875$$

$$P(X = 2) = \binom{3}{2} \cdot \left(\frac{1}{4}\right)^2 \cdot \left(\frac{3}{4}\right)^1 = 0{,}140625$$

$$P(X = 3) = \binom{3}{3} \cdot \left(\frac{1}{4}\right)^3 \cdot \left(\frac{3}{4}\right)^0 = 0{,}015625$$

Die Wahrscheinlichkeit für einen Kontakt mit mindestens einer der belegten Ausgaben ist nach dem Pfadadditionsgesetz gleich der Summe der ermittelten Wahrscheinlichkeiten.

$P(X \geq 1) = 0{,}421875 + 0{,}140625 + 0{,}015625$
$ = 0{,}578125$

Die gesuchte Wahrscheinlichkeit lässt sich auch einfacher ermitteln. Bei drei Schaltungen kann eine Person mit keiner der belegten Ausgaben oder mit einer der belegten Ausgaben oder mit zwei der belegten Ausgaben oder mit drei der belegten Ausgaben einen Kontakt haben. Andere Ergebnisse sind nicht möglich. Damit gilt:

$P(X = 0) + P(X = 1) + P(X = 2) + P(X = 3) = 1$
und daraus folgt:
$P(X \geq 1) = 1 - P(X = 0)$

$$= 1 - \binom{3}{0} \cdot \left(\frac{1}{4}\right)^0 \cdot \left(\frac{3}{4}\right)^3$$

$= 1 - 0{,}421875 = 0{,}578125$

4. Beispiel

11.065 Personen werden befragt, mit wie vielen der letzten zwölf Ausgaben sie Kontakt hatten. Das Ergebnis ist in der folgenden Tabelle angegeben.

Lesefrequenz	1	2	3	4	5	6
jeweils von 12						
Anzahl Pers.	522	576	513	403	218	408
Lesefrequenz	7	8	9	10	11	12
jeweils von 12						
Anzahl Pers.	49	162	25	121	11	860

Abb. 3.8: Beispiel für Lesefrequenzen

Es sollen zunächst der weiteste Leserkreis und der K1-Wert ermittelt werden:

weitester Leserkreis
$= 522 + 576 + 513 + 403 + 218 + 408 + 49$
$ + 162 + 25 + 121 + 11 + 860$
$= 3868$

K1-Wert
$$= \frac{1}{12} \cdot 522 + \frac{2}{12} \cdot 576 + \frac{3}{12} \cdot 513 + \frac{4}{12} \cdot 403$$
$$+ \frac{5}{12} \cdot 218 + \frac{6}{12} \cdot 408 + \frac{7}{12} \cdot 49 + \frac{8}{12} \cdot 162$$
$$+ \frac{9}{12} \cdot 25 + \frac{10}{12} \cdot 121 + \frac{11}{12} \cdot 11 + \frac{12}{12} \cdot 860$$

$= 1823$

Mit einer durchschnittlichen Ausgabe dieser Zeitschrift werden also 1.823 Personen erreicht.

Die Frequenzangaben sollen jetzt als Kontaktwahrscheinlichkeiten interpretiert werden. 1 von 12 bedeutet eine Kontaktwahrscheinlichkeit 1/12. Angenommen, drei Ausgaben werden mit einer Anzeige belegt. Es soll ermittelt werden, wie viele der 11.065 Personen mit mindestens einer der belegten Ausgaben Kontakt haben. Dazu muss für jede Kontaktwahrscheinlichkeit die Wahrscheinlichkeit für mindestens einen Kontakt mit einer der belegten Ausgaben ermittelt und damit die zugehörige Personenzahl gewichtet werden. Addiert man die Personenzahlen für die einzelnen Kontaktwahrscheinlichkeiten, erhält man den gesuchten Wert.

$P = \frac{1}{12}$: $P(X \geq 1) = 1 - P(X = 0) = 1 - \binom{3}{0} \cdot \left(\frac{1}{12}\right)^0 \cdot \left(\frac{11}{12}\right)^3$

$= 0{,}229745$

$\Rightarrow$ Anzahl der Personen: $0{,}229745 \cdot 522 = 119{,}9 \approx 120$

$P = \frac{2}{12}$: $P(X \geq 1) = 1 - P(X = 0) = 1 - \binom{3}{0} \cdot \left(\frac{2}{12}\right)^0 \cdot \left(\frac{10}{12}\right)^3$

$= 0{,}421296$

$\Rightarrow$ Anzahl der Personen: $0{,}421296 \cdot 576 = 242{,}66 \approx 243$

$P = \frac{3}{12}$: $P(X \geq 1) = 1 - P(X = 0) = 1 - \binom{3}{0} \cdot \left(\frac{3}{12}\right)^0 \cdot \left(\frac{9}{12}\right)^3$

$= 0{,}578125$

$\Rightarrow$ Anzahl der Personen: $0{,}578125 \cdot 513 = 296{,}58 \approx 297$

Entsprechend erhält man:

$p = \frac{4}{12}$: $P(X \geq 1) = 0{,}7037$ $\Rightarrow$ Anzahl der Personen: 283

$p = \frac{5}{12}$: $P(X \geq 1) = 0{,}8015$ $\Rightarrow$ Anzahl der Personen: 175

$p = \frac{6}{12}$: $P(X \geq 1) = 0{,}875$ $\Rightarrow$ Anzahl der Personen: 357

$p = \frac{7}{12}$: $P(X \geq 1) = 0{,}92766$ $\Rightarrow$ Anzahl der Personen: 45

$p = \frac{8}{12}$: $P(X \geq 1) = 0{,}96296$ $\Rightarrow$ Anzahl der Personen: 156

$p = \frac{9}{12}$: $P(X \geq 1) = 0{,}984375$ $\Rightarrow$ Anzahl der Personen: 25

$p = \frac{10}{12}$: $P(X \geq 1) = 0{,}99537$ $\Rightarrow$ Anzahl der Personen: 120

$p = \frac{11}{12}$: $P(X \geq 1) = 0{,}99942$ $\Rightarrow$ Anzahl der Personen: 11

$p = \frac{12}{12}$: $P(X \geq 1) = 1$ $\Rightarrow$ Anzahl der Personen: 860

Die gesuchte Anzahl der Personen ist:
120 + 243 + 297 + 283 + 175 + 357
+ 45 + 156 + 25 + 120 + 11 + 860 = 2.692

Diese Personenzahl ist ein Näherungswert für den K3-Wert (Kumulation nach drei Ausgaben).

Der ermittelte Wert ist aber tatsächlich etwas kleiner als der K3-Wert. Wenn eine Person eine Kontaktwahrscheinlichkeit von z.B. 3/12 hat, dann bedeutet das, dass die betreffende Person bei einer sehr großen Anzahl von Ausgaben im Durchschnitt mit drei von zwölf Ausgaben Kontakt hat. Es kann aber durchaus sein, dass die betreffende Person mit keiner dieser zwölf Aus-

gaben Kontakt hat. Schließlich handelt es sich bei zwölf Ausgaben nicht um ein große Zahl. Bei der Ermittlung der Kumulationswerte (K-Werte) geht man aber davon aus, dass eine Person, die bei der Frequenzabfrage gesagt hat, dass sie mit drei von zwölf Ausgaben Kontakt hatte, tatsächlich immer mit genau drei von zwölf aufeinander folgenden Ausgaben Kontakt hat. Das macht deutlich, dass die K-Werte nicht mithilfe eines Binomialansatzes ermittelt werden können.

5. Beispiel:
Jemand gibt an, mit sieben von zwölf aufeinander folgenden Ausgaben einer Zeitschrift Kontakt zu haben. Von diesen zwölf Ausgaben werden vier mit einer Anzeige belegt.

Wie groß ist die Wahrscheinlichkeit, dass die betreffende Person mit drei der belegten Ausgaben Kontakt hat?

Von den vier belegten Ausgaben müssen drei Ausgaben ausgesucht werden. Die Anzahl der Möglichkeiten hierfür ist

$$\binom{4}{3}$$

Von den (12 − 4 =) acht nicht belegten Ausgaben müssen (7 − 3 =) vier Ausgaben ausgewählt werden. Die Anzahl der Möglichkeiten hierfür ist

$$\binom{8}{4}$$

Nach der Produktregel der Kombinatorik beträgt dann die Anzahl der Möglichkeiten, von 12 Ausgaben 7 zu lesen, und dabei mit genau drei belegten Ausgaben Kontakt zu haben:

$$\binom{4}{3} \cdot \binom{8}{4}$$

Die Anzahl der Möglichkeiten, von zwölf Ausgaben sieben auszuwählen, ist insgesamt:

$$\binom{12}{7}$$

Die gesuchte Wahrscheinlichkeit ist daher:

$$\frac{\binom{4}{3} \cdot \binom{8}{4}}{\binom{12}{7}} = 0{,}35353535$$

Allgemein:
Jemand gibt an, von den m Ausgaben einer Zeitschrift mit Sicherheit mit r Kontakt zu haben. In s Ausgaben (s ≤ m) dieser Zeitschrift wird eine Anzeige geschaltet.

Gesucht ist die Wahrscheinlichkeit, dass die betreffende Person mit k belegten Ausgaben Kontakt hat (s ≥ k).

Von den s Ausgaben, in denen die Anzeige geschaltet ist, müssen k Ausgaben ausgewählt werden. Die Reihenfolge spielt dabei keine Rolle. Die Anzahl der Möglichkeiten hierfür ist:

$$\binom{s}{k}$$

Von den m − s Ausgaben, in denen die Anzeige nicht geschaltet ist, müssen r − k Ausgaben ohne Berücksichtigung der Reihenfolge ausgewählt werden. Die Anzahl der Möglichkeiten hierfür ist:

$$\binom{m-s}{r-k}$$

Nach der Produktregel der Kombinatorik sind das insgesamt an Möglichkeiten:

$$\binom{s}{k} \cdot \binom{m-s}{r-k}$$

Die Anzahl der Möglichkeiten, von den m Ausgaben der Zeitschrift r Ausgaben ohne Berücksichtigung der Reihenfolge auszuwählen, beträgt:

$$\binom{m}{r}$$

Die Wahrscheinlichkeit, dass die betreffende Person mit k belegten Ausgaben Kontakt hat, ist damit:

$$P(X=k) = \frac{\binom{s}{k} \cdot \binom{m-s}{r-k}}{\binom{m}{r}}$$

X gibt dabei an, wie viele der r Exemplare, mit denen die Person Kontakt hat, mit der Anzeige belegt sind.

Die zu Grunde liegende Wahrscheinlichkeitsverteilung bezeichnet man als **hypergeometrische Verteilung**.

6. Beispiel

Jemand gibt an, mit sieben von zwölf aufeinander folgenden Ausgaben einer Zeitschrift Kontakt zu haben. Von diesen zwölf Ausgaben werden vier mit einer Anzeige belegt.

Wie groß ist die Wahrscheinlichkeit, dass die betreffende Person mit mindestens einer der belegten Ausgaben Kontakt hat?

Für die gesuchte Wahrscheinlichkeit gilt:
$P(X \geq 1) = 1 - P(X = 0)$

$$= 1 - \frac{\binom{4}{0} \cdot \binom{8}{7}}{\binom{12}{7}} =$$

$$= 1 - \frac{8}{792} = 1 - 0{,}0101 = 0{,}9899$$

7. Beispiel

Ausgangspunkt ist die geschilderte Situation des 4. Beispiels: 11.065 Personen werden danach befragt, mit wie vielen der letzten zwölf Ausgaben sie Kontakt hatten. Das Ergebnis ist in der Tabelle 3.8 vorstehend aufgeführt.

Die Frequenzangaben sollen jetzt wie folgt interpretiert werden: k von 12 bedeutet, dass die betreffende Person mit **genau** k der zwölf Ausgaben Kontakt hat. Angenommen, drei Ausgaben der Zeitschrift werden mit einer Anzeige belegt. Es soll ermittelt werden, wie viele der 11.065 Personen mit mindestens einer der belegten Ausgaben Kontakt haben.

Auch hier muss für jede Kontaktfrequenz die Wahrscheinlichkeit für mindestens einen Kontakt mit einer der belegten Ausgaben ermittelt und die zugehörige Personenzahl mit dieser Wahrscheinlichkeit gewichtet werden. Addiert man die Personenzahlen für die einzelnen Kontaktwahrscheinlichkeiten, erhält man den gesuchten Wert.

1 von 12 Ausgaben: $P(X \geq 1) = 1 - P(X = 0) = 1 - \dfrac{\binom{3}{0} \cdot \binom{9}{1}}{\binom{12}{1}} = 1 - 0{,}75 = 0{,}25$

2 von 12 Ausgaben: $P(X \geq 1) = 1 - P(X = 0) = 1 - \dfrac{\binom{3}{0} \cdot \binom{9}{2}}{\binom{12}{2}} = 1 - 0{,}5455 = 0{,}4545$

3 von 12 Ausgaben: $P(X \geq 1) = 1 - P(X = 0) = 1 - \dfrac{\binom{3}{0} \cdot \binom{9}{3}}{\binom{12}{3}} = 1 - 0{,}3818 = 0{,}6182$

4 von 12 Ausgaben: $P(X \geq 1) = 1 - P(X = 0) = 1 - \dfrac{\binom{3}{0} \cdot \binom{9}{4}}{\binom{12}{4}} = 1 - 0{,}2545 = 0{,}7455$

5 von 12 Ausgaben: $P(X \geq 1) = 1 - P(X = 0) = 1 - \dfrac{\binom{3}{0} \cdot \binom{9}{5}}{\binom{12}{5}} = 1 - 0{,}1591 = 0{,}8409$

6 von 12 Ausgaben: $P(X \geq 1) = 1 - P(X = 0) = 1 - \dfrac{\binom{3}{0} \cdot \binom{9}{6}}{\binom{12}{6}} = 1 - 0{,}0909 = 0{,}9091$

7 von 12 Ausgaben: $P(X \geq 1) = 1 - P(X = 0) = 1 - \dfrac{\binom{3}{0} \cdot \binom{9}{7}}{\binom{12}{7}} = 1 - 0{,}04545 = 0{,}9545$

8 von 12 Ausgaben: $P(X \geq 1) = 1 - P(X = 0) = 1 - \dfrac{\binom{3}{0} \cdot \binom{9}{8}}{\binom{12}{8}} = 1 - 0{,}01818 = 0{,}9819$

9 von 12 Ausgaben: $P(X \geq 1) = 1 - P(X = 0) = 1 - \dfrac{\binom{3}{0} \cdot \binom{9}{9}}{\binom{12}{9}} = 1 - 0{,}004545 = 0{,}9955$

Bei Personen, die mit zehn von zwölf, elf von zwölf oder zwölf von zwölf Ausgaben Kontakt haben, ist die Wahrscheinlichkeit für mindestens einen Kontakt mit einer belegten Ausgabe gleich 1. Da ja drei der zwölf Ausgaben mit der Anzeige belegt sind, muss jemand, der mit zehn Ausgaben Kontakt hat, mit mindestens einer der belegten Ausgaben in Kontakt kommen. Entsprechend muss jemand, der mit elf der zwölf Ausgeben Kontakt hat, mit mindestens zwei der belegten Ausgaben in Kontakt kommen. Bei zwölf von zwölf Ausgaben wird mit allen belegten Ausgaben ein Kontakt erzielt.

Die gesuchte Anzahl der Personen ergibt sich als gewichtete Summe:

$0{,}25 \cdot 522 + 0{,}4545 \cdot 576 + 0{,}6182 \cdot 513 + 0{,}7455 \cdot 403 + 0{,}8409 \cdot 218 + 0{,}9091 \cdot 408 + 0{,}9545 \cdot 49 + 0{,}9818 \cdot 162 + 0{,}9955 \cdot 25 + 121 + 11 + 860 = 2.786{,}8 \approx 2.787$

Belegt man also drei Ausgaben der Zeitschrift mit einer Anzeige, dann erreicht man damit 2.787 Personen. Diesen Wert bezeichnet man als K3-Wert. Ein Vergleich mit dem Ergebnis von Beispiel 4 zeigt, dass der K3-Wert größer ist als der dort mithilfe eines Binomialansatzes ermittelte Wert.

Kapitel 4
Begriffe und Kennziffern der Mediaplanung

„Die Zahl ist das Wesen aller Dinge"

Pythagoras von Samos, griechischer Philosoph und Mathematiker (580 – 500 v. Chr.)

Foto: GfK-Meler (Gesellschaft für Konsumforschung)

4.1	Kennziffern zur Bewertung von einzelnen Werbeträgern	102
4.2	Kennziffern und Begriffe zur Bewertung von Mediaplänen	115
4.3	Trackingstudien als Hilfsmittel zur Bestimmung von Kontaktdichte und GRP	135

In diesem Kapitel werden die wichtigsten Mediabegriffe erläutert. Hierbei muss zwischen Kennziffern zur Bewertung von einzelnen Werbeträgern und Kennziffern/Begriffen zur Bewertung von Mediaplänen unterschieden werden.

4.1 Kennziffern zur Bewertung von einzelnen Werbeträgern

Kennziffern der Mediaplanung beziehen sich in der Regel auf große Gesamtheiten. Zur besseren Veranschaulichung wählen wir in diesem Kapitel ein Modell und beziehen uns auf das fiktive Land „Numerika". In diesem Land Numerika leben genau 100 Personen, was von der begrenzten Zahl her erstens gut überschaubare Verhältnisse schafft und zweitens natürlich auszuführende Prozentberechnungen in den Beispielen deutlich erleichtert.

Die 100 Einwohner von Numerika sehen alle gleich aus; sie unterscheiden sich nur durch ihren Namen, der aus einer Nummer besteht. Die Nummern respektive die Namen der Einwohner von Numerika reichen von 1 bis 100. Diese 100 Personen bilden also für die folgenden Erläuterungen die Grundgesamtheit.

4.1.1 Reichweite eines Mediums

Von den 100 Numerikanern wird eine Zielgruppe abgegrenzt und zwar handelt es sich um die Verwender von Numassel, einem Produkt, das sich in Numerika in bestimmten Bevölkerungskreisen einer großen Beliebtheit erfreut. Die Zielgruppe besteht aus 20 Personen und ist in der Grafik in Abb. 4.1 durch einen Rahmen abgegrenzt.

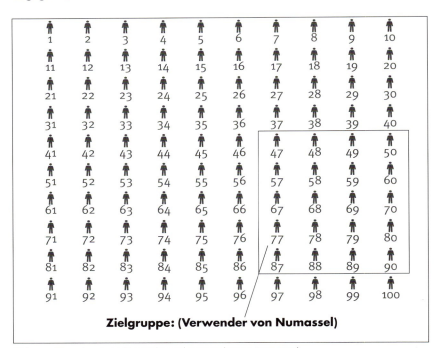

Abb. 4.1: Einwohner von Numerika und Verwender von Numassel

Die Numerikaner sind eifrige Nutzer aller möglichen Medien. In der unten stehenden Abb. 4.2 ist die Verbreitung der Zeitschrift „Numerika heute" gekennzeichnet.

Durch Abzählen lässt sich leicht ermitteln, dass man mit einer Schaltung in der Zeitschrift „Numerika heute" 25 Personen der Grundgesamtheit (GG) erreicht, von denen sechs, nämlich die Personen mit den Nummern 77, 78, 79, 87, 88 und 89 zur Zielgruppe (ZG) des Produkts Numassel gehören. Werbungtreibende sind daran interessiert, dass ihre Werbung eine große Verbreitung hat. In diesem Zusammenhang spielt der Begriff der Reichweite eine große Rolle.

Reichweite eines Mediums in der Zielgruppe oder in der Grundgesamtheit
1. Unter der **Reichweite eines Mediums in der Grundgesamtheit** versteht man die Anzahl der Personen aus der Grundgesamtheit, die mit einer einmaligen Schaltung in diesem Medium erreicht werden. Wenn nichts anderes gesagt ist, sind damit immer Werbeträgerkontakte gemeint, d.h., die betreffenden Personen müssen die Zeitschrift in der Hand gehalten und durchgeblättert haben. Die Reichweite eines Mediums in der Grundgesamtheit ist gleich dem LpA-Wert dieser Zeitschrift (vgl. Kapitel 2).
2. Unter der **Reichweite eines Mediums in der Zielgruppe** versteht man die Anzahl der Zielpersonen, die von dem Medium mit einer einmaligen Schaltung in diesem Medium erreicht werden.

Reichweite eines Mediums

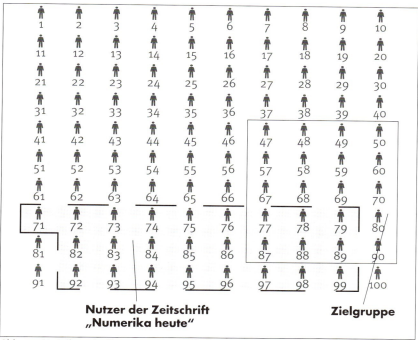

Abb. 4.2: Verteilung der Nutzer von „Numerika heute" in der Grundgesamtheit und in der Zielgruppe

Reichweite in %

Häufig gibt man die Reichweite in % an, indem man ermittelt, wie viel % der Personen aus der Grundgesamtheit oder aus der Zielgruppe von dem Medium erreicht werden:

$$\text{Reichweite in der GG in \%} = \frac{\text{Reichweite in der GG absolut}}{\text{Gesamtheit aller Personen der GG}} \cdot 100$$

$$\text{Reichweite in der ZG in \%} = \frac{\text{Reichweite in der der ZG absolut}}{\text{Gesamtheit der Zielpersonen}} \cdot 100$$

Bedeutung: Die Reichweite eines Mediums in der Zielgruppe sagt etwas über die Verbreitung des Mediums in der Zielgruppe aus. Eine hohe Reichweite bedeutet also, dass man mit dem betreffenden Medium viele Zielpersonen erreichen kann.

Beispiel

Die Zeitschrift „Numerika heute" hat in der Grundgesamtheit eine absolute Reichweite von 25 Personen und eine prozentuale Reichweite von 25 %. Bezogen auf die Zielgruppe (des Produkts Numassel) beträgt die absolute Reichweite sechs Personen und damit die prozentuale Reichweite 30 % (sechs von 20 Zielpersonen insgesamt).

4.1.2 Affinität

Für die Bewertung eines Mediums spielt neben der Reichweite in der Zielgruppe auch die Größe der Streuverluste eine Rolle.

Man spricht von einem Streuverlust, wenn mit einem Medium auch Personen aus der Grundgesamtheit erreicht werden, die nicht zur Zielgruppe gehören.

In der Regel bewertet man die Streugüte eines Mediums allerdings nicht durch die Angabe der Streuverluste, sondern durch den Anteil der Nutzerschaft an der Zielgruppe des Mediums. Genauer gesagt:

Streugenauigkeit eines Mediums

Die Größe, wie viel Prozent der Nutzerschaft des Mediums zur Zielgruppe gehören, bezeichnet man als Affinität des Mediums. Sie sagt etwas über die Streugenauigkeit eines Mediums aus.

Bedeutung der Streugenauigkeit

Eine hohe Streugenauigkeit ist deswegen wichtig, weil die Streukosten für ein Medium davon abhängen, wie hoch die Reichweite dieses Mediums in der Grundgesamtheit ist, und nicht davon, wie viele Zielpersonen man damit erreicht. Schaltet man also in einem Medium, das eine hohe Reichweite in der Grundgesamtheit besitzt, mit dem man aber nur wenige Zielpersonen erreicht, dann fallen eben auch Streukosten für die Personen an, die nicht zur Zielgruppe gehören, mit diesem Medium aber erreicht werden. Die Belegung eines solchen Mediums wäre dann eher unwirtschaftlich.

$$\text{Affinität} = \frac{\text{absolute Reichweite in der Zielgruppe}}{\text{absolute Reichweite in der Grundgesamtheit}} \cdot 100$$

Beispiel

In der Grafik in Abb. 4.3 sind die Nutzer von „Numerika heute" und die Nutzer von „Numerika in Wort und Bild" gekennzeichnet. Wie oben angegeben, hat „Numerika heute" in der Grundgesamtheit eine Reichweite von 25 Personen, von denen sechs Personen zur Zielgruppe gehören. Diese Zeitschrift hat demnach die Affinität von 24%. Das bedeutet, dass 24% der Leser von „Numerika heute" zur Zielgruppe gehören.

Die Zeitschrift „Numerika in Wort und Bild" hat in der Grundgesamtheit eine Reichweite von 50 Personen, von denen acht Personen zur Zielgruppe gehören. Bezogen auf die Zielgruppe hat diese Zeitschrift also eine Affinität von 16%. Hier gehören also nur 16% der Leser zur Zielgruppe. Obwohl mit einer Schaltung in „Numerika in Wort und Bild" mehr Zielpersonen erreicht werden als mit einer Schaltung in der Zeitschrift „Numerika heute", ist wegen der höheren Affinität und der damit verbundenen geringeren Streuverluste der Titel „Numerika heute" vermutlich (je nach den Anzeigenpreisen) wirtschaftlicher als der Titel „Numerika in Wort und Bild". Der Titel „Numerika in Wort und Bild" hat in der Grundgesamtheit eine doppelt so große Reichweite wie der Titel „Numerika heute", bezogen auf die Zielgruppe beträgt der Faktor aber nur 1,33.

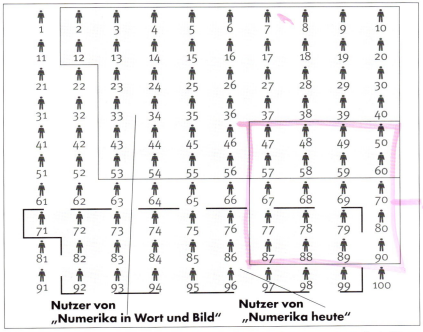

Abb. 4.3: Verteilung der Nutzer von „Numerika heute" und der Nutzer von „Numerika in Wort und Bild" in der Zielgruppe und in der Grundgesamtheit

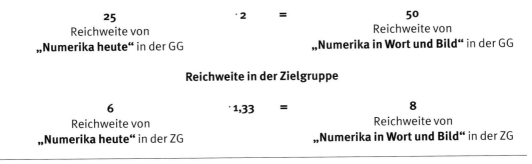

Die folgenden Abbildungen verdeutlichen noch einmal verschiedene Zusammenhänge zwischen Reichweite und Affinität.

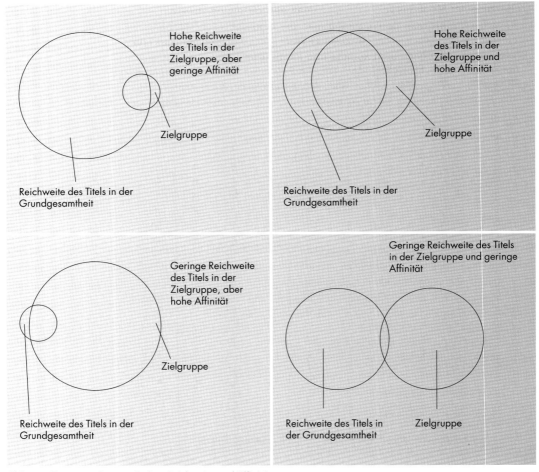

Abb. 4.4: Zusammenhang zwischen Reichweite und Affinität

4.1.3 Affinitätsindex

Wenn die Nutzer von „Numerika heute" gleichmäßig über die Grundgesamtheit verteilt wären, würde im Durchschnitt jede vierte Person der Grundgesamtheit zur Nutzerschaft von „Numerika heute" gehören. Grafisch ergibt dies die Darstellung in Abb. 4.5. Durch Abzählen lässt sich leicht ermitteln, dass bei einer solchen Gleichverteilung fünf Nutzer dieses Titels zur Zielgruppe gehören müssten. Dieser Wert lässt sich auch errechnen, wenn man von folgender Überlegung ausgeht: Der Anteil der Zielgruppe an der Grundgesamtheit beträgt 20 %, also ein Fünftel. Bei einer gleichmäßigen Verteilung der Nutzer über die Grundgesamtheit müssten dann aber auch 20 % der Nutzer (ein Fünftel) zur Zielgruppe gehören, das wären 25/5 = 5 Personen. Wie man sieht, erhält man auch hier den Wert Fünf.

Gleichverteilung der Nutzer in der GG

Bei gleichmäßiger Verteilung der Nutzer über die Grundgesamtheit müsste folglich der prozentuale Anteil der Zielpersonen an der Nutzerschaft, also die Affinität, gleich dem prozentualen Anteil der Zielgruppe an der Grundgesamtheit sein. Durch einen Vergleich von Affinität mit dem prozentualen Anteil der Zielgruppe an der Grundgesamtheit lässt sich also ermitteln, wie stark die Verteilung der Nutzer eines Mediums von einer gleichmäßigen Verteilung abweicht.

Affinitätsindex

Den Vergleich führt man durch, indem man die beiden Prozentsätze durcheinander teilt. Damit man hierbei ganzzahlige Werte erhält, rundet man das Ergebnis auf zwei Stellen nach dem Komma und multipliziert mit 100. Das Ergebnis bezeichnet man als **Affinitätsindex**. Für die Bewertung der Streugenauigkeit eines Mediums interessiert hierbei natürlich vor allem, ob die Nutzer eines Mediums sich stärker in der Zielgruppe konzentrieren, als dies bei einer gleichmäßigen Verteilung der Nutzerschaft zu erwarten wäre.

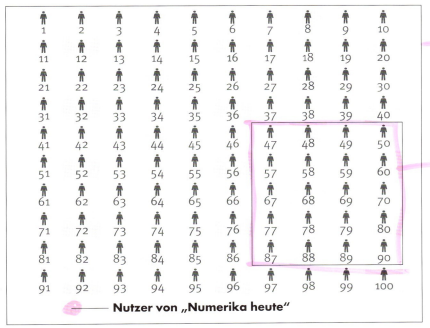

Abb. 4.5: Gleichverteilung der Nutzer von „Numerika heute" in der Grundgesamtheit

> **Affinitätsindex**
> Der Affinitätsindex gibt eine Relation an, und zwar, ob zur Nutzerschaft eines Mediums ein **über-** oder **unterproportionaler** Anteil von **Personen zur Zielgruppe gehört**, verglichen mit dem Anteil der Zielgruppe an der Grundgesamtheit. Dazu wird der Anteil der Zielgruppe an der Grundgesamtheit gleich 100 gesetzt und die Affinität daran indiziert.
>
> $$\text{Affinitätsindex} = \frac{\text{Affinität in \%}}{\text{Anteil der Zielgruppe an der GG in \%}} \cdot 100$$

Man kann drei Fälle betrachten, die in Abb. 4.6 veranschaulicht werden:

Gleichverteilung der Nutzer = 100
- Ein Affinitätsindex von 100 bedeutet, dass sich die Nutzer des Titels gleichmäßig in der Grundgesamtheit verteilen. Der prozentuale Anteil der Zielpersonen an der Gesamtnutzerschaft des Titels ist gleich dem prozentualen Anteil der Zielgruppe an der Grundgesamtheit.

Geringere Konzentration der Nutzer in ZG < 100
- Ist der Affinitätsindex kleiner als 100, dann liegt keine Gleichverteilung der Nutzer in der Grundgesamtheit vor. Der prozentuale Anteil der Zielpersonen an der Gesamtnutzerschaft ist kleiner als der prozentuale Anteil der Zielgruppe an der Grundgesamtheit. Die Konzentration der Nutzer in der Zielgruppe ist also geringer, als bei einer Gleichverteilung zu erwarten wäre.

Höhere Konzentration der Nutzer in ZG > 100
- Ist der Affinitätsindex größer als 100, liegt ebenfalls keine Gleichverteilung vor. Der prozentuale Anteil der Zielpersonen an der Gesamtnutzerschaft des Mediums ist größer als der prozentuale Anteil der Zielgruppe an der Grundgesamtheit. Die Nutzer konzentrieren sich also stärker in der Zielgruppe, als bei einer Gleichverteilung erwartet werden könnte.

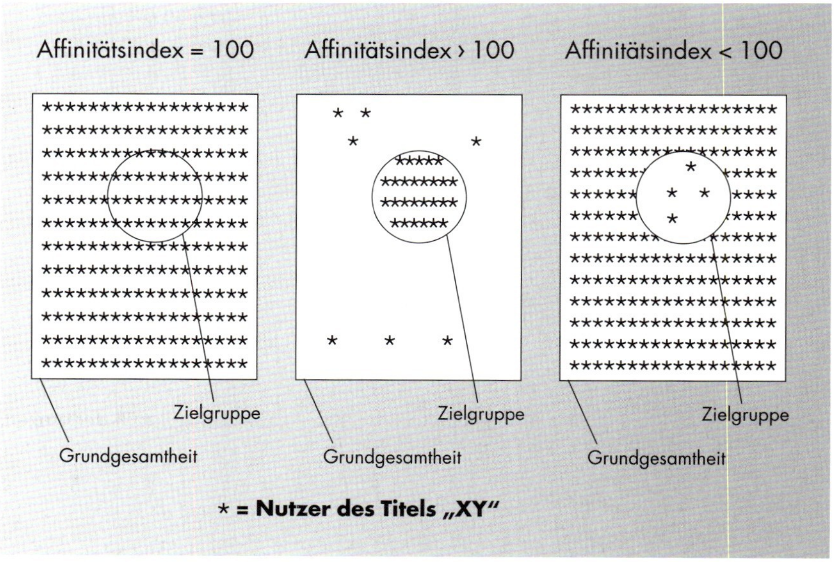

Abb. 4.6: Bedeutung des Affinitätsindexwertes für die Verteilung der Nutzer in der Grundgesamtheit und in der Zielgruppe

Beispiele

Für die beiden Titel „Numerika heute" und „Numerika in Wort und Bild" ergeben sich folgende Werte für den Affinitätsindex (der Anteil der Zielgruppe an der Grundgesamtheit beträgt in beiden Fälle 20%):

„Numerika heute":
Affinität: 24%
$$\Rightarrow \text{Affinitätsindex} = \frac{24\%}{20\%} \cdot 100 = 120$$

Deutung des Wertes:
Der prozentuale Anteil der Zielgruppe an der Gesamtnutzerschaft des Titels ist 120% des prozentualen Anteils der ZG an der GG.

alternativ:
Der prozentuale Anteil der Zielpersonen an der Gesamtnutzerschaft des Titels ist das 1,2fache des prozentualen Anteils der ZG an der GG.

„Numerika in Wort und Bild":
Affinität: 16%
$$\Rightarrow \text{Affinitätsindex} = \frac{16\%}{20\%} \cdot 100 = 80$$

Deutung des Wertes:
Der prozentuale Anteil der Zielgruppe an der Gesamtnutzerschaft des Titels ist 80% des prozentualen Anteils der ZG an der GG,

alternativ:
Der prozentuale Anteil der Zielpersonen an der Gesamtnutzerschaft des Titels ist das 0,8fache des prozentualen Anteils der ZG an der GG.

Man kann den Affinitätsindex auch noch anders interpretieren, wenn man ihn anders schreibt:

$$\text{Affinitätsindex} = \frac{\frac{\text{Nutzer aus der ZG}}{\text{Nutzer gesamt}} \cdot 100}{\frac{\text{ZG}}{\text{GG}} \cdot 100} \cdot 100$$

(Durch 100 kürzen und mit Kehrwert des unteren Bruches multiplizieren:)

$$\text{Affinitätsindex} = \frac{\text{Nutzer aus der ZG}}{\text{Nutzer gesamt}} \cdot \frac{\text{GG}}{\text{ZG}} \cdot 100$$

(Nenner der beiden Brüche vertauschen:)

$$\text{Affinitätsindex} = \frac{\text{Nutzer aus der ZG}}{\text{ZG}} \cdot \frac{1}{\frac{\text{GG}}{\text{Nutzer gesamt}}} \cdot 100$$

(Durch Kehrwert des 2. Bruches dividieren und den Gesamtbruch mit 100 erweitern:)

$$\text{Affinitätsindex} = \frac{\frac{\text{Nutzer aus der ZG}}{\text{ZG}} \cdot 100}{\frac{\text{Nutzer gesamt}}{\text{GG}} \cdot 100} \cdot 100$$

Der obere Bruch gibt die Reichweite in der ZG und der untere Bruch die Reichweite in der Grundgesamtheit in % an. Also:

$$\text{Affinitätsindex} = \frac{\text{Reichweite in der ZG in \%}}{\text{Reichweite in der GG in \%}} \cdot 100$$

Es wird also die Reichweite in der ZG in % mit der Reichweite in der GG in % verglichen.

Beispiel

„Numerika heute" hat in der GG eine Reichweite von 25% und in der ZG eine Reichweite von 30%.

$$\text{Affinitätsindex} = \frac{30\%}{25\%} \cdot 100 = 120$$

Bei dieser Art der Berechnung lässt sich der Affinitätsindex wie folgt interpretieren: Die prozentuale Reichweite von „Numerika heute" in der Zielgruppe beträgt 120% der prozentualen Reichweite dieses Titels in der Grundgesamtheit. Oder die alternative Deutung: Die prozentuale Reichweite von „Numerika heute" in der Zielgruppe ist das 1,2fache der prozentualen Reichweite dieses Titels in der Grundgesamtheit.

4.1.4 Tausender-Preise – Kennziffern zur unmittelbaren Bewertung der Wirtschaftlichkeit

Führen wir zunächst in unser Modell Anzeigenpreise ein. Abb. 4.7 zeigt die Verbreitung von „Wunderbares Numerika" (25 Nutzer) und von „Numerika in Wort und Bild" (50 Nutzer). Als Anzeigenpreise werden angegeben:

Kosten für die Belegung einer 1/1-Seite 4C:
„Wunderbares Numerika":   105 ND   (ND = Numerische Dollar)
„Numerika in Wort und Bild": 200 ND

Wenn Medien bezüglich ihrer Wirtschaftlichkeit verglichen werden sollen, macht es keinen Sinn, nur die absoluten Schaltkosten zu vergleichen, da die Medien sich in der Regel auch hinsichtlich ihrer Leistung unterscheiden. Ein sinnvoller Vergleich ist nur möglich, wenn die Kosten für eine gleiche Leistungseinheit verglichen werden.

Vergleich von Kosten und Leistung → *Üblicherweise verwendet man hierzu die so genannten Tausender-Preise, die die Kosten für Tausend Leistungseinheiten angeben. Je nachdem, welche Leistungseinheiten man hierbei verwendet, erhält man unterschiedliche Tausender-Preise.*

Übliche Tausender-Preise sind auf der nebenstehenden Seite zusammengestellt.

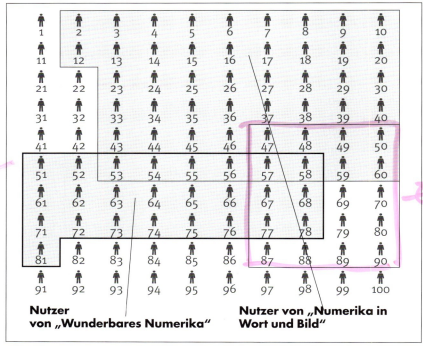

Abb. 4.7: Verteilung der Nutzer von „Wunderbares Numerika" und der Nutzer von „Numerika in Wort und Bild" in der Zielgruppe und in der Grundgesamtheit

Tausend-Nutzerpreis (TNP)
- Kosten, um 1.000 Nutzer zu erreichen

$$\text{TNP} = \frac{\text{Insertionskosten}}{\text{Anzahl der erreichten Personen}} \cdot 1.000$$

Tausend-Kontaktpreis (TKP)
- Kosten für 1.000 Kontakte

$$\text{TKP} = \frac{\text{Insertionskosten}}{\text{Anzahl der erzielten Kontakte}} \cdot 1.000$$

Tausend-Auflagenpreis (TAP)
- Kosten für 1.000 verbreitete Exemplare

$$\text{TAP} = \frac{\text{Insertionskosten}}{\text{verbreitete Auflage}} \cdot 1.000$$

Hinweise:
1. Tausender-Preise werden sowohl zur Beurteilung der Wirtschaftlichkeit von einzelnen Medien als auch von Mediaplänen verwendet:
    - Zur Beurteilung der Wirtschaftlichkeit eines einzelnen Mediums verwendet man in der Regel den Tausend-Kontaktpreis und den Tausend-Auflagenpreis.
    - Zur Beurteilung der Wirtschaftlichkeit eines Mediaplans verwendet man den Tausend-Kontaktpreis und den Tausend-Nutzerpreis.
2. Der TKP und der TNP können sich auf die Grundgesamtheit und auf die Zielgruppe beziehen. In der Regel bezieht man sich allerdings hierbei auf die Zielgruppe.

Beispiel

Bezogen auf die Zielgruppe der Verwender von Numassel ergeben sich für die beiden Titel folgende TKPs (bei einer geschalteten Seite 4-C):

Einmalige Schaltung: Anzahl erreichter Personen = Anzahl erzielter Kontakte

„Numerika in Wort und Bild"
Reichweite in der Zielgruppe: 8 $\Rightarrow$ TKP = $\dfrac{200 \text{ ND}}{8} \cdot 1.000 = 25.000$ ND

Im Durchschnitt müssen bei diesem Titel also für 1.000 Kontakte mit Zielpersonen 25.000 ND aufgewendet werden. (In unserem bewusst kleinen Modell sind Tausender-Preise natürlich nicht so geschickt, während sie auf den realen Märkten mit den dort üblichen Auflagen und Reichweiten sinnvolle Größen darstellen.)

„Wunderbares Numerika":
Reichweite in der Zielgruppe: 6 $\Rightarrow$ TKP = $\dfrac{105 \text{ ND}}{6} \cdot 1.000 = 17.500$ ND

Für 1.000 Kontakte mit Zielpersonen müssen also bei diesem Titel im Durchschnitt 17.500 ND aufgewendet werden.

4.1.5 Unterscheidung zwischen einem Werbeträgerkontakt und einem Werbemittelkontakt

In der Mediaplanung gilt ein Leser bereits dann als Nutzer einer Zeitschrift, wenn er die Zeitschrift in der Hand gehalten und durchgeblättert hat. Man spricht in diesem Fall von einem Werbeträgerkontakt.

Ein Werbungtreibender kann sich jedoch nicht sicher sein, ob jemand, der einen Werbeträgerkontakt hatte, auch die Anzeige des Werbungtreibenden

Werbeträgerkontakt ist nicht gleich Werbemittelkontakt

gesehen, also auch einen Werbemittelkontakt hatte. Es ist ja möglich und wird in der Praxis häufig vorkommen, dass die Seite, auf der sich die Anzeige befand, gar nicht aufgeschlagen wurde.

Um hier eine höhere Sicherheit zu schaffen, werden die Personen, die einen Werbeträgerkontakt haben, danach befragt, wie viele Seiten der Zeitschrift im Durchschnitt aufgeschlagen werden. Mithilfe von Wahrscheinlichkeitsmodellen lässt sich dann ermitteln, wie viele Personen eine durchschnittliche Werbung führende Seite aufschlagen. Die Ergebnisse werden schließlich durch aufwändige Beobachtungsexperimente bei so genannten Stellvertretertiteln, das sind Titel, die stellvertretend für eine bestimmte Zeitschriftengattung stehen, überprüft.

Als Ergebnis erhält man den so genannten Leser pro Werbung führender Seite (LpWS). Der LpWS-Wert wird als Maß dafür verwendet, wie viele Personen im Durchschnitt einen Werbemittelkontakt haben. Unter der Leserschaft pro Werbung führender Seite einer Zeitschrift wird die Anzahl der Personen verstanden, die eine durchschnittliche Werbung führende Seite in einer durchschnittlichen Ausgabe dieser Zeitschrift gesehen haben.

Häufig bildet man einen Indexwert, der etwas darüber aussagt, in wie viel Prozent ein Werbeträgerkontakt auch zu einem Werbemittelkontakt führt.

Index Werbemittelkontakt zu Werbeträgerkontakt (Wmk/Wtk)
Der Index ist ein Maß dafür, inwieweit ein Werbeträgerkontakt auch zu einem Werbemittelkontakt führen kann. Der Index wird wie folgt ermittelt:

$$\text{Indexwert} = \frac{\text{Werbemittelreichweite (LpWS)}}{\text{Werbeträgerreichweite (LpA)}} \cdot 100$$

Je näher der Indexwert bei 100 liegt, umso wahrscheinlicher ist es, dass ein Werbeträgerkontakt auch zu einem Werbemittelkontakt führt. Bei einem Indexwert von 100 bedeutet ein Werbeträgerkontakt immer auch einen Werbemittelkontakt.

Beispiel

Angenommen, für die Zeitschrift „Wunderbares Numerika" wird ein Wmk-/Wtk-Indexwert von 87 angegeben. Das bedeutet, dass im Durchschnitt mit 87 % der Personen, die einen Werbeträgerkontakt haben, auch ein Werbemittelkontakt erreicht wird.

4.1.6 Indexsumme

Berücksichtigung von Reichweite, TKP und Affinität

Bei der Auswahl von Werbeträgern haben Werbungtreibende häufig das Problem, dass ein Werbeträger z. B. eine hohe Reichweite und einen mittleren TKP, aber der Affinitätsindex einen relativ geringen Wert hat. In der Regel wird jedoch auf alle drei Kriterien Wert gelegt. Man kann sich nun helfen, indem ein Indexwert ermittelt wird, der alle drei Kriterien gleichzeitig berücksichtigt. Diesen Indexwert bezeichnet man als Indexsumme oder Dreier-Index.

Indexsumme (Reichweitenindex + TKP-Index + Affinitätsindex)

Die Indexsumme berücksichtigt die drei Kriterien 1.000-Kontakt-Preis, Affinitätsindex und Reichweite. Dazu wird in der Liste der Werbeträger der jeweils günstigste Wert eines Kriteriums gleich 100 gesetzt. Für jeden Werbeträger wird dann für jedes Kriterium ein Index ermittelt. Die Indexsumme eines Werbeträgers ergibt sich durch Addition der Indizes für die drei Kriterien. Der theoretisch höchste Wert für die Indexsumme liegt folglich bei 300.

Bedeutung
Durch die Indexsumme werden alle drei Kriterien gleichzeitig berücksichtigt. Bei der Auswahl von Werbeträgern mithilfe der Indexsumme als grobem Anhaltspunkt erhält man meist Pläne mit durchschnittlichen Leistungswerten. Sie lassen sich durch eine gezielte Werbeträgerauswahl noch verbessern.

4.1.7 Übung

Die folgende Rangreihe von Zeitschriften zu der Zielgruppe „modebewusste junge Menschen" ist nach Werbeträgerreichweite in der Zielgruppe sortiert (GG 64,1 Mio., ZG 8,01 Mio.).

	Medien Werbeträger	Format	Farbe	Kosten Euro	Euro pro 1.000 Kont.	Reichweite %	Reichweite Mio.	Affinitätsindex	Index Wmk/Wtk
1	TV Movie	1/1 S.	4C	47.640	39,44	15,1	1,21	151	65
2	Stern	1/1 S.	4C	47.700	51,32	11,6	0,93	99	71
3	Bravo	1/1 S.	4C	33.573	37,68	11,1	0,89	401	80
4	TV TODAY	1/1 S.	4C	18.700	33,08	7,1	0,57	149	64
5	Bravo Girl	1/1 S.	4C	17.300	32,33	6,7	0,54	490	80
6	Fit for Fun	1/1 S.	4C	22.200	46,29	6	0,48	257	71
7	freundin	1/1 S.	4C	32.800	76,8	5,3	0,43	130	72
8	Brigitte Young Miss	1/1 S.	4C	11.900	34,19	4,3	0,35	452	76
9	Bunte	1/1 S.	4C	27.600	84,65	4,1	0,33	65	79
10	MUSIKEXPRESS	1/1 S.	4C	8.540	53,84	2	0,16	369	85
11	MAX	1/1 S.	4C	16.000	114,43	1,7	0,14	261	69
12	PRINZ	1/1 S.	4C	20.440	189,77	1,3	0,11	257	73

Abb. 4.8: Rangreihe von Zeitschriften (nach Verbraucheranalyse / Springer und Bauer Media)

Aufgaben
a) Erläutern Sie am Beispiel der Zeitschrift „Bravo Girl", was die angegebenen Werte bedeuten.
b) Ermitteln Sie für die Zeitschrift „Brigitte Young Miss" die Reichweite in der Grundgesamtheit und die Affinität.
c) Ermitteln Sie für die Zeitschrift „Bravo" den Reichweitenindex innerhalb der Indexsumme (Reichweitenindex + TKP-Index + Index für den Affinitätsindex).
d) Ermitteln Sie für die Zeitschrift „MUSIKEXPRESS" den TKP-Index innerhalb der Indexsumme (auch hier Reichweitenindex + TKP-Index + Index für den Affinitätsindex).

Lösungen

Zu a) Bedeutungen der Spalten

Spalte „Format":
Die Angaben beziehen sich auf 1/1 Seite, also Schaltung einer ganzen Seite.

Spalte „Farbe":
Die Angaben betreffen vierfarbige Anzeigen.

Spalte „Kosten in €":
Eine Schaltung kostet 17.300,00 €

Spalte „€ pro 1.000 Kontakte":
Bei einer einmaligen Schaltung in der Zeitschrift „Bravo Girl" müssen 32,33 € aufgewendet werden, um 1.000 Kontakte mit Zielpersonen herzustellen.

Spalte „Reichweite in %":
Mit einer einmaligen Schaltung in der Zeitschrift „Bravo Girl" erreicht man 6,7 % aller Zielpersonen.

Spalte „Reichweite in Mio.":
Mit einer einmaligen Schaltung in der Zeitschrift „Bravo Girl" erreicht man 0,54 Mio. Zielpersonen.

Spalte „Affinitätsindex":
Der prozentuale Anteil der Zielpersonen an der Leserschaft der „Bravo Girl" ist 490 % des prozentualen Anteils der Zielgruppe an der Grundgesamtheit.

Alternativ:
Die prozentuale Reichweite der „Bravo Girl" in der Zielgruppe ist 490 % der prozentualen Reichweite der „Bravo Girl" in der Grundgesamtheit.

Spalte „Index Wmk/Wtk":
80 % der Zielpersonen, die einen Werbeträgerkontakt haben, haben auch mit einer durchschnittlichen Werbung führenden Seite Kontakt.

Zu b)
Affinitätsindex

$$= \frac{\text{Reichweite in der ZG in \%}}{\text{Reichweite in der GG in \%}} \cdot 100$$

durch Umstellen:

Reichweite in der GG in %

$$= \frac{\text{Reichweite in der ZG}}{\text{Affinitätsindex}} \cdot 100 = \frac{4,3\%}{452} \cdot 100 = 0,95\%$$

Affinitätsindex

$$= \frac{\text{Affinität}}{\text{Anteil der ZG an der GG in \%}} \cdot 100$$

durch Umstellen:

Affinität =

$$= \frac{\text{Affinitätsindex} \cdot \text{Anteil der ZG an der GG in \%}}{100}$$

$$= \frac{452 \cdot 12,5\%}{100} = 56,5\%$$

Hinweis: Der Anteil der Zielgruppe an der Grundgesamtheit beträgt:

$$\frac{8,01 \text{ Mio.}}{64,10 \text{ Mio.}} \cdot 100 = 12,50\%$$

Lösung zu c)
Der Titel mit der höchsten Reichweite in der Rangreihe ist die „TV Movie" mit einer Reichweite von 15,1 % in der Zielgruppe. Diese Reichweite erhält daher den Indexwert 100. Mithilfe eines Dreisatzes erhält man für den Reichweitenindex der „Bravo":

$$\text{Reichweitenindex} = \frac{100 \cdot 11,11}{15,1} = 73,58$$

Lösung zu d)
Der Titel mit dem geringsten TKP in der Rangreihe ist die „Bravo Girl" mit einem TKP von 32,33 €. Dieser TKP erhält daher den Indexwert 100. Mithilfe eines Dreisatzes erhält man für den TKP-Index der Zeitschrift „MUSIKEXPRESS":

$$\text{TKP-Index} = \frac{100 \cdot 32,33}{53,84} = 60,05$$

4.2 Kennziffern und Begriffe zur Bewertung von Mediaplänen

4.2.1 Interne Überschneidungen

Der Begriff wird wieder am Modell des Landes Numerika erläutert, vgl. dazu Abschnitt 4.1. Angenommen, die Zeitschrift „Der Numerikaner" hat einen LpA-Wert von 6. Mit jeder Ausgabe dieser Zeitschrift erreicht man also sechs Numerikaner. Da der LpA-Wert mithilfe von Wahrscheinlichkeitsüberlegungen ermittelt wird, kann man nicht erwarten, dass man mit jeder Ausgabe immer die gleichen sechs Personen erreicht. Die folgende Tabelle gibt für verschiedene Ausgaben an, welche Numerikaner mit der jeweiligen Ausgabe erreicht werden.

Ausgabe 1	Ausgabe 2	Ausgabe 3
13	14	12
14	15	13
23	16	22
24	22	32
33	24	34
34	33	42

Abb. 4.9: Beispiel zu internen Überschneidungen

Mit diesen drei Ausgaben erreicht man folgende Numerikaner: 12, 13, 14, 15, 16, 22, 23, 24, 32, 33, 34 und 42. Ingesamt erreicht man also zwölf Personen. Hier mag verwundern, dass das Beispiel so gebildet ist, dass man mit den drei Ausgaben nicht die dreifache Anzahl an Personen erreicht, die man mit einer Ausgabe kontaktiert. Das entspräche aber nicht der Realität, denn in der Regel werden einige Personen mehrfach erreicht werden. Im Beispiel hat die Person mit der Nummer 13 z.B. Kontakt mit der 1. und der 3. Ausgabe, die Person mit der Nummer 14 wird mit der 1. und der 2. Ausgabe erreicht. Der folgenden Tabelle kann entnommen werden, welche Personen mit welchen Ausgaben Kontakt hatten:

Person	Kontakt mit 1. Ausgabe	Kontakt mit 2. Ausgabe	Kontakt mit 3. Ausgabe
12			X
13	X		X
14	X	X	
15		X	
16		X	
22		X	X
23	X		
24	X	X	
32			X
33	X	X	
34	X		X
42			X

Abb. 4.10: Tabelle zur Ermittlung der internen Überschneidungen

Interne Überschneidung

Wird die gleiche Person von verschiedenen Ausgaben des gleichen Titels erreicht, spricht man von einer internen Überschneidung. In dem Beispiel liegen bei den Personen mit den Nummern 13, 14, 22, 24, 33 und 34 interne Überschneidungen vor.

> **Interne Überschneidung**
> Schaltet man in verschiedenen Ausgaben des gleichen Mediums, dann kann es passieren, dass damit teilweise die gleichen Personen erreicht werden. In diesem Zusammenhang würde man von einer internen Überschneidung sprechen. Unter einer internen Überschneidung versteht man also die Überschneidung innerhalb der Nutzerschaft mehrerer Ausgaben eines Mediums

Bedeutung

Hohe interne Überschneidung → hohe Kontaktkumulation

Medien, die einen hohen Anteil regelmäßiger Nutzer haben, weisen eine hohe interne Überschneidung auf, z.B. Zeitschriften mit einem hohen Anteil an Abonnenten.

Durch die Mehrfachbelegung von Medien mit einer hohen internen Überschneidung lassen sich gut Mehrfachkontakte und damit eine hohe Kontaktdichte erzielen. Man hat dann jedoch einen geringen Reichweitenzuwachs (vergl. Reichweitenkumulation).

Geringe interne Überschneidung → hohe Reichweitenkumulation

Medien, die einen hohen Anteil gelegentlicher Nutzer haben (z.B. TV) haben eine geringe interne Überschneidung. Durch eine Mehrfachbelegung solcher Medien lässt sich schnell eine relativ hohe Reichweite erzielen. Die Kontaktdichte ist dann allerdings häufig nicht ausreichend.

4.2.2 Externe Überschneidungen

Ausgangspunkt ist erneut ein Beispiel: Die Zeitschrift „Numerika im Spiegel der Zeit" hat einen LpA-Wert von 5. Die Zeitschrift „Numerus & Munkulus" hat einen LpA-Wert von 4. Die folgende Tabelle gibt an, welche Personen die Ausgabe 1 dieser Zeitschriften lesen. Zusätzlich sind auch noch die Leser der 1. Ausgabe von „Der Numerikaner" angegeben.

Ausgabe 1 „Der Numerikaner"	Ausgabe 1 „Numerika im Spiegel der Zeit"	Ausgabe 1 „Numerus & Munkulus"
13	11	11
14	15	12
23	23	21
24	25	23
33	34	–
34	–	–

Abb. 4.11: Beispiel zu externen Überschneidungen

Der Tabelle kann entnommen werden, dass z.B. die Person mit der Nummer 23 mit drei Titeln Kontakt hat („Der Numerikaner", „Numerika im Spiegel der Zeit" und „Numerus & Munkulus"). In diesem Fall spricht man von einer externen Überschneidung.

> **Externe Überschneidung**
> Schaltet man in verschiedenen Medien, kann es Personen geben, die mehrere dieser Medien nutzen und damit mehrfach erreicht werden. Hier spricht man von einer externen Überschneidung. Darunter versteht man also die Überschneidung der Nutzerschaft zweier oder mehrerer Medien.

Bedeutung

Programmzeitschriften haben z. B. eine geringe externe Überschneidung (kaum jemand nutzt zwei Programmzeitschriften). Durch die Belegung von Medien, die eine hohe externe Überschneidung aufweisen, lässt sich eine hohe Kontaktdichte erreichen, man hat allerdings ein geringes Reichweitenwachstum. Belegt man dagegen Medien mit einer geringen externen Überschneidung, so erzielt man damit eine schnelle Reichweitenausdehnung, hat allerdings nur wenige Mehrfachkontakte. Aus folgender Tabelle lassen sich die externen Überschneidungen des obigen Beispiels leicht ablesen:

Hohe externe Überschneidung
→ hohe Kontaktkumulation

Geringe externe Überschneidung
→ hohe Reichweitenkumulation

Person	Kontakt mit Ausgabe 1 von		
	„Der Numerikaner"	„Numerika im Spiegel"	„Numerus & Munkulus"
11		X	X
12			X
13	X		
14	X		
15		X	
21			X
23	X	X	X
24	X		
25		X	
33	X		
34	X	X	

Abb. 4.12: Tabelle zur Ermittlung der externen Überschneidungen

4.2.3 Nettoreichweite, Bruttoreichweite und Durchschnittskontakte

Betrachten wir zunächst folgendes Beispiel der Mehrfachbelegung: Schaltung je einer Anzeige in den Ausgaben 1 und 2 von „Numerus & Munkulus" und von „Der Numerikaner". Folgende Personen werden damit erreicht:

„Numerus & Munkulus"		„Der Numerikaner"	
Ausgabe 1	Ausgabe 2	Ausgabe 1	Ausgabe 2
11	14	13	14
12	21	14	15
21	23	23	16
23	33	24	22
–	–	33	24
–	–	34	33

4.13: Beispiel zur Brutto- und Nettoreichweite

Man spricht von einem Mediaplan, wenn entweder in einem Medium mehrmals geschaltet wird oder wenn verschiedene Medien belegt werden.

Dabei gibt es folgende Möglichkeiten:
- In einem einzelnen Medium wird mehrmals geschaltet, z. B. belegt man drei verschiedene Ausgaben des gleichen Mediums.
- In verschiedenen Medien wird jeweils einmal geschaltet, z. B. belegt man zwei verschiedene Medien je einmal
oder
- in verschiedenen Medien wird mehrmals geschaltet – das ist in der Regel der Fall.

Beispiel

In dem in Abb. 4.13 dargestellten Beispiel handelt es sich um einen Mediaplan, da in zwei verschiedenen Titeln jeweils zwei Ausgaben belegt werden. Es soll nun ermittelt werden, wie viele verschiedene Personen erreicht werden und wie viele Kontakte mit dem vorliegenden Plan erzielt werden.

Dazu wird zunächst die folgende Tabelle erstellt, die übersichtlicher zeigt, welche Personen mit welchen Titeln und Ausgaben Kontakt haben.

Person	„Numerus & Munkulus" Ausgabe 1	Ausgabe 2	„Der Numerikaner" Ausgabe 1	Ausgabe 2
11	X			
12	X			
13			X	
14		X	X	X
15				X
16				X
21	X	X		
22				X
23	X	X	X	
24			X	X
33		X	X	X
34			X	

Abb. 4.14: Tabelle zur Ermittlung der Brutto- und Nettoreichweite

Der Tabelle kann entnommen werden, dass mit dem Plan insgesamt zwölf verschiedene Personen erreicht werden, und zwar die Personen mit den Nummern: 11, 12, 13, 14, 15, 16, 21, 22, 23, 24, 33 und 34.

Nettoreichweite   Die Personenzahl bezeichnet man als Nettoreichweite des Plans. Der obige Plan hat also eine Nettoreichweite von zwölf Personen. Hier werden also nur die Personen gezählt, die mit einem Plan überhaupt erreicht werden. Es spielt keine Rolle, wie viele Kontakte auf die einzelnen Personen entfallen.

Um die Anzahl der erzielten Kontakte zu ermitteln, müssen in der obigen Tabelle alle Kreuze gezählt werden – mit dem Plan werden 20 Kontakte erreicht. Diese Gesamtzahl der Kontakte bezeichnet man als Bruttoreichweite des Plans. Der obige Plan hat folglich eine Bruttoreichweite von 20 Kontakten. Wie man sieht, ist die Nettoreichweite des Plans deutlich kleiner als die Bruttoreichweite. Das ist in der Praxis der Regelfall und geht auf die meist anzutreffenden internen und externen Überschneidungen zurück.

Bruttoreichweite

Z. B. hat die Person mit der Nummer 21 eine interne Überschneidung, da sie mit beiden Ausgaben von „Numerus & Munkulus" Kontakt hatte. Bei der Ermittlung der Nettoreichweite wird diese Person nur einmal gezählt, bei der Bestimmung der Bruttoreichweite werden allerdings beide Kontakte berücksichtigt.

Die Person mit der Nummer 14 hat sowohl eine interne als auch eine externe Überschneidung, da sie die 2. Ausgabe von „Numerus & Munkulus" und beide Ausgaben von „Der Numerikaner" liest. Auch diese Person zählt bei der Bestimmung der Nettoreichweite nur einfach, trägt aber zur Bruttoreichweite drei Kontakte bei.

Es fällt außerdem auf, dass die Bruttoreichweite gleich der Summe aller LpA-Werte bzw. aller Einzelreichweiten der belegten Titel und Ausgaben ist. „Numerus & Munkulus" hat einen LpA-Wert von 4 und es werden zwei Ausgaben belegt. „Der Numerikaner" hat einen LpA-Wert von 6 und es werden ebenfalls zwei Ausgaben belegt, das ergibt eine Summe von insgesamt 20 Kontakten. Da bei der Bruttoreichweite alle erzielten Kontakte gezählt werden, muss die Summe aller LpA-Werte auch tatsächlich gleich der Bruttoreichweite sein.

Nettoreichweite
Die Nettoreichweite gibt an, wie viele Personen durch einen Mediaplan mindestens einmal erreicht werden. Dabei werden Doppel- und Mehrfachkontakte nicht berücksichtigt. In die Ermittlung der Nettoreichweite geht jede erreichte Person nur einmal ein, egal, wie viele Kontakte auf sie entfallen. Häufig wird die Nettoreichweite auch als Prozentsatz angegeben.
- Nettoreichweite in der Grundgesamtheit in Prozent: Wie viel Prozent der Grundgesamtheit werden durch den Plan erreicht?
- Nettoreichweite in der Zielgruppe in Prozent: Wie viel Prozent der Zielgruppe werden durch den Plan erreicht?

Unterschied zwischen der Reichweite eines Mediums und der Nettoreichweite
Die Reichweite eines Mediums meint immer dessen Reichweite bei einer einmaligen Belegung dieses einen Mediums. Die Nettoreichweite bezieht sich immer auf die Reichweite eines Plans, wenn also mehrere Medien oder ein Medium mehrfach oder mehrere Medien mehrfach belegt werden.

Durch die internen und externen Überschneidungen ist die Nettoreichweite immer geringer als die Summe der Einzelreichweiten.

Bedeutung
Um die angestrebten Werbeziele zu erreichen, ist es erforderlich, dass die Nettoreichweite eines Mediaplans möglichst groß ist, dass man also möglichst alle Personen der Zielgruppe erreicht.

> **Bruttoreichweite**
> Die Bruttoreichweite gibt die Zahl der Kontakte an, die mit einem Plan oder einer Werbeträgerkombination erzielt wird. Die Bruttoreichweite ergibt sich als Summe der Einzelreichweiten.

Unterschied zwischen Brutto- und Nettoreichweite
Die Nettoreichweite gibt die Anzahl der erreichten Personen an (jede erreichte Person zählt nur einmal, unabhängig davon, wie viele Kontakte auf sie entfallen). Die Bruttoreichweite gibt dagegen die Anzahl der erreichten Kontakte an (jede Person wird mit der Anzahl der auf sie entfallenden Kontakte gewichtet).

Bedeutung
Die Bruttoreichweite sagt etwas über den Werbedruck aus, der mit einem Plan erzielt wird. Dabei wird davon ausgegangen, dass der Werbedruck, der auf eine erreichte Person ausgeübt wird, mit der Anzahl der Werbemittelkontakte zunimmt. Die Bruttoreichweite alleine ist allerdings kein ausreichendes Maß für den Werbedruck.

Durchschnitts- kontakte

Wie bereits festgestellt, werden mit dem obigen Plan zwölf Personen erreicht, auf die insgesamt 20 Kontakte entfallen. Häufig interessiert man sich dafür, wie viele Kontakte im Durchschnitt auf eine erreichte Person entfallen. Dazu muss dann die Gesamtkontaktzahl, also die Bruttoreichweite, durch die Anzahl der erreichten Personen, also die Nettoreichweite, dividiert werden.

Den so ermittelten Wert bezeichnet man als Durchschnittkontaktzahl. Für den obigen Plan erhält man eine Durchschnittskontaktzahl von 20/12 = 1,67.

> **Durchschnittskontakte**
> Der Zusammenhang zwischen der Bruttoreichweite und der Nettoreichweite wird durch die Durchschnittskontaktzahl hergestellt. Die Durchschnittskontaktzahl gibt an, wie viele Kontakte im Durchschnitt auf eine erreichte Person entfallen.
>
> $$\text{Durchschnittskontakte} = \frac{\text{Bruttoreichweite}}{\text{Nettoreichweite absolut}}$$

Bedeutung
Die Durchschnittskontaktzahl ist eine Zahl, die etwas über den durchschnittlichen Werbedruck aussagt, den ein Plan auf die einzelnen erreichten Zielpersonen ausübt. Die Durchschnittskontaktzahl kann dabei allerdings nur als grobes Richtmaß gelten. Genauere Informationen kann man nur durch eine Kontaktverteilung erhalten.

4.2.4 Kontaktverteilung

Die Durchschnittskontaktzahl ist als Durchschnittswert mit all den Mängeln behaftet, die Durchschnittswerte nun einmal an sich haben. Wesentlich aussagekräftiger als die Durchschnittskontaktzahl ist daher eine Kontaktverteilung.

Eine Kontaktverteilung gibt für jede Kontaktzahl oder Kontaktklasse die zugehörige Anzahl der Personen an. Beispielsweise für den Plan aus Abb. 4.13 erhält man folgende Kontaktverteilung:

Anzahl der Kontakte	Anzahl der Personen
1	7
2	2
3	3
4	0

4.15: Beispiel: Kontaktverteilung zum Mediaplan aus Abb. 4.13

> **Kontaktverteilung**
> Dies ist die Verteilung der insgesamt durch einen Plan angesprochenen Personen nach unterschiedlicher Kontakthäufigkeit.

Bedeutung
Die Kontaktverteilung ist von entscheidender Bedeutung für die Beurteilung der Werbewirksamkeit. Einen Maßstab für die Beurteilung der Qualität der Kontaktverteilung bietet die Standardabweichung. Eine optimale Kontaktverteilung besteht, wenn der Kontaktbereich besonders stark besetzt ist, in dem ein Maximum an Wirkung zu erwarten ist.

Standardabweichung: Kennziffer als Maß für die Abweichung vom Mittelwert

Beispiel

Mit diesem Beispiel soll die Problematik der Durchschnittskontaktzahl und die Bedeutung der Kontaktverteilung genauer dargestellt werden. Die folgende Tabelle gibt die Kontaktverteilungen für zwei Pläne an.

Anzahl der Kontakte	Plan 1 Anzahl der Personen	Plan 2 Anzahl der Personen
1	1	6
2	2	4
3	3	3
4	5	2
5	9	1
6	5	2
7	3	3
8	2	4
9	1	6

Abb. 4.16: Beispiel für eine Kontaktverteilung

Der Werbungtreibende hat festgestellt, dass die optimale Kontaktzahl pro Person fünf Kontakte beträgt. Es wird davon ausgegangen, dass bei einer Person das angestrebte Werbeziel erreicht wird, wenn sie fünfmal kontaktiert wird.

Hat eine Person deutlich weniger als fünf Kontakte, so muss damit gerechnet werden, dass die angestrebten Werbeziele bei dieser Person nicht erreicht werden. Deutlich mehr als fünf Kontakte pro Person sind allerdings auch nicht sinnvoll, da für die Erzielung dieser Kontakte Geld aufgewendet werden muss, obwohl sie nicht mehr zu einer Steigerung der Werbewirkung beitragen.

In Abbildung 4.17 sind die beiden Kontaktverteilungen auch grafisch dargestellt.

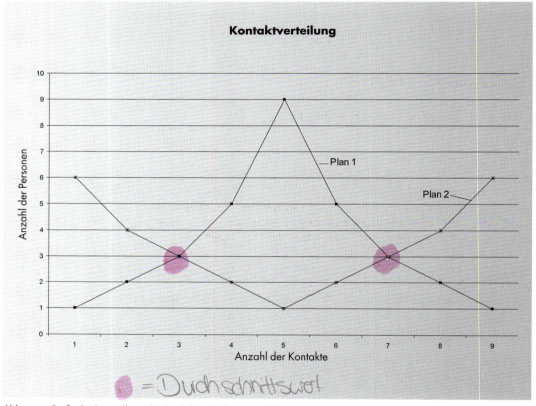

Abb. 4.17: Grafische Darstellung der Kontaktverteilung aus Abb. 4.16

Unterschiedliche Verteilungen können zur gleichen Durchschnittskontaktzahl führen

Anhand der Grafik sieht man bereits, dass der Plan 1 deutlich besser ist als der Plan 2, da bei Plan 1 die meisten Personen die angestrebte Kontaktzahl von fünf haben. Es gibt hier nur relativ wenige Personen mit deutlich weniger oder deutlich mehr als fünf Kontakten. Bei Plan 2 ist es genau umgekehrt. Die wenigsten Personen haben fünf Kontakte. Dafür gibt es viele Personen, die deutlich weniger als fünf Kontakte haben. Bei diesen Personen wird vermutlich das Werbeziel nicht erreicht. Andererseits gibt es auch viele Personen mit deutlich mehr als fünf Kontakten. Bei diesen Personen wird zwar das Werbeziel erreicht, das Geld, das für die Erzielung dieser Kontakte aufgewendet werden muss, wird aber verschwendet, da ja fünf Kontakte pro Person reichen würden.

Für beide Pläne soll nun jeweils die Nettoreichweite, die Bruttoreichweite und die Durchschnittskontaktzahl ermittelt werden.

Zur Ermittlung der Nettoreichweite muss jeweils die Anzahl der Personen ermittelt werden.
Nettoreichweite Plan 1 = 1 + 2 + 3 + 5 + 9 + 5 + 3 + 2 + 1 = 31
Nettoreichweite Plan 2 = 6 + 4 + 3 + 2 + 1 + 2 + 3 + 4 + 6 = 31

Zur Ermittlung der Bruttoreichweite müssen die Personenzahlen jeweils mit der zugehörigen Kontaktzahl multipliziert und die Produkte addiert werden.
Bruttoreichweite Plan 1 = 1·1 + 2·2 + 3·3 + 5·4 + 9·5 + 5·6 + 3·7 + 2·8 + 1·9 = 155
Bruttoreichweite Plan 2 = 6·1 + 4·2 + 3·3 + 2·4 + 1·5 + 2·6 + 3·7 + 4·8 + 6·9 = 155

Beide Pläne haben die gleiche Netto- und Bruttoreichweite und folglich auch die gleiche Durchschnittskontaktzahl, da ja die Durchschnittskontaktzahl der Quotient aus Brutto- und Nettoreichweite ist.

Durchschnittskontaktzahl von Plan 1 und Plan 2 = 155/31 = 5

Das Beispiel zeigt sehr anschaulich:

Auch wenn sich Pläne bei Brutto-, Nettoreichweite und Durchschnittskontaktzahl nicht unterscheiden, können sie völlig unterschiedliche Werbewirkungen haben. Diese Problematik lässt sich nur durch eine Untersuchung der Kontaktverteilungen aufdecken.

4.2.5 Reichweiten in der Zielgruppe
Die vorstehenden Überlegungen zur Netto- und Bruttoreichweite und zu den Durchschnittskontakten bezogen sich auf die Grundgesamtheit. Sie gelten in gleicher Weise natürlich auch für eine bestimmte Zielgruppe.

4.2.6 Gross-Rating-Points (GRP)
Gemeinhin wird als Maß für den absoluten Werbedruck in einer Zielgruppe die Bruttoreichweite, also die Gesamtheit der erzielten Kontakte in der Zielgruppe, verwendet. Daneben wird häufig auch noch die Durchschnittskontaktzahl, also die Anzahl der Kontakte, die im Durchschnitt auf eine erreichte Zielperson entfallen, berücksichtigt.

Die Bruttoreichweite hat den Nachteil, dass die Größe der Zielgruppe nicht berücksichtigt wird. Der Werbedruck von 20 Mio. Kontakten ist z.B. anders zu bewerten, wenn diese Kontakte sich auf eine ZG von 1 Mio. oder aber eine ZG von 10 Mio. Personen verteilen. Die Durchschnittskontakte haben den Nachteil, dass hierbei nur die kontaktierten und eben nicht alle Zielpersonen berücksichtigt werden. Eine Durchschnittskontaktzahl von 10 hat bei einer Nettoreichweite von 10 % eine völlig andere Bedeutung als bei einer Nettoreichweite von 80 %.

Deshalb verwendet man als eine weitere Kennzahl, die die oben beschriebenen Nachteile der Bruttoreichweite und der Durchschnittskontakte bezüglich der Bewertung des Werbedrucks zumindest teilweise ausgleicht, die Gross Rating Points.

Bruttoreichweite = absoluter Werbedruck in der ZG

Gross Rating Points = relativer Werbedruck in der ZG

Kennziffern und Begriffe zur Bewertung von Mediaplänen

> **Gross Rating Points (GRPs)**
> Gross Rating Points geben die erzielten Kontakte pro 100 Zielpersonen an.
>
> $$\text{GRPs} = \frac{\text{Bruttoreichweite}}{\text{Zielgruppengröße}} \cdot 100$$

Durch eine andere Schreibweise erhält man auch noch eine andere Interpretationsmöglichkeit für die GRPs. Man dividiert Zähler und Nenner durch die Nettoreichweite und wendet die Regel an, dass Brüche dividiert werden, indem man mit dem Kehrwert multipliziert. Es ergibt sich:

$$\text{GRPs} = \frac{\frac{\text{Bruttoreichweite}}{\text{Nettoreichweite}}}{\frac{\text{Zielgruppengröße}}{\text{Nettoreichweite}}} = \underbrace{\frac{\text{Bruttoreichweite}}{\text{Nettoreichweite}}}_{\text{Durchschnittskontaktzahl}} \cdot \underbrace{\frac{\text{Nettoreichweite}}{\text{Zielgruppengröße}}}_{\text{Nettoreichweite in \%}} \cdot 100$$

Also:

GRPs = Durchschnittskontakte · Nettoreichweite in %

Bedeutung

Es gibt zwei Interpretationsmöglichkeiten:

Durchschnittlicher Werbedruck in der Zielgruppe

1. Die erste Interpretationsmöglichkeit berücksichtigt, dass der GRP-Wert angibt, wie viele Kontakte im Durchschnitt auf 100 Zielpersonen entfallen. Der GRP-Wert ist damit ein Maß für den durchschnittlichen Werbedruck in der Zielgruppe, da die Zielgruppengröße mit berücksichtigt wird. GRP-Werte sind daher unabhängig von der Zielgruppengröße besser vergleichbar.

Beispiel:

	Plan I	Plan II
Zielgruppengröße	8 Mio.	5 Mio.
Bruttoreichweite	110 Mio.	100 Mio.
GRP	1375	2000

Obwohl Plan I eine höhere Kontaktsumme bietet, sind die Kontakte, bezogen auf die Zielgruppengröße, bei Plan II größer.

2. Die zweite Interpretation berücksichtigt, dass der GRP-Wert das Produkt aus Nettoreichweite in Prozent und Durchschnittskontaktzahl ist. Der GRP-Wert berücksichtigt daher zwei Größen gleichzeitig, die Durchschnittskontaktzahl und die Nettoreichweite. Er ist daher aussagekräftiger als die Durchschnittskontaktzahl oder die Bruttoreichweite alleine. Bei gleicher Bruttoreichweite würde die Durchschnittskontaktzahl wachsen, wenn die Nettoreichweite kleiner wird, der GRP-Wert würde dagegen konstant bleiben.

Die Bruttoreichweite berücksichtigt dagegen weder die Zielgruppengröße noch die Nettoreichweite.

Problem
Die GRP zeigen nicht die Struktur der zu Grunde liegenden Leistungswerte. Gleiche GRP-Werte können bei unterschiedlicher Reichweite/Kontaktrelation entstehen.

400 GRP können z. B. bei einer Reichweite von 20 % und 20 Durchschnittskontakten, aber auch bei einer Reichweite von 80 % und fünf Durchschnittskontakten erzielt werden. Die Kommunikationsleistung der beiden Pläne wird allerdings völlig unterschiedlich sein. Der eine Plan gewährleistet eine intensive Ansprache der erreichten Personen, wobei nur wenige Zielpersonen erreicht werden, während der andere Plan eher eine breite Zielgruppenansprache mit einer geringen Kontaktdichte je erreichter Person gewährleistet.

4.2.7 Übung

Wir beziehen uns wieder auf das in den voranstehenden Abschnitten mehrfach benutzte Modell von Numerika. Die Verwender des Produkts Numumpel sind in Abb. 4.18 dargestellt. Die ausgewiesene Personengruppe ist die Zielgruppe für eine Werbekampagne, die der Hersteller von Numumpel durchführen will.

In der Darstellung ist gekennzeichnet, welche Personen mindestens einmal mit einem Mediaplan erreicht werden. Für diesen Mediaplan gilt ferner:
- Die Durchschnittkontakte betragen 6
- Die gesamten Schaltkosten für den Plan betragen: 400 ND

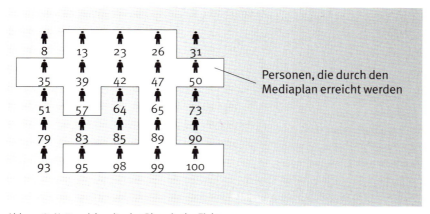

Abb. 4.18: Nettoreichweite des Plans in der Zielgruppe

Aufgaben
a) Geben Sie die Nettoreichweite in der Zielgruppe absolut und in % an
b) Ermitteln Sie die Bruttoreichweite
c) Ermitteln Sie die GRPs
d) Ermitteln Sie den TKP und den TNP

Es ist jeweils anzugeben, was die ermittelten Zahlenwerte aussagen.

LÖSUNGSHINWEISE

zu a)
Die absolute Nettoreichweite in der Zielgruppe kann durch Abzählen ermittelt werden. Sie beträgt 15 Personen. Durch den Plan werden also 15 Zielpersonen mindestens einmal kontaktiert.

$$\text{Nettoreichweite in \%} = \frac{15}{25} \cdot 100 = 60\%$$

Das bedeutet, dass 60 % der Zielgruppe durch den Plan mindestens einmal erreicht werden.

zu b)
Die Bruttoreichweite kann mithilfe der Nettoreichweite und der Durchschnittskontaktzahl ermittelt werden.

$$\text{Durchschnittskontakte} = \frac{\text{Bruttoreichweite}}{\text{Nettoreichweise absolut}}$$

$$\text{Bruttoreichweite} = \text{Durchschnittskontakte} \cdot \text{Nettoreichweite absol.}$$
$$= 6 \cdot 15 = 90 \text{ Kontakte}$$

Durch den Plan werden insgesamt 90 Kontakte mit Zielpersonen erreicht.

zu c)
Die GRP können auf zwei Arten ermittelt werden.

1. Berechnungsmöglichkeit:

$$\text{GRP} = \frac{\text{Bruttoreichweite}}{\text{Zielgruppengröße}} \cdot 100$$
$$= \frac{90}{25} \cdot 100 = 360$$

2. Berechnungsmöglichkeit:

GRP
= Durchschnittskontakte · Nettoreichweite in %
= 6 · 60 = 360

Der ermittelte Wert sagt aus, dass auf 100 Zielpersonen im Durchschnitt 360 Kontakte entfallen, was gleichbedeutend damit ist, dass auf eine Zielperson im Durchschnitt 3,6 Kontakte entfallen.

zu d)

$$\text{TKP} = \frac{\text{Insertionskosten}}{\text{Bruttoreichweite}} \cdot 1.000$$
$$= \frac{400 \text{ ND}}{90 \text{ Kontakte}} \cdot 1.000$$
$$= 4.444,44 \text{ ND}$$

Dieser Wert sagt aus, dass im Durchschnitt 4.444,44 ND aufgewendet werden müssen, um 1.000 Kontakte mit Zielpersonen zu erreichen. Pro Kontakt mit einer Zielperson sind dann im Durchschnitt 4,44 ND aufzuwenden.

$$\text{TNP} = \frac{\text{Insertionskosten}}{\text{Nettoreichweite absolut}} \cdot 1.000$$
$$= \frac{400 \text{ ND}}{15} \cdot 1.000 = 26.666,67 \text{ ND}$$

Dieser Wert sagt aus, dass im Durchschnitt 26.666,67 ND aufgewendet werden müssen, um 1.000 Zielpersonen mindestens einmal zu erreichen. Pro erreichter Zielperson müssen dann im Durchschnitt 26,67 ND aufgewendet werden.

4.2.8 Werbewirkungsfunktionen

Um zu bestimmen, welche Kontakthäufigkeit pro Person im Rahmen der Mediaplanung angestrebt werden sollte, muss man eine Vorstellung über den Zusammenhang zwischen der Kontakthäufigkeit und der Werbewirkung haben. Bevor wir uns mit theoretischen Ansätzen zu diesem Aspekt beschäftigen, soll zunächst der Begriff der Werbewirkung, so wie er hier verwendet wird, definiert werden. Werbewirkungsmodelle werden ausführlicher in Kapitel 7 behandelt.

Unter einer Werbewirkung wird zunächst verstanden, ob das angestrebte Werbeziel erreicht wurde.

Angenommen, das Werbeziel besteht darin, bei den Umworbenen eine aktive Markenbekanntheit zu erzielen, dann wäre das Werbeziel bei einer Person erreicht, wenn sie den betreffenden Markennamen ohne Hilfe nennen kann. Bei dieser Person würde dann eine 100%-ige Werbewirkung erzielt. Man geht davon aus, dass in der Regel mehrere Kontakte notwendig sind, um bei einer Person eine Werbewirkung zu erzielen. Hierbei ist die Annahme einer so genannten einstufigen Werbewirkungsfunktion (One-Step-Response-Funktion) sinnvoll. Ab einer bestimmten Kontaktzahl kann die Person den Markennamen nennen. Solange diese Kontaktzahl unterschritten wird, kann der Markenname nicht genannt werden. Bei Erreichen dieser Schwellenkontaktzahl schnellt die Werbewirkung also von 0% auf 100% hoch.

One-Step-Response-Funktion

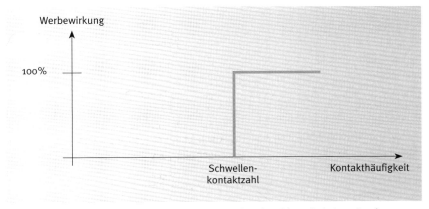

Abb. 4.19: Zusammenhang zwischen Kontaktzahl und Werbewirkung bei einer einzelnen Person

Man geht normalerweise davon aus, dass die Schwellenkontaktzahl nicht bei allen Personen den gleichen Wert hat.
Mögliche Gründe hierfür können sein:
- Unterschiedliches Produktinteresse bzw. Produktinvolvement,
- unterschiedliche Umfeldbedingungen während der Kontaktaufnahme,
- unterschiedliche Lernfähigkeit der Kontaktierten.

Wenn es sich um Werbeträgerkontakte handelt, steigt mit zunehmender Kontaktzahl die Wahrscheinlichkeit für einen Werbemittelkontakt.

Die Schwellenkontaktzahl ist nicht bei allen Personen gleich

 Die Werbewirkung bei einer bestimmten Kontaktzahl wird durch einen Prozentsatz ausgedrückt. Dieser Wert gibt an, bei wie viel Prozent der Personen mit der zugehörigen Kontaktzahl das Werbeziel erreicht wird.

Werbewirkung

Der Zusammenhang zwischen der erzielten Kontaktzahl und der Werbewirkung wird durch eine Werbewirkungsfunktion bzw. eine Responsefunktion beschrieben. Es gibt unterschiedliche Vorstellungen über den möglichen Verlauf einer Responsefunktion. In der Literatur werden üblicherweise die folgenden Responsefunktionen unterschieden:

Werbewirkungsfunktion = Responsefunktion

Kennziffern und Begriffe zur Bewertung von Mediaplänen

Lineare Responsefunktion

Kontakte	Werbewirkung	Werbewirkungszuwachs
0	0%	
1	20%	20%
2	40%	20%
3	60%	20%
4	80%	20%
5	100%	20%
6	100%	0%
7	100%	0%
8	100%	0%
9	100%	0%

Abb. 4.20: Lineare Responsefunktion

Bei einer linearen Responsefunktion geht man davon aus, dass jeder zusätzliche Kontakt den gleichen Wirkungsbeitrag liefert, bis eine 100%-ige Werbewirkung erreicht ist.

0 Kontakte   0% Werbewirkung
1. Kontakt   20% Werbewirkung Wirkungsbeitrag des 1. Kontaktes   20%
2. Kontakte   40% Werbewirkung zusätzlicher Wirkungsbeitrag des 2. Kontaktes   20%
3. Kontakte   60% Werbewirkung zusätzlicher Wirkungsbeitrag des 3. Kontaktes   20%
4. Kontakte   80% Werbewirkung zusätzlicher Wirkungsbeitrag des 4. Kontaktes   20%
5. Kontakte 100% Werbewirkung zusätzlicher Wirkungsbeitrag des 5. Kontaktes   20%

Der Graph einer linearen Responsefunktion ist bis zum Erreichen der 100%-Marke eine Gerade.

Konvexe Responsefunktion

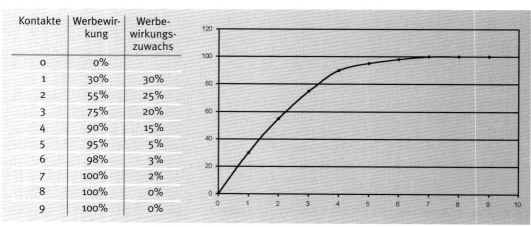

Kontakte	Werbewirkung	Werbewirkungszuwachs
0	0%	
1	30%	30%
2	55%	25%
3	75%	20%
4	90%	15%
5	95%	5%
6	98%	3%
7	100%	2%
8	100%	0%
9	100%	0%

Abb. 4.21: Konvexe Responsefunktion

Bei einer konvexen Responsefunktion unterstellt man, dass mit zunehmender Kontaktzahl der Wirkungsbeitrag weiterer Kontakte immer kleiner wird, bis eine 100%-ige Werbewirkung erreicht ist. Eine konvexe Responsefunktion hat also einen degressiven Verlauf. Der Graph einer konvexen Responsefunktion ist eine rechtsgekrümmte bzw. konvexe Kurve.

Logistische Responsefunktion

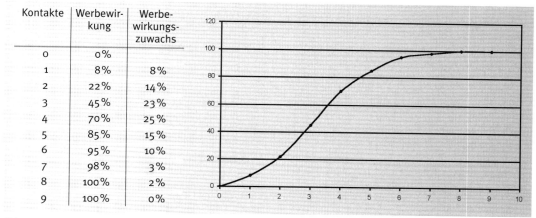

Kontakte	Werbewirkung	Werbewirkungszuwachs
0	0%	
1	8%	8%
2	22%	14%
3	45%	23%
4	70%	25%
5	85%	15%
6	95%	10%
7	98%	3%
8	100%	2%
9	100%	0%

Abb. 4.22: Logistische Responsefunktion

Man geht hier davon aus, dass der Wirkungsbeitrag zusätzlicher Kontakte mit zunehmender Kontaktzahl zunächst größer wird, ab einer bestimmten Kontaktzahl aber wieder abnimmt. Die logistische Responsefunktion wechselt also von einem progressiv steigenden in einen degressiv steigenden Verlauf. Entsprechend ist der Graph zunächst linksgekrümmt (konkav) und ab dem Wendepunkt rechtsgekrümmt (konvex). In dem Zahlenbeispiel verläuft die Responsefunktion bis zu vier Kontakten progressiv steigend und geht dann in einen degressiv steigenden Verlauf über.

Konvex-konkav-konvexe Responsefunktion

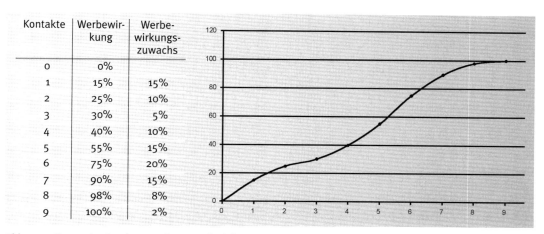

Kontakte	Werbewirkung	Werbewirkungszuwachs
0	0%	
1	15%	15%
2	25%	10%
3	30%	5%
4	40%	10%
5	55%	15%
6	75%	20%
7	90%	15%
8	98%	8%
9	100%	2%

Abb. 4.23: Konvex-konkav-konvexe Responsefunktion

Die konvex-konkav-konvexe-Responsefunktion verläuft zunächst degressiv steigend, wechselt dann in einen progressiven und später wieder in einen degressiven Anstieg.

In den 70er-Jahren sind teilweise umfangreiche Untersuchungen durchgeführt worden um eine allgemeingültige Responsefunktion empirisch zu ermitteln. Diese Anstrengungen haben nicht zu dem erhofften Erfolg geführt.

Die Untersuchungen haben jedoch gezeigt, dass zumindest für Anzeigenwerbung in Publikumszeitschriften ein konvex-konkav-konvexer-Verlauf der Responsefunktion vermutet werden kann. Häufig arbeitet man hier auch mit einer logistischen Responsefunktion.

4.2.9 Wirksame Reichweite
Die Ableitung des Begriffs wirksame Reichweite erfolgt an einem Beispiel.

Beispiel

Die Tabelle 4.24 enthält für einen Mediaplan die Kontaktverteilung und Angaben zur Werbewirkung.

Kontakte	Anzahl der Zielpersonen	Werbewirkung in %
1	10.000	8 %
2	15.000	22 %
3	15.000	45 %
4	20.000	70 %
5	14.000	85 %
6	10.000	95 %
7	8.000	98 %
8	2.000	100 %

Abb. 4.24: Exemplarisches Beispiel für Kontaktverteilung und Werbewirkung

Die Tabelle ist wie folgt zu lesen:
- 10.000 Zielpersonen haben genau einen Kontakt und bei 8 % der Personen, auf die ein Kontakt entfällt, wird das Werbeziel erreicht.
- 15.000 Zielpersonen haben genau zwei Kontakte und bei 22 % der Personen, auf die zwei Kontakte entfallen, wird das Werbeziel erreicht.
usw.

Durch Addition der Zielpersonen lässt sich ermitteln, dass mit dem Plan insgesamt 94.000 Zielpersonen erreicht werden. Der Plan hat also in der Zielgruppe eine Nettoreichweite von 94.000 Personen. Der Werbungtreibende möchte wissen, bei wie vielen Zielpersonen auch das Werbeziel erreicht wird. Dazu müssen 8 % von 10.000, 22 % von 15.000, 45 % von 15.000 usw. berechnet und die Ergebnisse addiert werden:
10.000 · 0,08 + 15.00 · 0,22 + 15.000 · 0,45 + 20.000 · 0,7 + 14.000 · 0,85 + 10.000 · 0,95 + 8.000 · 0,98 + 2.000 · 1 = 56.090

Durch den Plan im Beispiel werden insgesamt 94.000 Personen kontaktiert, aber nur bei 56.090 dieser Personen wird auch das angestrebte Werbeziel erreicht. Diese 56.090 Personen bezeichnet man als **wirksame Reichweite** des Plans.

Wirksame Reichweite

 Die wirksame Reichweite gibt die Reichweite eines Streuplans unter Berücksichtigung der angenommenen Wirkung an. Die jeweiligen Kontakte bzw. Kontaktklassen werden dabei mithilfe einer zu Grunde gelegten Werbewirkungsfunktion gewichtet

4.2.10 Übung

Für die Zielgruppe der modebewussten jungen Menschen ist nachfolgend ein Mediaplan einschließlich Planbewertung und Werbewirkungsfunktion angegeben. Alle Angaben beziehen sich auf die Zielgruppe.

Verbraucher-Analyse
Zielgruppe: modebewusste junge Menschen
Zielgruppengröße: 8.01 Mio.

Werbeträgerkontakte	Format	Farbe	Belegungs-frequemz	Werbewirkungsfunktion	
				Kontakt-zahl	Werbewirkung in %
Bravo Girl	1/1 S.	4c	8	1	1
Brigitte Young Miss	1/1 S.	4c	10	2	3
Bravo	1/1 S.	4c	8	3	12
MUSIKEXPRESS	1/1 S.	4c		4	33
MAX	1/1 S.	4c		5	65
Fit for Fun	1/1 S.	4c	7	6	87
PRINZ	1/1 S.	4c		7	96
TV TODAY	1/1 S.	4c	10	8	99
TV Movie	1/1 S.	4c	7	9+	100
Ergebnisse					
Kosten in Euro			996.192		
Nettoreichweite in %			53,3		
Nettoreichweite in Mio.			4,27		
Euro pro 1.000 Nutzer			233,22		
Wirksame Reichweite in %			37,8		
Wirksame Reichweite in Mio.			3,02		
Kontakte in Mio.			32,36		
Euro pro 1.000 Kontakte			30,79		
GRP			403,9		
Kontakte pro Nutzer			7,6		

Abb. 4.25: Mediaplan (Quelle: Verbraucheranalyse Springer/Bauer)

a) Erläutern Sie jeweils, was die unter „Ergebnisse" angegebenen Werte aussagen.
b) Überprüfen Sie jeweils den angegebenen Wert für die GRPs und die Kontakte pro Nutzer.
c) Geben Sie an, welcher Typ von Werbewirkungsfunktion verwendet wurde und begründen Sie Ihre Ansicht.
d) Nachfolgend ist für den Mediaplan die Kontaktverteilung angegeben.

Verbraucher-Analyse
Zielgruppe: modebewusste junge Menschen
Zielgruppengröße: 8.01 Mio.
Werbeträgerkontakte

Kontakte	Kontaktverteilung		Kumulierte Reichweite in Mio.	Kumulierte Reichweite in %
	Reichweite in Mio.	Reichweite in %		
1	0,40	5,0	4,27	53,3
2	0,33	4,1	3,87	48,4
3	0,26	3,3	3,54	44,2
4	0,22	2,8	3,28	41,0
5	0,23	2,9	3,06	38,2
6	0,33	4,1	2,83	35,3
7	0,67	8,4	2,50	31,2
8	0,39	4,8	1,83	22,8
9	0,24	2,9	1,44	18,0
10	0,32	4,0	1,21	15,1
11	0,13	1,7	0,88	11,0
12	0,12	1,4	0,75	9,4
13	0,12	1,4	0,63	7,9
14	0,12	1,5	0,52	6,5
15	0,12	1,4	0,40	5,0
16	0,07	0,9	0,28	3,5
17	0,05	0,6	0,21	2,6
18	0,04	0,5	0,16	2,0
19	0,02	0,3	0,12	1,5
20	0,02	0,3	0,10	1,2
21 und mehr	0,08	1,0	0,08	1,0

Abb. 4.26: Kontaktverteilung

d1) Erläutern Sie die Bedeutung der angegebenen Werte für die Kontaktklasse 10.
d2) Überprüfen Sie jeweils den angegebenen Wert für die wirksame Reichweite in Mio. und in %.
d3) Bewerten Sie die Kontaktverteilung, wenn zwischen sechs bis zehn Kontakte angestrebt werden.

LÖSUNGSHINWEISE

zu a)

Kosten in €:
Die gesamten Streukosten des Plans betragen 996.192,00 €.

Nettoreichweite in %:
Mit dem Plan werden insgesamt 53,3 % der Zielpersonen erreicht.

Nettoreichweite in Mio.:
Mit dem Plan werden insgesamt 4,27 Mio. Zielpersonen erreicht.

€ pro 1.000 Nutzer:
Es müssen im Durchschnitt 233,22 € aufgewendet werden, um 1.000 Zielpersonen mindestens einmal zu erreichen.

Wirksame Reichweite in %:
Bei 37,8 % aller Zielpersonen wird das Werbeziel erreicht.

Wirksame Reichweite in Mio.:
Bei 3,02 Mio. Zielpersonen wird das Werbeziel erreicht.

Kontakte in Mio. (Bruttoreichweite):
In der Zielgruppe werden insgesamt 32,36 Mio. Werbeträgerkontakte erreicht.

€ pro 1.000 Kontakte:
Es müssen im Durchschnitt 30,79 € aufgewendet werden, um 1.000 Kontakte mit Zielpersonen zu erreichen.

GRP:
Im Durchschnitt entfallen auf 100 Zielpersonen 403,9 Kontakte.

Kontakte pro Nutzer (Durchschnittskontakte):
Auf jede erreichte Zielperson entfallen im Durchschnitt 7,6 Kontakte.

zu b)

1. Möglichkeit:

$$GRP = \frac{\text{Bruttoreichweite}}{\text{Anzahl der Zielpersonen}} \cdot 100$$

$$= \frac{32{,}36 \text{ Mio.}}{8{,}01 \text{ Mio.}} \cdot 100 = 404{,}00$$

2. Möglichkeit:

GRP = Durchschnittskontaktzahl · Nettoreichweite in %
GRP = 7,6 · 53,3 = 405,08

Durchschnittskontaktzahl

$$= \frac{\text{Bruttoreichweite}}{\text{Nettoreichweite (absolut)}}$$

$$= \frac{32{,}36 \text{ Mio.}}{4{,}27 \text{ Mio.}} = 7{,}6$$

Die relativ starke Abweichung bei der zweiten Möglichkeit zur Berechnung des GRP ist durch Rundungsdifferenzen bedingt.

zu c)

Wenn man feststellen will, welcher Typ von Werbewirkungsfunktion verwendet wurde, muss untersucht werden, wie sich der Wirkungszuwachs entwickelt.

Kontakte	Werbewirkung in %	Werbewirkungszuwachs
0	0	
1	1	1
2	3	2
3	12	9
4	33	21
5	65	32
6	87	22
7	96	9
8	99	3
9+	100	1

Die Werbewirkung steigt bis fünf Kontakte progressiv, da der Wirkungszuwachs zunimmt, ab da ist der Anstieg nur noch degressiv, da der Wirkungszuwachs immer kleiner wird. Folglich liegt eine logistische Werbewirkungsfunktion vor.

zu d1)

Reichweite in Mio:
0,32 Mio. Zielpersonen haben genau 10 Werbeträgerkontakte

Reichweite in %:
4 % der Zielpersonen haben genau 10 Werbeträgerkontakte

kumulierte Reichweite in Mio.:
1,21 Mio. Zielpersonen haben mindestens 10 Werbeträgerkontakte

kumulierte Reichweite in %:
15,1 % der Zielpersonen haben mindestens 10 Werbeträgerkontakte.

zu d2)

Wirksame Reichweite
= 0,4 Mio. · 0,01 + 0,33 Mio. · 0,03 + 0,26 Mio.
 · 0,12 + 0,22 Mio. · 0,33 + 0,23 Mio. · 0,65
+ 0,33 Mio. · 0,87 + 0,67 Mio. · 0,96
+ 0,39 Mio. · 0,99 + 0,24 Mio. + 0,32 Mio.
+ 0,13 Mio. + 0,12 Mio. + 0,12 Mio. + 0,12 Mio.
+ 0,12 Mio. + 0,07 Mio. + 0,05 Mio.
+ 0,04 Mio. + 0,02 Mio. + 0,02 Mio.
+ 0,08 Mio.
= 3,0336 Mio

$\Rightarrow$ Die wirksame Reichweite in Mio. beträgt 3,0336 Mio. Personen.

Wirksame Reichweite in %

$$= \frac{3{,}0336 \text{ Mio.}}{8{,}01 \text{ Mio.}} \cdot 100 = 37{,}8\,\%$$

zu d3)

In dem angestrebten Kontaktbereich befinden sich 1,95 Mio. Zielpersonen bzw. 24,2 % aller Zielpersonen.
- 1 bis 5 Kontakte haben 1,44 Mio. Zielpersonen bzw. 18,1 %,
- 11 und mehr Kontakte haben 0,88 Mio. Zielpersonen bzw. 11 %.

Relativ viele erreichte Zielpersonen haben also weniger als die angestrebte Kontaktzahl. Bei diesen wird evtl. das angestrebte Werbeziel nicht erreicht. Auf der anderen Seite gibt es auch relativ viele Zielpersonen, die mehr als zehn Kontakte haben. Bei diesen Personen wird zwar das Werbeziel erreicht, die Kontakte sind aber unwirtschaftlich.
Immerhin haben aber die meisten der erreichten Zielpersonen die angestrebte Kontakthäufigkeit. Die Kontaktverteilung ist folglich nicht optimal, aber noch akzeptabel.

4.3 Trackingstudien als Hilfsmittel zur Bestimmung von Kontaktdichte und GRP

Da es sich bei den Werbewirkungsfunktionen aus Kap. 4.2.8 um theoretische Konstrukte handelt, sind sie nicht geeignet, um unmittelbare Empfehlungen für die anzustrebende Kontaktdichte abzuleiten. Hinweise hierzu können allerdings aus so genannten Trackingstudien erhalten werden. Trackingstudien untersuchen in regelmäßigen kurzen Abständen, wie sich im Zeitablauf Werbewirkungsindikatoren, z.B. die Markenbekanntheit, die Markensympathie oder die Kaufbereitschaft verändern. Ausführungen zu Trackingstudien finden Sie auch im Band „Marketing und Marktforschung". Es gibt verschiedene Unternehmen, die solche Studien durchführen. Die folgenden Erläuterungen stützen sich auf die Studie **Ad Trend**, die von „SevenOne Media", der Vermarktungsgesellschaft der Sendergruppe Pro 7, Sat. 1, kabel eins, N24 und 9Live seit 1997 durchgeführt wird. Im Rahmen dieser Untersuchung wird eine definierte Menge von 60 Marken aus verschiedenen Produktbereichen jeweils über den Zeitraum eines Jahres beobachtet. Dazu werden jede Woche 300 Telefoninterviews bei einer zufällig ausgewählten, repräsentativen Stichprobe durchgeführt. Jedes Jahr findet ein Austausch von Marken und Wartengruppen statt. Erhoben werden:

- gestützte Markenbekanntheit
  - „Marke zumindest dem Namen nach bekannt"
- gestützter Kampagnenrecall
  - „in letzter Zeit irgendwo Werbung gesehen oder gehört"
- Kampagnensympathie
  - „finde Werbung für die Marke eher gut oder eher nicht so gut"
- Kaufbereitschaft
  - bei Produkten: „käme bei Kauf in Frage"
  - bei Dienstleistungen: „käme in Frage, Kunde zu werden"
- Verwendung/Besitz
  - bei Produkten „zur Zeit im Haushalt vorhanden/ wird verwendet"
  - bei Dienstleistungen: „bin Kunde"
- Mediennutzung
  - Fernsehen, nach Zeitabschnitten und Sendern
- Demografie

Um abschätzen zu können, wie viele Kontakte eine Person mit einer Kampagne hat, werden die im Rahmen der Trackingstudie erhobenen Daten mit denen des AGF/GfK-Fernsehpanels und den Daten der Nielsen-Werbeforschung (Nielsen Mediaresearch) zusammengeführt. Zum AGF/GfK-Fernsehpanel vergl. Sie Kap. 5.4.3 und 6.12.3, zur Nielsen-Werbeforschung Kap. 5.11. Die Ad-Trend-Daten und die TV-Paneldaten werden mithilfe einer Datenfusion vereinigt. Anschließend werden dann die kampagnenbezogenen Daten der Nielsen-Werbeforschung mit den fusionierten Fernsehnutzungsdaten verrechnet. Auf diese Weise lassen sich personenbezogene Kontaktwahrscheinlichkeiten mit den einzelnen Kampagnen ermitteln und Aussagen über den Einfluss von TV-Kontakten auf die Wirkungsmaße treffen. Die Vorgehensweise bei einer Datenfusion wird im Kapitel 6.13 erläutert.

Da die Ergebnisse, die im Rahmen der Ad Trend-Studie ermittelt wurden, auf einem sehr breiten Datenbestand basieren, lassen sich durchaus generalisierende Aussagen zur Werbewirkung von TV-Kontakten treffen. Der Zusammenhang zwischen Kontaktdosis und Werbewirkung wird in der Ad Trend-Studie auf einen Vier-Wochen-Zeitraum bezogen. Es wird also angegeben, wie sich die erhobenen Wirkungsindizes in Abhängigkeit der durchschnittlichen Kontaktzahl, bezogen auf den Zeitraum von vier Wochen, verändern. Die Ergebnisse können auf einzelne Marken, bestimme Produktgruppen oder die Gesamtheit aller einbezogenen Marken bezogen werden. Ferner kann nach Eigenschaften der Seher, z.B. soziodemografische Merkmale (Geschlecht, Alter, Bildungsstand etc.), Sehverhalten (Viel-, Wenigseher) und nach Spots (Spotdauer, Spotart etc.) unterschieden werden. Die Wirkungskurven haben teilweise sehr unterschiedliche Verläufe, es lassen sich aber generelle Tendenzen feststellen, z.B.:

- Alle Wirkungsmaße entwickeln sich mit zunehmenden Kontakten innerhalb des Vier-Wochen-Zeitraums positiv.
- Die Wirkungskurven zeigen tendenziell einen degressiven Verlauf.
- Die Wirkungszuwächse sind umso geringer, je höher das Ausgangsniveau ist.
- Die Wirkungsmaße liegen auf unterschiedlichen Niveaus.
  Von oben nach unten:
  - Markenbekanntheit
  - Kampagnenrecall
  - Kampagnensympathie
  - Kaufbereitschaft
  - Besitz/Verwendung
- Die Kampagnensympathie wächst mit zunehmenden Kontakten am stärksten.
- Die Kurvenverläufe sind je nach Produktbereich unterschiedlich.

4.3.1 Effektive Reichweite

Für den Mediaplaner ist es jetzt natürlich interessant zu erfahren, wie viele Kontakte pro Person er bei einer konkreten Planungssituation anstreben sollte. Hinweise hierzu gibt die so genannte Effektive Reichweite. Der Begriff ist insofern irreführend, als es sich hierbei tatsächlich nicht um eine Reichweite, sondern um einen Kontaktkorridor handelt. Bei der Bestimmung dieses Kontaktkorridors wird die minimale Werbewirkung, das ist der Wert des Werbewirkungsindikators zu Beginn der Kampagne, gleich 0%, der maximal mögliche Wert gleich 100% gesetzt.

Beispiel:

Fast Moving Consumer Goods (FMCG) haben hinsichtlich des Kampagnenrecalls einen Startwert von 42,9%, d.h., auch ohne TV-Kontakte geben innerhalb des Vier-Wochen-Zeitraums 42,9% der befragten Personen an, in letzter Zeit irgendwo Werbung für eine der betreffenden FMCG-Marken gesehen oder gehört zu haben. In dem Beispiel werden dabei alle FMCG-Marken, die in die Untersuchung einbezogen sind, berücksichtigt. Der Kampagnenrecallwert, der innerhalb von vier Wochen maximal erreicht werden kann, beträgt bei dieser Güterart 49,8 % und wird nach elf Kontakten erreicht. Die 42,9 % werden jetzt gleich 0 % gesetzt, da diese Recallleistung zu Beginn des Vier-Wochen-Zeitraums gegeben ist. Das Recallmaximum wird gleich 100 % gesetzt. Auf diese Weise kann direkt abgelesen werden, wie viel Prozent des maximalen Recallzuwachses mit der jeweiligen Kontakthäufigkeit erreicht wird.

Beispiel:

In der folgenden Tabelle ist der Kampagnenrecall für FMCG-Marken in Abhängigkeit der Kontakthäufigkeit angegeben.

FMCG		
TV-Kontaktklasse Ø 4 Wochen	Kampagnenrecall	Anteil am maximalen Recallzuwachs
0	42,9 %	0 %
1	45,8 %	42,0 %
2	47,4 %	65,2 %
3	48,2 %	76,8 %
4	48,6 %	82,6 %
5	48,9 %	87,0 %
6	49,1 %	89,9 %
7	49,3 %	92,8 %
8	49,45 %	94,9 %
9	49,6 %	97,1 %
10	49,7 %	98,6 %
11	49,8 %	100 %

Quelle: SevenOne Media, Ad Trend, Aktuelle generalisierende Befunde zur Werbewirkung

maximaler absoluter Recallzuwachs = 49,8 % − 42,9 % = 6,9 %
Recallzuwachs bei 1 Kontakt = 45,8 % − 42,9 % = 2,9 %

Mit einem Kontakt werden also bereits 42,0 % des maximal möglichen Recallzuwachses erreicht. Es ist ersichtlich, dass die zugehörige Kurve stark degressiv verläuft. Da folglich die Wirkungszuwächse bei weiteren Kontakten immer kleiner werden, ist es aus wirtschaftlichen Erwägungen nicht sinnvoll, die maximal mögliche Wirkung oder einen Wert in deren Nähe anzustreben. In der Regel geht man davon aus, dass zwischen 70 % und 80 % des maximal möglichen Wirkungserfolgs ausgeschöpft werden sollte. Bei den FMCG-Marken wird das bei drei bis vier Kontakten erreicht. Diesen Kontaktkorridor bezeichnet man als effektive Reichweite. Vergl. das folgende Diagramm.

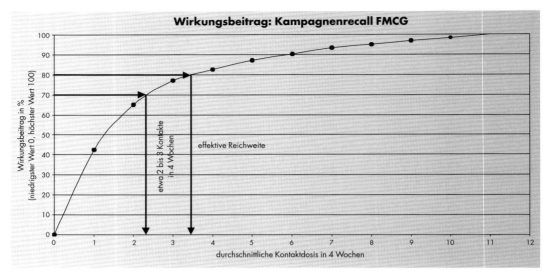

Abb. 4.27: Effektive Reichweite von FMCG-Marken
Quelle: SevenOne Media, Ad Trend, Aktuelle generalisierende Befunde zur Werbewirkung

Die Effektive Reichweite ist bei verschiedenen Gütern unterschiedlich, bei Food-Produkten wird sie z.B. zwischen zwei und drei Kontakten, bei Non-Food-Produkten zwischen drei und fünf Kontakten erreicht.

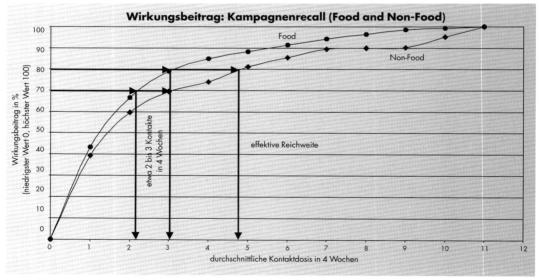

Abb. 4.28: Effektive Reichweite von Food- und Non-Food-Marken
Quelle: SevenOne Media, Ad Trend, Aktuelle generalisierende Befunde zur Werbewirkung

Die folgende Grafik gibt einen Überblick über die Effektiven Reichweiten verschiedener Güterarten.

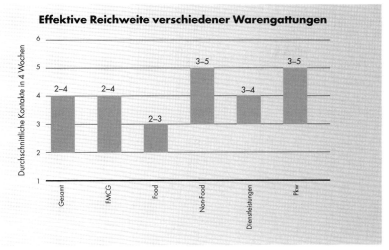

Abb. 4.29: Effektive Reichweite verschiedener Warengruppen
Quelle: SevenOne Media, Ad Trend, Aktuelle generalisierende Befunde zur Werbewirkung

Die Effektiven Reichweiten können einem Mediaplaner schon mal einen groben Anhaltspunkt geben, wie viele Kontakte pro Person angestrebt werden sollten. Eine schematische Vorgehensweise ist hierbei natürlich nicht sinnvoll, da zusätzlich auch noch andere Aspekte berücksichtigt werden müssen. Vergleichen Sie hierzu Kapitel 6.4 zur Ableitung von Mediazielen. Man könnte jetzt auf die Idee kommen, dass es bei einer Kampagne, die z.B. über ein Jahr läuft, ausreicht, zu Beginn der Kampagne die Kontaktzahl zu erreichen, die der effektiven Reichweite entspricht und danach die Hände in den Schoß legen. Hierbei muss jedoch berücksichtigt werden, dass die einmal erreichte Werbewirkung während der Werbepausen wieder abschmilzt. Auch hierzu liefert Ad Trend Informationen.

4.3.2 Auswirkungen von Werbepausen

Wie zu erwarten, nehmen die Werte der Werbeerfolgskennziffern während Werbepausen ab. Die Entwicklung ist aber für die verschiedenen Kennziffern und je nach Ausgangslage unterschiedlich. Der geringste Verlust ist bei der Markenbekanntheit zu beobachten, wobei sehr bekannte Marken kaum in Vergessenheit geraten, während für weniger bekannte Marken ein Bekanntheitsverlust feststellbar ist. In die Untersuchung wurden nur solche Marken einbezogen, für die mindestens 14 Wochen durchgängig nicht geworben wurde. Vor Beginn der Pause wurde jedoch für mindestens vier Wochen Werbung geschaltet.

Kampagnenrecall und Kampagnensympathie nehmen während einer Werbepause allerdings erkennbar ab.

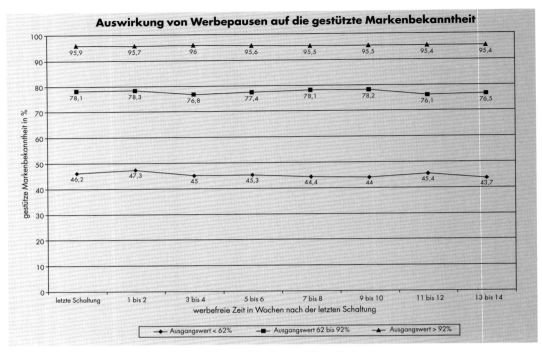

Abb. 4.30: Auswirkung von Werbepausen auf die gestützte Markenbekanntheit
Quelle: SevenOne Media, Ad Trend, Aktuelle generalisierende Befunde zur Werbewirkung

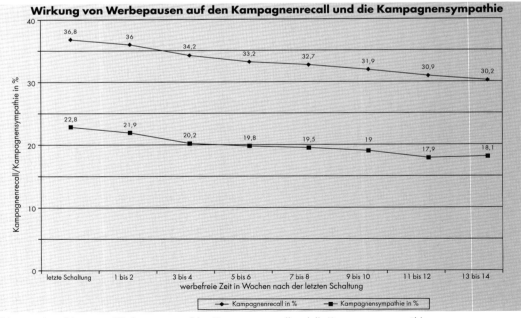

Abb. 4.31: Auswirkung von Werbepausen auf den Kampagnenrecall und die Kampagnensympathie
Quelle: SevenOne Media, Ad Trend, Aktuelle generalisierende Befunde zur Werbewirkung

4.3.3 GRP und Kampagnenrecall

Zu Beginn dieses Kapitels wurde der Zusammenhang zwischen der Kontakthäufigkeit pro Person und der Werbewirkung dargestellt. Mediaplaner messen den Werbedruck aber üblicherweise in GRP. Insofern macht es Sinn, sich Gedanken darüber zu machen, wie viele GRP zur Erzielung eines bestimmten Werbeerfolgs notwendig sind. Als Erfolgsindikator wird hier der Kampagnenrecall verwendet. Ein möglicher Ansatzpunkt hierbei ist die Berücksichtigung der Effektiven Reichweite. Angenommen, die Effektive Reichweite liegt zwischen zwei bis drei Kontakten pro Person und Monat, z.B. bei einer Marke aus dem Food-Bereich. Als Mittelwert könnte man hier mit 2,5 Kontakten rechnen. Falls mit dieser Kontaktzahl die gesamte Zielgruppe erreicht werden soll, beträgt die Nettoreichweite folglich 100 %. Für die Bestimmung der GRP gilt:

GRP = Durchschnittskontakte · Nettoreichweite in %

Im vorliegenden Fall wären also: 2,5 Ø-Kontakte · 100 % Nettoreichweite = 250 GRP pro Monat erforderlich. Würde man sich mit einer Reichweite von 80 % zufrieden geben, benötigte man nur 2,5 Ø-Kontakte · 80 % Nettoreichweite = 200 GRP pro Monat. Auf diese Weise lassen sich unter Berücksichtigung der angestrebten Nettoreichweite in Prozent die erforderlichen GRP pro Monat bestimmen. An dieser Stelle sei darauf hingewiesen, dass die Erzielung von 200 GRP pro Monat nicht automatisch zur Erreichung des angestrebten Ziels führen muss, da man die 200 GRP grundsätzlich auch bei einer Durchschnittskontaktzahl von fünf und einer Nettoreichweite von 40 % oder bei einer Durchschnittskontaktzahl von zehn und einer Nettoreichweite von 20 % usw. erhält. Das angestrebte Ziel lässt sich mit dem betreffenden GRP-Wert aber zumindest grundsätzlich erreichen.

SevenOne-Media veröffentlicht auf Basis der Ad-Trend-Studie berechnete Tabellenwerte, denen entnommen werden kann, wie sich der Kampagnenrecall in Abhängigkeit eines konstanten GRP-Wertes pro 14 Tage im Laufe eines Jahres entwickelt. Die Tabellen sind nach Produktarten und Recall-Startwerten differenziert.

Nachfolgend ein Tabellenauszug für die Produktgruppe Food und einem Recall-Startwert von 30 %.

GRP pro 14 Tage	Recall-Startwert	Recall nach ... Wochen											
		4	8	12	16	20	24	28	32	36	40	44	48	52
0	30	28,9	28,0	27,1	26,3	25,5	24,9	24,3	23,7	23,2	22,7	22,3	21,9	21,5
20	30	30,4	30,8	31,1	31,4	31,7	31,9	32,2	32,4	32,6	32,7	32,9	33,0	33,1
40	30	31,0	31,9	32,7	33,5	34,1	34,7	35,3	35,8	36,2	36,6	36,9	37,3	37,5
60	30	31,5	32,8	34,0	35,0	36,0	36,9	37,6	38,3	39,0	39,5	40,0	40,4	40,8
80	30	31,8	33,5	35,0	36,4	37,6	38,6	39,6	40,5	41,2	41,9	42,5	43,1	43,5
100	30	32,2	34,1	35,9	37,5	38,9	40,2	41,3	42,3	43,2	44,0	44,7	45,3	45,9
120	30	32,5	34,7	36,7	38,5	40,1	41,6	42,9	44,0	45,0	45,9	46,7	47,4	48,0

140	30	32,8	35,2	37,5	39,5	41,3	42,8	44,3	45,5	46,6	47,6	48,4	49,2	49,9
160	30	33,0	35,7	38,2	40,4	42,3	44,0	45,6	46,9	48,1	49,2	50,1	50,9	51,6
180	30	33,3	36,2	38,8	41,2	42,3	45,1	46,8	48,2	49,5	50,6	51,6	52,5	53,2
200	30	33,5	36,6	39,4	41,9	44,2	46,2	47,9	49,5	50,8	52,0	53,0	54,0	54,8
300	30	34,5	38,5	42,1	45,3	48,2	50,7	52,9	54,8	56,5	57,9	59,2	60,3	61,3
400	30	34,3	40,1	44,4	48,1	51,5	54,4	57,0	59,2	61,1	62,8	64,3	65,6	66,7
500	30	36,0	41,5	46,3	50,6	54,4	57,7	60,5	63,0	65,2	67,1	68,7	70,1	71,3
600	30	36,7	42,7	48,1	52,8	57,0	60,6	63,7	66,5	68,8	70,9	72,6	74,1	75,4
700	30	37,3	43,9	49,7	54,8	59,3	63,3	66,7	69,6	72,1	74,3	76,2	77,8	79,1

Abb. 4.32: Recallentwicklung im Laufe eines Jahres
Quelle: SevenOne Media, Ad Trend, Aktuelle generalisierende Befunde zur Werbewirkung

Es ist erkennbar, dass ohne Werbung der Recall im Laufe eines Jahres von 30 % auf 21,5 %, also um absolut 8,5 % zurückgeht. Mit einem Werbedruck von 20 GRP pro 14 Tage kann man den ursprünglichen Recallwert im Wesentlichen stabil halten bzw. sogar leicht ausbauen. Investiert man konstant 100 GRP pro 14 Tage, lässt sich der Recallwert innerhalb eines Jahres auf fast 46 % steigern.

Die Recallkurven verlaufen tendenziell degressiv, d.h., der Recallzuwachs wird mit zunehmenden Kampagnenwochen kleiner.

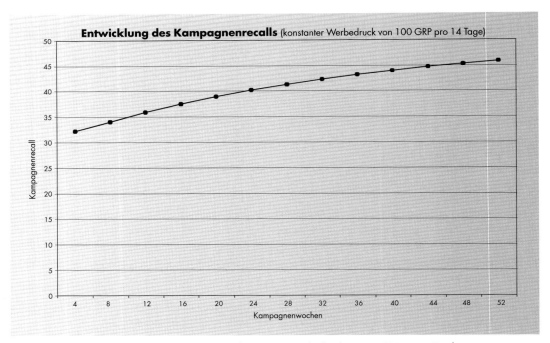

Abb. 4.33: Recallentwicklung im Laufe eines Jahres (konstanter Werbedruck von 100 GRP pro 14 Tage)
Quelle: SevenOne Media, Ad Trend, Aktuelle generalisierende Befunde zur Werbewirkung

Außerdem ist feststellbar, dass sich der Recall mit zunehmendem konstantem Werbedruck degressiv entwickelt.

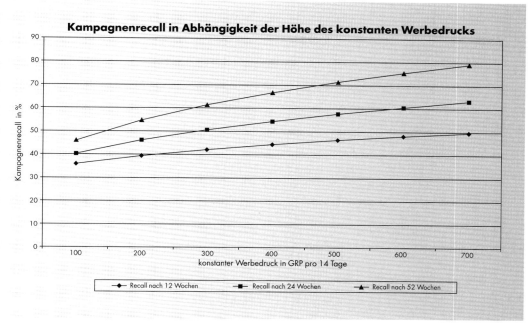

Abb. 4.34: Recallentwicklung in Abhängigkeit des konstanten Werbedrucks
Quelle: SevenOne Media, Ad Trend, Aktuelle generalisierende Befunde zur Werbewirkung

4.3.4 Durchschnittskontakte und Reichweite

Die Ausführungen in diesem Kapitel können den Eindruck erwecken, dass Mediaplaner die Durchschnittskontaktzahl und die Reichweite beliebig steuern können, dass also z.B. eine Durchschnittskontaktzahl von zwei Kontakten pro Person und eine Reichweite von 80 % erreicht werden können. Tatsächlich lässt sich aber empirisch ein Zusammenhang zwischen der Reichweite und der Durchschnittskontaktzahl feststellen. Die Erzielung einer bestimmten Reichweite erfordert bei einer normalen Planung danach eine bestimmte Durchschnittskontaktzahl. Dieser empirische Zusammenhang wird in Abb. 4.35 dargestellt.

Dieser Zusammenhang darf aber nicht als eine starre Gesetzmäßigkeit aufgefasst werden, Abweichungen hiervon sind möglich. Man sollte dabei aber immer berücksichtigen, dass eben beliebige Kombinationen von Reichweite und Durchschnittskontaktzahl nicht realisierbar sind.

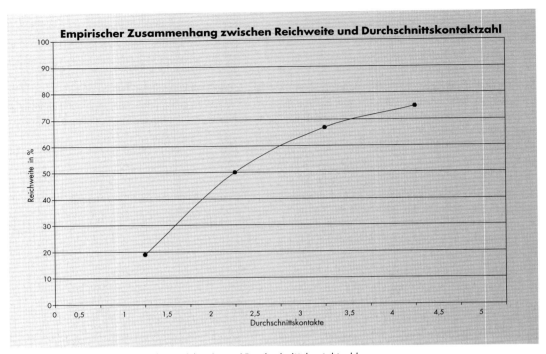

Abb. 4.35: Zusammenhang zwischen Reichweite und Durchschnittskontaktzahl
Quelle: Hofsäss, Engel, Praxishandbuch Mediaplanung, Berlin, 2003

Kapitel 5
Mediengattungen

„Die neuen Medien bringen viele neue Möglichkeiten, aber auch viele Dummheiten mit sich"

Ernst Ferstel, österreichischer Dichter und Aphoristiker

5.1	Zeitungen	146
5.2	Publikumszeitschriften	154
5.3	Fachzeitschriften	157
5.4	TV-Werbung	160
5.5	TV-Begriffe	170
5.6	Hörfunkwerbung	174
5.7	Online-Werbung	178
5.8	Kinowerbung	191
5.9	Aussenwerbung	196
5.10	Weitere Werbeträgergattungen	206
5.11	Ermittlung des Konkurrenzwerbedrucks	208

In diesem Kapitel werden die wichtigsten Werbeträgergattungen dargestellt. Üblicherweise unterscheidet man, siehe auch Abb. 5.1, bei den Werbeträgergattungen zwischen
- Printmedien,
- elektronischen Medien und
- Medien der Außenwerbung.

5.1 Zeitungen

Definition
Zeitungen sind Druckschriften, die tagesaktuelle Informationen und Nachrichten an eine breite Öffentlichkeit vermitteln. Die meisten Zeitungen erscheinen täglich, jedoch nicht an den Sonntagen. Es gibt allerdings auch Wochen- und Sonntagszeitungen.

Typologie
In der Regel werden Zeitungen nach folgenden Kriterien unterschieden:
- Erscheinungshäufigkeit (täglich, wöchentlich),
- Vertriebsart (Abonnement, Einzelverkauf),
- Verbreitungsgebiet (lokal, regional, überregional).

Bedeutung der verschiedenen Zeitungstypen
Wenn man von dem Werbeträger Zeitung spricht, sind in der Regel die regionalen Abo-Tageszeitungen gemeint. Ihr Anteil an der Gesamtauflage aller Zeitungen liegt bei ca. 50 %. Auf Kaufzeitungen entfallen knapp 24 %, auf Sonntagszeitungen knapp 15 %, auf Wochenzeitungen 6 % und auf überregionale Abo-Tageszeitungen 5 %.

Bezugsart
Der weitaus größte Teil der regionalen Abo-Tageszeitungen (etwa 80 %) wird durch einen Boten zugestellt, sodass die Zeitung schon sehr früh am Morgen verfügbar ist und häufig zum Frühstück gelesen wird.

Kommunikationsfunktion
Bei Zeitungen besteht häufig eine hohe Leser-Blatt-Bindung. Die Leser fühlen sich ihrem Titel verbunden und würden nur ungerne auf ihre Zeitung verzichten. Werbung in Zeitungen wird daher relativ positiv beurteilt und weit gehend akzeptiert. Zeitungen werden regelmäßig und relativ intensiv genutzt. Die durchschnittliche Lesedauer beträgt bei regionalen Abo-Tageszeitungen etwa 40 Min. pro Tag. Die Nutzungsdauer liegt bei einem Tag und beschränkt sich bei den meisten Menschen auf den Vormittag.

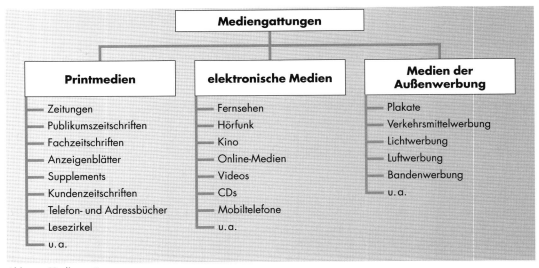

Abb. 5.1: Mediengattungen

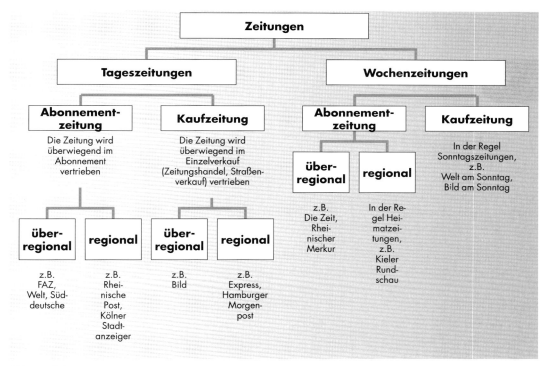

Abb. 5.2: Zeitungstypen

5.1.1 Medialeistung

Reichweite
Die einzelnen Titel haben natürlich je nach Auflage und Verbreitungsgebiet sehr unterschiedliche Reichweiten. Die Reichweite der gesamten Gattung ist allerdings hoch:
Reichweite von Tageszeitungen
in der deutschen Wohnbevölkerung 14 +

Tageszeitungen insgesamt	ca.	78 %
regionale Abo-Tageszeitungen	ca.	68 %
Kaufzeitungen	ca.	21 %
überregionale Abo-Tageszeitungen	ca.	5–6 %

Reichweitenaufbau und Kontaktaufbau
Zeitungen und hier vor allem die regionalen Abo-Tageszeitungen haben eine sehr regelmäßige Leserschaft und dadurch bedingt eine extrem hohe interne Überschneidung. Schaltet man mehrfach in dem gleichen Titel, so erreicht man im Wesentlichen immer die gleichen Personen. Mit Zeitungen lassen sich folglich außerordentlich gut Kontakte aufbauen. Auf der anderen Seite haben Zeitungen aber auch eine sehr geringe externe Überschneidung. Belegt man mehrere Zeitungstitel, so addieren sich die Einzelreichweiten fast zur Nettoreichweite. Durch die Belegung mehrerer Titel lassen sich mit der Gattung Zeitung daher auch gut befriedigende Gesamtreichweiten aufbauen.

Wirtschaftlichkeit
Die absoluten Kosten einer Zeitungskampagne sind hoch; das gilt auch für die TKPs.

 Die übliche Praxis beim Wirtschaftlichkeitsvergleich zwischen Zeitschriften und Zeitungen besteht darin, die Kosten einer 1/1-seitigen 4c-Anzeige mit den Kosten einer 1/4-seitigen Schwarz-Weiß-Anzeige zu vergleichen.

5.1.2 Steuerbarkeit

Personelle Steuerbarkeit
Die Leser von regionalen Abo-Tagesanzeigen stimmen in den wichtigsten soziodemografischen Merkmalen weitgehend mit denen der Gesamtbevölkerung überein. Bezüglich der Merkmale Einkommen und Bildung liegen die Leser von überregionalen Abo-Tageszeitungen und von Wochenzeitungen über, die der Kaufzeitungen unter diesem Schnitt. Eine Zielgruppenselektion ist daher bei der Gattung Zeitungen, wenn überhaupt, nur sehr bedingt möglich, wenn man die unterschiedlichen Nutzerstrukturen von überregionalen und regionalen Abonnementzeitungen sowie Kaufzeitungen berücksichtigt.

Zeitliche Steuerbarkeit
Durch das kurze Erscheinungsintervall ist bei Tageszeitungen eine relativ gute zeitliche Steuerung möglich. Bei Wochenzeitungen ist die zeitliche Steuerbarkeit dagegen eingeschränkt.

Räumliche Steuerbarkeit
Die Möglichkeit zur räumlichen Steuerung ist bei den großen regionalen Abo-Tageszeitungen sehr gut, da die Möglichkeit besteht, regionale und lokale Teilausgaben zu belegen. Dadurch lässt sich die Verbreitung in der Regel bis auf Stadtgebietsebene steuern. Auch bei Kaufzeitungen lässt sich das Streugebiet durch die Belegung von regionalen Unterausgaben relativ gut begrenzen. Bei überregionalen Abo-Tageszeitungen und bei Wochenzeitungen ist die räumliche Steuerbarkeit dagegen eingeschränkt. Hier besteht aber häufig die Möglichkeit der Belegung von Teilauflagen, beispielsweise nach Nielsen-Gebieten.

Verfügbarkeit
Zeitungen stehen generell unbegrenzt zu Werbezwecken zur Verfügung. Für bestimmte Platzierungen, z.B. im redaktionellen Teil, ist allerdings nur ein begrenzter Werberaum verfügbar. Buchungs- und Druckunterlagenschlusstermine sind bei Tageszeitungen mit zwei bis drei Tagen vor Schaltung der Anzeige kurz.

Technische Kriterien
Wegen der geringen Qualität des Zeitungspapiers können Bilder nicht optimal dargestellt werden, was die Eindrucksstärke von Zeitungsanzeigen beeinträchtigt. Der Nachteil der geringen Druckqualität kann allerdings durch Beilagen ausgeglichen werden.

Haushaltsabdeckung
Ein bei Zeitungen häufig benutztes Leistungskriterium ist die so genannte Haushaltsabdeckung. Sie gibt an, wie viel Prozent der Haushalte, die sich in dem Verbreitungsgebiet eines Zeitungstitels befinden, durch die verbreitete Auflage des Titels erreicht werden.

Beispiel

In einer Stadt gibt es 100.000 Haushalte. Ein Zeitungstitel hat in dem Stadtgebiet eine verbreitete Auflage von 25.000. Der Titel hat in dieser Stadt eine Haushaltsabdeckung von 25 %.

Werbemittel
Werbemittel bei Zeitungen sind Anzeigen und Beilagen. Bei den Anzeigen wird zwischen

- Anzeigen im Anzeigenteil,
- textanschließenden Anzeigen und
- Textteilanzeigen

unterschieden. **Anzeigen im Anzeigenteil** haben keine Verbindung zum redaktionellen Teil.
Textanschließende Anzeigen schließen mit einer oder **maximal** zwei Seiten an den redaktionellen Teil an. Man unterscheidet im Wesentlichen:

- Eckfeldanzeigen (schließen mit zwei Seiten an den redaktionellen Teil an),
- blattbreite Anzeigen (schließen mit einer Seite an den redaktionellen Teil an)
- blatthohe Anzeigen (schließen mit einer Seite an den redaktionellen Teil an) und
- L-Anzeigen (schließen mit zwei Seiten an den redaktionellen Teil an). (Vgl. hierzu Abb. 5.3.)

Textteilanzeigen schließen mit mindestens drei Seiten an den redaktionellen Teil an (vgl. hierzu Abb. 5.4).

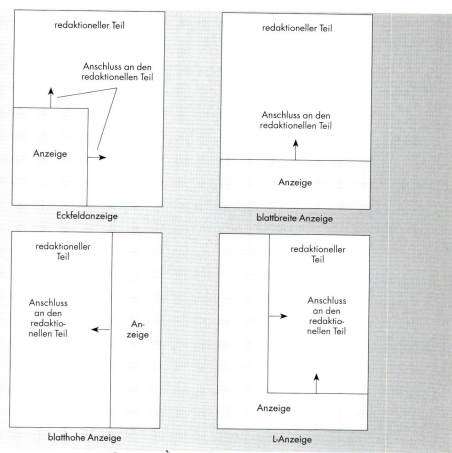

Abb. 5.3: Textanschließende Anzeigen   Endpreis

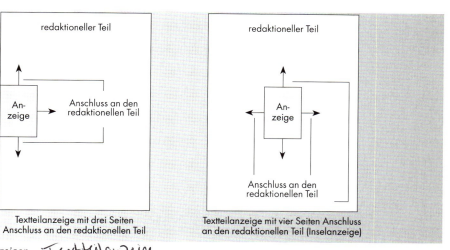

Abb. 5.4: Textteilanzeigen   Textteilanzeige

Formate

 Zeitungen erscheinen in unterschiedlichen Formaten, die sich bei der Anzahl der Spalten im Anzeigenteil unterscheiden.

Die hauptsächlichen Zeitungsformate sind:
- das **Nordische Format** mit 8 Anzeigenspalten,
- das **Rheinische Format** mit 7 Anzeigenspalten,
- das **Berliner Format** mit 6 Anzeigenspalten.

Unabhängig vom Format betragen einheitlich bei den meisten Zeitungen im Anzeigenteil die Spaltenbreite 45 mm und der Abstand zwischen den Spalten 1,5 mm. Damit ändert sich in Abhängigkeit des Formats natürlich die Satzspiegelbreite. Viele Zeitungen haben im redaktionellen Teil eine geringere Spaltenzahl als im Anzeigenteil. In diesen Fällen sind die Spalten im redaktionellen Teil breiter als die Spalten im Anzeigenteil.

> **Beispiel**
>
> Die „Rheinische Post" erscheint im Rheinischen Format. Sie hat im Anzeigenteil sieben und im redaktionellen Teil sechs Spalten. Eine Spalte im Anzeigenteil ist 45 mm breit, der Spaltenabstand beträgt 1,5 mm. Das ergibt theoretisch eine Satzspiegelbreite von: 7 · 45 mm + 6 · 1,5 mm = 324 mm. Die Satzspiegelbreite beträgt tatsächlich 325 mm. Nach Auskunft des Verlages ergibt sich die Differenz von 1 mm dadurch, dass die sieben Spalten nicht alle ganz exakt 45 mm breit sind.
> Im redaktionellen Teil hat eine Spalte eine Breite von 50 mm. Der Spaltenabstand beträgt hier 5 mm. Das ergibt wieder die Satzspiegelbreite von: 6 · 50 mm + 5 · 5 mm = 325 mm.

Anzeigenberechnung bei Zeitungen

Anzeigen in Zeitungen sind nicht an Seitenformate gebunden. Ihre Größen sind im Prinzip beliebig wählbar.

 Grundlage für die Berechnung der Kosten einer Anzeige sind die Millimetermenge und der Millimeterpreis.

Die Millimetermenge ergibt sich aus der Höhe der Anzeige in Millimeter und der Zahl der Spalten, die die Breite der Anzeige bestimmen. Eine Anzeige 250 mm hoch und vier Anzeigenspalten breit hat 1.000 Anzeigenmillimeter (250 mm · 4 Spalten). Die Millimetermenge wird dann mit dem Millimeterpreis multipliziert. Der so genannte Millimeterpreis gibt den Preis für eine Anzeige an, die eine Spalte breit und 1 mm hoch ist. Üblicherweise unterscheidet man zwei mm-Preise:
- den Grundpreis und
- den Textteilpreis.

Der Textteilpreis kommt bei Textteilanzeigen zur Anwendung, also bei Anzeigen, die mindestens mit drei Seiten an den redaktionellen Teil anschließen. Der Textteil-mm-Preis beträgt in der Regel ein Vielfaches des Grundpreises.

Alle Anzeigen, die keine Textteilanzeigen sind, werden in der Regel zum Grundpreis abgerechnet. Dabei spielt es keine Rolle, ob sich die Anzeige im reinen Anzeigenteil befindet oder ob es sich um eine textanschließende Anzeige handelt.

Neben dem mm-Preis müssen evtl. noch Zuschläge, z.B. für Farbanzeigen, berücksichtigt werden.

Umrechnungsfaktor

Bei Zeitungen, die im Anzeigenteil eine größere Spaltenzahl als im redaktionellen Teil haben, sind die Spalten im redaktionellen Teil breiter. Schaltet man in solch einer Zeitung eine textanschließende Anzeige, dann ist folglich die Anzeige breiter als eine Anzeige mit gleicher Spaltenzahl im Anzeigenteil, obwohl für beide Anzeigen der gleiche mm-Preis, nämlich der Grundpreis, zu zahlen ist.

Eine dreispaltige Anzeige in der „Rheinischen Post" hat beispielsweise im Anzeigenteil eine Breite von 3 · 45 mm + 2 · 1,5 mm = 138 mm. Die entsprechende textanschließende Anzeige hat eine Breite von 3 · 50 mm + 2 · 5 mm = 160 mm. Da beide Anzeigen nach dem Grundpreis abgerechnet werden, hätte man bei der textanschließenden Anzeige einen Vorteil. Man erhielte eine größere (breitere) Anzeige für das gleiche Geld. Um diesen Vorteil auszugleichen, muss man die unterschiedlichen Spaltenbreiten bei der Ermittlung der abzurechnenden Millimeter berücksichtigen. Dazu multipliziert man bei textanschließenden Anzeigen die Spaltenzahl mit einem Umrechnungsfaktor, durch den Anzeigen-mm in Text-mm umgerechnet werden. Der Umrechnungsfaktor ergibt sich allgemein als folgender Quotient:

Umrechnungsfaktor
$= \dfrac{\text{Anzahl Spalten im Anzeigenteil}}{\text{Anzahl Spalten im redaktionellen Teil}}$

Für die „Rheinische Post" erhielte man damit den Umrechnungsfaktor 7/6 = 1,1666...

In der Preisliste der „Rheinischen Post" ist als gerundeter Wert der Faktor 1,17 angegeben. Die Umrechnung muss in diesem Fall mit dem gerundeten Wert 1,17 erfolgen. Durch Berücksichtigung des Umrechnungsfaktors ergibt sich für eine dreispaltige Anzeige im Anzeigenteil eine Breite von (3 · 45 mm + 2 · 1,5 mm) · 1,17 = 161,46 mm. Der Unterschied zur Breite der entsprechenden Anzeige im Textteil (160 mm) resultiert teilweise aus Rundungsdifferenzen.

Beispiele

Nachfolgend ist ein Auszug der Preisliste eines Zeitungstitels angegeben:

Preise
Preise für Schwarz-Weiß-Anzeigen in der Gesamtausgabe:
Grundpreis: 11,10 € je mm
Textteilpreis: 39,34 € je mm

Rabattstaffel
Wiederholungsnachlass bei Mindestabnahme von
6 Anzeigen   5 %
12 Anzeigen   10 %
24 Anzeigen   15 %
52 Anzeigen   20 %

Mengennachlass bei Mindestabnahme von
3.000 mm   5 %
5.000 mm   10 %
10.000 mm   15 %
20.000 mm   20 %

Die Zeitung hat im Anzeigenteil sieben Spalten und im redaktionellen Teil sechs Spalten. Als Umrechnungsfaktor von Text- in Anzeigenmillimeter ist der Wert 1,17 angegeben.

Es sollen die Insertionskosten für folgende Schaltungen auf der Basis des Kundennettobetrages ermittelt werden.

 Der Kundennettobetrag ist der Betrag, den der Kunde nach Abzug eines möglichen Nachlasses (Wiederholungs- oder Mengennachlass) zahlen muss.

a) 10 Schaltungen im Anzeigenteil der Gesamtausgabe
   Format: Eckfeldanzeige: 3 Spalten,
               250 mm hoch
   Farbigkeit: schwarz-weiß

b) 12 Textteilanzeigen in der Gesamtausgabe
   Format: 2 Spalten, 100 mm hoch
   Farbigkeit: schwarz-weiß

c) 16 textanschließende Anzeigen in der Gesamtausgabe
   Format: Eckfeldanzeige: 3 Spalten,
               240 mm hoch
   Farbigkeit: schwarz-weiß

Lösungen
zu a)
abzurechnende mm: 3 Spalten · 250 mm Höhe · 10 Schaltungen = 7.500 mm
Nachlass: 10 % Mengennachlass
Preis: Grundpreis, da sich die Anzeigen im Anzeigenteil befinden
Bruttoschaltkosten:
7.500 mm · 11,10 =   83.250,00 €
− Mengennachlass (10 %) =   8.325,00 €
= Kundennettobetrag   74.925,00 €

zu b)
abzurechnende mm:
2 Spalten · 100 mm · 12 Schaltungen = 2.400 mm
Nachlass: 10 % Wiederholungsnachlass
Preis: Textteilpreis, da es sich um eine Textteilanzeige handelt

Bruttoschaltkosten:
2.400 mm · 39,34 € =   94.416,00 €
− Wiederholungsnachlass (10 %) =   9.441,60 €
= Kundennettobetrag   84.974,40 €

zu c)
abzurechnende mm:
3 Spalten · 240 mm · 1,17 (Umrechnungsf.)
· 16 Schaltungen = 13.478 mm
Nachlass: Mengennachlass 15 %
Preis: Grundpreis, da es sich um eine textanschließende Eckfeldanzeige handelt, die nur mit zwei Seiten an den redaktionellen Teil anschließt

Bruttoschaltkosten:
13.478 mm · 11,10 € =   149.605,80 €
− Mengennachlass (15 %) =   22.440,87
= Kundennettobetrag   127.164,93 €

Fragen und Aufgaben zur Mediengattung Zeitung

Aufgabe 1
Eine Großstadt hat 302.407 Haushalte. Die Zeitung A hat in dieser Stadt eine verbreitete Auflage von 126.491 Exemplaren.
Ermitteln Sie die Haushaltsabdeckung des Titels und geben Sie an, was der ermittelte Wert aussagt.

Aufgabe 2
Ermitteln Sie in den folgenden Fällen jeweils den Kundennettobetrag. Berücksichtigen Sie dabei den Tarifauszug.
a) Blattbreite Anzeige in den Bezirksausgaben D, MG, NE, textanschließend, s/w, 100 mm hoch, Frequenz: 15-mal
b) Eckfeldanzeige (textanschließend), Gesamtausgabe, 3 Spalten, 250 mm hoch, s/w, Frequenz: 12-mal
c) Anzeige ohne Textanschluss, 4 Spalten, 300 mm hoch, s/w, Gesamtausgabe, Frequenz: 10-mal
d) Blatthohe Anzeige, textanschließend, 2 Spalten, Gesamtausgabe, s/w, Frequenz: 20-mal
e) Textteilanzeige mit einer Zusatzfarbe, 2 Spalten, 100 mm hoch, Gesamtausgabe, Frequenz: 12-mal
f) Eckfeldanzeige (textanschließend), Gesamtausgabe, 4 Spalten, 200 mm hoch, 3 Zusatzfarben, Frequenz: 18-mal
g) Textteilanzeige, 2 Spalten, 80 mm hoch, s/w, Gesamtausgabe, Frequenz: 7-mal.

Auszug aus dem Tarif

Preise schwarz-weiß-Anzeigen

Gesamtausgabe

Grundpreis je mm	Textteil: je mm
12,01 €	42,42 €

Bezirksausgaben

Bezirksausgabe	Grundpreis: je mm	Textteil: je mm
Düsseldorf (D)	3,92 €	18,45 €
Mönchengladbach (MG)	2,27 €	11,48 €
Neuss (NE)	2,34 €	9,32 €

Preise für Anzeigen mit Zusatzfarben (Gesamtausgabe)

	Grundpreis je mm	Mindestzuschlag
eine Zusatzfarbe	14,05 €	612,00 €
zwei Zusatzfarben	16,81 €	1.440,00 €
drei Zusatzfarben	18,02 €	1.803,00 €

Hinweis: Bei Farbanzeigen bis 300 mm wird ein Mindestaufschlag auf den jeweiligen s/w-mm-Preis (rabattfähig) entsprechend der Platzierung berechnet.

Nachlässe

Wiederholungsnachlass bei Mindestabnahme von		Mengennachlass bei Mindestabnahme von	
6 Anzeigen	5 %	3.000 mm	5 %
12 Anzeigen	10 %	5.000 mm	10 %
24 Anzeigen	15 %	10.000 mm	15 %
52 Anzeigen	20 %	20.000 mm	20 %

Ausgabennachlass
Bei Belegung mehrerer Bezirks- oder Teilausgaben: ab 2 Ausg. 10 %, ab 4 Ausg. 15 %.
Satzspiegelhöhe: 480 mm
Anzahl der Spalten: 7 Spalten im Anzeigenteil;
6 Spalten im Textteil
Umrechnungsfaktor: 1,17

Aufgabe 3
Ein alteingesessenes Düsseldorfer Kaufhaus, das durch seine Sortimentsgestaltung den Querschnitt der Bevölkerung anspricht, möchte für einen Jubiläumsverkauf werben. Beurteilen Sie die Eignung regionaler Abo-Tageszeitungen als Werbeträger.

LÖSUNGEN ZU DEN AUFGABEN ZUM WERBETRÄGER ZEITUNG

Lösung zu Aufgabe 1
Haushaltsabdeckung$_A = \dfrac{126.491}{302.407} \cdot 100 = 41,83\,\%$

Bedeutung: 41,83 % aller Haushalte dieser Stadt werden mit einer Schaltung in dem Titel A erreicht.

Lösung zu Aufgabe 2 a)
Da blattbreit mit 7 Spalten, statt mit Umrechnungsfaktor rechnen.

gesamt mm = 7 Sp · 100 mm · 15 = 10.500 mm ⇒ 15 % Mengennachlass

zusätzlich 10 % Ausgabennachlass

	D:	3,92 €
+	MG:	2,27 €
+	NE:	2,34 €
=	**gesamt**	**8,53 €**

	Bruttoinsertionskosten	
	(8,53 € · 10.500 mm)	89.565,00 €
–	Mengennachlass (15%)	13.434,75 €
=		76.130,25 €
–	Ausgabennachlass (10%)	7.613,03 €
=	Kundennetto	68.517,23 €

Lösung zu Aufgabe 2 b)
Gesamt-mm = 3 Sp. · 250 mm · 1,17 · 12
= 10.530 mm ⇒ Mengennachlass 15 %
= Kundennetto   107.495,51 €

Lösung zu Aufgabe 2 c)
Kein Umrechnungsfaktor, da sich die Anzeige im Anzeigenteil befindet.
Gesamt-mm = 4 Sp. · 300 mm · 10
= 12.000 mm ⇒ Mengennachlass 15%

	Bruttoinsertionskosten (12.000 mm · 12,01 €)	
		144.120,00 €
–	Mengennachlass (15%)	21.618,00 €
=	Kundennetto	122.502,00 €

Lösung zu Aufgabe 2 d)
Gesamt-mm = 2 Sp. · 480 mm · 1,17 · 20
= 22.464 mm ⇒ Mengennachlass: 20%

	Bruttoinsertionskosten (22.464 mm · 12,01 €)	
		269.792,64 €
–	Mengennachlass (20%)	53.958,53 €
=	Kundennetto	215.834,11 €

Lösung zu Aufgabe 2 e)
Kein Umrechnungsfaktor, da Textteilanzeige.
mm pro Anzeige = 2 Sp. · 100 mm = 200 mm
≤ 300 mm ⇒ Mindestzuschlag
Gesamt-mm = 200 mm · 12 = 2.400 mm
⇒ Wiederholungsnachlass 10 %

Kosten für eine Anzeige
= 200 mm · 42,42 € + 612,00 € = 9.096,00 €

	Bruttoinsertionskosten	
	(9.096,00 € · 12)	109.152,00 €
–	Wiederholungsnachlass (10%)	10 915,20 €
=	Kundennetto	98.236,80 €

Lösung zu Aufgabe 2 f)
mm pro Anzeige = 4 Sp. · 200 mm · 1,17 = 936 › 300 mm ⇒ mit Grundpreis rechnen
Gesamt-mm = 936 mm · 18 = 16.848 mm ⇒ Mengennachlass 15 %

Bruttoinsertionskosten	
(16.848 mm · 18,02 €)	303.600,96 €
− Mengennachlass (15 %)	45.540,14 €
= Kundennetto	258.060,82 €

Lösung zu Aufgabe 2 g)
Kein Umrechnungsfaktor, da Textteilanzeige
Gesamt-mm = 2 Sp. · 80 mm · 7 = 1.120 mm ⇒
Wiederholungsnachlass 5 %

Bruttoinsertionskosten	
(1.120 mm · 42,42 €)	47.510,40 €
− Wiederholungsnachlass (5%)	2.375,52 €
= Kundennetto	45.134,88 €

Lösung zu Aufgabe 3
Aspekte, die für das Kaufhaus wichtig sind:
- räumliche Steuerbarkeit
  Die Streuung sollte auf Düsseldorf und das Düsseldorfer Umfeld begrenzbar sein.
- gute Verfügbarkeit, um kurzfristig auf Sonderpreisaktionen hinweisen zu können
- hohe Reichweite im Verbreitungsgebiet, damit möglichst viele Menschen im Einzugsgebiet des Kaufhauses über den Jubiläumsverkauf und damit verbundene Maßnahmen und Aktionen informiert werden können
- hohe Werbebeachtung, damit die Anzeigen auch wahrgenommen werden

Regionale Abo-Tageszeitungen erfüllen die Anforderungen weitgehend:
- Regionale Abo-TZ lassen sich sehr gut räumlich steuern, in großen Städten bis auf Stadtteilsebene.
- Regionale Abo-TZ sind kurzfristig verfügbar, Buchungen können noch bis zu zwei bis drei Tage vor dem Erscheinungstermin der Anzeige erfolgen.
- Regionale Abo-TZ haben in ihrem Verbreitungsgebiet eine relativ hohe Reichweite. Da regionale Abo-TZ fast keine externen Überschneidungen aufweisen, lässt sich durch die Belegung mehrerer Titel die Reichweite schnell erhöhen.
- Werbung in regionalen Abo-TZ wird positiv aufgenommen und bei Textanschluss auch gut beachtet.

- Die geringe personelle Steuerbarkeit spielt hier keine Rolle, da die Zielgruppe aus dem Querschnitt der Bevölkerung besteht.

Nachteil
- Nachteilig könnte evtl. die geringe Druckqualität sein. Falls auf gute Druckqualität Wert gelegt wird, könnte auf Beilagen ausgewichen werden, die werden dann allerdings nicht so gut beachtet.

Insgesamt sind regionale Abo-Tageszeitungen im vorliegenden Fall gut als Werbeträger geeignet.

5.2 PUBLIKUMSZEITSCHRIFTEN

Begriff
Publikumszeitschriften sind periodisch erscheinende Publikationen, die einen informierenden oder unterhaltenden Charakter haben. Sie richten sich fast ausschließlich an private Nutzer. Die allermeisten Publikumszeitschriften erscheinen:
- wöchentlich, z.B. „Der Spiegel",
- 14-tägig, z.B. „Brigitte",
- monatlich, z.B. „Bild der Wissenschaft".

Der Markt der Publikumszeitschriften ist in Deutschland sehr stark differenziert. Es gibt alleine über 900 IVW-geprüfte Titel. Die Gesamtzahl wird auf über 3.600 Titel geschätzt.

5.2.1 Klassifizierung
Publikumszeitschriften lassen sich wie folgt klassifizieren:

General-Interest-Zeitschriften
Hierbei handelt es sich um Zeitschriften, die die Gesamtbevölkerung mit allgemein interessierenden Themen ansprechen. Beispiele hierfür sind so genannte aktuelle Illustrierte, wie „Der Spiegel" oder „Focus", aber auch Programmzeitschriften. General-Interest-Zeitschriften haben hohe Reichweiten, ihre Leserstruktur unterscheidet sich häufig nicht sehr von der Struktur der Gesamtbevölkerung.

Zielgruppenzeitschriften
Diese Zeitschriften richten sich an bestimmte Bevölkerungsgruppen, z.B. Männer, Frauen, Jugendliche etc. In diesen Zielgruppen erreicht man häufig hohe Reichweiten.

Spezialzeitschriften
(Special-Interest-Zeitschriften)
Diese Zeitschriften sind thematisch orientiert, wie z.B. Computerzeitschriften, Zeitschriften für spezielle Sportarten, Zeitschriften für spezielle Hobbys etc. Sie richten sich gezielt an Personen, die sich für das jeweilige Thema interessieren. Special-Interest-Zeitschriften dürfen nicht mit Fachzeitschriften verwechselt werden. Während Fachzeitschriften fast ausschließlich aus beruflichem Interesse gelesen werden, haben die Nutzer von Special-Interest-Zeitschriften eher private Interessen.

5.2.2 Leistung als Werbeträger

Reichweite
Die verschiedenen Titel dieser Gattung haben sehr unterschiedliche Reichweiten, sodass zu diesem Punkt keine einheitliche Aussage gemacht werden kann. Während General-Interest-Zeitschriften in der Gesamtbevölkerung große Reichweiten aufweisen, haben Special-Interest-Zeitschriften in der Gesamtbevölkerung sehr geringe, in dem engen Zielgruppenbereich, auf den sie sich beziehen, häufig aber befriedigende Reichweiten.

Reichweitenaufbau
Mit Publikumszeitschriften lässt sich durch Belegung von Zeitschriften mit geringer externer Überschneidung und Mehrfachschaltung in Zeitschriften mit geringer interner Überschneidung prinzipiell eine befriedigende Reichweite aufbauen. Wegen des relativ langen Erscheinungsintervalls von mindestens einer Woche kann das allerdings relativ lange dauern.

Kontaktaufbau
Durch Belegung von Titeln mit einer hohen externen Überschneidung und Mehrfachschaltung in Titeln mit einer hohen internen Überschneidung lässt sich auch eine ausreichende Kontaktdichte erzielen.

Wirtschaftlichkeit
Die Tausend-Kontakt-Preise können je nach Titel sehr unterschiedlich sein. Im Durchschnitt ist die Wirtschaftlichkeit von Publikumszeitschriften im Vergleich zu anderen Mediengattungen aber relativ günstig. Die TKPs von General-Interest- und Programmzeitschrifte liegen z.B. etwa zwischen 8,00 € und 12,00 €.

Auch die Produktionskosten sind bei dieser Werbeträgergattung günstig.

Technische Kriterien
Publikumszeitschriften sind zwar ein statisches Medium, sie ermöglichen aber eine gute Vier-Farb-Druckqualität, wodurch visuelle und Textinformationen gut vermittelt werden können. Damit besteht zumindest eingeschränkt auch die Möglichkeit, Atmosphäre und Emotionen zu transportieren. Durch Produkt- und Packungsabbildungen lässt sich eine Wiedererkennung am POS erreichen.

Nutzungssituation
Publikumszeitschriften werden weitgehend in der Freizeit in entspannter Atmosphäre gelesen. Sie weisen eine hohe Werbemittelkontaktchance auf, da Im Durchschnitt 75 % aller Seiten aufgeschlagen werden. Der LpE-Wert liegt je nach Titel zwischen 2 und 9.

Verfügbarkeit
Publikumszeitschriften stehen Werbungtreibenden nahezu unbegrenzt zur Verfügung. Gegebenenfalls wird für große Anzeigenaufträge der Heftumfang entsprechend erweitert. Die Verfügbarkeit von Sonderplatzierungen ist natürlich begrenzt. Die Termine für Anzeigen- und Druckunterlagenschluss können den Tarifen entnommen werden, sie liegen etwa vier bis sechs Wochen vor dem Erscheinungstermin.

5.2.3 Steuerbarkeit

Personelle Steuerbarkeit
Auf Grund des vielfältigen Titelangebotes lassen sich mit Publikumszeitschriften sehr gut Zielgruppen selektieren.

Zeitliche Steuerbarkeit
Wegen der relativ langen Erscheinungsintervalle von einer Woche bis zu einem Monat ist die zeitliche Steuerbarkeit eingeschränkt. Der Zeitpunkt für einen Werbeträger- bzw. Werbemittelkontakt lässt sich daher nur sehr grob festlegen.

Räumliche Steuerbarkeit
Publikumszeitschriften werden national verbreitet. Bei einige Titeln besteht zwar die Möglichkeit einer Teilbelegung, allerdings nur auf Nielsengebietsebene. Eine gezielte räumliche bzw. geografische Steuerung ist bei Publikumszeitschriften daher gar nicht oder nur auf Nielsengebietsebene möglich.

Werbemittel
Das hauptsächlich genutzte Werbemittel ist bei Publikumszeitschriften die Anzeige. Hierbei sind die verschiedensten Formate möglich: 1/1-Seite, 2/1-Seite (Doppelseite), seitenteilige Anzeigen, z. B. 1/2-Seite, 3/4-Seite usw.

Darüber hinaus gibt es noch eine Vielzahl von Sonderwerbemöglichkeiten, z.B.
- ausschlagbare Seiten,
- aufgeklebte Postkarten,
- aufgeklebte Produktproben,
- Duftlackanzeigen,
- Beilagen, Beihefter
  u.a.

FRAGEN UND AUFGABEN ZU PUBLIKUMSZEITSCHRIFTEN

1. Geben Sie an, warum in Publikumszeitschriften eine sehr genaue Zielgruppenselektion möglich ist.
2. Äußern Sie sich zur Nutzungssituation und zur Nutzungsdauer von Publikumszeitschriften.
3. Es wird häufig behauptet, dass Publikumszeitschriften gut geeignet sind, um umfangreiche und komplexe Inhalte zu vermitteln. Nehmen Sie zu dieser Behauptung Stellung.
4. Welche Beziehung besteht zwischen den redaktionellen Beiträgen und der Akzeptanz der Werbung?
5. Beurteilen Sie die Eignung von Publikumszeitschriften, wenn geografisch gezielt gestreut werden soll.
6. Erläutern Sie an einem Beispiel, unter welchen Bedingungen eine Teilbelegung sinnvoll ist.
7. Erläutern Sie, warum bei Publikumszeitschriften eine sehr hohe Planungssicherheit besteht.
8. Beurteilen Sie die PZ bezüglich folgender Kriterien:
   - Reichweitenaufbau
   - Kontaktaufbau
   - zeitliche Steuerbarkeit
   - Darstellungsmöglichkeiten

LÖSUNGSHINWEISE

Lösung zu Aufg. 1
Die Gattung Publikumszeitschrifften umfasst so genannte Zielgruppenzeitschriften, z.B. Zeitschriften für Frauen, Männer, Eltern, Jugendliche, Kinder etc. Hierdurch ist schon eine gute Selektion nach Geschlecht, Alter etc. möglich.

Ferner gibt es so genannte Special-Interest-Titel, die sich mit bestimmten Themen und Interessengebieten beschäftigen, z.B. Segeln, Golf, Motorsport etc. und daher gezielt Personen mit diesen Interessen ansprechen.

Lösung zu Aufg. 2
Es gibt unterschiedliche Nutzungsorte und Nutzungssituationen, die sich zum Teil je nach Zeitschrift unterscheiden. Die meisten Personen lesen die Zeitschrift aber zu Hause. Da Publikumszeitschriften mindestens ein Erscheinungsintervall von einer Woche haben, werden sie in der Regel mehrmals gelesen und daher besteht die Chance von Wiederholungskontakten mit der gleichen Ausgabe eines Titels.

Lösung zu Aufg. 3
Die Behauptung ist grundsätzlich richtig. Da eine PZ ein statuatorisches Medium ist, kann eine Anzeige beliebig lange betrachtet werden. Damit lassen sich also grundsätzlich umfangreiche und komplexe Werbebotschaften vermitteln. Es ist jedoch fraglich, ob die Rezipienten tatsächlich bereit sind, sich ausführlich mit Werbeanzeigen zu beschäftigen. Untersuchungen hierzu sagen eher das Gegenteil.

Bei großem Produktinteresse ist eine intensivere Nutzung aber durchaus realistisch.

Lösung zu Aufg. 4
Wenn Werbung in ein thematisch passendes Umfeld platziert wird, ist die Akzeptanz und die Beachtung in der Regel größer als bei einem neutralen Umfeld, da die Personen, die die betreffenden Artikel lesen, sich in der Regel auch für die Thematik und damit verbundene Produkte oder Leistungen interessieren.

Lösung zu Aufg. 5
Ungeeignet, da eine Teilbelegung in der Regel nur auf Nielsengebietsebene möglich ist.

Lösung zu Aufg. 6
Teilbelegung bedeutet, dass nur ein Teil der Gesamtausgabe belegt wird. Bei einigen Titeln besteht die Möglichkeit, die Belegung regional auf einzelne Nielsengebiete zu begrenzen. Eine Teilbelegung ist sinnvoll, wenn das Streugebiet regional begrenzt ist.

Bei sehr kleinen regional begrenzten Streugebieten, z.B. es soll nur in Düsseldorf und Umgebung geworben werden, ist auch eine Teilbelegung nicht sinnvoll, da bei einer Beschränkung auf Nielsen II immer noch in ganz NRW gestreut würde.

Lösung zu Aufg. 7
- Auflagenkontrolle durch die IVW
- Die Nutzung von Publikumszeitschriften wird durch eine Vielzahl von Markt-Media-Studien ausführlich untersucht.

Lösung zu Aufg. 8

Reichweitenaufbau
Durch die Belegung verschiedener Titel mit einer geringen externen Überschneidung und die Mehrfachbelegung von Titeln mit einer geringen internen Überschneidung lässt sich ein befriedigender Reichweitenaufbau erzielen. Wegen der relativ langen Erscheinungsintervalle von mindestens einer Woche ist das aber nicht sehr schnell möglich.

Kontaktaufbau
Durch die Belegung verschiedener Titel mit einer hohen externen Überschneidung und die Mehrfachbelegung von Titeln mit einer hohen internen Überschneidung lässt sich zwar grundsätzlich ein befriedigender Kontaktaufbau erzielen, wegen der relativ großen Erscheinungsintervalle (mindestens eine Woche) kann das aber relativ lange dauern. Wenn der Kontaktaufbau also sehr schnell erfolgen soll, sind Publikumszeitschriften nicht so gut geeignet.

Zeitliche Steuerbarkeit
Wegen der relativ langen Erscheinungsintervalle von mindestens einer Woche ist die zeitliche Steuerbarkeit eher ungünstig.

Darstellungsmöglichkeiten
Wegen der guten Vierfarbqualität sind die Darstellungsmöglichkeiten bei Publikumszeitschriften relativ gut. Nachteilig ist jedoch, dass es ein statisches und einkanaliges Medium ist. Vorteilhaft ist die Möglichkeit Produktproben, Duftproben etc. beifügen zu können.

5.3 Fachzeitschriften

Definition
Fachzeitschriften sind periodisch erscheinende Publikationen, die sich mit speziellen Themen und Fachgebieten beschäftigen. Sie richten sich vorwiegend an Personen, die einen beruflichen Bezug zu dem jeweiligen Thema haben.

Der Vertrieb erfolgt überwiegend im Rahmen des Postversandes.

Der Berufsbezug ist das Hauptabgrenzungskriterium zu den so genannten Special-Interest-Zeitschriften, die zur Gattung der Publikumszeitschriften gehören und sich an Zielgruppen richten, die sich aus Liebhaberei oder Interesse für das jeweilige Fachgebiet interessieren. Teilweise sind die Grenzen zwischen Fachzeitschriften und Special-Interest-Zeitschriften aber fließend.

Typologie
Insgesamt gibt es zur Zeit rund 3.650 Titel in der Bundesrepublik Deutschland, von denen etwa 1.100 IVW-geprüft sind. Fachzeitschriften lassen sich nach verschiedenen Systematiken gliedern:
- Branchenorientierte Fachzeitschriften richten sich an Mitglieder der gleichen Branche, z.B. Lebensmitteleinzelhandel, wobei die Zielpersonen hier unterschiedliche Funktionen wahrnehmen können.
- Funktionsorientierte Fachzeitschriften richten sich an Personen, die die gleiche betriebliche bzw. berufliche Funktion innehaben, aber aus verschiedenen Branchen kommen können, z.B. Management, Einkauf, Marketing.
- Themenorientierte Fachzeitschriften beschäftigen sich mit bestimmten Themengebieten, z.B. Computer, Umwelt, Controlling. Die Zielpersonen können hierbei aus verschiedenen Branchen kommen und unterschiedliche Funktionen ausüben.

Verbreitung
Fachzeitschriften werden vorwiegend von festen Abnehmern bezogen. Die Verbreitung erfolgt hierbei entweder entgeltlich durch ein Abonnement oder über Freiexemplare. Der Einzelverkauf spielt bei Fachzeitschriften nur eine untergeordnete Rolle.

5.3.1 Medialeistung

Reichweiten
Die Reichweiten von Fachzeitschriften sind sehr unterschiedlich, hierüber kann also keine generelle Aussage gemacht werden. Für viele Fachzeitschriften liegen auch keine Erhebungen über die Reichweite vor, sodass als Maß für die Verbreitung häufig nur die Auflage verwendet werden kann. Entsprechende Untersuchungen zeigen allerdings, dass die häufig sehr kleinen Fachzielgruppen mit Fachzeitschriften gut erreicht werden können.

Reichweitenaufbau/Kontaktaufbau
Man kann davon ausgehen, dass Fachzeitschriften sehr regelmäßig gelesen werden, sodass sich gut Kontakte aufbauen lassen. Inwieweit sich befriedigende Reichweiten aufbauen lassen, kann nicht generell gesagt werden, weil hier die Datenbasis noch nicht ausreichend ist. Einige Verlage führen zwar Reichweitenanalysen für ihre Titel durch, repräsentative Erhebungen für die ganze Gattung fehlen aber noch.

Wirtschaftlichkeit
Wegen der häufig fehlenden Reichweitenangaben lassen sich auch TKPs nur in Einzelfällen ermitteln. Da Fachzeitschriften ihre Zielgruppe häufig ohne große Streuverluste erreichen, kann man grundsätzlich ein befriedigendes Kosten-/Leistungsverhältnis unterstellen.

5.3.2 Steuerbarkeit

Personelle Steuerbarkeit
Auf Grund der großen Anzahl an Titeln und der sehr differenzierten Struktur der Fachzeitschriften lassen sich mit diesem Medium sehr gezielt spezifische Zielgruppen ansprechen.

Zeitliche Steuerbarkeit
Bedingt durch die relativ langen Erscheinungsintervalle (häufig ein Monat) ist eine zeitliche Steuerbarkeit nur sehr eingeschränkt möglich.

Räumliche Steuerbarkeit
Die Verbreitung von Werbung lässt sich mit Fachzeitschriften räumlich fast gar nicht steuern. Fachzeitschriften werden fast ausschließlich national verbreitet, Teilbelegungen sind in der Regel nicht möglich.

Verfügbarkeit
Wie bei Publikumszeitschriften, steht auch bei Fachzeitschriften Werberaum nahezu unbegrenzt zur Verfügung. Der Anzeigenschluss liegt je nach Erscheinungsweise drei bis sechs Wochen vor dem Erscheinungstermin.

Werbemittel
Hier besteht kein Unterschied zu Publikumszeitschriften. Sonderwerbeformen bei den jeweiligen Titeln können aus den Tarifen entnommen bzw. beim Verlag erfragt werden.

FRAGEN UND AUFGABEN

1. Durch welche wesentlichen Merkmale unterscheiden sich Fachzeitschriften von Publikumszeitschriften?
2. Warum können die Verlage in der Regel detaillierte Angaben über die Empfänger ihrer Titel machen (Empfänger-Struktur-Analyse)?
3. Beurteilen Sie die Möglichkeit zur Zielgruppenselektion bei Fachzeitschriften und begründen Sie Ihre Ansicht.
4. Beurteilen Sie die Möglichkeit der regionalen Steuerbarkeit bei Fachzeitschriften und begründen Sie Ihre Ansicht.
5. Welche Kriterien sollten bei der Auswahl von Fachzeitschriften berücksichtigt werden?
6. Im Folgenden werden Angaben zur Fachzeitschrift „SCOPE" gemacht.
   a) Um welchen Fachzeitschriftentyp handelt es sich bei „SCOPE"?
   b) Wie wird die Zeitschrift „SCOPE" fast ausschließlich verbreitet?
   c) Angenommen, Sie sollen eine neuartige Produktionsplanungssoftware bewerben, die branchenübergreifend eingesetzt werden kann. Halten Sie „SCOPE" in diesem Fall grundsätzlich für einen geeigneten Werbeträger? Begründen Sie Ihre Ansicht.

Kurzcharakteristik des Titels
„SCOPE" ist als Industriemagazin für Produktion und Technik positioniert, das sich an Führungskräfte und Investitionsentscheider in der Industrie wendet. Die Leser kommen aus Produktionsabteilungen sowie Einkauf und Logistik. Mit fast 80.000 verbreiteten Exemplaren bezeichnet der Verlag den Titel als auflagenstärkstes Industriemagazin.

Bei „SCOPE" handelt es sich um eine Kennziffernzeitschrift. Bei diesem Fachzeitschriftentyp werden alle Anzeigen und Redaktionsbeiträge mit einer Kennziffer versehen. Interessenten können mit einer Leserdienstkarte oder online unter Angabe der Kennziffer gezielt weitere Informationen anfordern. Das Kennziffernsystem bietet damit den Anzeigenkunden eine gute Möglichkeit, Angaben über ihre Zielgruppe zu erhalten.

Angaben zur Auflagenstruktur
Auflagenkontrolle: IVW
Auflagen-Analyse: Exemplare pro Ausgabe
Druckauflage: 80.014
Tatsächlich verbreitete Auflage (tvA): 79.518
davon Ausland: 5.768
Verkaufte Auflage: 3.800
davon: abonnierte Exemplare: 0
Einzelverkauf: 0
sonstiger Verkauf: 3.800
Freistücke: 75.718
davon: ständige Freistücke: 45.945
wechselnde Freistücke: 29.277
Werbeexemplare: 496
Rest-, Archiv- und Belegexemplare: 496

LÖSUNGSHINWEISE

zu 1)
Fachzeitschriften:
- im Wesentlichen berufliche Nutzer
- hoher Anteil regelmäßiger Nutzer (Abo oder Freieinweisung)

Publikumszeitschriften:
- Nutzung aus Interesse oder zur Unterhaltung
- geringerer Anteil regelmäßiger Nutzer, selbst bei Abo-Zeitschriften

zu 2)
Da der größte Teil der Zeitschriften abonniert wird bzw. per Freieinweisung vom Verlag an bestimm-

te Nutzer versendet wird, haben die Verlage relativ genaue Kenntnisse über ihre Empfänger.

zu 3)
Sehr gute Möglichkeiten zur Zielgruppenselektion, da die Fachzeitschriften auf Grund ihrer thematischen Ausrichtung gezielt Personen ansprechen, die in einer bestimmten Fachrichtung tätig sind oder eine bestimmte Funktion innehaben.

zu 4)
Kaum möglich, da Fachzeitschriften in der Regel eine nationale Verbreitung haben und nur bei sehr wenigen Titeln eine Teilbelegung möglich ist.

zu 5)
- thematische Ausrichtung
- Verbreitung (Abo, Freieinweisung)
- Auflage
- IVW-Prüfung
- Empfänger- und Leserstruktur
- Schaltkosten bzw. TKP oder TAP
- Erscheinungsintervall

zu 6a)
Funktionsorientierte Zeitschrift (Zeitschrift richtet sich an Führungskräfte und leitende Fachleute in der Industrie).

zu 6b)
Fast ausschließlich über Freistücke, erkennbar an der Auflagenstruktur.

zu 6c)
Die Zeitschrift ist grundsätzlich gut geeignet, da sie sich branchenübergreifend an Führungskräfte in der Industrie wendet, die häufig auch Entscheidungen über die Anschaffung einer neuen Produktionssoftware treffen oder an dem Entscheidungsprozess beteiligt sind. Positiv sind ferner die hohe Auflage und die Tatsache, dass die Zeitschrift IVW-geprüft ist.

Auch das Kennziffernsystem ist hier günstig, da es dem Unternehmen die Möglichkeit bietet, sich gezielt an die Interessenten der Produktionssoftware zu wenden. Nachteilig ist allerdings die weitgehende Verbreitung durch Freistücke, da kostenlos erhaltene Zeitschriften häufig weniger beachtet werden als käuflich erworbene.

5.4 TV-Werbung

Definition
Guido Modenbach definiert Fernsehen wie folgt: „Fernsehen ist das audio-visuelle Medium im Rundfunksektor. Fernsehnutzung findet meistens stationär – in der Regel – in der häuslichen Umgebung statt. Die Rezeption ist passiv und beschränkt sich auf das Sehen und/oder Hören der dargebotenen Sendung." (Modenbach in „Werbeträger" 1999)

Durch die zunehmende Verbreitung von digitalem Fernsehen und Fernsehen über das Internet wird diese Definition in Zukunft nur noch eingeschränkt zutreffen. Fernsehen wird die Möglichkeit der Interaktion bieten und sich auch stärker auf den außerhäusigen Bereich verlagern. Vergl. hierzu den Abschnitt zum digitalen Fernsehen und zum IP-TV.

Typologie
TV-Sender lassen sich nach vielfältigen Kriterien unterteilen. Gängige sind
- Unterscheidung nach der Rechtsform (öffentlich-rechtlich, privat),
- Unterscheidung nach der Verbreitungsart (terrestrisch, Kabel, Satellit),
- Unterscheidung nach dem Verbreitungsgebiet (national, regional, lokal),
- Unterscheidung nach der Programmstruktur (Vollprogramm, Spartenprogramm, Pay-TV),
- Unterscheidung nach den hauptsächlich gesendeten Programmgenres (z. B. Nachrichten/Informationsprogramm, Sportprogramm, Musikprogramm, Kinderprogramm, Spielfilmprogramm u. a.),
- Unterscheidung nach der Signalart (analog, digital),
- Unterscheidung nach der soziodemografischen Nutzerstruktur (jünger – älter, männlich – weiblich u. a.).

Beispiele für Vollprogrammsender

öffentlich-rechtlich
- ARD-Sender
  - Rundfunk Berlin-Brandenburg (RBB)
  - Bayrischer Rundfunk
  - Südwestrundfunk
  - Westdeutscher Rundfunk
  - Hessischer Rundfunk
  - Radio Bremen
  - Mitteldeutscher Rundfunk
  - Norddeutscher Rundfunk
  - Saarländischer Rundfunk
- Zweites Deutsches Fernsehen
- 3sat
- Arte

privat
RTL / RTL 2 / VOX
PRO7 / Kabel 1 / SAT1

Beispiele für Zielgruppen- und Spartensender mit Werbemöglichkeiten (ausschließlich privat)

Sender	Zielgruppe/Programm
Super RTL	Familie (drei- bis 13-jährige Kinder und deren Eltern)
VIVA	Musik (Rock/Pop für 14- bis 25-Jährige)
MTV	Musik (Rock/Pop für 14- bis 49-Jährige)
VH-1	Musik (Intern. Hits für 25- bis 49-Jährige)
n-tv	Nachrichten und Wirtschaftsinformationen
DSF	Sport
Bloomberg	Börse, Wirtschaftsnachrichten
EUROSPORT	Sport

Empfangsmöglichkeiten

Fernsehen kann in fast allen Haushalten der Bundesrepublik empfangen werden. In 97 % aller Haushalte befindet sich ein TV-Gerät, in über 60 % zwei oder mehr Geräte. Da die Programme der verschiedenen Sender teils unterschiedlich verbreitet werden, ergeben sich auch Unterschiede hinsichtlich der Empfangbarkeit. Die ARD und das ZDF können von allen Fernsehhaushalten empfangen werden. Die großen privaten Vollprogrammsender RTL, SAT1 und Pro7 haben eine technische Reichweite nahe bei 100 %. Selbst bei vielen Spartensendern liegt die technische Reichweite bei über 80 %.

Digitales Fernsehen

Unter digitalem Fernsehen versteht man, dass die Fernsehprogramme in digitalisierter Form ausgestrahlt werden. Das bedeutet, dass die analogen Bild- und Tonsignale in Binärcodes umgewandelt werden. Bei einer analogen Übertragung sind grundsätzlich beliebig viele verschiedene Zustände wie bei einer Welle möglich. Ein Binärcode kennt dagegen nur zwei Zustände, z.B. 0 und 1. Die jeweiligen analogen Werte werden dabei in Ketten von 0 und 1 umgewandelt. Der Vorteil der Digitalisierung besteht darin, dass ein digitales Fernsehprogramm eine deutlich geringere Bandbreite (je nach Datenreduktion ein Zehntel bis ein Fünftel) für die Übertragung benötigt als ein analoges TV-Programm. Dadurch können mehr Programme übertragen werden und außerdem können Zusatzdienste, wie z.B. Programminformationen, erweiterte Teletext-Angebote u.a. angeboten werden. Durch die Einrichtung eines Rückkanals ist sogar eine echte Interaktion möglich. Die Abkürzung für digitales Fernsehen ist DVB (Digital Video Broadcasting). Je nach Übertragungsart unterscheidet man:

- DVB-T (Digital Video Broadcasting-Terrestrial) erdgebundene Verbreitung der Fernsehsignale in der Atmosphäre
- DVB-C Verbreitung der digitalen Signale über Kupfer oder Glasfaserkabel von so genannten Kabelkopfstationen aus, das C steht dabei für cabel = Kabel
- DVB-S Verbreitung per Satellit
- DVB-H terrestrische Verbreitung für mobile Endgeräte, z.B. Handy

TV-Werbung | 161

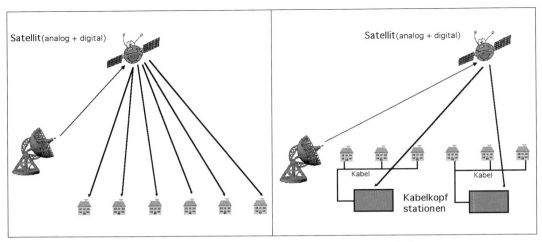

Abb. 5.5: Verbreitung per Satellit   Abb. 5.6: Verbreitung per Kabel

Das DVB-T wird auch als „Überall-Fernsehen" bezeichnet, da in den Kernbereichen der Ausstrahlung für den Empfang lediglich eine kleine Stabantenne erforderlich ist. Außerdem ermöglicht es Fernsehen mit einem entsprechend ausgerüsteten PC oder Laptop. DVB-T gewinnt in Deutschland immer mehr an Bedeutung und ist in vielen Regionen bereits realisiert. Bis Ende 2008 soll eine weitgehend bundesweite Abdeckung erreicht sein. Das könnte dazu führen, dass sich in Zukunft die Fernsehnutzung stärker auf den außerhäusigen Bereich verlagert. Das gilt umso mehr, wenn TV-Empfang auch mit mobilen Endgeräten problemlos möglich ist.

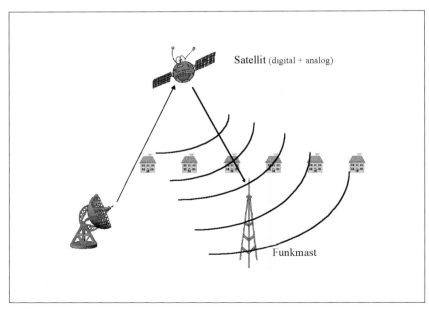

Abb. 5.7: Terrestrische Verbreitung

IP-TV
IP-TV ist die Abkürzung für Internet-Protokoll-TV und meint die Verbreitung von Fernsehsignalen über das Internet. IP-TV bietet eine einfache Möglichkeit zur Interaktion. Das heißt, die Nutzer können ihrerseits mit den TV-Anbietern in Kontakt treten. Eine stärkere Verbreitung von IP-TV wird daher in Zukunft sicher zur Entwicklung neuer interaktiver Werbeformen und Programme führen. In Deutschland schreitet die Nutzung von IP-TV nur schleppend voran.

TV- Angebot und TV Nutzung
Bis Ende 1983 gab es nur die öffentlich rechtlichen Sendeanstalten in Deutschland. Im Januar 1984 nahm mit RTL plus der erste Privatsender seinen Sendebetrieb auf. In der Folgezeit sind eine Vielzahl weiterer Privatsender dazugekommen. Zur Zeit gibt es etwa 83 werbefinanzierte bundesweite TV-Sender. Dazu kommen noch etwa 50 regionale und lokale Sender. Das Angebot an TV-Sendezeit hat sich dadurch vervielfacht. Im Vergleich dazu hat sich die durchschnittliche TV-Nutzung pro Tag nur um etwa 60 Minuten vergrößert. 1985 wurden im Durchschnitt 150 Min. pro Tag und Person ferngesehen, heute sind es ca. 210 Min. Die TV-Nutzung bleibt seit einigen Jahren weitgehend konstant, während das TV-Angebot zunimmt. Die Folge ist, dass ein immer größerer Betrag aufgewendet werden muss, um die gleiche Wirkung zu erzielen, da sich die Zuschauer auf das größer werdende Angebot verteilen.

Bedeutung der einzelnen Sender
Misst man die Bedeutung der Sender an den Werbeumsätzen, liegen die großen privaten Vollprogrammsender RTL, SAT1 und Pro7 klar an der Spitze. Sie vereinen gut zwei Drittel der gesamten Werbeumsätze im Fernsehen auf sich. Der Anteil der öffentlich-rechtlichen Sender an den Werbeumsätzen ist dagegen relativ gering. Hierbei muss allerdings berücksichtigt werden, dass die öffentlich-rechtlichen Sender weder nach 20:00 Uhr noch an Sonn- und Feiertagen und auch nur 20 Minuten pro Tag Werbung ausstrahlen dürfen. Misst man die Bedeutung der TV-Sender an den Marktanteilen, dann liegen die öffentlich-rechtlichen Sender zusammen mit den großen privaten Vollprogrammsendern vorne.

 Unter Marktanteil versteht man den prozentualen Anteil der Reichweite eines Senders während eines bestimmten Zeitraumes an der Reichweite aller Sender während dieses Zeitraumes.

Eine ausführlichere Erläuterung des Begriffs Marktanteil finden Sie in Abschnitt 5.5.

5.4.1 Medialeistung

Reichweiten/Reichweitenkumulation/ Kontaktkumulation
Die Reichweiten sind je nach Tageszeit und Sender unterschiedlich. Die Hauptzeit liegt zwischen 19 und 23 Uhr. In dieser Prime-Time ist die Reichweite der großen Sender in etwa mit der Reichweite auflagenstarker Publikumszeitschriften zu vergleichen.

Das Medium TV hat allerdings ein sehr hohes Reichweitenwachstum. Bei einer 20-maligen Belegung des Senders RTL erreicht man knapp 50% der Gesamtbevölkerung ab 14 Jahren. Der schnelle Reichweitenaufbau geht natürlich mit einem entsprechend geringen Kontaktaufbau einher. Grundsätzlich lässt sich natürlich auch mit dem Medium TV ein befriedigender Kontaktaufbau erzielen, hierzu ist dann aber ein hohes Schaltvolumen erforderlich, was die Wirtschaftlichkeit beeinträchtigt.

Kosten/Wirtschaftlichkeit

a) Schaltkosten/TKPs
Die Schaltkosten im TV sind sehr unterschiedlich und differieren zwischen den einzelnen Sendern und zu den verschiedenen Tageszeiten.

Die höchsten Schaltkosten entfallen auf die Prime-Time. In dieser Zeit sind bei den großen Vollprogrammsendern die Kosten für die Verbreitung eines 30-Sekunden-Spots in etwa vergleichbar mit den Kosten für die Insertion einer vierfarbigen Anzeige im Format 1/1-Seite in einer großen Publikumszeitschrift. Bei kleinen Sendern und zu reichweitenschwachen Zeiten sind die Schaltkosten dagegen gering.

Auch die TKPs sind je nach Sender, Tageszeit und Sendung sehr unterschiedlich. Sie können im Extremfall zwischen 1,00 bis 2,00 € und 80,00 bis 90,00 € liegen. Im Durchschnitt liegen sie jedoch über den TKPs bei Publikumszeitschriften.

> *Problematisch für den Mediaplaner ist, dass der TKP für einen bestimmten Werbeblock erst nach Ausstrahlung des Blocks ermittelt werden kann.*

Dies ist der Fall, da der TKP von Schaltkosten und Reichweite abhängt und über die Reichweite im Vorfeld aber nur Schätzwerte vorliegen, da sie von der Einschaltquote bestimmt wird.

b) Produktionskosten

Die Produktionskosten für einen TV-Spot sind sehr hoch. Sie betragen häufig mehrere hunderttausend Euro. Bei aufwändigen Spots können sie sogar über 1 Mio. € betragen.

Nutzerstruktur

Die großen Vollprogrammsender erreichen im Wesentlichen den Querschnitt der Bevölkerung.

Bei den öffentlich-rechtlichen Sendern besteht allerdings eine deutliche Tendenz in Richtung ältere Menschen, untere Einkommensklassen und niedrige Schulabschlüsse.

Diese Tendenz besteht auch bei den Privatsendern RTL und SAT1, allerdings nicht so ausgeprägt wie beim ZDF und den ARD-Sendern. PRO 7 und Kabel 1 sprechen tendenziell eher Menschen im mittleren Alterssegment an. RTL 2 und die Musiksender MTV und VIVA werden bevorzugt von jüngeren Menschen genutzt.

5.4.2 Steuerbarkeit

Personelle Steuerbarkeit

Eine Zielgruppenselektion ist beim Medium TV nach Sendern nur sehr grob möglich. Über das Programmumfeld lassen sich jedoch bestimmte Zielgruppen relativ gezielt ansprechen. Die Selektionsmöglichkeiten sind jedoch bei weitem nicht so gut wie bei Publikumszeitschriften. Man muss mit relativ hohen Streuverlusten rechnen.

Zeitliche Steuerbarkeit

Das Fernsehen ermöglicht eine sehr gute zeitliche Steuerung. Die Ausstrahlung des Spots kann bis auf den Werbeblock genau bestimmt werden. Darüber hinaus bietet das Fernsehen auch die Möglichkeit, in einer kurzen Zeit eine sehr große Anzahl von Spots zu schalten.

Räumliche Steuerbarkeit

Eine geografische Steuerung ist nur eingeschränkt möglich. Über die regionalen ARD-Sender und regionale Fensterprogramme von z.B. SAT 1 und RTL ist eine grobe Steuerung auf Nielsen- bzw. Bundesländerebene teilweise möglich, allerdings nur am späten Nachmittag.

Durch die zunehmende Etablierung von regionalen und lokalen TV-Sendern, die durch die Digitalisierung gefördert wird, verbessert sich die regionale Steuerbarkeit zwar, ist aber zur Zeit immer noch unbefriedigend.

Verfügbarkeit

Es ist langfristige Planung notwendig, denn bei den öffentlich-rechtlichen Sendern müssen die Buchungen bis zum 30.09. für das folgende Kalenderjahr erfolgt sein. Auf Grund der Wettbewerbssituation gestatten die Sender jedoch häufig auch noch Nachbuchungen. Die Vermarktung der einzelnen Sender (Abfrage der Verfügbarkeit sowie die Buchung, Abwicklung/Ausstrahlung und Abrechnung der Aufträge) erfolgt über die TV-Vermarkter, die Tochtergesellschaften der Medienkonzerne sind, die die Sender betreiben:

- IP-Deutschland (RTL, Super RTL, VOX, n-tv, RTL Shop),
- SevenOne Media (Pro Sieben, Kabel 1, DSF, Bloomberg TV, SAT 1, N24),
- ARD Sales&Services (ARD, Ballungsraum TV wie Hamburg 1, B.TV Baden, B.TV Württemberg) oder
- direkt über die Sender (z.B. ZDF).

Bei den privaten Sendern gibt es keine festen Buchungstermine. Die Überprüfung der Verfügbarkeit einzelner Werbeplätze und ihre Buchung können von den Mediaagenturen selbst online durchgeführt werden. Das gilt auch für Stornierungen. Bei einigen Sendern liegt die Stornofrist bei sechs Wochen, andere erlauben Stornos drei bis vier Wochen vor dem Ausstrahlungstermin (zeitweilig übliche Fristen von nur drei Tagen gibt es praktisch nirgends mehr).

Auftrag und Sendekopie sollten etwa zehn Tage vor dem Ausstrahlungstermin beim Sender sein. Gefragte Sendeplätze sollten jedoch früh gebucht werden, hier gilt immer noch inoffiziell der Termin 30.09.

Werbemittel

Das hauptsächliche Werbemittel beim Fernsehen ist der TV-Spot, der in so genannten Werbeblöcken ausgestrahlt wird.

Die Spots lassen sich je nach Format, Platzierung und Art der Darbietung weiter unterteilen. Daneben gibt es Dauerwerbesendungen, in denen Produkte als Gewinne präsentiert oder Produktinformationen in redaktionell gestalteter Form dargeboten werden können. Schließlich besteht noch die Möglichkeit des TV-Sponsorings. Hier wird der Sponsor vor, nach und evtl. nach den Werbeunterbrechungen kurz präsentiert. Die Sponsorhinweise haben eine Länge von ca. sieben Sekunden.

Übersicht Sonderformen der TV-Werbung

Sponsoring	
Programmsponsoring	Zu Beginn, vor oder nach den Werbeunterbrechungen und am Ende einer gesponserten Sendung wird ein Sponsortrailer von bis zu 7 Sekunden Länge eingeblendet
Trailersponsoring	Integration des Sponsors in die Promotion des Senders für die gesponserte Sendung
Titelsponsoring	Die Marke des Sponsors ist Teil des Sendungstitels
Rubrikensponsoring	Sponsoring einer thematisch interessanten, redaktionell eigenständigen Rubrik innerhalb der Sendung
Labelsponsoring	Sponsoring einer thematischen zur inhaltlichen Ausrichtung der Markenkommunikation passenden Programmstrecke

Special Creation	
Promostory	Die eigene Sendung für den Werbungtreibenden, redaktionell gestaltet und hochwertig produziert, aber mit werblicher Aussage. Kennzeichnung mit speziellem Werbe-Opener und während der gesamten Länge als Werbesendung
Spotpremiere	Neben dem Werbespot, der zum ersten Mal im TV gezeigt wird, wird auch das Making Of-Material ausgestrahlt
Gewinnspiel	Kooperation von Gewinnspielpartner und Sender/Sendung innerhalb eines Kampagnen- oder redaktionellen Gewinnspiels; Auslobung eines hochwertigen Preises bzw. Nennung des Kooperationspartners
Framesplit	Die Werbebotschaft wird parallel zur laufenden Sendung als Rahmen eingeblendet, statisch oder animiert; Programmton

Skyscraper	Parallel zum redaktionellen Beitrag bewegt sich die Botschaft als Werbesäule durch das Bild; Programmton
Crawl	Werbebotschaft integriert im Laufband mit den aktuellen News von n-tv; Programmton
Cut in	5- bis 10-Sekünder, der eingebettet in das direkte Programmumfeld, mit unterschiedlichen Rahmenvarianten gebucht werden kann
Splitboard	Werbebotschaft im „Print-Look", statisch oder animiert, mit oder ohne eigenen Ton, wird z.B. in den Rahmen eines Abspanns oder als Splitscreen mit Nutzung eines Programmtrailers eingefügt und erreicht so den Zuschauer im redaktionellen Umfeld, Produktion durch den Sender
Movesplit	Individuell produziertes Wechselspiel zwischen Programm und Werbebotschaft, entweder im Platzierungswechsel (Spot und redaktioneller Inhalt tauschen die Rollen) oder im dynamischen Bewegungsablauf (Spot verdrängt redaktionellen Inhalt vom Bildschirm)

Exclusive Position	
Single Split/ Solospot	20- bis 30-sekündiger Splitscreen-Spot, der als Überleitung zwischen zwei Programmen oder Programmteilen dient (kann optional Countdown und/oder Ticker-Funktion übernehmen)
Abspannsplit	Ausstrahlung des klassischen Spots im Abspann mit den Informationen zur vorangegangenen Sendung; Teilbild;TV-Spot mit Ton und Bild im Hauptfenster
Pre-Split	Der Spot läuft im Teilbild exklusiv direkt vor Beginn der nachfolgenden Werbeinsel; TV-Spot mit Ton und Bild im Hauptfenster
Newscountdown / Best Minute	20- bis 30-sekündiger Split vor den Nachrichten mit digitalem Countdown
Contentsplit	Der Spot läuft in einem Rahmen des Senders, der die redaktionellen Inhalte des vorausgegangenen Themenbereichs aufgreift. So wie z.B. die Wetterwerte der abgelaufenen Nachrichtensendung; TV-Spot mit Ton und Bild im Hauptfenster
Diary	Schnelle 5-, 7- oder 10-Sekunden-Splits; Hauptmerkmal ist die unmittelbare Programmnähe und die feste Verteilung der Schaltungen über den Tag (15 bis 18 Platzierungen). Der Diary wird nach dem Programm und vor dem Werbeunterbrecher geschaltet
Programmsplit	Klassischer TV-Spot im Teilbild innerhalb einer Sendung; TV-Spot mit Ton und Bild im Hauptfenster
Singlespot	Der Werbeblock im Vollbild für nur einen Spot, unterstützt durch einen speziellen Werbetrenner
Premierenspot	Exklusive Platzierung für die Erstausstrahlung des neuen TV-Spots, unterstützt durch einen speziellen Premierentrenner
Trailer-Split	20- bis 30-sekündige Splitscreen-Variante, die mitten ins laufende Programm eingebunden wird. Formatabhängig bietet diese Werbeform ein breites Spektrum an Möglichkeiten vom Abspann bis zur Highlight oder Rubrikenankündigung

Integrated Concepts Verknüpfung der TV-Kampagne mit Online- und/oder Teletext-Werbung	
Online Ads	Verlängerung der Marke ins Internet
Teletext	Teletext-Werbung als Ergänzung zur TV-Kampagne

Quelle: weitgehend übernommen aus „Werbung in Deutschland 2006", ZAW, Berlin

Rechtliche Aspekte zur TV-Werbung

Fernsehwerbung ist in Deutschland im Rundfunkstaatsvertrag geregelt. Grundlage dafür ist die Europäische Fernsehrichtlinie, zum Zeitpunkt der Drucklegung des Buches, von Dezember 2007. Nachfolgend werden kurz die werberelevanten Inhalte der Richtlinie dargestellt.

Schleichwerbung
Unter Schleichwerbung wird die Erwähnung oder Darstellung von Waren, Dienstleistungen, Namen, Marken oder Tätigkeiten eines Unternehmens verstanden, wenn sie absichtlich und zu Werbezwecken erfolgt und die Allgemeinheit hinsichtlich des eigentlichen Zwecks dieser Erwähnung oder Darstellung irreführen kann. Ein Werbezweck wird unterstellt, wenn die Erwähnung oder Darstellung gegen Geld oder ähnliche Leistungen erfolgt. Schleichwerbung ist verboten.

Sponsoring
- Zuschauer müssen eindeutig auf das Sponsoring hingewiesen werden
- Zigaretten-/ Tabakhersteller sind vom Sponsoring ausgeschlossen
- kein Sponsoring mit verschreibungspflichtigen Arzneimitteln, die betreffenden Pharmaunternehmen dürfen aber Gegenstand von Sponsoring sein
- Nachrichten und Sendungen zum politischen Zeitgeschehen dürfen nicht gesponsert werden.
- Anregungen zum Kauf von Produkten des Sponsors sind nicht zulässig
- die Mitgliedstaaten können bei Kindersendungen, Dokumentarfilmen und Sendungen mit religiösem Inhalt Sponsoring untersagen

Productplacement (Produktplatzierung)
- bedeutet die Platzierung von Produkten und Marken in Sendungen gegen Entgelt oder ähnliche Gegenleistungen
- Produktplatzierungen sind erlaubt:
  - in Kinofilmen, Filmen und Serien, Sportsendungen und Sendungen der leichten Unterhaltung oder
  - wenn sie ohne Entgelt, sondern im Rahmen der kostenlosen Bereitstellung erfolgt, das gilt allerdings nicht für Kindersendungen

Voraussetzungen für eine Produktplatzierung sind:
- Zuschauer müssen eindeutig auf die Platzierung hingewiesen werden
- es erfolgt keine Aufforderung zum Kauf
- es erfolgt keine zu starke Herausstellung des platzierten Produktes
- keine Produktplatzierungen von Tabakerzeugnissen oder verschreibungspflichtigen Medikamenten

Werbung und Teleshopping
- Werbung und Teleshopping müssen als solche klar erkennbar und durch optische Mittel vom übrigen Programm getrennt sein.
- Unterschwellige Werbung ist nicht erlaubt.
- Fernsehfilme (Ausnahme: Serien, Reihen, Dokumentarfilme), Kinospielfilme, Nachrichtensendungen dürfen für jeden programmierten Zeitraum von mindestens 30 Minuten einmal für Werbung/ Teleshopping unterbrochen werden
- Kindersendungen dürfen bei einer Sendedauer von mehr als 30 Minuten für jeden programmierten Zeitraum von 30 Minuten höchstens einmal durch Werbung/ Teleshopping unterbrochen werden
- innerhalb eines Stundenzeitraums sind nur 20% (12 Min.) Werbe-/Teleshoppingspots zulässig, Eigenwerbung der Sender, Hinweise auf Begleitmaterialien, die sich unmittelbar auf die Sendung beziehen, Sponsoring und Produktplatzierung werden darauf nicht angerechnet
- keine Werbeunterbrechungen von Gottesdienstübertragungen

Die Fernsehrichtlinie muss bis Ende 2009 von den Mitgliedstaaten in nationales Recht umgesetzt werden. Von den Regelungen zum Productplacement, der Häufigkeit der Werbeunterbrechungen von Sendungen und der Werbedauer dürfen die Mitgliedstaaten dabei abweichen und für ihr Hoheitsgebiet strengere Regeln erlassen, soweit da-

durch der Wettbewerb nicht eingeschränkt wird. In Deutschland gelten zum Zeitpunkt der Drucklegung des Buches schärfere Regelungen:
- Productplacement ist untersagt
- Kino und Fernsehfilme dürfen je 45-Minutenzeitraum einmal unterbrochen werden. Geht die programmierte Sendezeit um mindestens 20 Minuten über einen oder mehrere 45-Minutenzeiträume hinaus, ist eine weitere Unterbrechung möglich.
- Bei anderen Sendungen, z. B. Serien, Dokumentarfilmen, leichten Unterhaltungssendungen soll der Abstand zwischen zwei Unterbrechungen mindestens 20 Minuten betragen.
- Die gesamte Werbezeit darf maximal 20% der Sendezeit betragen, die für Spotwerbung nur 15%.
- Bei öffentlich rechtlichen Sendern darf die tägliche Werbezeit maximal 20 Minuten betragen, an Sonntagen und bundesweiten Feiertagen ist keine Werbung zulässig, nach 20:00 Uhr darf nicht geworben werden, Werbung ist nur im Ersten Fernsehprogramm der ARD und im ZDF zulässig.

Ob in dem neuen Rundfunkstaatsvertrag hier eine Lockerung im Sinne der Europäischen Fernsehrichtlinie erfolgt, muss abgewartet werden.

5.4.3 Zuschauermessung

GfK-Fernseh-Panel
In Deutschland wird das TV-Sehverhalten mit einem Fernsehpanel von der GfK (Gesellschaft für Konsumforschung) gemessen. Den Auftrag dafür hat sie von der Arbeitsgemeinschaft für Fernsehforschung (AGF), der fast alle deutschen Sender angehören, erhalten.

Die Messung erfolgt mit dem so genannten GfK-Meter – ein Gerät, das automatisch erfasst, welcher Sender eingestellt ist, und sekundengenau alle Umschaltvorgänge registriert und speichert. An dem Panel sind 5.200 repräsentativ ausgewählte Haushalte beteiligt, in denen etwa 12.000 Personen im Alter ab drei Jahren leben. Jeder dieser Panelhaushalte ist mit einem GfK-Meter ausgestattet. Durch eine zusätzliche Fernbedienung müssen sich die einzelnen Haushaltsmitglieder an- und abmelden. Auf der Fernbedienung gibt es auch eine Taste für Gäste.

Nachts werden die gespeicherten Daten automatisch abgerufen und über die Telefonleitung an den Zentralcomputer der GfK weitergeleitet. Bereits am anderen Morgen stehen die Daten den Media- und Werbeagenturen zur Verfügung. Ob die Panelteilnehmer sich korrekt an- und abmelden, wird durch so genannte Coincidental-Checks überprüft. Dabei wird per Telefon erfragt, welche Haushaltsmitglieder gerade fernsehen, und diese Angaben werden mit den Messdaten des GfK-Meters verglichen. Obwohl die GfK das Sehverhalten sekundengenau misst, werden für die Werbeblöcke nur durchschnittliche Reichweiten veröffentlicht. Vergleichen Sie auch die Ausführungen zur Sehbeteiligung in Abschnitt 5.5.

Einmal im Jahr führt die GfK mittels Befragung eine „Strukturerhebung" der GfK-Haushalte durch. Hierbei wird der Besitz von Konsumgütern, Anschaffungsabsichten, Produktinteressen und die Verwendung von Konsumgütern hinsichtlich Häufigkeit und Mengen erhoben. Zusätzlich werden auch noch Fragen über das Sehverhalten und Lieblingssendungen gestellt. Die gesammelten Daten werden, um die Anonymität zu wahren, mit Zahlen verschlüsselt. Die Entschlüsselung der Zahlen ergibt dann ein sehr genaues Konsum-Profil der einzelnen Haushaltsmitglieder (Single-Source) – aber natürlich strikt anonym.

Ordnet man nun diesen Konsumdaten das konkrete Fernsehnutzungsverhalten der jeweiligen Person zu, ergeben sich daraus die so genannten PINs (personenindividuelle Nutzungsdaten), die eine sehr zielgenaue TV-Planung ermöglichen.

Gesamtbewertung

 Aus mediastrategischer Sicht erfüllt das Fernsehen insbesondere die Funktion des schnellen Aufbaus von Werbedruck und damit der kurzfristigen Bekanntmachung von Kampagnen und Marken.

Durch die Möglichkeit, innerhalb eines kurzen Zeitraumes eine große Anzahl von Spots zu schalten, ermöglicht das Fernsehen also einen schnellen Reichweiten- und Kontaktaufbau und kann damit in kurzer Zeit einen entsprechenden Werbedruck erzeugen. Durch die Notwendigkeit einer hohen Schaltfrequenz ist dafür allerdings ein relativ großer Etat notwendig. Durch die zum Teil hohen Streuverluste ist die Wirtschaftlichkeit zudem eingeschränkt.

Dank der Kombination von bewegtem Bild und Ton wirkt Fernsehwerbung multisensorisch und damit aufmerksamkeitsstark. Neben der Breitenwirkung und der Aktualität ist die Suggestivkraft ein wesentliches Merkmal des Fernsehens, die das Medium in seiner Eigenschaft als Werbeträger qualifiziert. Fernsehwerbung bietet somit die Möglichkeit emotionaler Werbeauftritte zur Bildung von Images und Markenwelten sowie erlebbarer Präsentation von beispielsweise Produktvorteilen, der Produktverwendung oder von Verwendungsanlässen.

Die Gestaltung der Spots hat nachweisbar Einfluss auf die Erinnerungsleistung der Rezipienten.

Emotionen wie Angst, Erotik und Schock können bei der Erinnerungsleistung eine positive Wirkung erzielen, wenn sie nicht zu stark eingesetzt werden. Ist die Emotion zu stark, erinnert man sich zwar an sie, aber nicht unbedingt an das Produkt, das damit in Verbindung gebracht wurde. Die Erinnerungsleistung wirkt sich bei emotionalen Spots auch positiv auf die nachfolgenden Spots aus, wie eine Untersuchung an der Uni Mainz ergab. Dies trifft jedoch nicht auf sachlich-informative Spots zu, die dann dröge und langweilig wirken. Die Anordnung aufeinander folgender Spots im Werbeblock kann also einen nicht unerheblichen Einfluss auf die Erinnerungsleistung haben. Nur haben die Firmen wenig Einfluss darauf, an welcher Stelle innerhalb des Werbeblocks ihr Spot läuft. Lediglich Großkunden genießen Vorzugsbehandlung. Immerhin achten die Privatsender zunehmend auf eine harmonische Zusammenstellung der Spots. Die Übergänge aus dem Programm und ins Programm sollen nicht zu ruppig sein, wort- und bildlastige Spots werden gleichmäßig verteilt, aggressiven Spots folgen ruhigere.

Die strategischen Vorteile des Fernsehens:
- Fernsehen steigert kurzfristig Marken- und Werbebekanntheit,
- es dramatisiert und demonstriert Produkteigenschaften und Produktvorteile,
- Fernsehen bietet emotionale Ansprachemöglichkeiten (Erlebniswelten),
- es erzeugt Identifikationsbereitschaft durch Miterleben und erleichtert auf diese Weise Einstellungsänderungen,
- es ist primär ein Breitenmedium und erreicht alle Zielgruppensegmente.

Als qualitative Nachteile des Fernsehens aus Sicht der Werbung lassen sich folgende Punkte aufführen:
- Fernsehen wird passiv genutzt und erleichtert daher „Werbe-Flucht" durch Zapping und Nebenbeschäftigungen,
- es bietet häufig qualitativ durchschnittliche oder geringwertige Umfelder,
- es kann Zielgruppen nur eingeschränkt selektieren,
- es erhöht permanent seinen „Noise-Level" und senkt damit seine Wirksamkeit,
- es erlaubt zwar die Maximierung von Kontakten, erschwert jedoch zunehmend das Erzielen von ausreichender und wirksamer Reichweite.

Perspektiven
Durch technischen Fortschritt hat sich die Situation im TV-Bereich bereits deutlich verändert. Die Entwicklung wird aber weitergehen. Absehbar sind:
1. Qualitativ hochwertige und kostengünstige Videotechnik wird die personal- und kostenintensive Filmaufzeichnungstechnik der TV-Sender teilweise ersetzen und die Programmkosten erheblich senken.
2. Digitale Übertragungstechnik wird die Kapazitäten der Satelliten und Kabelnetze mehr als verzehnfachen.

Damit sind in der Folge dann auch (kleinere) Special-Interest-Sender sowie Regional-/Lokal-Sender in jeder größeren Stadt bzw. Region möglich. Außerdem wird das so genannte interaktive TV zunehmend an Bedeutung gewinnen.
3. TV wird zunehmend zum Überall-Medium.

Hinzu kommt:
3. Die Entwicklung von Pay-TV- Angeboten kann die gesamte TV-Landschaft verändern.

Schon heute ist die Tendenz der großen privaten Sender zu beobachten, verstärkt auf Eigen-Produktionen zu setzen, um nicht in zu große Abhängigkeit von den Film-Händlern zu geraten, die ihre Top-Filme in Zukunft vielleicht zunächst im Pay-TV zeigen werden.

5.5 TV-Begriffe

Die in Kapitel 4 erläuterten, grundlegenden Mediabegriffe gelten natürlich grundsätzlich auch für die Mediengattung Fernsehen. Hier sind sie aber teilweise etwas anders definiert. Außerdem gibt es für das Fernsehen noch zusätzliche Begriffe. Nachfolgend werden die wesentlichen TV-Begriffe kurz definiert und mithilfe von Beispielen verdeutlicht.

Seher

 Unter einem Seher versteht man grundsätzlich einen Nutzer des Mediums Fernsehen.

Definition nach GfK:
Seher pro konsekutiv (ohne Unterbrechung) gesehener Minute in einem bestimmten Zeitintervall (Nettoreichweite).

Beispiel

Zeitintervall:	18:00 Uhr bis 18:05 Uhr
Sender:	RTL
Personen	Sehdauer konsekutiv
5 Mio	10 s
3 Mio	15 s
2 Mio	40 s
4 Mio	60 s >= 1 Min
3 Mio	125 s >= 1 Min
4 Mio	255 s >= 1 Min

Es dürfen nur die Personen berücksichtigt werden, die während der betreffenden Zeit mindestens 60 s ohne Unterbrechung den Sender RTL gesehen haben – Seher des Senders RTL im Zeitraum 18:00 – 18:05 Uhr: 4 Mio + 3 Mio + 4 Mio = 11 Mio

GfK-Nettoreichweite
Seher aus der Grundgesamtheit oder der Zielgruppe, die innerhalb eines Zeitintervalls, eines Werbeblocks oder einer Sendung mindestens eine Minute konsekutiv ferngesehen haben.

Gfk-Nettoreichweite in der GG in %

$$= \frac{\text{Seher GG mind. 1 Min. konsekutiv}}{\text{Grundgesamtheit}} \cdot 100$$

Gfk-Nettoreichweite in der ZG in %

$$= \frac{\text{Seher ZG mind. 1 Min. konsekutiv}}{\text{Zielgruppe}} \cdot 100$$

Beispiel:

Bezogen auf das Beispiel zum TV-Seher beträgt die Nettoreichweite des Senders RTL für den Zeitraum von 18:00 bis 18:05 Uhr in der Grundgesamtheit 11 Mio. Personen.
Angenommen, die Grundgesamtheit besteht aus allen Personen, die durch das GfK-Panel abgebildet werden (Personen in TV-Haushalten ab drei Jahren), das sind ca. 69,5 Mio Personen.
Gfk-Nettoreichweite in der GG in %

$$= \frac{11 \text{ Mio.}}{69{,}5 \text{ Mio.}} \cdot 100 = 15{,}8\%$$

Der Begriff der Nettoreichweite hat für die Praxis der TV-Planung allerdings nur eine relativ geringe Bedeutung. Wesentlich wichtiger und auch aussagekräftiger ist die Sehbeteiligung.

Sehbeteiligung
(= Durchschnittliche Personenreichweite, Programm- oder Werbeblockreichweite, Rating)

Hierunter versteht man die Personen der Grundgesamtheit oder der Zielgruppe in Mio. oder in Prozent, die während eines Zeitintervalls, eines Werbeblocks oder einer Sendung im Durchschnitt ferngesehen haben. Im Gegensatz zur GfK-Nettoreichweite wird in der Sehbeteiligung die konkrete Sehdauer innerhalb des betrachteten Zeitintervalls berücksichtigt.

Als Grundgesamtheit für die Sehbeteiligung nimmt man in der Regel die erwachsenen Personen (14 +) in TV-Haushalten (63 Mio.). Die Werte für die Sehdauer werden durch das GfK-Panel sekundengenau gemessen und gehen auch so in die Rechnung ein.

Es ist natürlich auch möglich, die Sehbeteiligung für eine bestimmte Zielgruppe zu bestimmen. In der Gleichung muss dann lediglich die Grundgesamtheit durch die Zielgruppe ersetzt werden.

Formeln für die Sehbeteiligung

$$\text{Sehbeteiligung in der GG in \%} = \frac{\text{tatsächliche gesehene Sekunden aller Personen der GG}}{\text{mögliche gesehene Sekunden aller Personen der GG}} \cdot 100$$

$$\text{Sehbeteiligung in der ZG in \%} = \frac{\text{tatsächliche gesehene Sekunden aller Personen der ZG}}{\text{mögliche gesehene Sekunden aller Personen der ZG}} \cdot 100$$

Beispiel zur Sehbeteiligung

Sender: RTL
Zeitraum: 5 Min. = 300 s (Werbeblock)
Grundgesamtheit: Erwachsene (14 +) in TV-Haushalten: 63 Mio.

	Anzahl Personen	ges. Sek. p. P.	ges. Sek. gesamt
	2,0 Mio.	8 s	16,0 Mio. s
	1,5 Mio.	25 s	37,5 Mio. s
	3,0 Mio	73 s	219,0 Mio. s
	2,2 Mio.	156 s	343,2 Mio. s
	1,3 Mio.	236 s	306,8 Mio. s
	0,5 Mio.	300 s	150,0 Mio. s
Summe	10,5 Mio.		1.072,5 Mio. s

Wenn alle Personen der GG während des gesamten Werbeblocks den Sender RTL gesehen hätten, ergäben das 63 Mio. · 300 s = 18.900 Mio. mögliche gesehene Sekunden. Tatsächlich wurden während des Werbeblocks 1.072,5 Mio. Sekunden gesehen. Man errechnet 5,6746 % Sehbeteiligung und erhält daraus die Sehbeteiligung in Mio.:
5,6746 % von 63 Mio. = 3,575 Mio. Erwachsene

Deutung der Sehbeteiligung
Da der ermittelte Wert nur ein Durchschnittswert ist, lässt er sich wie folgt deuten:

3,575 Mio. Erwachsene haben die gesamten 5 Minuten gesehen, denn:
3,575 Mio. · 300 s = 1.072,5 Mio. s
oder
7,15 Mio. haben die Hälfte (150 s) gesehen, denn:
7,15 Mio. · 150 s = 1.072,5 Mio. s
oder
14,3 Mio. haben ein Viertel (75 s) gesehen, denn:
14,3 Mio. · 75 s = 1.072,5 Mio. s
oder jeder andere Zwischenwert

Sehdauer

Die Sehdauer gibt an, wie lange im Durchschnitt alle Personen der Grundgesamtheit oder einer Zielgruppe während eines bestimmten Zeitintervalls ferngesehen haben. In diesen Durchschnitt gehen auch alle diejenigen Personen der Grundgesamtheit oder der Zielgruppe ein, die nicht ferngesehen haben.

$$\text{Sehdauer in der GG} = \frac{\text{gesehene Sekunden in der GG}}{\text{Anzahl aller Personen in der GG}}$$

$$\text{Sehdauer in der ZG} = \frac{\text{gesehene Sekunden in der ZG}}{\text{Anzahl aller Personen in der ZG}}$$

Beispiel zur Sehdauer

Ausgangssituation wie im Beispiel zur Sehbeteiligung.

$$\text{Sehdauer (14+)} = \frac{1072{,}5 \text{ Mio. s}}{63 \text{ Mio. Personen}}$$

$$= 17{,}02 \frac{\text{s}}{\text{Person}}$$

Verweildauer

Durchschnittlich gesehene Sekunden derjenigen Seher der Grundgesamtheit oder einer Zielgruppe, die innerhalb eines Zeitintervalls, eines Werbeblocks oder einer Sendung mindestens eine Minute konsekutiv gesehen haben.

Verweildauer in der GG

$$= \frac{\text{gesehene Sek. in der GG mind. 1 Min. konsekutiv}}{\text{Gfk-Nettoreichweite in der GG in Mio.}}$$

alternativ:
Verweildauer in der GG

$$= \frac{\text{Sehdauer in der GG} \cdot 100}{\text{Gfk-Nettoreichweite in der GG in \%}}$$

Verweildauer in der ZG =

$$= \frac{\text{gesehene Sek. in der ZG mind. 1 Min. konsekutiv}}{\text{Gfk-Nettoreichweite in der ZG in Mio.}}$$

alternativ:
Verweildauer in der ZG

$$= \frac{\text{Sehdauer in der ZG} \cdot 100}{\text{GfK-Nettoreichweite in der ZG in \%}}$$

Beispiel

Ausgangssituation wie im Beispiel zur Sehbeteiligung. Es dürfen jedoch nur die Personen berücksichtigt werden, deren Sehdauer mindestens 60 s beträgt.

$$\text{Verweildauer} = \frac{1.019 \text{ Mio. s}}{7 \text{ Mio. Personen}}$$

$$= 145{,}57 \frac{\text{s}}{\text{Person}}$$

Marktanteil

Hierunter versteht man den relativen Anteil der Sehdauer einer Sendung oder eines Programms an der Gesamtsehdauer aller Sendungen oder aller Programme in dem jeweiligen Zeitintervall.

$$\text{Marktanteil} = \frac{\text{anteilige Sehdauer des Senders}}{\text{Sehdauer aller Sender}} \cdot 100$$

Da sich die Personen, GG oder ZG kürzen lassen, kann auch direkt mit den gesehenen Sekunden gerechnet werden.

Beispiel

Angenommen, es existieren nur vier Sender A, B, C, D bei einer Grundgesamtheit von 63 Mio. Personen und in einem bestimmten Zeitintervall gelte:

Sender	Gesamtzahl gesehener Sek.
A	620 Mio. s
B	868 Mio. s
C	930 Mio. s
D	682 Mio. s

Man rechnet leicht nach, dass die Summe der gesehenen Sekunden aller Sender 3.100 s beträgt und sich also die Marktanteile wie folgt ergeben:
A = 20 %,   B = 28 %,
C = 30 %,   D = 22 %.

Alternativ lässt sich der Marktanteil auch noch als prozentualen Anteil der Sehbeteiligung eines Senders während eines bestimmten Zeitintervalls gemessen an der Sehbeteiligung aller Sender während dieses Zeitintervalls bestimmen.

TKP (Tausend-Kontaktpreis)

In den Auswertungen der GfK-Fernsehforschung wird der TKP immer auf Basis der Sehbeteiligung und 30 Sekunden berechnet.

TKP in Euro

$$= \frac{\text{Kosten in Euro (Basis 30 Sekunden)}}{\text{Sehbeteiligung (Basis Werbung)}} \cdot 1.000$$

Beispiel zum TKP

Ausgangssituation wie im Beispiel zur Sehbeteiligung.
Angenommen, die Kosten für einen 30 Sekundenspot während des betreffenden Zeitraums betragen = bei dem Sender RTL 45.000,– €

$$\text{TKP} = \frac{45.000}{3.575.000} = \cdot 1.000 = 12{,}59 \text{ €}$$

Aufgaben zur TV-Werbung

Aufgabe 1
Ein Süßwarenhersteller möchte eine neue Schokoriegelmarke in den deutschen Markt einführen. Für die Einführungskampagne steht ein Streuetat von 8 Mio. € zur Verfügung. Die Zielgruppe besteht aus allen Personen der deutschen Wohnbevölkerung zwischen zwölf und 24 Jahren. In der Zielgruppe befinden sich 10,81 Mio. Personen.

Der Riegel soll als idealer Energiespender für aktive und unternehmungslustige junge Menschen positioniert werden. Die Positionierung soll im Rahmen der Einführungskampagne in der Zielgruppe schnell verankert werden, außerdem soll schnell eine hohe Markenbekanntheit erreicht werden.

a) Beurteilen Sie die Eignung des Mediums Fernsehen für die Einführungskampagne.

b) Ein Werbeblock, in dem ein Spot für den Schokoriegel geschaltet wurde, erzielte eine Werbeblockreichweite von 8,4 % in der Zielgruppe. Bedeutet das, dass 8,4 % der Zielpersonen den Spot gesehen haben?

Aufgabe 2
Für einen Werbeblock von acht Minuten Dauer, der von dem TV-Sender A ausgestrahlt wurde, konnte folgendes Sehverhalten in einer Zielgruppe von 15 Mio. Personen festgestellt werden:

Zielpersonen	gesehene Sek. pro Person
0,5 Mio.	10 s
1,2 Mio.	20 s
1,8 Mio.	220 s
1,4 Mio.	320 s
0,4 Mio.	480 s

a) Ermitteln Sie die Sehbeteiligung für den Werbeblock und geben Sie an, was der ermittelte Wert aussagt.
b) Ermitteln Sie die Sehdauer für den Werbeblock und geben Sie an, was dieser Wert aussagt.

c) Der TV-Sender B hatte während der acht Minuten eine Sehbeteiligung von 8 % in der gleichen Zielgruppe und einen Marktanteil von 15 % bezogen auf die Zielgruppe. Ermitteln Sie den Marktanteil des Senders A in der ZG.

Lösungshinweise

zu Aufg. 1a)
TV ist hier gut geeignet, denn:
- Mit TV lässt sich sehr schnell eine hohe Reichweite aufbauen, da in kurzer Zeit eine hohe Schaltfrequenz erzielt werden kann. Ein schneller Reichweitenaufbau ist notwendig, da die Bekanntheit schnell aufgebaut werden soll.
- Die für die Verankerung der Positionierung erforderliche Kontaktdichte lässt sich ebenfalls schnell erreichen.
- Durch die multisensorische Ansprache können gut die Erlebniswelten vermittelt werden, die mit der angestrebten Positionierung verbunden sind.

Das verfügbare Streubudget ist für einen effektiven TV-Einsatz groß genug. Die Zielgruppe ist mit 10,81 Mio. Personen relativ groß und lässt sich durch die Auswahl geeigneter Programmumfelder ausreichend abgrenzen.

zu Aufg. 1b)
Da die Werbeblockreichweite nur ein Durchschnittswert für den gesamten Werbeblock ist, kann daraus nicht unmittelbar auf die Reichweite für den Spot geschlossen werden. Der Spot könnte eine höhere, aber auch eine niedrigere Reichweite als 8,4 % haben.

zu Aufg. 2a)

Zielpersonen	gesehene Sek. pro Person	gesehene Sek. gesamt
0,5 Mio.	10 s	5 Mio. s
1,2 Mio.	20 s	24 Mio. s
1,8 Mio.	220 s	396 Mio. s

1,4 Mio.	320 s	448 Mio. s	
0,4 Mio.	480 s	192 Mio. s	
	gesamt	**1.065 Mio. s**	

Wenn die gesamte Zielgruppe den gesamten Werbeblock gesehen hätte, ergäbe das
8 Min. · 60 s · 15 Mio. Personen = 7.200 Mio. s

Sehbeteiligung in %
in der Zielgruppe = $\dfrac{1.065 \text{ Mio. s}}{7.200 \text{ Mio. s}} \cdot 100 = 14{,}79\,\%$

Das bedeutet, dass im Durchschnitt 14,79 % aller Zielpersonen den gesamten Werbeblock gesehen haben.

zu Aufg. 2b)

Sehdauer = $\dfrac{1.065 \text{ Mio. s}}{15 \text{ Mio. Zielpersonen}} = 71 \text{ s}$

Das bedeutet, dass im Durchschnitt jede Zielperson 71 s des Werbeblocks gesehen hat.

zu Aufg. 2c)
8 % von 7.200 Mio. s = 576 Mio. s
576 Mio. s entsprechen einem Marktanteil von 15 %
1.065 Mio. s entsprechen einem Marktanteil von

$\dfrac{15\,\% \cdot 1.065 \text{ Mio. s}}{576 \text{ Mio. s}} = 27{,}73\,\%$

Der Sender A hatte bezogen auf den Werbeblock also einen Marktanteil von 27,73 %.

5.6 HÖRFUNKWERBUNG

Definition
Unter Hörfunk versteht man die Verbreitung akustischer Signale mithilfe einer entsprechenden Übertragungstechnik. Zurzeit lassen sich folgende Übertragungsformen unterscheiden:

- terrestrische Übertragung (Empfang per Antenne),
- Übertragung per Satelit,
- Übertragung per Kabel.

Ferner wird noch zwischen analoger und digitaler Übertragung unterschieden.

Anbieter
Anbieter von Funkwerbung lassen sich nach verschiedenen Kriterien unterteilen. Übliche Unterscheidungskriterien sind die Unterscheidung

- nach der Rechtsform:
  - öffentlich-rechtliche Sender (z. B. in Nielsen II: EinsLive, WDR 2, WDR 4),
  - private (z. B. in Nielsen II: Radio NRW, Antenne Düsseldorf, Radio Neandertal usw.),

- nach dem Verbreitungsgebiet:
  - national,
  - landesweit oder
  - lokal.

Empfangsmöglichkeiten
Fast 98% aller Haushalte verfügen über mindestens ein Radio, dazu kommen noch etwa 35 Mio. Autoradios. Mit dem Medium Hörfunk kann also nahezu die gesamte deutsche Bevölkerung erreicht werden.

Radionutzung
Die tägliche Nutzungsdauer beträgt beim Hörfunk etwa drei Stunden. Die Radionutzung ist im Tagesverlauf allerdings unterschiedlich, vergleichen Sie die Abb. 5.8 auf der nächsten Seite

Die Hauptnutzungszeit, also die Primetime, liegt zwischen 7:00 und 9:00 Uhr. Viele Nutzer hören nach dem Aufstehen und auf dem Weg zur Arbeit Radio. Die Reichweite sinkt dann, steigt aber zur Zeit des Feierabendverkehrs (15:00 bis 18:00 Uhr) noch einmal an. In den Abendstunden (ab 20:00 Uhr) wird kaum noch Radio gehört.

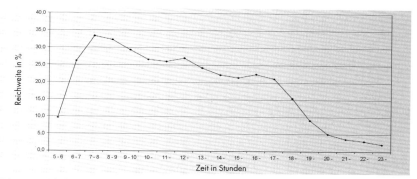

Abb. 5.8: Zeitliche Verteilung der Reichweite aller deutschen Hörfunksender (nach VA)

Nutzungssituation
- Rundfunkwerbung ist nur einkanalig (auditiv), daher ist die Kontaktqualität schlechter als bei Fernsehwerbung, denn Informationen, die visuell dargeboten werden, bewirken in der Regel eine höhere Aktivierung; außerdem können die Informationen schneller aufgenommen werden. Zur Steigerung der Aktivierung wird deshalb bei Funkwerbung häufig auf Musik zurückgegriffen.
- Der Kontakt erfolgt nur kurzfristig und ist nicht wiederholbar. Wenn bei einem Spot also etwas nicht verstanden wurde, lässt sich der Kontakt nicht wiederholen.
- Rundfunk wird in der Regel nicht ausschließlich gehört, sondern wird häufig als Untermalung während anderer Tätigkeiten genutzt. Das verringert wiederum die Kontaktqualität, da die Nutzer sich dem Medium nicht konzentriert bzw. ausschließlich zuwenden. Allerdings besteht daher die Gefahr, dass bei Werbeeinblendungen der Sender gewechselt wird, in wesentlich geringerem Umfang als beim Fernsehen.
- Beim Hörfunk existiert anscheinend eine relativ enge Hörer-Sender-Bindung, denn die Anzahl durchschnittlich gehörter Sender pro Person liegt schon seit Jahren bei etwa 1,3 Sendern pro Person.

5.6.1 Leistung als Werbeträger

Reichweite

Es gibt ein sehr vielfältiges Angebot an Sendern, die häufig auch nur eine regionale oder lokale Verbreitung haben. Zwischen den einzelnen Sendern bestehen zum Teil große Unterschiede hinsichtlich der Reichweite. Außerdem ist die Reichweite je nach Tageszeit unterschiedlich (wie oben schon ausgeführt, siehe noch einmal Abb. 5.8). Reichweitenstarke Sender haben in ihrem Verbreitungsgebiet aber eine hohe Reichweite, die mit der Reichweite von auflagenstarken Publikumszeitschriften vergleichbar ist.

Reichweitenaufbau/Kontaktaufbau

Mit dem Medium Radio lässt sich sehr schnell Reichweite aufbauen, da die Nutzerschaft beim Radio schnell wechselt. Mit der Mediagattung lässt sich daher schnell eine hohe Nettoreichweite erzielen.

Der Kontaktaufbau verläuft dagegen deutlich langsamer. Da das Medium aber eine hohe Schaltfrequenz ermöglicht, kann grundsätzlich auch eine entsprechende Kontaktdichte erzielt werden.

5.6.2 Steuerbarkeit

Personelle Steuerbarkeit

Eine Zielgruppenselektion ist mit der Mediengattung nur sehr eingeschränkt möglich. Eine Selektion ist hier nur über die unterschiedlichen Nutzerstrukturen der einzelnen Sender möglich, die zum Teil stark differieren, sich aber hauptsächlich auf soziodemografische Merkmale beziehen. Ein Hilfsmittel sind hierbei die verschiedenen Radioformate, denen sich entsprechende Nutzergruppen zuordnen lassen.

Radioformate
- Adult Contemporary (AC): leicht hörbare und melodisch geprägte Musikfarbe; überproportional weibliche Hörer (z.B. Oldie-Based AC); Altersschwerpunkt 25 bis 49 Jahre)
- Adult Contemporary Hit Radio (CHR): 30 bis 40 Musiktitel, ausschließlich aus gängigen Hitlisten; nur wenige und kurze Wortbeiträge; häufig sehr promotion-orientiert; Hörerschwerpunkt 14 bis 29 Jahre (z.B. Mainstream CHR, Dance oriented CHR, Rock oriented CHR)
- European Hit Radio (EHR): begrenzte playlist; schnelle Rotation der Stücke; schnelle dynamische Moderation; bevorzugt lange Musikstücke; Hörer eher männlich; Altersschwerpunkt 18 bis 29 Jahre
- Middle of the Road (MOR): internationale, harmonische, melodiöse Musik; relativ hoher Wortanteil; Altersschwerpunkt 35 bis 55 Jahre
- Album oriented Rock (AOR): Non-charts, unbekannte Stücke verschiedener Richtungen; Hörer eher männlich; Altersschwerpunkt 18 bis 35 Jahre
- News und Talk Radio (N/T): hoher Wortanteil; stark auf Nachrichten und Information ausgerichtet
- Easy listening (EL): ruhige, leichte, softe Musik; Hörer tendenziell älter, legen Wert auf Wort und Information
- Schlager /Evergreen-Mix: Schlager, Evergreens, Volksmusik für ältere Hörer
- Oldie-Format: nationale/internationale Oldies und Evergreens für jüngere Hörer
- Klassik-Format: Konzerte, Symphonien, Oper, Operette (häufig nur „best of")

Zeitliche Steuerung

Ähnlich wie das Fernsehen bietet auch der Hörfunk sehr gute Möglichkeiten zur zeitlichen Steuerung der Werbeschaltungen. Die Ausstrahlung der Spots kann bis auf die Stunde, teilweise sogar bis auf den Werbeblock genau festgelegt werden. Außerdem bietet das Medium Hörfunk die Möglichkeit, innerhalb eines kurzen Zeitraums eine hohe Schaltfrequenz zu erreichen.

Räumliche Steuerung

Da die meisten Radiosender regional oder sogar lokal verbreitet werden, bietet das Medium gute Möglichkeiten einer räumlichen Steuerung. Durch die Belegung entsprechender Senderkombinationen ist aber ohne großen Aufwand auch eine nationale Belegung möglich.

5.6.3 Weitere Aspekte zum Hörfunk

Kosten/Wirtschaftlichkeit
Im Vergleich zu anderen Werbeträgergattungen sind die absoluten Schaltkosten für Funkwerbung relativ gering. Das gilt auch für die Tausend-Kontakt-Preise. Sie liegen je nach Sender und Tageszeit zwischen 1,50 € und 5,00 €. Im Durchschnitt liegen sie zwischen 1,80 € und 4,00 €. Die Schaltkosten werden ermittelt, indem die Dauer des Spots in Sekunden mit dem Sekundenpreis multipliziert wird:
Schaltkosten
= Anzahl der Sekunden · Sekundenpreis
Die Sekundenpreise sind je nach Tageszeit und Tag (innerhalb der Woche, Wochenende) unterschiedlich.

Produktionskosten
Wenn nicht gerade teure Sprecher eingesetzt werden, sind die Produktionskosten für Funk-Spots eher gering.

Verfügbarkeit
Durch das steigende Angebot an Sendern ist die Verfügbarkeit des Mediums gut, auch wenn für gute Zeiten rechtzeitig gebucht werden sollte. Der Buchungsschluss liegt bei ca. vier Wochen vor dem Ausstrahlungstermin. Die Sendekopien müssen spätestens sieben Tage vor dem Ausstrahlungstermin beim Sender vorliegen

Stärken/Schwächen der Hörfunkwerbung im Überblick

Stärken	Schwächen
• Schnelles und aktuelles Medium, • regionale Einsetzbarkeit/Steuerbarkeit (lokal, regional, national) → Werbedruck lässt sich regional gezielt aussteuern, • Möglichkeit zu Transfers bei Mix-Kampagnen (mit TV) → Reaktivierung von TV-Botschaften, • das Gehör arbeitet unabhängig vom Verstand, d.h., auditive Eindrücke werden auch dann verarbeitet, wenn sich das Gehirn auf etwas ganz anderes konzentriert → wirkt auch ungerichtet, d.h. ohne dass man bewusst zuhört, • Eindrücke wie Musik, Geräusche, Tonfall dringen tief ins Unbewusste ein (Musik als starker Auslöser von Emotionen), • schneller Reichweitenaufbau, • günstiges Preis-Leistungs-Verhältnis, • schnelle Penetration von leicht verständlichen Botschaften, • letztes Medium vor dem Einkauf → Abverkaufsunterstützung durch aktuelle Kaufanstöße (vor allem für bereits bekannte Produkte/Marken; fast moving consumer goods; Produkte mit täglicher Kaufentscheidung)	• Eher unbewusste Aufnahme der Werbebotschaft (Hintergrundmedium), • weniger geeignet zur Imagebildung, • schlechte Möglichkeit zum Transport komplexer Botschaften, • Imageaufbau nur sehr eingeschränkt möglich • geringe Kontaktqualität durch einkanalige/auditive Ansprache (fehlende Visualisierungsmöglichkeit)

Werbemittel
Das hauptsächliche Werbemittel beim Hörfunk ist der Radiospot, der in verschiedenen Formaten und Sonderformen eingesetzt werden kann. Daneben gibt es auch die Möglichkeit des Sponsoring. Außerdem können PR-Beiträge platziert und Gewinnspiele durchgeführt werden.

Kreation und Werbewirkung
Das zentrale Wirkungselement bei der Radiowerbung ist der **Ton** (Musik, Geräusch, Stimme, Tonfall, Lautstärke). Sprache und Gesprochenes sind dagegen sekundär. Da die Informationen nur auditiv aufgenommen werden, sollten möglichst kleine Informationseinheiten vermittelt werden. Der Spot darf also nicht überladen sein (Daumenregel für Texter: 30 sec = ca. 110 Silben). Damit die beworbene Marke sicher vermittelt wird, sollte der Markenname früh und oft genannt werden. Häufige Motivwechsel führen zu einer erhöhten Aufmerksamkeit. Funk ist besonders gut für die Aussteuerung des Werbedruckes bei Mix-Kampagnen geeignet.

5.7 Online-Werbung

Definition
Unter Online-Werbung versteht man Werbung in Internet-Angeboten.
Das Internet ist ein weltweiter Verbund von Computernetzwerken, die über eine gemeinsame Sprache, das so genannte Internet-Protokoll miteinander kommunizieren können. Wenn man heute von Internet spricht, dann ist eigentlich immer das so genannte World Wide Web (WWW) gemeint, das einen Teilbereich des Internets darstellt und durch eine benutzerfreundliche Oberfläche das Internet für breite Bevölkerungskreise erschlossen hat. Mithilfe spezieller Programme, so genannten Browsern, kann man problemlos innerhalb des World Wide Web navigieren.

Kennziffern zur Internetnutzung
Im Zusammenhang mit der Bewertung von Internetangeboten wurden verschiedene Kennziffern definiert, die etwas über die Nutzungshäufigkeit und Nutzungsintensität von Internetangeboten aussagen. Die Nutzungsdaten werden teilweise im Auftrag der IVW erhoben und von der IVW veröffentlicht.

PageImpression/Visit
Der Abruf einer Bildschirmseite eines Internetangebotes wird als **PageImpression** (PI) bezeichnet. Jedes Mal, wenn eine Bildschirmseite des gleichen Internetangebotes aufgerufen wird, wird eine zusätzliche PageImpression für dieses Angebot erzeugt. Dazu müssen allerdings die folgenden Voraussetzungen gegeben sein:
- die Seite muss den vollständigen Domainnamen des Angebots (FQDN = Fully Qualified Domain) tragen
- die Seite muss entsprechend ihrer Aufmachung oder durch eine eindeutige und offensichtliche optische Kennung zum Angebot gehören
- der Seitenaufruf muss nutzerinduziert sein (nicht nutzerinduziert ist z.B. der Aufruf einer neuen Seite durch eine automatische Weiterleitung)

Neben den PageImpressions werden auch noch so genannte **Visits** erhoben. Die IVW definiert den Begriff „Visit" wie folgt: „Ein Visit bezeichnet einen zusammenhängenden Nutzungsvorgang. Ein Visit beginnt, wenn ein Nutzer innerhalb eines Angebotes eine PageImpression erzeugt. Jede weitere PageImpression, die der Nutzer im Folgenden innerhalb des Angebotes erzeugt, wird diesem Visit zugeordnet. Der Visit wird als beendet angesehen, wenn länger als 30 Minuten keine PageImpression durch den Nutzer erzeugt worden ist. Wechselt der Nutzer auf ein neues Angebot und kehrt innerhalb von 30 Minuten zurück, so wird kein neuer Visit gezählt. Wechselt der Nutzer auf ein neues Angebot und kehrt nach Ablauf einer Frist von 30 Minuten auf das alte Angebot zurück, so wird ein neuer Visit gezählt."

Beispiel

Ein Internetangebot besteht aus acht Bildschirmseiten. Die Bildschirmseiten sind in der folgenden Abbildung durch Rechtecke symbolisiert. Ein Nutzer mit der Kennung N1 führt die durch Pfeile gekennzeichneten Aktionen durch. Wenn eine Pfeilspitze auf eine Seite zeigt, bedeutet das, dass die betreffende Seite aufgerufen wurde. Außerdem sind die Aktionen von 1. bis 10. durchnummeriert und es ist die jeweilige Uhrzeit angegeben.

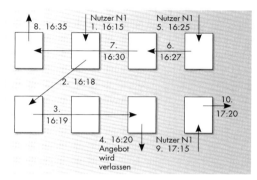

Abb. 5.9: Beispiel zu PageImpressions und Visits

Der Nutzer erzeugt sieben PageImpressions und zwei Visits. Der Neuzugriff auf das Angebot um 16:25 Uhr (Punkt 5) zählt nicht als neuer Visit, da zwischen dem Verlassen des Angebots (16:20 Uhr, Punkt 4) und dem Neuzugriff weniger als 30 Minuten liegen. Der Neuzugriff um 17:15 Uhr (Punkt 9) zählt dagegen als neuer Visit, da zwischen dem Verlassen um 16:35 Uhr (Punkt 8) und dem Neuzugriff mehr als 30 Minuten liegen.

 Die Visits und PageImpressions geben einem Werbungtreibenden Hinweise auf die Attraktivität eines Internetangebotes.

Je größer die entsprechenden Werte bei einem Internetangebot sind, umso größer ist die Wahrscheinlichkeit, dass ein Werbebanner, das in diesem Angebot geschaltet wird, häufig gesehen wird. Neben den Visits und PageImpressions ist auch die so genannte PI/V-Rate

$$= \frac{PageImpressions}{Visits}$$ interessant.

Der Wert gibt an, wie viele Seiten im Durchschnitt bei einem Visit aufgerufen werden und ist damit ein Indiz für die Nutzungsintensität eines Internetangebotes.

Die IVW veröffentlicht nicht nur die allgemeinen Nutzungsdaten von Internetangeboten in Form von PageImpressions und Visits, sondern differenziert auch noch nach inhaltlichen Aspekten. Sie verwendet dazu das nebenstehende Kategoriensystem.

PageImpressions und Visits sagen etwas über die allgemeine Nutzung eines Internetangebotes aus und sind daher ein Maß für eine Werbemittelkontaktchance. Daneben gibt es aber auch Kennziffern zur Messung von Werbemittelkontakten. Hierbei handelt es sich um kundenbezogene Größen, die nicht von der IVW veröffentlicht werden, sondern von den Anbietern der Internetsites im Rahmen des so genannten adreporting den Kunden ausgewiesen werden. Im Wesentlichen unterscheidet man hier AdImpressions, AdClicks und die Click-Through-Rate (Click-Thru-Rate, Click-Rate).

Unter AdImpressions versteht man die Anzahl der Sichtkontakte beliebiger Nutzer mit dem Online-Werbemittel eines bestimmten Kunden. Die AdImpressions sind damit ein Maß für den Werbemittelkontakt.

AdClicks geben an, wie häufig das Werbebanner eines bestimmten Kunden tatsächlich angeklickt wurde.

Setzt man die AdClicks ins Verhältnis zu den AdImpressions oder zu den PageImpressions, so erhält man die so genannte Click-Through-Rate.

$$\text{Click-Through-Rate} = \frac{AdClicks}{AdImpressions} \text{ oder}$$

$$\text{Click-Through-Rate} = \frac{AdClicks}{PageImpressions}$$

Da die Click-Trough-Rate angibt, in wie viel Prozent ein Seitenkontakt zu einem AdClick führt, sagt sie offenbar etwas über die Attraktivität des Werbebanners aus.

Kategoriensystem des IVW

1. Redaktioneller Content
   - Homepage
   - Auto/Verkehr und Mobilität
   - Entertainment und Lifestyle
   - Erotik
   - Familie, Freizeit und Gesundheit
   - Nachrichten und Aktuelles
   - Reisen
   - Sport
   - Computer, Telekommunikation und Consumer Elektronics
   - Unternehmenskommunikation
   - Wirtschaft/Finanzen
   - Wissenschaft, Technik und Bildung
   - Newsletter
   - Sonstige
2. E-Commerce
   - Homepage
   - Auktionen
   - Rubrikenmärkte/Kleinanzeigen
   - Lotto und Wetten
   - Onlineshop
   - Shopping Mall
   - B2B-Marktplatz
   - sonstige
3. Kommunikation
   - Homepage
   - Community (Chat, Foren und Dating)
   - E-Mails, SMS, E-Cards
   - Messenger
   - sonstige
4. Suchmaschinen, Verzeichnisse und Auskunftsdienste
   - Homepage
   - Suchmaschinen
   - Webkataloge
   - Verzeichnisse und Auskunftsdienste
   - sonstige
5. Spiele
   - Homepage
   - Spiele
   - sonstige
6. Diverses

Messung der Online-Nutzung

Zur Ermittlung der Nutzungshäufigkeit und Nutzungsintensität von Onlineangeboten werden verschiedene Techniken eingesetzt, von denen die hauptsächlichen nachfolgend kurz dargestellt werden.

Logfileanalysen

Grundlage für eine Logfileanalyse sind die Logdateien des Web-Servers. Eine Logdatei ist ein Protokoll, das bei einem Zugriff auf den Web-Server automatisch erstellt wird. Sie enthält meist folgende Informationen:
- IP-Adresse des zugreifenden Computers
- Zeitpunkt des Zugriffs
- Kommando, das an den Server gestellt wird, in der Regel handelt es sich dabei um die Anforderung einer Datei
- Name und Pfadangabe der angeforderten Datei
- das benutzte Übertragungsprotokoll, z.B. http
- die Antwort des Servers, z.B. 200 = Übertragung erfolgreich
- Anzahl der übertragenen Bytes
- URL, die von dem Nutzer unmittelbar vor der aktuellen Abfrage besucht wurde
- Browser und Betriebssystem des Nutzers

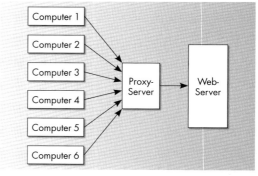

Abb. 5.10: Auswirkungen von Proxy-Servern auf eine Logfileanalyse

Mithilfe spezieller Programme können die Logdateien ausgelesen und Logfilestatistiken erstellt werden, die Aufschluss über die Zugriffsintensität auf das Angebot zulassen. Die Hauptprobleme bei der Logfileanalyse bestehen in der Identifikation der Nutzer und dem Cachen von Seiten. Eine Nutzeridentifikation über die IP-Adresse, die zunächst nahe liegt, ist problematisch, weil verschiedene Nutzer unter der gleichen IP-Adresse auf das betreffende Angebot zugreifen können, z.B. bei dem Einsatz von Proxy-Servern. In der Logdatei erscheint die IP-Adresse des Proxies, obwohl der Zugriff von verschiedenen Computern über den Proxy-Server erfolgte.

Die Folge davon ist, dass in der Logdatei eine zu geringe Besucherzahl und eine zu hohe Zahl von Seitenaufrufen pro Besucher ausgewiesen wird.

Ferner kann es sein, dass die IP-Adresse eines Nutzers während des Besuchs einer Website mehrfach wechselt. Das ist häufig bei großen Providern so, kann aber auch durch den Einsatz von Anonymisierungstools durch den Nutzer bewirkt werden. In diesem Fall besteht die Gefahr, dass im Rahmen der Logfileanalyse mehr Besucher registriert werden als tatsächlich auf der Site waren. Häufig wird versucht, dieses Problem durch das Setzen von Cookies zu umgehen. Dadurch ist es möglich, einen Besucher auch bei wechselnder IP-Adresse weiterhin zu identifizieren. Falls ein Cookie nicht gesetzt werden kann, versucht man durch andere Merkmale, z.B. Kombination aus Browsereinstellung, Bildschirmauflösung, installierte Plugins etc. den Nutzer zu identifizieren.

Ein weiteres Problem besteht darin, dass Seiten eines Internetangebotes zur Beschleunigung des Netzverkehrs lokal durch den Browser oder auf Servern, die zwischen den Browser und den Webserver geschaltet sind, zwischengespeichert werden. Die Funktion eines Zwischenspeichers übernehmen häufig Proxy-Server. Bei einem erneuten Aufruf der zwischengespeicherten Seiten werden diese vom Zwischenspeicher geladen, wodurch der Seitenzugriff nicht in der Logdatei des Web-Servers registriert wird.

Auf Grund der dargestellten Probleme weisen die Ergebnisse von Logfileanalysen häufig nicht unerhebliche Fehlerquoten auf und müssen daher mit Vorsicht interpretiert werden.

Pixel-Technologie

Bei diesem Verfahren wird auf jeder Seite des Internetangebots ein kleines Stück HTML-Code eingefügt. Bei dem Aufruf einer solchen Site durch einen Browser wird ein Pixel aufgerufen, das aber nicht von dem Web-Server, sondern von einem Rechner des kontrollierenden Unternehmens angefordert und dort gezählt wird. Zusammen mit der Pixelanforderung werden auch Informationen über den Computer des Besuchers übertragen.

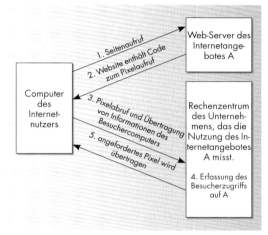

Abb. 5.11: Ablauf beim Pixel-Verfahren

Die Identifikation und Verfolgung der Nutzer während des Besuchs erfolgt je nach Anbieter mit verschiedenen Methoden.

Der Einsatz des Pixelverfahrens hat den Vorteil, dass der Pixelaufruf auch erfolgt, wenn die aufgerufene Seite von einem Zwischenspeicher oder dem lokalen Speicher erfolgt.

Die Pixel-Technologie wird auch von dem Unternehmen INFOnline GmbH eingesetzt, das die Nutzung von Internetangeboten im Auftrag der IVW misst. Das Messverfahren wird von der IVW als „Skalierbares Zentrales Messverfahren zur Messung der Onlinenutzung", abgekürzt SZM bezeichnet. Den HTML-Code, der den Pixelaufruf auslöst, bezeichnet die IVW als SZM-Tag.

Internet Panel

Mit Logfileanalysen und der Pixel-Technologie lassen sich nur Aussagen über die Häufigkeit und Intensität der Besuche von Onlineangeboten machen. Informationen über die Nutzer selber liefern diese Messverfahren nicht. Um diesen Nachteil auszugleichen, werden Internetpanel betrieben, z.B. das Nielsen NetRatings-Panel. Bei einem Panel handelt es sich allgemein um eine Untersuchung, die bei einem im Wesentlichen immer gleichen Personenkreis über einen langen Zeitraum oder zeitlich unbegrenzt in regelmäßigen Abständen bzw. kontinuierlich zu einer gleichbleibenden Thematik durchgeführt wird. Ein Internetpanel besteht also aus einer Gruppe von Personen, bei der kontinuierlich die Internetnutzung gemessen wird. Die Messung erfolgt dabei automatisch, indem auf den Rechnern der Teilnehmer eine Software installiert wird, die alle Internetaktivitäten registriert und speichert.

Da bei einem Onlinepanel die Eigenschaften der Nutzer und das Onlinenutzungsverhalten zusammengebracht werden, eignet sich ein solches Panel gut als Planungsinstrument für Internetkampagnen.

Das Hauptproblem bei den zur Zeit existierenden Internetpanels besteht in der Tatsache, dass hiermit nur die häusliche Internetnutzung gemessen wird. Da aber nur etwa 36 % der Online-User ausschließlich den heimischen Internetzugang nutzen, können die Internetpanel das Onlinenutzungsverhalten nicht ausreichend realistisch wiedergeben.

Internetstudie „internet facts" der Arbeitsgemeinschaft Online-Forschung (AGOF)
Die AGOF wurde Ende 2002 mit dem Ziel gegründet, Werbung im Internet transparenter zu machen und den Werbungtreibenden und Planern ein geeignetes Planungstool zur Verfügung zu stellen. Sie entwickelte die Internetstudie „internet facts", die viermal pro Jahr erscheint und als Instrument zur Planung von Internetkampagnen genutzt werden kann. Im Vergleich zu den Internetpanels haben die internet facts den Vorteil, dass nicht nur die häusliche, sondern die gesamte Internetnutzung abgebildet wird. Methodisch baut die AGOF die Erhebung auf drei Säulen auf:

1. Säule: Technische Messung der Internetnutzung durch Rückgriff auf die Messergebnisse des SZM-Systems
Gemessen werden PageImpressions, Visits, Zugriffszeit und thematische Kategorie. Die thematische Kategorie wird hierbei aber deutlich differenzierter berücksichtigt als das von der IVW veröffentlichte Kategoriensystem. Die Grundgesamtheit besteht aus allen internetfähigen PCs. Die Messung erfolgt auf Basis der einzelnen Rechner, die als Clients bezeichnet werden. Clients werden zu Unique Clients, wenn sie während des Untersuchungszeitraums an mindestens zwei Kalendertagen mit einem Abstand von mindestens zwölf Stunden und maximal 35 Tagen erfasst werden.

2. Säule: OnSite-Befragung auf allen teilnehmenden Internetangeboten
Eine aus den Unique Clients gezogene Stichprobe wird auf allen teilnehmenden Angeboten für eine Befragung rekrutiert. Hierbei werden soziodemografische Merkmale, Ort der Nutzung und Informationen zum Rechner erhoben. Die Grundgesamtheit besteht hier aus der Internetnutzerschaft ab 14 Jahren.

3. Säule: Repräsentative Telefonbefragung der deutschen Wohnbevölkerung 14 +. Hierbei werden soziodemografische Merkmale, qualitative Merkmale, z.B. Produktinteresse, Kaufverhalten, Kaufplanung sowie angebotsunabhängige Basisdaten zur Internetnutzung abgefragt.

In einem ersten Schritt werden zunächst die Daten der 1. Säule mit denen der 2. Säule fusioniert. Zur Technik der Fusion vergl. Sie bitte Kap. 6.14. Basis hierfür sind Nutzer, von denen sowohl technische Nutzungsdaten als auch Daten aus der OnSite-Befragung vorliegen. Deren soziodemografische Daten werden dann nach dem Ähnlichkeitsprinzip auf die Nutzer übertragen, von denen nur die technischen Nutzungsdaten vorliegen. Auf diese Weise werden aus den Unique Clients Unique User.

Als Ergebnis dieser Fusion erhält man einen Datensatz von Unique Usern, von denen soziodemografische Daten und angebotsbezogene Internetnutzungsdaten vorliegen. Dieser Datensatz wird schließlich mit dem Datensatz aus der Telefonbefragung fusioniert. In dem so erhaltenen neuen Datensatz sind also die Nutzungs- und soziodemografischen Daten der Unique User mit den qualitativen und produktbezogenen Daten aus der Telefonbefragung verknüpft. Außerdem enthält dieser neue Datensatz auch Nicht-Online-Nutzer. Dieser Datensatz kann mithilfe eines Zählprogramms für die Planung von Online-Kampagnen verwendet werden (vgl. Kap. 6.12).

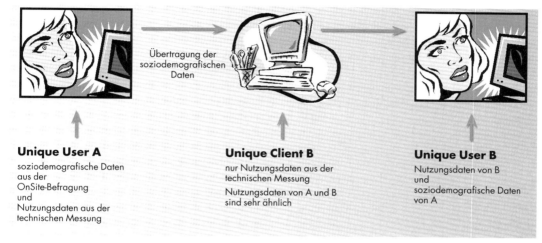

Abb. 5.12: Vom Unique Client zum Unique User

Folgende Kennziffern stehen für Online-Angebote und Belegungseinheiten zur Verfügung:
- PageImpressions (Anzahl der Seitenaufrufe = Kontakte)
- Unique User (Anzahl der verschiedenen Nutzer = Reichweite)
- Onliner WNK (Weitester Nutzerkreis aus denjenigen Online-Nutzern, die in den letzten drei Monaten mindestens einmal das Internet genutzt haben)
- Affinitätsindex

Zusätzlich können für die jeweiligen Online-Angebote auch die Nutzerstrukturen ausgewiesen werden. Ferner ist die Erstellung und Evaluierung von Online-Mediaplänen möglich. Nettoreichweiten (Unique User), Bruttoreichweiten (PageImpressions), GRP, Kosten, TKP und Kontaktverteilungen können ermittelt werden.

Untersuchungen zur Online-Nutzung auf der Basis von Befragungen
Neben den dargestellten Verfahren zur Messung der Online-Nutzung gibt es auch verschiedene Studien, bei denen die Nutzung des Internets ausschließlich durch Befragung ermittelt wird. Zu nennen sind hier:
- ARD/ZDF-Online-Studie
- Allensbacher Computer- und Technik-Analyse (ACTA)
- Online-Reichweiten-Monitor
- (N)Onliner-Atlas
- W3B-Umfragen
- @facts-Erhebungen

Ferner gibt es Erhebungen zur Internetnutzung in den wichtigen Media- und Marktmediauntersuchungen, z.B. AWA, MA, TdWI und VA.

Nutzerstruktur

Die Nutzer des Internets sind nach wie vor vorwiegend männlich, jung, gebildet und leben in Haushalten mit einem hohen Haushaltsnettoeinkommen. Vergleichen Sie hierzu die folgende Tabelle.

Quelle: AGOF internet facts
Vorfilter: Gesamtbevölkerung ab 14 Jahre (97.864 ungew. Fälle, 151.328 gew. Fälle – 100,0 % – 65,07 Mio.

	Gesamtbevölkerung ab 14 Jahre		Onliner WNK (Internetnutzer letzte 3 Monate)			
	%	Mio.	%	Mio.	„Anteil %"	Index
Gesamt	100,0	65,07	100,0	35,98	55,3	100
Geschlecht						
Männer	48,3	31,44	55,7	20,04	63,8	115
Frauen	51,7	33,63	44,3	15,94	47,4	86
Alter						
14–19 Jahre	8,0	5,19	13,2	4,76	91,7	165
20–29 Jahre	12,3	8,00	19,0	6,84	85,5	154
30–39 Jahre	16,2	10,52	22,5	8,10	77,0	139
40–49 Jahre	18,3	11,88	21,9	7,88	66,3	120
50–59 Jahre	14,4	9,38	13,0	4,66	49,7	90
60–69 Jahre	16,1	10,48	7,8	2,82	26,9	48
70 Jahre und älter	14,8	9,61	2,6	0,92	9,5	18
Ausbildung des Befragten						
Kein allgemeiner Schulabschluss	3,8	2,50	4,8	1,74	69,5	126
Haupt- bzw. Volksschulabschluss	42,7	27,77	28,3	10,18	36,7	66
Weiterführende Schule	33,0	21,46	38,3	13,78	64,2	116
Abitur, Fachabitur	8,3	5,40	12,1	4,36	80,7	146
Universitätsabschluss	12,2	7,94	16,5	5,92	74,6	135
Berufstätigkeit						
In Ausbildung – Lehrling, Schüler, Student	10,7	6,98	18,0	6,47	92,7	168
Berufstätig	51,6	33,57	65,2	23,47	69,9	126
Rentner, Pensionär	28,8	18,74	8,8	3,17	16,9	31
Nicht berufstätig	8,9	5,78	8,0	2,87	49,7	90
Haushaltsnettoeinkommen						
Bis unter 1.000 EUR	14,8	9,64	13,6	4,89	50,7	92
1.000 – unter 2.000 EUR	34,7	22,60	28,3	10,18	45,0	82
2.000 – unter 3.000 EUR	26,9	17,51	28,5	10,24	58,5	106
3.000 EUR und mehr	23,6	15,32	29,7	10,68	69,7	126

Abb. 5.13: Struktur der Internetnutzer

Steuerbarkeit
Zeitlich
Die zeitliche Steuerbarkeit ist bei Online-Werbung nur eingeschränkt gegeben. Da die Werbemittel in der Regel über einen längeren Zeitraum geschaltet werden, kann nicht im Voraus genau bestimmt werden, wann es zu einem Werbemittelkontakt kommt. Einige Anbieter offerieren allerdings die Möglichkeit, dass ein Banner nur an bestimmten Wochentagen geschaltet wird.

Räumliche Steuerbarkeit
Eine räumliche Steuerung ist eigentlich gar nicht möglich, da im Prinzip von jedem Ort der Welt auf ein bestimmtes Internetangebot zugegriffen werden kann. Im Rahmen des sogenannten Geo-Tracking kann allerdings ermittelt werden, von wo User auf das Onlineangebot zugreifen.

Personell
Eine personelle Steuerung ist über die thematische Ausrichtung von Internetangeboten relativ gut möglich. Bei der Werbung auf Suchmaschinen besteht auch die Möglichkeit, dass bei Eingabe bestimmter Suchbegriffe das Banner eingeblendet wird. Für Internetbangebote, die durch die Internet facts der AGOF erfasst werden, können auch Nutzerstrukturanalysen erstellt werden, die für eine Zielgruppenselektion verwendet werden können.

Reichweiten-/Kontaktaufbau
Wegen des vielfältigen Angebotes ist es prinzipiell möglich, in entsprechenden Zielgruppen eine ausreichende Reichweite und Kontaktzahl zu erzielen.

Wirtschaftlichkeit
Die gängige Abrechnungsgröße für Internetwerbung ist der TKP, damit ist bei Schaltungen im Internet immer der Preis für tausend AdImpressions gemeint, der in den Preislisten der Internetanbieter angegeben ist. Das Banner wird in der Regel so lange geschaltet, bis die gebuchte Zahl an AdImpressions erreicht ist.

Beispiel

Ein Kunde bucht in einem Internetangebot 50.000 AdImpressions bei einem TKP von 30,00 €.

Für diese Buchung sind $= \frac{50.000}{1.000} \cdot 30 = 15.000$ € zu entrichten.

Werbemöglichkeiten
Das Standardwerbemittel für Online-Werbeträger ist das Banner, das es in verschiedenen Formaten gibt. Neben dem Banner werden nachfolgend die hauptsächliche Werbeformen, die im Rahmen von Internetwerbung eingesetzt werden, kurz dargestellt.

Banner
Das Banner ist eine Werbefläche, die meist am oberen Bildschirmrand platziert ist. Es gibt sie in verschiedenen Größen. Sie können statisch oder animiert sein. Häufig sind sie zudem interaktiv, z.B. mit einem Link zur Website des Werbungtreibenden.

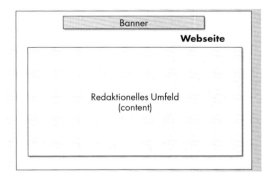

Hinsichtlich der Größe unterscheidet man u.a.
Full Banner (Full Size Banner)
Größe: 468 x 60 Pixel
Half Banner (Half Size Banner)
Größe: 234 x 60 Pixel
Super Banner
Größe: 728 x 90 Pixel
Die klassischen Formate für Banner sind gif, jpg und Flash.

Button
Ein Button ist ein ähnliches Werbemittel wie ein Banner, aber kleiner. Die Obergröße beträgt 130 x 80 Pixel. Eine strenge Definition bzw. Abgrenzung zum Banner liegt nicht vor.

Rectangle
Ein Rectangle ist eine Werbefläche, die in das redaktionelle Umfeld einer Webseite integriert ist und mit mindestens drei Seiten an den redaktionellen Teil anschließt.

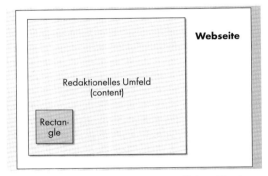

Größe: 180 x 150 Pixel, Formate: gif, jpg, Flash

Medium Rectangle
Das Medium Rectangle unterscheidet sich von dem Rectangle durch die Größe, es besteht aus 320 x 250 Pixel.

Skyscraper
Hohe und im Vergleich dazu schmale Werbefläche, die meist rechts neben dem redaktionellen Content angeordnet ist.

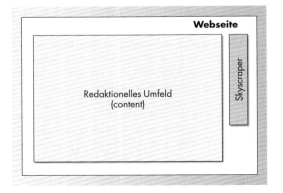

Größe: standard: 120 x 600 Pixel
wide: 160 x 600 Pixel
Formate: gif, jpg, Flash

Flash Layer (Power Layer)
Großformatige Werbeform, die sich beim Aufruf der Internetseite direkt über den Content legt. Größe und Form sind variabel. Das Werbemittel muss komplett in Flash programmiert sein.

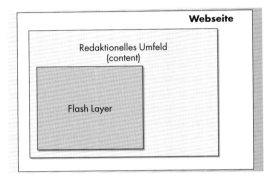

PopUp/PopUnder
Bei einem PopUp legt sich die Werbung in einem eigenen Browserfenster über das geöffnete Fenster des Nutzers. Das PopUp-Fenster öffnet sich automatisch und kann vom Nutzer geschlossen werden. Der Unterschied zum PopUnder besteht darin, dass sich beim PopUnder das Werbefenster unter das geöffnete Fenster legt. Das geöffnete Fenster steht also im Vordergrund. Das PopUnder kann erst gesehen werden, nachdem das aktive Browser-Fenster geschlossen wurde.

Interstitial
Hierbei handelt es sich um eine Art Unterbrecherwerbung im Rahmen der Onlinewerbung. Zwischen zwei Content-Webseiten wird eine Webseite mit rein werbendem Charakter geschaltet. Interstitials unterbrechen den Nutzer beim Besuch einer Website unabhängig von seinem Verhalten. Sie sind in etwa vergleichbar mit einer Werbeunterbrechung im Fernsehen. Beim Aufruf einer bestimmten HTML-Seite wird dem Nutzer z.B. zuerst ein Interstitial präsentiert, bevor die angeforderte Seite aufgerufen wird. Das Interstitial kann im Extremfall den gesamten Bildschirm ausfüllen.

Superstitial

Ein Superstitial ist mit einem Spot vergleichbar. Es öffnet sich wie ein PopUp in einem eigenen Fenster, benutzt aber Bild, Ton und Text. Die Werbeform wurde von der Firma Unicast entwickelt und geschützt. Es gibt allerdings mittlerweile Parallelentwicklungen.

AdReporting

Unter AdReporting versteht man die laufende Berichterstattung über die Leistungsentwicklung einer Internetschaltung durch den Anbieter bzw. die entsprechende Vermarktungsgesellschaft. Ausgewiesen werden hierbei in der Regel:
- die PageImpressions
- die Visits
- die AdImpressions
- die AdClicks
- die Click-Through-Rate

Häufig kann der Werbungtreibende bzw. seine Agentur die Werte mithilfe eines Passwortes jederzeit online abrufen.

Vermarktungsgemeinschaften

Viele Anbieter von Internet-Werbeträgern haben sich zu Vermarktungsgemeinschaften zusammengeschlossen oder haben sich solchen angeschlossen. Dadurch wird die Buchung von Internetwerbung vereinfacht, weil es die Anzahl der Ansprechpartner deutlich reduziert.

GLOSSAR VERWENDETER BEGRIFFE

Cache: Ein Cache ist ein Pufferspeicher, der dazu dient, Inhalte, z.B. Webseiten zwischenzuspeichern, damit sie bei einem erneuten Aufruf schneller geladen werden können. Webbrowser speichern z.B. Webseiten und Bilder auf der lokalen Festplatte. Bei einem erneuten Zugriff wird die betreffende Seite nicht vom Web-Server angefordert, sondern von der Festplatte geladen.

Client: Im Internet bezeichnet man mit Client den Computer eines Internetnutzers. Allgemein ist ein Client ein Programm, das die Dienste eines Servers in Anspruch nimmt.

Cookie: Hierunter versteht man Informationen, die der Web-Server im Browser eines Clients ablegt, z.B. eine Kennnummer. Dadurch kann der Client bei einem späteren Besuch identifiziert werden.

Domain: Eine Domain ist der Name, also die Adresse eines Internetangebotes. So ist z.B. „www.mediapilot.de" die Domain des Internetangebotes, in dem der Axel-Springer-Verlag Media-Informationen bereitstellt. In dem Beispiel besteht die Domain aus der Top-Level-Domain „de" und der Second-Level-Domain „mediapilot". An die Second-Level-Domain könnte wieder eine Third-Level-Domain anschließen. Die Top-Level-Domain besteht in dem Beispiel aus einem Länderkürzel „de" für Deutschland. Länderkürzel für andere Länder sind z.B. „fr" für Frankreich, „us" für USA, „uk" für das Vereinigte Königreich. Statt eines Länderkürzels kann auch ein anderes Kürzel verwendet werden, z.B. „com", „org", „edu" und andere. Bei den genannten Beispielen bedeuten:
com: Abkürzung für „commercial" durfte ursprünglich nur von US-Unternehmen verwendet werden, ist jetzt aber frei für jeden.
org: Abkürzung für „organisation", war ursprünglich für nichtkommerzielle Organisationen reserviert, ist jetzt aber auch freigegeben.
edu: Abkürzung für „educational", darf nur für Bildungseinrichtungen verwendet werden, die vom US-Department of Education als „post secondary" akkreditiert sind.

Die Bezeichnungen auf den einzelnen Domainebenen werden jeweils durch einen Punkt getrennt. Mithilfe des Domain-Name-Systems (DNS), lassen sich die Domainnamen in IP-Adressen umwandeln.

Ein „Fully Qualified Domain Name" eines Internetangebotes ist der vollständige Domainname. Der FQDN für den Mediapiloten des Axel-Springer-Verlages lautet z.B. „www.mediapilot.de".

Flash: Flash ist eine Software, die sich besonders gut zur Erzeugung von Animationen eignet. Die mit Flash erzeugten Dateien liegen im SWF-Format vor (Small Web Format und/oder Shock Wave Flash). Um Flash-Dateien betrachten zu können, benötigt man den Flash Player. Das Programm ist in die meisten Browser als Plugin integriert.

GIF: Die Abkürzung steht für Graphics Interchange Format. Es handelt sich um ein Grafikformat, das gut und weitgehend verlustfrei komprimiert werden kann.

Host: Hierunter versteht man einen Computer in einem Netzwerk, z.B. dem Internet, auf dem ein oder mehrere Server betrieben werden. Häufig bezeichnet man daher den Host auch selbst als Server.

IP-Adresse **(Internet-Protokoll-Adresse):** Jeder Computer, der am Datenaustausch im Internet teilnimmt, besitzt eine eindeutige numerische Adresse, z.B. 243.112.24.346. Diese Adresse ist notwendig, um den Datenaustausch im Internet zwischen zwei Computern zu gewährleisten.

JPG: Ist die Kurzschreibweise von JPEG, was für Joint Photographic Experts Group steht. Die Gruppe entwickelte eine Verfahren zur Komprimierung von Bildern, das aber nicht verlustfrei ist.

Pixel: Ein Pixel ist die kleinste Einheit einer digitalen Rastergrafik.

Plugin: Unter einem „Plugin" versteht man ein Computerprogramm, das mit einem anderen Programm verbunden wird und dieses ergänzt. Beispiele für Plugins sind der Windows Media Player oder der von Macromedia entwickelte Flash Player.

Proxy-Server: Ein Proxy-Server ist im Internet ein Programm, das zwischen dem Web-Server und dem Client vermittelt. Für den Web-Server verhält sich der Proxy-Server wie ein Client, für den Client wie ein Web-Server. Proxy-Server können verschiedene Funktionen übernehmen.

Beispiele

- Funktion als Zwischenspeicher (Cache): Auf dem Proxy-Server können Webseiten und Dokumente, die von einem Web-Server angefordert werden, zwischengespeichert werden. Bei einer erneuten Anforderung werden sie direkt vom Proxy-Server an den Client geleitet. Der Proxy-Server prüft regelmäßig gespeicherte und angeforderte Dateien auf Aktualität. Wird ein vorgegebenes Verfalldatum überschritten, wird die Datei gelöscht und die Anfrage an den Web-Server weitergeleitet.
- Trennung von lokalem Netz und Internet: Das kann z.B. aus Sicherheitsgründen geschehen oder um Zugriffe auf bestimmte Webseiten zu unterbinden.

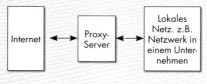

- **Anonymisierungsdienst:** Durch die Zwischenschaltung eines Proxy-Servers zwischen Client und Web-Server kann die IP-Adresse des Clients auf dem Web-Server nicht ausgelesen werden.

Server: Unter einem Server versteht man allgemein ein Programm, das anderen Computern (Clients) Dienste über ein Netzwerk zur Verfügung stellt. Umgangssprachlich wird häufig der Computer (Host), auf dem der Server installiert ist, als Server bezeichnet.

Webbrowser (Browser): Ein Webbrowser ist ein Computerprogramm, mit dem Internetseiten aufgerufen und auf dem Monitor dargestellt werden können. Bekannte Webbrowser sind z.B. Microsoft Internet Explorer oder Mozilla Firefox.

Web-Server: Ein Web-Server ist ein Programm, das Dienste für Webseiten im Internet zur Verfügung stellt. Auch hier wird umgangssprachlich in der Regel der Computer (Host), auf dem der Web-Server installiert ist und die Internetseiten hinterlegt sind, als Web-Server bezeichnet.

URL: URL (Uniform Resource Locator = einheitlicher Quellenanzeiger) bezeichnet die Adresse einer konkreten Seite eines Internetangebotes.

Beispiel: Die Startseite des Mediapiloten des Axel-Springer-Verlages hat die URL:
http://www.mediapilot.de/cda/index.php?cn=2&np=1&nt=3

AUFGABEN ZUR ONLINE-WERBUNG

Aufgabe 1
Das Online Angebot „stern.de" erreichte im Februar 2009 insgesamt 183.275.460 PageImpressions und 15.442.135 Visits.
a) Erläutern Sie, warum die Werte für die PageImpressions größer sind als die Werte für die Visits.
b) Ermitteln Sie für „Stern.de" die PI-/V-Rate und geben Sie an, was der ermittelte Wert aussagt.

Aufgabe 2
Ein Unternehmen schaltet in einem Online-Medium für einen Monat ein Banner und erzielt damit:
- 8.240.000 PageImpressions
- 240.000 AdImpressions
- 82.000 AdClicks

a) Geben Sie jeweils an, was die Werte bedeuten.
b) Ermitteln Sie die Click-Through-Rate(n) und deuten Sie die Ergebnisse.
c) Warum sind die AdClicks kein sinnvolles Maß für die Werbeträgerleistung eines Online-Mediums?

Aufgabe 3
Eine Agentur bucht für ein Unternehmen 1.200.000 AdImpression für ein FullBanner (468 x 60 Pixel) auf der Homepage von stern.de. Berücksichtigen Sie den Auszug aus der Preisliste von stern.de:

Premium-Belegungseinheiten	Top-Belegungseinheiten	Basis-Belegungseinheiten
Auto	Homepage	Community
Computer + Technik	Fotografie	Leute
Karriere + Arbeit	Gesundheit	Liebes Leben
Reise	Sport	Magazin
Wirtschaft		Mode
		Politik
		stern TV
		Unterhaltung
		Wissenschaft

Werbe-form	Format	Premium	Top	Basis
Flash Layer	400 x 400 Pixel	95,00 €	85,00 €	42,50 €
Full Banner	468 x 60 Pixel	40,00 €	30,00 €	15,00 €
Sky-scraper	160 x 600 Pixel	75,00 €	65,00 €	32,50 €
Super Banner	728 x 90 Pixel	60,00 €	50,00 €	25,00 €
...	...	...	...	...

Rabattstaffel (bezogen auf das Insertionsjahr)
ab   25.000,00 €   5 %
ab   50.000,00 €   10 %
ab 100.000,00 €   15 %
ab 250.000,00 €   20 %
ab 500.000,00 €   25 %

a) Ermitteln Sie die Schaltkosten (Kundennettobetrag).
b) Erläutern Sie, was man unter einem Ad-Reporting versteht.

Aufgabe 4
Ist es zur Zeit möglich, für eine Online-Kampagne Informationen über die
- Bruttoreichweite
- Nettoreichweite
- GRP

zu erhalten? Begründen Sie Ihre Ansicht.

LÖSUNGEN ZU DEN AUFGABEN ZUR ONLINE-WERBUNG

Lösung zu Aufgabe 1a)
Unter einem Visit versteht man Seitenabrufe des gleichen Nutzers wobei zwischen zwei Seitenabrufen höchstens 30 Minuten liegen dürfen. Unter einem PageImpression versteht man den Aufruf einer Seite eines Internetangebotes. Folglich erzeugt ein Visit auch immer ein PageImpression. Da ein Internetangebot in der Regel aus mehreren Seiten besteht, hat man die Möglichkeit während eines Visits mehrere Seiten aufzurufen, was die Anzahl der PageImpressions erhöht, nicht jedoch die Anzahl der Visits, wenn zwischen zwei Seitenaufrufen nicht mehr als 30 Minuten liegen.

Visit: Anzahl der Besucher eines Online-Angebots (einer Site). Solange zwischen zwei Seitenaufrufen des gleichen Nutzers nicht mehr als 30 Minuten liegen, wird nur der Nutzer gezählt, unabhängig davon, wie viele Seiten von dem Nutzer aufgerufen werden.

PageImpression: Jede aufgerufene Seite wird gezählt.

Lösung zu Aufgabe 1b)

$$\text{PI-/V-Rate-stern.de} = \frac{183.275.460}{15.442.135} = 11{,}87$$

Deutung
Im Monat Februar 2009 wurden bei „stern.de" während eines Visits im Durchschnitt 11,87 Seiten aufgerufen.

Die PI/V-Rate ist also ein Maß dafür, wie intensiv ein Online-Medium genutzt wird. Je mehr Seiten während eines Besuches aufgerufen werden, umso größer ist die Wahrscheinlichkeit eines Werbemittelkontaktes bzw. umso länger dauert ein Werbemittelkontakt, wenn das Werbemittel auf allen Seiten des Angebotes präsent ist.

Lösung zu Aufgabe 2a)
Es wurde 8.240.000-mal eine Seite des Online-Mediums aufgerufen. Es wurden 240.000 Sichtkontakte mit dem Werbebanner des Unternehmens erzielt. Das heißt, es wurden 240.000 Seiten des Online-Mediums aufgerufen, auf denen sich das Werbebanner des Unternehmens befand.

Das Werbebanner wurde 82.000-mal angeklickt und damit zusätzliche Informationen zu dem Angebot des Werbungtreibenden abgerufen.

Lösung zu Aufgabe 2b)
Click-Through-Rate (bezogen auf die PageImpressions): $\frac{82.000}{8.240.000} = 0{,}00995$

Deutung:
Im Durchschnitt wurden pro aufgerufener Seite 0,00995 AdClicks erzielt. Die AdClicks betragen also 0,995 % der PageImpressions.

Click-Through-Rate (bezogen auf die AdImpressions): $\frac{82.000}{240.000} = 0{,}34$

Deutung:
Im Durchschnitt wurde pro aufgerufener Seite, auf der sich ein Werbebanner des Unternehmens befand, 0,34-mal auf das Werbebanner geklickt. Die AdClicks betragen also 34 % der AdImpressions.

Die Click-Through-Rate ist folglich ein Effizienzkriterium für die Werbung. Eine hohe Click-Through-Rate deutet darauf hin, dass die Werbung das Interesse eines Großteils der Nutzer geweckt hat.

Lösung zu Aufgabe 2c)
Die Anzahl der AdClicks hängt einerseits davon ab, wie stark ein Online-Medium genutzt wird und berücksichtigt damit die Werbeträgerleistung, andererseits kann aber auch die Gestaltung und das Interesse der Nutzer die Anzahl der AdClicks beeinflussen, was wiederum unabhängig von der Werbeträgerleistung ist. Da die Anzahl der AdClicks also nicht nur von der Anzahl der Nutzer des Online-Mediums abhängt, sind sie folglich kein sinnvolles Maß für die Werbeträgerleistung.

Beispiel 1:
Click-Through-Rate bezüglich der
PageImpressions   1,2 %
Online-Medium A: 20.000.000 PI 240.000 AdClicks
Online-Medium B: 8.000.000 PI   96.000 AdClicks
In diesem Fall hängt die Anzahl der AdClicks von der Werbeträgerleistung ab.

Beispiel 2:
Click-Through-Rate Banner A: 1,2 %
Click-Through-Rate Banner B: 0,4 %
Online-Medium A: 20.000.000 PI
         Banner A 240.000 AdClicks und
         Banner B 80.000 AdClicks
In diesem Fall hängen die AdClicks von der Attraktivität der Werbebanner ab.

Die AdClicks hängen also offenbar nicht nur von der Werbeträgerleistung (z.B. PageImpressions), sondern auch von der Attraktivität des Werbemittels ab.

Lösung zu Aufgabe 3a)
Homepage: TKP: 30,00 €
Bruttoschaltkosten: $\frac{1.200.000 \cdot 30}{1.000} = 36.000{,}00$ €

   Bruttoschaltkosten   36.000,00 €
 − Rabatt (5 %)   1.800,00 €
 = **Kundennettobetrag**   34.200,00 €

Lösung zu Aufgabe 3b)
Im Rahmen des AD-Reporting kann sich die Agentur bzw. der Kunde laufend über die aktuellen Leistungswerte der Kampagne informieren. Ausgewiesen werden standardmäßig:
- Visits
- PageImpressions
- AdImpressions
- AdClicks
- Click-Rate

Die Daten können nach Erteilung einer Zugangsberechtigung über das Internet oder von einer Datenbank in verschiedenen Formaten abgerufen werden.

Lösung zu Aufgabe 4
Für Online-Medien, deren Nutzung im Rahmen der Internet facts erfasst wird, können bei einer Online-Kampagne die Werte ermittelt werden.

5.8 Kinowerbung

Definition
Unter Kinowerbung versteht man allgemein die Werbung in Lichtspielhäusern. Im klassischen Sinne meint Kinowerbung aber die Werbung im Kinosaal vor Beginn des Hauptfilms.

Kinokategorien
- Familienkinos/Normalkinos: Weit gefächertes Programm mit allen publikumsinteressanten Spielfilmen. Sie sind sowohl in Groß- und Mittel- wie auch in Kleinstädten zu finden und stellen den größten Teil aller Kinos dar.

- Multiplexe: Großräumige, komfortable und mit bester Bild- und Tontechnik ausgestattete Kinocenter mit in der Regel mindestens sieben Kinosälen. Neben dem Kinobesuch wird z. B. Gastronomie angeboten.
- Filmkunstkinos: Die meisten dieser Kinos gehören zur „Gilde Deutscher Filmkunst-Theater" und zeigen in erster Linie anspruchsvolle Filmprogramme.
- Programmkinos: Kinos mit einem festen Monatsprogramm. Täglich werden meist mehrere Spielfilme gezeigt (meist künstlerische Qualität, auch ältere Filme).
- Autokinos: Sie befinden sich häufig in der Nähe von Großstädten und haben ein großes Einzugsgebiet. Es werden alle Spielfilmarten vorgeführt. Das Publikum ist gemischt.
- Truppenkinos: Die Kinos befinden sich innerhalb oder in unmittelbarer Nähe von Kasernen und Fliegerhorsten. Die Vorstellungen werden hauptsächlich von Soldaten besucht.
- Sex-/Pornokinos: Hierbei handelt es sich um Kinos mit einem eindeutigen Programm. Die Kinos dürfen nur von Personen besucht werden, die älter als 18 Jahre sind.
- IMAX-Theater: Die Kinos verfügen über eine sehr große Leinwand und erzielen auf Grund der hohen Filmqualität und der überragenden Ton- und Vorführtechnik eine starke Erlebniswirkung (teilweise Filme in 3-D-Technik).
- Open-Air-Kinos: Kinosonderveranstaltungen unter freiem Himmel im Sommer.
- Mehrzweckkino: Die Spielstätte wird nur teilweise zur Filmvorführung genutzt (z. B. Discotheken, Tanzsäle oder Freizeitparks).
- Raucher-/Verzehrkino: In den Kinos werden neben der Vorführung Zusatzleistungen (Verkauf von Getränken und Speisen) geboten.

Angebot
Das Angebot der Filmtheater ist in den 90er-Jahren kontinuierlich gewachsen.
Seit 2000 stagniert die Kinozahl weitgehend. Im Jahr 2008 standen den Werbungtreibenden etwa 4.830 Leinwände zur Verfügung. Dabei konzentrieren sich die Kinos überproportional stark in größeren Städten und Großstädten.

5.8.1 Medialeistung

Reichweite/Nutzerstruktur
Die Reichweite des Kinos in der Grundgesamtheit der deutschen Wohnbevölkerung 14+ ist mit zzt. 3,4 % (VA 2008) relativ gering. Die Reichweite bezieht sich hier auf den Zeitraum einer Woche (Donnerstag bis Mittwoch der Folgewoche). Eine Reichweite von 3,4 % in der Grundgesamtheit bedeutet, dass man bei einer Belegung aller Leinwände innerhalb einer Woche 3,4 % der Grundgesamtheit mindestens einmal erreicht.

Differenziert man die Kinobesucher nach dem Alter, dann ergibt sich allerdings ein ganz anderes Bild. Das Kino erreicht hauptsächlich jüngere Menschen. Vor allem die Altersgruppen 14 bis 19 Jahre und 20 bis 29 Jahre sind überproportional stark unter den Kinobesuchern vertreten. Zusammengenommen ist der Anteil der 14- bis 29-Jährigen an den Kinobesuchern gut 59 % (VA 2008), der Anteil dieser Altersgruppe an der Grundgesamtheit beträgt nur 20 %. Entsprechend erzielt das Kino in dieser Altersgruppe hohe Reichweiten.

Gemäß VA 2008 ist bei den 14- bis 19-Jährigen die Reichweite 11,6 %, bei den 20- bis 29-Jährigen 8,6 % und mit zunehmendem Alter nimmt die Reichweite rapide ab. Vermutlich wegen des durchschnittlich geringen Alters der Kinobesucher ist ihr Bildungsstand relativ hoch. Überproportional viele haben das Abitur oder besuchen eine Hochschule bzw. haben ein Studium abgeschlossen. Auch die Kaufkraft der Kinobesucher liegt deutlich über dem Durchschnitt der Gesamtbevölkerung.

Reichweiten- und Kontaktaufbau
In der Gesamtbevölkerung lässt sich mit dem Medium Kino keine ausreichende Reichweite aufbauen. Der weiteste Nutzerkreis (Anzahl der erreichten Personen nach 52 Belegungswochen aller verfügbaren Leinwände) ist mit etwa 29 % gering. In den jüngeren Zielgruppen ist der Reichweitenaufbau allerdings gut. Einzelheiten zeigt Abb. 5.14.

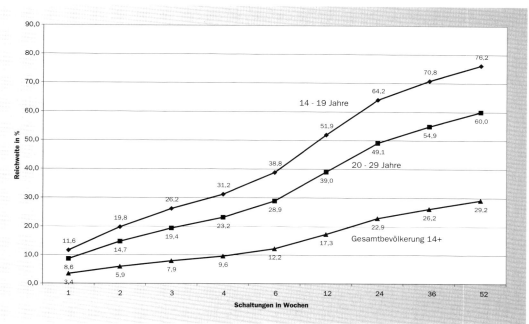

Abb. 5.14: Reichweitenaufbau bei Kinowerbung (Quelle: VerbraucherAnalyse)

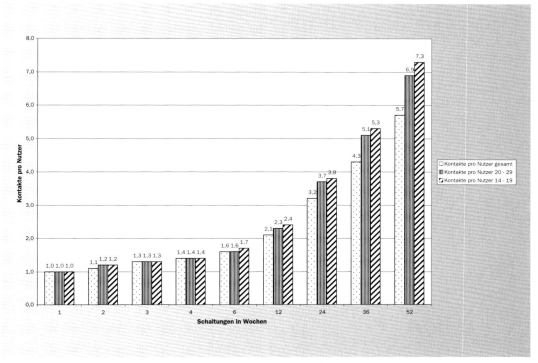

Abb. 5.15: Kontaktaufbau bei Kinowerbung (Quelle: VerbraucherAnalyse)

Von den 14- bis 19-Jährigen erreicht man nach zwölf Schaltwochen bereits knapp 52 %. Der weiteste Nutzerkreis liegt hier bei 76,2 %.

In der Gruppe der 20- bis 29-Jährigen ist der Reichweitenaufbau geringer, aber immer noch akzeptabel. Der weiteste Nutzerkreis liegt hier bei 60 %, nach zwölf Schaltwochen erreicht man knapp 39 % dieser Altergruppe.

Während der Reichweitenaufbau in Abhängigkeit vom Alter unterschiedlich ist, verläuft der Kontaktaufbau bei allen Altersgruppen gleich langsam.

Hier sind kaum altersspezifische Unterschiede feststellbar. Nach zwölf Schaltwochen werden zwischen zwei bis drei Durchschnittskontakte erzielt, nach 52 Schaltwochen beträgt die Durchschnittskontaktzahl dann 6 in der Grundgesamtheit 14+, 7,5 bei den 20- bis 29-Jährigen und 7,9 bei den 14- bis 19-Jährigen. Zum Kontaktaufbau vergleichen Sie die Abb. 5.15.

5.8.2 Steuerbarkeit

Personelle Steuerbarkeit
Eine Zielgruppenselektion ist beim Kino nur sehr eingeschränkt möglich. Grundsätzlich erreicht man mit dem Kino junge Altersgruppen.

Durch die Belegung verschiedener Kinotypen ist eine weitere grobe Selektion in Grenzen möglich. Eine Differenzierung etwa nach psychologischen Merkmalen oder nach Konsumverhalten gelingt hier allerdings nicht, da nur ein bestimmtes Kino bzw. bei größeren Kinos eine bestimmte Abspieleinheit, nicht aber spezifische Filme gebucht werden können.

Es ist allerdings in Zukunft vorgesehen, dass nicht mehr nur Leinwände, sondern tatsächlich einzelne Filme gebucht werden können. Dazu soll dann die Werbung direkt an den jeweiligen Film geklebt werden. In diesem Fall wäre eine Zielgruppenabgrenzung über die wahrscheinlichen Filmbesucher deutlich besser möglich.

Zeitliche Steuerbarkeit
Die Mindestbelegungsdauer ist bei den verschiedenen Werbemitteln (siehe Abschnitt 5.8.3) sehr unterschiedlich.

- Werbefilm: 1 Woche
- Dia-/Standkinospot: 1 Monat
- Kinospot: 1 Monat

Beim Werbefilm ist daher eine grobe zeitliche Steuerung möglich. Bei den anderen Werbemitteln ist eine zeitliche Steuerung nur sehr eingeschränkt oder gar nicht möglich.

Räumliche Steuerbarkeit
Kleinste Belegungseinheit ist die einzelne Leinwand, wobei eine Leinwand mit einem Kinosaal gleichgesetzt werden kann. Damit lässt sich das Streugebiet beim Medium Kino sehr genau eingrenzen.

Verfügbarkeit
Der Werbeträger Kino steht nicht unbegrenzt zur Verfügung. Der Werbezeitraum pro Vorführung ist begrenzt, z.B. beim Werbefilm auf 440 Sekunden. Auch beim Kino- und Standkinospot gibt es Beschränkungen. Bei Werbefilmen besteht außerdem häufig ein Konkurrenzausschluss. Es kann daher vorkommen, dass bei einzelnen Kinos eine kurzfristige Belegung nicht realisiert werden kann.

5.8.3 Werbemittel

Die drei klassischen Werbemittel im Kino sind oben schon genannt worden: der Werbefilm, der Kinospot und der Standkinospot.

Werbefilm
Er hat eine Mindestlänge von 30 Sek. Die kleinste Belegungseinheit ist die einzelne Abspieleinheit. Die Mindestbelegungsdauer beträgt eine Woche, jeweils von Donnerstag bis Mittwoch. Die Abrechnung erfolgt nach Sekunden.

Kinospot
Hierbei handelt es sich um kleine Filme, bei denen die gleichen Gestaltungsmöglichkeiten wie bei einem Werbefilm bestehen. Die Länge des Kinospots liegt zwischen 10 und 29 Sekunden. Die kleinste Belegungseinheit ist das einzelne Kino bzw. die einzelne Abspieleinheit. Die Mindestbelegungsdauer beträgt ein Monat. Kinospotpreise setzen die einzelnen Kinos individuell fest.

Stand-Kinospot (ehemals Dia auf Film/DaF)
Ein Stand-Kinospot ist praktisch nichts anderes als ein abgefilmtes Dia. Da die meisten Kinos nicht mehr die Möglichkeit bieten, Standdias zu projizieren, werden die Dias abgefilmt und können dann mit dem Filmprojektor vorgeführt werden. Man unterscheidet Stand-Kinospots mit und ohne Ton (stummer Stand-Kinospot). Die Vorführdauer eines vertonten Stand-Kinospots beträgt 20 Sekunden, bei einem stummen Stand-Kinospot zehn Sekunden. Die kleinste buchbare Einheit ist das einzelne Kino, die Mindestbelegungsdauer beträgt einen Monat.

Kosten/Wirtschaftlichkeit
Die Preise für die Verbreitung von Werbemitteln hängen hauptsächlich von der Besucherzahl ab. Natürlich werden für die unterschiedlichen Werbemittel auch unterschiedliche Schaltkosten verlangt. Die einzelnen Kinos werden jedes Jahr von der IVW in eine so genannte Besucherstaffel eingeteilt. Die Schaltkosten für Werbefilme hängen unmittelbar von der IVW-Staffel ab, in dem sich das jeweilige Kino befindet. Eine so genannte IVW-Stufe entspricht 10.000 Besuchern pro Jahr. Insgesamt gibt es 20 Stufen. Bei jeder Überschreitung eines 10.000er-Wertes wird die nächsthöhere Einstufung gewählt.

Die Schaltkosten werden wie folgt berechnet:

Schaltkosten =
Grundpreis x Filmlänge in Sekunden x Anzahl der IVW-Stufen des Kinos

Der Grundpreis gilt im Wesentlichen für alle Kinos und ändert sich natürlich im Zeitablauf. Im Jahr 2009 betrug er 0,34 € für eine Ganztagsbuchung und 0,29 € für eine Buchung ab 19:00 Uhr.

Beispiel

Ein Kino befindet sich in der IVW-Stufe 10. Es hat also im Jahr zwischen 90.000 und 100.000 Besucher.

Es soll der Preis für einen Werbefilm mit einer Länge von 55 Sekunden ermittelt werden, wenn der Grundpreis 0,34 € beträgt.

Schaltkosten = 0,34 € · 55 s x 10 = 187,00 €

Es müssen also 176,00 € pro Woche in diesem Kino bezahlt werden.

Üblicherweise wird das Jahr in Zeitzonen eingeteilt, um jahreszeitliche Schwankungen der Besucherzahlen in der Preisstellung zu berücksichtigen. Der Grundpreis wird indiziert und gleich 100 gesetzt. In den besucherstärkeren Monaten (Herbst-, Wintermonate) liegt der Index über 100, der Grundpreis erhöht sich also, in den besucherschwächeren Monaten (Sommermonate) liegt der Index dagegen unter 100, was zu einem geringeren Grundpreis führt.

Tausend-Kontaktpreis
Der Tausend-Kontaktpreis ist bei Werbefilmen sehr hoch.

Buchung
Buchung und Abwicklung von Werbeschaltungen im Kino werden von so genannten Werbeverwaltungsunternehmen übernommen, mit denen die einzelnen Kinobetreiber Verträge abgeschlossen haben. Hierdurch wird für die Werbeagenturen der Abwicklungsaufwand deutlich verringert.

Kontaktqualität
Durch den abgedunkelten Raum, die große Projektionsfläche und die hohe Tonqualität ist Kinowerbung sehr eindrucksstark. Außerdem sind die Kinobesucher kaum abgelenkt und können der Werbung nicht ausweichen.

Beim Kino ist ein Werbeträgerkontakt in der Regel gleichbedeutend mit einem Werbemittelkontakt. Außerdem sind die Kinobesucher durchweg positiv gestimmt, was sich auf die Bewertung der Kinowerbung auswirkt.

5.9 Aussenwerbung

Definition
Mit Außenwerbung war ursprünglich nur die Werbung außerhalb geschlossener Räume gemeint. Da die Werbung in Bahnhöfen, Flughäfen etc. und in halboffenen Bereichen (Einkaufspassagen etc.) aber auch zur Außenwerbung zählt, ist die folgende Definition treffender:

> *Unter Außenwerbung versteht man Werbung im öffentlichen Raum, nicht überdacht oder überdacht.*

Typologie
Außenwerbung gibt es in vielen Erscheinungsformen.
Die folgende Typologisierung erfasst daher sicher nicht alle Formen der Außenwerbung:
- Plakatwerbung (Werbung auf Plakatanschlagstellen oder in Plakatvitrinen),
- Verkehrsmittelwerbung (Werbung auf oder in Verkehrsmitteln),
- Lichtwerbung (Werbung mithilfe von Lichtwerbeanlagen),
- Luftwerbung (Werbung auf oder mithilfe von Luftfahrzeugen, z.B. Ballonwerbung, Flugzeuge mit Schleppbannern u.a.)

> *Hauptwerbeträger sind Plakat- und Verkehrsmittelwerbung.*

Die folgende Darstellung beschränkt sich daher im Wesentlichen auch nur auf diese beiden Werbeformen.

5.9.1 Plakatwerbung

Begriffe der Plakatwerbung
Für die Plakatwerbung haben sich spezielle Begriffe eingebürgert, die kurz erläutert werden.

Bogen
Der Bogen ist das Grundformat für die Größenangaben von Plakaten. Grundlage ist die DIN A-Reihe.
Ein Plakat der Größe 1/1 Bogen entspricht dem DIN A1-Format 59 x 84 cm. Daraus lassen sich andere Formate ableiten, siehe Abb. 5.16.

Dekade
Bei den meisten Plakaten ist die Mindestbelegungsdauer eine Dekade, das ist ein Zeitraum von zehn oder elf Tagen. Am Jahresanfang und -ende sind es jeweils 14 Tage. Ein Kalenderjahr besteht aus 34 Dekaden. Dabei wechseln sich in der Regel Dekaden mit zehn und elf Tagen jeweils ab. Für jedes Jahr wird ein Dekadenplan erstellt. Aus diesem Plan können die genauen Zeiträume für die Dekaden entnommen werden.

Abb. 5.16: Bogenformate (gerundete Werte)

Vollbelegung
Bei einer Vollbelegung werden alle Plakatanschlagstellen der gleichen Gattung in einer Stadt belegt.

Halbbelegung
Bei einer Halbbelegung wird die Hälfte aller Plakatanschlagstellen der gleichen Gattung in einer Stadt belegt. Die Anschlagstellen verteilen sich aber trotzdem über das gesamte Stadtgebiet. Es wir also praktisch jede zweite Stelle belegt.

Netzbelegung
Bei einigen Plakaten bilden die Außenwerbungsunternehmen so genannte Netze, wobei die Anschlagstellen jedes Netzes gleichmäßig über das ganze Stadtgebiet verteilt sind.
 Angenommen, ein Außenwerbungsunternehmen hat in einer Stadt von einer Plakatart 600 Anschlagstellen. Das Außenwerbungsunternehmen könnte dann z. B. vier Netze mit jeweils 150 Anschlagstellen bilden. Bei einer Netzbelegung werden alle Anschlagstellen des betreffenden Netzes belegt.

Stellentagpreis
Der Preis, der pro Tag für die Belegung einer Plakatanschlagstelle gezahlt werden muss.
 Wenn die Stelle für eine Dekade belegt wird und die Dekade hat zehn Tage, muss der Preis also für zehn Tage gezahlt werden.

Bogentagpreis
Der Preis, der pro Tag für die Belegung einer Stelle mit einem 1/1-Bogenplakat gezahlt werden muss. Wird die Stelle z.B. mit einem 4/1-Bogen-Plakat belegt, muss pro Tag das Vierfache des Bogentagpreises gezahlt werden.

Plakatarten
Nachfolgend werden die wichtigsten Plakatarten kurz dargestellt.

Allgemeinstelle
Hierbei handelt es sich in aller Regel um Säulen (Litfasssäulen), die von mehreren Werbungtreibenden belegt werden können.

Allgemeinstellen stehen in der Regel auf öffentlichem Grund innerhalb des Stadtgebietes.

Buchung: in Dekaden
Preis: Bogentagpreis
maximale Plakatgröße: 6/1 Bogen
Belegung: nur Voll- oder Halbbelegung
empfohlene Belegungsdichte: pro 1.000 Einwohner des Streugebietes eine Stelle

Ganzsäule
Ganzsäulen haben die gleiche Form wie die Säulen für einen allgemeinen Plakatanschlag, sie stehen aber nur einem Werbungtreibenden zur Verfügung. Häufig werden sie mit drei identischen Plakaten jeweils im Format 6/1 Bogen beklebt.

Das hat den Vorteil, dass die Werbebotschaft von jeder Stelle aus wahrgenommen werden kann. Manchmal erfolgt auch eine Rundumgestaltung der Säule, z. B., wenn für zylinderförmige Produkte geworben werden soll. Es gibt mittlerweile auch schon verglaste Ganzsäulen, bei denen die Plakate eingehangen werden und von innen durchleuchtet werden können. Ganzsäulen stehen an stark frequentierten Stellen innerhalb des Stadtgebietes.

Buchung: in Dekaden
Preis: Stellentagpreis
Belegung: einzeln oder in Gruppen
empfohlene Belegungsdichte: pro 3.000 bis 5.000 Einwohner des Streugebietes eine Stelle

Abb. 5.17a: Die verschiedenen Formen der Plakatwerbung

Großflächen
Rechteckige Plakatflächen, die mit Plakaten im Format 18/1 Bogen beklebt werden können (häufig als 18/1-Plakate bezeichnet). Sie stehen nur einem Werbungtreibenden zur Verfügung, sind die häufigste Plakatart in Deutschland und auch in ländlichen Gebieten ausreichend vorhanden. Teils verglast, mittlerweile häufig beleuchtet. Sie stehen oft an Ein-/Ausfallstraßen von Städten.

Buchung: in Dekaden
Preis: Stellentagpreis
Belegung: Einzelbelegung möglich (eine Stelle)
empfohlene Belegungsdichte: pro 3.000 Einwohner des Streugebietes eine Stelle

City-Light-Poster (CLP)
Plakatvitrinen, in die Plakate 120 cm x 176 cm (≈ 4/1 Bogen) eingehängt werden. Die Plakate werden bei Dunkelheit von hinten durchleuchtet. Anzutreffen als Bestandteil von Warteunterständen des Nahverkehrs, auf Bahnhöfen/S-Bahnhöfen oder in Stadtinformationsanlagen integriert. Stadtinformationsanlagen sind frei stehende Vitrinen, bei denen auf der einen Seite ein Werbeplakat eingehangen werden kann, die andere enthält einen Stadtplan oder Stadtinfos.

Buchung: in Dekaden oder Wochen
Preis: Stellentagpreis
Belegung: Netzbelegung

Blow-up (Riesenposter)

Elektronische Medienwand

Elektronische Medienwand

Superposter (Out-of-Home Media GmbH)

Abb. 5.17b: Die verschiedenen Formen der Plakatwerbung

Superposter
Superposter sind rechteckige Plakatflächen im Format 40/1 Bogen. Sie befinden sich meistens an Hauswänden in etwa 3 m Höhe und sind quer zur Fahrbahn angebracht. Die meisten Flächen werden bei Dunkelheit beleuchtet.

> Buchung: in Dekaden oder Monaten
> Belegung: Einzelbelegung
> Preis: Stellentagpreis. Die Preishöhe hängt von der Kontaktchance der Fläche ab. Die Flächen werden hierzu in drei Qualitätsstufen mit unterschiedlichen Preisen eingeteilt

Neuere Formen

Mega-Light-Poster (City-Light-Boards)
Hierbei handelt es sich um Großflächenplakate im Format 18/1 Bogen, die sich in be- oder hinterleuchteten Vitrinen befinden. Je nach Anbieter werden sie als Mega-Lights oder City-Light-Boards bezeichnet. Sie befinden sich in der Regel in Großstädten an großen Ein- und Ausfallstraßen und sind quer zur Fahrbahn angebracht. Die Mega-Lights gibt es auch als Plakatwechsler. Dabei werden mehrere Plakate auf einer Rolle angebracht und die Plakate abwechselnd gezeigt.

> Buchung: in Dekaden oder Wochen
> Belegung: Netzbelegung (teilweise werden die Megalight-Netze mit Netzen aus konventionellen Großflächen kombiniert)
> Preis: Stellentagpreis

Baugerüst- und Fassadenwerbung (Riesenposter /Blow ups)
Diese Plakate sind sehr großformatige Werbeplanen, deren Produktion erst durch Neuentwicklung in der Drucktechnik möglich wurde. Sie haben eine Größe von 100 m^2 bis 1.000 m^2 und mehr. Sie werden an Baugerüsten oder Gebäudefassaden befestigt.

Elektronische Medienwände und digitale Projektionen
Bei dieser Werbeform handelt es sich um elektronische Anzeigesysteme, bei denen auf einer rechteckigen Fläche neben allgemeinen Informationen, z.B. Wetter, Nachrichten etc., Werbeschaltungen möglich sind. Dabei können sowohl Standbilder als auch bewegte und animierte Darstellungen präsentiert werden. Zurzeit werden im Wesentlichen zwei technische Verfahren angewendet:
- Projektion aus einer Computerdatei auf eine entsprechende Wandfläche
- Computersteuerung eines Displays, das aus einer Vielzahl von LEDs (Light Emitting Diod = Leuchtdiode) zusammengesetzt sind, die per Datenfernübertragung einzeln angesteuert werden können

Die Werbeflächen befinden sich sowohl im Freien, an stark frequentierten Stellen der Innenstadt als auch in Bahnhofshallen und großen U-Bahn-Stationen.

5.9.2 Verkehrsmittelwerbung

Verkehrsmittelwerbung ist Werbung auf oder in öffentlichen oder privaten Verkehrsmitteln. Der größte Teil der Verkehrsmittelwerbung entfällt auf öffentliche Verkehrsmittel (Busse, U-Bahnen, Straßenbahnen, S-Bahnen). Die verschiedenen Formen der Verkehrsmittelwerbung sind in Abb. 5.18 zu sehen.

5.9.3 Medialeistung der Außenwerbung

Reichweiten/Kontaktaufbau
Mit Außenwerbung lassen sich gut und schnell Reichweite und Kontakte aufbauen. Eine nationale Außenwerbungskampagne ist allerdings mit sehr hohen Kosten verbunden. Je nach Größe und Struktur der Zielgruppe entstehen auch hohe Streuverluste.

Wirtschaftlichkeit/Kosten
Die absoluten Kosten bei einer flächendeckenden Kampagne sind hoch. Bei den TKPs ergeben sich im Vergleich zu anderen Werbeträgern allerdings relativ geringe Werte.

Die Kosten und TKPs einer Plakatierung in der gesamten Bundesrepublik Deutschland für die Werbeträgergattungen Großfläche und Ganzsäule können der folgenden Tabelle entnommen werden. Die Kosten beziehen sich auf eine Dekade.

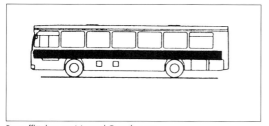
Rumpfflächen an Normal-Omnibussen

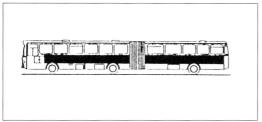
Rumpfflächen an Gelenk-Omnibussen

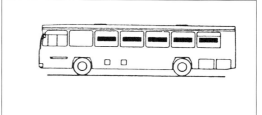
Rundum-Ganzbemalung

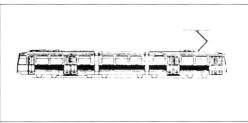
Rumpfflächen an Großraum-Gelenkwagen

Seitenscheiben-Plakate

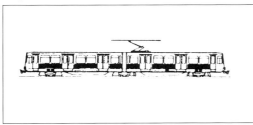
Rumpfflächen an U- und S-Bahnen

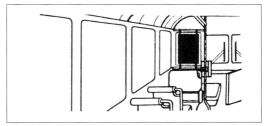
Deckenflächen-Plakate

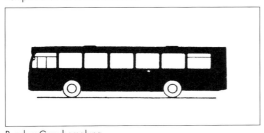
Rundum-Ganzbemalung

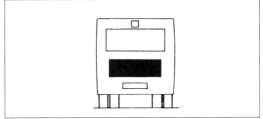
Fahrersitzrückfront-Plakate

Heckflächen-Plakate

Abb 5.18: Verkehrsmittelwerbung (Quelle: W. J. Koschnik, Standardlexikon für Mediaplanung und Mediaforschung in Deutschland, München, 1995)

Plakatart	Großfläche	Ganzsäule
Anzahl belegter Flächen/Säulen	24.445	7.856
Belegungsquote	1:2.987	1:6.431
durchschnittliche Kosten pro Fläche	10,14 €	14,88 €
Gesamtbelegungskosten	2.602.426,57	1.227.542,92
Druckkosten einschl. 10% Reserve	20.200,00	6.660,00
TKP	3,96	4,05
Kontakte in Mio.	657,93	303,38
GRP	901	602

Quelle: Ströer, Plakatplanungstool

5.9.4 Steuerbarkeit der Außenwerbung

Zeitliche Steuerbarkeit
Die zeitliche Steuerbarkeit ist wegen der Mindestbelegungsdauer von einer Dekade bzw. teilweise einer Woche bei Plakaten eingeschränkt.

Personelle Steuerbarkeit
Außenwerbung spricht den Querschnitt der mobilen Bevölkerung an. Zielgruppenselektion ist daher fast gar nicht möglich. Evtl. kann durch die Auswahl der Standorte eine grobe personelle Steuerung erreicht werden (soweit Einzelbelegung möglich ist).

Räumliche Steuerbarkeit
Außenwerbung kann sehr gezielt räumlich gesteuert werden, bei Großflächen sogar bis zur einzelnen Stelle. Aber auch bei nur in Netzen belegbaren Werbeträgern ist es möglich, das Streugebiet auf einen Ort zu begrenzen.

Verfügbarkeit
Das Angebot an Außenwerbungsflächen kann kurzfristig nicht vergrößert werden. Der Einsatz von Werbemitteln der Außenwerbung sollte daher zumindest mittelfristig geplant werden, um sicherzustellen, dass die gewünschten Werbeflächen auch verfügbar sind.

Entwicklung der Anzahl der Plakatstellen						
Jahr	2000	2001	2002	2003	2004	2005
Großflächen	223.010	213.932	211.269	206.342	200.758	192.578
Superposter	1.291	1.271	1.265	1.260	1.261	1.201
Ganzsäulen	16.841	16.672	16.835	17.079	16.876	16.962
Allgemeinstellen	51.443	49.627	51.434	51.322	51.439	51.435
City-Light-Poster	86.888	92.509	92.097	96.391	89.619	93.563
City-Light-Boards	4.407	8.060	8.978	9.201	10.665	12.419

Quelle: Fachverband der Außenwerbung e. V. (FAW)

Planungshilfen
Die Reichweitenforschung von Plakatwerbung wird seit 2003 von der Arbeitsgemeinschaft Mediaanalyse (ag-ma) unter der Bezeichnung Media-Analyse-Plakat (MA Plakat) durchgeführt. Diese Untersuchung ersetzt die Plakat-Media-Analyse (PMA), die bis dahin im Auftrag des Fachverbandes der Außenwerbung e. V. (FAW) erstellt wurde. Die Erhebungsmethode der MA Plakat wird zur Zeit (Anfang 2007) umgestellt. Bislang wurden 21.000 Personen danach befragt, an welche Plakatstandorte sie sich auf ihren täglichen Wegen erinnern konnten. In Zukunft wird ein Teil der Probanden für sieben Tage mit einem GPS-Mess- und -Aufzeichnungsgerät ausgestattet. Auf diese Weise werden die gemessenen Wege der Probanden mit den genauen Standorten der Plakatwerbeträger abgeglichen. Aus den Befragungs- und Messdaten lassen sich Brutto- und Nettoreichweiten sowie Durchschnittskontakte und GRP-Werte für Plakatkampagnen ermitteln. Die Bezeichnung für das neue Erhebungsverfahren ist **eMA Plakat**.

Stellenselektion
Es gibt PC-Programme, mit denen die Buchung und Auswahl von Anschlagstellen erleichtert wird. Dazu gehören das Multi-Informations-System zur Außenwerbung (MIA) und GEOS. Diese Programme kennzeichnen die Anschlagstellen auf einem digitalisierten Stadtplan und liefern Zusatzinformationen zur Bewertung der Standortqualität und des Umfeldes.

> *Die Standortqualität wird häufig durch den so genannten G-Wert ausgedrückt, der von der GfK entwickelt wurde.*

Der G-Wert einer Anschlagstelle gibt für eine durchschnittliche Stunde zwischen 7 und 19 Uhr an, wie viele Passanten sich an ein durchschnittlich aufmerksamkeitsstarkes Plakat dieser Stelle erinnern können.

Er berücksichtigt die Passantenfrequenz an dem Standort, die mithilfe eines Video-Aufzeichnungssystems ermittelt wird. Dabei wird zwischen Fußgängerfrequenzen, Straßenverkehrfrequenzen (Auto) und Insassen des ÖPNV unterschieden. Die Frequenzen werden unter Berücksichtigung verschiedener Faktoren gewichtet. Dazu gehören unter anderem:
- Abstand zur Fahrbahn
- Verdecktheit
- Beleuchtung
- Kontaktchancendauer
- Ablenkung durch andere Werbeflächen
- Höhe der Anbringung
- Komplexität des werblichen Umfeldes

In Zukunft wird der G-Wert durch den G-Wert2 ersetzt. Hierbei erfolgt die Frequenzermittlung nicht mehr durch Videoaufzeichnung, sondern mithilfe eines Frequenzatlasses, der von der Frauenhofer Gesellschaft und dem FAW entwickelt wurde und seit Ende 2006 für alle Städte mit mehr als 50.000 Einwohnern vorliegt. Er gibt die Frequenzen je Straßenabschnitt wie bei der Videoaufzeichnung nach Fußgängern, Kraftfahrzeugen und Insassen des ÖPNV an. In den folgenden Ausbaustufen sollen auch die Städte mit 20.000 bis 50.000 Einwohner berücksichtigt werden.

Ambient Media
Unter Ambient Media versteht man eine Form von Außenwerbung, mit der die Zielpersonen in ihrem direkten Lebensumfeld erreicht werden sollen. Der Begriff „Ambient" bezieht sich hier auf die speziellen Lebensbereiche, in denen sich die Zielpersonen bewegen und aufhalten. Das kann z.B. die Kneipe, die Disco, der Supermarkt, das Kino, aber auch die U-Bahn oder der Flughafen sein. Zum Ambient Media gehören z.B. Gratispostkarten in Kneipen, Plakate auf den Toiletten von Kneipen oder Discotheken, Plakate an den Spinden von Fitness-Studios etc. Ambient Media grenzt sich also nicht durch bestimmte Werbeformen ab, sondern durch die Orte, an denen sie stattfindet, nämlich Orte, an denen die Zielpersonen sich aufhalten.

AUFGABEN ZUR AUSSENWERBUNG

Aufgabe 1
Es ist ein Plakatanschlag in Düsseldorf (Stadt) für drei Dekaden geplant:
Plakatart: Großflächen beleuchtet, G-Wert-Klasse: 81–100
angestrebte Belegungsdichte in der Grundgesamtheit (14+): 1:3.000
Dekaden: 1. Belegungsdekade: 11 Tage
2. Belegungsdekade: 10 Tage
3. Belegungsdekade: 11 Tage
Die zu liefernde Ersatzmenge beträgt bei Plakaten 10 %.

Düsseldorf   Einwohner gesamt: 572.700
Einwohner (14+):   423.000

Tarifauszug

Düsseldorf	G-Wert-Klasse 81–100
beleuchtet	18,90 €
unbeleuchtet	16,30 €

a) Ermitteln Sie die Kosten für diesen Plakatanschlag.
b) Erläutern Sie, was die G-Wert-Klasse 81–100 bedeutet.

c) Wie viele Plakate müssen für die jeweilige Dekade geliefert werden?

Aufgabe 2
Ein Versandhaus belegt im Rahmen einer Werbekampagne in Hamburg in einer Dekade mit 11 Tagen 350 Allgemeinstellen und 120 unbleuchtete Ganzsäulen der G-Wert-Klasse 101–125.

Tarifauszug:

Hamburg	
Allgemeinstelle	0,67 €
Ganzsäule unbeleuchtet: G-Wert-Klasse 101–125	19,00 €

Berechnen Sie:
a) Die Anschlagkosten der Allgemeinstellen bei einem Format von 4/1 Bogen.
b) Die Anschlagkosten der Ganzstellen.

Aufgabe 3
Es sollen in der Bundesrepublik Deutschland in allen Orten ab 50.000 Einwohnern Großflächenplakate für eine Dekade (10,5 Tage) belegt werden. In Orten ab 50.000 Einwohnern leben insgesamt 32,63 Mio. Personen. Insgesamt sollen 11.627 Stellen belegt werden. Der Durchschnittspreis pro Stelle und Tag beträgt 10,95 €. Laut MA Plakat erzielt man damit insgesamt 359 Mio. Kontakte.

Ermitteln Sie jeweils für die Gesamtbevölkerung in den Orten:
a) die Kosten für den Plakateinsatz
b) die GRP bezogen auf die Gesamtbevölkerung in den Orten ab 50.000 Einwohnern
c) den TKP bezogen auf die Gesamtbevölkerung in den Orten ab 50.000 Einwohnern

Aufgabe 4
Die deutsche Wohnbevölkerung, die 14 Jahre und älter ist, besteht aus 64,25 Mio. Personen. Es soll bezogen auf diese Grundgesamtheit eine Plakatierung mit Großflächenplakaten und einer Belegungsdichte von 1:3.000 für eine Dekade durchgeführt werden. Der Durchschnittspreis pro Stelle beträgt 10,22 €, die Druckkosten pro Plakat 1,58 €. Ermitteln Sie die Belegungskosten und die Druckkosten für diese Belegung. Rechnen Sie eine Dekade mit 10,5 Tagen.

Aufgabe 5
Eine Stadt hat 450.000 Einwohner, 250 Allgemeinstellen und 3.000 Großflächen.
a) Halten Sie die Anzahl der Allgemeinstellen für ausreichend, um bei einer Plakatierung an Allgemeinstellen eine optimale Belegungsdichte zu erzielen?
b) Ist es möglich, nur zehn Allgemeinstellen zu belegen?
c) Ist es möglich, 30 Großflächen zu belegen?
d) Wie viele Großflächen sollten bei einer flächendeckenden Werbekampagne in etwa mindestens belegt werden, um eine ausreichende Belegungsdichte zu erzielen?

Aufgabe 6
Wodurch unterscheidet sich eine Ganzsäule von einer allgemeinen Plakatsäule?

Aufgabe 7
Beurteilen Sie das Medium Großfläche hinsichtlich der folgenden Kriterien:
- räumliche Steuerbarkeit
- zeitliche Steuerbarkeit
- Zielgruppenselektion
- Wirtschaftlichkeit

Aufgabe 8
Ein Werbungtreibender verfügt über ein Streubudget von 4 Mio. €. Seine ZG besteht aus 40 Mio. Personen. Der Werbungtreibende möchte schnell Reichweite aufbauen. Würden Sie ihm eine bundesweite Belegung mit Großflächenplakaten in der Belegungsdichte 1 : 3.000 empfehlen? Begründen Sie Ihre Empfehlung.

Aufgabe 9
Skizzieren Sie für ein Großflächenplakat eine 8-er-Teilung und eine 9-er-Teilung und geben Sie an, in welchen Fällen eine 9-er-Teilung bevorzugt werden sollte.

LÖSUNGEN ZU DEN AUFGABEN ZUR AUSSENWERBUNG

Lösung zu Aufgabe 1a)
Anzahl der Stellen: 423.000 : 3.000 = 141 Stellen
Anzahl der Tage: 11 + 10 + 11 = 32 Tage
Kosten für den Plakatanschlag:
141 Stellen · 32 Tage · 18,90 € = 85.276,80 €

Lösung zu Aufgabe 1b)
Die G-Wert-Klasse 81 bis 100 gibt an, dass sich pro durchschnittlicher Stunde (zwischen 7.00 und 19.00 Uhr) zwischen 81 und 100 Passanten bei einem Wiedererkennungstest an ein durchschnittlich aufmerksamkeitsstarkes Motiv an der betreffenden Plakatstelle erinnern können. Bei der Berechnung des G-Wertes werden im Wesentlichen zwei Faktoren berücksichtigt:
- Die Passagefrequenz am Standort und die Wahrnehmbarkeit der Plakatfläche, die auf der Grundlage des Erinnerer-Anteils und der objektiven Merkmale einer Plakattafel ermittelt wird.

Lösung zu Aufgabe 1c)
Es werden 3 · 141 = 423 Plakate geklebt. Zusätzlich müssen 10 % (etwa 42 Plakate) als Reserve geliefert werden. Insgesamt müssen also 465 Plakate geliefert werden.

Lösung zu Aufgabe 2a)
Bogentagpreis: 0,68 €
Bogengröße: 4/1
Plakatierungskosten: 10.472,00 €
(4 Bögen · 350 Stellen · 11 Tage · 0,68 €)

Lösung zu Aufgabe 2b)
Plakatierungskosten:
(120 Stellen · 11 Tage · 19,00 €) 25.080,00 €

Lösung zu Aufgabe 3a)
Bruttokosten:
11.627 Stellen · 10,5 Tage · 10,95 € (Stellentagpreis) = 1.336.814,33 €

Lösung zu Aufgabe 3b)
$$GRP = \frac{Kontaktzahl}{Anzahl\ der\ Zielpersonen} \cdot 100$$
$$\Leftrightarrow GRP = \frac{359\ Mio.}{32,63\ Mio.} \cdot 100 = 1.100,21$$

Lösung zu Aufgabe 3c)
$$TKP = \frac{1.336.814,33\ €}{359.000.000} \cdot 1000 = 3,72\ €$$

Lösung zu Aufgabe 4)
Anzahl der Plakatstellen = $\frac{64.250.000}{3.000}$
= 21.417 Stellen

Belegungskosten:
21.417 Stellen · 10,22 € · 10,5 Tage
= 2.298.258,27 €
+ Druckkosten 23.559 Stellen · 1,58 €
= 37.223,22 €
= Gesamtkosten 2.335.481,49 €

Hinweis: zu klebende Plakate 21.417
+ Reserve (10 %) 2.142
= zu druckende Plakate 23.559

Lösung zu Aufgabe 5a)
Bei einer Plakatierung auf Allgemeinstellen sollte eine Belegungsdichte von einer Stelle pro 1.000 Einwohner angestrebt werden. Danach müssten 450 Allgemeinstellen belegt werden. Die Anzahl von 250 Stellen reicht folglich nicht aus.

Lösung zu Aufgabe 5b)
Es ist nicht möglich, da bei Allgemeinstellen nur eine Vollbelegung (bei großen Städten eine Halbbelegung) möglich ist. Es müssten also die gesamten 250 Stellen oder falls eine Halbbelegung möglich 125 Stellen belegt werden.

Lösung zu Aufgabe 5c)
Es ist möglich, da Großflächen auch einzeln belegt werden können.

Lösung zu Aufgabe 5d)
Bei Großflächenplakatierung sollte eine Belegungsdichte von einer Stelle pro 3.000 Einwohner angestrebt werden. Es müssten also 150 Stellen belegt werden.

Lösung zu Aufgabe 6)
Eine Ganzsäule steht nur einem Werbungtreibenden zur Verfügung, während an einer allgemeinen Plakatsäule mehrere Werbungtreibende plakatieren können.

Lösung zu Aufgabe 7)
- räumliche Steuerbarkeit
  Sehr gut, nationale, regionale und lokale Steuerung bis auf eine einzelne Plakatstelle spezifizierbar.
- zeitliche Steuerbarkeit
  Mittelmäßig, da normalerweise dekadenweise Belegung. Durch die verschiedenen Klebeblöcke, kann die zeitliche Steuerung aber relativ gut justiert werden.
- Zielgruppenselektion
  Kaum möglich, im Wesentlichen wird der mobile Teil der Bevölkerung erreicht. Durch die Auswahl spezieller Stellen ist jedoch mit Einschränkungen eine grobe Zielgruppenselektion realisierbar.
- Wirtschaftlichkeit
  Mit einem TKP von etwa 4,00 € weisen Großflächen eine relativ hohe Wirtschaftlichkeit auf.

Lösung zu Aufgabe 8)
Mit der geplanten Belegung lässt sich relativ schnell Reichweite aufbauen. Die Reichweite in der ZG wird innerhalb einer Dekade etwa 60 %, bei der Belegung von zwei Dekaden etwa 70 % betragen. Die Tatsache, dass mit Großflächen im Wesentlichen der Durchschnitt der mobilen Bevölkerung erreicht wird, ist hier aufgrund der Größe der Zielgruppe nicht problematisch. Trotzdem wird die flächendeckende Belegung mit der angegebenen Quote aufgrund der damit verbundenen hohen Kosten von über 2 Mio. € pro Dekade (vergl. Aufg. 4) nicht empfohlen. Sinnvoller wäre dagegen eine Beschränkung der Plakatierung auf größere Städte oder Ballungszentren, damit auch noch Geld für den Einsatz anderer Medien übrig bleibt. Außerdem wäre der Werbezeitraum zu kurz.

Lösung zu Aufgabe 9)

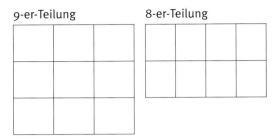

Eine 9-er-Teilung sollte bevorzugt werden, wenn aufgrund des Motivs möglichst keine Klebekante durch die Plakatmitte verlaufen sollte.

5.10 Weitere Werbeträgergattungen

Um die Liste der Werbeträgergattungen zu vervollständigen, werden nachfolgend kurz weitere Werbeträger dargestellt.

5.10.1 Anzeigenblätter

Hierbei handelt es sich um zeitungsähnliche Publikationen, die kostenlos an alle Haushalte des Verbreitungsgebietes verteilt werden. Die jeweiligen Titel haben meistens nur eine lokale Verbreitung und konkurrieren daher als Werbeträger mit den regionalen Abo-Tageszeitungen.

Das Verhältnis zwischen dem redaktionellem Teil und der Werbung beträgt bei Anzeigenblättern im Durchschnitt etwa 1/3 zu 2/3. Die redaktionellen Beiträge haben fast ausschließlich einen lokalen oder regionalen Bezug. Die meisten Anzeigenblätter erscheinen in wöchentlichem Rhythmus.

5.10.2 Supplements

 Supplements sind Druckerzeugnisse, die ähnlich wie Illustrierte aufgemacht sind und Zeitungen oder Zeitschriften kostenlos beigelegt werden.

Trägerobjekte für Supplements sind regionale und überregionale Tageszeitungen, Wochenzeitungen, Publikumszeitschriften und Fachzeit-

schriften. Üblicherweise differenziert man bei Supplements zwischen:
- Programmsupplements,
- unterhaltenden und meinungsbildenden Supplements und
- Fachzeitschriftensupplements.

Reichweiten und Nutzerstrukturen von Supplements stimmen weitgehend mit den entsprechenden Werten der Trägerobjekte überein.

Hierbei ist zu beachten, dass z.B. die (Fernseh-) Programmsupplements (bekannte Beispiele sind „BWZ", „IWZ", „Prisma" und „rtv") verschiedenen Zeitungstiteln beigelegt werden, sodass ihre Reichweite deutlich größer ist als die Reichweite eines einzelnen Trägertitels.

5.10.3 Stadtillustrierte

Stadtillustrierte werden häufig als eine Gattung angesehen, obwohl zwischen den verschiedenen Titeln große Unterschiede, sowohl in redaktioneller Hinsicht als auch bezüglich der Verbreitung und der Auflagentransparenz bestehen.

Historisch gesehen haben sich die Stadtillustrierten aus Szeneblättern der 70er-Jahre entwickelt. Diese bildeten damals die Kommunikationsplattform der so genannten alternativen Szene, die sich im Zusammenhang mit der Studentenbewegung der späten 60er-Jahre gebildet hatte.

Heute sprechen Stadtillustrierte vorwiegend die Zielgruppe der 20- bis 35-Jährigen in Großstädten an, die über ein hohes Konsumpotenzial verfügen. Die Aufmachung der Stadtillustrierten entspricht dabei weitgehend der von Illustrierten. Die Inhalte sind allerdings teilweise sehr unterschiedlich. Sie reichen von modischen Trend-Themen über kommunalpolitische Inhalte bis zur Darstellung der lokalen und regionalen Kulturszene. Häufig enthalten Stadtillustrierte auch umfangreiche Servicerubriken.

Hinsichtlich der Verbreitung muss zwischen verkauften und kostenlos verteilten Titeln, die häufig in Szene-Kneipen auslegen, unterschieden werden.

5.10.4 Adress- und Telefonbuchwerbung

Gemäß der Richtlinien für das Adressbuchverlagsgewerbe zählen zu Adressbüchern alle Arten von gedruckten Adressverzeichnissen, ohne Rücksicht auf ihre Anordnung und leitenden Merkmale. Dazu gehören z.B.
- Telefonbücher wie das
  - Telefonbuch der Deutschen Telekom,
  - Das Örtliche,
  - Gelbe Seiten,
  - u. a.
- Telefaxbücher,
- Einwohner-Adressbücher (Kreis-, Stadt-, Gemeindeadressbücher),
- Bundes- und Landesadressbücher,
- internationale Adressbücher und Exportadressbücher,
- Fach- und Branchenadressbücher.

Schaltbare Werbemittel sind unter anderem einfache und gestaltete Eintragungen, gestaltete Anzeigen, Beilagen, Einhefter.

5.10.5 Lesezirkel

Lesezirkel-Unternehmen beziehen Zeitschriften zu ermäßigten Preisen von den jeweiligen Verlagen. Sie stellen die Zeitschriften zu Titelkombinationen zusammen und vermieten diese an ihre Abonnenten. Hierbei besteht die Möglichkeit, aktuelle oder zu einem günstigeren Preis ältere Zeitschriften zu mieten.

Die Lesezirkel-Unternehmen versehen die einzelnen Zeitschriften mit einem Schutzumschlag, der als Werbeträger dient. Werbemittel sind Aufkleber, die auf dem Schutzumschlag angebracht werden. Außerdem sind Beihefter und Beilagen zwischen dem Schutzumschlag und der Titelseite möglich.

5.10.6 Kundenzeitschriften

Kundenzeitschriften sind periodisch erscheinende Zeitschriften, die von Unternehmen, meistens Handels- und Dienstleistungsunternehmen, in der Regel kostenlos an ihre Kunden abgegeben werden. Die Unternehmen beziehen die Zeitschriften ihrerseits von den Kundenzeitschriftenverlagen. Die größte Gruppe bilden die Kundenzeitschriften der Apotheken und die Kundenzeitschriften des Nahrungsmitteleinzelhandels.

5.10.7 Konfessionelle Presse (Konpress)

Hierunter versteht man Zeitungen und Zeitschriften, die von Kirchen und konfessionell gebundenen Organisationen herausgegeben werden. Hierzu gehören z.B. Kirchenzeitungen, Ordens- und Missionsblätter und Gemeindenachrichten.

5.11 Ermittlung des Konkurrenzwerbedrucks

Für Mediaplaner ist es wichtig zu wissen, wie hoch der Konkurrenzwerbedruck in einem Markt ist und in welchen Werbeträgern die Konkurrenzmarken beworben werden. Davon kann u.a. der anzustrebende Werbedruck für das zu bewerbende Objekt (Produkt, Marke, Unternehmen) und die Auswahl der Werbeträger abhängen. Detaillierte Angaben zu Mediaspendings und zum Mediasplit liefert u.a. das Unternehmen Nielsen Media Research. Es ermittelt die Werbeaufwendungen für folgende Werbeträgergattungen:
- Fernsehen
- Radio
- Publikumszeitschriften
- Fachzeitschriften
- Zeitungen
- Plakate
- Transportmedien (Verkehrsmittelwerbung)
- Online-Werbung
- Kino (nur Werbefilme)
- Direct Mail
- At-Retail-Media (Werbung in Verkaufsstellen und an Tankstellen)

Nielsen Media Research berücksichtigt bei der Gliederung der erfassten Größen vier Ebenen. Die oberste Ebene bildet der Wirtschaftsbereich, z.B. der Kraftfahrzeugmarkt. Auf der darunter liegenden Ebene befindet sich die Produktgruppe, z.B. Personenkraftwagen. Danach kommt die Produktfamilie, z.B. Kleinwagenklasse und schließlich das konkrete Produkt, z.B. Peugeot 107. Die Erfassung erfolgt auf der Ebene des Produktes. Da jedes Produkt einem Unternehmen zugeordnet werden kann, sind auch Analysen hinsichtlich der Werbungtreibenden möglich.

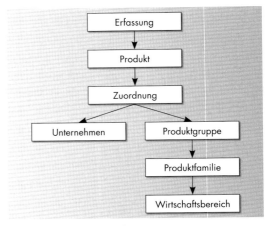

Abb. 5.19: Erhebungsgliederung

Wenn ein Pkw-Hersteller einen neuen Kleinwagen in den Markt einführen will, wird er sich dafür interessieren, wie viel seine Konkurrenten in der Vergangenheit für Werbung aufgewendet haben. Er kann sich dazu die Mediaspendings für die Produktfamilie „Kleinwagenklasse" ausweisen lassen. Zusätzlich könnte er auch noch die Werbeaufwendungen für einzelne Produkte, z.B. Nissan Micra, Twingo etc. erfahren.

Auch bei den Werbeträgern erfolgt eine Gliederung auf verschiedenen Ebenen. Unterschieden werden hier die Mediengattung, z.B. Printmedien, die Mediengruppe, z.B. Zeitungen, die Medienuntergruppe, z.B. überregionale Zeitungen und schließlich der Werbeträger, z.B. Frankfurter Allgemeine Zeitung.

Erhebungsverfahren/Erhebungsgegenstände

Bei den meisten Werbeträgergattungen werden im Rahmen der Erhebung die Werbeschaltungen in den einbezogenen Werbeträgern erfasst. Anhand der jeweiligen Tarife lassen sich dann die Bruttoschaltkosten ermitteln. Zusätzlich werden die erfassten Werbemittel auch archiviert. Nielsen Media Research verfügt daher über ein umfangreiches Werbemittelarchiv, das z.B. für Copy-

Analysen genutzt werden kann. Bei einigen Werbeträgergattungen, z.B. Kino, Plakate, Online-Werbung, Transportmedien und At-Retail-Media werden die Werbeaufwendungen anhand von Angaben der Werbungdurchführenden, z.B. Plakatanschlagunternehmen bzw. von Vermarktungsgesellschaften erhoben. Für die Erfassung von Direct Mails wurde ein repräsentatives Panel von 5.000 Haushalten eingerichtet. Die betreffenden Haushalte schicken die gesammelten Werbesendungen einmal wöchentlich an Nielsen Media Research.

Neben den Schaltkosten erfasst Nielsen Media Research auch noch Informationen zu den Werbeträgern und Werbemitteln, z.B. bei Anzeigen:
- Werbeträger
- Erstverkaufstag
- Erscheinungstag
- Produkt
- Hersteller- oder Händlerwerbung
- Seite
- Anzeigenart
- Farbigkeit
- Anzeigenposition
- Anzeigengröße
- Teilbelegung

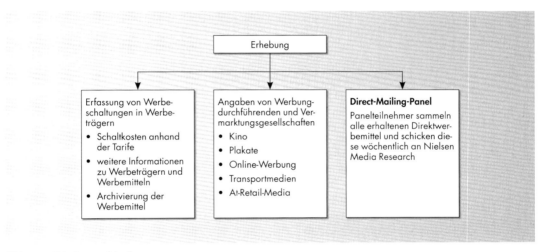

Abb. 5.20: Erhebungsablauf

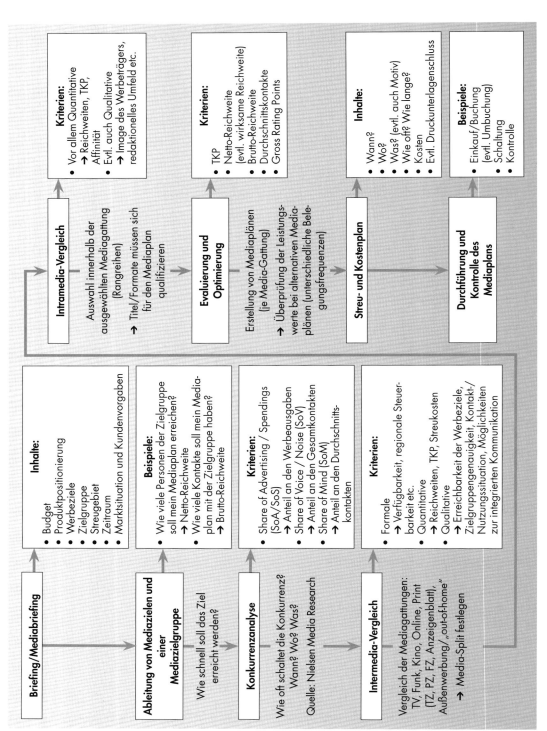

Abb. 5.21: Ablauf der Mediaplanung

Kapitel 6

Durchführung der Mediaplanung

„Fernsehwerbung schneidet Spielfilme in spannende Häppchen"

Manfred Poisel, deutscher Werbetexter

6.1	Mediabriefing	212
6.2	Konkurrenzanalyse	213
6.3	Mediazielgruppe	214
6.4	Ableitung von Medienzielen	215
6.5	Zeitliche Verteilung des Werbedrucks	221
6.6	Intermediavergleich	223
6.7	Intramediavergleich/-selektion	224
6.8	Erstellung von Mediaplänen/Evaluierung und Optimierung	228
6.9	Streu- und Kostenplan	232
6.10	Situationsaufgabe zur Mediaplanung	234
6.11	TV-Planung	243
6.12	Situationsaufgabe zur Onlineplanung	253
6.13	Informationsquellen zur Verbreitung von Werbeträgern	259
6.14	Datenfusion	263
6.15	Übungsaufgaben zur Gesamtwiederholung	265

Im Rahmen der Mediaplanung muss entschieden werden, in welchen Werbeträgern wie häufig geschaltet werden soll und wie die Schaltungen über den Werbezeitraum zu verteilen sind. Der Planungsprozess läuft dabei in mehreren Schritten ab, über die Abb. 6.1 einen Überblick gibt. Vgl. auch Abb. 5.21.

Abb. 6.1: Ablauf Mediaplanung

6.1 MEDIABRIEFING

Das Mediabriefing muss alle Informationen enthalten, die der Mediaplaner für seine Arbeit braucht. Es wird in der Regel vom Kundenberater aus dem Agentur- bzw. Kundenbriefing abgeleitet.

Inhalte des Mediabriefings

- Hintergrundinformationen, dazu gehören u.a.:
  - Marktdaten,
  - Produkt,
  - Unternehmen,
  - Konkurrenzsituation,
  - Konsumenten
- Werbeziele, z. B.
  - Bekanntmachung,
  - Information,
  - Beeinflussung,
  - Positionierung,
  - Image
- Zielgruppe: Kommunikations-/Marketingzielgruppe
- Budget: Gesamtbudget, Streubudget
- Zeitplan (Streuzeit): Beginn, Dauer
- Streugebiet, evtl. regionale Schwerpunkte
- kreatives Konzept: Positionierung, Copy-Strategie

6.2 Konkurrenzanalyse

Informationen über die werblichen Aktivitäten der Konkurrenzunternehmen sind für die Mediaplanung wichtig, da daraus Hinweise auf den anzustrebenden Werbedruck abgeleitet werden können. Interessant ist hierbei auch, in welchen Werbeträgern die Konkurrenten werben.

Ausgleich des Werbedrucks der Konkurrenten

Wenn das Ziel verfolgt wird, den Werbedruck der Konkurrenz durch die eigenen Werbeaktivitäten teilweise oder weitgehend zu kompensieren, muss versucht werden, die eigenen Schaltungen zeitlich und räumlich in der Nähe der Konkurrenzschaltungen zu platzieren.

Das bedeutet, dass man sich sowohl hinsichtlich der Werbezeit als auch bei der Auswahl der Werbeträger ähnlich verhält wie die Konkurrenzunternehmen. Eine andere Strategie könnte in dem Bestreben bestehen, dass der eigene Werbedruck möglichst wenig durch Konkurrenzaktivitäten abgeschwächt wird. In diesem Fall müsste versucht werden, den Schaltungen der Konkurrenz räumlich und/oder zeitlich auszuweichen, also einen anderen Werbezeitraum und andere Werbeträger als die Konkurrenz wählen. Im Zusammenhang mit der Konkurrenzanalyse interessieren den Mediaplaner also z.B.:

Informationen zu den Gesamtstreuaufwendungen liefert z.B. Nielsen Media-Research, vgl. Kap. 5.11

- Gesamtstreuaufwendungen des Marktes,
- Verteilung der Gesamtstreuaufwendungen auf die einzelnen Werbeträgergattungen,
- Streuaufwendungen der Hauptkonkurrenten,
- Verteilung der Streuaufwendungen der Hauptkonkurrenten auf die einzelnen Werbeträgergattungen,
- zeitliche Verteilung der Streuaufwendungen der Hauptkonkurrenten,
- Share of Advertising (SOA), Share of Voice (SOV) und Share of Mind (SOM) der Hauptkonkurrenten (siehe unten),
- beworbene Werbeobjekte der Hauptwettbewerber (Dachmarkenwerbung, Rangewerbung, Bewerbung von Einzelobjekten),
- Art der Werbung der Hauptwettbewerber (Einzelwerbung, Gemeinschaftswerbung, Verbundwerbung).

Die genannten Kenngrößen werden wie folgt definiert:

$$SOA_{\text{Marktteilnehmer X}} = \frac{\text{Streuaufwendungen von Marktteilnehmer X}}{\text{Summe der Streuaufwendungen aller Marktteilnehmer}} \cdot 100$$

$$SOV_{\text{Marktteilnehmer X}} = \frac{\text{Kontaktzahl von Marktteilnehmer X}}{\text{Kontaktsumme aller Marktteilnehmer}} \cdot 100$$

$$SOM_{\text{Marktteilnehmer X}} = \frac{\text{Durchschnittskontakte von Marktteilnehmer X}}{\text{Summe aller Durchschnittskontakte}} \cdot 100$$

Problematisch hierbei ist, dass die Konkurrenzdaten aus der Vergangenheit stammen, die eigene Planung aber in die Zukunft gerichtet ist.

6.3 Mediazielgruppe

Bei der Bestimmung der Mediazielgruppe geht es darum festzulegen, welche Personen oder Objekte mit dem Mediaplan erreicht werden sollen. Grundsätzlich sollte die Mediazielgruppe natürlich mit der Marketingzielgruppe identisch sein. Die Marketingzielgruppe definiert diejenigen Objekte, auf die sich die Marketingziele beziehen. Zur Ableitung von Marketingzielgruppen vergleiche Abschnitt 1.4.

Die Mediaplanung wird in der Regel mithilfe von entsprechenden Mediatools, z. B. Mediaanalysen, Marktmediaanalysen, Mediapanel (TV-Panel, Hörfunk-Panel) durchgeführt.

Marketingzielgruppe lässt sich durch die Mediatools nicht immer 1:1 abbilden

Diese Planungstools bieten die Möglichkeit, Zielgruppen zu definieren, auf die sich dann die jeweiligen Auswertungen beziehen. Dabei kann es natürlich vorkommen, dass die Merkmale, die ein bestimmtes Planungsinstrument zur Zielgruppendefinition anbietet, nicht mit den Merkmalen übereinstimmen, mit denen die Marketingzielgruppe beschrieben wurde. In solchen Fällen muss der Mediaplaner mit den verfügbaren Merkmalen des Planungsinstruments eine Mediazielgruppe formulieren, die möglichst weitgehend mit der Marketingzielgruppe übereinstimmt.

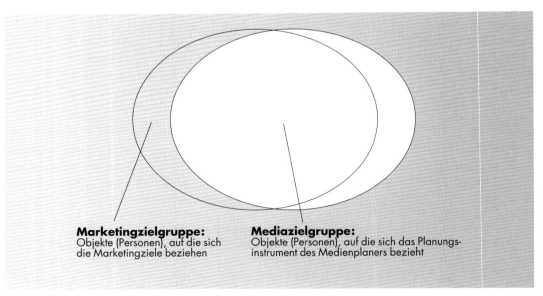

Abb. 6.2: Marketing- und Mediazielgruppe

Hilfe bietet hier eine Datenfusion, vgl. Kap. 6.14

Eine zusätzliche Problematik kann dadurch entstehen, dass der Mediaplaner für verschiedene Werbeträgergattungen unterschiedliche Planungsinstrumente einsetzt, die sich hinsichtlich der Merkmale zur Zielgruppenabgrenzung unterscheiden. Solche Unterschiede bestehen hauptsächlich bei den qualitativen Merkmalen.

6.4 Ableitung von Mediazielen

Grundsätzlich sollen durch den Mediaplan
- möglichst viele Zielpersonen
- mit der erforderlichen Kontaktdosis
- zur richtigen Zeit

erreicht und gleichzeitig eine hohe Wirtschaftlichkeit angestrebt werden.

Bei der Formulierung von Mediazielen müssen also zu folgenden Aspekten Aussagen gemacht werden:
- Reichweite:
  - Welche Reichweite in der ZG sollte der Mediaplan mindestens erreichen?   *Reichweite*
- Kontaktdosis:
  - Welche Kontaktdichte wird angestrebt?   *Kontakte pro Person*
  - Welche Kontaktdosis sollte nicht unterschritten werden?
  - Welche Kontaktdosis sollte nicht überschritten werden?
- Zeitlicher Aspekt:
  - In welchem Zeitraum sollen Reichweite und Kontakte aufgebaut werden?   *Zeitliche Verteilung*
  - Wie sollte die zeitliche Verteilung des Werbedrucks sein?   *der Kontakte*

Einflussfaktoren für die Bestimmung der Kontaktdichte

- Komplexität der Botschaft, Anspruchsniveau der Werbeziele   *Vgl. auch Kap. 4.3*
- Produktspezifika, z. B.
  - kompliziert ↔ trivial,
  - neu ↔ bereits im Markt eingeführt,
  - weit verbreitet ↔ geringe Verbreitung
- Marktstruktur
  - übersichtlich ↔ unübersichtlich
- Konkurrenzdruck,
- zeitliche Verteilung der Kontakte,
- Aufgeschlossenheit und Lernfähigkeit der Zielpersonen (Involvement),
- Medieneigenschaften, z. B.
  - transistorisch ↔ statuatorisch,
  - Darstellungsmöglichkeiten,
  - Eindrucksstärke.

Aspekte zur Bestimmung der Reichweite

Grundsätzlich sollte eine möglichst große Reichweite angestrebt werden. Auf Grund des beschränkten Budgets ist es in der Regel aber nicht möglich, die optimale Kontaktdichte und eine 100%ige Reichweite zu erzielen, sodass ein Kompromiss gefunden werden muss.   *100 % Reichweite und optimale Kontaktdichte sind nicht möglich*

Bei begrenztem Budget muss dann entschieden werden, ob die Priorität auf die Reichweite oder auf die Kontaktdichte gelegt werden soll.

Beispiele

a) Reichweite hat Priorität

Ziel

Es wird eine weitgehende Totalabdeckung der Zielgruppe angestrebt. Hierbei wird auch eine geringe Kontaktdichte in Kauf genommen.

Konsequenzen

- Streuverluste (es werden relativ viele Personen erreicht, die nicht zur Zielgruppe gehören) und
- geringe Kontaktdichte.

Dieser Ansatz kann z. B. in folgenden Fällen sinnvoll sein:
- Große, heterogene Zielgruppe
  ⇒ Einsatz von breit streuenden Medien ist sinnvoll und möglich.
- Neueinführung einfacher Produkte
  ⇒ Die Neueinführung erfordert eine hohe Reichweite, da die Produkte in der Zielgruppe bekannt gemacht werden müssen. Da es sich um einfache Produkte handelt, ist häufig keine hohe Kontaktdosis erforderlich.
- Erhaltung, Erinnerung, Aktualisierung
  ⇒ Die Produkteigenschaften und Produktvorteile sind bereits bekannt, sie müssen lediglich aufgefrischt werden. Hierfür reicht eine geringe Kontaktdichte. Der Schwerpunkt kann daher auf die Reichweite gelegt werden.
- Hohes Produktinvolvement der Zielpersonen
  ⇒ Die Zielpersonen haben bereits ein großes Interesse an dem Produkt und beachten Werbung hierfür stärker. Es kann daher eine geringere Kontaktdichte in Kauf genommen und dafür eine höhere Reichweite angestrebt werden.

b) Kontaktdichte hat Priorität

Ziel

Es wird eine Mindestkontaktdosis angestrebt. Dabei wird notfalls eine niedrige Reichweite in Kauf genommen.

Konsequenzen

- Die angestrebte Kontaktdosis wird teilweise deutlich überschritten,
- geringe Reichweite.

Dieser Ansatz kann z. B. sinnvoll sein, bei
- erklärungsbedürftigen Produkten,
- echten Produktinnovationen mit hohem Erklärungsbedarf,
- anspruchsvollen Zielen oder
- geringem Produktinteresse in der Zielgruppe.

In den Fällen des Beispiels b) muss in der Regel eine bestimmte Kontaktdichte erreicht werden, um überhaupt eine Wirkung zu erzielen. Daher ist es sinnvoll, die notwendige Kontaktzahl auch auf Kosten der Reichweite anzustreben.

Zum Beispiel bei echten Produktinnovationen kommen in der Regel zunächst nur Innovatoren und Frühadoptoren als potenzielle Käufer infrage. Hierbei handelt es sich um eine sehr begrenzte Personenzahl. In der Einführungsphase kommt es daher hauptsächlich darauf an, diese Personen ausreichend häufig zu erreichen. Die Reichweite spielt dabei nicht eine so zentrale Rolle.

c) Kontaktoptimum und maximale Reichweite

Ziel

Es wird eine optimale Kontaktdichte und gleichzeitig eine nahezu vollständige Abdeckung der Zielgruppe angestrebt.

Konsequenzen

Es ist ein hohes Streubudget erforderlich. Wegen der hohen Streuverluste ist die Wirtschaftlichkeit gering.

Dieser Ansatz kann z. B. sinnvoll sein,
- wenn bei Neueinführungen eine schnelle Marktdurchdringung angestrebt wird,
- wenn Verdrängungswettbewerb betrieben wird.

Exkurs: Recency Planning

Menschen lassen sich in einer Argumentation vor allem von den ersten und letzten Argumenten beeinflussen. Diese sich anscheinend widersprechenden Ergebnisse liefern zahlreiche Experimente der Lernpsychologie und Verhaltenstheorie. Dabei wurden die zuletzt genannten Argumente (Recency) von Probanden am häufigsten frei erinnert, während die zuerst genannten (Primacy) an zweiter Stelle standen. Das hängt vermutlich mit dem Aufbau unseres Gehirns zusammen, in dem zuerst dargebotene Informationen am längsten im Kurzzeitgedächtnis bleiben und da möglicherweise als „erster Eindruck" sogar die Wahrnehmung nachfolgender Informationen beeinflussen (vgl. 7.4 Priming- und Halo-Effekt). Auf der anderen Seite sind die zuletzt dargebotenen Informationen bei anschließenden Befragungen natürlich die frischesten. Ob in der Praxis bei einem Werbemitteltest z.B. die zuerst oder zuletzt gezeigten Spots am besten erinnert werden, hängt vermutlich stark von der Kreation und dem Abstand zwischen dargebotenem Werbemittel und der Befragung ab, so dürften bei einem DAR-Tests (Day After Recall vgl. Band „Marketing und Marktforschung" Kapitel 16) die Unterschiede deutlich geringer ausfallen als bei einem Labortest, bei dem direkt im Anschluss an die Darbietung der Spots die Befragung stattfindet.

Die Erkenntnisse über Primacy- und Recency-Effekte könnten in der Mediaplanung z.B. einen entscheidenden Einfluss auf die Platzierung von TV-Spots in Werbeblöcke nehmen.

In diesen wird darüber hinaus schon immer mit U-förmigen Reichweitenverläufen gerechnet, d.h. am Anfang und Ende eines Werbeblockes sitzen mehr Leute vor dem Fernseher. Da die Sender sich aber weigern, Einzelplatzierungen z.B. am Anfang und Ende des Werbeblocks vorzunehmen, können die Recency- oder die Primacy-Effekte noch nicht ausgenutzt werden. Die TV-Vermarkter begründen diese Haltung vor allem mit der zunehmenden Unübersichtlichkeit der Tarifstruktur, die schon jetzt tausende verschiedene Preise umfasst, und mit der Erhöhung des Buchungsaufwandes für Sender und Mediaagenturen.

Der Recency-Effekt findet aber langsam in einem viel wichtigeren Feld seinen Weg in die Köpfe der Mediaplaner und zwar beim zentralen Thema Festlegung eines Mediaziels. In der US-amerikanischen Media-Planung hat sich inzwischen der von Erwin Ephron vor allem für TV-Planung entwickelte Ansatz des Recency Plannings durchgesetzt. Während in Europa bei der Festlegung eines Mediaziels für eine Kampagne immer noch sehr viel Wert auf die Festlegung einer wirksamen Kontaktdosis (effective frequency) gelegt wird, die bei Unterschreiten keine oder kaum Werbewirkung erzielen soll, geht das Recency Planning von Folgendem aus:

Der letzte Kontakt eines Konsumenten mit der Werbung ist der entscheidende und damit wichtigste.

Das heißt nicht unbedingt, dass nur ein einziger Kontakt ausreicht, aber kurzfristig gesehen sind zusätzliche Kontakte Verschwendung von Mediabudget.

Grundannahmen des Recency Plannings:
1) Werbung hat nur dann eine Chance, Kaufverhalten zu steuern, wenn der Konsument sich im Markt befindet, d.h. der Werbung sein Wahrnehmungsfenster öffnet.
   Damit sich das Wahrnehmungsfenster öffnet, muss er ein vorhandenes oder latentes Bedürfnis nach der Produktkategorie haben. Die Ursachen für das Vorhandensein von Bedürfnissen sind natürlich sehr vielfältig und auch durch Werbung beeinflussbar, eine Tatsache, die die Recency-Planner in ihrem Modell vernachlässigen, denn ihnen geht es vor allem darum, mit Werbung die Abverkäufe zu erhöhen.
   Trotzdem einige Beispiele um zu verdeutlichen, wann ein Verbraucher im Markt ist. Erst wenn meine Waschmaschine kaputt geht, ein Umzug ansteht oder die Kinder ausziehen und jetzt auf einmal auch eine Waschmaschine brauchen, interessieren sich Verbraucher für Waschmaschinen-Werbung. Der Hinweis auf einen Wintereinbruch im Wetterbericht lässt im Herbst regelmäßig die Nachfrage nach Winterreifen und damit das Interesse an Reifenwerbung steigen. Wenn ein Paar ein Baby erwartet, wird auf einmal alles rund um dieses Thema interessant. Aber auch bei Low-involvement-Gütern wie Schokolade, Joghurt, Mineralwasser etc. steigt die Aufmerksamkeit erst an, wenn der Vorrat zur Neige geht oder sich Bedürfnisse wie Hunger oder Durst melden.
   Recency Planning basiert insofern auf der STAS-Theorie von Prof. John Philip Jones (Short Term Advertising Strength vgl. Kap. 7.1), nach der Werbung nur kurzfristig starke, individuelle Effekte hat, da der grundsätzlich nicht an Werbung interessierte (passive) Konsument erst durch Ereignisse wie die oben beschriebenen Beispiele aktiviert wird, sich mit Werbung zu beschäftigen und dann aber Werbebotschaften starke Bedeutung zumisst.
   Das deckt sich im Grunde genommen auch mit den 10 % stark am Thema interessierten Konsumenten, die Ulrich Lachmann in seinem Buch „Wahrnehmung und Gestaltung von Werbung" als engaged oder high-involviert bezeichnet (vgl. Abb. 8.2).

2) Je näher die Werbebotschaft zur anstehenden Kaufentscheidung platziert werden kann, umso effektiver d.h. kaufverhaltensrelevanter wird sie (Recency = zeitliche Nähe). „It is as if there is a window of opportunity for the ad message preceding each purchase. Advertising's job is to influence the purchase, media's job is to put the message in the window" (Erwin Ephron www.ephrononmedia.com).
   Als Beispiel wählt Ephron die Kindererziehung, was den Zusammenhang sehr plakativ deutlich macht. Wenn man einem Kind klar machen möchte, dass es sich vor dem Essen die Hände waschen soll, dürfte der mehrmalige Appell abends vor dem Schlafengehen deutlich schlechter wirken als die einmalige Aufforderung direkt vor dem Essen.

3) In diesem Zusammenhang wird klar, dass die Beschäftigung mit den Kaufzyklen von Produkten sehr lohnend sein kann. Da man aber selbst bei Produkten mit kurzen Kaufzyklen wie FMCG des täglichen Bedarfs (Fast Moving Consu-

mer Goods) nicht weiß, wann welche potenziellen Käufer ihren nächsten Einkauf durchführen, geht man davon aus, dass sich diese Einkäufe – mit Ausnahme von Saisonprodukten – zufällig über das ganze Jahr verteilen. Denn der Konsument entscheidet zwar, was er wann kauft, aber letztlich kommt für jedes Produkt, egal wie lang die jeweiligen Kaufzyklen sind, der Zeitpunkt, an dem es auf dem Markt nachgefragt wird. *"Recency planning ignores purchase cycle, because it targets the purchase not the consumer who makes the purchase. As long as there are purchases each week, it doesn't matter how often, or seldom, the average user buys."* (Erwin Ephron).

Konsequenzen:
- Reichweite geht vor Kontakte
  ⇒ es ist wichtiger, viele Personen zu erreichen (Netto-Reichweite) als weniger Personen, die aber mit einer als wirksam erachteten Kontaktdosis. „Sales will be lost of too litle frequency, but more sales will be lost because of no frequency at all." (Erwin Ephron).
- Kleckern (kontinuierliches Werben) geht vor Klotzen (Flights)
  ⇒ bei gleichem Budget ist es effektiver (möglichst ganzjährig) mit niedrigem Werbedruck zu werben als bei hohem Werbedruck Werbepausen einlegen zu müssen. Denn auch in den vom Budget erzwungenen Werbepausen befinden sich potenzielle Käufer auf dem Markt, die aber keine Chance haben, unsere Werbung zu sehen und daher vermutlich bei der Konkurrenz landen. „Advertising Needs Continuity, because not being there with a message is like being ‚Out of stock'" (Erwin Ephron).
- Schrotflinte („shotgun approach") geht vor Präzisionsgewehr („rifle approach")
  ⇒ es ist wichtiger die Werbebotschaft möglichst breit, aber dennoch gezielt zu streuen, als weniger Zielpersonen ganz exakt zu erreichen. Im Idealfall ergeben sich Kontaktverteilungen, die kaum noch externe oder interne Überschneidungen haben (vgl. 4.2.1 und 4.2.2). „I believe this is because whether a consumer is ‚ready to buy' is more important than the number of messages the consumer receives. When a consumer is in the market, a single message can have an effect, but if a consumer is not in the market, multiple messages are not likely to make the sale. So by reaching three different consumers we are more likely to reach one who is ready to purchase." (Erwin Ephron).

Außerdem ist der Grenznutzen des ersten Werbekontaktes unabhängig davon, ob anschließend ökonomische (Abverkäufe) oder außerökonomische Kriterien (Markenbekanntheit/Awareness, Sympathie, Kaufbereitschaft etc.) getestet werden, am höchsten (vgl. 4.3 oder WerbeWirkungsWeisen von ARD und RMS).
- Verkaufen geht vor Image
  ⇒ der Recency-Planning-Ansatz zielt vor allem auf Umsatz, Absatz und Marktanteil, d.h. es geht ums Verkaufen, während die Langzeit-Effekte von Werbung wie Bildung, Verankerung und Stabilisierung von Markenimages ignoriert werden.
- Kurzfristige gehen vor langfristigen Planungsperioden

⇒ da in jeder Woche Erst- oder Wiederholungskäufe stattfinden, sollten lieber kurze Planungsperioden genutzt werden. Dies gilt natürlich vor allem für schnelldrehende Konsumgüter (FMCG), für die der Recency-Ansatz durch Daten aus Single-Source-Panels empirisch abgesichert ist. Aber auch bei langlebigen Gebrauchsgütern und Dienstleistungen befindet sich außer bei saisonalen Produkten oder Dienstleistungen wie z.B. Ski oder Wintersport-Reisen immer jemand auf dem Markt. Außerdem werden länger zurückliegende Informationen viel eher vergessen, sodass sie in der Gegenwart keine Kaufverhaltensrelevanz mehr haben können.

Beispiel
Am Beispiel des Kaufentscheidungsprozesses beim Automobilkauf möchte ich abschließend noch einmal die Stärken, aber auch Schwächen des Recency-Planning-Ansatzes betrachten.

Wenn das Auto in die Jahre kommt, schon viele Kilometer runter hat oder sich erste Reparaturen häufen, beginnt man überhaupt erst wieder damit, Markenkommunikation der Automobilhersteller aufmerksam zu beachten, die ganzen Jahre vorher ist Werbung für Automobile eher unbewusst an uns vorbeigerauscht. Das deckt sich mit den Annahmen der Recency Planner, aber all diese unbewussten Kontakte mit der Marke haben überhaupt erst ein stabiles semantisches Markennetzwerk (Image) in unserem Kopf entstehen lassen. Diese Images steuern unsere Wahrnehmung der weiteren Markenkommunikation (Priming), werden ständig mit unserem Selbstkonzept bzw. gewünschten Selbstbild bzw. Fremdbild abgeglichen und bilden daher in jedem Fall den Rahmen für die in Frage kommenden Marken (relevant set). Auf der anderen Seite haben die Recency Planner natürlich Recht, wenn sie sagen, dass einer Marke ein langfristig aufgebautes und gepflegtes Marken-Image nichts nützt, wenn es kurzfristig keine Verkäufe auslöst. Dabei entsteht gerade durch wiederholte, langfristig konsistente Werbung bei den Konsumenten eine Vertrautheit, die unter anderem den Wert einer etablierten Marke ausmacht.

Insofern vernachlässigt das kurzfristig orientierte Recency Planning die psychologischen Effekte von Markenkommunikation, nutzen aber gerne das auch durch Werbung aufgebaute Kapital einer Marke wie z.B. die Vertrautheit als Ausgangspunkt für die Abverkaufsorientierung ihres Ansatzes.

Und dabei ist es unstreitig, dass psychologische Faktoren im gesamten Kaufprozess, der bei Neuwagenkäufen schon einmal bis zu zwei Jahren dauern kann, eine wichtige Rolle spielen. Auf der anderen Seite begleitet das Recency Planning, wenn es konsequent und langfristig verfolgt wird, durch seinen Ansatz kontinuierlichen Werbens diesen Kaufprozess kontinuierlich. Das ist vor allem deshalb wichtig, da der Kaufzyklus beim Automobilkauf individuell ist. Allerdings lässt sich schon ungefähr abschätzen, wann nach der Einführung eines neuen Modells erste Ersatzkäufe getätigt werden. Die Automobilhersteller bemühen sich auch darum, ihre Modellwechsel diesen „kollektiven" Kaufzyklen anzupassen, da die Kunden selten das alte Modell noch einmal kaufen wollen.

Natürlich lässt sich der Ansatz des Recency Planning nicht einfach auf alle Produkte anwenden. Selbst ihre Verfechter wie Ephron wissen, dass man bei der Bewerbung für Neuprodukte zumindest am Anfang andere Prioritäten setzen muss. Das liegt natürlich daran, dass es sich hier zunächst z.B. um die Bekanntmachung einer bisher unbekannten Marke handelt, die natürlich eine höhere Kontaktdosis bzw. stärkeren Werbedruck benötigt als eine bereits etablierte Marke. Bei einer line extension (z.B. Produktdifferenzierung) einer bereits bekannten Marke sieht das aber schon wieder anders aus, denn hier kann auf der bereits bekannten Ursprungsmarke aufgebaut werden.

Auf den Einwand, dass eine Kampagne mit kontinuierlichem, aber niedrigem Werbedruck Gefahr läuft, in wettbewerbsintensiven Branchen unterzugehen, antworten Recency Planner, dass sich die Marke dann eben in den werbeschwachen Zeiten der Konkurrenz ihre Kunden „holt".

6.5 Zeitliche Verteilung des Werbedrucks

6.5.1 Kampagnenstrategien mit kontinuierlichem Werbedruck
Bei diesem Ansatz wird versucht, während der gesamten Kampagne werblich präsent zu sein und einen bestimmten Werbedruck nicht zu unterschreiten.

Konstanter Werbedruck
Es wird während der gesamten Kampagne ein weitgehend gleich hoher Werbedruck angestrebt.

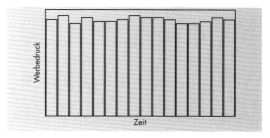

Abb. 6.3: Konstanter Werbedruck

Frontloading
Die Kampagne beginnt mit einem sehr hohen Werbedruck und wird später mit einem geringeren Werbedruck fortgesetzt.

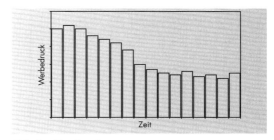

Abb. 6.4: Frontloading

Backloading
Die Kampagne beginnt mit einem geringen Werbedruck, der während des Werbezeitraumes jedoch gesteigert wird und zum Ende der Kampagne sein Maximum erreicht.

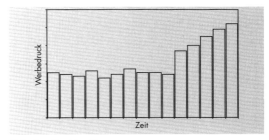

Abb. 6.5: Backloading

Waving
Innerhalb des Kampagnenzeitraums gibt es mehrere Perioden mit einem erhöhten Werbedruck. Dazwischen wird der Werbedruck zurückgenommen, er sinkt aber nicht auf Null.

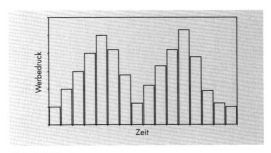

Abb. 6.6: Waving

Pulsing
Auch hier findet ein Wechsel zwischen hohem und niedrigem Werbedruck statt, allerdings in relativ kurzen zeitlichen Abständen.

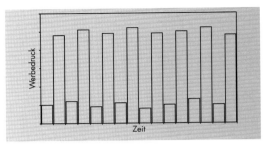

Abb. 6.7: Pulsing

6.5.2 Kampagnenstrategien mit zeitlich begrenztem Werbedruck
Bei diesen Strategieformen wird innerhalb des Kampagnenzeitraumes nur während bestimmter Phasen geworben und in den übrigen Zeiträumen nicht. Hierbei lassen sich folgende Strategievarianten unterscheiden:

Flighting
Innerhalb der Kampagne gibt es mehrere Zeiträume mit einem hohen, relativ kontinuierlichen Werbedruck. Zwischen diesen Zeiträumen wird nicht geworben.

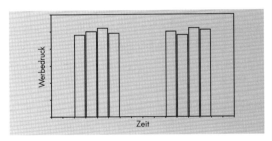

Abb. 6.8: Flighting

Bursts
Punktuell und kurzzeitig wird ein hoher Werbedruck ausgeübt. Zwischen diesen kurzen Zeiträumen befinden sich Werbepausen. Insgesamt überwiegen die Phasen, in denen nicht geworben wird.

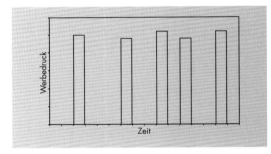

Abb. 6.9: Bursts

Saisonales Werben
Hierbei orientiert man sich bezüglich der Werbezeiträume an den Kauf- und Verwendungsphasen.

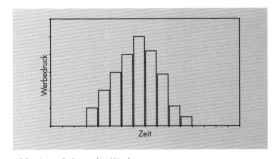

Abb. 6.10: Saisonales Werben

6.6 Intermediavergleich

Unter einem Intermediavergleich versteht man den Vergleich und die Bewertung verschiedener Werbeträgergattungen, z. B. Fernsehen, Publikumszeitschriften, Hörfunk. Der Medienplaner muss hierbei in einem ersten Selektionsprozess entscheiden, welche Mediengattungen zur Verbreitung der Werbebotschaft geeignet sind. Für die Auswahl wird häufig ein so genanntes Punktbewertungsverfahren eingesetzt. Dabei wird für verschiedene Bewertungskriterien die Eignung der jeweiligen Werbeträgergattung durch Zuweisung eines Punktwertes ausgedrückt. Die Bedeutung der einzelnen Bewertungskriterien lässt sich zusätzlich durch unterschiedliche Gewichtungsfaktoren berücksichtigen. Zur Auswahl und Bewertung von Werbeträgergattungen können folgende Kriterien verwendet werden. Diese Kriterienliste orientiert sich im Wesentlichen an Pickert, „Die Konzeption der Werbung", 1994.

Vergleich von Werbeträgergattungen

Kriterium	Aussage
Disponibilität	kurzfristige Belegbarkeit/Verfügbarkeit
Steuerbarkeit	Einsatzelastizität und Streugenauigkeit
– zeitlich	punktuelle terminliche Zielung und Einsatzgenauigkeit
– räumlich	geografische/regionale Streugenauigkeit (Teilbelegung, Splitting, Lokalabdeckung, Nielsengebiete)
– personell	nach Erreichbarkeit der Nutzerkreise
Kosten/Produktion	Produktionskosten der Werbemittel in der Mediengattung
Kosten/Streukosten	Streukosten in der Mediengattung (Tausender-Preise)
Darstellungsmöglichkeiten	Bandbreite der Gestaltungsmöglichkeiten der Werbemittel (Farbe, Größe, Bewegung, Formen, Längen)
Rezipientenbindung	Nutzungsintensität und Wertschätzung des Mediums bei den Nutzern (als publizistisches Organ)
Werbe-Werthaltung	Einstellung des Nutzers zu Werbung im Medium (wahrgenommene Glaubwürdigkeit, Akzeptanz)
Funktion	Zweckbestimmung des Mediums als Informationsinstitution und Werbeträger: Unterhaltungs- oder Informationsanspruch?
Reichweitenaufbau	Möglichkeit u. Schnelligkeit, eine bestimmte Reichweite aufzubauen
Kontaktaufbau	Möglichkeit u. Schnelligkeit, eine bestimmte Kontaktdichte aufzubauen
Expositionsvermögen	die Kraft des Mediums, einen Werbemittelkontakt herzustellen
Impactstärke	Intensität der sensorischen Ansprachekraft; Bindungsfähigkeit des Mediums
Perseveration	Wirkungsdauer, Kontaktverwertung (Anhalten der Wirkung, Erinnerungswahrscheinlichkeit)
Kontaktsituation	Spezifische Empfängersituation (Ausweichgelegenheiten oder gezielte Zuwendung?)
Ambiente	Umfeldbedingungen: Attraktivität des redaktionellen Umfelds; wünschenswerte Nähe zu redaktionellen Themen/Beiträgen oder Isolation (fehlendes Redaktionsumfeld); Abgrenzung von Konkurrenzwerbung
Handelswertung	Einstellung der Absatzmittler zu den Medien
Media-Service	Hilfestellung wie Beratung, Planungshilfen, Herstellung, Platzierung, Kooperation etc.

Kriterien für einen Intermediavergleich

Formale/Technische Kriterien
- Verfügbarkeit
- Zeitliche Steuerbarkeit / Saisonalität
- Regionale Steuerbarkeit / Regionalität
- Darstellungsmöglichkeiten
- Buchungszeiträume
- Stornofristen

Quantitative Kriterien
- Budget
- Kosten (Produktionskosten, Streukosten)
- Media-Ziel (Reichweiten vs. Kontaktkumulation)
- Werbedruck/Zeit (GRP-Niveaus)
- Leistungswerte (GRP, DSK, BRW, NRW, Affinität, TKP-Niveaus)

Qualitative Kriterien
- Funktion als Werbeträger (Transportmöglichkeiten für Kommunikationsziele)
- ZG-Genauigkeit/Steuerbarkeit (Streuverluste)
- Kontakt-/Nutzungssituation
- Glaubwürdigkeit des Mediums
- redaktionelles Umfeld
- Funktion für den Nutzer
- Impactstärke/Kanalqualität
- Akzeptanz der Werbung im Medium
- Möglichkeiten zum Media-Mix
- Möglichkeiten zur integrierten Kommunikation (Kommunikationsmix)

Abb. 6.11: Intermedia-Vergleich

Wenn mehrere Werbeträgergattungen eingesetzt werden sollen, muss der gesamte Streuetat auf die betreffenden Mediengattungen verteilt werden. Obige Abb. 6.11 gibt einen zusammenfassenden Überblick über die Kriterien des Intermediavergleichs.

6.7 Intramediavergleich/-Selektion

Auswahl von Werbeträgern in den Gattungen

Nachdem im Rahmen des Intermediavergleichs Werbeträgergattungen ausgewählt wurden, müssen nun konkrete Werbeträger innerhalb der jeweiligen Werbeträgerkategorien ausgewählt werden.

> *Diesen Vorgang der vergleichenden Auswahl konkreter Werbeträger bezeichnet man als Intramediavergleich bzw. Intramediaselektion.*

Hat man sich z. B. beim Intermediavergleich für die Mediengattung „Publikumszeitschriften" entschieden, könnte man innerhalb des Intramediavergleichs die Titel „Der Spiegel", „Focus", „Stern" auswählen.

Sowohl beim Inter- als auch beim Intramediavergleich wird häufig zwischen quantitativen Kriterien, die zahlenmäßig erfassbar sind, und qualitativen Kriterien, bei denen eine rein zahlenmäßige Darstellung nicht möglich ist, unterschieden. Quantitative Kriterien sind, z. B. Reichweiten, Tausender-Preise, Auflagen, Affinitäten. Beispiele für qualitative Kriterien sind: redaktionelles Konzept, Image, Bindung.

Mögliche Auswahlkriterien für die Intramediaselektion	
• Wirtschaftlichkeit (Tausender-Preise), • Übereinstimmung zwischen Zielgruppe und Nutzerkreis (Affinität), • Reichweite, • Reichweitenaufbau/Kontaktaufbau, • Überschneidungen (intern/extern), • Auflagen, • Datentransparenz (z.B. geprüfte Verbreitungsmaßzahlen),	• Verfügbarkeit, • Erscheinungsintervalle, • redaktionelles Konzept, • Funktion (Unterhaltung, Information), • Nutzungsintensität, • Akzeptanz/Glaubwürdigkeit/Bindung bezogen auf die Zielgruppe, • Image usw.

Rangreihen

Zur Auswahl der Medien innerhalb der Intramediaselektion werden in der Regel zunächst so genannte Rangreihen gebildet. Die Rangreihen können nach verschiedenen Kriterien geordnet werden. Gängige Ordnungskriterien hierbei sind:

- Wirtschaftlichkeit,
- Affinität (Affinitätsindex),
- Reichweite und
- evtl. Indexsumme.

Medienliste wird nach einem bestimmten Kriterium sortiert

Häufig geht man bei der Auswahl der Werbeträger so vor, dass zunächst alle verfügbaren Medien der Werbeträgergattung nach Affinitäten sortiert werden und die Medien mit einem Affinitätsindex unterhalb eines bestimmten Schwellenwertes ausgeschlossen werden. Danach wird die verbleibende Medienliste nach der Reichweite sortiert und alle Werbeträger, deren Reichweite unter einem bestimmten Mindestwert liegen, werden ebenfalls ausgeschlossen. Bei den dann noch übrig gebliebenen Werbeträgern erfolgt schließlich eine Sortierung nach Tausend-Kontakt-Preisen.

Sortierung nach
1. Affinitäten

2. Reichweite

3. Wirtschaftlichkeit

Beispiel

Wir knüpfen an die Situationsaufgabe/das Fallbeispiel „Weinselig-Sekt" aus Abschnitt 1.10 an. Für die Markteinführung des „Weinselig-Sektes" soll für die Gattung der Publikumszeitschriften ein Intramediavergleich durchgeführt werden. Grundlage hierfür sind alle PZ-Titel, die in der Verbraucheranalyse (VA) erfasst sind. Zusätzlich werden auch noch alle erfassten Tarifkombinationen einbezogen.

 *Unter einer **Tarifkombination** versteht man die tarifliche Zusammenfassung mehrerer Werbeträger des gleichen Anbieters zu einem reduzierten Preis im Vergleich zu einer Einzelbelegung der zusammengefassten Werbeträger.*

Die „Focus-BlueChip-Kombi" besteht z.B. aus den beiden Titeln „Focus" und „Focus Money". Die Schaltung einer 1/1-Seite 4C in der Kombination kostet 49.000,00 €. Würden die beiden Titel dagegen einzeln belegt, müssten dafür 54.000,00 € aufgewendet werden.

Die Zielgruppen für „Weinselig-Sekt" wurden mithilfe der Typologie der Wünsche Intermedial (TdWI) beschrieben, vgl. Abschnitt 1.10. Leider verfügt die Verbraucheranalyse nicht über die gleichen Merkmale zur Zielgruppenbeschreibung. Es fehlen dort z.B. Angaben zur Ausgabebereitschaft für Sekt und zur bevorzugten Sektart. Deshalb besteht das Problem, die ursprünglichen Marketingzielgruppen in geeignete Mediazielgruppen zu übertragen. Die beiden ursprünglichen Zielgruppen sind wie folgt zusammengefasst worden:

„Die Mediazielgruppe besteht aus Personen, die regelmäßig Sekt (mindestens einmal pro Monat) oder gelegentlich Champagner (mindestens einmal alle zwei Monate) trinken und über eine relativ hohe Konsumkraft verfügen. Die Zielgruppe besteht aus insgesamt 3,78 Mio. Personen."

Abb. 6.12 zeigt den Ausschnitt einer Rangreihe der Titel, die nach dem Affinitätsindex sortiert wurden, wobei alle Titel mit einem Indexwert unter 120 ausgesondert wurden. Insgesamt enthält die Tabelle 84 Titel.

Anschließend wurde die Tabelle nach Reichweite sortiert und dabei alle Titel ausgeschlossen, deren Reichweite in der ZG kleiner als 2% ist. Die Tabelle enthielt noch 46 Titel, in Abb. 6.13 ist ein Ausschnitt angegeben.

Sortiert man die so erhaltene Tabelle schließlich nach dem TKP, dann erhält man eine Rangreihe, von der Abb. 6.14 einen Ausschnitt zeigt.

VerbraucherAnalyse
Zielgruppe: Sekt Potenzial: 5,9%, 1.795 Fälle, 3,78 Mio.
Vergleichs-Zielgruppe Gesamtbevölkerung Potenzial: 100,0%, 3.0547 Fälle, 64,25 Mio.

	Medien/Werbemittel	Kosten in €	€ pro 1.000 Konf.	Reichweite in %	Reichweite in Mio.	Affinitätsindex	Indexsumme RW+TKP+Affin.
1	Finanzen	11.739	259,98	1,2	0,05	294	134
2	InStyle	16.500	622,46	0,7	0,03	241	97
3	COSMOPOLITAN	23.990	282,03	2,3	0,09	234	116
4	Schöner Essen	7.920	122,87	1,7	0,06	222	145
5	GEOSAISON	14.600	269,99	1,4	0,05	222	110
6	Focus Money	12.500	272,21	1,2	0,05	221	108
7	Börse online	12.900	380,48	0,9	0,03	221	99
8	DIE WELT/WELT am SONNTAG	17.000	108,48	3,8	0,14	215	159
9	Capital	24.360	246,68	2,6	0,10	215	114
10	WELT am SONNTAG	11.400	129,20	2,3	0,09	214	142
11	Euro am Sonntag	12.240	325,24	1,0	0,04	213	100
12	ELLE	20.758	431,13	1,3	0,05	213	95
13	JM-FRAUENKOMBINATION 2	36.441	362,62	2,6	0,10	203	101
14	Geldidee	13.000	401,93	0,9	0,03	193	88
15	Allegra	14.600	334,84	1,2	0,04	192	93
16	Mens Health	18.250	360,19	1,3	0,05	189	91
17	DER SPIEGEL	47.500	115,29	10,9	0,41	183	172
18	PRINZ	20.440	748,21	0,7	0,03	182	75
19	mot. Die Autozeitschrift.	7.000	338,15	0,5	0,02	181	87
20	com! online	13.289	396,77	0,9	0,03	177	83
21	PC WELT	16.160	119,58	3,6	0,14	176	138
22	Added value ELLE/freundin	52.718	216,34	6,3	0,24	171	119
23	AMICA	18.100	375,27	1,3	0,05	171	84

Abb. 6.12: Rangreihe: Sortierung nach dem Affinitätsindex (Indexwert ≥ 120)

	Medien/Werbemittel	Kosten in €	€ pro 1.000 Kont.	Reichweite in %	Reichweite in Mio.	Affinitätsindex	Indexsumme RW+TKP+ Affin.
1	ADAC motorwelt	95.448	99,44	25,4	0,96	131	222
2	Stern	48.700	98,10	13,2	0,50	149	181
3	FOCUS-BlueChip-Kombi	49.000	111,12	11,4	0,43	165	170
4	DER SPIEGEL	47.500	115,29	10,9	0,41	183	172
5	Focus	41.500	105,05	10,5	0,40	161	169
6	Milchstraßen-Zielgruppe 3	58.860	149,41	10,3	0,39	125	135
7	MILCHSTRASSE 14	59.066	154,84	10,0	0,38	125	132
8	TV Spielfilm	46.700	130,35	9,5	0,36	125	139
9	ad/vance BRIGITTE/YOUNG MISS	54.760	176,75	8,0	0,30	163	131
10	Brigitte	46.900	175,15	7,1	0,27	169	129
11	Für Sie/Petra Kombination	45.320	164,51	6,9	0,26	150	125
12	Added value ELLE/freundin	52.718	216,34	6,3	0,24	171	119
13	Für Sie/Vital Kombination	36.430	150,41	6,2	0,23	148	126
14	IWZ Illustrierte Wochenzeitung	25.760	115,92	5,9	0,22	159	144
15	freundin	32.388	165,64	5,2	0,20	164	123
16	Milchstraßen-Zielgruppe 5	50.445	256,35	4,9	0,18	155	102

Abb. 6.13: Rangreihe: Sortierung nach Affinitätsindex (Indexwert ≥ 120), anschl. nach Reichweite (≥ 2 %)

	Medien/Werbemittel	Kosten in €	€ pro 1.000 Kont.	Reichweite in %	Reichweite in Mio.	Affinitätsindex	Indexsumme RW+TKP+ Affin.
1	Stern	48.700	98,10	13,2	0,50	149	181
2	ADAC motorwelt	95.448	99,44	25,4	0,96	131	222
3	Focus	41.500	105,05	10,5	0,40	161	169
4	DIE WELT/WELT am SONNTAG	17.000	108,48	3,8	0,14	215	159
5	FOCUS-BlueChip-Kombi	49.000	111,12	11,4	0,43	165	170
6	DER SPIEGEL	47.500	115,29	10,9	0,41	183	172
7	IWZ Illustrierte Wochenzeitung	25.760	115,92	5,9	0,22	159	144
8	PC WELT	16.160	119,58	3,6	0,14	176	138
9	COMPUTER BILD	22.064	120,42	4,9	0,18	144	132
10	Journal für die Frau	15.660	120,45	3,4	0,13	161	132
11	Familien-Kombi	9.650	127,00	2,0	0,08	145	118
12	WELT am SONNTAG	11.400	129,20	2,3	0,09	214	142
13	TV Spielfilm	46.700	130,35	9,5	0,36	125	139
14	Für Sie	25.700	140,27	4,9	0,18	153	126
15	Milchstraßen-Zielgruppe 3	58.860	149,41	10,3	0,39	125	135
16	Für Sie/Vital Kombination	36.430	150,41	6,2	0,23	148	126
17	MILCHSTRASSE 14	59.066	154,84	10,0	0,38	125	132
18	G+J Genuss Plus-Kombi	24.720	159,03	3,9	0,15	170	122
19	Für Sie/Petra Kombination	45.320	164,51	6,9	0,26	150	125
20	freundin	32.388	165,64	5,2	0,20	164	123
21	Schöner Wohnen	26.600	169,87	4,1	0,16	170	119
22	Reader's Digest Das Beste	20.450	170,12	3,2	0,12	138	105
23	Gala	14.700	171,77	2,3	0,09	149	104

Abb. 6.14: Rangreihe: Sortierung n. Affinitätsindex (≥ 120), anschl. n. Reichweite (≥ 2 %), anschl. n. TKP

6.8 Erstellung von Mediaplänen/Evaluierung und Optimierung

Standardverfahren:
1. Belegung in Reihenfolge der Rangreihe
2. Schaltfrequenz je Titel = angestrebte Kontaktdichte

Durch die Belegung der Werbeträger, die bei der Intramediaselektion ausgewählt wurden, mit entsprechenden Schaltfrequenzen, erhält man schließlich Mediapläne. Bei Printmedien ist es häufig sinnvoll, als Schaltfrequenz die angestrebte Kontaktzahl zu wählen. Bei einer systematischen Vorgehensweise werden die Werbeträger in der Reihenfolge ihrer Position in der Rangreihe mit Schaltfrequenzen belegt, bis der Streuetat bzw. der Streuetatanteil für die betreffende Werbeträgergattung ausgeschöpft ist. Die so erhaltenen Mediapläne werden mithilfe entsprechender Kriterien bewertet. Übliche Bewertungskriterien hierbei sind:

- Gesamtkosten,
- Nettoreichweite,
- Bruttoreichweite,
- wirksame Reichweite,
- Tausender-Preise,
- GRP,
- Kontakte,
- Kontaktverteilung.

Soll die wirksame Reichweite als Bewertungskriterium verwendet werden, muss natürlich vorher eine Kontaktbewertungsfunktion definiert werden.

Vergleich der Leistungswerte mit den Mediazielen

Bei der Planbewertung müssen die Leistungswerte der Pläne mit den Zielvorgaben verglichen werden.

In der Regel versucht man die zunächst erhaltenen Pläne gezielt zu verbessern, um dadurch einen optimalen Plan zu erhalten. Bei der Planoptimierung können unterschiedliche Aspekte berücksichtigt werden, z.B.

- Erscheinungsintervalle,
- interne-/ externe Überschneidungen,
- Image des Werbeträgers,
- Art der Verbreitung des Werbeträgers,
- redaktionelles Konzept des Werbeträgers,
- Produktaffinität des Werbeträgers.

Beispiel

Wir greifen noch einmal auf die Situationsaufgabe aus Abschnitt 1.10 zurück, die oben auch für die Ableitung von Rangreihen genutzt wurde: Für die Markteinführung des „Weinselig-Sektes" soll eine Printkampagne in Publikumszeitschriften durchgeführt werden. Die Kampagne soll zunächst auf ein Jahr beschränkt sein und im September gestartet werden. Für die Kampagne steht ein Streuetat von 2 Mio. € zur Verfügung. Es wird eine Kontaktdichte von sechs bis sieben Kontakten pro Person angestrebt. Die Reichweite in der Zielgruppe soll mindestens 60 % betragen.

Das systematische Vorgehen wird anhand dieses Beispiels erläutert. Die Tabelle in Abb. 6.15 zeigt vier mögliche Pläne einschließlich der Planbewertungen.

VerbraucherAnalyse
Zielgruppe: Sekt Potenzial: 5,9 %, 1.795 Fälle, 3,78 Mio.
Nettopreise

Werbemittel	Format	Farbe	Plan 1	Plan 2	Plan 3	Plan 4
Stern	1/1 S.	4c	7	7	12	12
ADAC motorwelt	1/1 S.	4c	6		9	
Focus	1/1 S.	4c			7	12
FOCUS-BlueChip-Kombi	1/1 S.	4c	7	6		
DER SPIEGEL	1/1 S.	4c	7	7		9
IWZ Illustrierte Wochenzeitung	1/1 S.	4c	7		7	
PC WELT	1/1 S.	4c	7	6		12
COMPUTER BILD	1/1 S.	4c	6	6		
Journal für die Frau	1/1 S.	4c	6	6		12
Familien-Kombi	1/1 S.	4c	6	6	4	7
TV Spielfilm	1/1 S.	4c			7	8
Milchstraßen-Zielgruppe 3	1/1 S.	4c		7		
G+J Genuss Plus-Kombi	1/1 S.	4c		6		
Für Sie/Petra Kombination	1/1 S.	4c		6		
Ergebnisse						
Kosten in Euro			1.994.965	1.996.004	1.997.231	1.992.169
Reichweite %			78,4	76,7	76,0	72,7
Reichweite Mio.			2,96	2,90	2,87	2,74
Euro pro 1.000 Nutzer			673,81	689,27	695,79	726,02
Wirksame Reichweite %			53,1	46,4	56,5	49,6
Wirksame Reichweite Mio.			2,00	1,75	2,13	1,87
Euro pro 1.000 wirksame Nutzer			996,15	1.138,83	936,79	1.064,82
Kontakte Mio.			20,04	17,49	21,73	20,99
Euro pro 1.000 Kontakte			99,54	114,10	91,92	94,93
GRP			530,9	463,4	575,6	555,9
Kontakte pro Nutzer			6,8	6,0	7,6	7,6

Abb. 6.15: Mediapläne und Planbewertung

Erläuterungen

1. Der erste Plan wurde systematisch nach Rangreihe erstellt, mit Belegungsfrequenzen in der Nähe der angestrebten Kontaktzahl (sechs bis sieben). Lediglich die „Welt" und die „Welt am Sonntag" wurden nicht belegt (als Zeitung bzw. zeitungsähnliche Publikation). Der „Focus" wurde nicht belegt, da in er in „Focus-BlueChip-Kombi" enthalten ist.

2. Bei dem zweiten Plan wurden zusätzliche Aspekte berücksichtigt. Die ADAC motorwelt wurde nicht belegt, da es sich um eine unentgeltlich vertriebene Clubzeitschrift handelt und sie vermutlich nicht das passende Umfeld für die Bewerbung des Produkts bietet. Ähnliches gilt für die „IWZ Illustrierte Wochenzeitung" als kostenlos vertriebenes Programmsupplement von Tageszeitungen. Die „G + J Genuss Plus-Kombi" mit „Essen & Trinken" und „Schöner Essen" wurde belegt, da hier hohe Affinität zwischen dem beworbenen Produkt und dem redaktionellen Konzept der Werbeträger besteht.

3. Der Plan 3 ist durch eine Optimierung von Plan 1, und Plan 4 durch eine Optimierung von Plan 2 entstanden.
Hierbei wurde das Optimierungstool des MDS-Programmes (Media-Dialog-System) des Axel-Springer-Verlages verwendet. Im Rahmen der Planoptimierung wird versucht, die wirksame Reichweite zu maximieren und gleichzeitig eine vorgegebene Durchschnittskontaktzahl nicht zu unterschreiten.

Die dabei verwendete Kontaktbewertungsfunktion ist in der folgenden Tabelle angegeben.

Kontakte	1	2	3	4	5	6	7	8+
Werbewirkung (in %)	1	5	18	49	81	95	99	100

Es ist erkennbar, dass Plan 1, der durch eine systematische Anwendung des Rangreihenprinzips entstanden ist, bei allen Leistungswerten deutlich bessere Ergebnisse aufweist als Plan 2, bei dem zusätzlich andere Aspekte berücksichtigt wurden. Durch die Optimierung beider Pläne haben sich die Nettoreichweiten zwar verringert, dafür wurden die Durchschnittskontakte stark erhöht. Auch die GRP-Werte konnten durch die Optimierung erhöht werden. Bei Plan 2 wirkt sich die Optimierung wesentlich stärker auf die Leistungswerte aus als bei Plan 1. Sieht man von den Nettoreichweiten ab, so konnten die Leistungswerte von Plan 1 und Plan 2 durch die Optimierung angeglichen werden. Deutliche Unterschiede bestehen allerdings noch bei den Tausender-Preisen und der wirksamen Reichweite.

VerbraucherAnalyse Kumulierte Kontaktverteilung
Zielgruppe Sekt Potenzial: 5,9 %, 1.795 Fälle, 3,78 Mio.
Werbemittel

Kontakte pro Person	Plan 1 Reichweite in %	Plan 1 Kumulierte Reichweite in %	Plan 2 Reichweite in %	Plan 2 Kumulierte Reichweite in %	Plan 3 Reichweite in %	Plan 3 Kumulierte Reichweite in %	Plan 4 Reichweite in %	Plan 4 Kumulierte Reichweite in %
1	6,9	78,4	9,1	76,7	5,7	76,0	7,2	72,7
2	7,1	71,5	9,0	67,6	5,5	70,3	7,2	65,5
3	7,1	64,4	8,3	58,6	5,1	64,8	6,2	58,3
4	7,8	57,3	7,9	50,2	5,5	59,6	5,5	52,1
5	8,2	49,5	7,5	42,3	6,3	54,2	5,3	46,6
6	7,5	41,3	6,7	34,8	7,2	47,8	5,2	41,4
7	5,9	33,8	5,4	28,2	7,3	40,7	4,9	36,2
8	4,8	27,9	4,3	22,8	6,1	33,4	4,5	31,2
9	4,2	23,1	3,7	18,5	5,2	27,3	3,9	26,7
10	3,7	18,8	3,2	14,8	4,0	22,1	3,6	22,8
11	3,1	15,2	2,6	11,7	3,4	18,1	3,2	19,2
12	2,5	12,1	2,1	9,0	2,9	14,7	2,8	16,0
13	2,1	9,6	1,6	6,9	2,5	11,8	2,3	13,2
14	1,7	7,5	1,2	5,3	2,1	9,4	2,0	10,9
15	1,4	5,8	1,0	4,1	1,7	7,3	1,7	8,9
16	1,2	4,4	0,8	3,1	1,4	5,5	1,4	7,2
17	0,9	3,2	0,6	2,4	1,1	4,1	1,1	5,8
18	0,7	2,3	0,4	1,8	0,9	3,0	0,9	4,6
19	0,5	1,6	0,3	1,3	0,7	2,1	0,7	3,7
20	0,3	1,2	0,3	1,0	0,5	1,4	0,6	3,0
21+	0,8	0,8	0,7	0,7	0,9	0,9	2,4	2,4

Abb. 6.16: Kontaktverteilungen

Bei den Planbewertungen sollten auf jeden Fall auch die Kontaktverteilungen berücksichtigt werden.

In Abb. 6.16 bis Abb. 6.18 sind die Kontaktverteilungen und die kumulierten Kontaktverteilungen der vier Pläne in Tabellenform und als Diagramme angegeben.

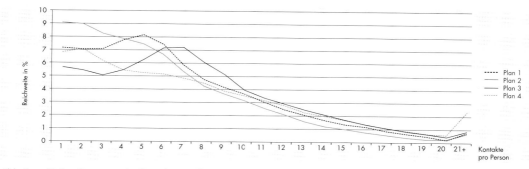

Abb. 6.17: Liniendiagramm der Kontaktverteilungen

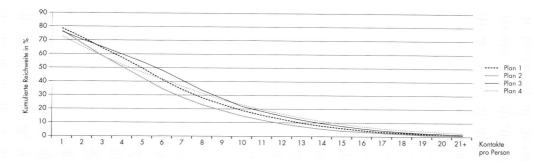

Abb. 6.18: Liniendiagramm der kumulierten Kontaktverteilungen

Es ist anhand der Diagramme unmittelbar erkennbar, dass Plan 3 die beste Kontaktverteilung hat. Das Reichweitenmaximum wird hier bei sieben Kontakten erreicht. Bei sieben Kontakten hat Plan 3 von allen Plänen die höchste Reichweite. Bei sechs Kontakten ist die Reichweite von Plan 1 zwar etwas höher als bei Plan 3, Plan 1 hat aber den Nachteil, dass in den unteren Kontaktklassen (ein bis drei Kontakte) deutlich höhere Reichweiten erzielt werden als bei Plan 3. Im Bereich von sieben bis zehn Kontakten ist Plan 3 dagegen klar am besten. Die Kontaktverteilungen der Pläne 2 und 4 sind ungünstig. Sie erreichen in den unteren Kontaktklassen die höchsten Reichweiten. Mit zunehmender Kontakthäufigkeit nehmen ihre Reichweiten nahezu kontinuierlich ab. Lediglich bei 21 und mehr Kontakten steigt die Reichweite von Plan 4 wieder an.

Die Überlegenheit von Plan 3 wird auch durch die kumulierten Kontaktverteilungen bestätigt. Im Bereich zwischen 3 und 9 Kontakten hat Plan 3 die höchste kumulierte Reichweite. Die Überlegenheit ist hier vor allem in dem wichtigen Kontaktbereich zwischen fünf und sieben Kontakten besonders deutlich.

Bezüglich der Leistungswerte und der Kontaktverteilungen ist Plan 3 damit eindeutig am besten. Der Plan hat allerdings den Nachteil, dass mit der „ADAC motorwelt" und der „IWZ Illustrierte Wochenzeitung" Titel belegt werden, die als nicht geeignet für das Produkt verworfen worden waren. Es muss daher abgewogen werden, ob nicht Plan 4 trotz der Defizite bei den Leistungswerten und Kontaktverteilungen vorgezogen werden sollte.

6.9 Streu- und Kostenplan

Wenn ein endgültiger Mediaplan feststeht, muss noch festgelegt werden, wann innerhalb des Kampagnenzeitraums die vorgesehenen Schaltungen erfolgen sollen.

 Diese zeitliche Verteilung der Belegungen des Mediaplans bezeichnet man als Streuplan.

Erstreckt sich ein Kampagnenzeitraum z. B. über 52 Wochen und soll eine Zeitschrift x Mal belegt werden, muss in dem Streuplan konkret angegeben werden, in welchen Wochen diese Belegungen erfolgen sollen. Die Erstellung eines Streuplans geht immer mit einer zeitlichen Verteilung des Werbedrucks einher (siehe dazu die Ausführungen in Abschnitt 6.5). Zusätzlich enthält der Streuplan auch noch Angaben über Buchungsschlusstermine, Unterlagenschlusstermine und Informationen über die Werbemittel.

Kostenplan

Im Kostenplan werden die mit dem Mediaplan verbundenen Streukosten übersichtlich zusammengestellt. Er enthält für die einzelnen Werbeträger des Mediaplans die

- Bruttoschaltkosten,
- Schaltfrequenzen,
- Rabatte,
- Nettoschaltkosten und
- Gesamtkosten.

Beispiel

Wir führen das letzte Beispiel fort: Angenommen, die Einführungskampagne für den „Weinselig-Sekt" soll trotz der aufgezeigten Mängel mit dem Plan 4 umgesetzt werden. Dafür soll jetzt ein Streuplan erstellt werden.
Damit die Marke schnell in der Zielgruppe bekannt wird, soll in den Monaten September und Oktober ein relativ hoher Werbedruck ausgeübt werden. Außerdem soll der Werbedruck in den Monaten November und Dezember relativ hoch sein, da zu Weihnachten und zum Jahreswechsel viel Sekt getrunken und verschenkt wird. Während der restlichen Kampagnenzeit wird ein möglichst hoher, weit gehend konstanter Werbedruck angestrebt. Tabelle 6.21 auf der folgenden Seite zeigt ein Beispiel für einen Streuplan.
Die Diagramme in den Abb. 6.19 und 6.20 zeigen, wie sich der Werbedruck, gemessen durch die GRP, auf die Monate bzw. Wochen der Kampagne verteilt.

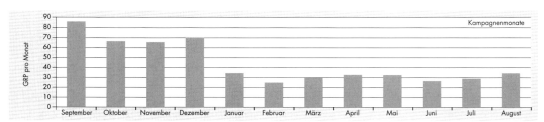

Abb. 6.19: Verteilung des Werbedrucks auf die Kampagnenmonate

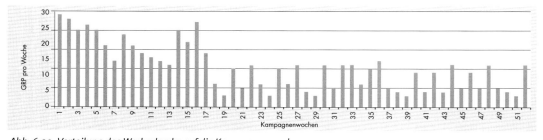

Abb. 6.20: Verteilung des Werbedrucks auf die Kampagnenwochen

Verbraucher-Analyse   Streuplan: Weinsetig-Sekt

Kampagnewochen		September				Oktober				November				Dezember				Januar				Februar		
Titel	Frequenz	1	2	3	4	5	6	7	8	9	10	11	12	13	14	15	16	17	18	19	20	21	22	23	24	25	26
Stern	12/12	X			X	X	X			X	X				X	X							X				
Focus	12/12	X	X	X				X				X		X				X								X	
DER SPIEGEL	9/9	X				X			X						X		X										
PC WELT	12/12		X				X			X		X				X				X					X		
Journal für die Frau	12/12																					X				X	
Familien-Kombi	7/7		X										X						X		X			X			X
TV Spielfilm	8/8								X								X										
Index = 100 bei Gleichverteilung		223	212	190	195	190	153	116	181	154	134	125	114	103	188	155	204	130	60	31	90	43	104	54	25	97	55
GRP pro Woche		24	23	20	21	20	16	12	19	16	14	13	12	11	20	17	22	14	6	3	10	5	11	6	3	10	6
GRP pro Monat		88				68				67					72				35					25			
Kontakte in Mio.		3,02				2,59				2,54					2,73				1,33					0,93			

Kampagnewochen		März				April				Mai				Juni				Juli				August			
Titel	Frequenz	27	28	29	30	31	32	33	34	35	36	37	38	39	40	41	42	43	44	45	46	47	48	49	50	51	52
Stern	12/12																		X				X				X
Focus	12/12				X		X	X		X											X						
DER SPIEGEL	9/9	X					X								X					X							
PC WELT	12/12		X	X		X	X					X				X			X			X		X	X	X	
Journal für die Frau	12/12									X				X				X									
Familien-Kombi	7/7	X			X				X				X				X										
TV Spielfilm	8/8										X																
Index = 100 bei Gleichverteilung		103	41	31	105	44	103	104	53	96	108	43	35	26	84	40	87	39	101	45	86	43	105	49	34	31	106
GRP pro Woche		11	4	3	11	5	11	11	6	10	12	5	4	3	9	4	9	4	11	5	9	5	11	5	4	3	11
GRP pro Monat		30			33					33					27				29					35			
Kontakte in Mio.		1,13			1,23					1,24					1,01				1,11					1,3			

Abb. 6.21: Streuplan

Die Verteilung der GRP auf die Monate zeigt, dass die Forderung nach einer Frontloadingkampagne mit einem zusätzlichen Schwerpunkt auf die Monate November und Dezember und einer weitgehenden Gleichverteilung des Werbedrucks während der übrigen Monate weitgehend erfüllt ist. Betrachtet man dagegen die Verteilung des Werbedrucks auf die Kampagnenwochen, wird deutlich, dass tatsächlich eine Pulsingstrategie verfolgt wird. Eine exakte Gleichverteilung ist im Rahmen einer Printkampagne auch nicht erreichbar. Es sollte zudem geprüft werden, ob es nicht besser wäre, den Werbedruck stärker zu konzentrieren, da ein Werbedruck von 10 GRP pro Woche und weniger vermutlich keinen ausreichenden Effekt erzielen wird. Vergleiche dazu auch Kap. 4.3.

6.10 Situationsaufgabe zur Mediaplanung

Die Pedaltreter GmbH ist ein mittelgroßes Düsseldorfer Unternehmen, das sich auf die Herstellung und den Vertrieb von Fahrrädern spezialisiert hat. Die Pedaltreter GmbH stellt im Wesentlichen qualitativ hochwertige Fahrräder für den Freizeitbereich her. Die Produktpalette besteht zur Zeit aus dem:

Trekkingrad:	**world**	Preise:	1.200,00 € – 1.600,00 €
Mountainbike:	**Rockclimber**	Preise:	2.500,00 € – 3.000,00 €
Cityrad:	**town**	Preise:	500,00 € – 1.000,00 €

Die Preise für die Fahrräder variieren in Abhängigkeit der Ausstattung.
Die Pedaltreter GmbH hat schon seit einigen Jahren mit kontinuierlich sinkenden Absätzen zu kämpfen.

Marktinformationen
Der deutsche Fahrradmarkt ist weit gehend gesättigt, fast 80 % der über 14-Jährigen besitzen ein Fahrrad. Unter der jungen Zielgruppe (14–24 Jahre) und der mittleren Zielgruppe (35–49 Jahre) ist der Sättigungsgrad besonders hoch (über 90 %). Bei den über 65-Jährigen ist der Anteil der Fahrradbesitzer mit ≈ 50 % am niedrigsten. Hinsichtlich des Fahrradbesitzes gibt es keinen nennenswerten Unterschied zwischen Männern und Frauen, obwohl der Sättigungsgrad bei Frauen in den jungen und mittleren Altersgruppen geringfügig höher ist als bei den Männern dieser Altersgruppe. Bei älteren Frauen ist er dagegen niedriger. Das mengenmäßige Marktvolumen für Fahrräder hat sich in den letzten Jahren nur unwesentlich verändert. Es sinkt tendenziell.

Wettbewerb
Die Fahrradindustrie in Deutschland ist im Wesentlichen durch eine Vielzahl mittelgroßer und kleiner Unternehmen geprägt. Ein großer Anteil der in Deutschland abgesetzten Fahrräder stammt allerdings von großen Unternehmen aus dem Ausland. Hier dominieren fernöstliche und italienische Anbieter mit zum Teil sehr preisaggressiven Angeboten.
Die jährlichen Werbeaufwendungen für Fahrräder haben sich in den letzten Jahren kaum verändert. Sie sind mit etwa 6,5 Mio. € gering. Die Werbeaufwendungen verteilen sich zur Zeit wie folgt:

Hersteller	Marktanteil	Werbeaufwendungen
A	30 %	2,20 Mio. €
B	25 %	1,70 Mio. €
C	20 %	1,65 Mio. €
Pedaltreter	6 %	0,25 Mio. €
restliche Anbieter (mit Marktanteilen unter 1 %)	19 %	0,7 Mio. €

Die Werbeaufwendungen entfallen ausschließlich auf Printmedien, und zwar 57 % auf Publikumszeitschriften und 43 % auf Tageszeitungen. Der Anteil der Tageszeitungen an den Werbeaufwendungen hat in den letzten Jahren kontinuierlich zugenommen.

Ziele/Zielgruppe
Die Geschäftsführung der Pedaltreter GmbH möchte durch entsprechende Werbemaßnahmen die Absatzentwicklung kurzfristig stabilisieren und mittelfristig wieder deutliche Absatzzuwächse erzielen. Dazu will sie innerhalb von zwei Jahren ihren Marktanteil auf 10 % steigern und dafür zunächst 1,6 Mio. € für die Streuung von Werbung ausgeben. Die Werbekampagne soll im März gestartet werden und ist vorläufig auf ein Jahr begrenzt.

Die Pedaltreter GmbH zielt damit auf die 20- bis 44-Jährigen mit einem Haushaltsnettoeinkommen von mindestens 2.500,00 €, die in ihrer Freizeit gern oder besonders gern Fahrrad fahren. Die Zielgruppe besteht aus 5,34 Mio. Personen.

Die Pedaltreter GmbH möchte in der Zielgruppe eine möglichst hohe Markenbekanntheit erreichen, ein positives Markenimage und vor allen Dingen ein Markenbewusstsein aufbauen. Die Pedaltreter-Fahrräder sollen als qualitativ hochwertig und ideal für die aktive Freizeitgestaltung positioniert werden. Neben der Bewerbung der Marke „Pedaltreter" sollen die drei Fahrradtypen „world", „Rockclimber" und „town" abwechselnd beworben werden. Der Bekanntheitsgrad der Marke „Pedaltreter" in der Zielgruppe liegt zur Zeit bei 15 %. Er soll innerhalb eines Jahres auf 45 % gesteigert werden.

Aufgaben
a) Formulieren Sie auf der Grundlage der geschilderten Situation Medienziele und begründen Sie diese.
b) Bewerten Sie die Eignung der Mediengattungen TV, PZ, Funk, TZ, Plakat für den vorliegenden Fall.
c) Die Pedaltreter GmbH möchte ausschließlich in Publikumszeitschriften werben.
   c1) Ihnen liegen zwei Mediapläne einschließlich einer Rangreihe und den Kontaktverteilungen vor. Welchen Plan würden Sie der Pedaltreter GmbH empfehlen? Begründen Sie Ihre Entscheidung.
   c2) Angenommen, die Pedaltreter GmbH möchte den Plan 2 realisieren. Für diesen Plan liegen Ihnen ein Streuplan und zwei Diagramme vor, die die mit dem Streuplan verbundene zeitliche Verteilung des Werbedrucks visualisieren. Bewerten Sie den Streuplan.

VerbraucherAnalyse
Zielgruppe: Fahrrad Potenzial: 8,3 %, 2.540 Fälle, 5,34 Mio.
Vergleichs-Zielgruppe Gesamtbevölkerung Potenzial: 100,0 %, 30.547 Fälle, 64,25 Mio.

	Medien/Werbemittel	Kosten in €	€ pro 1.000 Konf.	Reichweite in %	Reichweite in Mio.	Affinitäts-index
1	Stern	48.700	75,21	12,1	0,65	138
2	COMPUTER BILD	22.064	75,54	5,5	0,29	162
3	Focus	41.500	76,63	10,1	0,54	156
4	ADAC motorwelt	95.448	77,03	23,2	1,24	119
5	TV Spielfilm	46.700	77,65	11,3	0,60	149
6	TV Movie	47.724	79,58	11,2	0,60	150
7	PC WELT	16.160	79,84	3,8	0,20	186
8	DER SPIEGEL	47.500	82,30	10,8	0,58	181
9	Computer Bild Spiele	10.920	83,09	2,5	0,13	126
10	Coupé	10.835	88,20	2,3	0,12	194
11	Fit for Fun	22.200	90,62	4,6	0,24	262
12	Praline	7.950	93,22	1,6	0,09	124
13	SPORT BILD	23.450	100,74	4,4	0,23	119
14	Kicker Sportmagazin	17.941	100,96	3,3	0,18	124
15	Lisa	14.600	108,35	2,5	0,13	120
16	WELT am SONNTAG	11.400	111,40	1,9	0,10	175
17	GEO	34.400	123,23	5,2	0,28	182
18	freundin	32.388	124,20	4,9	0,26	155
19	Gala	14.700	129,32	2,1	0,11	140
20	Premiere	33.000	130,87	4,7	0,25	171

Abb. 6.22: Rangreihe: Affinität ≥ 119, Reichweite in der Zielgruppe ≥ 1,4, Sortierung nach 1.000-Kontakt-Preisen

VerbraucherAnalyse
Zielgruppe: Fahrrad Potenzial: 8,3 %, 2.540 Fälle, 5,34 Mio.
Nettopreise

Werbemittel	Format	Farbe	Plan 1	Plan 2
Stern	1/1 S.	4c	7	9
COMPUTER BILD (1)	1/1 S.	4c	8	
Focus	1/1 S.	4c	6	9
ADAC motorwelt (1)	1/1 S.	4c	3	
TV Spielfilm	1/1 S.	4c	6	9
TV Movie	1/1 S.	4c	6	9
PC WELT	1/1 S.	4c	6	
Fit for Fun	1/1 S.	4c		6

Abb. 6.23a: Mediapläne und Bewertung/Werbemittel ... bitte umblättern

Ergebnisse		
Kosten in Euro	1.592.600	1.585.026
Reichweite %	76,6	68,4
Reichweite Mio.	4,09	3,65
Euro pro 1.000 Nutzer	389,01	433,66
Kontakte Mio.	22,26	22,98
Euro pro 1.000 Kontakte	71,56	68,97
GRP	416,5	430,1
Kontakte pro Nutzer	5,4	6,3

Abb. 6.23b: Mediapläne und Planbewertung/Ergebnisse. Hinweis: Würden alle Titel von Plan 1 genau einmal belegt, so erhielte man in der Grundgesamtheit eine Reichweite von 41,6 % und in der Zielgruppe eine Reichweite von 54,0 %. Bei Plan 2 würde die Reichweite in der Grundgesamtheit 27,6 % und in der Zielgruppe 40,2 % betragen.

VerbraucherAnalyse
Zielgruppe: Fahrrad Potenzial: 8,3 %, 2.540 Fälle, 5,34 Mio.
Werbemittel

Kontakte pro Person	Plan 1				Plan 2			
	Reichweite in Mio.	Reichweite in %	Kumulierte Reichweite in Mio.	Kumulierte Reichweite in %	Reichweite in Mio.	Reichweite in %	Kumulierte Reichweite in Mio.	Kumulierte Reichweite in %
1	0,41	7,8	4,09	76,6	0,36	6,8	3,65	68,4
2	0,52	9,6	3,68	68,9	0,35	6,5	3,29	61,6
3	0,54	10,0	3,16	59,2	0,31	5,8	2,95	55,2
4	0,49	9,1	2,63	49,2	0,32	6,1	2,64	49,3
5	0,45	8,5	2,14	40,1	0,36	6,7	2,31	43,3
6	0,39	7,4	1,69	31,6	0,38	7,1	1,95	36,6
7	0,31	5,8	1,30	24,3	0,36	6,7	1,57	29,5
8	0,25	4,6	0,99	18,5	0,29	5,5	1,22	22,8
9	0,20	3,7	0,74	13,9	0,23	4,3	0,92	17,3
10	0,15	2,8	0,54	10,2	0,16	3,0	0,69	13,0
11	0,12	2,2	0,39	7,4	0,13	2,5	0,53	10,0
12	0,08	1,6	0,28	5,2	0,11	2,0	0,40	7,5
13	0,06	1,1	0,19	3,6	0,09	1,6	0,29	5,5
14	0,04	0,8	0,13	2,5	0,07	1,3	0,21	3,9
15	0,03	0,5	0,09	1,7	0,05	0,9	0,14	2,6
16	0,02	0,4	0,07	1,2	0,03	0,6	0,09	1,7
17	0,01	0,3	0,05	0,9	0,02	0,4	0,06	1,0
18	0,01	0,2	0,03	0,6	0,01	0,3	0,03	0,6
19	0,01	0,1	0,02	0,4	0,01	0,1	0,02	0,4
20	0,00	0,1	0,02	0,3	0,00	0,1	0,01	0,2
21+	0,01	0,2	0,01	0,2	0,01	0,2	0,01	0,2

Abb. 6.24: Kontaktverteilung

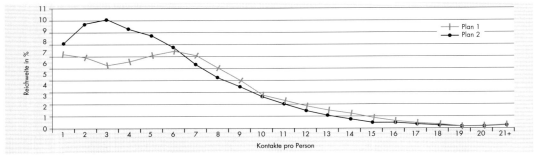

Abb. 6.25: Liniendiagramme der Kontaktverteilungen

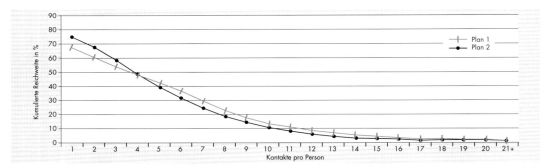

Abb. 6.26: Liniendiagramme der kumulierten Kontaktverteilungen

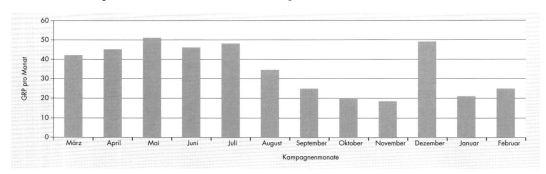

Abb. 6.27: GRP pro Monat (Streuplan für den Mediaplan 2)

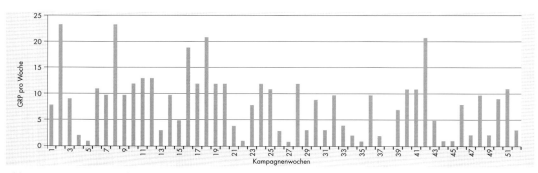

Abb. 6.28: GRP pro Woche (Streuplan für den Mediaplan 2)

VerbraucherAnalyse   Streuplan: Pedaltreter GmbH

Mediaplan 2 – Teil 1 (März – August)

Kampagnewochen	Frequenz	März 1	2	3	4	April 5	6	7	8	9	Mai 10	11	12	13	Juni 14	15	16	17	Juli 18	19	20	21	22	August 23	24	25	26
Titel																											
Stern	9/9	X						X				X							X		X					X	
Focus	9/9			X			X			X							X	X		X				X			TV
TV Spielfilm	9/9		X						X				X				X										
TV Movie	9/9						X		X		X				X				X						X		
Fit for Fun	6/6											X				X											
Index = 100 bei Gleichverteilung		101	290	114	28	9	139	118	290	120	140	160	158	41	121	57	231	147	248	149	141	43	17	95	141	135	36
GRP pro Woche		8	23	9	2	1	11	10	23	10	12	13	13	3	10	5	19	12	21	12	12	4	1	8	12	11	3
GRP pro Monat		42				45					51				46				48				35				
Kontakte in Mio.		1,67				1,34					2,74				2,46				2,56				1,87				

Mediaplan 2 – Teil 2 (September – Februar)

Kampagnewochen	Frequenz	September 27	28	29	30	Oktober 31	32	33	34	35	November 36	37	38	39	Dezember 40	41	42	43	Januar 44	45	46	47	48	49	Februar 50	51	52
Titel																											
Stern	9/9	X			X			X				X		X		X				X		X				X	
Focus	9/9		X				X				X				X		X						X		X		
TV Spielfilm	9/9			X					X					X			X	X			X						X
TV Movie	9/9	X						X		X	X					X	X		X					25			
Fit for Fun	6/6									X			X														
Index = 100 bei Gleichverteilung		21	140	41	111	36	119	53	19	10	116	27	5	88	135	137	258	62	12	9	91	27	116	27	113	127	32
GRP pro Woche		1	12	3	9	3	10	4	2	1	10	2	0	7	11	11	21	5	1	1	8	2	10	2	9	11	3
GRP pro Monat		25				20					19				49				21					25			
Kontakte in Mio.		1,34				1,05					1,04				2,61				1,13					1,33			

Abb. 6.29: Streuplan für den Mediaplan 2

Lösungshinweise

Zu a) Überlegungen zur Kontaktdichte

Marktsituation/Marketingziele
Wegen des offenbar weitgehend gesättigten Marktes und des seit Jahren mengenmäßigen Stagnierens des Marktvolumens sind die angestrebte Ausdehnung des Absatzvolumens und die Vergrößerung des Marktanteils nur durch einen Verdrängungswettbewerb möglich.
⇒ hohe Kotaktdichte erforderlich

Werbeziele
- Positionierung als qualitativ hochwertig,
- Aufbau von Markenbewusstsein und Schaffung von Präferenzen für die Marke Pedaltreter,
- positives Markenimage.

Hierbei handelt es sich um anspruchsvolle Ziele
⇒ hohe Kontaktdichte erforderlich
- Steigerung der Markenbekanntheit in der Zielgruppe von 15% auf 45%.

Hierbei handelt es sich um ein eher einfaches Ziel.
⇒ eher geringe Kontaktdichte erforderlich

Produkteigenschaften
Bei Fahrrädern handelt es sich zwar nicht um sehr komplizierte, aber – insbesondere wegen der besonderen Produkteigenschaften – auch nicht um triviale Produkte.
⇒ mittlere Kontaktdichte erforderlich

Verwender
Man kann davon ausgehen, dass Käufer von Fahrrädern dieser Preiskategorie hierfür ein mittleres bis hohes Produktinvolvement besitzen. Das Markenbewusstsein wird dagegen vermutlich eher unterdurchschnittlich ausgeprägt sein.
⇒ mittlere bis hohe Kontaktdichte erforderlich

Wettbewerbssituation
Der Markt ist durch die große Zahl von in- und ausländischen Anbietern für die Konsumenten sehr unübersichtlich.
⇒ mittlere bis hohe Kontaktdichte erforderlich

Gesamtbewertung zur Kontaktdichte
Die verschiedenen Faktoren, die bei der Bestimmung der erforderlichen Kontaktzahl berücksichtigt werden sollten, deuten mehrheitlich darauf hin, dass eine mittlere bis hohe Kontaktzahl angestrebt werden sollte.
⇒ anzustrebende Kontaktzahl: sechs bis neun Kontakte

Überlegungen zur Reichweite
Es handelt sich um eine relativ kleine Zielgruppe, sodass grundsätzlich ihre vollständige Durchdringung angestrebt werden sollte. Wegen des beschränkten Budgets werden eine 100%-ige Reichweite und die Erzielung einer optimalen Kontaktdichte nicht erreicht werden können. Um überhaupt eine Wirkung zu erzielen, sollte daher die Priorität auf die Kontaktdichte gelegt werden. Da die Pedaltreter GmbH eine Markenbekanntheit von 45% in der Zielgruppe anstrebt, muss die Reichweite auf jeden Fall größer als 45% sein.

Zusammenfassung
Unter der Voraussetzung, dass zwischen sechs und neun Kontakte pro Person erreicht werden, sollte eine möglichst hohe Reichweite in der Zielgruppe angestrebt werden. Hierbei hat das Kontaktziel Priorität vor dem Reichweitenziel. Die Reichweite muss aber mindestens 45% betragen.

Zeitliche Verteilung der Kontakte
Da es sich um keine Produktneueinführung handelt, sollten die Kontakte grundsätzlich über den gesamten Werbezeitraum verteilt werden, um insgesamt einen höheren Lerneffekt zu erzielen. Die Fahrradnutzung weist auf Grund der Wetterabhängigkeit aber eine Saisonalität auf. Der Schwerpunkt der Nutzung wird in den Frühlings- und Sommermonaten liegen. Daher erscheint es sinnvoll, zu Beginn des Frühlings bis in den Sommer hinein einen erhöhten Werbedruck auszuüben, um bei einem anstehenden Fahrradkauf als Marke in den Köpfen präsent zu sein. Evtl. können sogar Kaufanstöße gegeben werden. Wegen der Urlaubszeit sollte der Werbedruck aber gegen Ende Juli und im August wieder gesenkt werden.

Fahrräder eignen sich prinzipiell auch als Geschenke für Weihnachten. Da es sich bei der Zielgruppe aber nicht um Kinder handelt, kann davon ausgegangen werden, dass die späteren Nutzer die Fahrräder selbst kaufen werden. Das Weihnachtsgeschäft wird im vorliegenden Fall daher vermutlich keine große Rolle spielen. Trotzdem kann es sinnvoll sein, den Werbedruck kurz vor Weihnachten etwas zu erhöhen. Es sollte folglich eine Waving-Strategie mit einem erhöhten Werbedruck im Frühling und Sommer und einem evtl. leicht erhöhten Werbedruck im Dezember angestrebt werden.

Zu b) Intermediavergleich

Plakat
- Kleine Zielgruppe ⇒ hohe Streuverluste, da mit Plakaten der Querschnitt der mobilen Bevölkerung erreicht wird,
- flüchtige Kontakte ⇒ komplexe Botschaften sind nicht vermittelbar, allenfalls zum Aufbau von Markenbekanntheit geeignet,
- bundesweite Plakatierung sprengt schon bei einer Dekade den Budgetrahmen.

⇒ ungeeignet

TV
- Gut geeignet, um Reichweite und Kontakte aufzubauen, erfordert aber hohes Streubudget, 1,6 Mio. € sind vermutlich zu gering.
- Relativ hohe Streuverluste wegen der eher kleinen Zielgruppe, grundsätzlich kann die Zielgruppe aber durch die Auswahl geeigneter Programmumfelder selektiert werden. Die Streuverluste werden im vorliegenden Fall vermutlich aber trotzdem sehr hoch sein.
- Die angestrebten Ziele lassen sich durch die guten Darstellungsmöglichkeiten vermutlich erreichen.
- Eingeschränkte Möglichkeiten zur Vermittlung komplexerer Botschaften, da es sich um ein transistorisches Medium handelt.

⇒ Wegen des geringen Budgets und der relativ kleinen Zielgruppe sollte TV nicht eingesetzt werden.

Funk
- Hohe Streuverluste, die Zielgruppe lässt sich mit dem Medium nicht ausreichend selektieren und
- angestrebte Ziele (Image, Positionierung, Markenbewusstsein) lassen sich nicht befriedigend erreichen, da nur auditives Medium.

⇒ ungeeignet

Tageszeitung
- Hohe Streuverluste, da die Zielgruppe relativ klein ist und mit TZ der Querschnitt der Bevölkerung erreicht wird.
- Imageaufbau, Markenbewusstsein, Positionierung sind wegen der eingeschränkten Darstellungsmöglichkeiten nicht gut erreichbar.
- Bundesweite Kampagne ist zu teuer.
- Kann evtl. sinnvoll sein, um gezielt Kaufimpulse in Orten zu setzen, in denen Pedaltreter-Fahrräder im Handel angeboten werden, evtl. ist Kooperation mit den Händlern möglich.

⇒ als Basismedium ungeeignet, zur Setzung regionaler Schwerpunkte geeignet

Publikumszeitschriften
- gute Zielgruppenselektion durch Auswahl geeigneter Titel ist möglich
- gute Darstellungsmöglichkeiten
- angestrebte Ziele (Markenbewusstsein, Markenpräferenzen, Imageaufbau) können erreicht werden
- Kontaktaufbau und Reichweitenaufbau sind gut möglich (Reichweitenaufbau durch Belegung von verschiedenen Titeln mit geringer externer Überschneidung und/oder Mehrfachschaltung in Titeln mit geringer interner Überschneidung, Kontaktaufbau durch Belegung von verschiedenen Titeln mit hoher externer Überschneidung und/oder Mehrfachschaltung in Titeln mit hoher interner Überschneidung). Der Reichweiten- und Kontaktaufbau ist allerdings nur während eines längeren Zeitraums möglich, das ist im vorliegenden Fall aber nicht relevant
- gut geeignet, um komplexere Botschaften zu vermitteln

⇒ gut geeignet

Zu c1) Vergleich der Leistungswerte

Plan 1 erzielt mit 76,6% eine um gut acht Prozentpunkte höhere Reichweite als Plan 2. Folglich ist auch der Tausend-Nutzer-Preis von Plan 1 entsprechend niedriger. Plan 2 erreicht dagegen insgesamt mehr Kontakte und erzielt daher auch eine höhere Durchschnittskontaktzahl und einen geringeren Tausend-Kontakt-Preis als Plan 1. Auch der Werbedruck in der Zielgruppe ist bei Plan 2 größer, da er einen höheren GRP-Wert aufweist als Plan 1.

⇒ Berücksichtigt man die angestrebten Mediaziele, dann ist Plan 2 vorzuziehen.

Begründung

Plan 1 bleibt mit 5,4 Durchschnittskontakten unter der angestrebten Kontaktzahl von mindestens sechs Kontakten pro Person, während Plan 2 mit 6,3 Durchschnittskontakten darüber liegt. Da das Kontaktziel Priorität vor dem Reichweitenziel haben soll, wird der Nachteil der geringeren Kontaktdichte von Plan 1 nicht durch seine höhere Reichweite ausgeglichen. Die angestrebte Mindestreichweite von 45% wird von Plan 2 deutlich überschritten.

Da die Durchschnittskontaktzahl nur einen groben Anhaltspunkt für die Kontaktdichte in der angestrebten Kontaktklasse gibt (Mängel der Durchschnittsbildung), müssen für einen endgültigen Vergleich der Kontaktdichte der beiden Pläne die Kontaktverteilungen untersucht werden. Anhand der Liniendiagramme der Kontaktverteilungen ist erkennbar, dass Plan 1 bei unteren Kontaktzahlen (ein bis drei Kontakte) eine deutlich höhere Reichweite aufweist als Plan 2. Es muss befürchtet werden, dass zumindest bei einem Teil der Personen mit dieser Kontaktzahl die angestrebten Ziele nicht erreicht werden. In der relevanten Kontaktklasse sechs bis neun Kontakte ist die Reichweite von Plan 2 dagegen höher als die von Plan 1. Lediglich bei genau sechs Kontakten hat Plan 1 eine geringfügig höhere Reichweite. Vergleicht man zusätzlich die Liniendiagramme der kumulierten Kontaktverteilungen, wird deutlich, dass Plan 2 ab vier Kontakten besser ist als Plan 1. Damit ist Plan 2 also auch unter Berücksichtigung der Kontaktverteilungen vorzuziehen.

Bewertung der Pläne hinsichtlich der eingesetzten Werbeträger

Plan 1 setzt 2 Titel mehr ein als Plan 2. Dafür ist die Belegungsfrequenz bei Plan 2 durchweg höher. Daraus resultiert auch die höhere Kontaktdichte von Plan 2. In beiden Plänen werden die Titel „Stern", „Focus", „TV Spielfilm" und „TV Movie" eingesetzt. In Plan 1 werden zusätzlich die Titel „COMPUTER BILD", „ADAC motorwelt" und „PC WELT" eingesetzt. In Plan 2 wird dafür zusätzlich der Titel „Fit for Fun" eingesetzt. Würde man alle Titel von Plan 1 einmal belegen, so würde man in der Grundgesamtheit eine Reichweite von 41,6% und in der Zielgruppe eine Reichweite von 54% erreichen. Bei den Titeln von Plan 2 erhielte man in der Grundgesamtheit eine Reichweite von 27,6% und in der Zielgruppe eine Reichweite von 40,2%. Ermittelt man aus diesen Werten jeweils einen durchschnittlichen Affinitätsindex für die eingesetzten Titel, erhält man:

$$\text{Affinitätsindex Plan 1} = \frac{54\% \cdot 100}{41,6\%} = 130$$

$$\text{Affinitätsindex Plan 2} = \frac{40,2\% \cdot 100}{27,6\%} = 146$$

Die Titel von Plan 2 haben also eine erkennbar höhere durchschnittliche Affinität zur Zielgruppe als die Titel von Plan 1. In der Regel geht man davon aus, dass eine höhere Zielgruppenaffinität auch mit einer intensiveren Nutzung des Titels durch die erreichten Zielpersonen verbunden ist. So gesehen ist also auch die Titelauswahl von Plan 2 günstiger als die von Plan 1. Ferner sollte beachtet werden, dass der Einsatz der „ADAC motorwelt" problematisch ist, da es sich hierbei um eine kostenlos verbreitete Clubzeitschrift handelt. Gekaufte Zeitschriften werden in der Regel intensiver genutzt als kostenlos verbreitete.

zu c2)

Der Streuplan entspricht weit gehend den Zielvorgaben zur Verteilung des Werbedrucks. In den Monaten Mai, Juni, Juli ist der Werbedruck relativ hoch und wird gegen Ende Juli abgebaut. Auch im August liegt der Werbedruck über dem Durchschnitt. Der hohe Werbedruck im Dezember berücksichtigt die potenzielle Bedeutung des Weihnachtsgeschäftes.

6.11 TV-Planung

Mediaplanungen für Printmedien und für den Werbeträger TV unterscheiden sich in zwei wesentlichen Punkten:
- Reichweiten und Nutzer Strukturen:
  - Man kann für den Planungszeitraum eines Mediaplans eine relativ konstante Verbreitung und Nutzerstruktur der Print-Titel unterstellen. Damit ist es möglich, die Reichweite von Print-Titeln in der Mediazielgruppe für den Planungszeitraum zu prognostizieren. Vergleichen Sie hierzu auch die Erläuterungen zu den Leserschaftsbegriffen. *(Verbreitung/Nutzerstruktur von Printtiteln relativ konstant)*
  - Die Reichweite und Nutzerstruktur eines TV-Senders hängt von dem jeweiligen Programm ab und kann für verschiedene Programme des gleichen Senders sehr unterschiedlich sein. Eine TV-Planung kann daher nicht auf der Basis allgemeiner Reichweiten und Nutzerstrukturen der einzelnen TV-Sender erfolgen. *(Verbreitung/Nutzerstruktur von TV-Sendern variieren mit dem Programm)*
- Ermittlung von Reichweiten und Nutzerstrukturen:
  - Die Ermittlung der Reichweiten von Printmedien erfolgt durch eine Befragung in einem halbjährlichen oder jährlichen Rhythmus.
  - Die Reichweiten von TV-Programmen werden technisch gemessen (vergl. TV-Panel in Abschnitt 5.4 und 6.13.3) und täglich den Werbe- bzw. Mediaagenturen zur Verfügung gestellt. Für die TV-Planung stehen also wesentlich aktuellere Daten zur Verfügung, als das im Rahmen der Printplanung der Fall ist. *(Erhebung von Reichweite im TV wesentlich aktueller als bei Print)*

Aus diesen Gründen unterscheidet sich der Planungsablauf bei der Werbeträgergattung TV von der Vorgehensweise bei einer Printplanung. Nachfolgend werden die einzelnen Planungsschritte für das Medium TV kurz dargestellt. Grundlage für die TV-Planung ist ein TV-Panel, z.B. das AGF/GfK-Fernsehpanel. Die Verarbeitung der Paneldaten erfolgt mithilfe entsprechender Planungs- und Prognoseprogramme, Plan TV, TV-Control. Da die Planungsdaten aus der Vergangenheit stammen, können nur Reichweitenprognosen, z.B. für Werbeblöcke, ermittelt werden. Diese Reichweitenschätzungen werden natürlich ständig aktualisiert und angepasst. *(Fernsehpanel ist Grundlage für die TV-Planung)*

Die TV-Planung in Schritten:

❶ Senderbewertung
In diesem ersten Schritt wird die Eignung der jeweiligen TV-Sender zunächst allgemein bewertet. Bewertungskriterien hierfür sind z.B.:
- Vergleich der allgemeinen Seherstruktur des Senders mit den Eigenschaften der Zielgruppe,
- Prüfung, ob der Sender überhaupt geeignete Programmumfelder bietet, und
- Vergleich der Sender hinsichtlich ihrer Marktanteile.

(Allgemeine Bewertung der verfügbaren Sender)

Auf Grund dieser allgemeinen Senderbewertung können evtl. schon einzelne Sender als ungeeignet für die betreffende Mediaplanung ausgeschlossen werden.

❷ Senderrangreihen
Für die Sender, die grundsätzlich als Werbeträger infrage kommen, werden Rangreihen gebildet. Als Kriterien werden hierbei in der Regel
- durchschnittliche Affinitäten,
- durchschnittliche Reichweiten und
- durchschnittliche TKPs

berücksichtigt.

Mithilfe der Rangreihen werden diejenigen Sender ausgewählt, die im Rahmen der TV-Kampagne eingesetzt werden sollen. Die Anzahl der Sender hängt unter anderem von den Medienzielen ab. Wird z.B. eine hohe Reichweite, notfalls auf Kosten der Kontaktdichte, angestrebt, dann sollte eine größere Anzahl von Sendern eingesetzt werden. Hat dagegen die Kontaktdichte Priorität vor der Reichweite, dann ist es besser, in wenigen Sendern häufig zu schalten.

❸ Selektion von Zeitschienen
Für jeden ausgewählten Sender werden jetzt Rangreihen nach Halbstundenwerten erstellt. Auch diese Rangreihen werden nach
- Affinität,
- Reichweite und
- TKP

gebildet. Mithilfe der Rangreihen werden die Zeitschienen ausgewählt, in denen die Spots geschaltet werden sollen.

❹ Belegung der Zeitschienen mit Spots
Für die ausgewählten Zeitschienen der Sender wird festgelegt, wie viele Spots darin gesendet werden sollen. Dazu werden die Zeitschienen in einem Planungsprogramm mit Spots belegt. Mithilfe des Planungsprogramms können hierbei die Kosten und die Leistungswerte, z.B.
- die Nettoreichweite,
- die Bruttoreichweite,
- TKP und TNP,
- GRP,
- Durchschnittskontakte und
- Kontaktverteilungen

prognostiziert werden. In der Regel werden in dieser Phase mehrere alternative Grobpläne erstellt und der Plan ausgewählt, der die Anforderungen am besten erfüllt.

❺ Zeitliche Verteilung (Streuplan)
Für den ausgewählten Grobplan werden die Belegungen der jeweiligen Zeitschienen auf die einzelnen Monate bzw. Wochen des Kampagnenzeitraums verteilt.

❻ Umsetzung der Grobplanung in Programmumfelder
Innerhalb der ausgewählten Zeitschienen müssen für jeden Sender und Zeitraum entsprechende Programmumfelder ausgewählt werden. Dazu werden für alle relevanten Werbeblöcke Reichweitenprognosen ermittelt. Die Auswahl der Programmumfelder erfordert trotzdem viel Erfahrung des TV-Planers.

❼ Buchung der ausgewählten Werbeblöcke
Für die ausgewählten Werbeblöcke müssen jetzt Werbezeiten bei den Sendern eingekauft werden. Die Werbeblöcke müssen also gebucht werden. Ein großer Teil des Schaltvolumens wird bereits zum 30. September des Vorjahres anhand der vorläufigen Programminformationen der Sender gebucht. Mehrere Wochen vor dem Ausstrahlungstermin erfolgen auf Grund der aktuelleren Leistungswerte und eventueller Programmänderungen Umbuchungen, um den Plan zu optimieren.

❽ Optimierung
Während der Kampagne erfolgt ein laufender Vergleich der prognostizierten Werbeblockreichweiten mit den tatsächlich erzielten Werten. Gegebenenfalls wird versucht, durch Umbuchungen in geeignetere Programmumfelder den Plan weiter zu optimieren.

❾ Kampagnenkontrolle und Dokumentation
Nach dem Ende der Kampagne werden die Werbeblöcke, in denen die Spots gesendet wurden, in ein Kontrollprogramm eingegeben und die tatsächlichen Leistungswerte des Plans ermittelt. Das Ergebnis wird dem Kunden dokumentiert. Hierbei erfolgt auch ein Vergleich zwischen der prognostizierten und der tatsächlich erreichten Medialeistung.

Multiplying-Effekt

Verschiedene Experimente haben gezeigt, dass Werbeanstöße, die über verschiedene Werbeträgergattungen erfolgen, z.B. über Print und TV eine höhere Werbewirkung erzielen als reine Mono-Kontakte. Die Mixkontakte tragen zu einer intensiveren Verarbeitung und besseren Speicherung der Werbeinhalte im Vergleich zu reinen Monokontakten bei. Monokontakte wären z.B. ausschließlich Print- oder TV-Kontakte. Den beschriebenen Effekt bezeichnet man als Multiplying-Effekt. Neben den Auswirkungen auf das Lernen und Speichern der Werbeinhalte sind mit den Mixkontakten aber auch noch andere Vorteile verbunden, die im Rahmen eines Laborexperiments, ermittelt wurden, das im Auftrag der „BILD-Zeitung" durchgeführt wurde.

- Aufmerksamkeit wird verbessert
  Probanden mit Mixkontakten konnten Einzelheiten des TV-Spots angeben, die von den Probanden mit reinen TV-Kontakten nicht bemerkt worden waren.
- Glaubwürdigkeit wird gesteigert
  Die Glaubwürdigkeit des Werbeversprechens wird durch Mixkontakte erhöht.
- bessere Informationsvermittlung
  Durch Mixkontakte können ergänzende und vertiefende Informationen besser vermittelt werden.
- effektive Vermittlung der Positionierung
  Durch Mixkontakte lässt sich die Positionierung klarer vermitteln. Die Anzahl falscher Produkt- und Werbeaussagen wird durch Mixkontakte verringert.
- Handlungsanstöße durch Mixkontakte
  Mixkontakte können Handlungstendenzen besser beeinflussen als Monokontakte. Voraussetzung dafür ist aber eine kreative Verbindung zwischen den Kanälen, z. B. in der Anzeige werden Elemente des Spots aufgegriffen.
- Multiplying-Effekt gilt auch für andere Werbeträgergattungen
  Die Wirkungen des Multiplying-Effektes sind nicht nur auf die Werbeträgergattungen Print und TV begrenzt. Sie lassen sich auch bei anderen Werbeträgergattungen, z. B. Hörfunk oder Online-Werbung feststellen.

Situationsaufgabe zur Mediaplanung mit TV-Einsatz

Das Unternehmen Süßkind GmbH stellt alle möglichen Arten von Süßwaren her, hat aber noch keinen Schokoriegel in seinem Angebot. Zur Abrundung des Produktpalette wurde in dem Unternehmen ein Schokoriegel entwickelt. Der Riegel ist rund und hat die Form eines leicht geschwungenen „S". Er besteht aus einer Waffelteighülle, die mit einer Walnuss-Nougat-Creme gefüllt ist. Der Riegel soll Anfang September des nächsten Jahres unter der Marke „Wanuga" in den deutschen Markt eingeführt werden.

Positionierung
Der Schokoriegel soll als die süße Belohnung für zwischendurch positioniert werden.

Zielgruppe
Die Zielgruppe für den Schokoriegel umfasst die deutsche Wohnbevölkerung von 14 bis 39 Jahren.

Die Markteinführung soll durch eine Werbekampagne begleitet werden. Hierfür steht im ersten Jahr ein Streuetat von 5 Mio. € zur Verfügung.

Werbeziele
Im Zusammenhang mit der Markteinführung und der begleitenden Werbekampagne strebt die Süßkind GmbH folgende Werbeziele an:
- schnelle Bekanntmachung der Schokoriegelmarke, dabei soll innerhalb eines Jahres eine aktive Markenbekanntheit von 50 % und eine passive Markenbekanntheit von 70 % erreicht werden
- Vermittlung von Informationen über die Eigenschaften des Schokoriegels
- Verankerung der Positionierung
- Erzielung einer hohen Probekaufrate
- bei etwa 40 % der Zielpersonen soll die Marke Wanuga zum Relevant Set, d.h., zur Liste der möglichen Kaufalternativen gehören.
- bei etwa 20 % der Zielpersonen soll für die Marke die Top of Mind-Position erreicht werden.

Marktsituation
Der gesamte Süßwarenmarkt hat sich in den letzten fünf Jahren schwankend entwickelt, stagniert aber im Wesentlichen. Der Riegelmarkt ist dagegen in den letzten fünf Jahren kontinuierlich zurückgegangen, wobei sich der Markt in den letzten zwei Jahren stabilisiert hat und nur noch leichte Rückgänge zu verzeichnen sind. Bei Schokoriegeln besteht eine geringe Markentreue, d.h., die meisten Verwender von Schokoriegeln verwenden mehrere Schokoriegelmarken parallel.

AUFGABEN

a) Formulieren Sie auf der Grundlage der geschilderten Situation Mediaziele; begründen Sie diese.
b) Ihnen liegen drei Mediapläne einschließlich Informationen zu den Leistungswerten, den Kontaktverteilungen, den Mixkontakten und dem Branchenwerbedruck vor. Geben Sie eine ausführlich begründete Empfehlung für einen der drei Pläne ab. Berücksichtigen Sie dabei das bereitgestellte Informationsmaterial.
Verteilung des Budgets:
Plan 1: nur TV – Plan 2: Print: 2 Mio. und TV 3 Mio. – Plan 3: Print und TV 2,5 Mio.
c) Angenommen, die Süßkind GmbH möchte den Plan 3 realisieren. Hierzu liegen Diagramme zur Verteilung des Werbedrucks vor, die aus zwei verschiedenen Streuplänen (Streuplan 1 und Streuplan 2) resultieren.

Geben Sie eine begründete Empfehlung für eine der beiden Werbedruckverteilungen.

VerbraucherAnalyse					
Zielgruppe Schokoriegel: Potenzial: 35,9 %, 10.753 Fälle, 23,38 Mio.					
Werbemittelreichweite	**Format**	**Farbe**	**Plan 1**	**Plan 2**	**Plan 3**
COMPUTER BILD SPIELE	1/1 S.	4c		12	5
COMPUTER BILD	1/1 S.	4c			10
TV Movie	1/1 S.	4c		16	12
TV Spielfilm plus	1/1 S.	4c		18	14
TVdirekt	1/1 S.	4c		12	14
kicker-sportmagazin	1/1 S.	4c		15	21
SPORT BILD	1/1 S.	4c			19
ProSieben DsJ Sa 13–17	30 Sek.		90	90	90
ProSieben DsJ Sa 23–03	30 Sek.		90	90	95
ProSieben DsJ So 17–20	30 Sek.		6		
ProSieben DsJ So 20–23	30 Sek.		48		
ProSieben DsJ Mo-Fr 17–20	30 Sek.		6		
rtl 2 DsJ So 17–20	30 Sek.		80	90	94
rtl 2 DsJ Mo-Fr 17–20	30 Sek.		80	90	90
RTL DsJ Sa 23–03	30 Sek.		90	90	90
RTL DsJ So 13–17	30 Sek.		24		
RTL DsJ So 23–03	30 Sek.		60	90	6
SAT.1 DsJ Sa 23–03	30 Sek.		12	12	

Ergebnisse					
Kosten in Euro			4.983.516	4.992.788	4.999.337
Reichweite %			73,3	84,0	86,0
Reichweite Mio.			17,14	19,65	20,10
Euro pro 1.000 Nutzer			290,69	254,09	248,68
Wirksame Reichweite %			33,1	53,3	54,5
Wirksame Reichweite Mio.			7,74	12,45	12,73
Euro pro 1.000 wirksame Nutzer			644,19	400,91	392,65
Kontakte Mio.			155,92	237,14	245,72
Euro pro 1.000 Kontakte			31,96	21,05	20,35
GRP			667,0	1.014,4	1051,0
Kontakte pro Nutzer			9,1	12,1	12,2

Abb. 6.30: Mediapläne und Leistungswerte

Kontakte pro Person	1	2	3	4	5	6	7	8	9	10	11	12	13+
Werbewirkung in %	0	1	3	6	14	29	50	72	86	94	98	99	100

Abb. 6.31: Werbewirkungsfunktion – sie liegt der wirksamen Reichweite zugrunde

VerbraucherAnalyse Klassik (14 Jahre +)
Zielgruppe Schokoriegel – Potenzial: 35,9 %, 10.753 Fälle, 23,38 Mio.
Werbemittelreichweite

Reichweite %	Plan 1	Plan 2	Plan 3
Gesamt	73,3	84,0	86,0
Print	0,0	28,3	33,2
Mixed	0,0	23,9	26,1
TV	73,3	31,8	26,7

Abb. 6.32: Mixkontakte

VerbraucherAnalyse Klassik (14 Jahre +)
Zielgruppe Schokoriegel: Potenzial: 35,9 %, 10.753 Fälle, 23,38 Mio.

Werbemittelreichweite	Basis		Plan 1		Plan 2		Plan 3	
	% vert.	Mio.	Reichw. Zus. %	Index Reichw.	Reichw. Zus. %	Index Reichw.	Reichw. Zus. %	Index Reichw.
Basis	100	23,38	100	100	100	100	100	100
Schokoladen-/Gebäckriegel: Branchenwerbedruck								
bis 37 Kontakte – geringer Werbedruck	18	4,16	4	24	13	73	14	80
38 bis 84 Kontakte	15	3,41	11	73	13	88	13	90
85 bis 160 Kontakte	17	4,00	19	112	17	101	17	100
161 bis 280 Kontakte	17	3,96	21	124	18	108	18	105
281 bis 600 Kontakte	20	4,68	26	132	23	113	22	111
601 Kontakte u.m. – hoher Werbedruck	14	3,17	18	136	16	118	16	115

Abb. 6.33: Branchenwerbedruck

VerbraucherAnalyse Klassik (14 Jahre +)

Zielgruppe Schokoriegel: Potenzial: 35,9 %, 10.753 Fälle, 23,38 Mio.

Werbemittel	Plan 1		Plan 2		Plan 3	
Kontakte pro Person	Reichw. in %	kum. Reichw. in %	Reichw. in %	kum. Reichw. in %	Reichw. in %	kum. Reichw. in %
1	8,8	73,3	6,0	84,0	5,8	86,0
2	8,4	64,5	5,9	78,1	5,7	80,2
3	7,1	56,1	5,2	72,2	5,2	74,5
4	5,9	49,0	4,5	67,0	4,6	69,4
5	5,0	43,1	4,0	62,5	4,3	64,7
6	4,2	38,1	3,7	58,5	4,1	60,4
7	3,7	33,8	3,6	54,8	4,1	56,3
8	3,2	30,2	3,5	51,2	4,1	52,2
9	2,8	27,0	3,6	47,6	4,1	48,1
10	2,5	24,2	3,6	44,0	3,9	44,0
11	2,2	21,7	3,6	40,4	3,7	40,0
12	2,0	19,5	3,5	36,8	3,5	36,4
13	1,7	17,5	3,3	33,3	3,1	32,9
14	1,6	15,7	3,1	29,9	2,9	29,8
15	1,4	14,2	2,9	26,8	2,5	26,9
16	1,3	12,8	2,6	24,0	2,3	24,4
17	1,1	11,5	2,3	21,4	2,1	22,1
18	1,0	10,4	2,1	19,1	1,9	20,0
19	0,9	9,4	1,8	17,0	1,7	18,1
20	0,8	8,5	1,6	15,2	1,6	16,3
21+	7,7	7,7	13,6	13,6	14,8	14,8
Angestrebte Kontakt-Dosis: 8 – 12 Kontakte						
Kein Kontakt	26,7	100,0	16,0	100,0	14,0	100,0
Zu wenig	43,2	73,3	32,9	84,0	33,8	86,0
Genug	12,7	30,2	17,9	51,2	19,3	52,2
Zu viel	17,5	17,5	33,3	33,3	32,9	32,9
Kontaktkonzentration bei 33 % der Zielpersonen						
Erzielter Kontaktanteil	77,5 %		67,9 %		67,7 %	
Kontakt-Dosis	7,2+		13,1+		13,0+	

Abb. 6.34: Kontaktverteilungen und kumulierte Kontaktverteilungen

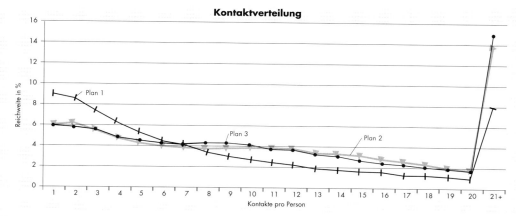

Abb. 6.35: Kontaktverteilungsdiagramm

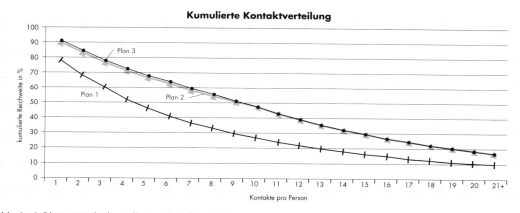

Abb. 6.36: Diagramm der kumulierten Kontaktverteilungen

Wöchentliche Werbedruckverteilung von Streuplan 1

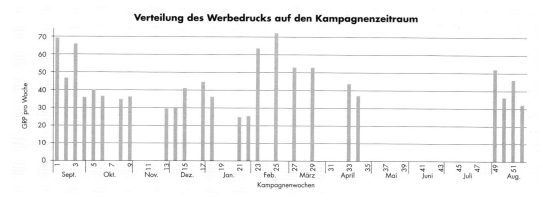

Abb. 6.37: Werbedruckverteilung von Streuplan 1 (wöchentlich)

TV-Planung | 249

Monatliche Werbedruckverteilung von Streuplan 1

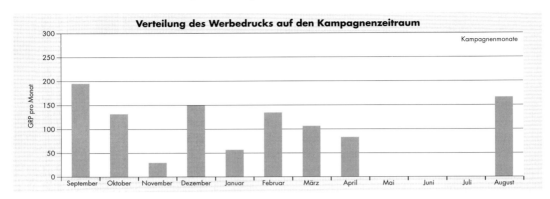

Abb. 6.38: Werbedruckverteilung von Streuplan 1 (monatlich)

Wöchentliche Werbedruckverteilung von Streuplan 2

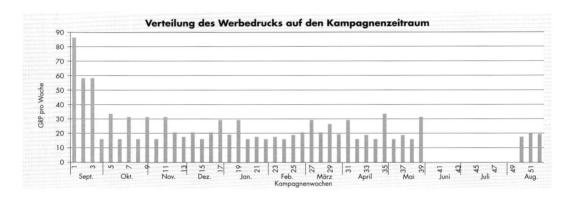

Abb. 6.39: Werbedruckverteilung von Streuplan 2 (wöchentlich)

Monatliche Werbedruckverteilung von Streuplan 2

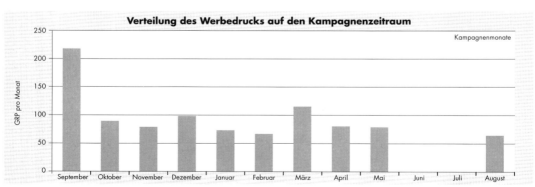

Abb. 6.40: Werbedruckverteilung von Streuplan 2 (monatlich)

LÖSUNGSHINWEISE ZUR SITUATIONSAUFGABE ZUR MEDIAPLANUNG (SCHOKORIEGEL)

zu a)
Es müssen Angaben zur Kontaktdichte, zur Reichweite und zum Zeitaspekt (Schnelligkeit von Reichweiten- und Kontaktaufbau sowie zur zeitlichen Verteilung des Werbedrucks) gemacht werden.

Kontaktdichte
Aspekte, die bei der Herleitung der notwendigen Kontaktdichte berücksichtigt werden können, sind:
- Werbeziele
  - Bekanntmachung und Information
    - nicht sehr anspruchsvoll
    - geringe bis mittlere Kontaktdichte
  - Verankerung im Relevant Set
    - mittleres Anspruchsniveau
    - mittlere Kontaktdichte
  - Erlangung der top of mind Position und Verankerung der Positionierung
    - hohes Anspruchsniveau
    - hohe Kontaktdichte
- Produkteigenschaften
  - geringer Erklärungsbedarf
  - geringe bis mittlere Kontaktdichte
- Produktinvolvement der Zielpersonen
  - gering
  - mittlere bis hohe Kontaktdichte
- Lernfähigkeit der Zielpersonen
  - relativ hoch, da junge Zielgruppe
  - geringe bis mittlere Kontaktdichte
- Konkurrenzdruck
  Zum Konkurrenzwerbedruck liegen keine Angaben vor, darum können hierzu auch keine Angaben gemacht werden.

Zusammenfassung Kontaktdichte
Die meisten Aspekte erfordern nur eine geringe bis mittlere Kontaktdichte, sodass auch insgesamt eine geringe bis mittlere Kontaktdichte angestrebt werden sollte. Um die Kontaktdichte zu quantifizieren, kann auf die Ausführungen zur Bestimmung von Kontaktdichte und GRP in Kapitel 4.3 zurückgegriffen werden. Da es sich hier um ein Food-Produkt handelt, ist ein Werbedruck von zwei bis drei Kontakten pro Monat erforderlich, um die Effektive Reichweite zu erreichen. Da wir hier nur einen geringen bis mittleren Werbedruck anstreben, reichen zwei Kontakte pro Monat. Bezogen auf einen Kampagnenzeitraum von zwölf Monaten wären das 24 Kontakte pro Person. Diese Kontaktzahl kann bei dem verfügbaren Budget nicht während des gesamten Kampagnenzeitraum aufrechterhalten werden, wenn gleichzeitig eine akzeptable Reichweite erzielt werden soll. Kalkuliert man also mehrere Werbepausen ein, dann reichen vermutlich bezogen auf den Kampagnenzeitraum acht bis zwölf Kontakte pro Person.

Reichweite
Da es sich um eine Neueinführung handelt und die Marke bekannt gemacht werden muss, ist grundsätzlich eine möglichst hohe Reichweite anzustreben. Eine Reichweite von etwa 80 % sollte nicht unterschritten werden, da sonst die angestrebte passive Markenbekanntheit von mindestens 70 % nicht erreicht werden kann. Im Zweifel sollte das Reichweitenziel Priorität vor dem Kontaktziel haben, wobei aber eine Kontaktdichte von acht Kontakten nicht unterschritten werden sollte, da sonst die Erreichung der übrigen Ziele gefährdet ist.

Zusammenfassung Kontaktdichte/Reichweite
Anzustreben sind acht bis zwölf Kontakte und eine möglichst hohe Reichweite. Acht Kontakte und 80 % Reichweite sollten nicht unterschritten werden. Das Reichweitenziel hat grundsätzlich Priorität vor dem Kontaktziel.

Zeitaspekt
Da die Bekanntheit schnell aufgebaut werden soll, müssen auch der Reichweiten- und Kontaktaufbau schnell erfolgen. In der Einführungsphase muss daher mit einem hohen Werbedruck gestartet werden. Wegen des geringen Produktinvolvements und der geringen Markentreue muss auch nach der Einführungsphase ein bestimmter Werbedruck aufrechterhalten werden. Vermutlich wird das Streubudget nicht ausreichen um einen konstanten, ausreichend hohen

Werbedruck in der Folgezeit zu erzielen. Es empfehlen sich daher mehrere Flights.

Zusammenfassung Zeitaspekt
Frontloadingkampagne mit mehreren anschließenden Flights.

zu b)
Bei der Planbewertung und der daraus folgenden Empfehlung sollten:
- die Medaziele,
- die Leistungswerte der Pläne,
- die Kontaktverteilungen,
- der Mediamix und eventuelle Mediamix-Kontakte und
- der Branchenwerbedruck

berücksichtigt werden.

Leistungswerte
Bei Plan 1 handelt es sich um einen Mono-TV-Plan. TV ist im vorliegenden Fall gut geeignet, da mit dieser Werbeträgergattung schnell Reichweite und Kontakte aufgebaut werden können. Außerdem bietet das Fernsehen gute Darstellungsmöglichkeiten und es können gut Emotionen vermittelt werden. Da keine differenzierten Produktinformationen vermittelt werden müssen, ist eine reine TV-Kampagne hier durchaus möglich und sinnvoll. PZ-Kontakte haben allerdings gegenüber TV-Kontakten im Allgemeinen den Vorteil einer höheren Perseveration. Ferner ist bekannt, dass Mix-Kontakte in der Regel eine höhere Wirkung haben als Monokontakte. Plan 1 schneidet bei allen Leistungswerten deutlich schlechter ab als die Pläne 2 und 3. Auch die Kontaktverteilung ist deutlich ungünstiger. Aus diesen Gründen ist Plan 1 im vorliegenden Fall nicht zu empfehlen. Damit muss die Entscheidung nur zwischen den Plänen 2 und 3 getroffen werden.

Plan 3 weist bei allen Leistungswerten Vorteile gegenüber Plan 2 auf. Da die Unterschiede aber nicht sehr groß sind, sollten zusätzlich noch die anderen Bewertungskriterien berücksichtigt werden.

Kontaktverteilungen
Plan 3 erreicht im unteren Kontaktbereich (ein bis sieben Kontakte) mehr Personen als Plan 2. Dafür hat Plan 3 aber im relevanten Kontaktbereich (acht bis zwölf Kontakte) eine höhere Reichweite. Auch im Kontaktbereich 13+ ist Plan 3 besser. Das gilt jeweils auch für die kumulierten Kontaktverteilungen. Obwohl die Unterschiede zwischen den beiden Plänen auch bei den Kontaktverteilungen nicht sehr groß sind, hat Plan 3 hier leichte Vorteile gegenüber Plan 2.

Mixkontakte
Plan 3 erreicht mehr Personen mit beiden Werbeträgergattungen (TV und Print) als Plan 2. Da aufgrund des Multyplyingeffektes Mixkontakten eine höhere Wirkung zugeschrieben wird als Monokontakten (vergl. dazu den Abschnitt zum Multiplying-Effekt) ist Plan 3 bezüglich der Mixkontakte besser zu bewerten. Die Tatsache, dass Plan 2 mehr Personen ausschließlich mit TV und Plan 3 dafür mehr Personen ausschließlich mit Publikumszeitschriften erreicht, spielt für die Bewertung keine Rolle.

Branchenwerbedruck
Plan 2 erreicht geringfügig mehr Personen, die einem hohen Branchenwerbedruck ausgesetzt sind als Plan 3. Dieser hat dagegen bei den Zielpersonen, die einem geringen Konkurrenzwerbedruck ausgesetzt sind, eine etwas höhere Reichweite. Grundsätzlich ist es ungünstig, wenn mit einem Mediaplan viele Zielpersonen erreicht werden, die einem hohen Konkurrenzwerbedruck ausgesetzt sind, da dadurch der eigene Werbedruck abgeschwächt und im Extremfall sogar aufgehoben wird. Vorteilhaft ist es dagegen, möglichst viele Zielpersonen zu kontaktieren, die von der Konkurrenzwerbung nur in einem geringen Ausmaß erreicht werden, da bei diesen vermutlich eine höhere Werbewirkung erzielt werden kann. Plan 3 hat folglich hinsichtlich der Verteilung der Konkurrenzkontakte auf die erreichten Zielpersonen leichte Vorteile gegenüber Plan 2.

Gesamtfazit
Da Plan 3 bei allen Bewertungskriterien zumindest geringfügig besser abschneidet als Plan 2, ist Plan 3 zu empfehlen.

zu c)

Beide Streupläne bewirken einen relativ hohen Werbedruck zu Beginn der Kampagne und einen abgeschwächten Werbedruck in der Folgezeit. Im Juni und Juli wird in beiden Fällen nicht geworben. Gegen Ende der Kampagne (August) wird bei beiden Streuplänen die Werbung wieder aufgenommen. Der Werbedruck ist im August beim Streuplan 1 jedoch größer als beim Streuplan 2. Der Unterschied zwischen den beiden Streuplänen besteht im Wesentlichen darin, dass bei dem Streuplan 1 die Phasen mit Werbung von kurzen Phasen ohne Werbung unterbrochen werden. Sieht man von den Monaten Mai bis Juli ab, dann betragen die Werbepausen ein bis drei Wochen. Bei dem Streuplan 2 wird dagegen außer in den Monaten Juni und Juli kontinuierlich geworben, allerdings in der Regel mit einem deutlich geringeren Werbedruck als in den Werbephasen von Streuplan 1.

Bei der Bewertung der Werbedruckverteilung der beiden Streupläne können auch wieder die Ausführungen aus Kap. 4.3 verwendet werden. Wir streben eine Reichweite von mindestens 80 % und eine Durchschnittskontaktzahl von zwei Kontakten pro Monat an. Daraus ergibt sich ein anzustrebender Werbedruck in der Zielgruppe von (2 x 80) 160 GRP pro Monat, das wären etwa 40 GRP pro Woche. Dieser Werbedruck wird bei Streuplan 1 in den Monaten September und August, also zu Beginn und zum Ende der Kampagne erreicht bzw. überschritten. In den Monaten Oktober, Dezember und Februar wird der Wert von 160 GRP zumindest näherungsweise erreicht. Insgesamt gibt es aber nur relativ wenige Wochen, in denen der Werbedruck deutlich unter 40 GRP liegt. Streuplan 1 erreicht damit während der Werbephasen weitgehend den erforderlichen Werbedruck um eine ausreichende Wirkung zu erzielen. Sieht man von den Monaten Mai, Juni und Juli ab, sind die Werbepausen so kurz, dass sich der Rückgang des Wirkungsniveaus in Grenzen hält.

Bei Streuplan 2 liegt der Werbedruck nur im September über dem angestrebten Wert von 160 GRP pro Monat bzw. 40 GRP pro Woche. Während der anderen Zeiten liegen die GRP-Werte zum Teil deutlich darunter. Bei der durch Streuplan 2 bewirkten Werbedruckverteilung muss daher befürchtet werden, dass der Werbedruck während der meisten Zeit zu gering ist, um überhaupt eine ausreichende Wirkung zu erreichen. Aus diesem Grund ist die Werbedruckverteilung von Streuplan 1 zu empfehlen, obwohl diese auch nicht ideal ist.

Die Empfehlung der Werbedruckverteilung von Streuplan 1 basiert im Wesentlichen auf dem Konzept einer wirksamen Kontaktdosis. Man geht dabei davon aus, dass bezogen auf die einzelne Person, eine Schwellenkontaktzahl überschritten werden muss, damit überhaupt eine Werbewirkung erreicht werden kann, vergl. dazu das Kap. 4.2.8 zu Werbewirkungsfunktionen. Nach dem Planungsansatz des Recency Planning (vgl. Exkurs S. 217 ff.) wäre eventuell der Streuplan 2 vorzuziehen.

6.12 Situationsaufgabe zur Onlineplanung

Das Unternehmen playtown GmbH hat sich auf die Produktion und Programmierung von Computer- und Videospielen konzentriert. Auf dem deutschen Spielemarkt nimmt die playtown GmbH einen hinteren Rang ein. Der Markt für Computer- und Videospiele ist dynamisch und wachsend. Um ihre Marktposition zu verbessern, hat die playtown GmbH ein neues animiertes Computer-Strategiespiel entwickelt, das von der spezialisierten Presse sehr gute Bewertungen erhalten hat. Um das Spiel in der Zielgruppe bekannt zu machen, plant die playtown GmbH die Durchführung einer Werbekampagne. Die Zielgruppe besteht aus allen Personen, die an Computer- und Videospielen interessiert sind. In der Zielgruppe befinden sich 11,21 Mio. Personen. Informationen zur Zielgruppe können der unten stehenden Kreuztabelle (Abb. 6.41) entnommen werden.

Die mit der Mediaplanung beauftragte Mediaagentur empfiehlt der playtown GmbH unter anderem auch den Einsatz von Onlinewerbung. Hierfür stellt die playtown GmbH ein Streubudget von 1 Mio. € zur Verfügung.

Die Mediaagentur empfiehlt außerdem, im Rahmen der Onlinewerbung einen Kontaktkorridor von 10 – 14 Kontakten pro Person anzustreben. Unter dieser Voraussetzung soll dann eine möglichst große Reichweite in der Zielgruppe erreicht werden. Abb. 6.42 zeigt den Auszug einer Rangreihe von Onlineangeboten, Abb. 6.43 enthält zwei Mediapläne einschließlich der Planbewertungen. **Hinweis:** Die Tabellen in Abb. 6.41 bis 6.43 wurden mit Hilfe der Internetstudie „internet facts" erstellt, die von der Arbeitsgemeinschaft Onlineforschung (AGOF) vierteljährlich herausgegeben wird. In der Studie werden Page-Impressions als Kontakte bezeichnet.

Quelle: AGOF internet facts
Vorfilter: Gesamt (118.312 ungew. Fälle, 169.570 gew. Fälle - 100,0% - 64,87 Mio)

	„Gesamtbevölkerung ab 14 Jahre"		Computer- und Videogames: Bin (sehr) interessiert			
	%	Mio	%	Mio	"Anteil %"	Index
Gesamt	100,0	64,87	100,0	11,21	17	100
Standard-Demografie						
Geschlecht						
Männer	48,9	31,71	72,7	8,15	26	149
Frauen	51,1	33,16	27,3	3,06	9	53
Alter						
14 - 19 Jahre	8,1	5,25	22,7	2,55	49	281
20 - 29 Jahre	13,4	8,69	26,8	3,01	35	200
30 - 39 Jahre	15,1	9,81	17,5	1,96	20	116
40 - 49 Jahre	19,1	12,40	16,7	1,88	15	88
50 - 59 Jahre	15,1	9,81	7,8	0,87	9	51
60 - 69 Jahre	14,3	9,26	5,7	0,64	7	40
70 Jahre und älter	14,9	9,66	2,8	0,31	3	19
Ausbildung des Befragten						
Kein allgemeiner Schulabschluss	3,6	2,35	7,4	0,83	35	205
Haupt- bzw. Volksschulabschluss	40,1	26,02	28,9	3,24	12	72
Weiterführende Schule	34,0	22,05	39,8	4,47	20	117
Abitur, Fachabitur	9,1	5,88	11,8	1,33	23	130
Fach-/Hochschulabschluss	13,2	8,57	12,0	1,35	16	91
Fernsehen						
Mache ich mehrmals in der Woche	85,9	55,71	82,1	9,20	17	96
Radio hören						
Mache ich mehrmals in der Woche	75,5	48,96	67,2	7,53	15	89
Ins Kino gehen						
Mache ich mehrmals in der Woche	0,3	0,22	0,7	0,08	37	217
Zeitungen lesen						
Mache ich mehrmals in der Woche	75,4	48,88	64,9	7,27	15	86
Zeitschriften, Illustrierte lesen						
Mache ich mehrmals in der Woche	31,1	20,16	29,3	3,28	16	94
Im Internet gekauft						
Computer- und Videogames	8,3	5,36	33,6	3,77	70	407
Computer-Hardware oder -Zubehör	12,9	8,38	33,4	3,74	45	259
Computer-Software ohne Games	9,8	6,38	25,6	2,87	45	260
Computer- und Videogames						
In den letzten 14 Tagen gekauft	3,7	2,39	15,4	1,73	72	418
In den letzten 3 Monaten gekauft	8,8	5,70	29,3	3,29	58	334
Länger als 3 Monate her	22,7	14,73	36,8	4,13	28	162
Noch nie gekauft	64,8	42,06	18,4	2,07	5	28
Internetnutzung						
Nutzung in den letzten 3 Monaten (Onliner-WNK)	64,4	41,75	90,3	10,13	24	140
Internet wird genutzt seit...						
Weniger als einem halben Jahr	3,8	2,49	5,2	0,59	23	136
Einem halben Jahr bis einem Jahr	3,9	2,52	4,9	0,55	22	126
Einem bis zwei Jahren	6,1	3,97	7,7	0,87	22	126
Zwei bis drei Jahren	6,6	4,29	9,5	1,06	25	143
Mehr als 3 Jahren	45,6	29,56	64,3	7,21	24	141
Keine Nutzung des Internets	34,0	22,04	8,4	0,94	4	25

Abb. 6.41: Kreuztabelle zur Zielgruppenstruktur

Aufgaben

a) Bewerten Sie die Eignung von Onlinewerbung für die Kampagne der playtown GmbH und begründen Sie Ihre Einschätzung. Berücksichtigen Sie dabei auch die Angaben in Abb. 6.41
b) Erläutern Sie für das Online Angebot „schüler VZ Gesamt" die Bedeutung der Werte in der Rangreihe (Abb. 6.42).
c) Erläutern Sie, was in Abb. 6.43 bei Plan 2 die Angabe „8.000 Tsd. Kontakte" für das Online Angebot „schüler VZ Gesamt" bedeutet.
d) Erläutern Sie, was in Abb. 6.43 die Ergebnisangaben für Plan 2 bedeuten.
e) Für Plan 2 wurden insgesamt 123,532 Mio. Kontakte gebucht (Addition der Belegungen von Plan 2). Tatsächlich wurden mit Plan 2 in der Zielgruppe aber nur 50,25 Mio. Kontakte erreicht. Erläutern Sie, wie das möglich sein kann.
f) Geben Sie an, welchen Plan Sie der playtown GmbH zur Realisation empfehlen würden und begründen Sie Ihre Empfehlung.

Lösungshinweise

zu a)
Onlinewerbung ist für die Kampagne der playtown GmbH gut geeignet:
Das Produkt hat eine hohe Affinität zu dem Medium, da es auf einem PC gespielt wird und auf einer entsprechend eingerichteten Seite zusätzliche Informationen oder Komponenten zu dem Spiel angeboten werden können. Hier kann auch ein Austausch zwischen den Spielern organisiert werden. Teilweise werden Computerspiele auch im Internet gespielt.
Die Zielgruppe ist relativ jung und mit dem Internet vertraut.
Computer- und Videospiele werden von den Zielpersonen häufig im Internet gekauft.
Im Vergleich zu anderen Medien (TV, Zeitungen, Zeitschriften, Radio) wird das Internet von den Zielpersonen regelmäßig und häufig genutzt.

Zeitraum für Medien: Durchschnittlicher Monat
Werbeform Super Banner [728x90]; TKP-Berechnung
Vorfilter: Gesamt (118.312 ungew. Fälle, 169.570 gew. Fälle - 100,0% - 64,87 Mio)
Zielgruppe: Computer- und Videogames: Bin (sehr) interessiert
(25.986 ungew. Fälle, 29.310 gew. Fälle - 17,3% - 11,21 Mio)

	Netto-RW (Unique User)				Brutto-Reichweite (Kontakte)			TKP	
	%	Unique User Mio	Nutzer-Anteil %	Aff.-Index	Kontakte Mio	Kontakt-Anteil %	Ø Kont.	EUR	Rangf.
Computec PC Spiele Kombination	3,7	0,42	52	299	27,16	63	65,1	6,30	1
Computec Homepage-Rotation	3,6	0,41	49	285	11,71	55	28,7	7,28	2
Computec Network-Rotation	6,5	0,73	47	275	74,58	55	101,7	7,32	3
Computec Magazine-Rotation	6,4	0,71	48	276	62,87	55	88,1	7,32	4
Computec Games Kombination	6,1	0,68	48	279	70,65	54	103,2	7,39	5
Hi-Media Community (Kombi)	4,7	0,53	37	213	50,14	40	95,4	9,31	6
InteractiveMedia Computer (Rotation)	9,3	1,04	30	172	33,11	33	31,9	12,06	7
MySpace.de Gesamtangebot	15,0	1,68	35	200	269,27	34	160,2	14,63	8
schülerVZ Gesamt	15,8	1,77	40	231	2.184,72	44	1.235,1	18,30	9
Knuddels.de	4,3	0,48	37	217	46,40	41	96,0	18,32	10
schülerVZ Fotos	13,5	1,51	41	237	821,76	43	543,2	18,68	11
4Players	3,4	0,38	53	305	14,33	53	37,6	18,74	12
schülerVZ Gruppen	10,3	1,16	42	245	113,17	47	97,9	20,56	13
Clipfish.de Gesamtangebot	5,6	0,62	33	189	27,43	36	44,1	21,03	14
Platform-A Media Teens & Twens	4,5	0,50	31	181	36,50	35	72,5	21,36	15

Abb. 6.42: Auszug aus einer Rangreihe von Onlineangeboten

Quelle: AGOF internet facts
Werbeform: Super Banner [728x90]; TKP-Berechnung
Vorfilter: Gesamt (14+) (169.570 Fälle - 100,0% - 64,87 Mio)   Zielgruppe:

Computer- und Videogames: Bin (sehr) interessiert
(25.986 ungew. Fälle, 29.310 gew. Fälle - 17,3% - 11,21 Mio)

Internetangebote	Plan 1	Plan 2
Computec Network-Rotation	4000 Tsd. Kont.	8000 Tsd. Kont.
Computec Magazine-Rotation	3000 Tsd. Kont.	8000 Tsd. Kont.
Computec Games Kombination	3000 Tsd. Kont.	8000 Tsd. Kont.
InteractiveMedia Computer (Rotation)	3000 Tsd. Kont.	8000 Tsd. Kont.
MySpace.de Gesamtangebot	3000 Tsd. Kont.	8000 Tsd. Kont.
schülerVZ Gesamt	2000 Tsd. Kont.	8000 Tsd. Kont.
4Players	2000 Tsd. Kont.	8000 Tsd. Kont.
Clipfish.de Gesamtangebot	2000 Tsd. Kont.	8000 Tsd. Kont.
Platform-A Media Teens & Twens	2000 Tsd. Kont.	8000 Tsd. Kont.
Lokalisten Gesamtangebot	2000 Tsd. Kont.	6000 Tsd. Kont.
GameStar.de	2000 Tsd. Kont.	6000 Tsd. Kont.
studiVZ Gesamt	2000 Tsd. Kont.	6000 Tsd. Kont.
Platform-A Media Männer	2000 Tsd. Kont.	6000 Tsd. Kont.
computerbild.de	2000 Tsd. Kont.	6000 Tsd. Kont.
StayFriends	2000 Tsd. Kont.	6000 Tsd. Kont.
TFAG Vertical Computer & Telecommunication	2000 Tsd. Kont.	6000 Tsd. Kont.
Platform-A Media Community	2000 Tsd. Kont.	5000 Tsd. Kont.
LYCOS	2000 Tsd. Kont.	4532 Tsd. Kont.
wkw Ich Kenne	2000 Tsd. Kont.	0
wer-kennt-wen.de Gesamtangebot	2000 Tsd. Kont.	0
MyVideo Gesamtangebot	2000 Tsd. Kont.	0
Lokalisten Homepage	2000 Tsd. Kont.	0
arcor.de - Gesamt	2000 Tsd. Kont.	0
TFAG Vertical Digital Entertainment	2000 Tsd. Kont.	0
Spieletipps.de	2000 Tsd. Kont.	0
freeXmedia Entertainment Kombi	2000 Tsd. Kont.	0
QUARTER MEDIA-Computer-Kombi	2000 Tsd. Kont.	0
CHIP Online	2000 Tsd. Kont.	0
guenstiger.de	2000 Tsd. Kont.	0
billiger.de Gesamtangebot	2000 Tsd. Kont.	0
AOL	2000 Tsd. Kont.	0
SevenOne Interactive Consumer Electronics Kombi	2000 Tsd. Kont.	0
BILD.de Bundesliga	2000 Tsd. Kont.	0
Mister Wong Gesamtangebot	2000 Tsd. Kont.	0
CHIP Online Test & Kaufberatung	2000 Tsd. Kont.	0
G+J EMS Consumer Electronics-Rotation	2000 Tsd. Kont.	0
G+J EMS Telekommunikation-Rotation	1957 Tsd. Kont.	0
PCWelt Rotation	1900 Tsd. Kont.	0
Ergebnisse		
Bruttokosten in EUR	1.090.725	1.103.788
Kosten in EUR	999.986	999.999
Netto-Reichweite		
Reichweite in %	44,7	39,5
Unique User in Mio	5,01	4,43
Brutto-Reichweite		
Kontakte in Mio	30,31	50,24
GRP	270	448
Ø Kontakte	6,0	11,3
Wirtschaftlichkeit		
TKP in EUR	32,99	19,91
Costs per GRP in EUR	3.699	2.232
Anteil/Affinität		
Anteil in %	30,4	32,7
(Affinitäts-)Index	176	189

Abb. 6.43 Mediapläne   Quelle: AGOF internet facts

zu b)

Unique User in % und Mio.
1,77 Mio. Zielpersonen, das sind 15,8 % aller Zielpersonen haben in einem durchschnittlichen Monat mindestens einen Kontakt mit dem Online-Angebot „schüler VZ Gesamt". D. h., sie erzeugen wenigstens ein PageImpression (PI).

Nutzeranteil
Von den Gesamtnutzern des Online-Angebotes innerhalb eines durchschnittlichen Monats (mindestens ein PI) gehören 40 % zur Zielgruppe.

Affinitätsindex
Der Zielgruppenanteil an der Gesamtnutzerschaft während eines durchschnittlichen Monats beträgt 231 % des Zielgruppenanteils an der Grundgesamtheit.

Kontakte in Mio.
Innerhalb eines durchschnittlichen Monats erzeugen die Zielpersonen 2.184,72 Mio. PI's auf dem Online-Angebot „schüler VZ Gesamt".

Kontaktanteil in %
Von den PI's, die während eines durchschnittlichen Monats insgesamt auf dem Online-Angebot erzielt werden, entfallen 44 % auf Zielpersonen.

Ø Kontakte
Auf jede der 1,77 Mio. Zielpersonen, die während eines durchschnittlichen Monats auf das Onlineangebot zugreifen, entfallen im Durchschnitt 1.235,1 PI's.

TKP in EUR
Für 1.000 PI's, die während eines durchschnittlichen Monats von Zielpersonen auf dem Onlineangebot erzeugt werden, müssen im Durchschnitt 18,30 € aufgewendet werden.

TKP Rangf.
Bezogen auf die Zielgruppe hat „schüler VZ Gesamt" den neunt günstigsten TKP in der Rangreihe.

zu c)
Für das Onlineangebot „schüler VZ Gesamt" werden 8 Mio. PI's gebucht.

zu d)
Bruttokosten in EUR
Ohne Berücksichtigung von Rabatten betragen bei Plan 2 die Aufwendungen für das Buchungsvolumen 1.103.788 €.

Kosten in EUR
Unter Berücksichtigung von Rabatten betragen bei Plan 2 die Aufwendungen für das Buchungsvolumen 999.999 Mio. €.

Reichweite in %/Unique User in Mio.
Mit dem Plan werden 39,5 % der Zielpersonen mindestens einmal erreicht (mindestens ein PI), das sind 4,43 Mio. Zielpersonen.

Kontakte in Mio.
Mit Plan 2 werden insgesamt 50,24 Mio. PI's mit Zielpersonen erzielt.

GRP
Im Durchschnitt entfallen auf 100 Zielpersonen 448 PI's.

Ø Kontakte
Auf jede Zielperson, die mit dem Plan mindestens einmal kontaktiert wird (mindestens 1 PI), entfallen im Durchschnitt 11,3 PI's.

TKP
Bei der Realisation von Plan 2 müssen im Durchschnitt für 1.000 PI's mit Zielpersonen 19,91 € aufgewendet werden.

Costs per GRP
Bei einer Realisation von Plan 2 müssen im Durchschnitt je GRP 2.232 € aufgewendet werden.

Anteil in %
Von der Gesamtzahl der Personen, die mit dem Plan 2 mindestens einmal erreicht werden, sind 32,7 % Zielpersonen.

Affinitätsindex
Der Zielgruppenanteil an der Gesamtzahl der Personen, die mit Plan 2 insgesamt erreicht werden, beträgt 189 % des Anteils der Zielgruppe an der Grundgesamtheit.

zu e)
Die Differenz resultiert daher, weil die gebuchten PI´s nicht nur auf Zielpersonen der playtown GmbH entfallen. Von den 123,532 Mio. PI´s, die mit dem Plan insgesamt erzielt werden, entfallen eben nur 50,24 Mio. auf Zielpersonen, das sind 40,7 %.

zu f)
Die playtown GmbH sollte Plan 2 realisieren. Die Reichweite von Plan 2 liegt zwar 5,2 Prozentpunkte (0,58 Mio. Zielpersonen) unter der von Plan 1, dafür liegt die Durchschnittskontaktzahl aber in dem angestrebten Kontaktkorridor. Die Durchschnittskontaktzahl von Plan 1 liegt dagegen deutlich unter dem angestrebten Mindestkontaktziel. Bei Plan 2 ist außerdem der Werbedruck in der Zielgruppe mit 448 GRP deutlich höher als bei Plan 1. Schließlich spricht auch der etwas höhere Zielgruppenanteil von Plan 2 dafür, diesen Plan zu realisieren.

Hinweis:
Üblicherweise werden im Rahmen von Onlinewerbung nicht PageImpressions, sondern AdImpressions gebucht. Da bei den Plänen konkrete Angebote gebucht werden, z. B. eine bestimmte Rubrik oder das gesamte Angebot oder eine Rotation etc., sind die ausgewiesenen PI´s für die playtown GmbH als AdImpressions zu interpretieren.

6.13 Informationsquellen zur Verbreitung von Werbeträgern

Für die Mediaplanung benötigt man Informationen über die Verbreitung und Nutzung von Werbeträgern in verschiedenen Zielgruppen. Es gibt eine Reihe von Untersuchungen, die regelmäßig oder sogar laufend durchgeführt werden, um diese Informationen zu erhalten. Hierbei unterscheidet man zwischen Mediaanalysen, Marktmediaanalysen und Panels. Auf mehrere solcher Untersuchungen und Studien wurde in den bisherigen Kapiteln dieses Buches schon zugegriffen und Teilergebnisse wurden zur Lösung von Übungen herangezogen.

6.13.1 Mediaanalysen

 Bei den Mediaanalysen handelt es sich um Untersuchungen, mit deren Hilfe die Reichweiten von Werbeträgern und die Struktur deren Nutzer untersucht werden kann.

Verbreitung von Werbeträgern und Nutzerstrukturen

Zusätzlich enthalten sie auch Informationen zur Beschreibung von Zielgruppen. Bei reinen Mediaanalysen sind das vor allem soziodemografische Merkmale, in geringem Umfang aber auch Besitz- und Konsummerkmale und Informationen zum Freizeitverhalten. Standarduntersuchung in dieser Gattung ist die „MediaAnalyse (MA)", herausgegeben von der Arbeitsgemeinschaft Mediaanalyse (AGMA). In der AGMA haben sich Vertreter der Medien, Werbungtreibende und Agenturen zusammengeschlossen. Die MA kann man gewissermaßen als „Standardwerk" der Mediaplaner bezeichnen, da die AGMA methodische Standards setzt, an denen sich andere Studien und Untersuchungen orientieren.

Standardwerk MA

MediaAnalyse (MA)	
Herausgeber	Arbeitsgemeinschaft MediaAnalyse (AGMA), ein Zusammenschluss von Verlagen, Sendern, Werbeagenturen und Werbungtreibenden
Grundgesamtheit	Deutsche Wohnbevölkerung in Privathaushalten ab 14 Jahren
Art der Stichprobe Untersuchungsgegenstand	Mehrstufige, geschichtete Zufallsauswahl • Soziodemografische Struktur der deutschen Bevölkerung ab 14 Jahren • Besitz von Gebrauchsgütern, Wohnsituation • Hobbys, Freizeittätigkeiten • Tiere im Haushalt • Einkaufsgewohnheiten • Reichweiten und Strukturen von klassischen Werbeträgern
Einbezogene Medien	Publikumszeitschriften, Wochenzeitungen, konfessionelle Zeitschriften, Stadtillustrierte, überregionale und regionale Tageszeitungen, Supplements, Lesezirkel, Kino, Hörfunk, TV, Plakat
Besonderheiten	TV-Daten durch Fusion mit dem GfK-Fernsehpanel

6.13.2 Markt-Media-Analysen

Markt-Media-Analysen verbinden Untersuchungen zum Kauf- und Konsumverhalten mit Erhebungen zur Mediennutzung.

Die Erhebungen zum Kauf- und Konsumverhalten berücksichtigen häufig nicht nur Produkte und Produktgattungen, sondern auch Marken. So können Aussagen gemacht werden, welche Produkte oder Marken z.B. die Leser einer bestimmten Zeitschrift verwenden.

Neben soziodemografischen Merkmalen bieten die Markt-Media-Untersuchungen häufig auch detaillierte Informationen zu Freizeitinteressen und Einstellungen.

Die wichtigsten Markt-Media-Analysen sind:
- die Allensbacher Werbeträgeranalyse (AWA),
- die Typologie der Wünsche Intermedia (TdWI),
- die Verbraucheranalyse (VA).

Allensbacher Werbeträgeranalyse (AWA)	
Herausgeber	Institut für Demoskopie Allensbach
Grundgesamtheit	Deutsche Wohnbevölkerung in Privathaushalten ab 14 J.
Art der Stichprobe	Quotenauswahlverfahren
Untersuchungsgegenstand	soziodemografische Struktur der deutschen Bevölkerung ab 14 Jahren, Besitz und Konsumdaten für eine Vielzahl von Produkten und Produktbereichen, Informationsinteressen, Experten, Ratgeber, Einstellungen, Reichweiten und Strukturen von klassischen Werbeträgern
Einbezogene Medien	Publikumszeitschriften einschließlich Special-Interest-Zeitschriften, Stadtillustrierte, Supplements, Kundenzeitschriften, regionale und überregionale Tageszeitungen, Anzeigenblätter, Telefonbuch, Plakate, Nahverkehrsmittel, Kino, Hörfunk, TV, Internet
Besonderheiten	Die Online-Medien werden detailliert in einer separaten Untersuchung (ACTA) erhoben

Typologie der Wünsche Intermedia (TdW)	
Herausgeber	TdW Intermedia GmbH & Co. KG, Offenburg
Auftraggeber	Burda Advertising Center, Offenburg
Grundgesamtheit	deutsche Wohnbevölkerung in Privathaushalten ab 14 J.
Art der Stichprobe	mehrstufige geschichtete Zufallsauswahl

Untersuchungs-gegenstand	soziodemografische Struktur der deutschen Bevölkerung ab 14 Jahren, Besitz und Konsumdaten für eine Vielzahl von Produkten, Produktbereichen und Marken, Ernährung, Gesundheit, Umwelt, Freizeit, Produktinteressen, Themeninteressen in Printmedien, Nutzung von TV-Formaten, Familien-Lebenswelten, Online-Nutzungswahrscheinlichkeiten, Einstellungen, Reichweiten und Strukturen von klassischen Werbeträgern
Einbezogene Medien	Publikumszeitschriften, regionale und überregionale Tageszeitungen, Supplements, Kino, Hörfunk, Fernsehen, Internet-, Online-Dienste, Videotext

VerbraucherAnalyse (VA)	
Herausgeber	Axel Springer Verlag und Verlagsgruppe Bauer
Grundgesamtheit	VA Klassik: deutschsprachige Bevölkerung in Privathaushalten in der BRD, 14+ VA Jugend: deutschsprachige Bevölkerung in Privathaushalten in der BRD, 12+
Art der Stichprobe	mehrstufige geschichtete Zufallsauswahl
Untersuchungs-gegenstand	soziodemografische Struktur der deutschen Bevölkerung ab 14 bzw. 12 Jahren, Besitz und Konsumdaten für eine Vielzahl von Produkten, Produktbereichen und Marken, Anschaffungsabsichten, Freizeitinteressen, Einstellungen, soziale Werte, Reichweiten und Strukturen von klassischen Werbeträgern
Einbezogene Medien	Publikumszeitschriften, Supplements, regionale und überregionale Tageszeitungen, Wochenzeitungen, Lesezirkel, Telefonbücher, City-Light-Plakate, Großflächenplakate, Kino, Hörfunk, TV, Internet-, Online-Dienste, Videotext
Besonderheiten	für die Gruppe der 6- bis 13-Jährigen gibt es eine gesonderte Untersuchung (Kids Verbraucheranalyse/KidsVA)

6.13.3 Panel

Allgemein sind Panel Untersuchungen, mit denen kontinuierlich
- bei den gleichen Objekten,
- zu den gleichen Themen,
- über einen langen Zeitraum

Informationen erhoben werden. Im Zusammenhang mit Erhebungen zur Medianutzung ist hier vor allem das AGF/GfK-Fernsehpanel zu nennen.

AGF/GfK-Fernsehpanel	
Herausgeber	Arbeitsgemeinschaft Fernsehforschung (AGF), hierbei handelt es sich um einen Zusammenschluss fast aller deutschen Sender und von Werbeagenturen und Werbungtreibenden, die Finanzierung erfolgt allerdings ausschließlich durch die Sender.
Panelgröße	Das Panel besteht aus 5.640 privaten Haushalten mit etwa 13.000 Personen ab 3 Jahren. Neben deutschen Haushalten sind auch Haushalte von EU-Bürgern einbezogen, die in Deutschland leben. Das Panel repräsentiert damit insgesamt 35,02 Mio. deutsche und EU-Haushalte in der Bundesrepublik Deutschland, dem entsprechen etwa 73,53 Mio. Personen ab drei Jahren.
Stichprobe	mehrstufige geschichtete Zufallsauswahl
Untersuchungsgegenstand	Messung des TV-Sehverhaltens der Panelteilnehmer, daraus lassen sich Reichweiten und andere Leistungsmerkmale des Fernsehens bzw. einzelner Sender, Sendungen oder Werbeblöcke ermitteln. Zudem werden jährlich • Empfangsbedingungen im Haushalt, • die Beliebtheit von Sendergenres, • Konsumdaten für eine Vielzahl von Produkten und Produktbereichen, • Ausstattung mit technischen Geräten, • Wohnsituation, • Sinus-Milieus (vgl. Band 1, „Kommunikationspolitik"), • Soziodemografie durch Befragung ermittelt.
Erhebungsverfahren	Das TV-Sehverhalten wird mit einem Zusatzgerät, dem GfK-Meter, gemessen, es erfasst automatisch und sekundengenau das An- und Abschalten des Fernsehgerätes, jeden Umschaltvorgang, alle anderen Verwendungen des Fernsehgerätes, z.B. Videospiele, Videotext (inkl. Seitenerkennung bzw. TOP-Text), Aufnahme und Wiedergabe von selbst- oder fremdaufgezeichneten Videokassetten. Durch eine Fernbedienung müssen sich die einzelnen Haushaltsmitglieder selbst an- und abmelden. Die übrigen Daten werden durch Befragung erhoben.
erfasste Medien	Erfasst werden alle im Gebiet der Bundesrepublik Deutschland empfangbaren TV-Sender. Verarbeitet werden aber nur die Sender, die der AGF angehören und zusätzlich einige Lizenzsender.
Abfrage	Die Berichterstattung über das Sehverhalten und die ermittelten Reichweiten erfolgt täglich. Dabei werden jeweils vormittags die Daten des Vortages in die PC-Auswertungsprogramme eingespeist. Außerdem können die Agenturen die so genannten PIN-Daten (Personenindividuelle Nutzungsdaten) abrufen. Die übrigen Daten werden jährlich erhoben.

6.14 Datenfusion

Setzt man im Rahmen einer Mediaplanung verschiedene Werbeträgergattungen ein, so kommt es häufig vor, dass dafür auch verschiedene Planungsinstrumente verwendet werden. Sollen für die Streuung von Werbemitteln z.B. Publikumszeitschriften und das Fernsehen eingesetzt werden, so wird man den Einsatz der Publikumszeitschriften mit Media- oder Marktmediaanalysen, z.B. der MA, der VA oder einer anderen Analyse planen. Die Planung des TV-Einsatzes wird mithilfe des GfK-Panels erfolgen. Man hat dann allerdings das Problem, dass zwar die Leistungen der Teilpläne, also im Beispiel des Printplanes und des TV-Planes, ermittelt werden können, nicht jedoch die Leistungen des Gesamtplanes, der im Beispiel aus dem Print- und dem TV-Plan bestehen würde.

Problem beim Einsatz von Werbeträgern aus verschiedenen Gattungen: Ermittlung der Gesamtleistung

> *Um den Mediaplanern die Möglichkeit zu bieten, die Gesamtleistung von Mediaplänen zu ermitteln, bei denen Werbeträger aus verschiedenen Mediagattungen eingesetzt werden, bedient man sich häufig des Instruments der Datenfusion.*

Bei einer Fusion liegen Daten aus zwei verschiedenen Erhebungen, A und B, vor, z.B. eine Erhebung zum Leseverhalten und eine Erhebung zum TV-Sehverhalten. Beide Erhebungen benutzen teils gemeinsame Merkmale und teils unterschiedliche (spezifische) Merkmale. Bei den gemeinsamen Merkmalen kann es sich z.B. um soziodemografische Eigenschaften, dem Konsumverhalten, Freizeitinteressen etc. handeln. Bei den spezifischen Merkmalen könnte es sich z.B. um das Leseverhalten und das TV-Sehverhalten handeln. Angenommen, die Erhebung A untersucht das TV-Sehverhalten und die Erhebung B das Leseverhalten. Die Erhebung A soll in die Erhebung B fusioniert werden. Bei der Fusion wird nun für jede Person der Erhebung A diejenige Person der Erhebung B gesucht, die dieser bezüglich der gemeinsamen Merkmale am ähnlichsten ist. Die betreffende Person aus der Erhebung A überträgt nun ihrem „Zwilling" in B ihre spezifischen Merkmale.

Beispiel

Angenommen, die Personen Ax der Untersuchung A und By der Untersuchung B sind bezüglich der gemeinsamen Merkmale am ähnlichsten. Über Ax liegen Informationen zum Sehverhalten vor. Ax überträgt im Rahmen der Fusion seine Eigenschaften zum Sehverhalten auf By. Über By liegen nach der Fusion sowohl Informationen zum Leseverhalten als auch Informationen zum TV-Sehverhalten vor.

Die Gruppe der Personen, die ihre spezifischen Merkmale übertragen, bezeichnet man als „Donorenstichprobe". In dem Beispiel sind das die Personen aus der Untersuchung A. Die Gruppe der Personen, die von den Donoren die spezifischen Merkmale empfangen, bezeichnet man als „Rezipientenstichprobe". In dem Beispiel sind das die Personen der Untersuchung B. Das Wort „donum" kommt aus dem Lateinischen und heißt Geschenk. Das Wort „rezipieren" kommt ebenfalls aus dem Lateinischen und heißt aufnehmen. Die Donoren schenken also gewissermaßen den Rezipienten ihre spezifischen Merkmale, die von diesen empfangen werden.

Die folgende Abb. verdeutlicht den Fusionsvorgang noch einmal schematisch.

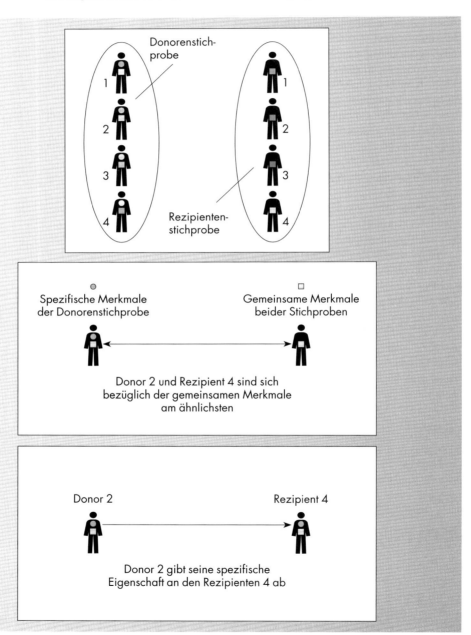

Abb. 6.41: Schematische Darstellung einer Datenfusion

6.15 Übungsaufgaben zur Gesamtwiederholung

Übungsfall 1

Der große deutsche Speiseeis-Hersteller S hat sein bekanntes Vanille-Eis der Marke M (gestützte Bekanntheit: 60%) einem Relaunch unterzogen. Zu diesem Zweck wurde die Rezeptur durch die Zugabe von 30% Sahne aus frischer Alpenmilch verbessert. Der Effekt ist eine höhere Cremigkeit, die sich sowohl beim Portionieren als auch beim Geschmack deutlich bemerkbar macht. Außerdem wurde eine neue Verpackung für die 1- und die 2-Liter-Packung gestaltet. Das Speiseeis wird im unteren Preissegment angeboten (unverbindliche Preisempfehlung für die 1-Liter-Packung 1,99 €).

Das Unternehmen beauftragt seine Agentur mit der Erstellung eines Kommunikationskonzeptes für die Wiedereinführung. Als Budget stehen für die nächsten drei Monate insgesamt 1,8 Mio. € zur Verfügung.

Aufgabe

Skizzieren Sie die notwendigen Überlegungen und Planungsschritte! Nehmen Sie dabei zu folgenden Punkten Stellung:
- Situations-Analyse,
- Kommunikations-Ziele,
- Zielgruppen-Analyse,
- Positionierung und Copy-Strategie,
- Kommunikations-Mix,
- Medien.

Lösungshinweise Übung 1

1. Situations-Analyse (Ist-Zustand)

a) Unternehmen/Produkt/Dienstleistung

Es handelt sich um ein etabliertes, schon seit längerem im Markt befindliches Konsumgut. Über den Marktanteil oder die Marktposition werden keine Angaben gemacht, doch dürften die entsprechenden Daten im Unternehmen S vorhanden sein.

Das Produkt besitzt trotz der verbesserten Rezeptur keine Einzigartigkeit, das heißt, in der Kommunikation muss eine Unique Advertising/ Communication Proposition in den Köpfen der Verbraucher angestrebt werden.

Der niedrige Preis, der Zu-Haus-Konsum (kein sichtbarer Konsum/ Status) macht das Produkt zu einem Low-Involvement-Gut, bei dem das Risiko eines Fehlkaufs für die Konsumenten gering ist, daher ist die Wahrscheinlichkeit von Probekäufen bei geschickter Kommunikations-Strategie sehr groß.

Da die Marke M aus dem Hause eines bekannten deutschen Herstellers stammt und auch schon am Markt etabliert ist, dürfte das Eis in den Tiefkühlregalen des Handels über eine ausreichende Präsenz verfügen. Daten über die Distributions-Situation (nummerische und gewichtete Distribution) sind vermutlich ebenfalls im Unternehmen vorhanden, ansonsten kann auf die Handels-Panels von GfK und Nielsen zurückgegriffen werden.

Informationen über die bisherigen Kommunikations-Maßnahmen für die Marke M (Spendings und bereits eingesetzter Kommunikations- und Media-Mix) sind ebenfalls im Unternehmen S vorhanden.

b) Markt
Marktentwicklung, Marktvolumen, Marktpotenzial und Distributionskanäle lassen sich mit genaueren Studien von Dachverbänden, Marktforschungs-Instituten und vor allem mit Daten aus den Handels-/Haushaltspanels (GfK/Nielsen) einschätzen.

Bei Eis gibt es vermutlich Besonderheiten hinsichtlich der Saisonalität, auch wenn alle Hersteller inzwischen u.a. durch spezielle Sorten verstärkt versuchen, den Eisabsatz in den Wintermonaten anzukurbeln. Geografische Schwerpunkte gibt es nicht.

c) Wettbewerber
Informationen über die Wettbewerber (Produkte/Dienstleistungen, Marktanteil/Marktpositionen, Preise, Distribution und Kommunikation, insbesondere Spendings und evtl. bereits eingesetzter Kommunikations- und Media-Mix) können ebenfalls aus Studien von Dachverbänden, Marktforschungs-Instituten und vor allem mit Daten aus den Handels-/Haushaltspanels (GfK/Nielsen) erhoben werden. Darüber hinaus steht mit Nielsen Media Research ein Instrument zur Verfügung, mit dem man die Media-Strategie und den Werbedruck der Konkurrenz (Basis: Brutto-Spendings in den Klassischen Medien) analysieren kann. Nielsen Media Research oder andere Marktforschungs-Institute stellen Datenbanken zur Verfügung, aus denen man die eingesetzten Werbemittel abrufen kann, um sie anschließend mithilfe von Copy-Analysen hinsichtlich der Kommunikations-Strategie auszuwerten. Wichtige Wettbewerber dürften in diesem Preis-Segment neben anderen Marken-Artikeln vor allem die Eigenmarken des Handels sein.

2. Kommunikations-Ziele

- Die Erhöhung der Bekanntheit steht nicht so sehr im Vordergrund (60% gestützte Bekanntheit), trotzdem sollte Wert auf den Wiedererkennungswert gelegt werden (Verpackung verändert), denn bei FMCG spielt die Wiedererkennung am POS eine entscheidende Rolle.
- Schaffung von Probier-Möglichkeiten oder Probekäufen ⇒ Erhöhung der Wiederkauf-Rate (Marketing-Ziel).
- Informationen über die verbesserte Rezeptur und den weiterhin günstigen Preis vermitteln (an die Endverbraucher und den Handel).
- Verankerung der Positionierung in den Köpfen der Verbraucher.
- Emotionalisierung der Marke.
- Bei den Stamm-Verwendern: Erhaltung der Markenbindung.

3. Zielgruppen-Analyse

Zielgruppen-Definition:
Kernzielgruppe sind hier Haushaltsführende in Haushalten mit Kindern (also immer noch schwerpunktmäßig Frauen) ab 25 Jahren aufwärts. In diesem Fall kauft die Mutter für die Familie ein, wobei vor allem die Kinder als Haupt-Verwender den Kauf stark beeinflussen können.

Die kleinere Packung kann aber auch von Singles oder Doubles abgenommen werden (ebenfalls 25+).

Das Einkommen spielt bei dem niedrigen Produktpreis keine Rolle bei der Zielgruppendefinition.

Es handelt sich also um eine recht breite Zielgruppe. Insofern spielen auch psychografische Merkmale (z.B. Einstellungen, Motive, Interessen etc.) oder verhaltensbeschreibende Merkmale (z.B. Kauf- oder Konsumverhalten) nur eine untergeordnete Rolle. Zur genaueren Definition müsste man auf die einschlägigen Markt-Media-Studien wie die VA, AWA, TdW, andere Spezialstudien von Verlagen oder Vermarktern oder evtl. auch auf Typologien (z.B. Sinus-Milieus) zurückgreifen. Möglicherweise könnten auch eigene Befragungen (Primärforschung) eingesetzt werden. Allerdings empfiehlt sich das eher vor der Produkteinführung (z.B. Geschmacks-Test + Befragung oder, nach der Produkteinführung, z.B. Zufriedenheit mit dem Produkt).

Weitere Zielgruppen
- Handel: Bei Handelsketten, bei denen wir noch nicht in den Regalen sind: Listung erreichen. Bei den anderen: Absprache von gemeinsamen VkF-Aktionen zur Neueinführung unserer Marke.
- Eigene Mitarbeiter (z.B. Key-Account-Manager: Listung bzw. Pflege des Kontaktes zum Handel; Vertrieb/Außendienst: Durchführung und Überwachung der VkF-Aktionen am POS)
- Presse/Medien: Eher weniger wichtig, da ein Relaunch für die allgemeine Publikumspresse nicht so interessant ist, aber in Fachzeitschriften für den Handel (z.B. Lebensmittel-Zeitung) durchaus lohnend.

4. Positionierung und Copy-Strategie

Positionierung
Das neue M, der besondere Genuss zum günstigen Preis.

Copy-Strategie

Benefit
Ein objektiver Benefit lässt sich bei Lebensmitteln nur schwer finden, da Geschmack oder Genuss sehr subjektiv empfunden werden. Insofern muss hier ein subjektiver Benefit, den man am besten über eine geeignete Tonality zu einer Unique Advertising Proposition ausbaut, gefunden werden. Ein Ansatzpunkt könnte die verbesserte Rezeptur bieten (sensorischer Zusatznutzen): Das neue M ist ein besonderes Geschmackserlebnis.

Ein anderer wäre eher eine Art sozialer Zusatznutzen. Der Beliebtheitsgrad der eigenen Kinder steigt (Gewinnen neuer Freunde), weil es bei ihnen immer das leckere M-Eis gibt.

Reason why
Bei subjektiven Benefits fällt die Begründung des Nutzens meistens schwer und wird häufig über die Tonality vermittelt. Der sensorische Zusatznutzen (besonderer Geschmack) lässt sich aber unter Hinweis auf die veränderte Rezeptur durchaus begründen: weil der hohe Anteil frischer Alpen-Sahne das Eis besonders cremig macht.

Tonality
Die Stimmung oder Anmutung der Werbemittel muss den jeweiligen Benefit unterstreichen und sollte nach Möglichkeit nicht austauschbar sein, damit es nicht zu Verwechslungen mit anderen Marken kommt (UAP).

Beim sensorischen Zusatznutzen (Geschmack) kann vielleicht das besondere Geschmackserlebnis unterstrichen werden (z.B. im TV-Spot: assoziative Bilder beim Genießen jedes neuen Löffels mit M-Eis).

Beim sozialen Zusatznutzen kann der verbindende, Freundschaften stiftende Charakter des Eises im Vordergrund stehen.

5. Kommunikations-Mix
Neben klassischer Werbung (wird unter Punkt 6 erörtert) kommen hier vor allem folgende Below-the-line-Maßnahmen infrage:

Verkaufsförderung
- Staff Promotions: Schulung der Key-Account-Manager und des Außendienstes, Bereitstellung von Info-Material, wie z.B. Sales manual oder Sales Folder
- Dealer Promotions (Rein- und Rausverkauf)
  - Listung: besondere Rabatte anbieten, Werbemittelkostenzuschuss (WKZ), auf eine große Endverbraucher-Kampagne hinweisen (Pull-Marketing) etc.
  - Vereinbarung gemeinsamer VkF-Aktionen (Reinverkauf): WKZ, um in die „Schweinebauch-Anzeigen" des Handels zu kommen, Probier-Stände/Verkostungen etc.

- Durchführung von VkF-Aktionen am POS: Bereitstellung von Display-Material, es reisen Verkostungsteams durch den Handel etc.
- Consumer Promotions: Probiermöglichkeiten am POS schaffen (z.B. Verkostungs-Stände mit gleichzeitiger Möglichkeit, erste Reaktionen zu erforschen/MAFO), Gewinnspiele

PR
Vor allen Dingen in Fachzeitschriften für den Handel (z.B. Lebensmittel-Zeitung)

Event
Evtl. für den Handel (Handelseinkäufer) oder im Zusammenhang mit PR, da auf der Endverbraucher-Ebene die Zielgruppe viel zu groß ist.

6. Medien

Intermediavergleich
Als Media-Ziel sollte man hier die Reichweitenmaximierung bei der relevanten Zielgruppe anstreben. Um die wichtigen Probekäufe zu erzielen, reichen vermutlich drei bis vier Kontakte, alles andere muss dann das verbesserte Produkt selbst leisten (z.B. Wiederkauf-Rate erhöhen). Vom Timing sollte man zunächst versuchen, diese drei bis vier Kontakte schnell zu erzielen (Front Loading). Wir suchen also nach reichweitenstarken Medien, mit denen wir gezielt zum Relaunch-Termin Werbedruck in der Zielgruppe aufbauen können.

Als Basis-Medien bieten sich hier Publikumszeitschriften oder TV an. Angesichts des Budgets wird man sich für eines der beiden Medien entscheiden müssen. Zu Beginn bietet sich vermutlich vor allem TV an, da hier die Marke besonders gut emotionalisiert werden kann (vgl. auch Tonality). Man sollte versuchen, möglichst frauenaffine Sender bzw. Sendungen auszuwählen (außerdem eher preiswertere day-time oder access-prime-time wählen).

Nach Beendigung der ersten Phase sollte in jedem Fall auf Publikumszeitschriften zurückgegriffen werden, da sich über Zielgruppen-Zeitschriften (u.a. diverse Frauen-Zeitschriften) die Zielgruppe ohne größeren Streuverlust gut wiederholt erreichen lässt (Erinnerung an die Marke, Wiedererkennbarkeit).

Es ist aber durchaus möglich, auf den TV-Einsatz zu verzichten, da die Marke schon über eine hohe Bekanntheit verfügt.

Hörfunk
Gezielter Einsatz in Sendern und Sendungen kurz vor dem Einkauf (9 bis 12 Uhr morgens, ggf. bevorzugt Frauen ansprechen).

Außenwerbung
Evtl. gezielter Einsatz von Großflächen in der Nähe des POS.

Internet/Neue Medien/Multimedia
Bevorzugt für die Handelsansprache

Selektionshilfen
Bei der Selektion der konkreten Werbeträger können folgende Veröffentlichungen und Studien helfen: IVW, GfK (TV), MA, MA Plakat, VA, AWA, TdW, andere Spezialstudien von Verlagen oder Vermarktern.

Wie schon erwähnt, sollte außerdem in FZ (Lebensmittel-Zeitung) geschaltet werden.

Übungsfall 2

Das große deutsche Reiseunternehmen H startet in den nächsten Monaten seine Billigfluglinie Fly Express.
Vom Heimatflughafen Köln/Bonn sollen die Ziele Berlin, Hamburg, London, Venedig, Mailand oder Pisa zum Preis von 19,99 € pro Hinflug angeflogen werden. Dieser Preis gilt allerdings nur für ein begrenztes Kontingent und kann je nach Buchungszeitpunkt und -stelle auf über das Doppelte pro Einzel-Flug steigen.
Der Markt für Billigflüge wird inzwischen von einer recht großen Anzahl von Linien bestimmt.
Das Reiseunternehmen beauftragt seine Agentur mit der Erstellung eines Kommunikationskonzeptes. Als Budget stehen für das erste Jahr insgesamt 3,5 Mio. € zur Verfügung.

Aufgabe
Skizzieren Sie die notwendigen Überlegungen und Planungsschritte. Nehmen Sie dabei zu folgenden Punkten Stellung:
- Situations-Analyse,
- Kommunikations-Ziele,
- Zielgruppen-Analyse,
- Positionierung und Copy-Strategie,
- Kommunikations-Mix,
- Medien.

LÖSUNGSHINWEISE ÜBUNG 2

1. Situations-Analyse (Ist-Zustand)

a) Unternehmen/Produkt/ Dienstleistung
Bei der Marke Fly Express handelt sich um eine neue Marke (Dienstleistung), die unter Umständen vom Bekanntheitsgrad des bekannten deutschen Reise-Unternehmens H profitieren kann. Über Marktanteils-Ziele werden keine Angaben gemacht, doch dürfte zunächst vor allem der Markteintritt und das schnelle Gewinnen von Marktanteilen im Vordergrund stehen.
Auch Billigflug-Linien sind bereits typische Me-too-Dienstleistungen, es gibt inzwischen eine relativ große Anzahl von Billigfluglinien, das heißt, in der Kommunikation muss eine Unique Advertising/Communication Proposition in den Köpfen der Verbraucher angestrebt werden.
Der niedrige Preis macht das Produkt zu einem Low-Involvement-Gut, bei dem das Risiko einer Fehlbuchung für die Nutzer gering ist, daher ist die Wahrscheinlichkeit von Erstbuchungen bei geschickter Kommunikations-Strategie sehr groß.

b) Markt
Marktentwicklung, Marktvolumen, Marktpotenzial und Distributionskanäle lassen sich mit genaueren Studien von Dachverbänden und Marktforschungs-Instituten einschätzen.
Im Fall der Marke Fly Express, die vom Heimatflughafen Köln/Bonn aus startet und in Deutschland die Ziele

Berlin und Hamburg anfliegt, müssen regionale Schwerpunkte gesetzt werden, da außerhalb eines Radius von ca. 100 km zu den jeweiligen Flughäfen (Köln, Hamburg, Berlin) die Wahrscheinlichkeit, potenzielle Passagiere zu erreichen, trotz des billigen Flugpreises drastisch abnehmen dürfte.

c) Wettbewerber
Informationen über die Wettbewerber (Produkte/Dienstleistungen, Marktanteil/Marktpositionen, Preise, Distribution und Kommunikation, insbesondere Spendings und evtl. bereits eingesetzter Kommunikations- und Media-Mix) können ebenfalls aus Studien von Dachverbänden und Marktforschungs-Instituten erhoben werden.

Darüber hinaus steht mit Nielsen Media Research ein Instrument zur Verfügung, mit dem man die Media-Strategie und den Werbedruck der Konkurrenz (Basis: Brutto-Spendings in den klassischen Medien) analysieren kann. Neben anderen Marktforschungs-Instituten stellt Nielsen Media Research Datenbanken zur Verfügung, aus denen man die eingesetzten Werbemittel abrufen kann, um sie anschließend mithilfe von Copy-Analysen hinsichtlich der Kommunikations-Strategie auszuwerten.

Wichtige Wettbewerber sind in diesem Fall neben anderen Billigflug-Anbietern, „normale" Fluglinien, aber im innerdeutschen Wettbewerb auch Auto und Bahn.

2. Kommunikations-Ziele
- Die Erhöhung der Bekanntheit steht hier zunächst im Vordergrund. Dazu gehört nicht nur die Markenbekanntheit, sondern auch die Bekanntmachung der Internet-Adresse, unter der vor allem Buchungen/Reservierungen vorgenommen werden können.
- Informationen über das Angebot sowie die Buchungs-Bedingungen vermitteln (an die potenziellen Nutzer, aber auch an Reisebüros)
- Aufbau eines Images (günstig, aber trotzdem sicher, seriös und zuverlässig), dabei evtl. Möglichkeit zum Image-Transfer vom „Mutter-Haus" H.
- Aufbau von Vertrauen bei der Zielgruppe.
- Verankerung der Positionierung in den Köpfen der Verbraucher.

3. Zielgruppen-Analyse

Zielgruppen-Definition
Eine Kernzielgruppe zu definieren fällt bei einem günstigen Angebot, das sich an alle Erwachsenen im Einzugsbereich der drei deutschen Flughäfen richtet, schwer. Es handelt sich also um eine recht breite Zielgruppe. Eine Zielgruppe sind in jedem Fall Geschäftskunden, deren Unternehmen möglicherweise größere Kontingente billiger Flüge einkaufen, um sie anschließend im eigenen Unternehmen zu verplanen.

Auf der Endnutzer-Ebene könnten jüngere Nutzer aus den jeweiligen Metropolen (25–40 Jahre), die am Wochenende Trips in die europäischen Szene- oder Modestädte (London, Mailand, Venedig) unternehmen, eine besondere Rolle spielen.

Allerdings müssen solche Trips langfristig geplant und im Voraus gebucht werden, da ansonsten die Preise erheblich steigen. Im innerdeutschen Wettbewerb geht es insofern vor allem darum, Leute zum Umsteigen von Bahn oder Pkw zu ermuntern.

Zur genaueren Definition müsste man auf die einschlägigen Markt-Media-Studien wie die VA, AWA, TdW, LAE und andere Spezialstudien von Verlagen oder Vermarktern oder evtl. auch auf Typologien (z.B. Sinus-Milieus) zurückgreifen.

Weitere Zielgruppen:
- Reisebüros: Aufnahme ins Programm dürfte auf Grund des bekannten „Mutter-Hauses" kein Problem sein. Allerdings läuft der Haupt-Vertrieb über das Internet und Call-Center, sodass unter Umständen auf die Ansprache von Reisebüros ganz verzichtet werden kann.
- Presse/Medien: Wichtig, da eine neue Billigfluglinie auch für die allgemeine Publikumspresse interessant sein kann, unter Umständen lohnt sich auch PR in Fachzeitschriften für die Reisebranche (z.B. Touristik aktuell)

4. Positionierung und Copy-Strategie

Positionierung
Fly Express ist nicht nur günstig, sondern dank H gewohnt sicher und zuverlässig.

Copy-Strategie

Benefit
Ein objektiver Benefit lässt sich hier leicht über den Preis finden: Fly Express – günstiger geht's nicht. Allerdings unterscheidet sich das nicht wirklich von allen anderen Wettbewerbern aus dem Billigflug-Segment, gegenüber „normalen" Flügen oder Bahn und Pkw natürlich schon. Aber auch das schnellere Tempo bietet sich an.
  Darüber hinaus sollte deshalb auch ein subjektiver Benefit gesucht werden, der möglicherweise die Chance zur Entwicklung einer Unique Advertising Proposition bietet. Einen Ansatzpunkt könnte die Zuverlässigkeit bieten, ein Faktor, der vor allem für die Geschäftskunden (Termine) eine besondere Rolle spielen könnte. „Entspannter Ankommen mit Fly Express."

Reason why
Sowohl der beschriebene objektive (Preis, Tempo) als auch der subjektive Benefit (Zuverlässigkeit) lassen sich begründen. Der objektive mit dem Verweis auf die Tarife oder die Zeitersparnis und der subjektive durch den Hinweis auf das seit Jahren für seine Zuverlässigkeit bekannte „Mutterhaus" H.

Tonality
Die Stimmung oder Anmutung der Werbemittel muss den jeweiligen Benefit unterstreichen und sollte nach Möglichkeit nicht austauschbar sein, damit es nicht zu Verwechslungen mit anderen Marken kommt (UAP).
  Beim objektiven Zusatznutzen (Preis oder Tempo) kann der Vergleich zu den Preisen oder der Geschwindigkeit anderer Beförderungsmitteln für die jeweilige Strecke im Vordergrund stehen. Beim subjektiven Zusatznutzen kann durch den Verweis auf das „Mutter-Haus" H (Verwendung des Logos, Anlehnung an die Farbwelt etc.) gearbeitet werden.

5. Kommunikations-Mix
Neben klassischer Werbung (wird unter Punkt 6 erörtert) kommen hier vor allem folgende Below-the-line-Maßnahmen infrage:

PR
Vor allen Dingen in regionalen Abo-Zeitungen, Publikumszeitschriften, aber auch in Fachzeitschriften für die Reise-Branche.

Verkaufsförderung
- Staff Promotions: Schulung der Call-Center-Mitarbeiter,
- Dealer Promotions: Durchführung von VkF-Aktionen in Reisebüros (z.B. Bereitstellung von Info-Material),
- Consumer Promotions: evtl. Info-Möglichkeiten in der Nähe von Bahnhöfen oder am Flughafen schaffen.

Event
Evtl. für die Journalisten im Zusammenhang mit PR (z.B. Freiflüge), da auf der Endverbraucher-Ebene die Zielgruppe viel zu groß ist.

Direkt-Marketing
Auf Endverbraucher-Ebene: Daten sind zwar über H vorhanden, aber es besteht die Gefahr der „Kannibalisierung", das heißt, bisherige „Normal-Flieger" werden zu Billig-Fliegern gemacht (das gilt ebenfalls für die Zielgruppe der Geschäftsleute). Auf Reisebüro-Ebene: geeignet, Erfolg abhängig von konkretem Material.

6. Medien
Intermediavergleich
Als Media-Ziel sollte man hier die Reichweitenmaximierung bei der relevanten Zielgruppe anstreben. Um die Günstigkeit des Angebotes sowie die Internet-Adresse zu kommunizieren, reichen vermutlich fünf bis sechs Kontakte. Vom Timing sollte man zunächst versuchen, diese fünf bis sechs Kontakte schnell zu erzielen (Front Loading). Wir suchen also nach reichweitenstarken

Medien, mit denen wir gezielt in den drei Regionen zum Start der neuen Billigfluglinie Werbedruck in der Zielgruppe aufbauen können.

Wie bereits mehrfach erwähnt, kommt es in diesem Fall bei der Auswahl der Medien vor allem auf die regionale Steuerbarkeit an. Da sich TV kaum regional steuern lässt (Ausnahme: Ballungsraum-TV) und es hier auch nicht so stark auf den Aufbau emotionaler Markenwelten ankommt, scheidet TV nahezu aus.

Der Einsatz von Außenwerbung (Großflächen und City-Light-Poster) in den Großstädten der jeweiligen Region ist dagegen nahezu optimal. Gerade zu Beginn der Kampagne kann hier schnell Werbedruck aufgebaut werden, der sich durch den gezielten Einsatz an Bahnhöfen, Autobahnzufahrten oder Flughäfen noch intensivieren lässt.

Neben dem Tempo des Reichweitenaufbaus spielen unsere Kommunikations-Ziele eine besondere Rolle, denn unsere Internet-Adresse, die Flugziele sowie der besonders günstige Preis lassen sich sehr gut mit Außenwerbung vermitteln.

Auch Publikumszeitschriften haben den Nachteil, dass sie sich eigentlich schlecht regional steuern lassen. Doch hier gibt es mit den Stadtmagazinen (z.B. „Prinz") eine wichtige Ausnahme, die in diesem Fall vor allem für die jüngere Zielgruppe eine wichtige Rolle spielt, das heißt, nach Beendigung der ersten Phase sollte in jedem Fall auf PZ zurückgegriffen werden (Erinnerung an die Marke, Buchungs-Anstöße).

Der ältere Teil der Endnutzer-Zielgruppe und ein großer Teil der Geschäftsleute kann auch über regionale Abo-Tageszeitungen erreicht werden. Zeitungen werden vorwiegend zur Information genutzt, was sich mit dem Informationsziel von Fly Express deckt.

Hörfunk
Zur Abverkaufs-Unterstützung und zur Kommunikation der Internet-Adresse; gezielter Einsatz regionaler Sender zur Drive-Time (möglicherweise stehen die Pkw-Fahrer im Stau) macht die Alternative besonders deutlich (vor allem bis 9 Uhr morgens).

Online
Buchbarkeit der Flüge im Internet erfordert zwingend Online-Werbung (z.B. Banner bei Suchmaschinen).

Selektionshilfen
Bei der Selektion der konkreten Werbeträger können folgende Veröffentlichungen und Studien helfen: IVW, GfK (TV), MA, MA Plakat, VA, AWA, TdW, LAE, andere Spezialstudien von Verlagen oder Vermarktern.

Kapitel 7

Vertiefung: Werbewirkungsmodelle

„Ich weiß, dass die Hälfte meines Werbedugets vergeudet wird.
Nur weiß ich nicht, welche Hälfte"

(Diese Aussage wird Henry Ford zugeschrieben)

7.1	Werbung als Werbewirkungsprozess	274
7.2	Historische Entwicklung	281
7.3	Ansätze und Aspekte der modernen Werbewirkungstheorie	291
7.4	Psychologische Phänomene bei der Informationsverarbeitung	304
7.5	Heterarchie der Effekte-Modelle nach Rossiter und Percy	313
7.6	Modell der Wirkungspfade (nach Kroeber-Riel)	317
7.7	Involvement und andere Einflussfaktoren auf Konsumentenverhalten	320
7.8	Partialmodelle des Konsumentenverhaltens	323
7.9	Kollektive Kaufentscheidungen	334
7.10	Werbungsplanungsmodell (von Vaughn)	338
7.11	Neuere psychologische Ansätze zur Kaufverhaltenssteuerung durch Werbung	340

Das wohl berühmteste und älteste Bonmot, das sich mit der Wirksamkeit von Werbung beschäftigt, stammt aus dem ausgehenden 19. Jahrhundert und lautet: „Ich weiß, dass die Hälfte meines Werbebudgets vergeudet wird. Nur weiß ich nicht, welche Hälfte." Wer der eigentliche Urheber dieses Spruches ist, darüber herrscht Uneinigkeit. Am häufigsten wird er dem Automobil-Pionier Henry Ford (1863–1947) zugeschrieben. Andere Quellen nennen William Hesketh Lever (1851–1925) oder John Wanamaker (1838–1922). Trotz der in dem Satz steckenden Skepsis scheint auch vor über 100 Jahren schon klar gewesen zu sein, dass Werbung einen Einfluss auf die Kaufentscheidung nimmt. Insofern sind Diskussionen darüber, ob Werbung wirkt, längst müßig. Viel interessanter sind dagegen Fragen, die sich mit dem Wie beschäftigen, denn ohne zu wissen, wie und unter welchen Bedingungen klassische Werbung funktioniert, kann weder Kreation von Werbemitteln noch integrierte Kommunikation gelingen.

Werbung wirkt – aber wie?

Angesichts hoher Kommunikations-Budgets erwarten die Werbungtreibenden von Agenturen und Vermarktern den Nachweis, dass sich ihre Investitionen in die Werbung auszahlen. Denn ohne Kenntnisse der Werbewirkung, das heißt der Reaktionen der Konsumenten auf der psychologischen Ebene, ist der Einsatz von Werbemaßnahmen – insbesondere neuer oder veränderter Kampagnen – ein schwer kalkulierbares Risiko. Die Nachfrage nach verlässlichen Daten über die Effizienz von Werbung wird daher immer größer.

Die Suche nach dem Zusammenhang zwischen Werbung und Absatzsteigerung ist so alt wie die Werbung selbst, weshalb nach einer grundsätzlichen Betrachtung von Werbung als Werbewirkungsprozess im folgenden Abschnitt zunächst ein kurzer historischer Abriss wichtiger Werbewirkungstheorien gegeben werden soll, bevor versucht wird, den aktuellen Stand der Forschung anhand exemplarischer Werbewirkungsmodelle aufzuzeigen. Im anschließenden Kapitel 8 über Werbung als Gestaltungsprozess stehen dann neben psychologischen Grundlagen, die bei der Wahrnehmung, Verarbeitung, Speicherung und Verhaltenssteuerung von Werbung eine Rolle spielen, vor allem Grundprinzipien der Anzeigengestaltung im Vordergrund.

7.1 Werbung als Werbewirkungsprozess

„Werbewirkung ist jede Art von Reaktion, mit der ein Adressat auf einen Werbereiz antwortet."
(Aus: Steffenhagen, Hartwig: Wirkungen der Werbung. Aachen 2000)

Dies ist eine Lehrbuchdefinition, die schon das weite Untersuchungsfeld aufzeigt, das sich bei der Beschäftigung mit Werbewirkung, ihrer Theorie und ihrer Messbarkeit öffnet. Der Begriff „Antworten" ist nämlich nicht wörtlich zu nehmen, denn jede Form beobachtbaren oder auch nicht-beobachtbaren Verhaltens kann im Rahmen der Beschäftigung mit Werbung als Antwort und damit als Wirkung gelten. Angesichts der Vielfalt denkbarer Reaktionen der Adressaten auf Werbung findet häufig eine Zweiteilung in
- außerökonomische (psychologische) Werbewirkung und
- ökonomischen Werbeerfolg statt (vgl. Abb. 7.1).

Andere Einteilungen versuchen, mithilfe so genannter Hierarchie- bzw. Stufenmodelle Ordnung in die Wirkungszusammenhänge von Werbung zubringen. Diese Stufenmodelle gehen davon aus, dass gewisse Werbewirkungen aufeinander aufbauen und in einer bestimmten Reihenfolge durchlaufen werden, bevor der gewünschte Erfolg erreicht wird (vgl. auch Abb. 7.2 und 7.3).

Auch Werbewirkungsmodelle versuchen, wie jede Theorie, eine sich ändernde Wirklichkeit festzuhalten und zu erklären. Die Veränderung dieser Wirklichkeit führt zwangsläufig dazu, dass ältere Modelle angepasst bzw. verändert werden müssen oder ihre Erklärungskraft verlieren. Bei der Beschäftigung mit Werbewirkungsmodellen muss man deshalb immer die Grundannahmen des jeweiligen Modells überprüfen, um die Erklärungskraft für konkrete Fragestellungen realistisch einschätzen zu können. Hinzu kommt, dass der Erfolg von Werbung von vielen Einflussfaktoren abhängt, die teils nicht messbar sind. Aus diesen Gründen gibt es bis heute keine allgemein anerkannte Werbewirkungstheorie.

Theorien versuchen die Wirklichkeit zu erklären

Werbe-Erfolgskontrolle

Ökonomische Kriterien (Werbe-Erfolg)	Außerökonom. Kriterien (Werbe-Wirkung)

• Umsatz, Absatz
• Marktanteil
• Erstkaufrate
• Wiederkaufrate
→ messbare Erfolgsindikatoren (finales Verhalten)
Evtl. testbar in:
• Testmarkt-Simulation
• Minimarkt-Test (Single Source), Panel
• regionaler Testmarkt
Problem:
Zusammenhang zwischen Werbeeinsatz und diesen Kriterien lässt sich meist nicht eindeutig feststellen z.B. wegen:
• Effekte im Marketing-Mix (4P)
• Konkurrenzaktivitäten
• Spill-over-Effekt
• Time lag zwischen Werbung und Kauf
• saisonale, konjunkturelle Einflüsse etc.
	• Aktivierung
	  ➥ Psychophysiologie (DER, EKG ...)
	• Beobachtung/Wahrnehmung
	  ➥ Blickverhalten (NAC-Brille ...)
	  ➥ Aktualgenese (Tachistoskop)
	• Anmutung/Bewertung
	  ➥ Aktualgenese (s.o.)
	• Verarbeitung/Speicherung
	  ➥ kognitiv (Verstehen/Lernen)
	→ Recall = Wiedererinnern an die Wahrnehmung von Werbung (auch gestützt/aided möglich)
	→ Recognition = Wiedererkennen von gelernten Werbeinhalten (z.B. DAR-Test in TV und Print)
	→ emotional (Einstellungen/Images)
	• Tiefeninterview
	• Polaritätenprofil
	• Gruppendiskussion
	• Imagery-Forschung
	• Lebendigkeit/Vividness innerer Bilder

Abb. 7.1: Kriterien einer Werbe-Erfolgskontrolle

Alle von der Medien- und Werbewirkungsforschung bis heute vorgelegten Modelle repräsentieren jeweils unterschiedliche Ausschnitte aus dem Wirkungsgeflecht, nie jedoch den Gesamtzusammenhang.

Vielleicht kann oder muss es eine allgemein anerkannte Werbewirkungstheorie auch gar nicht geben, denn die unterschiedlichen Märkte, Produkte, Zielgruppen und Zielsetzungen erfordern natürlich vielfältige werbliche Konzeptionen, die auf unterschiedliche Art und Weise erreicht und gemessen werden können.

Wenn man davon ausgeht, dass das angestrebte Werbeziel Auswirkungen auf das Verständnis von Werbewirkung hat, muss es bei der Vielzahl unterschiedlicher Werbeziele (vgl. Kapitel 2 im Band „Kommunikationspolitik") auch mehr als eine Art von Werbewirkung geben. Aus Sicht der Unternehmen besteht die wichtigste Reaktion auf Werbung im ökonomischen Erfolg (Kauf/Umsatz, Marktanteil etc.) der beworbenen Produkte. Eine Erhöhung von Umsätzen oder Marktanteilen stellt eine – zugegeben sehr wichtige – Reaktion der Zielgruppe auf Werbeaktivitäten von Unternehmen dar, doch letztendlich muss der Kauf eines Produktes erst durch viele verschiedene Marketing- und Kommunikationsmaßnahmen vorbereitet werden. Die Wirkungen kommunikativer Maßnahmen wie Werbung können aber häufig nicht mithilfe ökonomischer Kriterien erfasst werden. Obwohl es unstreitig sein dürfte, dass es beispielsweise bei einer Produktneueinführung zunächst auf Zielsetzungen wie Steigerung der Bekanntheit, Image-Bildung, Gewinnung von Sympathie oder Anregung zum Probieren ankommt, bevor sich ökonomischer Erfolg überhaupt einstellen kann.

Für die Messung von Werbewirkung macht es einen erheblichen Unterschied, ob es einem Unternehmen im Einzelfall eher auf ökonomische oder außerökonomische Zielsetzungen ankommt. Denn je nach zu Grunde liegender Zielsetzung müssen unterschiedliche Einflussfaktoren gemessen und in Beziehung gesetzt werden. Dies führt im Anschluss an die Kampagne vor allem dann zu erheblichen Differenzen zwischen Werbungtreibenden und Agenturen, wenn vorher nicht gemeinsam vereinbart wurde, was als Werbeerfolg bzw. erwünschte Werbewirkung angesehen werden soll. Vor dem Hintergrund der zunehmenden Verbreitung erfolgsabhängiger Agenturhonorierung, die vor allem große Konzerne seit einigen Jahren praktizieren, erhält dieses Thema eine besondere Brisanz. In der Diskussion, was im Hinblick auf die Agenturhonorierung als Werbeerfolg angesehen werden soll, verstehen die Unternehmen natürlich vor allem Markterfolg, während sich die Agenturen lieber am Kommunikationserfolg messen lassen wollen (vgl. zu dieser Problematik noch einmal Abb. 7.1).

Die besondere Problematik der Werbewirkungstheorie liegt darin, dass Werbewirkung von unzähligen Einflussfaktoren abhängt, die sich außerdem noch gegenseitig beeinflussen. Dies führt dazu, dass es eine Vielzahl konkurrierender Werbewirkungsmodelle gibt, die sich auf den ersten Blick sogar zu widersprechen scheinen. Auf den zweiten Blick wird aber deutlich, dass die Modelle ganz unterschiedliche Grundannahmen haben, und insofern je nach Frage- bzw. Aufgabenstellung zu bewerten sind. Ein gutes Beispiel für diese These ist der aktuelle Streit zwischen den Vertretern der so genannten Strong Theory um Professor John Philip Jones und den Vertretern der Weak Theory um Professor Andrew Ehrenberg (vgl. Abb. 7.2).

Strong Theory (Was macht die Werbung mit dem Verbraucher?)	**Weak Theory** (Was macht der Verbraucher mit der Werbung?)
• Werbung verändert Einstellungen • Werbung schafft eine Überzeugungsbasis für die Markenwahl • Werbung ist offensiv bzw. aggressiv • Verbraucher sind passiv und unwissend	• Verbraucher lernen wenig aus der Werbung (weil sie die meisten Produkte schon kennen) • Verbraucher sind aktiv und intelligent • Werbung führt selten zur exklusiven Verwendung einer Marke
S-R-Modell (Reiz-Reaktion): Werblicher Stimulus und direkter Response **Stufen-Modelle** (z. B. AIDA)	**Involvement-Modelle** Festlegung einer Markenbeziehung durch Erinnerung an positive Produktleistungen

Abb. 7.2: Denkschulen in der Werbewirkungstheorie (nach: SevenOneMedia)

Die Strong Theory von Jones geht davon aus, dass sich Werbung kurzfristig auf die Markenwahl der Verbraucher auswirkt und mittelfristig hilft, Marktanteile zu verschieben oder auf hohem Niveau zu stabilisieren. Werbung hat demnach einen starken Einfluss auf die Verbraucher, den Jones in der STAS-Formel (Short Term Advertising Strength) zum Ausdruck bringt. Einen völlig anderen Ansatz verfolgt Ehrenberg mit seiner Weak Theory. Er geht davon aus, dass sich Markenpräferenzen und Kaufverhalten über mehrere Jahre hinweg entwickeln müssen. Werbung hat in diesem Prozess nur die Aufgabe, Marken bekannt zu machen, Markenpräsenz zu erhalten und Stammverwender in der Markenwahl zu bestätigen. Seiner Meinung nach gelingt es Werbung selten, dauerhaften Markenwechsel zu erreichen, sondern dient eher der Verteidigung von Marktanteilen. Werbung hat demnach schwachen Einfluss auf die Verbraucher, den Ehrenberg in der ATR-Formel (Awareness – Trial – Reinforcement) beschrieben.

Zwei Denkschulen:

1. Werbung hat starke Einflüsse auf das Kaufverhalten

2. Werbung hat geringe Einflüsse auf das Kaufverhalten (und verfolgt andere Ziele)

 Der Strong Theory lassen sich Stufenmodelle (wie AIDA) zuordnen, während der Weak Theory Involvement-Modelle zu Grunde liegen.

Während sich Jones also mit den kurzfristigen Effekten von Werbung beschäftigt und von passiven Verbrauchern ausgeht, kümmert sich Ehrenberg um die langfristigen Effekte und setzt aktive Auseinandersetzung der Verbraucher mit Werbung voraus. Beide Modelle können Kaufverhalten schlüssig erklären, wobei die Anwendung der Modelle neben dem Zeithorizont auch von den betrachteten Wettbewerbsbedingungen (Wachsender versus stagnierender oder schrumpfender Markt), dem Produktstatus (USP versus me-too) oder dem Involvement der Zielgruppe abhängt (mehr zum Involvement-Begriff finden Sie am Ende dieses Kapitels und in Kapitel 1 vom Band „Kommunikationspolitik"). Dass Werbung bei FMCG (Fast Moving Consumer Goods = schnelldrehenden Konsumgütern) wie etwa Waschmitteln, Schokoriegeln oder Fertigpizza eine andere Wirkung hat als bei High-Involvement-Gütern, wie etwa Pkw, Waschmaschinen oder Urlaubsreisen, dürfte jedem unmittelbar einleuchten.

Viele Werbewirkungsmodelle gehen von einer Hierarchie der Effekte aus, d. h., die Phasen der Werbewirkung müssen in einer bestimmten Reihenfolge durchlaufen werden.

Werbewirkung als Stufenprozess

Das vermutlich berühmteste Hierarchie-Modell ist das so genannte AIDA-Schema (Attention – Interest – Desire – Action), das E. St. Elmo Lewis bereits 1898 als Grundlage für Verkäufer-Trainings entwickelte. Auch viele moderne Werbewirkungsmodelle versuchen, den Gedanken, dass die Wirkung von Werbung in einer bestimmten Reihenfolge erfolgt, aufzugreifen, wobei man auch hier zwischen zwei Modellen unterscheiden muss – solchen, die Werbung einen starken Einfluss auf das Kaufverhalten zugestehen, und solchen, die das nicht machen (vgl. Abb. 7.3). Die Effekte, die Werbung beim Verbraucher hervorruft, sind zwar vielfältig, lassen sich aber grob in drei Komponenten zerlegen. Man unterscheidet kognitive, affektive und konative Komponenten der Werbewirkung.

Lernhierarchie (learn-feel-do)	**Dissonanz-Attributs-Hierarchie** (do-feel-learn)	**Hierarchie geringen Involvements** (learn-do-feel)
Voraussetzungen: • Involvierte Rezipienten • Produktalternativen gut differenzierbar Ablauf: 1. Lernen 2. Einstellungsänderung 3. Verhaltensänderung	Voraussetzungen: • Involvierte Rezipienten • Produktalternativen wenig differenzierbar Ablauf: 1. Verhaltensänderung 2. Einstellungsänderung 3. Lernen	Voraussetzungen: • Wenig involvierte Rezipienten • Produktalternativen wenig differenzierbar Ablauf: 1. Lernen 2. Verhaltensänderung 3. Einstellungsänderung

strong ⟶ weak

Abb. 7.3: Hierachie-von-Effekten-Modelle (nach: SevenOneMedia)

- Unter kognitiven Wirkungen werden Prozesse verstanden, die mit dem Lernen von Werbeinhalten oder -botschaften zusammenhängen. Zu ihnen gehören Aspekte wie Aufmerksamkeit, Verarbeitung, Speicherung und Erinnerung von Werbung.
- Affektive Wirkungen beschreiben eher die durch Werbung ausgelöste oder beeinflusste Gefühlslage oder Einstellungen wie Interesse, Bewertung/Image oder die durch Werbung erzeugte Sympathie für ein Produkt oder eine Dienstleistung.
- Unter Werbewirkungen auf konativer Ebene versteht man eine durch Werbung ausgelöste Handlungsabsicht oder -durchführung, also Sachverhalte wie Kaufneigung, Kauf und Verwendung eines Produkts.

Häufig ist zunächst Wirksamkeit auf der kognitiven und/oder affektiven Ebene nötig, bevor sich Erfolg auch auf der konativen Ebene zeigt.

Auch in den von Ray 1973 entwickelten drei Hierarchie-von-Effekten-Modellen (vgl. wiederum Abb. 7.3) sind diese Komponenten enthalten, mit dem Begriff „Lernen" sind die kognitiven Wirkungen, mit dem Begriff „Einstellungsänderung" die affektiven Wirkungen und mit dem Begriff „Verhaltensänderung" die konativen Wirkungen von Werbung gemeint. Alle drei Hierarchiemodelle beziehen darüber hinaus den Grad des Involvement des Beworbenen sowie die Unterscheidbarkeit von Produktalternativen mit ein. Obwohl die drei Wirkungskomponenten Kognition, Affekt und Konation theoretisch in sechs verschiedene Reihenfolgen gebracht werden könnten, sind in der Praxis nur drei Hierarchien von Bedeutung. Diese drei verschiedenen Hierarchie-Modelle können Werbewirkung bzw. Kaufverhalten in vielen Fällen schlüssig erklären.

Lernhierarchie

Sie gilt bei High-Involvement-Gütern, bei denen die Alternativen gut unterscheidbar sind, wobei es davon heutzutage kaum noch welche gibt. Allerdings hängt die Unterscheidbarkeit von Alternativen auch von individuellen Faktoren wie Vorkenntnissen über die Produktart, Interesse an der Produktart oder Produktvertrautheit ab. Am Beispiel der Entscheidung für das Reiseziel des Haupturlaubs soll dies veranschaulicht werden. Auch wenn es sicherlich genug Menschen gibt, denen es eigentlich egal ist, in welchem Land sich der sonnige Strand befindet, werden in diesem Fall normalerweise mithilfe der Werbung verschiedene Fakten gelernt – unter anderem Produktkenntnisse (z. B. besondere Vorteile des Reiseziels), Images und evtl. der Markenname. Anschließend bildet sich der Verbraucher eine Einstellung, die sowohl rational begründbar ist als auch emotional als „richtig" (in Übereinstimmung mit den Werten und Motiven) empfunden wird. Der Kauf bzw. in unserem Fall die Entscheidung für ein Reiseziel ist dann die notwendige Konsequenz aus den beiden vorher durchlaufenen Stufen. Das AIDA-Modell ist eigentlich nichts anderes als eine Ausprägung dieser Hierarchie.

Gut unterscheidbare High-Involvement-Güter

Dissonanz-Attributions-Hierarchie

Sie ist in modernen Me-too-Märkten mit hohem Sättigungsgrad vermutlich häufiger anzutreffen als die Lernhierarchie. Sie gilt vor allem bei High-Involvement-Gütern, bei denen die Alternativen kaum unterscheidbar sind, wie z.B. teure Oberbekleidung oder Kosmetik. Hier erfolgt zunächst der Kauf, der natürlich auch durch Werbung – hier vor allem Aufbau emotionaler Markenwelten – vorbereitet wird. Im Anschluss entsteht beim Verbraucher das Gefühl einer inneren Spannung/Dissonanz, die am besten mit einer Art „Kater" verglichen werden kann. Die Auswirkungen dieses „Kauf-Katers" versucht der Verbraucher mithilfe von Argumenten zu minimieren, d.h., erst jetzt bildet sich eine Einstellung zur Marke. Diese Argumente sucht sich der Verbraucher in der Werbung des Unternehmens, Produktbeilagen („Wir gratulieren Ihnen zum Kauf des Produktes ...") oder durch Rückmeldungen des Partners, von Freunden oder Bekannten. Es werden also bewusst Informationen über positive Produkteigenschaften, wie z.B. die Produktqualität, oder über das Image der Marke gesucht, um den Kauf nachträglich vor sich selbst zu rechtfertigen (Attribution).

Kaum unterscheidbare High-Involvement-Güter

Dabei spielt es interessanterweise keine Rolle, ob es sich bei der Kaufentscheidung um eine Individual- oder eine gemeinsame Entscheidung handelt. Leider wird das Potenzial, das in der Nachkauf-Phase für die Marken- bzw. Kundenbindung steckt, bisher nur von den wenigsten Unternehmen in ausreichendem Maße genutzt – und das bei Kenntnis der so genannten 20:80 -Regel, die besagt, dass mit 20 % der Kunden 80 % der Umsätze erzielt werden

Hierarchie geringen Involvements

Low-Involvement-Güter

Die Hierarchie geringen Involvements gilt eigentlich für alle FMCG wie Waschmittel, Schokoriegel, Joghurt etc., aber auch für Zigaretten. Der Wettbewerb unter den austauschbaren Produkten (me-too) ist in der Regel hart, weil es sich häufig um gesättigte oder schrumpfende Märkte handelt. Auch hier müssen die Verbraucher erst mithilfe der Werbung etwas lernen, allerdings haben die Konsumenten weder ein besonderes Interesse an den Produkten (low-involvement) noch an der Werbung. Im Gegensatz zur Lernhierarchie versucht Werbung deshalb keine „echte" Produktinformation zu vermitteln, sondern kümmert sich eher um Markenname, Image und Sympathie für die Marke. Durch diese Informationen wird der Verbraucher zu Test-/ Probekäufen angeregt, die er im Handel, wenn er die Marke wieder erkennt (= Recognition), auch tätigt. Erst auf Basis dieser konkreten Produkterfahrung bilden sich differenzierte Einstellungen zum Produkt. Falls die Produkterfahrung positiv ausfällt, kommt es zu Wiederholungskäufen (= Einstellungsänderungen oder -modifizierungen) und damit zur Bindung an das Produkt. Im Gegensatz zum Probekauf besteht beim Wiederholungskauf bereits ein hoher Zusammenhang zwischen Einstellung und Kaufverhalten. Demnach ist eine positive Werbewirkung bei Low-Involvement-Produkten davon abhängig, wie weit es gelingt, die positiven Aspekte des Probekaufs zu verstärken. Das Phänomen des „Kaufkaters" tritt hier zwar selten auf, doch sind auch hier die Verbraucher durchaus empfänglich für eine Bestätigung ihres Kaufverhaltens. Diese kommt allerdings vor allem aus der Produktnutzung, aber auch aus der Werbung, die durch hohen Werbedruck Marken auch Bewusstseinspräsenz und damit Wertschätzung verschaffen kann (Branding). Die besondere Bedeutung der Hierarchie des geringen Involvements zeigt sich auch bei Betrachtung des zunehmenden „Information overload" und der damit einhergehenden Veränderung im Medianutzungsverhalten. So wird heute Fernsehwerbung als Folge der gestiegenen Anzahl von Werbespots überwiegend mit geringem Involvement quasi nebenbei aufgenommen, was der Werbewirkung aber nicht unbedingt schaden muss (vgl. dazu Mere-Exposure-Effekt).

An dieser Stelle noch einige Beispiele von Unternehmen, die sich der besonderen Bedeutung des Ausprobierens in der Hierarchie des geringen Involvements bedienen, um ihre Positionierung zu verdeutlichen. Sie setzen in ihrer Markenkommunikation stark auf die tief im Menschen verankerte Instruktion der Stimulanz, die die Ursache für die Suche nach neuen Reizen, nach Abwechslung oder der Vermeidung von Langeweile ist (weitere Informationen dazu und auch zu den beiden anderen limbischen Basisinstruktionen Dominanz und Balance finden sich im Buch von Hans Georg Häusel: Think Limbic. Haufe Verlag. 2005). Als konkrete Beispiele seien hier nur WEST, IKEA oder die „Süddeutsche Zeitung" genannt, in deren Unternehmensslogans schon die Aufforderung zum Ausprobieren steckt: „Test it!", „Entdecke die Möglichkeiten", „Entdecker gesucht".

7.2 Historische Entwicklung

Wie erwähnt, beginnt die Entwicklung der Werbewirkungstheorie bereits 1898 mit dem von E. St. Elmo Lewis für Verkäufer-Trainings entwickelten AIDA-Schema (Attention – Interest – Desire – Action). Die Reihenfolge der Stufen ist dabei zwingend: Eine Kommunikationswirkung im Sinn einer Werbewirkung kann nur dann entstehen, wenn Werbung wahrgenommen wird. Dazu muss sie zunächst Aufmerksamkeit erzeugen. Aufmerksamkeit ist dann die Voraussetzung für ein Produktinteresse, und dieses wiederum für ein Kaufbedürfnis, welches schließlich auf der letzten Stufe idealerweise auch zur Kaufhandlung führt. Diese Stufen entsprechen im Ablauf der klassischen Lernhierarchie mit den Schritten Lernen, Einstellungsänderung und Verhaltensänderung.

Im AIDA-Modell steht eindeutig die Wirkungsebene Aufmerksamkeit (Attention) im Vordergrund, was dazu führte, dass kognitiven Wirkungen von Werbung wenig Beachtung geschenkt wurde. Der Konsument wurde als passives und von den Medien oder der Werbung leicht beeinflussbares Wesen verstanden (vgl. Strong Theory). Das klassische AIDA-Modell gilt heute zwar weitgehend als überholt, wird aber trotzdem immer wieder gerne zitiert. Ein Hauptkritikpunkt am AIDA-Schema liegt in der im Modell als zwingend geltenden linearen Reihenfolge der Wirkungsstufen, die zudem bei vollständigem Durchlaufen zwangsläufig zur gewünschten Verhaltensänderung führen sollte. Aber dass Aufmerksamkeit letztendlich eine Art Garantie für Käufe darstellt, glaubt heute niemand mehr ernsthaft. Ein weiterer kritischer Punkt liegt in der passiven Rolle, die den Konsumenten im AIDA-Modell zugesprochen wird. Heute geht man im Gegensatz zum AIDA-Modell davon aus, dass Werbung nicht von allen Menschen gleich aufgenommen wird.

In den 20er-Jahren glaubte der Marktforscher Daniel Starch, ein Verfahren gefunden zu haben, mit dem die Aufmerksamkeit gemessen werden konnte. Erst später stellte sich heraus, dass der nach ihm benannte und noch heute verwendete Starch- bzw. Recognition-Test (Wiedererkennungs-Test) eigentlich die Gedächtnisleistung (Speicherung) und nicht die Aufmerksamkeitsleistung misst. Starch entwickelte in dieser Zeit zudem ein ähnliches Stufenmodell wie Lewis. Im Unterschied zu Lewis hebt Starch aber zum ersten Mal hervor, dass Werbewirkung – als Ergebnis von Kommunikation – etwas mit verändertem Bewusstsein und Gedächtnis zu tun hat. Sein Schema lautet AICRM: Attention – Interest – Conviction (Überzeugung) – Response – Memory (weitere Modelle findet man im Buch von Carsten Niepmann: „Wirkungsmodelle der Werbung". Hamburg 1999).

In der Mitte des vorigen Jahrhunderts erhielt die Werbewirkungstheorie wichtige Impulse aus dem Behaviorismus und der Bedürfnis-Hierarchie. Die von John B. Watson 1914 entwickelte behavioristische Psychologie geht davon aus, dass jedes Verhalten die Reaktion auf eine äußere Situation darstellt, dass es also so etwas wie bestimmte Reiz-Reaktions-Schemata (Stimulus – Response) gibt. Diese Ideen sind natürlich nicht nur von Werbeforschern, sondern auch von vielen anderen Bereichen aufgegriffen worden. Bis in den allgemeinen Sprachgebrauch haben es zum Beispiel die „Pawlow'schen Hunde" gebracht, bei denen der russische Physiologe Iwan Pawlow im Experiment feststellte, dass man Verhalten auch antrainieren kann („klassische Konditionierung").

Gerade der Sachverhalt der Konditionierung hat die Lern- und Werbetheorie in der Folgezeit nachhaltig beeinflusst. Die Werbeforscher gingen auf Grund ihrer Erkenntnisse von einer eher mechanistischen Beziehung zwischen Input (Werbemaßnahme) und Output (Erreichen der Werbezielsetzung) aus. Ihre zentrale Frage war: Welche Vorgänge auf der Inputseite lösen welche Reaktionen auf der Outputseite aus?

Die komplexeren und nicht beobachtbaren Zusammenhänge zwischen der Werbemaßnahme (Stimulus) und der Werbewirkung bzw. dem Werbeerfolg (Response) blieben in diesem so genannten Black-Box-Modell unberücksichtigt. Es wurde nicht gefragt, wie und warum bei dem Werberezipienten eine Reaktion entsteht.

Die von Abraham Maslow 1943 entwickelte fünfstufigen Bedürfnispyramide (Physiologische Bedürfnisse – Bedürfnis nach Sicherheit – Bedürfnis nach Zugehörigkeit – Bedürfnis nach Wertschätzung – Bedürfnis nach Selbstverwirklichung) beinhaltet ebenfalls den Grundgedanken einer Hierarchie, d.h., erst, wenn die physiologischen Bedürfnisse wie Essen, Trinken, Schlafen etc. befriedigt sind, wendet sich der Mensch der nächsten Stufe zu (vgl. Abb. 7.4).

Abb. 7.4: Bedürfnispyramide nach Maslow

Wenn man sich typische Definitionen des Begriffes „Bedürfnis" anschaut, erkennt man sofort den Bezug zum Thema Werbung: In der Wirtschaftstheorie werden Bedürfnisse als körperliche und geistige Mangelgefühle des Menschen bezeichnet, die danach drängen, durch Güter befriedigt zu werden.

Werbung soll Bedürfnisse wecken. Zu diesem Zweck wird den Zielgruppen der Produktnutzen auf möglichst eindringliche Weise vermittelt, in der Hoffnung, bei ihnen den Kaufwunsch auszulösen. Während es in den 50er- und 60er-Jahren ausreichte, die objektiven Produktnutzen zu vermitteln, sind heute vor allem subjektive, emotionale oder psychologische Zusatznutzen wichtig.

Die Erkenntnisse aus der Maslow'schen Bedürfnishierarchie führten in der Werbewirkungsforschung dazu, den Menschen als dynamisches Wesen zu betrachten. Denn auch Produktkäufe sind von inneren Faktoren abhängig, die individuell sind und sich im Laufe der Zeit verändern können. Aber auch auf Basis der Bedürfnishierarchie wurden wieder Stufenmodelle entwickelt, die beispielsweise in folgender Reihenfolge ablaufen können:

Wunsch → Lösung → Aktion → Befriedigung.

Dass man mithilfe dieses Konzepts Ansatzpunkte für die Gestaltung wirksamer Werbemittel erhalten kann, liegt wohl auf der Hand.

Weitere neue Ansätze der psychologischen Forschung in den 1940/50er-Jahren stellten die bis dahin vorherrschende Instinkttheorie massiv infrage. Der klassische Stimulus-Response-Ansatz erfuhr durch die Erweiterung zum Stimulus-Organism-Response-Modell oder S-O-R-Modell eine Modifikation. Statt das Bewusstsein der Verbraucher als eine nicht zu erschließende Blackbox zu vernachlässigen, bemühten sich die Forscher jetzt, Licht ins Dunkel zu bringen (in der Abb. 7.5 sieht man eine aktuelle Version dieses Modells). Dabei griffen sie auf Ideen der Lerntheorie zurück, die vor allen Dingen die Individualität des Menschen bei der Aufnahme und Verarbeitung von Informationen betonten. Werbung soll Lernprozesse bei den Adressaten auslösen, das heißt, von nun an stand die Verarbeitungsleistung der Zielgruppe im Mittelpunkt des Interesses. Schnell war klar, dass Werbung versuchen muss, die Einstellung der Zielgruppe zum Produkt positiv zu beeinflussen, um verhaltenswirksam zu sein. Neben der bereits als wichtig erkannten Wirkungsebene Aufmerksamkeit beschäftigte sich die Forschung jetzt vor allem mit der Verarbeitung von Werbung. Dabei wird erstmals die schon erwähnte Unterscheidung zwischen einer affektiven (emotionalen), kognitiven (rationalen) und konativen Komponente der Verarbeitung vorgenommen.

Abb. 7.5: Markt- und werbepsychologisches S-O-R-Modell

Mit dieser neuen Perspektive begann nach dem 2. Weltkrieg in den 50er-Jahren die so genannte Produktära des Marketing. Der amerikanische Forscher Rosser Reeves steht mit seinem Konzept des USP (Unique Selling Proposition = einzigartiges Verkaufsversprechen) stellvertretend für diese Phase. Reeves geht davon aus, dass sich aus den Merkmalen der Produkte ein Produktnutzen für die Konsumenten ergibt, der nach Möglichkeit einzigartig (unique) sein sollte und dann von der Werbung nur noch ausgelobt werden muss. Für die in der damaligen Zeit vorherrschende Form des Verkäufermarktes (Nachfrage-Angebot) war dies sicherlich ein erfolgreiches Konzept.

Ein weiterer Anstoß für die Werbewirkungsforschung kam von der nun einsetzenden Einstellungsforschung. Die in diesem Zusammenhang entwickelten neuen konsonanz- bzw. dissonanztheoretischen Ansätze gehen von der Grundannahme aus, dass jeder Mensch im Rahmen seines Lebensablaufs und seiner Einstellungen nach Harmonie und seelischem Gleichgewicht strebt. Das kognitive Gleichgewicht – Übereinstimmung zwischen Einstellungen und Verhaltensweisen – wird durch das Vermeiden oder Beseitigen von störenden Spannungszuständen erreicht. Dies ist im Grunde genommen bereits die theoretische Grundlage für die später von Andrew Ehrenberg vertretene Weak-Theorie der Werbung (vgl. Dissonanz-Attributions-Hierarchie / do-feel-learn am Anfang des Kapitels).

„Um die Spannung zwischen dem, was wir getan haben, und dem, was wir wissen und fühlen, zu verringern, ändern wir unsere Einstellungen. Nachher, wohlgemerkt. Und je kleiner der Unterschied, umso größer die Veränderung." (Aus: Carsten Niepmann: Wirkungsmodelle der Werbung. Hamburg 1999. S.49). Oder etwas plakativer formuliert: Im Zweifel lügen wir uns unsere Realität zurecht.

Leon Festingers Theorie von der kognitiven Dissonanz (1957) überträgt diese Annahmen auf das Kommunikationsverhalten des Individuums. Um eine kognitive Dissonanz zu vermeiden, tendiert der Mensch zu einem selektiven Informations- und Wahrnehmungsverhalten. Eine Tatsache, die sich mit der Beobachtung deckt, dass vor allem die Stamm-Verwender einer Marke das höchste Interesse an den Spots und Anzeigen der Marke haben. Dies gilt natürlich in besonderer Weise für Produkte des demonstrativen Konsums wie Autos, Uhren und Mode, denn hier werden die Marken unter anderem zum Ausdruck der Persönlichkeit des Verwenders gekauft.

Erfolgreiche Werbung muss also zunächst den Selektionsfilter des Verbrauchers überwinden, eine Forderung, die die besondere Bedeutung der Aufmerksamkeit für die Werbewirkung bestätigt. In der Folgezeit wurden deshalb verschiedene apparative Methoden entwickelt, mit denen die Messung der Aufmerksamkeitsleistung (vgl. dazu Band „Marketing und Marktforschung") deutlich verbessert wurde. Als Nebeneffekt dieser Forschung wurde mit der physischen Aktivierung eine weitere, eigenständige Wirkungsebene entdeckt, die der Aufmerksamkeitsebene vorgelagert ist (vgl. dazu Kapitel 8). Die unwillkürlichen physiologischen Reaktionen wie Pupillenbewegung (Pupillometrie), Veränderung des Hautwiderstandes (EDR-Verfahren/„Lügendetektor"), der Pulsfrequenz (EKG) oder Hirnstrommessungen (EEG) geben ohne kognitive Verzerrung die Aktivierungsleistung eines Werbestimulus wieder. Aufmerksamkeit wurde nun als Mittler zwischen der reinen Sinneswahrnehmung und der Aufnahme ausgewählter Reize in das Kurzzeitgedächtnis definiert. Mehr oder minder parallel zur Entwicklung der Theorie der kognitiven Dissonanz erkannte die empirische Einstellungsforschung (Yale-Gruppe um Carl I. Hovland), dass sämtliche Faktoren des Wirkungsprozesses (Sender, Medium und Empfänger) einen Einfluss ausüben können. In der Werbewirkungsforschung wurden weitere zentrale Einflussgrößen (Glaubwürdigkeit und Attraktivität des Senders oder Mediums) erkannt. Seitdem wird versucht, die Wirkungsmaße Likeability (Gefallen) und Sympathie zu erfassen, die einen positiven Einfluss auf die Akzeptanz der Botschaft und die Qualität bzw. Tiefe des Verarbeitungsprozesses haben.

Hier muss auch das Modell der Schwerin-Kurve (nach Horace Schwerin) genannt werden, das einen kausalen Zusammenhang zwischen dem angenehmen oder unangenehmen Gefühlston einer Werbebotschaft und dem Grad der Erinnerung verdeutlichen will. Der dabei verwendete Wirkungsindikator Anmutungsqualität setzt schon im Bereich der Aufmerksamkeit an. Bezogen auf die Vorstellung der Ganzheitspsychologie (Leipziger Schule), die die Wahrnehmung als eine psychische Ganzheit aus dem Reiz und dem dadurch ausgelösten Gefühl definiert, werden hierbei die Ebenen Aufmerksamkeit und Verarbeitung gleichermaßen berührt. Um diese gefühlsmäßige (affektive) Komponente der Einstellung des Rezipienten gegenüber einer Werbung zu messen, werden verschiedene Verfahren aus der psychologischen Forschung eingesetzt, z.B. die Likert-Skalierung oder das semantische Differenzial bzw. Polaritätenprofil.

In den 60er-Jahren lässt in einigen Märkten das Marktwachstum bereits merklich nach. Außerdem ähneln sich die angebotenen Güter immer mehr, sodass nun langsam die Bedürfnisse der Verbraucher ins Blickfeld von Unternehmen und Werbepraktikern rücken. Sowohl bei der Produktentwicklung als auch bei der Markenführung werden die Vorstellungen (Images), die Käufer und Nichtkäufer von den Produkten haben, in die Überlegungen miteinbezogen (zum Image-Begriff vgl. auch Werbeziele in Kapitel 2 vom Band „Kommunikationspolitik").

Images entstehen nach der Theorievorstellung in einem Entwicklungsprozess und stellen ein Gesamtbild der Vorstellungen zu einem Objekt dar. Dabei spielen neben den schon erläuterten affektiven auch die kognitiven Komponenten der Einstellung eine ebenbürtige Rolle, d.h. das subjektive Wissen (auch ein Pseudowissen), Erfahrungen und Erkenntnisse des Rezipienten. Image wird deshalb auch als mehrdimensionale Einstellung definiert. Da in der empirischen Forschung die gleichen Verfahren zur Messung des Images wie zur Messung von Einstellungen gebraucht werden, ist die Trennung nie ganz eindeutig gewesen.

Als Konsequenz wird der Imagebegriff seit ca. 1970 in zunehmendem Maße unter dem Einstellungsbegriff zusammengefasst. Das Image ist demnach eigentlich nichts anderes als die Gesamtheit der Einstellungen gegenüber Produkten, Marken, Unternehmen oder auch Personen. Man könnte auch sagen (vgl. dazu Carsten Niepmann: Wirkungsmodelle der Werbung. Hamburg 1999. S. 64 ff.), dass das Image die gespeicherte Bedeutung über Folgendes darstellt:

a) Produkt-Eigenschaften
- rationale, messbare Eigenschaften (z. B. Benzinverbrauch eines Pkw, Fruchtanteil einer Marmelade)
- subjektiv erfahrbare Eigenschaften (z. B. Fahrspaß, voller Geschmack)

b) Produkt-Erfahrungen auf Grund der Verwendung
- funktional (z. B. Geld- oder Zeitersparnis)
- psychosozial (z. B. mehr Spaß, besonderer Genuss, Ansehen bei Freunden)

c) Beziehung zu den persönlichen Werten des Verbrauchers
- instrumentell (ideale Verhaltensweise: „Wie soll ich handeln?")
- terminal (Idealzustand: „Wie soll ich sein?") – Nur wenn sich die Werte eines Produktes mit meinen persönlichen Werten decken, erlangt das Image überhaupt eine Bedeutung für mein Handeln, das heißt, nur dann wird das Produkt gekauft.

Aus diesen Überlegungen lassen sich Konsequenzen für die Gestaltung von Werbung ableiten: Bei Produktneueinführungen muss es zunächst neben Bekanntmachung um Vermittlung der Produkteigenschaften gehen. Dadurch bildet sich ein erstes, ggf. noch diffuses Image, das sich nach ersten Produkterfahrungen, z.B. nach einem Probekauf, festigt und im Idealfall zu Wiederholungskäufen bzw. Markentreue führt.

Bei etablierten Marken kommt es vor allem auf die Stabilisierung der Images an. Bei High-Involvement-Gütern des sichtbaren Konsums spielt die Beziehung des Marken-Images zu den persönlichen Werten eine wichtige Rolle – die Verwendung der Marke soll dem Konsumenten beim Ausdruck seiner Persönlichkeit helfen.

Diese Interpretation hilft auch dabei, den Begriff „Marke" besser zu verstehen. In den Köpfen der Verbraucher entsteht eine Marke als Ergebnis aus tatsächlichen und hineininterpretierten Eigenschaften, Wahrnehmungen und Vorstellungen, Erinnerungen und Gewohnheiten sowie der über Jahre wachsenden Vertrautheit. Bei der Betrachtung starker Marken zeigt sich, dass sie sich vor allem durch Beständigkeit auszeichnen, wobei sie sich zwar verändern müssen, aber eben langsam und organisch, wie lebende Persönlichkeiten. Der Markenwert, der heute zum Teil den Wert der Produktionsanlagen übersteigt, liegt also vor allem in den Köpfen der Verbraucher (vgl. zu Positionierung Kap. 2). Insofern muss man Marken als kommunikative Erfindung von Unternehmen verstehen, denn sie versuchen, den Zielgruppen die Marke bekannt zu machen, ein Marken-Image aufzubauen und im Idealfall den Kauf der Marke zur Gewohnheit werden zu lassen. Markentreue oder Kundenbindung stellt den höchsten Wert dar, den eine Marke erreichen kann. Wiederholungs- oder Gewohnheitskäufe kommen vor allem bei Low-Involvement-Gütern des täglichen Bedarfs vor, aber wenn man bedenkt, dass man z.B. im Leben fünf bis sechs Pkw kauft, sieht man, dass auch im High-Involvement-Bereich das vorhandene Investitionspotenzial, das in gelungener Marken- bzw. Kundenbindung steckt, noch lange nicht ausgeschöpft wird.

Die Anhänger der Stufen-Modelle arbeiteten die Theorien und empirischen Erkenntnisse über die Bedeutung von Bedürfnissen, Images und Lernen auf die Wirkung von Werbung in ihre Modelle ein. Eines der bekanntesten und noch gebräuchlichen Stufenmodelle ist das 1961 von Robert Lavidge und Gary Steiner entwickelte Hierarchy-of-Effects-Modell, das von der klassischen Vorstellung eines kausalen Wirkungsablaufs ausgeht, das heißt, Werbung besitzt die Kraft, die Verbraucher die „Leiter" zum Produktkauf hinaufsteigen zu lassen. Ein Einfluss nicht erfasster Drittfaktoren, die dieser Zwangsläufigkeit entgegenwirken können, bleibt aber unberücksichtigt. Das Hierarchy-of-Effects-Modell entspricht dem Learn-feel-do-Schema, das heißt, es setzt sich aus den Stufen Lernen (Kognition), Einstellungsänderung (Affekt) und Verhaltensänderung (Konation) zusammen, geht also von eher rationalen Kaufentscheidungsprozessen aus. In diesem sechsstufigen Modell (vgl. Hans Mayer/ Tanya Illmann: Markt- und Werbepsychologie. Stuttgart 2000. S. 412) sind das die Stufen:

1. Aufmerksamkeit: Bekanntheit der Existenz des Produkts (awareness of its existence)
2. Wissen: Kenntnis der Produkteigenschaften (knowledge, what the product has to offer)
3. Sympathie: Gefallen/ Wertschätzung des Produkts (like the product)
4. Präferenz: Vorliebe für das Produkt (preference)
5. Überzeugung: Bereitschaft zum Kauf und die Überzeugung gewinnen, dass der Kauf eine gute Entscheidung ist (desire to buy and the conviction that the purchase would be wise)
6. Kauf: Umsetzung dieser Einstellung in den tatsächlichen Kauf (is the step which translates this attitude into actual purchase)

Im Zusammenhang mit der zunehmenden Austauschbarkeit der Güter und des verschärften Wettbewerbs auf den Märkten kümmerte sich die Forschung neben der Bedeutung von Images vor allem um die Markenbekanntheit. Dabei ging es neben den schon beschriebenen affektiven und kognitiven Verarbeitungsprozessen beim Lernen von Werbebotschaften um die Wirkungsebene der Gedächtnisleistung des Rezipienten, das heißt, sowohl um das Behalten (Speicherung) als auch um das Erinnern (Reproduktion) von Werbung. In diesem Zusammenhang werden als Wirkungsindikatoren die Wiedererinnerung (Recall) und die Wiedererkennung (Recognition vgl. Starch-Test) verwendet.

Als theoretischer Hintergrund dienten Erkenntnisse aus der Lernpsychologie wie das bekannte Dreispeichermodell des menschlichen Geistes (vgl. Abb. 7.6). Über die Sinnesorgane, man könnte in Anlehnung an den Aufbau von Computern auch von der Benutzeroberfläche sprechen, gelangen die Reiz-Informationen in den sensorischen Speicher. In diesem Trichter werden alle Sinneseindrücke gesammelt und innerhalb von weniger als einer Sekunde entschieden, ob den eingehenden Reizen Aufmerksamkeit geschenkt wird. Der sensorische Speicher fungiert demnach als eine Art Türsteher für die Weiterverarbeitung von Informationen. Anschließend erreichen die Reize/Informationen den Kurzzeitspeicher, der den zentralen Arbeitsspeicher und Prozessor des Menschen bildet und die komplexen Verbindungen zwischen der Außenwelt und unserem Bewusstsein regelt. Da immer neue Reize in den Kurzzeitspeicher gelangen, entscheidet unser Arbeitsspeicher nicht nur, welche Reize aus dem sensorischen Speicher uns überhaupt bewusst werden, sondern auch, was eine Chance bekommt, ins Langzeitgedächtnis zu gelangen.

Ob ältere Reize weitergegeben oder gelöscht werden, hängt nämlich von sehr vielen Faktoren ab. Neben der empfundenen persönlichen Bedeutsamkeit einer neuen Informationen (vgl. Involvement) spielen auch Störungen eine wichtige Rolle, denn leider ist das Kurzzeitgedächtnis bei diesen Entscheidungsprozessen sehr störungsanfällig. Es kommt häufig zu so genannten Interferenzen, das heißt, ein Reiz wird durch einen vor- oder nachgelagerten Reiz überlagert und damit gelöscht.

In der Lernpsychologie spricht man in diesem Zusammenhang von pro- oder retroaktiver Hemmung. Als empirischen Beweis fand man den so genannten Primacy-Recency-Effekt, der das Phänomen umschreibt, dass die am Anfang und zum Schluss wahrgenommenen Reize einer Abfolge besser vom Rezipienten erinnert werden als die sich zeitlich in der Mitte befindlichen Reize, ein

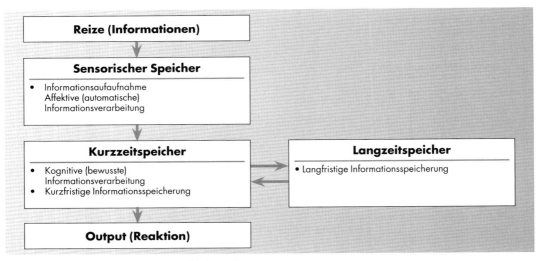

Abb. 7.6: Mehrspeichermodell des menschlichen Geistes

gerade für Werbeblöcke im Fernsehen nicht zu unterschätzendes Problem. Das Phänomen des Vergessens wird als ein Versagen des Zugriffs verstanden (Interferenztheorie). Empirische Forschungen zeigen, dass dieser Interferenzeffekt vor allem bei als ähnlich definiertem Speichermaterial auftritt. Es gibt also so etwas wie eine Ähnlichkeitshemmung, bei der die Zielperson Probleme hat, die eintreffenden Informationen richtig einzuordnen.

Die Bedeutung dieser Ergebnisse für die Gestaltung von Werbung liegen auf der Hand. So könnte eine Forderung lauten, vermeide Klischees oder austauschbare Botschaften, da sie vermutlich nur dem nützen, der diese Klischees am stärksten besetzt hat.

Am Beispiel Marlboro lässt sich dies eindrucksvoll veranschaulichen. Jeder Versuch eines Konkurrenten, die Bild- und Markenwelt von Marlboro zu kopieren, ist von vornherein zum Scheitern verurteilt, da die Klischees so stark in den Köpfen der Verbraucher verankert sind, dass sofort die Verbindung zu Marlboro hergestellt wird. Bei der Einführung der Marke WEST in den 80er-Jahren wurde zum Beispiel sehr stark die rot-weiße Produktverpackung in den Vordergrund gestellt. Der Effekt war jedoch, dass Marlboro trotz gleich bleibender Werbeaufwendungen Marktanteilssteigerungen verzeichnen konnte, weil anscheinend zahlreiche Verbraucher die rot-weiße Verpackung falsch zugeordnet hatten. Erst im Anschluss gelang es WEST mit der andersartigen „TEST IT!"-Kampagne einen einzigartigen kommunikativen Auftritt zu verfolgen.

Das Kurzzeitgedächtnis enthält auch Daten aus dem Langzeitgedächtnis, unserer „Festplatte", zum Beispiel, um neue Reize mit bereits bekannten Reizen aus dem Langzeitgedächtnis zu vergleichen und somit ihre Bedeutsamkeit zu überprüfen. Der Einbau von Informationen in das Langzeitgedächtnis erfolgt natürlich vor allem durch Wiederholungen.

So zeigte sich bei empirischen Versuchen ein signifikanter Zusammenhang zwischen der Anzahl der Kontakte mit der Werbebotschaft und dem Ausmaß der Gedächtnisleistungen. Bei der Werbegestaltung spielen beide Phänomene eine wichtige Rolle, insbesondere die S-förmige Lernkurve gehört zum Standardrepertoire (vgl. dazu auch die in Kapitel 4.2.8 zur Mediaplanung beschriebenen Werbewirkungsfunktionen). Auch Mnemo-Techniken wie Reime, „Eselsbrücken" oder Visualisierungen erleichtern das Abspeichern der Botschaft.

Darüber hinaus spielt das Wiedererkennen eine besondere Rolle, das heißt, die Möglichkeit, neue Informationen mit schon Bekanntem verknüpfen oder an bestehende Kategorien („directories") anknüpfen zu können. Weitere kreative Schlussfolgerungen aus diesem Modell werden in Kapitel 8 zur Kreation dargestellt.

Die 70er-Jahre gelten als das Zeitalter des „Positioning", dabei wird der Gedanke wachsender Bedeutung von Images weiterentwickelt und in Beziehung zur Konkurrenz gesetzt.

Unter Positionierung versteht man die unverwechselbare Kennzeichnung eines Produkts, einer Marke oder eines Unternehmens in den Köpfen der Verbraucher. Man versucht, Märkte mithilfe gedanklicher Landkarten zu beschreiben. Meistens handelt es sich um zweidimensionale Eigenschaftsräume (Positionierungs-Kreuz), in die anschließend die Idealvorstellung der Verbraucher (Idealposition), die Einschätzung der Verbraucher von der Konkurrenz und des eigenen Unternehmens (Ist-Position) eingetragen wird. Aus dieser Darstellung der momentanen Situation auf dem Markt kann das Unternehmen Rückschlüsse für die Neuproduktentwicklung (launch), für Produktveränderungen (relaunch) oder kommunikative Umpositionierungen (Soll-Position) ziehen (vgl. hierzu den Abschnitt 1.7 über Positionierung). Im Grunde kann man sich Positioning wie das Abstecken von Claims in den Köpfen der Verbraucher vorstellen. Wenn es einem Unternehmen u. a. mit werblichen Mitteln gelingt, eine bestimmte Position im Markt – am besten in der Nähe der Idealposition der Konsumenten – zu besetzen, ist diese für die Konkurrenz oft gesperrt. Falls die Konkurrenz diese Position ebenfalls anstrebt, müssen erhebliche finanzielle Mittel eingesetzt werden, sodass in vielen Fällen auf andere Positionen ausgewichen wird.

In den 80er- und 90er-Jahren geht es in der Werbewirkungsforschung vor allem um Sympathie (Likeability), d.h., man geht davon aus, dass Werbung gemocht werden muss, um ihre Wirkung zu entfalten. Die Zielgruppen sollen gedankliche Lücken, die die Werbung bewusst lässt, selber schließen. Diese Technik kommt aus dem Bereich des Witzes, was erklärt, warum Werbung seit den 80ern verstärkt mit Humor und Understatement arbeitet. Manche Ideen bestechen durch ihre Einfachheit, wie z. B. der Autovermieter AVIS, der die Nr. 2 im amerikanischen Markt war, und jahrelang erfolgreich mit dem Slogan: „We try harder" warb.

Die Problematik des modernen Marketing zeigt sich besonders deutlich, wenn man sich die Rolle von Marken für die Konsumenten verdeutlicht. Früher zeigten Marken den Verbrauchern an, dass es sich um Produkte von besonderer Qualität handelte, das heißt die Marke war nichts anderes als kaufbare Sicherheit. Heute wird versucht, Marken als Medium der Gefühle zu nutzen, das heißt, Marken dienen der Identitätsfindung und Weltorientierung ihrer Käufer/Verwender. Die Verwendung bestimmter Marken hilft den Menschen, ihre Persönlichkeit auszudrücken, Verbundenheit mit anderen Menschen zu empfinden (Community) und dient somit teilweise als mythischer Sinnstifter in einer Welt, in der andere Werte zurückgedrängt werden und Religion an Bedeutung verliert.

Alexander Biel, ein amerikanischer Kommunikationsforscher, hat die Bedeutung von Marken für den modernen Menschen einmal folgendermaßen zusammengefasst: „Marken möblieren nicht einfach die Umgebung, in der ich lebe. Sie kleiden mich, und während sie das tun, helfen sie mir zu definieren, wer ich bin. Und sie helfen zu definieren, wer ich nicht bin: Wenn ich Ihnen sagen sollte, welche Marken ich nicht verwende, würden Sie noch mehr über mich lernen." (aus: Carsten Niepmann: Wirkungsmodelle der Werbung. Hamburg 1999. S. 67)

Wenn früher galt, der Konsument muss die Marke lieben, kommt es heute teilweise zur Umkehrung.

Ein Beispiel dafür bietet der Musiksender VIVA. Er warb in einer aktuellen Kampagne mit dem Slogan „VIVA liebt dich".

Norbert Bolz hat diese Zusammenhänge in seinem Buch „Die Wirtschaft des Unsichtbaren" (ECON 1999) eingehender untersucht und Konsequenzen für das Marketing im 21. Jahrhundert gezogen. „Marketing ist der Kampf um die Aufmerksamkeit des Menschen – seine knappste Ressource – und es gibt zwei grundverschiedene Strategien, sie zu binden. Die ‚passive' Strategie besteht darin, den einzelnen Kunden als Merkmalsmuster, als Pattern von Konsumgewohnheiten statistisch zu erfassen. Man beobachtet also seine faktische Aufmerksamkeitsverteilung. (…) Die ‚aktive' Strategie besteht darin, die Aufmerksamkeit des Kunden nachhaltig zu fesseln – nämlich durch Sinnangebote." (Norbert Bolz: s.o. S.126). Bolz ordnet diesen beiden sich nicht ausschließenden Strategieansätzen die Begriffe „Direktmarketing" (passive Strategie) und „Kultmarketing" (aktive Strategie) zu. Beide Bereiche verzeichnen in den letzten Jahren ein erhebliches Wachstum. Das Direktmarketing gewinnt unter anderem durch verbesserte technische Möglichkeiten (Database-Marketing), das Internet und neue Ansätzen wie Kundenbindung/ECR (Efficient Customer Relationship) an Bedeutung (vgl. auch das Kapitel 9 zum Direktmarketing im Band „Kommunikationspolitik"). Im Rahmen der aktiven Strategie wird heute in der Markenkommunikation oft versucht, eine Erlebniswelt rund um das Produkt aufzubauen. Dabei kommen neben der klassischen Werbung vor allem Below-the-line-Aktivitäten wie Events, die Marken erlebbar machen und dadurch die sinnstiftende Kraft verstärken, zum Zuge (vgl. dazu auch Kapitel 7 zu Sponsoring/Event im Band „Kommunikationspolitik").

Die britischen Werbeforscher Leiss, Kline und Jhally (vgl. dazu Niepmann, Carsten: Wirkungsmodelle. Hamburg 1999. S. 25) sind Anfang der 90er-Jahre beim Versuch, moderne Werbung zu kategorisieren, auf vier Ansatzpunkte gekommen, auf die je nach Produktkategorie und Aufgabenstellung zurückgegriffen wird:

1. Information
   ⇒ Zeige den Produkt-Nutzen (z. B. Branding)
2. Symbolismus
   ⇒ Zeige Menschen, die das Produkt verwenden (z. B. Slice-of-life oder Testimonials)
3. Personalisierung
   ⇒ Zeige den emotionalen Nutzen, den die Produktverwendung auslöst
4. Lifestyle
   ⇒ Zeige den sozialen Nutzen der Produktverwendung (was wird aus mir, wenn ich das Produkt verwende)

Wie man sieht, gibt es auch heute noch Ansätze, deren Grundidee eher senderorientiert (wie die Stufenmodelle) oder eher empfängerorientiert (wie die Bedürfnis-Modelle) ist. Die historische Entwicklung verlief von den kommunikator- oder senderorientierten Modellen zu den nutzen- oder empfängerorientierten Modellen, wobei beide Ansätze auch heute noch bestimmte Bereiche der Werbewirkung erklären können.

So behaupten die älteren, auf einem einfachen Reiz-Reaktions-Schema beruhenden kommunikator- oder senderorientierten Modellvorstellungen trotz der Fortschritte bei der Modellbildung nach wie vor ihren Platz. Das lässt sich vielleicht mit dem Bestreben erklären, eine möglichst einfache bzw. einfach zu vermittelnde Erklärung für das Phänomen „Werbewirkung" zu haben. Gerade die neuesten Modellvorstellungen zeigen jedoch, dass diese Beharrlichkeit auch damit zu tun hat, dass diese Modellvorstellungen für bestimmte, eingrenzbare Problemlagen weiterhin ihre Gültigkeit besitzen. Aus diesem Grund wird im Kapitel 8 über Kreation auf ein Stufenmodell von Gerhard Meyer-Hentschel zurückgegriffen, da sich mithilfe dieses Schemas sehr gut die Grundzüge der Kreation von Anzeigen darstellen lassen.

Unzulässig ist lediglich die Verallgemeinerung der Stufenmodelle, da die Komplexität des Phänomens Werbewirkung inzwischen als erwiesen betrachtet werden kann, was sich nicht zuletzt daran zeigt, dass im Verlauf der historischen Entwicklung die Zahl der für die Werbewirkung als relevant zu bezeichnenden Einflussfaktoren immer größer wurde.

  Die neuesten Modellüberlegungen versuchen Erkenntnisse beider Ansätze zu kombinieren.

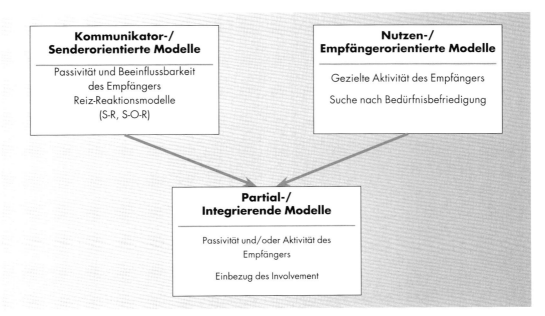

Abb. 7.7: Grundtypen von Werbewirkungsmodellen

Dies geschieht entweder durch eine
- Abgrenzung bestimmter Ausgangs- und Problemlagen, für die dann jeweils ein bestimmtes Erklärungsmodell zutrifft (sog. Partialmodelle), oder
- durch Integration verschiedener Elemente in ein neues Modell (integrierende Modelle).

Der gemeinsame Ansatzpunkt dieser neueren Ansätze liegt darin, dem Adressaten von Werbung nicht nur negatives Vermeiden zu unterstellen, sondern eben auch aktive Auseinandersetzung mit den Kommunikationsangeboten von Unternehmen und Marken.

Dieser Ansatz erscheint gerade vor dem Hintergrund der bereits erwähnten Bedeutung von Marken zum Ausdruck der Persönlichkeit des Verwenders als sehr plausibel. Die neueren Ansätze und Modelle berücksichtigen damit die Erkenntnis, dass es ein einfaches und zugleich eindeutiges Gesamtmodell des Werbewirkungsprozesses nicht geben kann. Es gibt aber immer noch Forscher, die versuchen, so genannte Total-Modelle zu entwickeln. In diesen Modellen geht es dann häufig um die Quadratur des Kreises, das heißt, es wird versucht, möglichst viele Fassetten der Werbewirkung zu erfassen. Dass dabei nicht nur die Übersichtlichkeit des Modells leidet, sondern häufig auch ihre Erklärungskraft, wird anscheinend in Kauf genommen. Als Beispiel soll hier nur kurz ein neueres Total-Modell vorgestellt werden (Engel, Blackwell und Miniard 1995). Neben der Unübersichtlichkeit (vgl. Abb. 7.8, deutsche Übersetzung aus Hans Mayer / Tanya Illmann: Markt- und Werbepsychologie. Stuttgart 2000. S. 103) fällt auf, dass das Modell sehr stark auf kognitive Wirkungen von Marketing- und Kommunikationsreizen abstellt, obwohl die Mehrzahl der Kaufentscheidungen nachweislich nicht rational erfolgt und teilweise noch nicht einmal auf die bewusste Wahrnehmung der Werbebotschaft angewiesen ist (z. B. Mere-Exposure-Effekt).

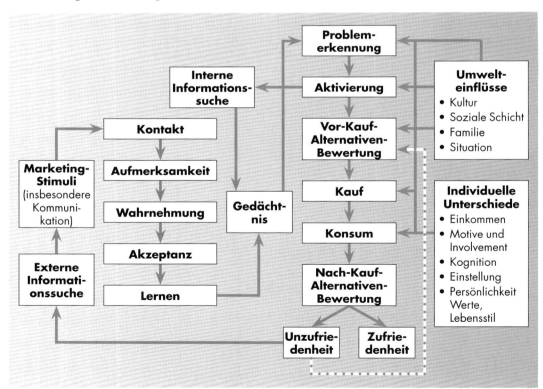

Abb. 7.8: Total-Modell von Engel, Blackwell und Miniard

7.3 Ansätze und Aspekte der modernen Werbewirkungstheorie

Da Werbewirkung ein abstraktes Konstrukt ist, das sich in seiner Gesamtheit nicht direkt beobachten und damit auch nicht direkt messen lässt, sind beobachtbare Variablen nötig, die helfen sollen, das Konstrukt Werbewirkung möglichst genau zu beschreiben.

 Beobachtbare Variablen benötigen Indikatoren (vgl. Abb. 7.9), zu denen noch weitere Größen zählen.

Aus den bisherigen Ausführungen lassen sich folgende allgemeine Bestandteile von Werbewirkungsmodellen zusammenstellen, die natürlich auch für alle moderneren Theorien gelten:
- Ausgangspunkt ist in der Regel eine Modellvorstellung, die auf einem theoretischen Ansatz beruht und den prinzipiellen Wirkungszusammenhang beschreibt.
- Diese Modellvorstellung erstreckt sich auf eine oder mehrere Wirkungsebenen.
- Jeder dieser Wirkungsebenen lässt sich eine variierende Zahl verschiedener Wirkungsindikatoren zuordnen, die allein oder gemeinsam als Zeichen für die Wirkung stehen.
- Diese Wirkungsindikatoren bzw. deren Veränderung sind durch bestimmte Wirkungsmaße erfassbar.
- Für diese Wirkungsmaße stehen diverse Messverfahren zur Verfügung (vgl. Abb. 7.9 und vor allem zur Marktforschung Kapitel 16 im Band „Marketing").

Je nach Werbeziel bzw. Wirkungsebenen muss also ein anderer Indikator bzw. ein anderes Maß herangezogen werden, um die Wirkung nachweisen zu können.

Wirkungsebene	Wirkungsindikatoren	Wirkungsmaße
physische Aktivierung	physische Reizreaktion	Hautwiderstand (EDR)
Aufmerksamkeitsleistung	Aufmerksamkeitsstärke (Impact) (Impact) Anmutung Prägnanz	Wiedererinnerung (Recall: gestützt und ungestützt) Assoziationen Blickverlauf
Verarbeitungsleistung	Wissensänderung Einstellungsänderung Akzeptanz Image	Wissen Glaubwürdigkeit Attraktivität Sympathie
Gedächtnisleistung	Markentbekanntheit Werbeerinnerung (Awareness)	Wiedererkennung (Recogniton) Wiedererinnerung (Recall)
Verhaltensabsicht	Kaufabsicht	Verwendungsabsicht
Verhalten	Kauf	Markenverwendung

Abb. 7.9: Wirkungsebenen, Wirkungsindikatoren und Wirkungsmaße

Ein Beispiel für eine Werbewirkung auf kognitiver Ebene wäre etwa die geäußerte Erinnerung/Recall (= Indikator) an einen Spot.

 Im Sprachgebrauch der Werbewirkungsforschung wird der Begriff Indikator allerdings noch weiter gefasst und beschränkt sich nicht nur auf beobachtbare Größen.

So zählen auch Kriterien wie „Durchsetzungsfähigkeit", „Kommunikationsleistung", „Überzeugung", „Präferenz" und „Relevant set" zu den Indikatoren der Werbewirkung (vgl. hierzu von Engelhardt, Alexander: Werbewirkungsmessung. München 1999). Die schon mehrfach erwähnten Stufenmodelle eignen sich aber trotz aller Mängel gut zum Herausfiltern relevanter Werbewirkungsebenen und deren Indikatoren. Ein besonders ausdifferenziertes und deshalb brauchbares Modell stellt das 1985 von Mc Guire entwickelte Modell dar (vgl. Abb. 7.10), wobei das Besondere dieses Modells vor allem darin liegt, dass es sich neben Erstkäufen auch mit Wiederholungskäufen und Markentreue beschäftigt.

Werbewirkung hört nicht bei Erstkäufen auf: Sie zielt auf Wiederholungskäufe und Markentreue

1. Sich einer Kommunikation aussetzen	9. Das relevante Material im Gedächtnis speichern
2. Aufmerksamkeit	
3. Interesse	10. Auf der Grundlage des erinnerten Materials entscheiden
4. Den Inhalt verstehen	
5. Verknüpfte Kognitionen (Gedanken) generieren	11. Entsprechend der Entscheidung handeln
6. Relevante Fähigkeiten erwerben	12. Konsolidierung des neuen Verhaltensmusters nach der Handlung (z.B. Wiederholungskäufe, Markentreue, Erhöhung der Verwendungsintensität)
7. Einer Position zustimmen (Einstellungsänderung)	
8. Die Veränderung im Gedächtnis speichern	

Abb. 7.10: Ebenen der Wirksamkeit beeinflussender Kommunikation (nach McGuire)

Wie bereits mehrfach erwähnt, hängt der Erfolg werblicher Kommunikation von vielen Einflussfaktoren ab und kann demnach auch auf vielfältige Weise negativ beeinflusst werden. Involvement gehört dabei zu den ganz zentralen Aspekten für die Kreation und damit dem Erfolg von Werbung. Unter diesem Blickwinkel lässt sich Involvement als Grad der Ich-Beteiligung des Adressaten beschreiben, d.h. wie wichtig ihm/ihr das ist, was kommuniziert werden soll. Das Maß der inneren Beteiligung des Adressaten wird als Ausgangspunkt für den potenziellen Werbewirkungsprozesses betrachtet. Dabei geht man davon aus, dass sich der Adressat nur bei hoher persönlicher Bedeutsamkeit des Produktes bzw. der Werbebotschaft intensiv mit ihr auseinander setzen wird und sich dadurch eventuell eine relativ stabile Einstellung zur beworbenen Marke aufbauen kann. Andernfalls spielen bei geringer persönlicher Bedeutung für die Bildung von Einstellungen eher Randbedingungen wie die Anzahl an Wiederholungen oder Sympathie für den Kommunikator eine Rolle (vgl. hierzu das Elaboration-Likelihood-Modell von Petty und Cacioppo in Abb. 7.15).

Involvement als zentraler Beeinflussungsfaktor für Werbeerfolg

High-Involvement-Käufe	Low-Involvement-Käufe
Umfassende Informationsverarbeitung	„Lernen" nach Wiederholung von Botschaften
Bewusste Informationssuche	Zufällige Informationsaufnahme
Auseinandersetzung mit der Werbung	Berieselung durch Werbung
Suche nach der besten/nützlichsten Alternative	Auswahl einer zufrieden stellenden Alternative
Starke Beziehung der Produkte zu Persönlichkeit, Lebensstil, Einstellungen etc. des Konsumenten	Produkte zur Darstellung der Persönlichkeit, des Lebensstils, der Einstellungen etc. des Konsumenten unwichtig
Starker Einfluss von Bezugsgruppen auf Kaufentscheidungen, da das Produkt in Beziehung mit Werten und Normen dieser Gruppen steht	Geringer Einfluss von Bezugsgruppen auf die Kaufentscheidungen, da das Produkt im Hinblick auf Werte und Normen dieser Gruppen keine Rolle spielt

Abb. 7.11: Merkmale von High- und Low-Involvement-Käufen

Das Marketing hat den Begriff des Involvement, den Herbert E. Krugman 1965 entwickelte, begierig aufgenommen und man unterscheidet heute High-Involvement- von so genannten Low-Involvement-Gütern, die natürlich auch andere werbliche Strategien (Kreation und Mediaplanung) erfordern (vgl. Abb. 7.11).

Involvement ist allerdings ein sehr vielschichtiger und vor allem subjektiver Prozess, d.h., dass Produktkäufe, die für manche Personen einen hohen Grad an Ich-Beteiligung (High-Involvement-Güter) aufweisen, für andere eher Low-Involvement-Güter darstellen. Außerdem kann bei Personen ein hohes Produkt-Involvement durchaus mit einem geringen Interesse an der Werbung bzw. an der intensiven Auseinandersetzung mit der Werbebotschaft gekoppelt sein. Dieser Aspekt wird in Abschnitt 1.2 vom Band „Kommunikationspolitik" näher behandelt und dort am Beispiel des Pkw-Kaufs näher erläutert: Für die meisten von uns ist ein Pkw ein klares High-Involvement-Gut, aber wir werden dennoch kaum für Pkw-Werbung empfänglich sein, wenn wir gerade einen neuen Wagen erworben haben.

Involvement ist ein vielschichtiger und subjektiver Prozess

Die französischen Forscher Laurent und Kapferer haben 1986 versucht, die Diskussionen um den Begriff des Involvement zusammenzufassen, und schlagen vor, fünf Fassetten von Involvement zu unterscheiden:
1. „Interesse
   sowie das wahrgenommene Risiko (Fehlkauf/Preis)
   mit seinen beiden Unterkomponenten
   2. Wichtigkeit und
   3. Wahrscheinlichkeit,
4. die belohnende Natur des Produktes (pleasure value) und
5. die wahrgenommene Fähigkeit einer Markenwahl, den eigenen Status, die eigene Persönlichkeit oder Identität (sign value) auszudrücken."
(Aus: Carsten Niepmann: Wirkungsmodelle der Werbung. Hamburg 1999. S.76)

Gerade im modernen Marketing bleiben die Überlegungen zum Involvement extrem wichtig, denn die menschliche Aufmerksamkeit ist der Flaschenhals der Informationsgesellschaft.

Merkmale	Autokauf (High-Involvement)	Kauf von Haushaltsreinigern (Low-Involvement)
Art der Informationsverarbeitung	Sorgfältige Abwägung von Produkteigenschaften (z.B. Preis, Benzinverbrauch etc.) Vergleich vieler Alternativangebote	Vertrautheit mit einer stark beworbenen oder im Supermarkt häufig gesehenen Marke
Art der Informationsaufnahme	Autotests, Prospekte, Werbung, Probefahrten, Gespräche mit Kollegen über Erfahrungen	Zufälliger Kontakt zu Werbung, Verkaufsförderung, Produktverpackung
Art der Verarbeitung von Werbebotschaften	Genaue Analyse der gesammelten Informationen (kognitiv und emotional)	Geringes Interesse an Werbung, eher emotionale Verarbeitung der Informationen
Auswahl der Kaufalternativen	Suche nach der für die persönlichen Bedürfnisse und finanziellen Möglichkeiten besten Alternative	Kauf eines bekannten Produktes („relevant set"), evtl. Sonderangebote
Beziehung zu Persönlichkeit und Lebensstil	Oft große Bedeutung des Autos für das Selbstbild/Selbstdarstellung des Konsumenten etc.	Keine nennenswerte Relevanz für irgendeinen Aspekt des Lebensstils
Einfluss von Bezugsgruppen	Ausrichtung der Standards der sozialen Schicht/Subkultur	Keinerlei Einfluss, da die Markenwahl gar nicht wahrgenommen wird.

Abb. 7.12: Beispiele für High- und Low-Involvement-Käufe

Informationsoverload, der Mensch als „Flaschenhals der Informationsgesellschaft"

Die meisten Informationen kann der Mensch nicht parallel verarbeiten, sondern muss wie beim Lesen sequenziell (schrittweise) vorgehen. Um den viel zitierten Information-overload, dem der moderne Mensch ausgesetzt ist, zu veranschaulichen, hier nur einige Zahlen. Von 1990 bis 1997 hat sich alleine die Zahl der im Fernsehen beworbenen Marken von knapp 2.000 auf über 7.000 gesteigert. Der Fernsehkonsum der Deutschen hat sich nicht ganz so rasant entwickelt. Die durchschnittliche Fernsehnutzung lag 1990 bei ca. zweieinhalb Stunden und ist mit heute drei Stunden und vierzig Minuten an eine „Sättigungsgrenze" gestoßen. Außerdem haben die TV-Sender die hohe Auslastung zu deutlichen Preiserhöhungen genutzt, sodass die werbetreibenden Unternehmen heute bei erhöhten Kosten weniger Zuschauer bekommen, die immer weniger aufmerksam sind. Haben 1993 noch drei Viertel aller Zuschauer bei achtmaliger Wiederholung einen Spot tatsächlich wahrgenommen, lag dieser Wert 1996 nur noch bei 50 Prozent (vgl. dazu Sebastian Turner in: Armin Reins: Die Mörderfackel. Mainz 2002). Auch in der Printwerbung gilt, dass die durchschnittliche Betrachtungsdauer einer Anzeige unter zwei Sekunden liegt (vgl. Werner Kroeber-Riel: Strategie und Technik der Werbung. 2004). Auf jeden Bundesbürger dröhnen pro Tag zwischen 2.000 und 3.000 Werbeimpulse nieder. In Deutschland gibt es über 50.000 Marken, von denen fast 4.000 mit einem Werbebudget von über 0,5 Millionen Euro beworben werden. All diese Marken kämpfen um die knappste Ressource der Informationsgesellschaft, die Aufmerksamkeit der Konsumenten.

Bernd M. Michael, ehemaliger CEO von Grey/Deutschland und einer der profiliertesten Fachleute für Werbung und Markenführung, schreibt dazu in einem Aufsatz: „Der Konsument wird von ihren Liebesschreien [der Marken] förmlich überflutet: In 5.000 TV-Spots buhlen sie täglich um ihn [den Konsumenten]. 7.700 Mal seufzen sie jeden Tag im Radio: Komm, nimm mich! Und tagaus tagein schreiben sie 3.500 heiße Liebesbriefe in den Zeitschriften und Zeitungen. Sie gehen in den neuen Medien auf Partnersuche. Sie sagen e-commerce und meinen me-commerce. Was lässt sich denn gegen so viel Liebe einwenden? Liebe ist doch schön? Das sind die Einwände:

Erster Einwand: Der durchschnittliche Verbraucher hat einen [aktiven] Wortschatz von 1.800 Wörtern. Selbst, wenn er nur noch in Marken spräche, (Heinz, mon cherie, die 5-Minuten-Terrine, merci!) könnte er sich kaum die Hälfte merken. Tatsache ist: In seinem Hirn haben für jede Produktkategorie gerade mal ein Dutzend Marken Platz [besonders wichtig für Marken: Top-of-Mind-Awareness im relevant set erreichen].

Die Anzahl der beworbenen Marken übersteigt den aktiven Wortschatz der Verbraucher

Zweiter Einwand: Der größte Teil der Liebesgrüße ist so unterscheidbar wie Kartoffelbrei. Fast alle bieten dasselbe."
(Aus: Ausstellungskatalog Wunderbare Werbewelten. Berlin 2000. S. 56).

Entweder wird die Werbebotschaft von der Zielgruppe nicht verstanden oder gar nicht erst aufgenommen, sodass die Wissenschaft inzwischen davon ausgeht, dass bis zu 95 Prozent der Informationen gar nicht ins Bewusstsein der Zielgruppe gelangen (Vgl. Christiane Seuhs-Schoeller: NLP und Werbung. Wien 2002).

Vielleicht lassen sich hier sogar Parallelen zu einem der schönsten Texte deutscher Sprache ziehen, dem 1903 von Rainer Maria Rilke verfassten Gedicht „Der Panther".

Der Panther
Im Jardin des Plantes

Sein Blick ist vom Vorübergehn der Stäbe
so müd geworden, daß er nichts mehr hält.
Ihm ist, als ob es tausend Stäbe gäbe
und hinter tausend Stäben keine Welt.

Der weiche Gang geschmeidig starker Schritte,
der sich im allerkleinsten Kreise dreht,
ist wie ein Tanz von Kraft um eine Mitte,
in der betäubt ein großer Wille steht.

Nur manchmal schiebt der Vorhang der Pupille
sich lautlos auf –. Dann geht ein Bild hinein,
geht durch der Glieder angespannte Stille –
und hört im Herzen auf zu sein.

(Man findet dieses Gedicht in zahlreichen Gedichtsammlungen und mittlerweile auch vielfach im Internet.)

Wie oft schiebt sich bei uns, den „Gefangenen der Informationsgesellschaft", die Pupille auf, um ein Bild hineinzulassen, das uns wirklich berührt? Und wie oft ist das ein Bild aus der Werbung???

Der Mensch als „Gefangener der Informationsgesellschaft"

Gerade in Zeiten in denen die Produkte immer austauschbarer werden und der Verdrängungswettbewerb auf weit gehend gesättigten Märkten tobt, macht die Kommunikation den Unterschied zwischen den Marken aus.

Werbung muss deshalb einzigartig sein, um aus der Informationsflut herauszustechen.

Wenn Me-too-Produkte auch noch mit Me-too-Werbung kommuniziert werden sollten, wird das Unternehmen sein Buget mit hoher Wahrscheinlichkeit erfolglos einsetzen. Hinzu kommt, dass Marken sich heute fast ausschließlich durch emotionale/subjektive, man könnte auch sagen, virtuelle Nutzen voneinander unterscheiden. Und wer, wenn nicht die Werbung kann diese Nutzen den Zielgruppen vermitteln? Dazu benötigt man aber eine möglichst einzigartige Kommunikation, also eine Unique Advertising Proposition (UAP), die jedoch nur von den wenigsten Marken wirklich erreicht wird.

Nur mit einzigartiger Kommunikation kann Erfolg im Markt erzielt werden

Machen Sie selbst einmal die Probe: Decken Sie bei Anzeigen der gleichen Produktkategorie das Logo ab oder versuchen Sie sich daran zu erinnern, welcher Slogan für welche Marke steht. Es wird Ihnen nur bei wenigen Anzeigen bzw. Slogans gelingen, und genau diese sind aller Voraussicht nach die im Markt erfolgreichen Marken.

Fazit: Werbung appelliert viel zu häufig an den Kopf (high-involvement) statt sich an die Emotion zu wenden. Dabei deuten alle Erkenntnisse darauf hin, dass die Verbraucher in einem sehr hohen Prozentsatz der Fälle nur eine geringe Bereitschaft zeigen, sich mit dem Thema zu beschäftigen. Diese gering involvierten Verbraucher verarbeiten die dargebotenen Reize aber nur mit geringer Aufmerksamkeit, also weitgehend flüchtig. Lediglich beim hoch involvierten Verbraucher, der aber nur zu einem verhältnismäßig geringen Prozentsatz der Fälle anzutreffen ist, werden die angebotenen Informationen mit hoher Aufmerksamkeit und intensiv verarbeitet (genauere Infomationen und die Angabe von Werten findet man in: Ulrich Lachmann: Wahrnehmung und Gestaltung von Werbung. Hamburg 2004).

Werbung kann aus gering Involvierten hoch Involvierte machen

Holger Jung und Jean Remy von Matt, Inhaber der Werbeagentur Jung von Matt, sehen daher die größte Herausforderung für die Marketingkommunikation in der „Aktivierung von gering Involvierten und der Umwandlung in hoch Involvierte. Hierzu kann man folgende einfache Regel aufstellen: Je geringer die Involvierung des Verbrauchers, desto überraschender muss der Effekt einer spannenden Geschichte sein." (aus: Holger Jung/ Jean Remy von Matt: Momentum. Berlin 2004. S. 81)

Exkurs:
Die Ökonomie der Aufmerksamkeit

Georg Franck stellt in seinen beiden Bücher „Ökonomie der Aufmerksamkeit" (Hanser 1998) und „Mentaler Kapitalismus. Eine politische Ökonomie des Geistes" (Hanser 2005) die These auf, dass in Zukunft die Aufmerksamkeit das Geld als lebenspraktische Leitwährung ablösen wird. Er macht zunächst deutlich, inwiefern Aufmerksamkeit die klassischen Funktionen des Geldes (Tauschmittel, Recheneinheit und Wertaufbewahrung) erfüllen kann und überträgt dann den Handel mit Aufmerksamkeit auf Produkte/Marken, Wissenschaft und menschliche Beziehungen. An dieser Stelle sollen nur einige seine Erkenntnisse kurz dargestellt werden (dem interessierten Leser möchte ich vor allem die „Ökonomie der Aufmerksamkeit" empfehlen).

Die philosophische Basis der Theorie von Franck ist die Idee der Monade von Gottfried Wilhelm Leibniz (1646–1716). Das menschlichen Bewusstsein besitzt keine Tür nach draußen und verfügt gleichzeitig auch über kein Fenster in das Bewusstsein des Anderen. Unser subjektives Erleben ist eine fensterlose Monade, in die es mit der Geburt nur einen Eingang und mit dem Tod nur einen Ausgang gibt. Trotzdem sind wir auf das andere Bewusstsein, seine Aufmerksamkeit und seine Wahrnehmung angewiesen: „Nichts beschäftigt uns so sehr wie unser Selbstbild im Spiegelbild des anderen Bewusstseins." (Franck: Ökonomie. S. 18). Unserer Wirklichkeit ist folglich immer eine subjektive Wirklichkeit, insofern ist es eigentlich viel wahrscheinlicher, dass Kommunikation scheitert, als dass sie gelingt.

Funktionen der Aufmerksamkeit

1) Tauschmittel
Dass man Aufmerksamkeit einnehmen kann, leuchtet sofort ein, aber dass man sie auch tauschen kann, erscheint zunächst abwegig. Letztlich lässt sie sich im Gegensatz zum Geld natürlich auch nicht weitertauschen, denn einmal eingenommene Aufmerksamkeit kann nicht weitergegeben werden. Aber sie hat in jedem Fall einen Tauschwert, wie folgende Beispiele zeigen.

In den persönlichen Beziehungen ist die Beachtung von (mir) wichtigen Personen wertvoller als die von weniger wichtigen. Ob mir eine Person wichtig ist, hängt von ihrer Bedeutung für mein Leben ab, d.h. von der Aufmerksamkeit, die ich der Person schon gegeben habe oder der Aufmerksamkeit, die ich der Person zukünftig geben möchte. Es handelt sich also um akkumulierte Aufmerksamkeit (vgl. Punkt 3 Wertaufbewahrung). Gleichzeitig geht es natürlich beim Spiel „Aufmerksamkeit tauschen" auch wieder um die Möglichkeit, mich in den Augen eines anderen Bewusstseins selber zu erfahren.

Indem wir über Dritte reden, tauschen wir sogar Aufmerksamkeit weiter und zahlen dabei direkt (z.B. über das Brüsten mit Freund- oder Bekanntschaften zu wichtigen Personen) auf unser eigenes Aufmerksamkeitskonto und indirekt auf das Aufmerksamkeitskonto des Dritten ein.

2) Recheneinheit
In der Media-Planung lässt sich das Maß an Aufmerksamkeit, das eine Zeitschrift, eine TV-Sendung, eine Internet-Seite, ein Plakat, ein Hörfunk-Spot etc. erhält, durch Maßzahlen wie Reichweite, Einschaltquoten, Auflagen etc. sogar messen. Diese Leistungswerte werden anschließend zur Berechnung und Entscheidung über den Medieneinsatz verwendet.

3) Wertaufbewahrung
Jeder Prominente ist ein lebendes Beispiel, dass Aufmerksamkeit sowohl einen Tauschwert hat als auch manchmal über einen längeren Zeitraum in den Köpfen der Gesellschaft aufbewahrt wird. Die Dauer der Wertaufbewahrung hat natürlich auch etwas mit der Halbwertszeit des Ruhmes zu tun, den sich die Personen erworben haben. Bei der Zuteilung dieses Ruhmes spielen die Medien selber

eine wichtige Rolle und haben hier mit Begriffen wie „B- oder C- Promi" anschaulich gemacht, wie viel gesellschaftliche Aufmerksamkeit den Personen zusteht. Dass gerade die „B- und C-Prominenz" schon aus ökonomischem Eigennutz (z.B. durch den Abschluss von Werbeverträgen) daran interessiert sein muss, „im Gespräch zu bleiben", dürfte sofort einleuchten.

Wenn Aufmerksamkeit knapp ist – und das erlebt jeder von uns täglich aufs Neue – dann müssen wir beim Achtgeben auswählen (selektive Wahrnehmung) und uns ansonsten auf Alltagsroutinen, Automatismen, Heuristiken und unsere Intuition verlassen. Denn angesichts der zunehmenden Informationsflut macht es keinen Sinn dieser Flut durch vermehrten Einsatz Herr werden zu wollen. Stattdessen muss man sich mit der Aufmerksamkeit selbst beschäftigen, das heißt man muss die Kräfte pflegen und trainieren, die uns helfen möglichst viele täglichen Entscheidungen ohne große Aufmerksamkeit zu treffen, um die knappe Ressource bewusster Aufmerksamkeit für die wichtigen Entscheidungen (z.B. Kauf eines High-Involvement-Gutes) oder Probleme (privat oder beruflich) zu schonen. Dieses Verhalten scheint dem Menschen schon angeboren zu sein, denn wohin sich unsere Aufmerksamkeit wendet bzw. was unser Wahrnehmungssystem gerade reizt, ist nur ganz selten bewusst (rational) gesteuert. Jeder bewussten Entscheidung geht eine unbewusste/ intuitive (emotionale) Auswahl voraus (vgl. Abschnitt 8.1.1).

Gleichzeitig drückt jede Verwendung von bewusster Aufmerksamkeit natürlich eine Präferenz aus, die auf das Konto des Aufmerksamkeitsobjekts einzahlt. „Die Verwendung von Aufmerksamkeit plaudert mehr aus als tausend Worte abstreiten können" (Franck: Ökonomie. S. 70).

Dies gilt natürlich vor allem in zwischenmenschlichen Beziehungen (z.B. mit wem möchte ich telefonieren, mich verabreden oder auf einer Party unterhalten), aber eben auch für Produkte und Marken. Denn die Aufmerksamkeit, die ein Produkt oder eine Marke durch die Gesellschaft erfährt, bestimmt letztlich seinen Wert und damit den Preis. Kunden kaufen demnach Produkte auch deshalb, weil sie sich erhoffen, mit der Produktverwendung direkt oder indirekt Aufmerksamkeit zu erzielen. Produkte bzw. Marken sind insofern identitätsstiftende Botschaften an andere, da sie das Bild, das andere von mir haben beeinflussen können (Fremdbild vgl. zum identitätsstiftenden Charakter von Marken auch Kapitel 4.3 im Band „Marketing und Marktforschung"). Bei Produkten des demonstrativen Konsums wie Autos, Uhren, Schmuck oder Mode lässt sich das sehr gut nachvollziehen. Außerdem hatten und haben die verschiedenen sozialen Gruppen, in denen sich ein Mensch bewegt, eine besondere Bedeutung für die Ausbildung seiner Identität. Und gerade hier sind Marken oft der Ausweis, zur Gruppe dazuzugehören (vgl. Markencommunities). Auf der anderen Seite sind Marken aber auch eine Botschaft an mein Selbstkonzept, d.h. sie bestätigen mir das Bild, das ich von mir selbst habe. Durch den Kauf oder die Verwendung einer Marke soll sich das Bild, das andere von mir haben, stabilisieren oder ändern, sodass idealerweise das Selbst- und Fremdbild stärker zur Deckung gebracht werden (zur besonderen Bedeutung von Selbst- und Fremdbild für die Ausbildung unserer Identität vgl. die Abbildung 7.13). Diesem Phänomen kann man sich auch nur sehr schwer entziehen, denn wir sind alle soziale Wesen, die geschätzt, bewundert und geliebt werden wollen.

Selbst Produkte, deren Verwendung wir alleine erleben, können Einfluss auf unser Selbstbild haben. So erleben sich junge Mütter, die ihrem Baby Markennahrung geben, vermutlich selbst als gute Mütter. Interessanterweise haben Studien ergeben, dass das Markenbewusstsein junger Mütter beim zweiten Kind deutlich abnimmt, was vermutlich mit dem durch die eigene Erfahrung stärkeren Selbstwertgefühl zusammenhängen dürfte, das jetzt nicht mehr die symbolische Rückbestätigung über die Marke braucht. (vgl. Rudolf Sommer: Consumer's Mind.)

Die Bedeutung von Marken liegt demnach:
- nach außen in der Erzielung fremder Aufmerksamkeit,
- nach innen in der emotionalen Aufladung für mein Selbstbild und meine Identität und
- der Erfüllung des Wunsches nach neuartigen Reizen (vgl. H. G. Häusel: Think limbic., der für diese Grundmotivation des Menschen den Begriff Stimulanz verwendet).

Marken, die viel Aufmerksamkeit auf sich ziehen, sind demnach deutlich wertvoller als andere, denn sie verschaffen dem Verbraucher seinerseits Aufmerksamkeit. Damit das gelingt, müssen Marken (vor allem bei Gütern des demonstrativen Konsums) natürlich zunächst zum Selbstkonzept passen, da sie sich sonst nicht zur Steigerung des Selbstwertgefühls eignen. Gleichzeitig müssen sie aber auch bei den wichtigen sozialen Bezugsgruppen des Käufers genügend Aufmerksamkeit auf sich ziehen. Das heißt die Zielgruppen müssen erst die Wertschätzung einer Marke lernen, das heißt die Markenimages müssen durch kontrastreiche, klare und in sich konsistente Marketing- und Kommunikationsmaßnahmen vorgeprägt werden (vgl. dazu Lachmann: Wahrnehmung und Gestaltung von Werbung.), damit sie die Kaufentscheidungen beeinflussen können.

„Die Dinge müssen dann mit dem Versprechen versehen werden: Ich bin etwas ganz Besonderes und wirke unwiderstehlich. Dafür genügt es nicht schön und auffällig zu sein. Es muss auch auffallen, dass sie auffallen. Oder anders: Der Eindruck muss eigens noch inszeniert werden, dass die Sache auf alle Eindruck machen wird." (Franck: Ökonomie der Aufmerksamkeit. S. 71 f.).

Güter des demonstrativen Konsums haben es bei der Lenkung der Aufmerksamkeit auf ihre Marken einfacher, da es in ihrem Fall häufig keine „Streuverluste" gibt, denn eine exklusive Automarke müssen auch diejenigen als exklusiv erkennen, die sie sich selbst gar nicht leisten können, denn sonst erhält derjenige, der es sich leisten kann, nicht die Aufmerksamkeit, die er sich vom Kauf versprochen hat. Bei Low-Involvement-Gütern muss diese Lenkung über Werbung, Produkt- und Verpackungsdesign, Verkaufsförderung, PR, Events etc. langfristig vorgeprägt werden, damit die Marke in den intuitiv-emotionalen Prozessen vor der Kaufroutine eine Rolle spielt.

Wie gut es in der Vergangenheit gelungen ist, die Aufmerksamkeit der Zielgruppen auf eine Marke zu lenken, dokumentiert vor allem der Bekanntheitsgrad (Awareness/Recall), denn er ist wie bereits erwähnt ein wichtiger Indikator für das Ausmaß an Beachtung. Das über den Bekanntheitsgrad dokumentierte Maß an gesellschaftlicher oder zielgruppenspezifischer Beachtung rentiert sich dabei sowohl für Marken als auch für Personen. Prominente erzielen z.B. bessere Werbeverträge, Marken landen im relevant set oder erlangen sogar die Top-of-mind-Awareness, d.h. sie fallen Befragten als Erstes ein, wenn nach Marken der Produktkategorie gefragt wird. Dass das gerade bei Gewohnheitskäufen oder Käufen unter Zeitdruck oft kaufentscheidend sein kann, liegt angesichts der geschilderten Bedeutung von automatisierten Routinehandlungen zur Schonung unserer Aufmerksamkeits-Ressourcen auf der Hand. Sehr häufig sind die Top-of-Mind-Marken gleichzeitig die Marktführer, was die Bedeutung der Aufmerksamkeit noch einmal eindrucksvoll unterstreicht.

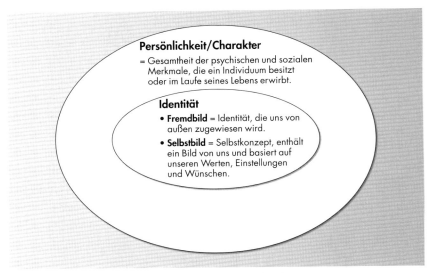

Abb. 7.13: Zusammenhang zwischen Persönlichkeit und Identität

Insofern müssen Marken und Personen im Gespräch bleiben (z.B. über virales Marketing, PR, Events und Werbung oder Besuche von Fernsehsendungen, Interviews, „Skandale" etc.) und innovativ sein bzw. sich ggf. neu erfinden (vgl. Madonna oder Marken wie Puma, H&M, Bionade).

Das Modell der Elaborations-/Auseinandersetzungswahrscheinlichkeit

Dieses Modell geht auf das von den amerikanischen Psychologen Richard E. Petty und John T. Cacioppo im Jahr 1981 entwickelten Elaboration-Likelihood-Modell (ELM) zurück, das ursprünglich als sozialpsychologisches Modell zur Beschreibung von allgemeinen Einstellungsänderungen konzipiert wurde. Dessen Effekte sind in Abb. 7.15 im Überblick dargestellt. Es ist kurze Zeit später von der Werbewirkungsforschung übernommen werden.

Entscheidend für den Kauf eines Produktes ist nach der Modellvorstellung des ELM eine positive Einstellung des Rezipienten gegenüber dem Produkt.

 Ein wichtiges Wirkungsziel der Werbung muss also die Schaffung einer dauerhaft positiven Einstellung zur Marke sein.

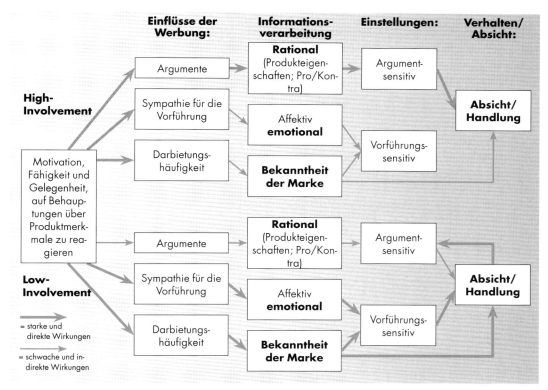

Abb. 7.14: Low- und High-Involvement-Hierarchie nach Batra und Ray

Im Modell werden zwei grundsätzliche Wirkungswege beeinflussender Kommunikation unterschieden, die vor allem vom Grad des Involvement der Zielpersonen abhängen. Der so genannte zentrale Weg der Beeinflussung wendet sich an Personen, die hoch involviert sind. Dies führt dazu, dass sie sich intensiv mit der inhaltlichen Seite der Werbung, wie der Qualität der Argumente, auseinander setzen und daher die Möglichkeit zu einer dauerhaften und stabilen Einstellungsbildung besteht (vgl. Abb. 7.14). Dagegen muss sich Werbung bei wenig involvierten Personen – der häufigere Fall – mit dem peripheren Weg der Beeinflussung begnügen. In diesem Fall spielen die Randbedingungen der Kommunikation für die Werbewirkung und damit die Einstellungsbildung eine besondere Rolle. Die Zielgruppe setzt sich eben nicht intensiv, kognitiv mit der Werbung auseinander, sondern verarbeitet die Werbung nur oberflächlich. Dabei orientiert sie sich an situationsgebundenen Reizen, wie etwa der äußeren Gestaltung, der gefälligen Aufmachung der Werbung, der Glaubwürdigkeit des Kommunikators, der Anzahl an Argumenten oder der Anzahl an Wiederholungen. Diese periphere und eher gefühlsmäßige Verarbeitung kann zwar auch zu einer Einstellungsänderung führen, diese ist aber meistens nicht so stabil wie eine auf der zentralen Route erreichte. Das heißt, Produkte, deren Botschaften über die periphere Route verarbeitet werden, müssen auf häufige Wiederholungen der Werbung achten, da nur dadurch die gewünschte Einstellungsänderung immer wieder neu hervorgerufen wird.

Hoch involvierte Verbraucher folgen dem zentralen Weg der Beeinflussung

Gering involvierte Verbraucher verarbeiten Werbung nur oberflächlich

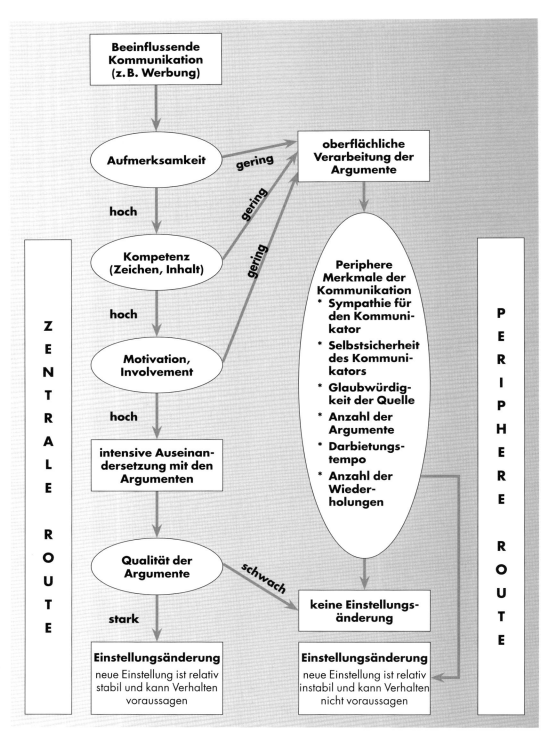

Abb. 7.15: Das Elaboration-Likelihood-Modell (ELM) nach Petty und Cacioppo

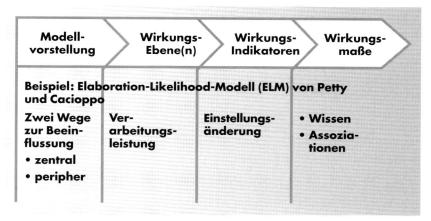

Abb. 7.16: Elemente von Wirkungsmodellen: die „Wirkungskette"

Es gibt aber auch aktuelle Forschungsergebnisse, die zeigen, dass sich intensive Markenbindung vor allem bei Low-Involvement-Gütern findet (vgl. dazu Carsten Niepmann: Wirkungsmodelle der Werbung. Hamburg 1999. S. 77). Eine Erklärung dafür könnte in habitualisiertem Kaufverhalten (Gewohnheitskäufe) liegen, denn falls der Konsument eine Marke z. B. für Nudeln gefunden hat, die seinen Ansprüchen genügt, hat er in der Zukunft beim Einkauf häufig keine Lust mehr, sich mit dieser Kaufentscheidung zu beschäftigen und greift deshalb zur gewohnten Marke.

Die Konsequenzen des Elaboration-Likelihood-Modells für die Gestaltung von Werbung und ihre mediale Verbreitung sind vielfältig. So bedingen Beeinflussungsversuche, die die periphere Route verfolgen müssen, eine hohe Anzahl an Wiederholungen („Branding" bzw. Aufbau von hohem Werbedruck) oder die Auswahl sympathischer Testimonials, da ansonsten die Kaufwahrscheinlichkeit rasch sinken würde. Je höher das Involvement, umso mehr kann man sich in der Media-Planung auf die Optimierung der Nettoreichweite konzentrieren.

<small>Low-Involvement erfordert die wiederholte Nennung der Marke (Branding)</small>

Eine beiläufige Informationsverarbeitung muss aber für den Erfolg von Werbung gar nicht schlecht sein, denn bei austauschbaren Produkten gibt es ohnehin kaum noch Argumente, die einer rationalen Kontrolle standhalten könnten, also umgeht man die – aus werblicher Sicht – lästige Vernunft und appelliert ganz beiläufig an die Emotionen des Verbrauchers. Das heißt, je schwächer die Argumente, umso wichtiger ist für einen Werbeerfolg die Ablenkung der Konsumenten.

<small>Periphere Route = überreden</small>

Zur Ablenkung von Konsumenten lassen sich in Werbespots verschiedene Mittel wie Musik, schnelle Schnitte oder ungewöhnliche Kameraperspektiven einsetzen. Aber auch eine überraschende, humorvolle Pointe unterbindet eine kritische Beschäftigung des Konsumenten mit den Inhalten der Werbung. Der aus Sicht der Werbung gewünschte Effekt liegt darin, den Konsumenten gedankliche Abkürzungen (Heuristiken) nehmen zu lassen. Diese könnten beispielsweise so aussehen: „Die Person in der Werbung (Testimonial: Experte, Prominenter, typischer Verwender) wirkt glaubwürdig und sympathisch, also muss an dem Produkt etwas dran sein. Probieren wir es aus."

<small>Zentrale Route = überzeugen</small>

7.4 Psychologische Phänomene bei der Informationsverarbeitung

Im Folgenden sollen im Zusammenhang der zuletzt in Abschnitt 7.3 dargestellten Wirkungsmodelle einige psychologische Phänomene im Überblick dargestellt werden (weitergehende Informationen finden sich zum Beispiel in Georg Felser: Werbe- und Konsumentenpsychologie. Stuttgart 2007).

7.4.1 Priming-Effekt

Unter dem Priming-Effekt versteht man, dass vorher gezeigte und aufgenommene Reize die spätere Informationsverarbeitung beeinflussen können.

Beispiel

Die Funktionsweise des Priming-Effektes lässt sich sehr gut am Gesellschaftsspiel „Tabu" veranschaulichen. Bei der Erklärung eines Begriffes, wie z.B. „Flut", dürfen Sie fünf andere auf der Karte stehende Begriffe wie „Ebbe, Gezeiten, Mond, Meer und Licht" nicht verwenden, sonst bekommt die andere Mannschaft den Punkt. Vielen von uns ergeht es dabei so, dass ihnen nach dem Lesen der „verbotenen" Wörter keine anderen mehr einfallen wollen. Diese erhöhte Verfügbarkeit der „verbotenen" Wörter bezeichnet man als assoziative Bahnung oder Priming.

Aktuelle Entscheidungen werden stark von vorher aufgenommenen Reizen beeinflusst

Wie lässt sich dieses Phänomen auf Werbung bzw. Werbewirkung übertragen? Wenn wir Sachverhalte, Personen oder eben auch Produkte beurteilen sollen, hängt unser Urteil oft von anderen Informationen ab, die zum Zeitpunkt des Urteils besonders gut verfügbar waren, wobei diese Informationen sowohl Wort- als auch Bildinformationen sein können. Beide Arten sind geeignet semantische, affektive oder episodische Verknüpfungen zu verwandten Informationen herzustellen.

Dazu noch ein kleines Alltagsbeispiel. Auf die Frage, ob Sie mit Ihrem Leben zufrieden sind, werden Sie, wenn Sie kurz vorher an persönliche Misserfolge gedacht haben, anders antworten, als wenn Sie sich gerade frisch an besonders schöne Momente erinnert haben. Es gibt also Kontexteffekte, die die aktuelle Beurteilung stark beeinflussen können. Solche Kontexteffekte können durch Werbung bewusst erzeugt und damit für die Vermarktung von Produkten genutzt werden.

Die einfachste Form des Priming besteht in einer gut durchdachten integrierten Kommunikations- und Mediastrategie. Wenn es dem Unternehmen gelingt, ein Neuprodukt schnell bekannt zu machen, die haushaltsführende Person kurz vor dem Einkauf mit einem Funkspot zu erreichen, sie auf dem Weg zum Laden noch über Außenwerbung zu erreichen und dann durch gezielte Verkaufsförderungsmaßnahmen am POS (Ladenfunk, Regalstopper, Probierstände etc.) zu erreichen, wird diese geballte Form des Priming am Ende in einen Produktkauf münden.

Im Zusammenhang mit Priming-Effekten soll noch einmal kurz auf den wichtigen Begriff des Images zurückgegriffen werden (vgl. Kapitel 2 im Band „Kommunikationspolitik").

Images sind Vorstellungsbilder in den Köpfen von Menschen über Menschen, Produkte und Unternehmen und haben folgende Eigenschaften:

- Images entstehen schnell,
  - verfestigen sich langsam,
  - sind schwer veränderbar,
  - müssen aber nicht stabil bleiben.
- Images formen sich leichter/fassettenreicher, wenn viele Informationen vorhanden sind.
- Images steuern die Wahrnehmung der Menschen, sie dienen der Orientierung in einer „chaotischen" Umwelt (Reizüberflutung).
- Positive Images sind die Voraussetzung für erwünschtes Verhalten der Zielgruppen, denn sie können den Halo-Effekt hervorrufen, d.h., wenn ein von den Menschen als wichtig empfundenes Merkmal positiv gesehen wird, werden auch andere Merkmale positiv gesehen.

Images steuern Wahrnehmung und Verhalten

7.4.2 Halo-Effekt und Kontrast-Effekte

Der Halo-Effekt ist eine weitere Form des Primings, der sich zwar besonders bei der Beurteilung von Personen nachweisen lässt, aber sicherlich auch bei der Beurteilung alternativer Produkte eine Rolle spielen kann. Forschungsergebnisse zeigen, dass sich Menschen bei der Beurteilung von Personen sehr stark von den ersten Eindrücken und dabei besonders von der physischen Attraktivität beeinflussen lassen. Physisch attraktiven Menschen werden alle möglichen positiven Eigenschaften zugetraut, ohne dass es dafür eine echten Beweis geben muss. Interessanterweise bemerken die urteilenden Menschen nicht einmal, dass der Halo-Effekt sie beeinflusst hat oder würden sich die Beeinflussung selber eingestehen. Werbetreibende Unternehmen und Agenturen erhoffen sich durch die Verwendung attraktiver Testimonials und idealer Bildwelten Halo-Effekte oder zumindest Kontext-Effekte bei den Zielgruppen.

Halo-Effekt: Viele Urteile basieren auf Vorurteilen

Eine weitere Form des Priming besteht in Kontrast-Effekten, das heißt, unser Urteil hängt stark davon ab, mit wem oder was wir vergleichen. Dazu direkt einige Beispiele aus dem Marketing.

Kontrast-Effekt: Vergleich entscheidet über die Qualität der Beurteilung

Beispiele

Die Getränkemarke Punica (weniger als 40 % Fruchtsaftgehalt) konnte nur deshalb so erfolgreich werden, weil sie sich nicht mit 100 %-Fruchtsäften verglich, sondern als Durstlöscher in die Kategorie Cola, Limo einordnete. Im Vergleich mit diesen Getränken wurde der vermeintliche Nachteil des geringen Saftgehaltes zu einem Vorteil.

Als zweites erfolgreiches Beispiel könnte man die Marke Gervais Obstgarten nennen, die sich nicht als Dessert, sondern als Mittagsalternative zu Pommes, Hamburgern, Currywurst etc. positioniert hatte (weitere Beispiele in Andreas Buchholz, Wolfram Wördemann: Was Siegermarken anders machen. München 1998).

Durch kleinere Veränderungen eines Zielreizes z. B. an einer Anzeige wird der Kontext, in dem die Zielgruppe die Anzeige wahrnimmt, verändert und dadurch eben auch die Beurteilung.

> **Beispiele**
>
> (Entnommen aus: Georg Felser: Werbe- und Konsumentenpsychologie. Stuttgart 2007)
> „Smith und Engel (1968) legten ihren Versuchspersonen eine Werbeanzeige für ein Auto vor. In einer Version war das Auto gemeinsam mit einer verführerischen Frau abgebildet. Die andere Version bestand aus derselben Abbildung ohne die Frau. In der Experimentalgruppe nahmen die Versuchspersonen das Auto als schneller, teurer, ansprechender und schöner wahr als in der Kontrollgruppe ohne die Abbildung der Frau. In einer Nachbefragung gaben 22 von 23 Versuchspersonen an, sich nicht einmal an die Abbildung einer Frau zu erinnern. Auf die Abbildung aufmerksam gemacht, bestritten sie einen möglichen Einfluss.
> In Werbeanzeigen zeigte sich, dass bereits ein Blumenstrauß, der in einer Anzeige unauffällig in einer Ecke platziert wurde, den Wahrnehmungskontext erheblich beeinflussen kann.
> Eine Werbeanzeige wird als glaubwürdiger wahrgenommen, wenn sie einen Fließtext enthält. Durch das Textelement wird ein argumentativer Kontext geschaffen. Die Glaubwürdigkeit wird auch dann wahrgenommen, wenn der Fließtext gar nicht gelesen wird."

Weitere interessante Phänomene, bei denen wahrgenommene Produkteigenschaften unser Urteil über das Produkt beeinflussen, sind zum Beispiel der Rückschluss aus dem Geräusch einer zuschlagenden Tür auf die Sicherheit und Qualität des Pkw oder aus der Schaumbildung eines Haarshampoos oder Reinigungsmittels auf die Reinigungskraft des Produktes. Die Kenntnis dieser Phänomene hat z. B. im Automobilbereich dazu geführt, dass es spezielle Abteilungen für Geruchs- und Sounddesign gibt.

Automatische Informationsverarbeitung: „Expressverbindung" zwischen Wahrnehmen und Handeln

Weitere für die Werbung wichtige psychologische Effekte hängen mit dem Phänomen der automatischen Informationsverarbeitung zusammen, denn wir verarbeiten Informationen nur zu einem Teil bewusst und kontrolliert. Bei der Ausführung von Bewegungsabläufen z.B. im Sport, aber auch im Alltag sind unsere Vorgehensweisen so stark automatisiert, dass sie ohne bewusste Kontrolle und ohne Aufmerksamkeit ablaufen können. Versuchen Sie mal jemandem zu erklären, wie man eine Schleife bindet, und vergleichen Sie das mit der Leichtigkeit der tatsächlichen Ausführung. Oder nehmen Sie Bewegungsabläufe in Ihrem Lieblingssport. Die Expressverbindung zwischen Wahrnehmen und Handeln ist vermutlich evolutionär bedingt, auch wenn es heute nur noch in seltenen Fällen notwendig sein dürfte, beispielsweise auf ungewohnte Geräusche schnell zu reagieren. Anders in der Steinzeit, da war es allemal besser, ohne nachzudenken vor einem Hasen auszureißen, wenn es im Gebüsch raschelte, als erst einmal in Ruhe abzuwarten, ob sich nicht ein Raubtier anpirscht. Aber auch bei Alltagsurteilen gehen wir oft automatisch vor. Ein Experiment amerikanischer Psychologen bestätigt dies in drastischer Form. An amerikanischen Universitäten beurteilen die Studenten nach jedem Semester die pädagogischen Fähigkeiten ihrer Dozenten. Einer Kontrollgruppe, die nicht an den Kursen teilgenommen hatte, wurden sechzigsekündige Video-Clips aus dem Unterricht der Dozenten ohne Ton vorgespielt. Anschließend sollten auch sie die pädagogischen Fähigkeiten der Dozenten beurteilen, das überraschende Ergebnis war, dass sich die Urteile der echten und der „fremden" Studenten nahezu deckten.

Implizites Lernen: Lernen ohne erhöhte Aufmerksamkeit

Neueste wissenschaftliche Forschungsergebnisse zeigen, dass es nicht nur automatisches Handeln oder Urteilen gibt, sondern auch so etwas wie impliziertes Lernen, das heißt, wir lernen, ohne zu merken, dass wir lernen (vgl. Mathew Lieberman: University of California Los Angeles: in Psychological Bulletin Vol. 126. January 2000). Takeo Watanabe, amerikanischer Hirnforscher aus Boston, konnte ebenfalls in Experimenten nachweisen, dass für erfolgreiches Lernen erhöhte Aufmerksamkeit nicht notwendig ist. Die Probanden mussten Buchstaben vor einem chaotischen Hintergrund mit beweglichen Punkten betrachten. Fünf Prozent der Punkte im Hintergrund bewegten sich in eine bestimmte Richtung, zu wenig, um die Richtung der wandernden Punkte zu erkennen. Dennoch lernten die Probanden anscheinend beiläufig, laufende Punktreihen vor dem chaotischen Hintergrund zu erkennen, denn in einer zweiten Testreihe erkannten sie die Richtung der wandernden Punkten wesentlich besser als „untrainierte" Personen – allerdings nur dann, wenn die Punkte die gleiche Richtung wie in den ersten Versuchen einschlugen. Die Probanden hatten offensichtlich Dinge gelernt, auf die sie sich nicht konzentrierten, die sie nicht bewusst wahrnahmen und die eigentlich völlig unbedeutend waren. Auch hier könnte man wieder auf den Priming-Effekt verweisen, doch sind die Möglichkeiten, die sich durch das eben beschriebene Phänomen für Werbung eröffnen, noch interessanter. Ein weiteres wissenschaftliches Experiment, durchgeführt von englischen Psychologen der Universität Leicester, zeigt dies deutlich. In einem Supermarkt wurde jeden zweiten Tag französische Akkordeonmusik im Ladenfunk gespielt, an den anderen Tagen beschallten sie den Laden mit bayerischer Blasmusik. Der Effekt war verblüffend: An den „französischen" Tagen wurde dreimal mehr französischer als deutscher Wein gekauft, an den „deutschen" Tagen war das Verhältnis fast genau umgekehrt.

Auch beiläufige Wahrnehmung steuert Kaufverhalten

Vor dem Hintergrund des Elaboration-Likelihood-Modells erscheinen diese Ergebnisse besonders interessant, denn die Verarbeitung über die periphere Route, die für die meisten beworbenen Marken angenommen werden muss, kann sogar unbewusst erfolgen, was eine Argumentation gegen die in der Werbung ausgelobten Argumente nahezu unmöglich macht.

7.4.3 Mere-Exposure-Effekt

In diesem Zusammenhang muss man auch den so genannten Mere-Exposure-Effekt (Effekt der bloßen Darbietung) betrachten. Dabei geht man davon aus, dass ein schon früher einmal verarbeiteter Reiz in Zukunft zu einer vereinfachten Verarbeitung des Reizes führt. Dieser Reiz wird dann auf Grund seiner Bekanntheit wesentlich positiver eingeschätzt. Diese positivere Beurteilung zeigte sich sogar dann, wenn die Versuchspersonen sich gar nicht daran erinnerten, Werbung der Marke gesehen zu haben. Die unbewusste – nicht die unterbewusste –

Unbewusste Wahrnehmung von Werbung schadet nicht bei Low-Involvement-Gütern

Wahrnehmung von Werbung hat demnach positive Effekte für die beworbenen Produkte oder Marken (vgl. hierzu Ingomar Kloss: Werbung. München 2007 oder Klaus Moser: Markt- und Werbepsychologie. Göttingen 2002).

Die unbewusste Vertrautheit und positive Beurteilung von Marken durch den Mere-exposure-Effekt führt zudem dazu, dass sie bei wiederholter Reizdarbietung wesentlich besser gelernt werden.

> *Die Forderung an die Werbung lautet daher, häufige Wiederholungen zu erreichen, damit die Zielgruppe daraus – am besten unbewusst – eine positive Einstellung zur Marke entwickelt.*

In einer umfassenden Metaanalyse zu diesem Thema fasste Bornstein (1989) die bisherigen Erkenntnisse zusammen:
Der Mere-Exposure-Effekt lässt sich mit verschiedenem Stimulus-Material (Bilder, Töne, Worte, Musikstücke, Personen) erzeugen. Er fällt stärker aus, wenn

- die Darbietungshäufigkeit im mittleren Bereich liegt (ca. 10- bis 20-mal), da zu häufige Darbietung den Effekt verringert, evtl. auf Grund von Langeweile.
- die Darbietungsdauer kurz ist (weniger als eine Sekunde).
- der Reiz komplex ist.
- die Bewertung nicht unmittelbar nach der Darbietung erfolgt.
- bewusstes Erinnern unwahrscheinlich ist, d.h. wenn die Aufmerksamkeit gering ist, denn der „Mere-Exposure-Effekt" ist kein Wiedererkennungseffekt.
- der Darbietungsabstand länger ist.
- der Reiz von den Rezipienten gemocht oder positiv bewertet wird.
- die Rezipienten älter sind, insbesondere bei Kindern zeigen sich nur schwache „Mere-Exposure-Effekte".

Ein interessanter Ansatz dieses Effektes liegt in der Nutzung moderner Spotformate wie dem Split-Screen-Verfahren, wo während eines TV-Spots ein kleiner Teil des Bildschirms für den redaktionellen Teil, z.B. einer Sportübertragung, reserviert bleibt. Die geteilte Aufmerksamkeit führt mit ziemlicher Sicherheit zu den gewünschten positiven Effekten impliziten Lernens. Mithilfe des Mere-exposure-Effekts lässt sich die Bewusstseinspräsenz und die Einstellung gegenüber Marken verbessern, ob er aber eine direkte und unmittelbare Wirkung auf das Kaufverhalten hat, muss weiterhin bezweifelt werden.

*Unbewusst ist **nicht** gleich unterbewusst!*

An dieser Stelle nur einige kurze Anmerkungen zum Thema unterschwellige Werbung. Vance Packard hat in seinem 1957 erstmals erschienenen Buch von den „Geheimen Verführern" vermutlich den ältesten und dauerhaftesten Mythos der Werbewirtschaft geschaffen. Auch wenn es bisher nicht gelungen ist, das in seinem Buch beschriebene Experiment des amerikanischen Marktforschers Vicary an anderer Stelle mit ähnlichen Ergebnissen zu wiederholen, gibt es sogar im deutschen Rundfunkstaatsvertrag einen Passus, der unterschwellige Werbung untersagt. Bei dem Experiment hat Vicary in Absprache mit einem Kinobesitzer in New Jersey angeblich während eines Films alle fünf Sekunden die Sätze „Eat Popcorn" und „Drink Coca-Cola" im Millisekunden-Bereich (die Angaben schwanken 1/300 bis zu 1/6000 Sekunden) eingeblendet. Während des sechswöchigen Experiments soll dadurch der Popcorn-Verbrauch um 18% und der Cola-Verbrauch sogar um 57% gestiegen sein.

Wenn man unterschwellige Wahrnehmung als Wahrnehmung unterhalb der absoluten Reizschwelle versteht, muss man heute davon ausgehen, dass keine Information vermittelt wurde bzw. auch keine Beeinflussung stattfinden konnte. Einer der Gründe, warum sich über das Phänomen unterschwelliger Wahrnehmung bis heute gestritten wird, liegt vermutlich darin, dass die absolute Reizschwelle, das heißt, bis wohin kann ein Reiz überhaupt noch wahrgenommen werden, von Mensch zu Mensch verschieden ist. Dass es aber Lernen und Beeinflussen unterhalb der Aufmerksamkeitsschwelle gibt, haben die bisherigen Ausführungen hoffentlich gezeigt (interessante Experimente finden sich in Georg Felser: Werbe- und Konsumentenpsychologie. Stuttgart 2007).

7.4.4 Psychologische Konsistenz/Kognitive Dissonanz

Menschen sind in gewisser Weise harmoniesüchtig, wenn auch nicht alle nach Harmonie mit ihren Mitmenschen streben, so suchen eigentlich alle nach Übereinstimmung zwischen dem, wofür wir einstehen, und dem, was wir tatsächlich tun. Ergeben sich zwischen unserem Denken und unserem Handeln Widersprüche, suchen wir zunächst nach äußeren Rechtfertigungen der Art „das ging ja gar nicht anders" oder „das siehst du doch genauso". Finden wir keine äußeren Rechtfertigungen, entsteht eine kognitive Dissonanz zwischen der Erinnerung an unser Handeln und unseren Einstellungen. Da es nicht möglich ist, das gezeigte Verhalten rückgängig zu machen, können wir Übereinstimmung (Konsistenz) nur wiederherstellen, wenn wir die zu Grunde liegende Einstellung nachträglich an das Verhalten anzupassen. Das heißt, wir passen – ganz im Sinne der am Anfang des Kapitels beschriebenen Do-feel-learn-Hierarchie der Werbewirkung – unser Denken einfach im Nachhinein an unser Handeln an.

Im Zweifel passen wir unser Denken im Nachhinein an unser Handeln an

Besonders häufig entsteht kognitive Dissonanz in Entscheidungssituationen, wie z. B. nach einem Kauf. Denn durch die Entscheidung für eine Alternative werden natürlich alle anderen Möglichkeiten ausgeschlossen. Je ähnlicher sich die Kaufalternativen sind, das heißt, je mehr Argumente für eine nicht gewählte Alternative sprechen, umso stärker fällt die kognitive Dissonanz beim Konsumenten aus. In diesen Fällen gibt es für den Konsumenten verschiedene Möglichkeiten, die Unsicherheit, ob man die richtige Kaufentscheidung getroffen hat, zu vermindern. So haben die Konsumenten für alle Informationen, die die getroffene Entscheidung unterstützen, ein offenes Ohr, während Informationen, die die Entscheidung infrage stellen könnten, möglichst ausgeblendet werden (selektive Wahrnehmung).

Diese Tatsache lässt sich in der Nachkaufphase hervorragend zur Kundenbindung nutzen. Gerade bei teuren Produkten sucht der Konsument händeringend nach Argumenten, warum ausgerechnet dieses Produkt die hohe Investition rechtfertigt. Die Dissonanz, viel Geld ausgegeben zu haben, was man vielleicht auch billiger hätte haben können, wird dadurch umgangen, dass der Gegenwert des Geldes besonders hoch veranschlagt wird. Falls man das gleiche Produkt doch kurz nach dem Kauf irgendwo billiger sieht, ärgert man sich normalerweise gewaltig. Eine andere Möglichkeit, die Kaufentscheidung im Nachhinein vor sich selbst zu rechtfertigen, besteht darin, sich auf die Millionen anderer Käufer zu berufen, die sich ja auch nicht irren können. Diese Tatsache kommt häufig den Marktführern bzw. starken Marken zugute. Falls die Kaufentscheidung aber trotz

Bestätigende Informationen führen in der Nach-Kauf-Phase zum Abbau kognitiver Dissonanzen und zur Bindung an die Marke

anders lautender Ratschläge oder Meinungen (z. B. von Lebenspartner, Freunden, Bekannten) gefällt wurde, versuchen manche Käufer ihre Umwelt von diesem Produkt zu überzeugen. Um ihre kognitive Dissonanz zu mindern, werden sie praktisch zu unbezahlten „Anwälten" der Marke.

Eine wichtige Voraussetzung für das Auftreten kognitiver Dissonanz bildet das Involvement der Person, d. h., sie muss von den Konsequenzen einer Entscheidung oder des Verhaltens betroffen sein (psychologische Bindung (Commitment)). Die Stärke der kognitiven Dissonanz hängt darüber hinaus vom Grad der empfundenen Bindung bzw. Identifikation mit der Entscheidung ab. Besondere Bindungen entstehen sowohl auf Grund des gezeigten Verhaltens als auch zu Gegenständen, die man besitzt. Gegenstände, die man besitzt, werden aufgewertet, das heißt, wir sind stärker motiviert, den Verlust dieser Dinge zu verhindern, als gleichwertige Dinge zu erwerben. Eine Tatsache, die unter anderem von der Sicherheits- und Versicherungsbranche zu werblichen Zwecken genutzt werden kann.

<aside>Involvement und psychologische Bindung an das Verhalten als Voraussetzung für kognitive Dissonanz</aside>

Die Bindung an das gezeigte Verhalten hängt von vielen Faktoren ab (vgl. dazu auch Georg Felser: Werbe- und Konsumentenpsychologie. Stuttgart 2007). Besonders stark fällt die Bindung aus, wenn für das Verhalten die unten aufgeführten Voraussetzungen erfüllt sind:
- Es gab nur geringe äußere Anreize bzw. keinen äußeren Druck, das heißt, das Verhalten war freiwillig.
- Das Verhalten war mit Hindernissen und Kosten verbunden (z. B. Kauf eines teuren Produktes oder auch Investition in Aktien).
- Das Verhalten wurde durch ein schriftliches oder öffentliches Bekenntnis unterstützt.

Daraus lassen sich einige für Marketing und Werbung interessante Schlüsse ziehen. Wenn Kaufverhalten besonders durch äußere Einflüsse wie Aktionspreise, Coupons oder übertriebene Zugaben hervorgerufen wird, ist es äußerst unwahrscheinlich, dass sich dadurch eine stabile Bindung (Markentreue) an das Produkt ergibt (vgl. auch Oversufficient-Justification-Effekt).

Menschliche Entscheidungen und Verhalten sind von dem Bedürfnis geprägt, konsistent zu sein. Konsistenz bedeutet, an einer einmal getroffenen Entscheidung festzuhalten oder in Übereinstimmung mit früherem Verhalten zu handeln. Eine einmal eingeschlagene Richtung eines Verhaltens wird ohne besondere Gründe nicht geändert. Für die Beibehaltung des Verhaltens (Konsistenz) sind dagegen keine weiteren Gründe nötig.

Darüber hinaus wird konsistentes Verhalten von der Gesellschaft als positive Charaktereigenschaft bewertet, während Personen, deren Entscheidungen und Verhalten nicht miteinander vereinbar sind, ein negatives Image haben. Durch die Orientierung an früheren Entscheidungen wird die Bewältigung neuer Situationen erleichtert, da so nicht mehr alle neuen Aspekte berücksichtigt werden müssen und auf bewährte Entscheidungsstrategien zurückgegriffen werden kann. Das heißt, unser Gehirn nimmt öfter mal eine Abkürzung, diese im Fachvokabular Heuristiken genannten Entscheidungsmuster sind eine wichtige Erklärung für Gewohnheitskäufe.

Aus den bisher dargestellten theoretischen Annahmen lassen sich Strategien für den Verkauf und die Werbung ableiten:

Psychologisch abgeleitete Verkaufs- und Werbestrategien

Forced-Compliance-Paradigma
Einige Firmen erzeugen positive Einstellungen zu einem Produkt, indem sie Personen in der Form eines Wettbewerbs dazu animieren, einfallsreiche Werbeslogans zu erfinden. Mit dieser Methode kann sogar ein Einstellungswandel erreicht werden, da durch das Erfinden des Slogans bei vorher negativ eingestellten Personen kognitive Dissonanz entsteht. Diese kann nur durch Korrektur der vorherigen Einstellung reduziert werden.

Fuß-in-der-Tür-Technik
Sie basiert darauf, dass eine Gefälligkeit viel eher erwiesen wird, wenn bereits vorher eine andere, kleinere Gefälligkeit erwiesen wurde. Oder, um einen alten Volksspruch zu zitieren: „Man muss auch einmal mit einem Knochen nach einem Schinken werfen."

Bei dieser Strategie wird durch den Verkauf besonderer Angebote die Bindung von Personen an ein Unternehmen oder an ein Produkt erreicht. Obwohl diese Angebote selber nicht profitabel sind, bewirken sie, dass die Gelegenheitskäufer zu Kunden werden und in Zukunft auch größere Käufe tätigen. Durch das regelmäßige Versenden von Mailings, Katalogen oder Prospekten wird die Bindung der Kunden verstärkt. Das Bemühen der Kunden um konsistentes Verhalten führt dazu, dass der Kunde dem Unternehmen bzw. der Marke ohne weiteres Hinterfragen treu bleibt. Für einen Wechsel zu einem anderen Hersteller bzw. zu einer anderen Marke müssten hingegen gute Gründe vorliegen. Falls diese Technik übertrieben wird, kann dabei auch eine Art psychologischer Kaufzwang entstehen, der in Deutschland wettbewerbsrechtlich verboten ist (vgl. § 4 UWG).

Low-Ball-Taktik
Der Kunde wird durch ein besonders günstiges Angebot auf das Produkt aufmerksam gemacht, auf Grund dessen er sich zum Kauf entscheidet. Anschließend zählt der Verkäufer weitere Vorteile des Produktes auf und lässt den Kunden unter Umständen eigene Erfahrungen mit dem Produkt machen (beispielsweise ein Auto zur Probe fahren oder einen teuren CAM-Corder ausprobieren etc). Dadurch sollen zahlreiche Bindungen an das gewünschte Verhalten erzeugt werden. Bevor es allerdings zum Verkaufsabschluss kommt, nimmt der Verkäufer das günstige Angebot unerwartet zurück. Da der Kunde aber inzwischen selbst viele positive Argumente generiert hat, kauft er das Produkt trotz des nun höheren Preises.

Mere-Ownership-Effekt oder auch Endowment-Effekt
Der Wert eines Gegenstands steigt, wenn man ihn besitzt, sodass ein potenzieller Verlust des Gegenstands als schwer wiegend erlebt wird. Werbestrategen nutzen dies, wenn sie den Fokus der Kunden auf den Verlust eines möglichen (aber noch gar nicht erzielten) Gewinns lenken (z.B. „Mit diesem Los sind Sie vielleicht jetzt schon Millionär!")

Oversufficient-Justification-Effekt
Ein Produkt wird nur auf Grund einer zusätzlichen Beigabe, wie z.B. kleine Gratisproben, Sondergrößen und Werbegeschenke, gekauft. Fällt dieser Zusatznutzen weg, verliert das Produkt an Attraktivität. Allerdings kann Markentreue nicht etabliert werden.

Nachkaufwerbung
Um den Kunden auch nach dem Kauf in seiner Entscheidung zu bestärken und die Entstehung kognitiver Dissonanz zu vermeiden, ist es sinnvoll, dem Kunden positive und bestätigende Produktinformationen zu geben (z.B. der typische Beginn einer Bedienungsanleitung: „Wir gratulieren Ihnen zum Kauf unseres ausgezeichneten Videorekorders!", ggf. verbunden mit weiteren positiven Charakteristika).

7.4.5 Reaktanz

Reaktanz ist die Folge einer wahrgenommenen Freiheitseinsschränkung, dabei wird die bedrohte oder verlorene Alternative aufgewertet. Allerdings kann nur dann reaktantes Verhalten auftreten, wenn die bedrohte Freiheit für die Person wichtig ist. Vor allem, wenn etwas verboten werden soll, was der Person eigentlich zur freien Verfügung steht, fällt diese „Trotzreaktion" besonders heftig aus, das heißt, es wird versucht, die Freiheit wiederherzustellen, indem sich die betroffene Person bewusst entgegen der Intention der anderen Person verhält. Ein solcher „Bumerang-Effekt" tritt auch dann auf, wenn wir bemerken, dass jemand unsere freie Meinung einschränken möchte.

> Offensichtliche Freiheitseinschränkung führt zum Protest

Gerade bei Werbung geht es aber vor allem um die Beeinflussung von Einstellungen und Meinungen, das heißt, Werbetreibende sollten es möglichst vermeiden, bei den Zielgruppen Gedanken an Entscheidungsfreiheiten und Freiheitseinschränkungen zu erzeugen. Der „Bumerang-Effekt" tritt bei Werbung allerdings nicht so häufig auf wie bei Beeinflussungsversuchen durch andere Personen.

Die Gründe dafür liegen vermutlich darin, dass

- die Konsumenten wissen, dass Werbung parteiisch ist und sie beeinflussen will,
- die Aufmerksamkeit der Konsumenten gering ist und sie deshalb leichter zu beeinflussen sind (vgl. periphere Route beim ELM-Modell oder Mere-Exposure-Effekt),
- die behandelten Themen häufig nicht wichtig sind,
- die Beeinflussungsversuche nicht plump, sondern oft unterhaltsam und abwechslungsreich sind.

Leider trifft gerade der letzte Punkt nicht immer auf Werbung zu, sodass es bei störender Werbung zu einer Art von Reaktanz, dem so genannten Wear-out-Effekt kommt, das heißt, das Produkt wird wegen seiner Werbung nicht gekauft.

> Wear-out-Effekt: Produkte werden wegen „nervender" Werbung nicht gekauft

Auf der anderen Seite lässt sich Reaktanz auch positiv für die Vermarktung von Produkten nutzen. Beim Kunden soll Reaktanz hervorgerufen werden, die erst durch den Kauf des Produktes wieder beseitigt werden kann: Limitierte Sonderauflagen (Taktik der kleinen Menge), die Ankündigung, Produkte nur für begrenzte Zeit anzubieten (Fristentaktik wie z. B. bei Schlussverkäufen), der Hinweis auf die letzten Flaschen eines bestimmten Jahrgangs oder auch Exklusiv-Angebote, die nur von einem bestimmten Kundenkreis erworben werden können (z. B. Buchklub), führen bei den Zielgruppen zum gewünschten reaktanten Verhalten. Die Einschränkung ihrer Wahlmöglichkeit motiviert nämlich eine große Zahl der Konsumenten, die bedrohte Alternative aufzuwerten und das knappe Produkt zu kaufen.

Da jede Entscheidung für ein Produkt quasi eine Freiheitseinschränkung bedeutet, besteht gerade in den Momenten der Entscheidung eine hohe Wahrscheinlichkeit für Reaktanz, das heißt, wir sehen auf einmal die Vorzüge der nicht gewählten Möglichkeit besonders deutlich, zweifeln möglicherweise am Kauf und gehen ohne zu kaufen aus dem Laden, um uns die ganze Sache noch einmal zu überlegen. Ein geschickter Verkäufer wird uns sofort nach unserer Kaufentscheidung in unserer Wahl bestärken, sie loben und die bisher ebenso angepriesenen Alternativen tunlichst ignorieren.

7.5 Heterarchie der Effekte-Modelle nach Rossiter und Percy

Mit dem von Rossiter und Percy 1985 entwickelten Heterarchie der Effekte-Modell soll noch ein Gegenentwurf zu den immer noch weit verbreiteteten Stufenmodellen vorgestellt werden.

 Das Modell versucht, alle für den Praktiker relevanten Ebenen der Werbewirkung in den Blick zu nehmen, ohne dabei eine starre Stufenfolge anzunehmen.

Stattdessen müssen die sechs identifizierten Modellbereiche (vgl. Abb. 7.17) als simultane Prozesse verstanden werden, die sowohl bei der Verarbeitung der Information als auch bei den verschiedenen kommunikativen Effekten gleichzeitig ablaufen (vgl. Hans Mayer/Tanya Illmann: Markt- und Werbepsychologie. Stuttgart 2000. S. 423). Man kann dieses Modell auch als einen Versuch sehen, den vielen nebeneinander existierenden Modellen eine Struktur zu geben.

Media
Im Bereich Media geht es darum, Mediapläne optimal auszurichten und somit möglichst viele Kontakte mit der Zielgruppe zu erreichen. Je nach Aufgabenstellung ist über folgende Bereiche zu entscheiden (vgl. im Detail Kapitel 6):
- Mediaziel (Priorität Reichweitenaufbau ⇔ Priorität Kontaktdichte), anzustrebende Werbedruck-Niveaus (GRP), Tempo etc.
- Media-Mix (Inter-Media-Vergleich) nach formal-technischen, quantitativen und qualitativen Kriterien
- Auswahl von Formaten für Media-Pläne, Zusammenstellung und Bewertung alternativer Media-Pläne, Festlegung von Belegungsfrequenzen (Streupläne) ⇒ Intra-Media-Vergleich.

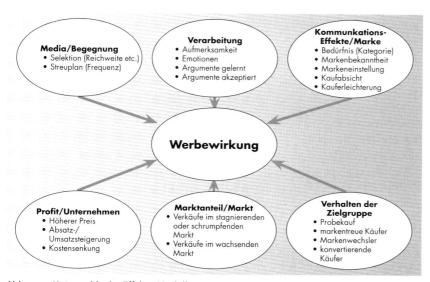

Abb. 7.17: Heterarchie der Effekte-Modell

Verarbeitung

Hier ähnelt das Modell den gängigen Stufenmodellen und stellt Aufmerksamkeit, ausgelöste Emotionen und gelernte und akzeptierte Inhalte in den Vordergrund. Besondere Beachtung verdient der Bereich **Kommunikations-Effekte**, wo Rossiter und Percy einige neue Ansätze beschreiben. Sie gehen davon aus, dass Werbung fünf Kommunikations-Effekte haben muss (Abb. 7.18), um die Positionierung der Marke zu unterstützen und dadurch Kaufverhalten zu beeinflussen.

1. Kategoriebedürfnis	Der Käufer akzeptiert, dass ein Produkt oder eine Dienstleistung nötig ist, um einen angestrebten motivationalen Zustand zu erreichen.
2. Markenbekanntheit	Die Fähigkeit, die Marke innerhalb der Kategorie zu identifizieren, und zwar in einem Ausmaß, das einen Kauf ermöglicht (Reproduktion/Recall = Wiedererkennen) oder Recognition = Wiedererkennen ⇒ relevant set.
3. Einstellung zur Marke	Die Beurteilung der Marke daraufhin, inwiefern sie ein bestimmtes, gegenwärtig relevantes Motiv zu befriedigen vermag.
4. Kaufabsicht der Marke	Der Vorsatz („Selbstinstruktion"), die Marke zu kaufen.
5. Kauferleichterung	Die Gewissheit, dass es keine Kaufhinderungsgründe gibt.

Abb. 7.18: Kommunikations-Effekte der Werbung (nach Rossiter und Percy)

Die Basis bilden hier wieder die **Bedürfnisse** (vgl. Abb. 7.4 Maslow), die bestenfalls schon vorhanden sind, an die aber auch noch erinnert werden kann oder die erst geweckt werden müssen. Erst danach geht es um **Markenbekanntheit** (Brand Awareness), zu der nicht nur ungestützte und gestützte Bekanntheit (Recall) gehört, sondern auch das Wiedererkennen (Recognition). So dürfte es bei einem neuen Anbieter, der zunächst Bekanntheit und Probekäufe anstrebt, weniger um das freie Erinnern an die Marke gehen, sondern eher um das Wiedererkennen des Logos, der Farben oder der Verpackung im Handel.

Die Markenbekanntheit bildet also die notwendige Voraussetzung für die **Einstellung zur Marke**, denn nur, wenn man eine Vorstellung von einer Marke hat, zieht man möglicherweise einen Kauf in Betracht. Bei der Einstellung zur Marke differenzieren Rossiter und Percy auf der emotional-motivationalen Ebene zwischen informationalen und transformationalen Strategien, während sie auf der kognitiven Ebene auf das bereits bekannte Involvement-Konzept zurückgreifen. Auf diese Art und Weise kommen sie zu (Partial-)Modellen, die der Praxis sinnvolle Hinweise geben können, wie Werbung im jeweiligen Fall funktioniert (vgl. dazu Abb. 7.20 zum Werberaster), wobei gerade die Überlegungen zu den fundamentalen Kauf- und Gebrauchsmotiven zahlreiche Ansatzpunkte für erfolgreiche Werbekonzeptionen liefern können. Rossiter und Percy unterscheiden zwischen acht fundamentalen Kauf- und Nutzungsmotiven, die sie zusätzlich in zwei Hauptgruppen einteilen:

Negativ entstandene (informationale) Motive	Positiv entstandene (tranformationale) Motive
1. Problembeseitigung	6. Sensorische Gratifikation
2. Problemvermeidung	7. Intellektuelle Stimulation oder Bewältigung
3. Unvollständige Zufriedenheit	8. Soziale Anerkennung
4. Gemischte Annäherung/Vermeidung (d.h., Produkt reduziert oder vermeidet einen inneren Konflikt des Käufers, z.B. „Du darfst")	
5. Gewöhnliche Erschöpfung (d.h., Produkt hilft bei der Reduzierung „normaler" Unannehmlichkeiten wie z.B. Langeweile)	

Abb. 7.19: Fundamentale Kauf- und Gebrauchsmotive nach Rossiter und Percy

Bei der ersten Motivgruppe geht es den Menschen darum, mithilfe von Informationen negative Zustände zu reduzieren oder sogar zu beseitigen. Bei der zweiten Gruppe geht es eher um positive Reize oder Belohnungen, das heißt, der Kauf- und/oder die Nutzung bringt den Menschen in einen besseren, positiven Zustand (Transformation).

Produkte/Dienstleistungen helfen negative Zustände zu reduzieren oder versprechen positive Zustände

Beispiele

1. Problembeseitigung: z.B. Shampoo gegen Schuppen, Mundwasser
2. Problemvermeidung: z.B. Zahncreme, Putzmittel
3. Unvollständige Zufriedenheit: das Produkt löst die Unzufriedenheit des Konsumenten auf, z.B. alkoholfreies Bier.
4. Gemischte Annäherung-Vermeidung: Ein Konflikt des Konsumenten wird durch das Produkt reduziert oder vermieden, z.B. „Du darfst" (vgl. dazu auch Kognitive Dissonanz in Abschnitt 7.4.4).
5. Gewöhnliche Erschöpfung: Das Produkt hilft, normale Unannehmlichkeiten zu reduzieren (z.B. Bücher lesen oder Fernsehen gucken gegen Langeweile, Schokolade essen gegen Frust oder Abschluss einer Versicherung gegen bestimmte Risiken).
6. Sensorische Gratifikation: Das Produkt belohnt die Sinne des Konsumenten (z.B. Genussmittel wie Wein, Tabak, exklusive Lebensmittel, Wellness-Produkte, Kosmetika, Reisen ...).
7. Intellektuelle Stimulation oder Bewältigung: Das Produkt regt den Geist des Konsumenten an oder hilft, Probleme zu überwinden (z.B. Bücher, Theaterbesuche, Besuch von Sport- oder Musikveranstaltungen).
8. Soziale Anerkennung: Das Produkt verspricht soziale Anerkennung (vor allem beim demonstrativen Konsum wie Pkw, Uhren oder Schmuck).

Den vierten Kommunikationseffekt bildet die **Kaufabsicht**. Zu diesem Bereich zählt aber nicht nur die konkrete Absicht, die Marke zu kaufen, sondern auch die Absicht, die Marke weiterzuempfehlen oder sie in Zukunft häufiger zu nutzen. Das Erzielen einer Kaufabsicht ist aber im Gegensatz zur Einstellungsbildung nicht immer notwendig, damit eine Marke gekauft wird. Gerade im Low-Involvement-Bereich reicht, wie schon beschrieben (vgl. Hierarchie geringen Involvements/Learn-do-feel), oft schon die positive Einstellung zur Marke, um Käufe auszulösen. Anders bei High-Involvement-Produkten, hier muss zunächst eine Kaufabsicht erzeugt werden, um den Kauf zu erreichen.

Der fünfte Kommunikationseffekt, die **Kauferleichterung,** versucht die Tatsache zu betrachten, dass sehr viele Kaufabsichten letztlich doch nicht zum Kauf führen. Dies kann an Einflussgrößen liegen, die das werbetreibende Unternehmen nicht beeinflussen kann (z.B. Stress in der Einkaufssituation). Unternehmen sollten aber auch alles vermeiden, was es den potenziellen Kunden schwerer macht als nötig.

So sollte beispielsweise eine ausreichende Distribution zum Kampagnenstart gewährleistet sein. Dies erscheint nur auf den ersten Blick selbstverständlich, denn in der Praxis prallen – und das werden Mitarbeiter aus Vertrieb und Marketing bestätigen – teilweise ganz unterschiedliche Interessen und Philosophien aufeinander und produktions- oder logistikseitige Entscheidungen haben oft durchaus Vorrang vor kundenbezogenen.

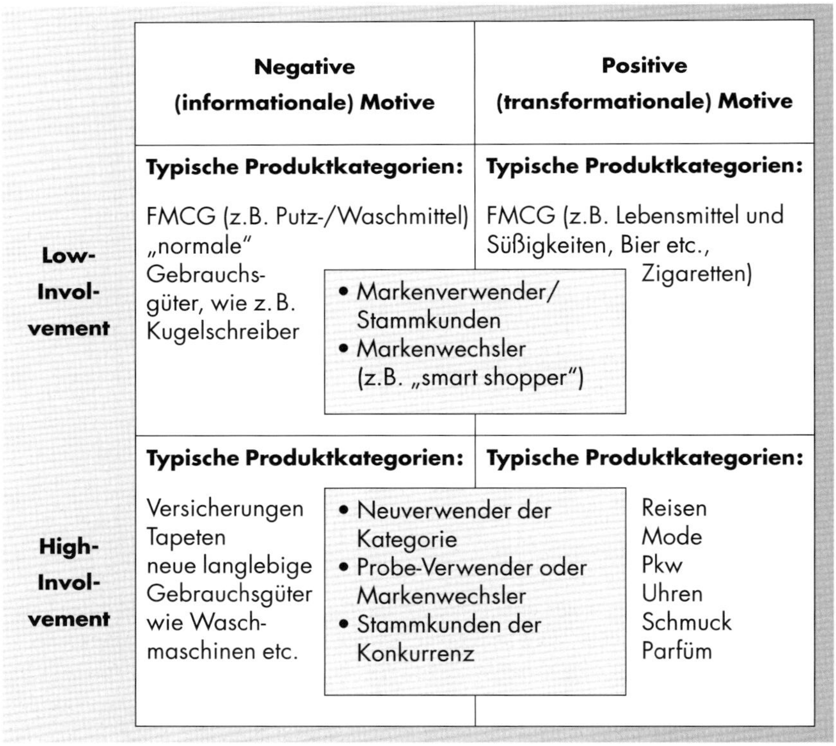

	Negative (informationale) Motive	**Positive (transformationale) Motive**
Low-Involvement	**Typische Produktkategorien:** FMCG (z.B. Putz-/Waschmittel) „normale" Gebrauchsgüter, wie z.B. Kugelschreiber	**Typische Produktkategorien:** FMCG (z.B. Lebensmittel und Süßigkeiten, Bier etc., Zigaretten) • Markenverwender/ Stammkunden • Markenwechsler (z.B. „smart shopper")
High-Involvement	**Typische Produktkategorien:** Versicherungen Tapeten neue langlebige Gebrauchsgüter wie Waschmaschinen etc. • Neuverwender der Kategorie • Probe-Verwender oder Markenwechsler • Stammkunden der Konkurrenz	**Typische Produktkategorien:** Reisen Mode Pkw Uhren Schmuck Parfüm

Abb. 7.20: Werberaster nach Rossiter und Percy

Verhalten
Im Bereich Verhalten geht es vor allem um das Kauf- und Nutzungsverhalten der ZG. Hier tauchen verschiedene Fragen auf:
- Wie animiere ich neue Verwender zu Probekäufen?
- Wie kann ich die Kaufmenge meiner Stammkäufer erhöhen?
- Wie lässt sich die Kauffrequenz bei Markenwechslern steigern?
- Wie kann ich Konkurrenzkunden zu dauerhaften Käufern meiner Marke machen?
- Wie erreiche ich Markenbindung bzw. Markentreue?

Markt
Im Bereich **Absatz** geht es vor allem um Ursachenforschung für Marktanteils- und Umsatzentwicklung (vgl. auch Kapitel 2 im Band „Kommunikationspolitik").

Profit
Im Bereich Profit geht es eher um die betriebswirtschaftlichen Hintergründe von Werbung und ihrer Wirkung, das heißt, hier geht es um das Ausloten von Möglichkeiten zu Preissteigerungen, Umsatzsteigerungen oder Kostensenkungen.

7.6 Modell der Wirkungspfade (nach Kroeber-Riel)

Bei diesem Modell, einer Weiterentwicklung des Stufenmodellansatzes von Werner Kroeber-Riel aus dem Jahr 1992, wird nicht mehr von einem sequenziellen Ablauf der Werbewirkung ausgegangen. Je nach den beiden Wirkungsdeterminanten
- Involvement des Empfängers und
- Charakter der Werbung

werden verschiedene Verläufe herausgearbeitet. Kroeber-Riel unterscheidet dabei grundsätzlich drei Arten der Werbegestaltung, die sich, verknüpft mit den beiden möglichen Involvementzuständen, zu sechs potenziellen Wirkungspfaden kombinieren lassen:
- Bei **informativer Gestaltung** der Werbung werden laut Kroeber-Riel zuerst kognitive Prozesse ausgelöst. Sekundär treten dann auch hier emotionale Prozesse auf, die in Wechselwirkung mit den zuerst ausgelösten kognitiven Prozessen eine Einstellungsänderung bzw. Kaufabsicht oder unmittelbar ein Kaufverhalten bewirken.
- Bei **emotional gestalteter Werbung** werden hingegen direkt emotionale Prozesse beim Empfänger ausgelöst. Je nach Grad des Involvements kommt es in Wechselwirkung mit indirekt ausgelösten kognitiven Prozessen zu einer Einstellungsänderung und in der Folge zu einer Kaufabsicht oder direkt (ohne vorausgehende Einstellungsänderung) zum Kauf.

Ob ein vorwiegend affektiver oder kognitiver Wirkungspfad eingeschlagen wird, hängt nach diesem Ansatz entscheidend von der Art der Werbung selbst ab. Dabei berücksichtigt das Modell von Kroeber-Riel auch die Mischformen aus emotionaler und informativer Werbung. In den folgenden Schemata der Abbildung 7.21 sind die vier wichtigsten potenziellen Wirkungspfade kurz dargestellt.

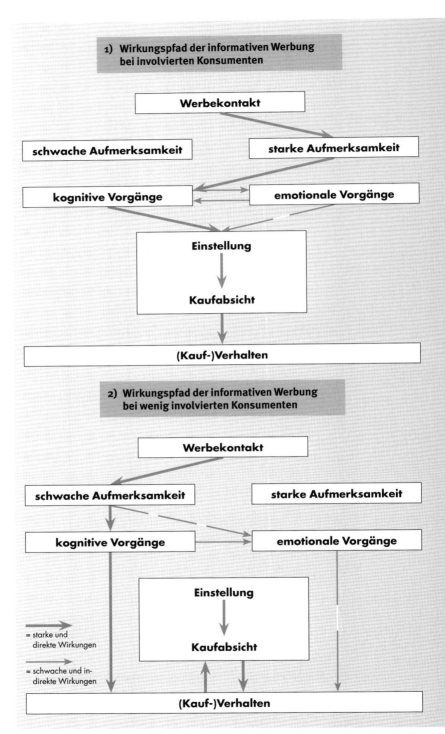

Abb. 7.21: Vier wesentliche Pfade nach dem Modell der Wirkungspfade von Werner Kroeber-Riel

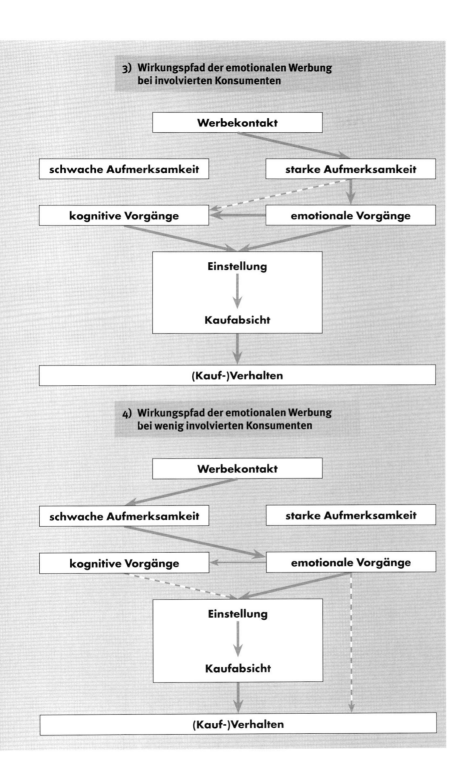

Modell der Wirkungspfade (nach Kroeber-Riel)

7.7 Involvement und andere Einflussfaktoren auf Konsumentenverhalten

Das Konsumverhalten wird, wie mehrfach erwähnt, in besonderem Maße vom Involvement des Verbrauchers geprägt. Der Begriff „Involvement" lässt sich, wie in der Abbildung 7.22 dargestellt, in verschiedene Komponenten zerlegen (vgl. dazu auch Trommsdorf, Volker: Konsumentenverhalten. Stuttgart 2004):

Verschiedene Komponenten von Involvement

- Produktinvolvement: Hier spielen Faktoren wie Interesse am Produkt, Grad der zu erwartenden Bedürfnisbefriedigung (z. B. Spaß am Konsum oder Besitz des Produktes) etc. eine Rolle.
- Markeninvolvement: Möglichkeit, mit der Marke die Persönlichkeit auszudrücken, Grad der Zufriedenheit mit der bisherigen Markenwahl.
- Kaufinvolvement: Mit dem Kauf verbundener Risikograd, Ausmaß der Konsequenzen (finanziell, emotional, sozial) bei einer Fehlentscheidung.
- Werbeträgerinvolvement: Grad der Möglichkeit, sich mit dem Werbemittel auseinander zu setzen, z. B. Print: Kontakt wiederholbar, intensive Auseinandersetzung möglich ⇔ TV, Funk (Print-Medien eignen sich besser für High-Involvement-Kommunikation als TV und Funk).
- Werbemittelinvolvement: Inhalt der Werbebotschaft ist interessant (z. B. Neuartigkeit, Einzigartigkeit, weicht von der Norm ab).
- Situationsinvolvement: Psychische Situation (z. B. Stimmungslage, Müdigkeit), Kauf- und Verbrauchssituation (z. B. Zeitdruck, Kauf für den eigenen Bedarf oder als Geschenk, Dekoration, Hunger, Gegenwart anderer Personen), Kommunikationssituation (z. B. Ablenkung durch Geräusche oder Nebentätigkeiten beim Fernsehen/ Hörfunk etc.).

Der Einfluss von situativen Faktoren auf das Kaufverhalten darf zwar nicht unterschätzt werden, ist aber nur in geringem Maße vom Werbetreibenden steuerbar.

Bei Käufen unter Zeitdruck wird zu bekannten Marken gegriffen

Trotzdem zeigt sich, dass Prognosen des Kaufverhaltens, die nur auf den Charakteristika der Zielgruppe (vgl. dazu Kapitel 3 im Band „Kommunikationspolitik") und des Objektes (Produkt, Werbung) beruhen, zu ungenauen Ergebnissen führen. So wirkt sich zum Beispiel Zeitdruck ganz erheblich auf das Kaufverhalten aus. Unter Zeitdruck sinkt die Wahrscheinlichkeit, neue Marken zu kaufen, erheblich. Dies gilt natürlich vor allem für Low-Involvement-Güter des täglichen Bedarfs (FMCG) und hängt vermutlich damit zusammen, dass die Konsumenten in dieser Situation lieber auf vertraute Marken zurückgreifen, als sich Informationen über neue Marken zu besorgen. Bei häufiger Wiederholung dieses Verhaltensmusters (Habitualisierung) kommt es zu Gewohnheitskäufen und damit zu Markentreue. Gerade beim täglichen Einkauf werden vermutlich die meisten Kaufentscheidungen unter Zeitdruck getroffen, sodass von diesem Phänomen vor allem bekannte Marken profitieren.

Auch wenn Werbung treibende Unternehmen den Zeitdruck der Konsumenten nicht lindern können, sollten sie trotzdem versuchen, auf situative Faktoren einzuwirken, auf die sie Einfluss nehmen können.

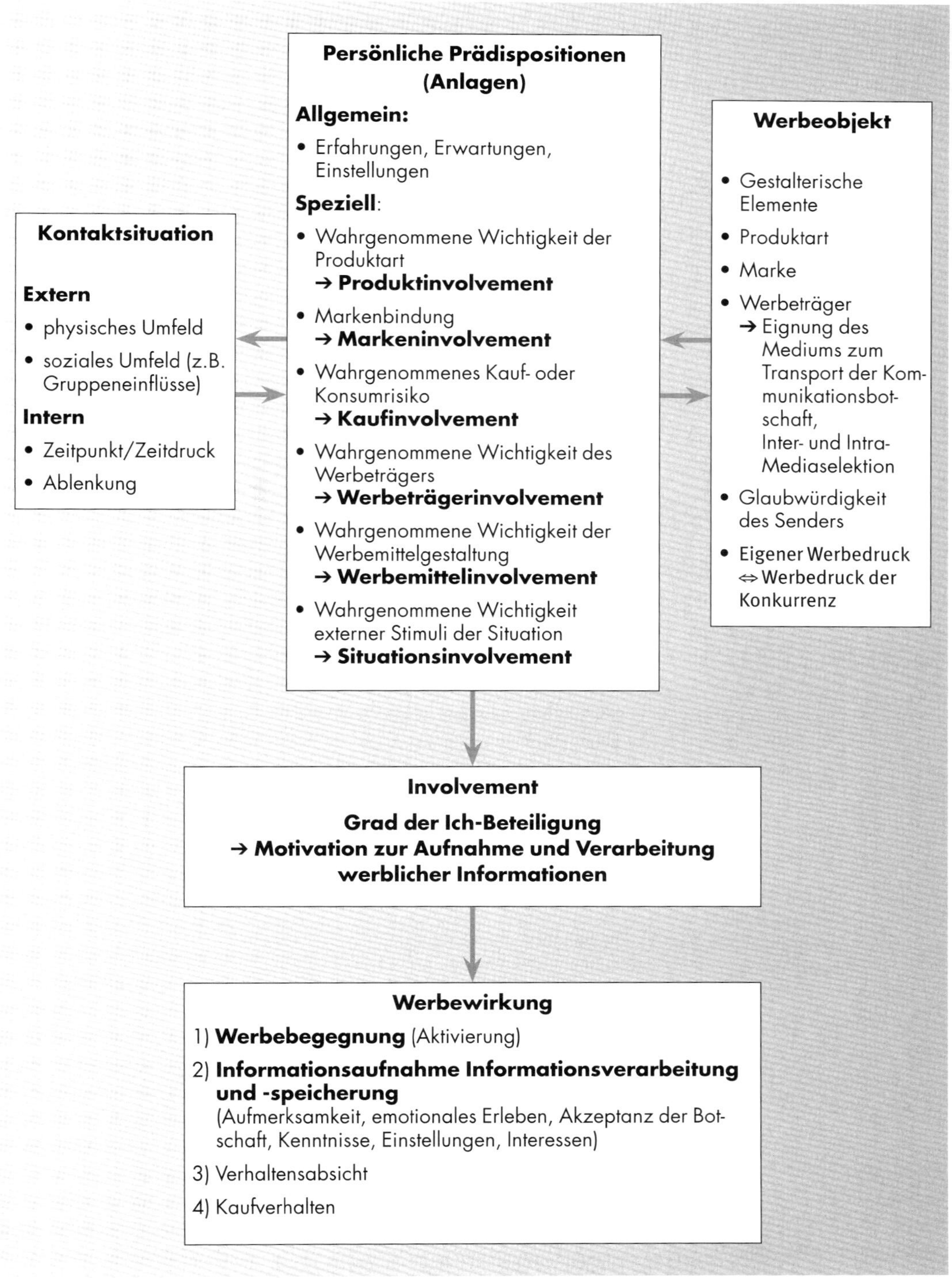

Kontaktsituation

Extern
- physisches Umfeld
- soziales Umfeld (z.B. Gruppeneinflüsse)

Intern
- Zeitpunkt/Zeitdruck
- Ablenkung

Persönliche Prädispositionen (Anlagen)

Allgemein:
- Erfahrungen, Erwartungen, Einstellungen

Speziell:
- Wahrgenommene Wichtigkeit der Produktart
  → **Produktinvolvement**
- Markenbindung
  → **Markeninvolvement**
- Wahrgenommenes Kauf- oder Konsumrisiko
  → **Kaufinvolvement**
- Wahrgenommene Wichtigkeit des Werbeträgers
  → **Werbeträgerinvolvement**
- Wahrgenommene Wichtigkeit der Werbemittelgestaltung
  → **Werbemittelinvolvement**
- Wahrgenommene Wichtigkeit externer Stimuli der Situation
  → **Situationsinvolvement**

Werbeobjekt

- Gestalterische Elemente
- Produktart
- Marke
- Werbeträger
  → Eignung des Mediums zum Transport der Kommunikationsbotschaft, Inter- und Intra-Mediaselektion
- Glaubwürdigkeit des Senders
- Eigener Werbedruck ⇔ Werbedruck der Konkurrenz

Involvement
Grad der Ich-Beteiligung
→ **Motivation zur Aufnahme und Verarbeitung werblicher Informationen**

Werbewirkung

1) **Werbebegegnung** (Aktivierung)
2) **Informationsaufnahme Informationsverarbeitung und -speicherung**
   (Aufmerksamkeit, emotionales Erleben, Akzeptanz der Botschaft, Kenntnisse, Einstellungen, Interessen)
3) Verhaltensabsicht
4) Kaufverhalten

Abb. 7.22: Einflussfaktoren auf die Werbewirkung

In diesem Zusammenhang geht es vor allem um die Kommunikations- und Kaufsituation (gute Listung im Handel/Verfügbarkeit im Handel, Verkaufsförderung am POS, Wiedererkennbarkeit, einheitlicher Kommunikationsauftritt in allen Medien etc.).

Weitere wichtige Einflussfaktoren auf das Verhalten von Konsumenten sind ökonomische und soziale Faktoren (vgl. Abb. 7.22). Ökonomisch geprägte Faktoren wie vorhandene Kaufkraft, Konsumentenstimmung (vor allem Zukunftsaussichten) oder das allgemeine Konsumklima (konjunkturelle Lage, Inflation, Entwicklung der Arbeitslosenzahlen etc.) spielen eine wichtige Rolle für Kaufentscheidungen. Darüber hinaus wird das Kaufverhalten auch von sozialen Faktoren wie der sozialen Schicht (Kauf und demonstrativer Konsum von Statusprodukten) oder Bezugsgruppen (Familie, Freundeskreis, Partner) bestimmt.

Andere Involvement-Ansätze

Involvement im Zeitverlauf

Eine andere aktuelle Betrachtungsweise auf das Involvement findet sich im Buch von Ulrich Lachmann „Wahrnehmung und Gestaltung von Werbung" (Stern Bibliothek. Gruner+Jahr. Hamburg 2002), aus dem Abb. 7.23 leicht verändert zitiert wird.

Den Begriff „Produkt-Involvement" sucht man hier vergeblich, weil er letzten Endes von seiner Bedeutung hinter die zeitlich definierten Involvement-Arten zurücktritt. Denn nur in ganz seltenen Fällen gibt es so etwas wie ein konstantes bzw. dauerhaftes Involvement. Dieses „persönliche" Involvement findet sich vor allem bei hohem beruflichem oder privatem Interesse an einem Thema oder einer Produktart (zu Beispielen vgl. Abb. 7.23).

Bezeichnung und Beispiele	Involvement – Verlauf	Beschreibung
Persönliches (dauerhaftes) Involvement • Feinschmecker • Computerfreaks • Umweltaktivisten • Berufliche Experten	Über Jahre auf konstant hohem Niveau (langfristig)	• Bereich persönlicher Hobbys • Bereich der Überzeugungen • Identifikation mit beruflichen Notwendigkeiten
Phasen-Involvement • Familie erwartet ein Baby • Käufer kurz vor Entscheidung	Über einen mittelfristigen Zeitraum (Tage, Monate) hoch, dann wieder sinkend	• Beim Kaufprozess von langlebigen Gebrauchsgütern, höherwertigen Konsumgütern oder im b2b-Bereich (Investitionsgüter) • Bei sehr wichtigen Handlungen
Anlass-Involvement • Hunger, Durst • Auto-Panne, Computer kaputt • Erledigung wichtiger Terminsache	Über einen kurzfristigen Zeitraum (Minuten, Stunden) erhöht, dann wieder rasch sinkend	• Plötzlich auftretendes Bedürfnis oder akuter Anlass • Termine und Fälligkeiten
Induziertes Involvement • Telefonklingeln • Persönliche Ansprache durch wichtige Person	Durch einen Reiz ausgelöst (Sekunden, Minuten), dann wieder rasch sinkend	• Mediale Reize • Quellen-Involvement

Abb. 7.23: Art und Dauer des Involvements (nach Lachmann, Wahrnehmung und Gestaltung von Werbung, Stern Bibliothek)

In den meisten Fällen wird es sich um mittel- bis kurzfristige Involvement-Zustände – Phasen- und Anlass Involvement – handeln, die nach dem Kauf relativ rasch wieder abnehmen werden (vgl. zum Thema Nachkaufphase die Ausführungen zur kognitiven Dissonanz). Ein noch krasserer „Spannungsabfall" lässt sich beim „Induzierten Involvement" beobachten: Sobald der Reiz verschwunden ist, ebbt das Involvement ab (Beispiele wiederum in Abb. 7.23).

Diese Betrachtungsweise des Involvement passt im Übrigen gut zu einem neuen Ansatz in der Media-Planung, der vom amerikanischen Mediaberater Erwin Ephron vertreten wird. Beim so genannten Recency Planning geht es nicht mehr um die Optimierung von Kontaktzahlen, sondern darum, möglichst viele Personen zu erreichen, das heißt, die Priorität liegt auf der Nettoreichweite. Ephron geht davon aus, dass Werbung nur kurz vor dem Kauf wirken kann (vgl. dazu Strong-theory von John Philip Jones), während sie den Konsumenten im Rest des Jahres nicht interessiert. Erst, wenn die Waschmaschine kaputt geht, interessiert sich der Konsument für Waschmaschinenwerbung. Der Konsument macht praktisch sein Wahrnehmungsfenster auf, um werbliche Informationen hereinzulassen. Da Waschmaschinen nicht bei allen Konsumenten gleichzeitig kaputt gehen, lautet die zweite Forderung des Recency Planning eine gleichmäßige Verteilung des Budgets über das ganze Jahr hinweg (weiterführende Informationen zu diesem Thema gibt es auf der Internet-Seite von Ephron: http://www.ephrononmedia.com).

Recency Planning: Werben, wenn der Verbraucher das Wahrnehmungsfenster öffnet

7.8 Partialmodelle des Konsumentenverhaltens

1978 entwickelte J. Mazanec einen weiteren interessanten Ansatz, bei dem nicht der kommunikativ-psychologische Werbewirkungsprozess im Vordergrund steht, sondern das Kaufverhalten der Konsumenten (Wie werden Kaufentscheidungen getroffen?). Anhand von vier Partialmodellen wird die Bandbreite des Kaufentscheidungsprozesses unter jeweils verschiedenen Vorzeichen untersucht (näheres in Schweiger, Günther / Schrattenecker, Gertraut: Werbung. Stuttgart 2001):

Analyse des Kaufentscheidungsprozesses

1. Einstellungsmodell
2. Imagemodell
3. Risikomodell
4. Modell der kognitiven Dissonanz

Die gemeinsame Basis der vier Modelle liegt im Nutzenansatz, der entweder in positiver Hinsicht (Bedürfnisbefriedigung durch das Produkt) oder in negativer Hinsicht (Vermeidung von Fehlkäufen oder kognitiver Dissonanz) angewendet wird. Im Gegensatz zu anderen Forschern unterscheidet Mazanec zwischen Einstellung und Image.

 Während Einstellungen die Markenbewertung auf Grund objektiv nachprüfbarer Produktinformationen beschreiben, beruhen Images auf Assoziationen und emotionalen Anmutungen, das heißt, Images sind eher intuitive Vorstellungsbilder von Produkten und Marken.

Jedes Partial-Modell betrachtet ein anderes Bedürfnis und den spezifischen Prozess seiner Befriedigung. Bei diesem Prozess übernimmt die Werbung immer die Funktion eines Informationslieferanten. Je nach Modell muss die Werbung aber andere Kommunikationsinhalte übermitteln.

- Beim Einstellungsmodell sind Produktinformationen gefragt,
- beim Imagemodell Image- und Markeninformationen,
- beim Risikomodell Sicherheitsinformationen und
- beim Dissonanzmodell sind es Argumentations- und Rechtfertigungshilfen.

Anhand dieser Modellvorgaben lassen sich jeweils spezifische Werbeziele formulieren, die in der Werbewirkungsforschung zu überprüfen sind.

7.8.1 Einstellungsmodell

Das Einstellungsmodell erklärt den Kaufentscheidungsprozess bei Produkten, die auf Basis von Bedürfnis befriedigenden Produkteigenschaften beurteilt und gegebenenfalls gekauft werden. Das Einstellungsmodell spielt vor allem dann eine Rolle, wenn der Konsument die einzelnen Marken innerhalb der Produktklasse anhand objektiver Produkteigenschaften (z.B. technische Leistungsdaten, chemische Zusammensetzung etc.) unterscheiden kann. Bei der Einstellungsbildung des Konsumenten kommt es auf Emotionen, Motive, aber vor allem auf das Produktwissen an. Ob sich eine positive Einstellung zu einer Marke bildet, hängt also von diesen drei Kriterien ab:

Vergleich anhand objektiver Produkteigenschaften

- Welche Gefühle und Werte werden mit der Marke verbunden? (Emotionen)
- Inwieweit eignet sich die Marke zur Bedürfnisbefriedigung? (Motive)
- Welche Überzeugungen und Annahmen lassen sich aus den objektiven Produkteigenschaften schließen? (Produktwissen)

Die Kaufentscheidung basiert also vor allem auf sachhaltigen Informationen (sog. Denotationen), das heißt, bei der Kaufentscheidung steht ein kognitiver Verarbeitungsprozess im Vordergrund (High-Involvement, vgl. dazu auch die zentrale Route beim ELM-Modell). Nur wenn sich eine positive Einstellung zur Marke entwickelt, besteht die Möglichkeit zu Kaufabsicht und Präferenz gegenüber Konkurrenzmarken. Typische Produkte, bei denen die Kaufentscheidung nach dem Einstellungs-Modell getroffen wird, sind langlebige Gebrauchsgüter (PC, TV-Geräte, Waschmaschinen, Pkws etc.) oder Investitionsgüter (b2b-Bereich).

7.8.2 Imagemodell

Eine Kaufentscheidung nach dem Imagemodell kommt immer dann zu Stande, wenn der Konsument entweder kein ausreichendes Interesse (Low-Interest) oder zu wenig Produktkenntnisse (Low-Ability-Kauf) hat, um sich auf Basis der objektiven Produkteigenschaften eine Einstellung zu den konkurrierenden Marken zu machen. Durch das Fehlen klar erkennbarer Unterschiede bei den Produkteigenschaften sind kognitive Kaufentscheidungen weniger wahrscheinlich. Stattdessen werden Anmutungsinformationen und Assoziationen herangezogen, die zu einem intuitiven Bild der Marke führen (=Image). Das Image entwickelt sich aus dem Zusammenspiel von Emotionen, Motiven und vor allem der Markenbekanntheit. Solche Images sind schematisierte Vorstellungen – man könnte auch sagen, Vorurteile – die die Wahrnehmung vereinfachen und somit die Urteilsbildung

Bei geringem Interesse/Produktwissen entscheiden Images

erleichtern. Images entstehen schnell, sind wie Einstellungen relativ stabil, lassen sich aber über einen längeren Zeitraum auch verändern (vgl. dazu Kapitel 2, Zielsysteme, im Band „Kommunikationspolitik").

Das Markenimage erfüllt für die Konsumenten zwei wichtige Funktionen. Zum einen erleichtert es die Kaufentscheidung, da auf eine genauere Analyse der Produktsubstanz verzichtet wird. Zum anderen beinhaltet das Markenimage subjektive Zusatznutzen (emotional, sozial, egoistisch, sensorisch, vgl. dazu das Thema Positionierung) die gerade bei austauschbaren Produkten häufig die einzige Möglichkeit darstellen, sich gegenüber den Wettbewerbern zu profilieren.

Images transportieren subjektiven Zusatznutzen

Neben der Markenbekanntheit führt also letztendlich die Summe an emotionalen Informationen (so genannte Konnotationen) zur Kaufabsicht, sodass hier eindeutig der affektive Verarbeitungsprozess im Vordergrund steht (Low-Involvement, vgl. auch periphere Route beim ELM-Modell in diesem Kapitel). Typische Produkte, bei denen die Kaufentscheidung nach dem Image-Modell getroffen wird, sind Konsumgüter des täglichen Bedarfs (Süßigkeiten, Zigaretten, Haarshampoos etc.).

7.8.3 Modell des erlebten Risikos

Das Modell des erlebten Risikos leitet sich – allerdings unter umgekehrten Vorzeichen – ebenfalls vom Nutzenansatz ab. Statt der rational (Einstellungsmodell) oder emotional (Imagemodell) bewerteten Produktvorteile rücken die subjektiv erfahrenen oder zu erwartenden Produktrisiken/-nachteile als Entscheidungskriterium ins Blickfeld. Der Konsument hat das Bedürfnis, das Risiko eines Fehlkaufes zu minimieren.

Minimierung des Fehlkauf-Risikos

Diese Art der Kaufentscheidung findet sich vor allem dann, wenn das Produkt für den Konsumenten einerseits sehr wichtig ist (High-Interest), er aber andererseits nicht in der Lage ist, sich ein sicheres Urteil zu bilden (High-Risk-Käufe). Diese Situation führt dazu, dass dem Produkt der Vorzug gegeben wird, das keine oder die geringsten negativen Konsequenzen für den Konsumenten erwarten lässt. Das heißt im Umkehrschluss, je wahrscheinlicher mit bestimmten negativen Konsequenzen (finanzieller, sozialer oder gesundheitlicher Art) gerechnet werden muss, desto schlechter wird ein Produkt bzw. eine Dienstleistung beurteilt.

Das Bewusstsein für Risiken bzw. die Angst vor Fehlentscheidungen ist natürlich individuell unterschiedlich stark ausgeprägt und wird vor allem von der Risikobereitschaft und vom Selbstvertrauen des Konsumenten beeinflusst. Manche Menschen sind ausgesprochen risikofeindlich, andere leben nach dem Motto: „No risk, no fun!". Auch beim Selbstvertrauen kann zwischen einem allgemeinen und einem spezifischen Selbstvertrauen unterschieden werden. Während das allgemeine Selbstvertrauen den grundsätzlichen Grad der Beeinflussbarkeit bestimmt, meint spezifisches Selbstvertrauen die Beeinflussbarkeit in Bezug auf den relevanten Produkt- oder Themenbereich.

Um das subjektiv erlebte Risiko zu minimieren, greifen die Konsumenten auf Vermeidungsstrategien wie Markentreue, intensive Informationssuche, kritische Bewertung der Informationsquellen oder auch Probekauf einer neuen Marke zurück. Wenn also das subjektiv wahrgenommene Risiko groß ist, greift der Konsu-

Bei hohem Risiko wird auf Vertrautes zurückgegriffen

ment lieber auf eine bewährte Marke zurück, als eine neue auszuprobieren (Markentreue/-bindung). Eine andere Möglichkeit, das erlebte Risiko zu minimieren, ist die intensive Suche nach Informationen. Diese erfolgt aber nur dann, wenn die Informationssuche nicht zu teuer, mühsam oder aufwändig ist und wenn sich der Konsument zutraut, die gesammelten Informationen richtig zu interpretieren. Darüber hinaus spielt die Glaubwürdigkeit der Quelle eine besondere Rolle (vgl. Abb. 7.24).

Dabei hat die persönliche Erfahrung natürlich den höchsten Stellenwert. Falls das nicht möglich ist, greift man gerne auf neutrale Dritte wie Freunde und Bekannte oder Berichte der Stiftung Warentest zurück. Am unteren Ende der Glaubwürdigkeitsskala befinden sich Informationsquellen, bei denen wir eigene ökonomische Interessen des Absenders vermuten. Um die Glaubwürdigkeit werblicher Aussagen zu erhöhen, werden in bestimmten Produktkategorien häufig Testimonials (typische Produktverwender, aber auch Prominente) eingesetzt.

Beispiele

Eine typische Dienstleistung, bei der die Kaufentscheidung nach dem Modell des erlebten Risikos getroffen wird, sind Urlaubsziele. Bei der Entscheidung, wo wir die wichtigsten Wochen des Jahres verbringen wollen, versuchen wir Fehlentscheidungen zu vermeiden. Also werden möglichst viele Informationen gesammelt: Reisebüros besucht, Kataloge gewälzt, im Internet recherchiert und Freunde, Bekannte oder Kollegen gefragt. Bei sehr risikoscheuen Konsumenten führt dieses Verhalten sogar dazu, dass sie einzelnen Urlaubszielen, teilweise sogar einzelnen Beherbergungsunternehmen, über Jahre treu bleiben.

Ein anderer typischer Bereich sind im b2b- Bereich Erstkäufe von teuren Investitionsgütern. Hier kommt häufig erschwerend hinzu, dass sehr viele Personen an der Entscheidungsfindung beteiligt sind (vgl. zum Konzept des Buying-Centers Kapitel 3 über Zielgruppen im Band „Kommunikationspolitik").

Art der Informationsquelle \ Informationsweg	persönlich	über Medien
Direkte Betrachtung/ Untersuchung	Probefahrt beim Pkw-Kauf, Weinprobe	–
Neutrale Dritte	Empfehlung von Freunden, Bekannten oder Kollegen	Bericht der Stiftung Warentest („test"), Verbraucherzentralen
Anbieterbestimmte Informationsquellen	Verkäufer, Stand am POS oder auf einer Messe, interaktionsorientiertes Direktmarketing	Werbung, Prospekte, Kataloge / Homepage

Abb. 7.24: Arten von Informationsquellen

7.8.4 Modell der kognitiven Dissonanz

Mit dem Modell der kognitiven Dissonanz kann das Entscheidungsverhalten in der Nachkaufphase erklärt werden. In Fällen, in denen der Konsument stark involviert ist und die Kaufalternativen wenig differenzierbar erscheinen, versucht er, den unerwünschten Spannungszustand nach der Kaufentscheidung zu lösen. Denn eine Entscheidung für eine Alternative ist auch immer eine Entscheidung gegen eine andere. Zu diesem Zweck sucht er nach allen Formen der Bestätigung seiner Entscheidung (Näheres zum psychologischen Hintergrund in Abschnitt 7.4.4).

Entscheidungsverhalten in der Nachkaufphase

Hier soll nur noch einmal der Hinweis auf die Problematik der Neukundengewinnung in gesättigten Märkten und die so genannte 20:80-Regel erfolgen. Wenn es so schwierig ist, neue Kunden zu gewinnen und wenn im Normalfall mit 20 % der Kunden 80 % der Umsätze gemacht werden, dann bekommt die Betreuung der Kunden in der Nachkaufphase eine immer größere Bedeutung. Das Marketing hat diesen Trend inzwischen unter dem Schlagwort „Customer relationship Management" (CRM) aufgenommen. Die Unternehmen versuchen dabei zunächst systematisch kundenspezifische Informationen zu sammeln und zu verarbeiten. Dadurch kann dann individuell auf die Bedürfnisse der Kunden eingegangen werden. Außerdem kann in der Nachkaufphase, in der die Empfänglichkeit für werbliche Botschaften auf Grund der kognitiven Dissonanz besonders hoch ist, gezielt die Kundenbindung erhöht werden. Denn frei nach Sepp Herberger: „Nach dem Kauf ist vor dem Kauf."

7.8.5 Praktische Anwendung der Partialmodelle

Die vier Partialmodelle von Mazanec lassen sich auch in der Praxis gut anwenden. Zunächst muss man klären, welche Art von Kaufentscheidung für die zu bewerbende Marke typisch ist. Für die Kaufentscheidung sind normalerweise vor allem wichtig:
- Sachinformationen ⇒ Einstellungsmodell,
- intuitives Bild der Marke ⇒ Image-Modell,
- Angst vor Fehlentscheidung ⇒ Risiko-Modell,
- Entscheidung verursacht einen persönlichen Konflikt ⇒ Dissonanz-Modell der Nachkaufphase.

Anschließend muss eine Strategie entwickelt werden, wie man im jeweiligen Fall die Kaufabsicht bzw. Präferenz erhöhen kann. Allerdings muss man darauf achten, dass sich das gültige Entscheidungs-Modell im Laufe des Produktlebenszyklus verändern kann. Außerdem muss man wissen, wer die eigene Kernzielgruppe ist, denn je nach Kernzielgruppe dominiert möglicherweise ein anderes Entscheidungsmodell.

„Durch steigende Produkterfahrung kann das dominante Entscheidungsmodell wechseln: Während sich Erstkäufer in ihrer Markenwahl oftmals von Images leiten lassen, haben Vielverwender einer Produktkategorie („Heavy user") durch jahrelange, intensive Produktverwendung gelernt, nach objektiven Produktunterschieden und damit nach dem Einstellungsmodell zu urteilen. Werbung, die sich gleichermaßen an Erstkäufer und Vielverwender richten soll, muss daher gleichzeitig ein emotional positiv besetztes Markenimage aufbauen und sachlich über objektive Produktvorteile informieren – nicht selten eine schwierige

Entscheidungsmodelle ändern sich im Verlauf des Produktlebenszyklus

Gratwanderung." (Aus: Schweiger, Günter / Schrattenecker, Gertraut: Werbung. Stuttgart 2005)

Wenn man sich näher mit Kaufverhalten bzw. Kaufentscheidungen beschäftigt, erkennt man rasch, dass einige Grundannahmen der Wirtschaftswissenschaften nahezu auf den Kopf gestellt werden. So gibt es den so genannten homo oeconomicus, der alle Entscheidungen nach reiflicher Überlegung und unter Abwägung von Kosten und Nutzen trifft, nur äußerst selten. Viel häufiger trifft man den irrationalen, spontanen oder gewohnheitsmäßigen Käufer an. In Marketing und Werbung sollte man daher die Theorien der Wirtschaftswissenschaften wieder vom Kopf auf die Füße stellen und von folgenden Annahmen ausgehen:

Der Homo oeconomicus ist die Ausnahme, nicht die Regel

Marketing und Werbung müssen die ökonomische Theorie wieder vom Kopf auf die Füße stellen

- Wir verhalten uns immer dann – aber auch nur dann – rational, wenn wir Probleme lösen. Nur in diesen seltenen Fällen haben Stufenmodelle, die von der Vorherrschaft des Verstandes über das Gefühl ausgehen (vgl. Learn-feel-do/ Lernhierarchie) ihre Berechtigung.
- Wenn wir bei jeder Entscheidung alle Alternativen überprüfen würden, hätten wir rasch ein Zeitproblem. Es gibt also ein Recht – eigentlich sogar die Notwendigkeit – auf Gewohnheit, Bequemlichkeit oder Faulheit.
- Die Voraussetzung für Gewohnheiten liegt in häufigem, erfolgreichem Wiederholen eines Verhaltens-/Lösungsmusters. Nur häufige Wiederholung verhindert rasches Vergessen. Jeder, der einmal Bewegungen oder auch Sprachen erlernt hat, weiß, dass in der Wiederholung der Schlüssel zum Erfolg liegt. Wenn man dies auf Marketing und Werbung überträgt, heißt das, nur die Wiederholung der Botschaft macht eine Marke bekannt und glaubwürdig (vgl. dazu Abschnitt 7.4.2, Halo-Effekt).
- Nur eine bekannte Marke wird gekauft, das heißt, ohne eine ausreichende Anzahl an Mindest- und Wiederholungskontakten hat eine Marke keine Chance im Markt. Für die optimale Aussteuerung der Kontaktchancen ist die Mediaplanung zuständig, aber mindestens genauso wichtig sind strategische Planung und Kreation. Diese beiden Bereiche müssen eine klare Positionierung für die Marke finden und die Selbstähnlichkeit der Marke garantieren. Selbstähnlichkeit heißt, die Zielgruppe muss die Marke sofort wiedererkennen, egal über welches Element des Marketing- und Kommunikations-Mix die Ansprache erfolgt (integierte Kommunikation vgl. Kapitel 1 zu Kommunikationsmodellen im Band „Kommunikationspolitik"). Darüber hinaus muss eine Marke sich in der Veränderung bzw. Anpassung an neue Zeiten treu bleiben, das heißt, der Markenkern muss erhalten bleiben (vgl. dazu in Kapitel 2 über Positionierung). Erfolgreiche Marken wie Marlboro, Nivea, Ikea, Persil zeigen, wie das gemacht werden muss.

Eine weitere wichtige Erkenntnis beschreibt die Veränderung des Kaufverhaltens im Zeitablauf (vgl. dazu bei Kuß, Alfred / Tomczak, Torsten: Käuferverhalten. Stuttgart 2007). Bei komplexen und neuartigen Entscheidungssituationen (z. B. Digitalkamera, PC, Pkw, Eigentumswohnung etc.) hat der Kunde einen hohen Informationsbedarf, da Fehlentscheidungen vermieden werden sollen. Er sucht aktiv nach Informationen, überprüft diese genau und lässt sich Zeit mit einer Entscheidung. Bei dieser ausführlichen/extensiven Kaufentscheidung spielen kognitive Prozesse die wichtigste Rolle.

Die Kommunikation sollte in diesen Fällen versuchen, den Kunden die benötigten Informationen möglichst einfach und detailliert zur Verfügung zu stellen (Kontakt über das Internet, Einladung zu Probiermöglichkeiten, persönliche Beratung am POS, Prospekte, informationshaltige Werbung etc.). Auf eine genauere Darstellung der Besonderheit von Produkten, die vorwiegend als Geschenk gekauft werden, möchte ich hier verzichten. Allerdings kann man davon ausgehen, dass die Kaufentscheidung auf Grund der hohen emotionalen Bedeutung des Schenkens auch hier eher extensiv erfolgt, da man einen Fehlkauf unbedingt vermeiden möchte.

Kommunikation bei extensiven Kaufentscheidungen

Wenn die Konsumenten bereits über einige Kauferfahrungen im Produktsegment verfügen, kommen für sie häufig nur noch eine begrenzte Anzahl an Marken infrage (relevant bzw. evoked set), das heißt, sie verfahren beim Kauf nach gewissen Faustregeln (Heuristiken). Man könnte auch sagen der Konsument besitzt nur begrenzte (limitierte) Auswahl- oder Entscheidungsmöglichkeiten. Statt wie bei der extensiven Kaufentscheidung nach produktspezifischen Informationen zu suchen, greift der Konsument bei limitierten Kaufentscheidungen auf Heuristiken („Produkte mit einem hohen Preis müssen auch eine hohe Qualität haben") zurück. Eine andere wichtige Regel besteht darin, dass Konsumenten das Vertraute systematisch bevorzugen, das heißt, bei austauschbaren Produkten – heute Normalfall – zu einer Marke greifen, die sie wiedererkennen. Das liegt vermutlich daran, dass viele Personen bereits gute Erfahrungen mit diesem Verhaltensmuster gemacht haben. Interessanterweise spielt es für das Gefühl der Vertrautheit keine Rolle, ob die Marke bewusst oder unbewusst (vgl. dazu Mere-exposure-Effekt) wahrgenommen wurde. Einen weiteren Anhaltspunkt für die Kaufentscheidung bilden die Meinungen von Experten oder Meinungsführern, denen die Konsumenten eine fundierte Meinung zutrauen.

Limitierte Kaufentscheidungen führen zu Gewohnheiten

Da der Konsument bereits über Kauferfahrungen im Segment verfügt, sind hier also vor allem prägnante, direkt zur Kaufentscheidung beitragende Schlüsselinformationen wie Testurteile, Empfehlungen von Meinungsführern, aber auch besonders wichtige Produktmerkmale (Preis, Design etc.) für die Markenwahl von Bedeutung.

Eine Marke muss demnach mithilfe von Werbung und anderen Elementen des Kommunikations-Mix (vgl. dazu Band „Kommunikationspolitik") versuchen, aus dem Wettbewerbsumfeld wiedererkennbar hervorzustechen und dadurch Markenpräferenzen zu erzielen. Dabei kommt es vor allem auf eine klare – meist emotionale – Positionierung an, die dann als Markenimage auch so im Markt wahrgenommen wird (zum Thema Positionierung vgl. Kapitel 1). Die Erfolgsaussichten einer Marke steigen darüber hinaus erheblich, wenn es dem Unternehmen gelingt, Meinungsführer zu identifizieren und zu überzeugen.

Mit steigender Anzahl an Wiederholungskäufen nimmt das Ausmaß an kognitiver Steuerung weiter ab und es kommt schließlich zu Gewohnheitskäufen – dem so genannten habitualisierten Kaufverhalten. Gerade bei Low-Involvement-Produkten (FMCG wie Waschmittel, Lebensmittel etc.), deren Kauf mit geringem Risiko verbunden ist, stellt die Kaufentscheidung kein Problem dar. Dabei können sich Kaufgewohnheiten entweder zur zeitlichen und gedanklichen Entlastung herausbilden oder sie sind der Ausdruck einer stabilen Präferenz für die Marke (Markentreue). Im Sinne der Entlastungsfunktion nehmen sich die Konsumenten

Low-Involvement-Produkt mit geringem Risiko = Gewohnheitskauf

im Sinne eines schnellen Einkaufs das Recht auf Faulheit heraus. Es gibt aber auch Marken, die die Konsumenten besonders gerne kaufen, weil sie so etwas wie ihre „Lieblingsmarke" geworden ist, in diesen Fällen gibt es eine emotionale Bindung an die Marke, die unter Umständen sogar ein Suchverhalten im Handel auslöst. Der Kaufentscheidungsprozess läuft in beiden Fällen ohne größere kognitive Steuerung und emotionale Beteiligung nahezu automatisch ab, denn je stärker der Kauf einer Produktkategorie zur Routine geworden ist, umso weniger bewusste Auseinandersetzung mit den Produkten oder den kommunizierten Werbebotschaften wird benötigt. Neben der grundsätzlichen Produktzufriedenheit der Konsumenten sollte die Kommunikationspolitik in dieser Produktkategorie vor allem versuchen, die Wiedererkennbarkeit der Marke zu garantieren, das Vertrauen in die Marke zu erhöhen und eine ausreichende Präsenz am POS sicherzustellen. Häufige Kaufentscheidungen und damit Entscheidungsroutine gibt es aber nicht nur bei Low-Interest-Produkten, sondern auch bei High-Interest-Produkten (vgl. Abb. 7.25 in Anlehnung an: Ulrich Lachmann: Wahrnehmung und Gestaltung von Werbung. Hamburg 2003). Bei allen Käufen von Low-Interest-Käufen, aber auch bei häufig getätigten Käufen von High-Interest-Produkten kommt es zu Einkaufsroutinen, das heißt, dass werbliche Botschaften nur beiläufig verarbeitet werden (vgl. auch zu den Konsequenzen auf Media-Planung und Kreation die periphere Route im ELM-Modell, Abb. 7.15). Besonders interessant ist das bei den High-Interest-Produkten, bei denen sich trotz hohem persönlichem Risiko (finanziell, sozial oder gesundheitlich) durch die häufigen Wiederholungskäufe Routine einschleicht („Ich kenne mich aus."). Nur beim seltenen Kauf von High-Interest-Gütern kommt es zu engagierter, kognitiver bzw. zentraler Verarbeitung von Informationen, das heißt, nur in diesen seltenen Fällen benötigt der Verbraucher viele Informationen und ist auch bereit, sich mit ihnen auseinander zu setzen.

	Kauffrequenz	
	Hoch (täglich bis alle 2 Wochen)	**Selten** (weniger als 1 x pro Jahr)
High-Interest-Produkte	• Industrie-Einkauf (b2b) • Disposition/Einkauf des Handels (b2b) • Verschreibungen der Ärzte • Inanspruchnahme hochwertiger Dienstleistungen → Involvement-Routine	• Kauf von Gebrauchsgütern • Gelegentlicher Kauf von Investitionsgütern (b2b) • Verschreibungen der Ärzte • gelegentliche Inanspruchnahme hochwertiger Dienstleistungen → Prozess-Kauf
Low-Interest-Produkte	• Einkauf von Gütern des täglichen Bedarfs (FMCG) → „klassischer" Gewohnheitskauf	• seltener Kauf von geringwertigen Gütern (Batterie-Zellen, Schuhbänder, Salz) → Spontan-Kauf

Abb. 7.25: Kaufhäufigkeit und Produktkategorie

„Zur Klärung der Kommunikationsvoraussetzungen wird empfohlen, die Zugehörigkeit eines Zielmarkt-Feldes zu den Kategorien „Low-Interest", „Involvement-Routine" und „Prozesskauf" zu prüfen.
Es gilt für das:

Low-Interest-Feld:	⇒ auch beim Kauf kaum höheres Involvement
	⇒ bei häufigem Kauf hohe Bedeutung von Gewöhnung (Routine)
	⇒ geringes Informationsbedürfnis
Involvement-Routine-Feld:	⇒ relativ häufige Kaufentscheidung
	⇒ dabei jeweils erhöhtes (nicht hohes) Involvement
	⇒ Entwicklung von Routinen
	⇒ Informationsbedürfnis auf wenig Zentralwerte reduziert
Prozess-Kauf-Feld:	⇒ seltene Kaufentscheidung
	⇒ hohes Involvement dabei
	⇒ (so gut wie) kein Routinen
	⇒ hohes Infomationsbedüfnis.

(aus: Ulrich Lachmann: Wahrnehmung und Gestaltung von Werbung. Hamburg 2002. S. 51)

Bei allen Gewohnheitskäufen gilt, falls sich andere interessante Optionen ergeben – z. B. Neuprodukteinführung oder Preisaktion eines Konkurrenzproduktes – wird die Gewohnheit auch schon einmal aufgegeben und das andere Produkt gekauft.

Allerdings kehren viele Käufer im Anschluss wieder zum Stammprodukt zurück, wenn der besondere Anreiz des anderen Produktes entfällt. Dies hängt vermutlich mit dem bereits beschriebenen „Oversufficient-Justification-Effekt" (vgl. Abschnitt 7.4.4) zusammen. Denn der Käufer wird beispielsweise bei einer Rabatt- oder Bonusaktion vor allem extrinsisch, das heißt von außen, motiviert. Daher nimmt er neben dem Preis oder dem Bonus oft keine weiteren Gründe wahr, warum er das alternative Produkt an Stelle seines bisherigen Stammproduktes hätte kaufen sollen, denn das eigene Kaufverhalten lässt sich ja schon durch den besonderen Anreiz begründen. Ohne eine intrinsische Motivation kann aber keine Bindung an das Konkurrenzprodukt entstehen, sodass der Käufer nach Beendigung der Aktion wieder zu seinem alten Produkt zurückkehrt (vgl. dazu auch Felser, Georg: Werbe- und Konsumentenpsychologie. Stuttgart 2007).

Auch Stammkäufer werden bei verlockenden Angeboten schon einmal untreu, kehren aber häufig wieder zurück

Der Versuch, solche Gewohnheiten bei den Konsumenten schon früh zu erzeugen, führt dazu, dass sich viele werbetreibende Unternehmen besonders gerne an junge Zielgruppen wenden. Es wird versucht, die Konsumenten praktisch langsam an das Produkt zu gewöhnen. Man spricht in diesem Zusammenhang auch von Konsumentensozialisation. So verständlich die Ansprache junger Konsumenten aus Sicht des Marketing ist, so muss man doch hoffen, dass Unternehmen auf Grund ethisch-moralischer Überlegungen oder im Zweifel auf Gund gesetzlicher Beschränkungen auf die werbliche Beeinflussung kleinerer Kinder verzichten.

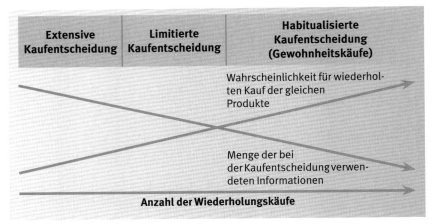

Abb. 7.26: Veränderung des Kaufverhaltens im Zeitablauf

Um erfolgreiche Werbung zu planen, ist es notwendig, das Ausmaß der kognitiven Steuerung bei der Kaufentscheidung richtig einzuschätzen (vgl. dazu in Kuß, Alfred / Tomczak, Torsten: Käuferverhalten. Stuttgart 2007). Wenn die kognitive Steuerung hoch ist, wie zum Beispiel bei extensiven Kaufentscheidungen, braucht unser Verstand auch etwas zum Arbeiten, das heißt, Produktinformationen und Argumente (High-Involvement, vgl. dazu auch die zentrale Route beim ELM-Modell in diesem Kapitel).

Impulskäufe beruhen auf latenten Bedürfnissen und werden durch geschickte Warenpräsentation am POS ausgelöst

Als neue Kategorie tauchen in Abb. 7.27 die Impulskäufe auf, die sich, wie der Name schon sagt, durch rasches, spontanes Handeln kennzeichnen. Dieses Handeln beruht häufig auf einem latenten Bedürfnis, wobei man sich vor allem bei Kindern, die zusammen mit ihren Eltern an der Kasse eines Supermarktes warten, fragen muss, ob dieses „latente" Bedürfnis nicht erst durch die geschickt platzierte „Drängelware" an der Kasse erzeugt wurde. Dieses Beispiel zeigt bereits, dass für die Auslösung von Impulskäufen vor allem die Warenpräsentation am POS von Bedeutung ist (z. B. Verpackungsgestaltung, Regal- und Zweitplatzierung, Verwendung von Signalreizen).

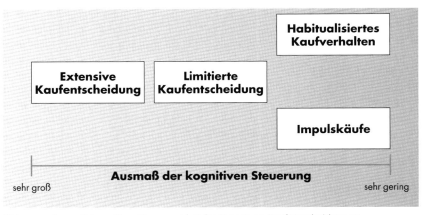

Abb. 7.27: Ausmaß kognitiver Steuerung bei den Typen von Kaufentscheidungen

Auf der anderen Seite muss der Kunde auch aktivierungsbereit sein, das heißt im Umkehrschluss, bei gestressten Kunden sind Impulskäufe fast unmöglich. Wesentliche Merkmale von Impulskäufen sind demnach starke emotionale Aufladung des Konsumenten, geringe kognitive Kontrolle der Kaufentscheidung sowie die Auswirkung einer starken Reizsituation. Häufig übt der Impuls eine so starke Wirkung aus, dass die negativen Konsequenzen des Kaufs (z. B. finanzielle Belastung) völlig ignoriert werden. Impulskäufe hängen nämlich sehr stark von der Stimmungslage des Konsumenten ab, wobei sie sowohl bei positiver als auch negativer Stimmungslage auftauchen können (positive Stimmung erhalten, bei negativer Stimmung die schlechte Laune zu heben). Impulskäufe haben also in psychologischer Hinsicht häufig eine regulierende Funktion für das Wohlbefinden der Konsumenten, wobei die infrage kommenden Produktgruppen individuell unterschiedlich sind.

Impulskäufe hängen von der Stimmungslage ab: Belohnung oder Abbau von Frustration

Die letzten wissenschaftlichen Studien über Impulskäufe sind schon fast 20 Jahre alt, doch damals wurden in einer repräsentativen Studie des Spiegels folgende Produktkategorien als wichtige Impulskaufartikel ermittelt (Frage: „Ist auf der Liste etwas dabei, was Sie öfter mal ganz spontan kaufen?") – zitiert aus Kuß, Alfred / Tomczak, Torsten: Käuferverhalten. Stuttgart 2007:

- Kleidung 45 %
- Blumen 38 %
- Schuhe 30 %
- Bücher 28 %
- Autozubehör 15 %
- Spielsachen 10 %

Diese Auflistung dürfte vermutlich auch heute noch Gültigkeit haben. Für den Erfolg von Impulsartikeln ist also vor allem Verkaufsförderung (vgl. Kapitel 8 im Band „Kommunikationspolitik") aber auch klassische Werbung (Bekanntmachung, Wiedererkennbarkeit) wichtig.

In der Abb. 7.28 (vgl. dazu auch in Kuß, Alfred/ Tomczak, Torsten: Käuferverhalten. Stuttgart 2007) sind die wichtigsten Einflussfaktoren auf die Kaufentscheidung noch einmal kurz zusammengefasst.

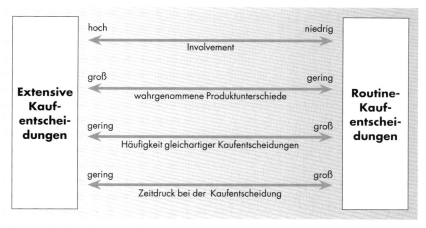

Abb. 7.28: Einflussfaktoren auf die Kaufentscheidung

7.9 Kollektive Kaufentscheidungen

Kaufverhalten wird auf vielfältige Art und Weise sozial kontrolliert und beeinflusst. Von besonderem Interesse sind dabei die Einflüsse von Familienmitgliedern, Lebenspartnern und anderen Bezugsgruppen. Diese Einflüsse wirken sich bei bestimmten Produktkategorien entweder direkt oder indirekt aus.

Kaufverhalten unter sozialer Kontrolle

Zur indirekten Einflussnahme zählen soziale Kontrollmechanismen wie Konventionen, Modeerscheinungen/Trends, Erfordernisse des sozialen Status oder das Verhalten vergleichbarer anderer Personen (z. B. Meinungsführer). Gerade der Vergleich mit anderen Personen, die uns ähnlich und deren Meinung uns wichtig ist, liefert uns Maßstäbe und Normen, um Urteile über Produkte zu fällen oder Kaufentscheidungen bei Unsicherheit zu treffen. Wie man sieht, gibt es unterschiedliche soziale Kontrollmöglichkeiten, die die individuelle Kaufentscheidung beeinflussen können, indem sie z. B. die Wahrnehmung des Kaufrisikos, die Einstellung zur Produktkategorie oder zur Marke verändern.

Darüber hinaus orientieren wir uns beim Kaufverhalten häufig an Meinungsführern (vgl. zur Rolle von Meinungsführern im Kommunikationsprozess Kapitel 1 im Band „Kommunikationspolitik").

 Die persönliche Empfehlung eines Meinungsführers ist jeder anderen Form der Beeinflussung überlegen. Aus diesem Grund versuchen werbetreibende Unternehmen, Meinungsführer zu identifizieren und gezielt vom Produkt zu überzeugen.

In einigen Märkten ist die Identifikation von Meinungsführern relativ leicht, so werden bekanntlich im Pharmabereich von den Unternehmen bewusst Ärzte angesprochen, mit Proben versorgt oder zu kostenlosen Fortbildungen an exklusiven Orten eingeladen. Der Automobilsektor verfährt mit Motorsport-Journalisten in ähnlicher Weise. In diesen beiden Bereichen sind es vor allem professionelle Multiplikatoren, doch grundsätzlich kann jeder zum Meinungsführer in einer Gruppe werden. In Anlehnung an Georg Felser (Werbe- und Konsumentenpsychologie. Stuttgart 2007) ist nachfolgend zusammengestellt, wodurch sich Meinungsführer vor allem auszeichnen:

Eigenschaften von Meinungsführern

- viel Kontakt zu anderen,
- gute Information (als Experte im weitesten Sinne, dazu gehören aber auch fachkundige Laien, z. B. Computerfreaks etc.),
- anerkannte und fundierte Information (bevorzugt aus authentischen Quellen, Fachzeitschriften etc. und nicht nur aus der Werbung),
- Geselligkeit (Mitglieder von Vereinigungen, Klubs etc.),
- hohes Selbstbewusstsein,
- bereit, Ratschläge zu geben und Ratschläge anzunehmen,
- ausgeprägte und anerkannte soziale Rolle,
- breites Interesse an aktuellen gesellschaftlichen Strömungen (Kenntnis von Modetrends, Sicherheit in Stilfragen, über Preisentwicklungen, Angebote, Bezugsquellen etc. Bescheid wissen),
- das in Rede stehende Produkt erst vor kurzem gekauft haben und daraufhin bevorzugt von anderen angesprochen werden.

Außerdem gehören Meinungsführer besonders häufig zur Gruppe der Innovatoren – man könnte auch Trendsetter sagen – der ersten und kleinsten Gruppe im Diffusionsprozess eines Neuproduktes, den der amerikanische Innovationsforscher Everett M. Rogers 1995 in seinem Buch „Diffusion of Innovations" beschreibt:
- Von den Innovatoren (ca. 2,5 % der Personen)
- lassen sich die Frühadopter (ca.13,5 %) zum Kauf des neuen Produktes anregen,
- dann folgt die frühe und die späte Mehrheit (je ca. 34 %),
- bevor zum Schluss auch die Nachzügler (ca. 16 %) zum Produkt greifen.

Echte und symbolische Meinungsführer

Neben ihrem ausgeprägtem Hang zu Individualismus und Risikobereitschaft zeichnet sich die Gruppe der Innovatoren häufig durch starke Vorbehalte gegenüber werblichen Beeinflussungsversuchen aus. Trotzdem versuchen Unternehmen mithilfe von Trend-Scouts, mehr über diese Zielgruppe herauszufinden und Neuprodukte zu lancieren.

Falls die Identifikation und Ansprache von Meinungsführern als zu aufwändig erscheint, greift die Werbung gern auf symbolische Meinungsführer zurück. In der Form der Slice-of-Life-Werbung treten stellvertretend für „wirkliche" Meinungsführer so genannte Testimonials auf.

Symbolische Meinungsführer (Testimonials) demonstrieren – „mitten aus dem Leben" – die Produktvorzüge. Dabei geht die sicher bekannte Bandbreite von den (scheinbar) spontan interviewten Müttern über die mit dem Produkt zufriedenen Nachbarn und die Zahnarztfrau bis hin zu Prominenten, von deren Einsatz sich häufig außerdem noch ein positiver Imagetransfer erhofft wird.

Neben diesen Formen der indirekten Beeinflussung einer weiterhin individuellen Kaufentscheidung gibt es Formen der direkten Beeinflussung, die dann eigentlich zu den Phänomenen kollektiver Kaufentscheidung führen (vgl. zu wichtigen Produktbereichen die Abb. 7.30 zum Rollendreieck auf der folgenden Seite). Leider gibt es bisher erst sehr wenige Forschungsergebnisse zum Bereich der kollektiven Kaufentscheidungen, wobei dies sowohl für kollektive Kaufentscheidungen im privaten Bereich (z.B. Familien, Partnerschaften) als auch für Kaufentscheidungen in Unternehmen gilt (vgl. dazu das Buying-center-Konzept von Webster/Wind in Kapitel 3 Zielgruppe im Band „Kommunikationspolitik").

Kollektive Kaufentscheidungen im privaten und unternehmerischen Bereich

Bei Kaufentscheidungen in Familien existiert häufig eine Art Kompetenzgerangel um den größten Einfluss. Bei Low-Involvement-Gütern dominiert normalerweise ein Familienmitglied, was beispielsweise bei Gütern des täglichen Bedarfs oft der oder die haushaltsführende Person sein kann.

Sobald es sich dann um High-Involvement-Güter handelt, kommt es häufig zu gemeinsamen Kaufentscheidungen in Familien bzw. Partnerschaften. Dieser Tendenz verstärkt sich noch, wenn es sich um Güter des sichtbaren Konsums handelt (vgl. Abb. 7.29 in Anlehnung an Kuß, Alfred / Tomczak, Torsten: Käuferverhalten. Stuttgart 2007).

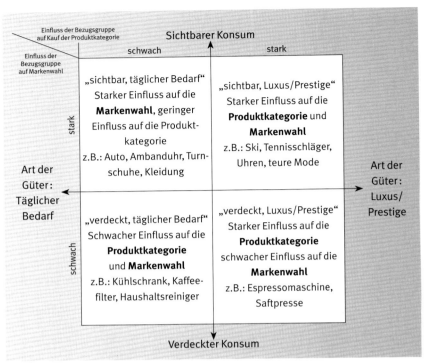

Abb. 7.29: Einfluss von Bezugsgruppen auf Kaufentscheidungen

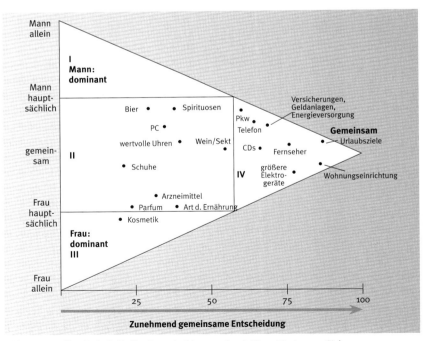

Abb. 7.30: Rollendreieck für Kaufentscheidungen (nach Stern Markenprofile)

Gerade bei Gütern des sichtbaren Konsums gibt es einen großen Einfluss von Bezugsgruppen auf die Kaufentscheidung, wobei es dann in diesem Fall keine besondere Rolle spielt, ob die Kaufentscheidung letztlich individuell oder kollektiv gefällt wird.

Ein weiterer wichtiger Aspekt ist der Einfluss von Kindern und Jugendlichen auf Kaufentscheidungen der Familie, denn Kinder verfügen inzwischen nicht nur selber über ein hohes Kaufkraftpotenzial und das entsprechende Markenbewusstsein, sondern sind auch in der Lage, die Kaufkraft ihrer Eltern und Verwandten zu steuern.

Einfluss von Kindern und Jugendlichen auf Kaufentscheidungen

Dass diese Überlegungen auf Kinderprodukte wie Spielzeug, Kleidung oder Lebensmittel zutreffen, leuchtet unmittelbar ein, doch auch bei Entscheidungen über Reiseziele oder den neuen Familien-Pkw reden Kinder und Jugendliche ein wichtiges Wort mit.

> *Man sollte also wissen, wer die Kaufentscheidung fällt oder maßgeblich beeinflusst, bevor man sich mit Mediaplanung oder Gestaltung von Werbung beschäftigt.*

Es lohnt sich also, den Kaufentscheidungsprozess von Familien genau zu durchleuchten. Besonders interessant ist die Beantwortung der folgenden Fragen (in Anlehnung an: Schweiger, Günter / Schrattenecker, Gertraut: Werbung. Stuttgart 2007):
- Welche Familienmitglieder (Mann, Frau, Kinder ...) übernehmen
- bei welchem Produkt (Konsumgut, langlebiges Gebrauchsgut, Dienstleistung)
- in welcher Situation (Phase im Lebenszyklus der Familie, konkrete Kaufsituation)
- welche Aktivitäten (Teilaufgaben, Interaktionsverhalten)
- in den jeweiligen Phasen des Kaufentscheidungsprozesses (Wahrnehmung, Interesse, kognitive Erprobung, Bewertung, Entscheidung, Kauf, Nachkaufphase)?

Darüber hinaus spielen natürlich personen- und familienspezifische Faktoren wie Berufstätigkeit der Frau, Schichtzugehörigkeit sowie die im Familienlebenszyklus erreichte Phase für die Wahrscheinlichkeit gemeinsamer Kaufentscheidungen eine Rolle.

Bei Kaufentscheidungen in Beziehungen (vgl. dazu Abb. 7.30 zum Rollendreieck) finden sich natürlich sowohl Produktgruppen, bei denen die Kaufentscheidung vom Mann dominiert wird (z. B. Uhren, PC, Bier) als auch typische Frauendomänen wie Kosmetik, Parfum oder Arzneimittel.

In modernen Beziehungen sind gemeinsame Kaufentscheidungen auf dem Vormarsch

Die Langzeituntersuchung „Markenprofile" des Stern ergab aber, dass der Anteil an gemeinsamen Entscheidungen immer stärker zunimmt. Dies ist eine Tatsache, die mit Sicherheit durch die zunehmende Gleichberechtigung bzw. ökonomische Unabhängigkeit der Frauen, aber auch durch eine Veränderung des Bewusstseins der Männer zu erklären ist.

7.10 Werbungsplanungsmodell (von Vaughn)

Im Folgenden soll das 1980 von Richard Vaughn entwickelte Werbeplanungsmodell (vgl. Abb. 7.31) kurz vorgestellt werden. Vaughns Modell wurde zwar von den Werbepraktikern nicht so recht wahrgenommen, und das, obwohl es gerade zur Verbesserung der Werbeplanung gedacht war, in Marktforscherkreisen wurde und wird es aber heftig diskutiert.

Wie verarbeiten Verbraucher werbliche Botschaften?

Vaughn setzt wie viele vor ihm bei der Art an, wie Konsumenten Botschaften verarbeiten:
- Spielen eher rationale/kognitive Prozesse wie Denken, Wissen, Bedeutung und Überzeugung bei der Kaufentscheidung eine Rolle?
- Oder sind es affektive/emotionale Prozesse wie Stimmung, Gefühl und Empfindung?

Die andere Ebene bezieht sich wieder auf das Involvement, das heißt, werden Kaufentscheidungsprozesse mit höherer Motivation, Informationen zum Thema aufzunehmen, begleitet oder eher nicht.

Darüber hinaus – und das ist der praktische Aspekt – liefert das Modell die Möglichkeit, für bestimmte Produktarten werbliche Strategien abzuleiten. Das Modell verbindet viele verschiedene Werbewirkungsmodelle, so auch ein schon 1965 vom amerikanischen Marketing-Professor Philip Kotler entwickeltes Modell über Kaufentscheidungen (Näheres dazu in Carsten Niepmann: „Wirkungsmodelle der Werbung" Hamburg 1999. S. 86 ff.).

Nach dem Modell von Vaughn lassen sich vier verschiedene Modelltypen unterscheiden, die den Quadranten in Abb. 7.31 entsprechen:

1. Modelle mit der Annahme, dass Werbung Kunden überzeugt.
    ⇒ Quadrant oben links: Bewusste (ökonomisch-rationale) Kaufentscheidung.
2. Modelle mit der Annahme, dass Kaufverhalten nur zu einem geringen Teil bewusst gesteuert wird.
    ⇒ Quadrant oben rechts: Kauf zur Selbstverwirklichung (Ausdruck der eigenen Persönlichkeit, Prestige oder sozialer Status)
3. Modelle mit der Annahme, dass Werbung nicht überzeugt, sondern bestätigt.
    ⇒ Quadrant unten links: Gewohnheitskäufe
4. Modelle mit der Annahme, dass äußere Umstände unser Kaufverhalten bestimmt.
    ⇒ Quadrant unten rechts: Kauf zur Selbstbelohnung (z.T. auch zum demonstrativen Konsum)

Bewusste Kaufentscheidung: Werbung muss rationale Produktvorteile und Argumente liefern

Bei Produkten, die Modelltyp 1 – Bewusste Kaufentscheidung – zugeordnet werden können, geht man davon aus, dass Konsumenten nach intensiver Informationssuche und reiflicher Überlegung eine bewusste, d.h. rational geprägte, Kaufentscheidung treffen. Werbung kann diesen rationalen Prozess der Meinungsänderung beeinflussen, indem vor allem rationale Produktvorteile und Argumente kommuniziert werden. Der Verbraucher wird von der Nützlichkeit des Produktes überzeugt und kommt zur Einsicht, dass sich der Kauf für ihn lohnt.

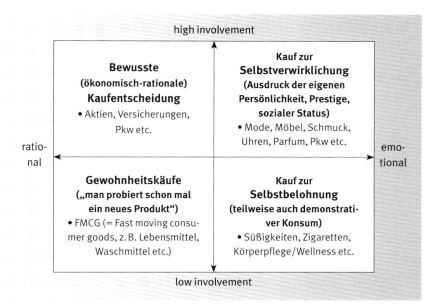

Abb. 7.31: Modelltypen für Kaufentscheidungen

In den Modelltyp 1 gehört der in den Wirtschaftswissenschaften so beliebte „homo oeconomicus" sowie die starke Theorie der Werbung von Professor John Philip Jones (vgl. dazu Lernhierarchie/Learn-feel-do) und der geistige Vater der meisten Stufenmodelle Lewis mit seinem AIDA-Ansatz.

Bei Produkten, die Modelltyp 2 – Kauf zur Selbstverwirklichung – zugeordnet werden können, geht man davon aus, dass unsere Handlungen bzw. Kaufentscheidungen vor allem von unterbewussten Faktoren gesteuert werden. Man muss diese unterbewussten Faktoren wie Motive und Bedürfnisse kennen, um sie werblich beeinflussen zu können. Hier ist vor allem der Aufbau von Einstellungen, Images und Sympathie für die Marke für die Kaufentscheidung entscheidend, während rationale Produktinformationen nur eine untergeordnete Rolle spielen.

Kauf zur Selbstverwirklichung: Werbung muss Images, Einstellungen und Sympathie für die Marke beeinflussen

Da es sich hier um Produkte des sichtbaren Konsums handelt, muss man bei der Konzeption von Werbung immer den Einfluss von Bezugsgruppen oder auch die Beeinflussungsmöglichkeit durch Meinungsführer berücksichtigen. Der emotionale Appell lässt sich sogar noch verstärken, wenn man den Konsumenten klar macht, dass der Kauf der Marke hilft, die eigene Persönlichkeit auszudrücken und somit der Selbstverwirklichung (vgl. Bedürfnispyramide von Maslow) dient.

Bei Produkten, die Modelltyp 3 – Gewohnheitskäufe – zugeordnet werden können, geht man davon aus, dass wir vor allem aus Gewohnheit handeln. Der Einkauf soll ganz einfach problemloser werden. Erst kaufen, dann denken, dann fühlen. Hier findet sich die Weak Theory von Professor Andrew Ehrenberg wieder. In seinem ATR-Modell (Awareness – Trial – Reinforcement) spielt Werbung, nachdem sie die Aufmerksamkeit auf neue Produkte gelenkt und dadurch zu Probekäufen angeregt hat, vor allem eine bestätigende Rolle, denn nur durch erfolg-

Gewohnheitskäufe: Werbung muss Probekäufe erzeugen und die Wiedererkennbarkeit der Marke garantieren

reiche Wiederholung von Verhaltensmustern können sich Gewohnheiten ausbilden. Damit es zu Wiederholungskäufen kommt, muss das Produkt für den Konsumenten leicht wiedererkennbar sein, das heißt, Werbung und Verkaufsförderung müssen versuchen, mithilfe von „Branding"-Strategien die Bewusstseinspräsenz der Marke zu gewährleisten. Wenn die Marke mehrmals erfolgreich eingesetzt werden konnte, kann sich so etwas wie Markentreue herausbilden, auch wenn gelegentlich neue Produkte ausprobiert werden. Diese Form der Kommunikation erinnert nicht zufällig an Techniken der Konditionierung, die schon Pawlow in seinen Hunde-Experimenten nachweisen konnte.

Kauf zur Selbstbelohnung: Werbung muss den Lifestyle der Vorbilder darstellen

Bei Produkten, die Modelltyp 4 – Kauf zu Selbstbelohnung – zugeordnet werden können (Bsp. siehe Abbildung 7.31), geht man davon aus, dass die äußeren Umstände einen entscheidenden Einfluss auf die Kaufentscheidung haben. Bei diesen Umständen kann es sich um so unterschiedliche Dinge wie soziales Umfeld, Umfeld am POS, Medianutzungsumfeld oder Einkommenssituation handeln. Es geht zum großen Teil um soziales Lernen, das heißt, die Konsumenten ahmen das Kaufverhalten anderer – unter Umständen von Meinungsführern – nach. Diese Imitation von Verhaltensmustern findet sich vor allem bei Produkten des sichtbaren Konsums. Bei dieser Produktkategorie fällt auf, dass sich viele Konsumenten am Kaufverhalten der nächsthöheren sozialen Schicht orientieren, man könnte also sagen, der Wunsch nach Ansehen und/oder Zuwendung motiviert die Konsumenten zum Kauf. Diese Überlegungen basieren im Gunde genommen auf einer Theorie des amerikanischen Soziologen Thorstein Veblen, in der er bereits 1899 die Ursachen und Effekte des demonstrativen Konsums beschrieb. Welche Produkte des demonstrativen Konsums den Status und das Prestige des Nutzers erhöhen können, hängt ganz stark von Faktoren wie Kultur und Gruppenzugehörigkeit ab. Unternehmen müssen deshalb sowohl die reale als auch die gewünschte Lebenswelt der Zielgruppen kennen, um in diesem Segment erfolgreich zu sein.

Welches Modell angewendet werden kann, hängt also von den in diesem Kapitel immer wieder auftauchenden Faktoren ab:
- Produkteigenschaften (me-too/USP)
- Involvement der Zielgruppe (high/low)
- Interesse/ Motivation der Zielgruppe am Thema bzw. Produktfeld (Verarbeitungsbereitschaft für Informationen bzw. Werbung.
- Angestrebtes Werbeziel (Bekanntheit, Images, Einstellungen erfordern jeweils andere Wirkmechanismen bzw. andere Verarbeitungsweisen.

7.11 Neuere psychologische Ansätze zur Kaufverhaltenssteuerung durch Werbung

7.11.1 Dynamischer Erklärungsansatz für Konsumentenverhalten von Tor Nørretranders

Die Basis dieses Ansatzes liegt in der Unterscheidung zwischen Selbst und Ich als die beiden Ebenen unseres Bewusstseins. Jedes Handeln stellt das Ergebnis einer Vermittlung zwischen Selbst- und Ich-Interessen dar. Der dabei auftretende

Konflikt entsteht durch die unterschiedlichen Eigenschaften dieser beiden Bewusstseinsebenen (vgl. Abb. 7.32 in Anlehnung an Rudolf Sommer: Consumer's Mind. Deutscher Fachverlag 2007).

Konsumverhalten ist in hohem Maße auch ein symbolisches Handeln, in dem ich mich selbst wahrnehme, aber eben auch wahrgenommen werde. Insofern wirkt Konsumverhalten sowohl auf mein Selbstbild als auch auf das mir von anderen zurückgespiegelte Fremdbild meiner Person. Dies erklärt, warum Konsumverhalten bei vielen Menschen bei der Rückbestätigung der eigenen Identität eine besondere Rolle spielt.

Auffallend, aber auch leicht nachvollziehbar ist dabei, dass vor allem Personen, die eher über ein schwaches Selbstwertgefühl verfügen, dieses über den Kauf von Statusprodukten kompensieren wollen. Im Umkehrschluss sind Personen mit einem gefestigten Selbstkonzept nicht so anfällig für die (oberflächlichen) Heilsversprechen der Markenartikelindustrie. So lässt die Markenfixierung von Müttern beim zweiten Kind deutlich nach, vermutlich weil sie nicht mehr so unsicher sind wie beim ersten Kind. Ihr Wunsch bzw. Selbstkonzept eine gute Mutter sein zu wollen, hat sich aufgrund eigener, positiver Erfahrungen beim ersten Kind stabilisiert und benötigt keine Rückbestätigung mehr über den Kauf von Markenprodukten.

> Personen, die eher über ein schwaches Selbstwertgefühl verfügen, wollen dieses über den Kauf von Statusprodukten kompensieren

Eigenschaften der beiden Bewusstseinsebenen:
1) Selbst
Das Selbst ist der dynamische Teil unseres Bewusstseins. Es strebt nach Befriedigung unserer Wünsche, Bedürfnisse und Triebe. Das Selbst ist die treibende Kraft bei der ständigen Suche nach Lust bzw. der Vermeidung von Unlust. Dabei geht es sowohl um die Grundbedürfnisse wie Hunger, Durst und Sex als auch um Genuss, Schönheit und soziale Anerkennung (vgl. dazu auch die Bedürfnispyramide von Maslow, Abb. 7.4). Dieser hedonistische Teil unseres Bewusstseins ist weitgehend emotional gesteuert.

Der Erfahrungshintergrund des Selbst speist sich sowohl aus individuellem Erleben als auch durch die kollektive Vergangenheit sowie massenmedial vermittelt Erfahrungen. Dieser Erfahrungshintergrund ist dem Bewusstsein nur teilweise zugänglich. Warum uns manches schmeckt und anderes nicht oder warum uns der Eine sympathisch und der Andere unsympathisch ist, können wir oft nicht adäquat begründen. Wir nehmen oft nur das Ergebnis der Entscheidungen des Selbst wahr. Das Selbst ist das „Feuer", das uns antreibt. Es wird weitgehend unbewusst gesteuert und ist in allen Fällen, die nicht wichtig genug sind, dass sich eine bewusste Auseinandersetzung lohnt, für die Handlungsentscheidungen allein verantwortlich. Der bekannte deutsche Neurobiologe Gerhard Roth formuliert das in seinem Buch „Fühlen, Denken, Handeln" so: „Bewusstsein ist für das Gehirn ein Zustand, der tunlichst zu vermeiden und nur im Notfall einzusetzen ist." (Suhrkamp Taschenbuch Wissenschaft 2007. S. 240). Denn Bewusstsein kostet einfach zu viel Energie, von den rund 250 Millilitern Sauerstoff, die ein Mensch im Ruhezustand braucht, benötigt das Gehirn ca. 52, d.h. ungefähr 20 %, bei komplexeren Denkvorgängen der Großhirnrinde steigt der Sauerstoff- und Glukosebedarf sogar noch an (zu den Zahlen vgl. Roth S. 215 f.).

Sogar beim Kauf von High-Involvement-Produkten (vgl. Beispiel S. 220 Kauf eines Autos) spielt das Selbst eine wichtige Rolle. Das Selbst urteilt auf der Basis eigener Erfahrungen und gebildeter Analogien (Heuristiken, Faustregeln).

Insofern kann man das Selbst nicht überzeugen, es ist gegen rationale Argumente immun. Menschen und Marken müssen zunächst dem Selbst gefallen (Körpersprache, Stimme, Kleidung, Design, Farbwahl etc.), einen positiven ersten Eindruck machen und die möglichst leichte Befriedigung von Wünschen und Bedürfnissen versprechen.

Antriebskräfte des Selbst

Die Antriebskräfte / Treiber des Selbst sind:
- Überleben ⇒ Durst, Hunger, Fitness, Gesundheit
- Arterhalt ⇒ Sex, Anerkennung durch die Gruppe, Macht
- Ausbildung einer eigenen Identität ⇒ Unsere Erfahrungen bestimmen das Selbstbild, das wir von uns haben. Wer seit seiner Kindheit häufig seine Ziele erreicht hat, wird nicht nur mit positiven Emotionen bzw. Hormonen belohnt, sondern entwickelt normalerweise auch ein stabileres Selbstwertgefühl. Dies führt wiederum dazu, dass man sich mehr zutraut und auch von anderen eher so wahrgenommen wird, wie man sich selber sehen möchte (Selbstbild = Fremdbild, vgl. Abb. 7.13), was wiederum glücklich und zufrieden macht. Dass es diese Aufwärtsspirale mit umgekehrtem Vorzeichen und Effekten auch in die andere Richtung gibt, dürfte klar sein.
- Soziale Interaktion ⇒ Menschen brauchen die Anerkennung durch soziale Bezugsgruppen. Gleichzeitig vergibt die Gruppe viel Anerkennung oder Aufmerksamkeit (vgl. Exkurs Ökonomie der Aufmerksamkeit S. 294) an Gruppenmitglieder, die der Gruppe viel nützen.

2) Ich
Das Ich ist der statische Teil unseres Bewusstseins. Es ist der Controller oder Bremser der Wünsche des Selbst. Das Ich schaltet sich immer erst dann ein, nachdem das Verhalten vom Selbst schon initiiert wurde (vgl. Experiment von B. Libet, vgl. Abschnitt 8.1.1). Das Ich reagiert zwar insofern nur, kann aber das bereits initiierte Verhalten verändern oder sogar stoppen. Sehr oft wird aber das vom Selbst initiierte und anschließend ausgeführte Handeln nur noch nachträglich vom Ich rationalisiert, d.h. vor sich selbst gerechtfertigt. Denn dieser Teil unseres Bewusstseins ist weitgehend bewusst und rational gesteuert. Der Erfahrungshintergrund des Ich speist sich sowohl aus unserem Gewissen als auch aus erlernten logischen Kategorien. Dieser Erfahrungshintergrund ist dem Bewusstsein weitgehend zugänglich: „Während wir nicht immer wissen, was wir wollen, wissen wir doch sehr genau, was wir dürfen." (Sommer S. 49). Das Ich ist nur der vermeintliche „Pilot" über unsere Handlungen, denn nur ein Bruchteil der in jeder Sekunde auf uns einwirkenden Reize erreichen ihn, mehr als 99 % der Informationen werden von unserem „Autopiloten" und somit vor allem vom Selbst verarbeitet (vgl. dazu Exkurs Neuromarketing im Band „Marketing und Marktforschung"). Das Ich urteilt auf der Basis gesammelter Informationen mit rationaler Logik. Insofern muss man das Ich überzeugen. Bei der Beurteilung von Menschen und Marken spielt das Gesagte (z.B. in Form von Argumenten) eine besondere Rolle.

Die Antriebskräfte/Treiber des Ich sind:
- Lenkung unserer Bedürfnisbefriedigung ⇒ Die Wünsche des Selbst nach Bedürfnisbefriedigung sollen uns nicht direkt schaden und nicht im Widerspruch zu sozialen Normen stehen.
- Suche nach Sinn im Leben ⇒ Das Ich fußt auf Ethik und Moral, denn wir wollen eben nicht nur immer Genuss maximieren, sondern eben auch ein guter Mensch sein und ein sinnvolles Leben führen. Das heißt unser Selbstkonzept/Selbstbild wird auch zu einer moralischen Instanz, nach dessen Werten und Einstellungen wir unser Verhalten ausrichten. Dieses handlungssteuernde Selbstkonzept lässt sich noch weiter aufspalten. Es gibt ein (Ist-)Bild, von dem wir annehmen, dass uns unsere Umwelt so wahrnimmt. Außerdem gibt es noch ein (Wunsch-)Bild, wie wir gern sein würden und darüber hinaus noch ein (Pflicht-)Bild, wie wir glauben sein zu müssen, um von andern Anerkennung und Respekt zu bekommen. Die Verteilung dieser drei Komponenten des Selbstkonzeptes hängt dann davon ab, in welchen beruflichen oder privaten Rollen wir gerade handeln müssen. Da viele von uns heute in verschiedenen Gruppen zu Hause sind, die alle ihre eigenen Codes haben (Kleidung, Sprache, Symbole, Rituale), müssen wir sehr unterschiedliche Verhaltensmuster beherrschen, um unseren Selbstwert zu maximieren.
- Soziale Anerkennung ⇒ Manchmal verbindet sich eine Antriebskraft des Ich auch mit den Zielen des Selbst. So lässt sich feststellen, dass selbstloses/altruistisches Verhalten häufig zu sozialer Anerkennung und einer Steigerung der wahrgenommenen Attraktivität führt.

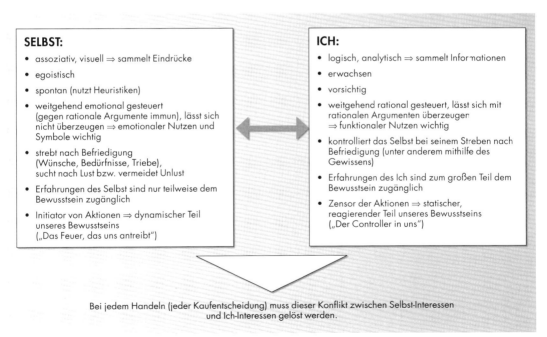

Abb. 7.32: Der Konflikt zwischen SELBST und ICH – Dynamischer Erklärungsansatz für Konsumentenverhalten (nach Tor Nørretranders)

Beispiel für den Konflikt und das Zusammenspiel der beiden Bewusstseinsebenen beim Kauf von High-Involvement-Gütern

Die nachfolgend kurz beschriebenen Phasen werden so mit Sicherheit von vielen Menschen bei Automobilkäufen durchlaufen (vgl. Rudolf Sommer: Consumer's Mind. Deutscher Fachverlag 2007):

1) Screening
   - Das alte Auto verliert an Attraktivität und man beginnt, den Markt nach Alternativen abzusuchen. Dies geschieht in dieser Phase vor allem emotional, d.h. wir sind für emotionale Nutzen wie z.B. Prestigegewinn, Fahrspaß etc. besonders empfänglich. Die Werbung sollte in dieser Phase vor allem das Selbst ansteuern.

2) Reduzierung der Alternativen
   - Die gefundenen Alternativen werden mithilfe rationaler Kriterien wie z.B. Preis, Unterhaltungskosten, Platzbedarf etc. reduziert. Daneben geht es aber auch weiterhin um Emotionen, die aber inzwischen z.B. durch eine Probefahrt real erfahrbar werden. In dieser Phase hat sich unser Selbst (= dynamischer, emotionaler Teil unseres Bewusstseins schon für eine Marke entschieden.

3) Kaufentscheidung
   - Unser Selbst braucht jetzt noch die Genehmigung des Ichs (= statischer, rationaler Teil unseres Bewusstseins). Das Ich beginnt jetzt mit der Informationssuche, d.h. das Wahrnehmungsfenster öffnet sich und man liest Tests, Fahrberichte, Prospekte, befragt Freunde, klärt die Finanzierbarkeit. Hier würden jetzt die Recency Planner ansetzen (vgl. Exkurs auf S. 217 ff.), aber die eigentliche Entscheidung ist schon in der vorhergehenden Phase gefallen. Insofern geht es hier eigentlich nur noch darum, eine vorher schon vom Selbst getroffene (emotionale) Entscheidung rational abzusichern. Das Ich suggeriert das Gefühl, die Entscheidung getroffen zu haben. Gute Verkäufer wissen, dass sie in dieser Phase vor allem die Entscheidung des Kunden bestätigen müssen. „Den Kunden weit vor dem Kauf zu begeistern, ist wichtiger, als ihn während des eigentlichen Kaufs zu überzeugen." (Sommer S. 223).

4) Bestätigung
   - Auch in der Nachkaufphase suchen die Kunden noch nach Informationen, denn gerade bei teuren High-Involvement-Gütern stellt sich oft ein „Kauf-Kater" ein, der auf rationaler und emotionaler Ebene durch Bestätigung durch Bezugspersonen, aber auch Markenkommunikation „bekämpft" werden muss. Diese Informationssuche beschränkt sich allerdings auf die gekaufte Marke. Ein solches Verhalten ist, wie jeder aus eigener Anschauung kennt, gar nicht so selten und vermutlich für das Entstehen einer emotionalen Kundenbindung sehr wichtig.

a) Lösungsstrategien für Konflikte zwischen Selbst und Ich

Der amerikanische Psychologe Philip G. Zimbardo unterscheidet zehn Bewältigungs- oder Abwehrstrategien für einen Konflikt, die nachfolgend kurz aufgelistet sind. Ein Nachdenken über die Auswirkungen dieser Strategien für die Neuproduktentwicklung, aber auch für die Gestaltung und den Erfolg von Werbekampagnen lohnt sich immer dann, wenn man davon ausgehen muss, dass die Verwendung des Produktes/Inanspruchnahme der Dienstleistung oder die angestrebte Bewusstseinsänderung bei einem großen Teil der Zielgruppe eine solche Bewältigungs- bzw. Abwehrstrategie auslöst. Die folgende Darstellung der zehn Bewältigungs- oder Abwehrstrategien erfolgt in Anlehnung an Rudolf Sommer S. 63 ff.):

Bewältigungs- oder Abwehrstrategien

1. Kompensation ⇒ Das Selbst setzt sich gegenüber dem Ich durch. Das frustrierte Ich muss diese „Niederlage" durch eine Überbetonung eines aus der Sicht des Ichs erwünschten Verhaltens kompensieren. Diese Kompensation kann durch das Produkt selbst (z.B. Süßigkeiten werden mit Vitaminen angereichert) erfolgen. Eine andere Variante besteht in Ersatzhandlungen, die die negativen Folgen des Produktes kompensieren (z.B. weil ich viel Sport mache, darf ich auch Schokolade essen).
2. Verdrängung ⇒ Wünsche/ Bedürfnisse, die durch das Ich nicht an ihrer Erfüllung gehindert werden können wie z.B. Süchte oder starke Triebe, werden vom Ich unbewusst verdrängt. Das kann dazu führen, dass wir uns z.B. nicht mehr erinnern (wollen), dieses (unerwünschte) Verhalten an den Tag gelegt zu haben oder versuchen, es auf ein vertretbares Maß zu reduzieren. Mit diesem Phänomen haben alle Aufklärungskampagnen zu tun (z.B. gegen Rauchen, Drogenmissbrauch, Aids-Vorbeugung etc.), da die Betroffenen diese Kampagnen verdrängen und insofern ihre Botschaften gar nicht bewusst wahrnehmen. Vor dem Hintergrund der starken zu Grunde liegenden Wünsche/Bedürfnisse ist es sehr unwahrscheinlich, dass die unbewusste Wahrnehmung dieser Botschaften trotzdem verhaltenswirksam wird.
3. Regression ⇒ Das Ich fühlt sich überfordert und zieht sich auf kindliche Verhaltensmuster zurück. Man schlüpft angesichts der bedrohlichen Situation (private Unsicherheit von Beziehungen oder hoher beruflicher Leistungsdruck) praktisch in die Rolle des Kindes zurück und gibt die Verantwortung gerne an andere ab. Dies erklärt teilweise auch den Erfolg von Kinderprodukten (Märklin-Eisenbahn, Steiff-Tiere, Carrera-Bahn, Storck-Riesen und sogar Babygläschen), die von Erwachsenen gekauft und allein oder gemeinsam mit Kindern verwendet werden.
4. Projektion ⇒ Das Ich fühlt sich nicht zuständig. Die Verantwortung für das eigene Handeln wird an den Hersteller (z.B. in der Versicherungsbranche) oder den Staat (z.B. Verbote) abgegeben. Diese Haltung nutzt z.B. die HypoVereinsbank mit ihrem Slogan „Leben Sie, wir kümmern uns um die Details." beispielhaft. Auch die Funktion und der Erfolg von Gütesiegeln erklärt sich aus dieser bewusstseins-entlastenden Strategie.
5. Identifikation ⇒ Durch die Identifikation mit wichtigen öffentlichen Personen oder angesehenen Institutionen erhöht sich das Selbstwertgefühl. Vor allem, wenn man die gleichen Produkte verwendet wie z.B. ein Prominenter. Am glaubwürdigsten und stärksten wirkt es natürlich, wenn die Prominenten die Produkte freiwillig selbst verwenden. Im Falle von bezahlter Werbung ist es wichtig, dass die Prominenten nicht zu viele Werbeverträge haben, da ansonsten das Ich die Glaubwürdigkeit anzweifelt.
6. Rationalisierung ⇒ Das Ich versucht, eigene Entscheidungen bzw. eigenes Handeln – vor allem vor anderen, aber auch vor sich selbst – zu rechtferti-

gen. Dies geschieht vor allem dann, wenn das Selbst eigentlich die (Kauf-) Entscheidung getroffen hat und das Ich dieses Verhalten rechtfertigen muss (vgl. Autobeispiel). Diese nachträglichen Rationalisierungen, in dem das Ich sich selbst und anderen weismachen will, dass es die (Kauf-)Entscheidung bewusst gesteuert hat, sind auch für die Marktforschung wichtig. Denn sie überdecken oft die eigentlichen Kaufmotive, die erst durch den Einsatz von qualitativen Methoden (vgl. Band „Marketing und Marktforschung") herausgefunden werden können.

7. Verschiebung ⇒ Bei negativen Emotionen wie z.B. schlechten (Kauf-) Entscheidungen sucht unser Ich nach einem Ventil für diese aufgestauten Gefühle. Man sucht nach einem „Sündenbock", der die Schuld für die eigene Fehlentscheidung übernehmen muss. Damit Produkte davon nicht (evtl. sogar zu Unrecht) getroffen werden, empfiehlt sich ein liberales Rückgaberecht wie es z.B. Aldi praktiziert, in deren Geschäfte Reklamationen auf Anweisung der Unternehmensleitung ohne weitere Angabe von Gründen problemlos abgewickelt werden sollen.

8. Verleugnung ⇒ Das Ich verändert bewusst die Realität, um unangenehmen Wahrheiten zu entgehen. Dass Rauchen das Krebsrisiko deutlich erhöht, wird – meistens mit dem Verweis auf einen 90-jährigen starken Raucher – ausgeblendet. Ähnliches gilt für zu schnelles Autofahren oder das Fahren unter Alkoholeinfluss.

9. Isolierung ⇒ Hierbei versucht das Ich bewusst die Emotion und die Ratio voneinander zu trennen, um so eigenes (Fehl-)Verhalten zu erklären. Hierzu gehören z.B. all die Fälle, in denen sich Männer oder Frauen auf ihre angeblich entwicklungsgeschichtlich bedingte Männer- oder Frauenprogramme zurückziehen (Männer und Zuhören ⇔ Frauen und Einparken).

10. Phantasie ⇒ Hier erfolgt die Befriedigung unserer Wünsche nicht in der Realität, sondern in der Phantasie. Phantasie macht das Leben eben nicht nur für Kinder erträglicher. Dass diese letzte Strategie eine der für Werbung bedeutsamsten ist, liegt auf der Hand.

Verhaltensänderung zur Lösung des Konflikts zwischen Selbst und Ich

Wenn sich der Konflikt zwischen Selbst und Ich nicht durch eines dieser Strategien lösen lässt, bleibt uns nur eine Verhaltensänderung. In manchen Fällen wie einer lebensbedrohenden Sucht muss das sehr radikal erfolgen, aber in den meisten Fällen reicht uns selbst bereits eine kleine Änderungen wie z.B. der Kauf von Light- oder Diätprodukten, um unser Gewicht zu reduzieren, bei ansonsten unveränderter Ernährung. Dass diese Verhaltensänderungen oft nicht nachhaltig sind, sondern lediglich eine kosmetische Wirkung haben, werden viele Leser bestätigen können.

b) Konsequenzen des Konfliktes zwischen Selbst und Ich für die Neuproduktentwicklung

Schon die Produkte müssen den Verbrauchern Bewältigungsstrategien zur Lösung des Konfliktes zwischen Selbst und Ich anbieten. Insofern bietet es sich an, schon bei der Entwicklung neuer Produkte an diese Möglichkeit zu denken. Rudolf Sommer führt dazu in seinem lesenswerten Buch „Consumer's Mind. Die Psychologie des Verbrauchers" unter anderem folgendes Beispiel aus (S. 60f.).

Das Unternehmen Meggle brachte eine Joghurt-Butter heraus, die am Markt sehr erfolgreich ist, weil sie den Konflikt zwischen Selbst und Ich vorbildlich auflöst. Die emotionale Qualität von Butter (z.B. Geborgenheit, sich etwas Gutes tun, Kindheitserinnerungen, Genuss ...) steht zunächst der Meinung des Ich (z.B. Butter ist ungesund, macht dick, erhöht die Cholesterinwerte ...) gegenüber. Eine fettreduzierte Butter würde möglicherweise den Ansprüchen des Ichs genügen, dabei geht aber die emotionale Qualität von Butter verloren. Mit der Joghurt-Butter gelang es dem Unternehmen, diese Emotionen zu erhalten und gleichzeitig das Ich zu überzeugen, dass diese Butter besser ist als Margarine.

c) Konsequenzen des Konfliktes zwischen Selbst und Ich für die Planung und Gestaltung von Werbung

Auch die Werbung bzw. Kommunikation sollte den Verbrauchern Bewältigungsstrategien zur Lösung des Konfliktes zwischen Selbst und Ich aufzeigen. Dazu können sowohl die Antriebskräfte von Selbst und Ich direkt angesprochen als auch die unter a) geschilderten Abwehrstrategien berücksichtigt werden.

Bei einem Markenkauf spielt heute neben dem funktionalen Wert eines Produktes, der oft austauschbar ist, vor allem der psychologische Mehrwert eine Rolle. Dieser Mehrwert speist sich aus der Bedeutung der Marke für den Käufer. Die Bedeutung der Marke ergibt sich aus persönlichen (auch Kindheits-)Erfahrungen des Käufers mit der Marke, aber auch aus gesellschaftlichen, sozialen oder kulturellen Bezügen. Die gesellschaftliche, soziale oder kulturelle Bedeutung einer Marke kann wiederum auf direkten bzw. realen Erfahrungen beruhen (vor allem über soziale Bezugs-/Peergruppen), aber auch indirekt bzw. virtuell über Massenmedien und Werbung vermittelt worden sein. Dabei muss die virtuelle Erfahrung nicht schwächer sein, denn in unserer Wahrnehmung sind auch virtuelle Welten real, was jeder, der schon einmal selber in Computerspielen oder Büchern versunken ist, sofort nachvollziehen kann (vgl. auch Phantasie als Bewältigungsstrategie).

Psychologischer Mehrwert beim Markenkauf

⇒ Werbung muss daher sowohl das Ich als auch das Selbst überzeugen. Für das Ich steht dabei der rationale/funktionale Nutzen und für das Selbst der emotionale/subjektive Nutzen eines Produktes im Vordergrund. Das Selbst lässt sich daher vor allem durch Symbole und Emotionen beeinflussen, die mit der in der Werbung gezeigten Handlung verbunden werden. Das Ich konzentriert sich dagegen auf die logische Argumentation zugunsten der Produktleistung. „Werbung, die wir als sympathisch erleben, spricht in erster Linie das Selbst in uns an, während Werbung, die wir als überzeugend empfinden, eher das Ich in uns trifft. Gute Werbung sollte möglichst beide Ziele erreichen." (Rudolf Sommer S. 188)

Was passieren kann, wenn eine der beiden Seiten in der Werbung vernachlässigt wird, zeigen folgende Beispiele:

Ein Produkt, das z.B. durch eine argumentative Überbetonung des funktionalen Nutzens nur das Ich überzeugt, wird zwar bei Befragungen sehr positive Einschätzungen erhalten (z.B. bei der Sympathie für die Marke), aber kaum Käufer haben, denn das Selbst hat keine Lust das Produkt zu kaufen. Im anderen Fall bei einem

Produkt, das den emotionalen Nutzen stark in den Vordergrund stellt, aber der funktionale Nutzen unklar bleibt (Was habe ich vom Kauf des Produktes?), wird sich zwar eine hohe Probierkaufrate ergeben, aber kaum Wiederholungskäufe.

Wenn Werbung die Bedeutung einer Marke für das Selbstkonzept der Käufer betonen möchte, kann sie das nicht einfach behaupten, sondern muss es gestalterisch dem Ich und dem Selbst beweisen. Dies geht besonders gut, wenn die Werbung Geschichten mit der und über die Marke erzählt, bei der die Marke das zentrale Element darstellt. Zentral in dem Sinn, dass die Geschichte anders verlaufen bzw. zu einem anderen Ende gekommen wäre, wenn es die Marke nicht geben würde. Storytelling heißt der populäre Ansatz, der sich mit allen Fragen rund um die Bedeutung und das Erzählen von Geschichten beschäftigt (vgl. dazu Karolina Frenzel u.a.: Storytelling oder Georgios Simoudis: Storytising. Nähere Angaben im Literaturverzeichnis).

Geschichten mit der und über die Marke

Weitere Schlussfolgerungen:
- Kinderprodukte müssen das Selbst des Kindes für sich gewinnen und das Ich der Mutter überzeugen (gelungene Bsp.: Nimm2, Fruchtzwerge, Kinderüberraschung).
- Marken müssen in ihrem Auftritt konsistente Botschaften an Selbst und Ich senden. Rudolf Sommer schildert in seinem Buch „Consumer's Mind" die unbewussten Effekte einer Anzeige aus dem Bankenbereich (vgl. Sommer S. 193 f.). In der Anzeige ist ein Junge zu sehen, der an der Scheibe eines Aquariums steht. Direkt vor ihm ist ein riesiger Hai zu sehen. Als Headline steht unter dem Bild: „Gut, wenn man auf der sicheren Seite ist. Die Versicherung der X-Bank." Das Bild und die Headline kommunizieren dem Ich Sicherheit, was vermutlich auch beabsichtigt war. Unbewusst löst der Hai aber mit Sicherheit Gefühle wie Angst und Bedrohung aus, die dann mit dem Markenlogo des Unternehmens verbunden werden. Eventuell entstehen sogar negative Assoziationen wie „Finanzhai". Das Selbst nimmt also hier unbewusst Botschaften auf, die mit Sicherheit nicht beabsichtigt waren. Wenn man dann noch davon ausgeht, dass der Großteil der Menschen (Ulrich Lachmann geht von mehr als 90% aus), die die Zeitschrift gelesen haben, diese Anzeige nur unbewusst wahrgenommen haben, ahnt man, welchen Schaden eine solche Anzeigen anrichten kann.
- Wunschbilder, z.B. Werbeklischees von glücklichen Familien, funktionieren oft besser als die Darstellung der dem Ich bekannten Wirklichkeit und das, obwohl das Ich weiß, dass die Werbebilder unrealistische Klischees abbilden. Aber manchmal will man die Realität auch vergessen dürfen, sie verdrängen oder in die Phantasie flüchten (vgl. Abwehrstrategien unter a).
- Werbung muss sich vor allem an das Selbst richten, denn der Auslöser für den Kauf eines Produktes wird immer das Selbst sein. Außerdem wird ein Großteil der täglichen Kaufentscheidungen (z.B. bei FMCG) automatisiert oder ritualisiert gefällt, d.h. das Ich ist daran überhaupt nicht mehr beteiligt.
- Das Selbst ist besonders empfänglich oder auch anfällig für Heuristiken wie der Orientierung an Experten, der Mehrheitsmeinung oder dem Halo-Effekt (vgl. auch Abschnitt 7.4.2). Da das Selbst vorrangig unbewusst arbeitet, wirken sich außerdem auch die Effekte bei unbewusster Wahrnehmung (Priming,

vgl. Abschnitt 7.4.1 oder Mere-Exposure-Effekt, vgl. Abschnitt 7.4.3) deutlich stärker aus als beim von der Ratio gesteuerten Ich.

7.11.2 Aktuelle Erkenntnisse zur psychologischen Steuerung der Markenkommunikation

Die beiden Wirtschaftspsychologen und Herausgeber des Buches „Psychologie der Markenführung" (München 2007) Arnd Florack und Martin Scarabis versuchen in einem Beitrag ihres Buches den aktuellen Stand psychologischer Ansätze bei der Steuerung der Markenkommunikation zusammenzufassen und weiterzuentwickeln. Ausgangspunkt sind neben einem üblichen Kommunikationsmodell ein Modell über den Konsumenten als Informationsverarbeiter und Annahmen über verschiedene Routen der Informationsverarbeitung. Sie vertreten wie schon viele Forscher vorher ein Mehr-Routen-Prinzip, d.h. es gibt eben oberflächliche und tiefere Formen der Informationsverarbeitung. Dabei greifen sie unter anderem auf die im Buch dargestellten Modelle von Petty/Cacioppo (vgl. Elaboration-Likelihood-Modell S. 298 ff.) und Kroeber-Riel/Meyer-Hentschel (vgl. Modell der Wirkungspfade Kap. 7.6) zurück.

Florack und Scarabis erklären sowohl bewusste, intentionale bzw. kontrollierte Prozesse der Informationsverarbeitung als auch unbewusste, oberflächliche bzw. automatische Prozesse und unterscheiden die folgenden drei Routen der Informationsverarbeitung:

Drei Routen der Informationsverarbeitung

1) Route I: Mühelose Verarbeitung
   Die mühelose Verarbeitung erfordert nur minimale kognitive Ressourcen und umfasst Phänomene wie beiläufiges Lernen (vgl. Mere-Exposure-Effekt), vorbewusste Reizanalyse (vgl. S. 372 im Modell von Steffenhagen), aber auch Formen der unterschwelligen (subliminalen) Verarbeitung. Gerade letztere war nach den Experimenten von Vance Packard 1957 (vgl. S. 308) lange ein nicht nachweisbarer Mythos, zu dem der deutsche Neurobiologe Gerhard Roth anmerkt: „Dabei ist das subliminal Gezeigte (die Coca-Cola-Flasche) durchaus als Hinweisreiz geeignet, aber nur für eine einfache Wahlaufgabe, z.B. eine spontane Wahl zwischen Pepsi-Cola und Coca-Cola, nicht aber für das Starten einer so komplexen Handlungskette wie das Aufstehen, Hinausgehen, Bestellen und Geld zücken. Auch könnte die subliminale Wahrnehmung das bereits vorhandene Bedürfnis verstärken, etwas zu trinken, nicht aber den Wunsch ein bestimmtes Produkt wie Coca-Cola zu trinken." (Denken, Fühlen, Handeln. S. 234)
   Wie das Zitat schon zeigt, lässt sich durch subliminale Reizdarbietung zwar Verhalten anbahnen (Priming siehe Abschnitt 7.4.1) oder verstärken, aber nicht direkt auslösen. Auch zahlreiche aktuelle Experimente zeigen, dass bei subliminaler Wahrnehmung Dinge gelernt werden. Zur Veranschaulichung der mühelosen Verarbeitung soll die kurze Darstellung von zwei Experimenten dienen (weitere Beispiele zur unbewussten Wahrnehmung im Abschnitt 8.1.1):
   • Neurobiologen des University College of London zeigten Probanden Bilder von verschieden großen Geldmünzen, die allerdings nur 50 Millisekunden zu sehen waren – zu kurz um bewusst wahrgenommen werden zu können, aber lange genug um ins Unterbewusstsein zu gelangen. Um diesen Geld-

betrag zu erhalten, mussten die Probanden einen Griff mit der Hand so fest wie möglich drücken. Gleichzeitig befanden sich die Probanden in einem Kernspintomographen, sodass die Forscher die Gehirntätigkeit beobachten konnten. Es zeigte sich, dass die Probanden bei größeren Beträgen fester drückten als bei kleineren. Je höher die zu erwartende Belohnung war, umso stärker stieg die Aktivität im ventralen Pallidium, einer entwicklungsgeschichtlich alten Struktur des für Emotionen sehr wichtigen limbischen Systems, das auch aktiv wird, wenn der Mensch eine Belohnung bewusst wahrnimmt. Anscheinend kann das limbische System auch unbewusst simple Informationen verarbeiten und einfache Reaktionen auslösen.

- In einem anderen Experiment ging es um Effekte der beiläufigen Wahrnehmung. Dabei sollten sich Probanden auf einem Bildschirm, der in drei Bereiche aufgeteilt war, auf die mittlere Spalte konzentrieren. In dieser Spalte befindet sich ein Artikel aus einer Zeitschrift, den die Probanden lesen sollten. Dieser Text läuft langsam über den Bildschirm nach oben, gleichzeitig sollten die Probanden den Cursor über die gelesenen Zeilen führen. Damit sollte sichergestellt werden, dass die Teilnehmer sich wirklich auf die mittlere Spalte konzentrierten. In der linken und rechten Spalte werden Werbeanzeigen präsentiert, die ebenfalls nach oben durchlaufen: eine Versuchsanordnung, die ziemlich genau die Nutzung des Internets und von Banneranzeigen abbildet. Es zeigte sich, dass die präsentierten Anzeigen trotz der Fokussierung auf den Text der mittleren Spalte sehr hohe Erinnerungswerte hatten.

Effekte für die Planung von Marketingkommunikation

Für die Planung von Marketingkommunikation ergeben sich folgende positive Effekte, die über die Route der mühelosen Verarbeitung bei den Zielgruppen erreicht werden können:

- „Reize, zum Beispiel Marken, können subjektiv vertraut gemacht und mit positivem Affekt aufgeladen werden.
- Bestehende Markenverknüpfungen und das Aktivierungspotenzial der Marke können verstärkt werden.
- Durch Wiederholung können über die Zeit neue Informationen in das Gedächtnis integriert werden." (Florack/Scarabis S. 415)

Eine ganz entscheidende Voraussetzung für das Erzielen dieser positiven Effekte liegt in der Vertrautheit der Zielgruppe mit der Marke und ihrer Kommunikation. Um diese Vertrautheit kommunikativ herzustellen, benötigt man vor allem:

- Wiederholung über längere Zeiträume
- Klares, konsistentes und über alle Kanäle selbstähnliches Markenbild (vgl. S. 383 3K-Prinzip von Lachmann)

Außerdem sollte man vor allem bei der Bildauswahl auf die Möglichkeit negativer Assoziationsketten achten, denn bei müheloser Verarbeitung wird meist nur das Bild und das Logo wahrgenommen und dann mit negativen Gefühlen verknüpft (vgl. auch die bereits beschriebene Anzeige aus dem Bankenbereich/ „Hai").

2) Route 2: Oberflächliche Verarbeitung
„Es gibt keine Mühe, die der Mensch scheut, um einer wirklich mühevollen Arbeit zu entgehen: zu denken." (Joshua Reynolds, englischer Maler)
Die oberflächliche Verarbeitung erfordert mehr Aufmerksamkeit als Route 1 und benötigt insofern mehr kognitive Ressourcen. Sie deckt sich mit der peripheren Route des Elaboration-Likelihood-Modells von Petty und Cacioppo (S. 300 ff.). Von oberflächlicher Verarbeitung kann man ausgehen, wenn sich Menschen abends vor dem „Lagerfeuer des 21. Jahrhunderts", dem Fernsehgerät, entspannen wollen. In diesem Fall wird zwar bewusst ferngesehen, aber eben ohne die Inhalte von Sendungen oder Werbespots kritisch zu hinterfragen. Dies würde auch zu viel Energie verbrauchen, weshalb bei dieser Route gerne auf kognitive Abkürzungen wie Heuristiken, Automatismen, Faustregeln bzw. Vorurteile zurückgegriffen wird. Diese Heuristiken können durch die wiederholte erfolgreiche Anwendung einer bestimmten Problemlösungsstrategie entstehen. Dadurch baut sich unser Gehirn eine Art „Verhaltens-Autobahn", die dann beim Auftauchen eines ähnlichen Schlüsselreizes, automatisch „befahren" wird. Dieses in den „Bauch diffundierte Handlungswissen" kann vor allem in Entscheidungssituationen nützlich sein, in denen die Anzahl der Einflussfaktoren sehr unüberschaubar oder der Zeitdruck besonders groß ist. Der Psychologe Georg Felser beschreibt die Vorteile von Heuristiken in diesen Fällen so: „Wenn die zur Wahl stehenden Optionen sich auf vielen Dimensionen unterscheiden, ist eine unbewusste, wenig reflektierte Informationsverarbeitung dem bewussten Entscheiden überlegen, denn unbewusste Prozesse sind deutlich effizienter als bewusste und können daher leichter Informationen integrieren. Wenn allerdings die Optionen sich nur auf wenigen Dimensionen unterscheiden, treffen Personen nach bewusster und reflektierter Abwägung eine bessere Wahl als bei einer wenig reflektierten Entscheidung." (aus: Florack/Scarabis S. 567).
Darüber hinaus sollte man bei zu schnellen Entscheidungen vorsichtig sein, weil man sonst sehr leicht auf psychologisch motivierte Heuristiken setzt, die nicht immer zu einer richtigen bzw. guten Entscheidung führen. Einige dieser psychologisch gut erforschten Mechanismen sollen hier aufgegriffen und ggf. kurz erläutert werden:

Psychologisch motivierte Heuristiken

- Sympathieheuristik: Man stimmt der Aussage von sympathischen Menschen eher zu (vgl. Abschnitt 7.4.2 Halo-Effekt). Man stellt sich damit indirekt auf die gleiche Stufe mit dem sympathischen Menschen. In diesen Bereich gehört auch, dass man gut gekleidete Menschen für kompetenter hält. Fremde erscheinen uns dagegen oft gefährlicher als Einheimische. Im Umkehrschluss führen Hinweise auf Ähnlichkeiten wie z.B. Hobbys, Herkunft, Interessen oder Einstellungen dazu, dass z.B. Hilfsbereitschaft und Vertrauen zunimmt. Selbst kleine Ähnlichkeiten verfehlen ihre Wirkung nicht, wie die Ergebnisse einer amerikanischen Studie zeigen. Dabei konnte die Rücklaufquote von Fragebögen durch eine minimale Änderung, die eine nur unbewusst wahrnehmbare Ähnlichkeit herstellte, fast verdoppelt werden: „Auf dem Anschreiben wurde der Name des Absenders dem des Adressaten angeglichen. Somit erhielt beispielsweise ein Robert Greer seinen Fragebogen von einem Mitarbeiter namens Bob Gregar, während

Cynthia Johnston ihren von einer gewissen Cindy Johanson zugeschickt bekam." (Robert Cialdini: Die Psychologie des Überzeugens. Bern 2006. S. 223).
- Konsensheuristik: Man vertraut der Mehrheitsmeinung. Das Prinzip der sozialen Bewährtheit basiert auf der Erfahrung, dass das was viele machen, richtig sein muss. Ein Effekt, von dem der Marktführer eines Marktsegments regelmäßig profitiert und der erklärt, warum sich Unternehmen in der Werbung gerne mit der Nr. 1 schmücken. Gerade bei Unsicherheit, Stress oder Zeitnot greift diese Heuristik. Ein amerikanischer Verkaufs- und Motivationsberater brachte das Prinzip der sozialen Bewährtheit schön auf den Punkt: „Da 95 % der Leute Nachmacher sind und nur fünf Prozent Vormacher, lassen sich die Leute mehr durch die Handlungen anderer überzeugen als durch jedes Argument." (zitiert aus Cialdini S. 157). Die Stichhaltigkeit dieser These bestätigt auch die Natur vielfach. Wer je eine Herde fliehender Tiere, Fisch- oder Vogelschwärme beobachtet hat, weiß, dass nur wenige die Richtung vorgeben. Aber es ist ja auch viel einfacher und bequemer mit dem Strom zu schwimmen als seinen eigenen Weg zu suchen.
- Expertenheuristik: Man verlässt sich auf das Urteil von Experten oder Autoritäten wie z.B. Testimonials oder Institutionen wie die Stiftung Warentest. Die Autoritätshörigkeit des Menschen gilt spätestens seit dem nicht nur in der Psychologie berühmten Milgram-Experiment (1974, vgl. Cialdini S. 260 f.) als gesichert. Bei diesem Experiment bestraften Probanden auf Anweisung eines Wissenschaftlers einen Befragten bei falscher Beantwortung von Fragen mit immer stärkere Stromstößen. Dabei gingen viele ohne zu zögern in den vorher schon als lebensbedrohlich gekennzeichneten roten Bereich. Selbst wenn der Befragte – ein Schauspieler, denn echter Strom floss glücklicherweise nicht – schrie und um Beendigung und Gnade flehten, machten die meisten Probanden auf Anweisung des Wissenschaftlers unbeirrt weiter. Ohne die Macht dieser wissenschaftlichen Autorität hätten die Probanden das Experiment wesentlich früher abgebrochen, denn einige litten förmlich mit ihrem „Opfer", ohne sich allerdings selbst gegen die Anweisung der Autorität zu wehren.
- Single-piece-of-good-evidence-approach: Vor allem, wenn wir in Eile, gestresst, desinteressiert, abgelenkt oder erschöpft sind, neigen wir dazu, nur einen kleinen Teil der zur Verfügung stehenden Informationen zu beachten. Gerade dann machen wir oft den Versuch, unsere Entscheidung von nur einem einzigen Indiz abhängig zu machen (vgl. Cialdini S. 338).

Wie man vor allem im letzten Fall sieht, werden bei diesen Heuristiken sehr wenige Informationen (des Werbemittels) genutzt. Die Elemente, die oberflächlich verarbeitet werden sollen, müssen daher sehr augenfällig und/oder leicht zu verarbeiten sein. Zu diesen augenfälligen oder leicht zu verarbeitenden Informationen zählen unter anderem: die Attraktivität, Sympathie und Selbstsicherheit des Testimonials, die Anzahl der Argumente (vgl. auch periphere Route im ELM-Modell S. 298) und die Bekanntheit der Marke oder des Testimonials.

Für die positiven Effekte bei oberflächlicher Verarbeitung sind neben den beschriebenen inhaltlichen Aspekten vor allem auch nichtsprachliche Codes be-

Auffällige oder leicht zu verarbeitende Informationen

sonders wichtig, weil gerade diese das spontane, unbewusste Gefallen von Menschen oder Marken stark beeinflussen können. Bei Menschen sind diese wichtigen nichtsprachlichen Codes vor allem Kleidung, Mimik, Gestik und Haltung, die oft mehr über einen Menschen bzw. die Kommunikation verraten als man denkt. Und die darüber hinaus auch oft schon innerhalb weniger Sekunden darüber entscheiden, ob uns Leute sympathisch sind oder nicht. Bei Marken sind wichtige nichtsprachliche Codes Farben, Produkt- und Verpackungsdesign, Musik, akustische Logos, Typographie, Symbole, Logos, Key Visuals …, die auch bei oberflächlicher Verarbeitung die gewünschten Markennetzwerke in den Köpfen der Verbraucher aktivieren können.

In einer englischen Studie, bei der die Konsumentenbeurteilungen von über 10.000 TV-Spots analysiert wurde, stellte man fest, „dass eine positive Beurteilung von Werbung vor allem durch die drei Faktoren ‚Relevant news' (neue wichtige Informationen), ‚Empathy' (Einfühlung, Realitätsnähe) und ‚Entertainment' (Unterhaltsamkeit) erzeugt wird. Ablehnung der Werbung wird wahrscheinlicher bei ‚Familiarity' (Vertrautheit), ‚Confusion' (Verwirrung) und ‚Alienation' (Entfremdung)." (Florack/Scarabis S. 416). Außerdem erfolgt durch oberflächliche Verarbeitung ein Priming (Bahnung), d.h. spätere Kontakte mit der Marke werden in eine bestimmte Richtung vorgeprägt. Man erhält praktisch schon einen bestimmten Rahmen (frame), in den man dann weitere Kontakte mit der Marke leichter und besser einordnen kann. Einige Formen des Priming wie Halo-, Kontrast- oder der Mere-Exposure-Effekt wurden schon an anderer Stelle beschrieben (vgl. Abschnitt 7.4.1 bis 7.4.3).

Die Bedeutung der oberflächlichen Verarbeitung für den Menschen und damit auch für die Kreation von Werbemitteln wird deutlich, wenn man sich folgende gesicherte Erkenntnisse bewusst macht:
- die durchschnittliche Anzeigenbetrachtungsdauer liegt unter zwei Sekunden,
- 90 % der Zielgruppen sind nicht wirklich am Thema interessiert (Low-Involvement),
- ca. 99 % aller auf uns einströmenden Reize werden nicht bewusst verarbeitet (zu den Zahlen, Quellen und Schlussfolgerungen vgl. Kapitel 8 Kreation).

> Die durchschnittliche Anzeigenbetrachtungsdauer liegt unter zwei Sekunden

3) Route 3: Intensive Verarbeitung
Bei der intensiven Verarbeitung werden die Inhalte eines Werbemittels tiefergehend analysiert, d.h. der Produktnutzen und die Argumente werden überprüft. Sie deckt sich mit der zentrale Route des Elaboration-Likelihood-Modell von Petty und Cacioppo (vgl. 298 ff.). Da die intensive Informationsverarbeitung sehr viel kognitive Kapazität und daher Energie benötigt, versuchen wir, diese Route nur dann zu verwenden, wenn es sich für uns wirklich lohnt (High-Involvement). Da in solchen Fällen in der Werbung meistens zu wenig Informationen enthalten sind, spielt sie bei der Kaufentscheidung nur eine untergeordnete Rolle. Die Konsumenten bilden sich ihr Urteil mithilfe weiterer Informationsquellen, die aber nur teilweise vom anbietenden Unternehmen kontrolliert werden können (z.B. Homepage, Prospekte, Kataloge, Händlerschulungen etc.). Der Einfluss von Presseberichten, Produkttests, unabhängigen Experten, Internetportalen, Freunden oder Bekannten auf die Kaufent-

scheidung der Zielgruppe lässt sich dagegen nur bedingt vom anbietenden Unternehmen steuern.

Um die Frage, unter welchen Umständen Konsumenten Informationen tief oder weniger tief verarbeiten, zu klären, kann man auf das MAO-Prinzip (Motivation, Ability [Fähigkeit], Opportunity [Gelegenheit] vgl. Abb. 7.33) zurückgreifen.

Nur wenn alle drei Faktoren stark ausgeprägt sind, kommt Route 3 zum Zuge, ansonsten ist die Wahrscheinlichkeit eher gering, dass sich die Zielgruppe der Botschaft mit Interesse zuwendet und es wird Route 1 oder 2 eingeschlagen.

Auf der Ebene der Zielgruppe bedeutet:
- Motivation = Bereitschaft der Zielgruppe, sich mit Kommunikationsmaßnahmen auseinander zusetzen. ⇒ vgl. zur Dauerhaftigkeit dieser Motivation auch die Unterscheidung des Involvements nach Lachmann in Kapitel 8.12.
- Ability (Fähigkeit) = verfügt die Zielgruppe über die Sach- und/oder Sprachkompetenz, um sich mit Kommunikationsmaßnahmen auseinander zu setzen. ⇒ z.B. Vorwissen zum Produkt bzw. -kategorie, Erklärungsbedürftigkeit des Produktes bzw. des Produktnutzens, Komplexität der Botschaft, Bildungsgrad, Intelligenz, kognitive Flexibilität etc.
- Opportunity (Gelegenheit) = gibt es innere oder äußere Einflüsse, die die Auseinandersetzung mit den Kommunikationsmaßnahmen fördern oder behindern ⇒ Zeitdruck/Stress, Menge an konkurrierenden Reize/Reizvielfalt, Konzentration, Aufmerksamkeit.

	Motivation		Ability (Fähigkeit)		Opportunity (Gelegenheit)	
	−	+	−	+	−	+
Zielgruppenfaktoren	B-to-C (Business-to-Consumer)	B-to-B (Business-to-Business) Unternehmensangehörige Personalmarketing Brand Community	Ältere Zielgruppe ab 60 Kinder	Kommunikation mit Spezialisten und erfahrenen Konsumenten Zielgruppe gebildet/ intelligent/ kognitiv wendig	Innerer Zeitdruck (Eile)	Hohe Konzentration
Medienfaktoren	Werbung in Massenmedien	Werbung in Fachzeitschriften mit Bezug zum Produkt Werbung in Themenheften Word-of-Mouth (Empfehlungsmarketing)	Radiowerbung	Messen Persönlicher Verkauf Mailing	Product Placement Splitscreen POS-Werbung Logo Morphing	Mehrmaliger Kontakt durch hohe Schaltfrequenz/ Crossmarketing Kinowerbung Events Bestimmte Ambientmedien
Umgebungsfaktoren	Unternehmen, Leistung, Botschaft bekannt	Wenn wegen Reizarmut Stimulationsbedürfnis	Markenversprechen/Leistung komplex/ erklärungsbedürftig	Markenversprechen/Leistung leicht zu verstehen	Äußerer Zeitdruck Reizvielfalt Ablenkung	Informationsredundanz

Abb. 7.33: Wahrscheinliche Ausprägung von Motivation, Ability und Opportunity in Abhängigkeit von Zielgruppen-, Medien- und Umgebungsfaktoren

Der wichtigste Faktor für eine tiefere Informationsverarbeitung ist vermutlich die Motivation bzw. das Involvement, denn ohne die Motivation, Informationen verarbeiten zu wollen, nützen einem auch optimale Fähigkeit und Gelegenheit nicht viel. Nicht nur deshalb, sondern auch auf Grund der Austauschbarkeit von Produkten und Werbung, der Erfahrung der Zielgruppen mit Beeinflussungsversuchen und dem schon mehrfach beschriebenen Information overload, muss man davon ausgehen, dass die Zielgruppen Werbung vor allem mühelos oder oberflächlich verarbeiten (Route 1 und 2).

Konsequenz dieser Erkenntnisse für die Gestaltung von Werbung
a) bei Zielgruppen mit niedriger Verarbeitungsbereitschaft (= Normalfall)
- Einhaltung des von Ulrich Lachmann empfohlenen 3-K-Prinzips sein (Kontrast, Konsistenz und Klarheit vgl. Abschnitt 8.5.1).
- Einfachheit der Wahrnehmung und Reduktion der Komplexität ⇒ möglichst wenige Elemente, Argument, Nutzenversprechen. Man muss den Absender leicht, schnell und eindeutig erkennen können.
- Anknüpfen an das Vorwissen (z.B. Markenschemata) der Zielgruppe ⇒ Informationen werden besser erkannt, schneller verarbeitet und besser erinnert, wenn sie zu einem aktivierten Schema passen. Psychologische Studien haben auch gezeigt, dass nicht zum Schema passende Werbeaussagen, selbst wenn sie wahrgenommen wurden, oft verdrängt werden, da Schemata auf die Minimierung von Widersprüchen ausgelegt sind (vgl. Sommer S. 224 ff.).
- Vermeidung von Fremdwörtern oder Fach- und Fremdsprachen ⇒ über die Fehlassoziationen englischer Slogans führt die Agentur Endmark jährlich eine erschreckend erheiternde Befragung durch (www.endmark.de).
- Eher Bild als Text ⇒ am besten Schlüsselbilder / Key Visuals, die wichtige Elemente des Markenkerns repräsentieren und über einen längeren Zeitraum eingesetzt werden.

b) bei Zielgruppen mit hoher Verarbeitungsbereitschaft (= Ausnahme)
- starke, überprüfbare Argumente verwenden.
- Behauptungen sollen durch spezielle Informationen (z.B. Studien, Testergebnisse, glaubhafte Testimonials etc.) belegt werden.
- Es können auch Pro- und Contra-Argumente aufgeführt werden ⇒ erhöht die Glaubwürdigkeit.
- Zielgruppe anregen, zu eigenen Schlussfolgerungen zu gelangen, denn selbst erarbeitetes Wissen wird besser erinnert ⇒ z.B. durch (rhetorische) Fragen oder Auslassungen.

Abschließend noch einige kurze Hinweise, wie man durch die Gestaltung versuchen kann, die Motivation der Zielgruppen zur Beschäftigung mit Werbemitteln zu steigern. Florack und Scarabis identifizieren folgende drei Motivationsstrategien (vgl. Florack/Scarabis S. 426ff.), die nachfolgend kurz erläutert werden:

Motivationsstrategien

1) Kreativität und Abweichung vom Vertrauten
Diese Strategie basiert auf den Erkenntnissen, dass kreative Werbung, die die Erwartungen des Betrachters verletzt, besser wahrgenommen, verarbeitet und gelernt wird als „normale" Werbung. Dies belegt auch die moderne Neurobiologie: „Häufiger erreicht ein durch einen Sinnesreiz im Gehirn entstandenes inneres Bild das Bewusstsein allein dadurch, dass es nicht so recht ins Bild passen will, das man bereits im Kopf hat. Dazu braucht der Sinneseindruck nur besonders neuartig zu sein oder in Verbindung mit anderen Sinneseindrücken aufzutauchen, die in dieser Kombination noch nicht zusammen vorgekommen sind. (...) Bis das neue Bild in das alte Muster integriert ist, herrscht in den betreffenden Bereichen des Gehirns eine gewisse Unruhe. Diese Unruhe breitet sich auf tiefer liegende, subkortikale Zentren aus, die ihrerseits durch die Ausschüttung bestimmter Botenstoffe in der Lage sind, die Erregbarkeit der höheren, kortikalen Nervenzellen zu verändern. Dadurch stellt sich ein Zustand ein, den man ‚fokussierte Aufmerksamkeit' nennt." (Gerald Hüther: Die Macht der inneren Bilder. Vandenhoeck & Ruprecht. Göttingen 2006. S. 24).

Der Kommunikationsprofessor Werner Gaede nennt dieses Prinzip Abweichen von der Norm (ABW). Er zeigt in seinem fundamentalen und monumentalen Buch „Abweichen von der Norm" (Wirtschaftsverlag Langen Müller Herbig. München 2002), gegen welche Normen Werbung verstoßen kann (vgl. Abb. 7.34), welchen Nutzen die Abweichung von der Norm hat (vgl. Abb. 7.35) und wie dieses Prinzip funktioniert. Einige der in der Abb. 7.35 dargestellten Schlussfolgerungen werden im folgenden Kapitel näher erläutert.

Abweichung von den Erwartungen der Zielgruppe

Eine Abweichung von den Erwartungen der Zielgruppe bezüglich der Werbung einer Produktkategorie, wie es beispielsweise Hornbach im Bereich der Baumärkte vorgemacht hat, oder das Brechen mit Erfahrungen und Wissen erscheint immer vorteilhaft. Die bewusste Verletzung von gesellschaftlichen Normen muss immer in Bezug auf die Zielgruppe erfolgen, da ansonsten negative Folgen zu befürchten sind. Die hohen Wogen, die einige Motive der Benetton-Kampagne in den 80er- und 90er-Jahren des 20. Jahrhunderts geschlagen haben, sind hier ein eindrucksvoller Beleg. Auf der anderen Seite wurde ein im Internet viral verbreiteter Spot, in dem eine Katze von einem Schiebedach eines Kleinwagens geköpft wurde, trotz Protesten von Tierschützern von jüngeren Zielgruppen sehr positiv aufgenommen.

Besonders sorgfältig muss bei der Abweichung von bereits gelernten Markenschemata z.B. im Rahmen eines Relaunches agiert werden. Denn eine zu starke Abweichung von den Erwartungen der Zielgruppe an die Marke, wird von ihnen gar nicht wahrgenommen (vgl. Verdrängung S. 343). Auf der anderen Seite darf die Abweichung auch nicht zu schwach sein, da die Werbung ansonsten schnell als uninteressant abgehakt wird. Die Kunst besteht also darin, die Zielgruppe durch markenkongruente Abweichungen zu aktivieren und durch die intensivere Beschäftigung neue Inhalt und/oder Eigenschaften zum bestehenden Markenschemata hinzuzufügen.

Wird dieser Prozess wiederholt durchlaufen, verknüpft sich die neue Wahrnehmung stabil mit den vorhandenen Bildern, d.h. man hat etwas gelernt.

Außerdem muss Kreativität natürlich zur Positionierung passen und der Erreichung konkreter Werbeziele dienen (vgl. dazu auch Florack/Scarabis S. 427), da es sich ansonsten um Kreativität um der Kreativität willen handelt („L'art pour l'art").

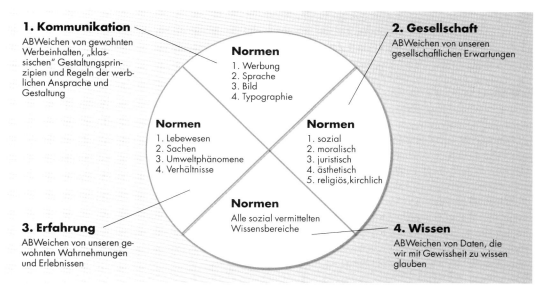

Abb. 7.34: Das Prinzip ABW (Abweichen von der Norm von Prof. W. Gaede)

Wirkungsprozess	Wirkung	Nutzen
Wahrnehmen	**Aktivierung – verstärkte Aufmerksamkeit** • Kognitiv • Physisch • Emotional, bei leichter Abweichung	**Höhere Wahrnehmungschance bei Nutzen/Belohnungen:** • Gedankliche Anregungen • Unterhaltung • Aktivierung und emotionale Stimulierung • „Ästhetische Werbung" • Komik/Witz
Dekodieren (Verarbeiten)	**Aktivierung führt zu intensiverem Dekodieren/Verarbeiten** • Kognitiv (gedankliche Anregung) • Emotional, bei leichter Abweichung **Implizites Schlussfolgern / ästhetisch witzige Werbung führt zu** • Kognitiver Verarbeitungstiefe Aber evtl. Verständnisprobleme	**Aktivierung durch:** • Gedankliche Anregungen • Unterhaltung Ästhetischer Genuss – lustvolles Mitdenken Komik/Witz – kognitiv, lustvoll Insgesamt lustvolleres Dekodieren
Akzeptieren	• durch Attraktivität – erhöhte Akzeptanz • Komik/Humor erhöht die Glaubwürdigkeit **Verbesserte Akzeptanz der Werbung – weil Entertainment, kognitives Vergnügen** „Gefallen geht über Verstehen" (Kroeber-Riel)	Reaktion auf abweichende/ästhetische kreative Werbung: „Diese Marke verdient es von mir beachtet zu werden" (Umberto Eco)
Lernen	• Aktivierung – bessere Erinnerung • Höhere Verarbeitungstiefe führt zu besserem Erinnern (lustvolleres Dekodieren/Verarbeiten) • Abweichung erhöht die Prägnanz – besseres Erinnern (Uniqueness)	Was einem Adressaten einen Nutzen / eine Belohnung verspricht, wird natürlich auch besser erinnert (Verstärker-Wirkung)

Abb. 7.35: Wirkung und Nutzen des Kreationsprinzips ABW (aus Werner Gaede: Abweichen von der Norm. S. 55)

2) Erzeugung von Spannung
Eine andere Strategie besteht darin, die Kunden in der Werbung zunächst über den Absender der Botschaft im Unklaren zu lassen. Einige Kampagnen haben in den letzten Jahren solche Teaser zur Einführung ihrer Marken verwendet (z.B. Eon, Yello). Ob Werbung, die darauf setzt, dass Kunden auf die Auflösung des Rätsels gespannt sind, wirklich motivierende Effekte hat, scheint angesichts vorwiegend an Werbung nicht interessierten Kunden zumindest fraglich. Trotzdem erfreuen sich solche Mystery Ads in den Agenturen immer noch großer Beliebtheit, was vielleicht mit dem völlig anderem – nämlich beruflichen – Interesse der Anzeigenmacher an Werbung begründet werden kann.

3) Herstellung von Selbstbezügen
Die dritte wichtige Motivationsstrategie besteht darin, durch Werbung Bezüge zum Selbstkonzept der Zielgruppe herzustellen (vgl. Abschnitt 7.11.1). Dabei kann je nach Produkt und dem von der Zielgruppe überwiegend zu erwartendem Rollenverhalten sowohl das Ist-, Pflicht- oder Wunschbild innerhalb des Selbstkonzepts verwendet werden. Damit Werbung eine Bedeutung für die Ausformung des Selbstkonzeptes der Zielgruppen bekommen kann, werden unter anderem:
- Testimonials (prominent oder nicht) eingesetzt,
- „vorbildliches" Rollenverhalten gezeigt,
- Motive und Interessen aufgegriffen oder
- Werte und Einstellungen angeboten, mit denen sich die Zielgruppen identifizieren will oder kann.

Werbung wendet sich oft an das Wunschbild der Zielgruppe

Besonders häufig wendet sich Werbung an das Wunschbild der Zielgruppe, d.h. Werbung versucht, die Zielgruppen bei der Suche nach ihrem Idealbild von sich selbst zu unterstützen. Dabei besteht die Gefahr von stereotyper, klischeehafter und damit austauschbarer Werbung, da letztlich alle Hersteller aus dem gleichen Vorrat an erstrebenswerten Werten und Einstellungen schöpfen. Eine weitere Gefahr besteht darin, dass das Identifikationsangebot, das die Werbung bietet, von den Zielgruppen als unrealistisch angesehen wird. Das führt dann zu Reaktanz, d.h. Ablehnung der Werbebotschaft. Der Erfolg einer Marke wie Dove im Kosmetikbereich erklärt sich vermutlich auch dadurch, dass hier keine unerreichbaren Idealbilder vorgeführt werden, sondern das schon vorhandene Selbstbild normaler Frauen positiv verstärkt wird. Die weltweit erfolgreiche Kampagne („Keine Models – aber straffe Kurven") beruht im Übrigen auch auf dem Abweichen von der Norm „klassischer" Kosmetikkampagnen.

Als Abschluss dieses zugegebenermaßen sehr theorielastigen Kapitels ein kleiner Trost für alle. Für alle Praktiker, die sich über die Weltfremdheit der Wissenschaftler ärgern, und für alle Wissenschaftler, die sich über die Hemdsärmeligkeit mancher Praktiker aufregen, ein wunderschönes Zitat von John Desmon Bernal: „Praxis ohne Theorie ist blind, Theorie ohne Praxis unfruchtbar".

Kapitel 8

Kreation von Werbemitteln – Werbung als Gestaltungsprozess

„You have to know the rules to break them"

Unbekannt

Foto: Dirk Engel

8.1	Werbung als Gestaltungsprozess	360
8.2	Vorbereitung der Kreation	368
8.3	Kategorien der Werbewirkung	372
8.4	Basisstrategien	375
8.5	Grundprinzipien der Anzeigengestaltung	381
8.6	Besondere Aspekte bei der Gestaltung von Werbemitteln	440
8.7	Besonderheiten bei der audiovisuellen Werbung	445
8.8	Zusammenfassung	449
8.9	Copy-Analyse und Anzeigen-Analyse	451
8.10	Übungsaufgaben zur Anzeigen-Analyse	452

8.1 Werbung als Gestaltungsprozess

„Wahrnehmung ist nicht alles, aber ohne Wahrnehmung ist alles nichts." Auf diese knappe, aber richtige Formel hat der Werbeforscher Dr. Ulrich Lachmann die grundsätzliche Anforderung an Werbung gebracht. Eigentlich eine Binsenweisheit, doch wenn man sich einmal genau in der Werbelandschaft umsieht, muss man leider feststellen, dass es mehr wahrnehmungsverhindernde Werbung gibt als man denkt.

Erfolgreiche Werbung muss also wahrnehmungsstark sein, das heißt, die Zielgruppe muss sich entweder auf Grund ihrer Einzigartigkeit („Uniqueness") an sie erinnern oder Werbung gelingt es auf Grund kontinuierlicher Wiederholung konstanter Bildelemente („Branding"), von der Zielgruppe wiedererkannt zu werden. In dieser Aussage verstecken sich auch – mit dem Recall (Wieder-Erinnern) und der Recognition (Wieder-Erkennen) – zwei der wichtigsten Größen der Werbewirkungsforschung (vgl. Abb. 8.4). Dabei soll hier keine Hierarchie zwischen diesen beiden Werbewirkungskategorien bzw. den beiden Ansätzen zur Wahrnehmungssteigerung vorgenommen werden, denn für manche Produktkategorien sind Branding-Ansätze wichtig, für andere eher Uniqueness. Wobei Branding-Ansätze nicht zwangsläufig langweilig sein müssen, sondern auch eine Unique Advertising Proposition (UAP) in den Köpfen der Verbraucher erlangen können – das Stichwort Marlboro soll an dieser Stelle genügen. Auf der anderen Seite ereilt auch einzigartige Werbung bei häufiger Wiederholung früher oder später das Schicksal „gewöhnlich" zu werden. Hier denke man nur an den von Jung von Matt entwickelten TV-Spot für Jever („Der Frieslandgänger"), der schon seit 1995 on air ist, dessen Story jeder kennt und den man aber trotzdem immer wieder gerne sieht, denn an diese Qualität von Werbung kann man sich gewöhnen.

8.1.1 Bewusste und unbewusste Wahrnehmung

Am Anfang des Wahrnehmungsprozesses steht die Aufmerksamkeit, die letztlich dafür sorgt, dass wir aus dem permanenten Fluss unbewusst registrierter Reize diejenigen auswählen, mit denen wir uns weiter beschäftigen wollen. Natürlich erfolgt nicht jeder Wahrnehmungsprozess, der im Allgemeinen zwischen Bruchteilen von Sekunden und einigen Sekunden dauern kann, bei klarer Aufmerksamkeit.

Unser Auge kann z. B. nur 40 Bits pro Sekunde bewusst erleben, das entspricht maximal acht Zahlen oder einem kürzeren Wort von sieben bis zehn Buchstaben. Gleichzeitig versorgt unser Sinnessystem uns mit ca. elf Millionen Bits an Informationen, das entspricht ungefähr dem Speichervolumen einer alten Floppy-Disk (zu den Zahlen vgl. Scheier, Christian: Wie Werbung wirkt. Freiburg 2007). Diese mehr als 99 % an Informationen gehen aber eben nicht vollständig verloren, sondern werden unbewusst verarbeitet und manchmal bleibt da eben auch etwas hängen.

Auf die Notwendigkeit und Bedeutung unbewusster Verarbeitung und unbewussten Handelns z.B. mithilfe von Heuristiken, Faustregeln und Automatismen zur Entlastung unseres Gehirns bzw. Schonung unserer Energiereserven wurde schon mehrfach hingewiesen (Entlastung unseres Gehirns bzw. Schonung unserer Energiereserven, Reizüberflutung vgl. u.a. Abschnitt 7.11). Deshalb soll an dieser Stelle nur ein letzter Beweis für das Verhältnis zwischen Bewusstsein und Unbewusstsein angeführt werden. 1983 führte der amerikanische Psychologe Benjamin Libet ein Experiment durch, dessen Schlussfolgerung das Weltbild vom rational gesteuerten Menschen gründlich auf den Kopf stellte. Libet konnte zeigen, dass die meisten menschlichen Handlungen vom Unbewusstsein schon 550 bis 350 Millisekunden vor dem bewussten Willensentschluss eingeleitet werden, d.h. bevor sich die bewussten Teile unseres Gehirns (Großhirn, insbesondere das Stirnhirn) überhaupt eingeschaltet hatten. Die Funktion des Bewusstseins liegt demnach darin, den bereits eingeleiteten Vollzug einer Handlung zu erlauben. Das Bewusstsein kann insofern eine vom Unbewusstsein bereits eingeleitete Handlung noch stoppen oder verändern. Anschließend datiert das Bewusstsein die Wahrnehmung auf den Zeitpunkt des Informationseinganges zurück, sodass unser Gehirn sich den (falschen) Eindruck verschafft, dass die Informationsaufnahme und das Bewusstwerden zeitgleich erfolgt. Ein Verhalten, das nicht zufällig dem nachträglichen Rationalisieren von vom Selbst ausgelösten Kaufentscheidungen ähnelt (vgl. Abschnitt 7.11.1). Das Bewusstsein greift aber nur dann in die vom Unbewusstsein ausgelösten Handlungen ein, wenn das Verhalten für die Person bedeutsam ist, d.h. der Energieaufwand für das Einschalten des Gehirns muss sich lohnen. Wir sind glücklicherweise also doch noch keine willenlosen Automaten, auch wenn mit Sicherheit ein großer Teil unser täglichen Handlungen – darunter auch Käufe – unbewusst bzw. automatisch abläuft.

Neben der Wahrnehmung mit klarer Aufmerksamkeit, das heißt mit bewusster Hinwendung zum Zielreiz, gibt es noch Wahrnehmung mit geringer Aufmerksamkeit und ohne Aufmerksamkeit.

Bei Wahrnehmung ohne Aufmerksamkeit geht es um unbewusste und unterbewusste Wahrnehmung von Reizen (Erkenntnisse zur Wahrnehmung durchziehen naturgemäß das Kapitel 7 zur Werbewirkung, dort finden Sie an unterschiedlichen Stellen Aussagen dazu). Dass Werbung auch bei unbewusster Wahrnehmung Effekte hat, zeigt sich vor allem im so genannten Mere-Exposure-Effekt (vgl. Abschnitt 7.4.3), bei dem auch unbewusst wahrgenommene Inhalte später zu einer deutlich positiveren Einstellung zu diesen Reizen führt.

Weitere wissenschaftlich belegte Beispiele zu den Effekten unbewusster Wahrnehmung:
- „Nicht beachtete, aber gesehene Anzeigen werden positiver bewertet als neue.
- Nicht beachtete, aber gehörte Radiospots werden positiver bewertet als neue.
- Nicht erinnerte, aber vorher gelesene Markennamen werden schneller (wieder-)gelernt als neue.
- Die Wortstämme nicht erinnerter, aber vorher gelesener Markennamen werden eher zum korrekten Namen ergänzt als neue Namen.
- Produkte, die nur aus dem Augenwinkel wahrgenommen wurden, werden häufiger gewählt als neue." (Georg Felser in: Florack/Scarabis 2007. S. 559)

Da es aber meistens nicht das Ziel von Werbung ist, nur unbewusst wahrgenommen zu werden, sondern eher um die Aufmerksamkeit der Zielpersonen gekämpft wird, soll die Kreation von unbewusst wahrzunehmenden Werbemitteln in diesem Kapitel nicht weiter betrachtet werden. Nur so viel, es ist in jedem Fall ein sehr großes Budget notwendig, da solche unbewusst wahrgenommenen Reize enorm oft wiederholt werden müssen, damit überhaupt etwas hängen bleibt. Und, wenn ich schon ein großes Budget haben, dann kann ich es doch eigentlich auch direkt sinnvoll investieren. Auf der anderen Seite nehmen low-involvierte Adressaten Anzeigen häufig nur beiläufig wahr, das heißt in gewisser Weise besteht hier eine starke Ähnlichkeit zur unbewussten Wahrnehmung.

Im vorliegenden Kapitel soll es daher vor allem um Wahrnehmung von Werbemitteln bei klarer und geringer Aufmerksamkeit gehen. In diesem Zusammenhang stehen auch die Begriffe High- und Low-Involvement sowie die Verarbeitung von Informationen auf der zentralen oder peripheren Route (nach dem ELM-Ansatz von Petty und Cacciopo, siehe Abschnitt 7.3).

> Höchstens 10 % der Empfänger sind an werblichen Botschaften interessiert

Bei hoch involvierten Empfängern werden die eingehenden Informationen intensiv verarbeitet, was im Optimalfall zu einer dauerhaften Einstellungsänderung führt (zentrale Route). Dieses Phänomen tritt aber, glaubt man Untersuchungen von Ulrich Lachmann, nur bei maximal 10 % aller Empfänger von Werbebotschaften auf (näher dargelegt in seinem Buch: Wahrnehmung und Gestaltung von Werbung. Hamburg 2003). Dies hängt vor allem mit den verschiedenen Arten und der damit zusammenhängenden unterschiedlichen Dauer des Involvements zusammen (was in Abschnitt 7.3 näher behandelt wird). Der dort in Abb. 7.23 gegebene Überblick über Art und Dauer des Involments wird hier noch einmal verkürzt zusammengefasst (Abb. 8.1).

Bezeichnung	Involvement-Verlauf	Beschreibung
Persönliches Involvement (dauerhaft)	langfristig, konstant	Hobbys, Überzeugungen, Beruf
Phasen-Involvement	über mittelfristigen Zeitraum (mind. Tage)	wichtige Handlung, Kauf langlebiger Güter
Anlass-Involvement	kurzfristiger Zeitraum (Minuten, Stunden)	Bedürfnis, Termin, Fälligkeit
Induziertes Involvement	Reiz für Sek./Min., dann sinkend	mediale Reize, Quellen-Involvement

Abb. 8.1: Art und Dauer des Involvements (nach: Lachmann, Ulrich: Wahrnehmung und Gestaltung von Werbung, Stern Bibliothek, Gruner+Jahr, Hamburg 2003)

8.1.2 Konsequenzen für die Werbung

Wenn nur 10 % aller Adressaten von Werbung an deren Botschaften interessiert sind, heißt das logischerweise im Umkehrschluss, dass 90 % die Werbung nur mit geringer Aufmerksamkeit verfolgen (vgl. Abb. 8.2). Es kommt im Sinne des

Elaboration-Likelihood-Modells (ELM) zu beiläufiger Reizverarbeitung ohne große kognitive Beteiligung. Die auch bei peripherer Reizverarbeitung mögliche Einstellungsänderung ist bei weitem nicht so stabil wie bei bewusster.

 Bei wenig involvierten Adressaten kommt der Wiederholungsfrequenz eine entscheidende Rolle zu (Penetration/„Branding").

Bei wenig involvierten Adressaten ist das Risiko, nicht wahrgenommen zu werden, natürlich besonders groß, das heißt, Werbung muss auch hier aus dem Wettbewerbsumfeld herausstechen, also einzigartig bzw. leicht wiedererkennbar sein. Die eher beiläufige Wahrnehmung durch wenig involvierte Adressaten hat aber auch Vorteile, denn die geringe kognitive Beteiligung führt nur zur oberflächlichen Überprüfung der werblichen Argumente (vgl. Mere-Exposure-Effekt in Abschnitt 7.4.3).

90 % aller Empfänger nehmen Werbung nur beiläufig wahr

Holger Jung und Jean Remy von Matt, Inhaber der Werbeagentur Jung von Matt, sehen daher die größte Herausforderung für die Marketingkommunikation in der „Aktivierung von gering Involvierten und der Umwandlung in hoch Involvierte. Hierzu kann man folgende einfache Regel aufstellen:

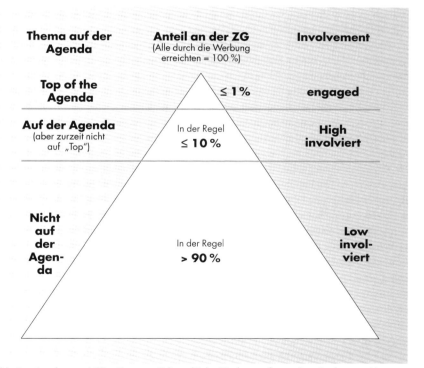

Abb. 8.2: Involvement-Situation zum Zeitpunkt des Werbeempfangs. Aus: Lachmann, U.: Wahrnehmung und Gestaltung von Werbung, a.a.O., S. 94)

Je geringer die Involvierung des Verbrauchers, desto überraschender muss der Effekt einer spannenden Geschichte sein." (Aus: Holger Jung / Jean Remy von

Erfolgreiche Werbung überzeugt **und** unterhält

Werbung als Gestaltungsprozess

Matt: Momentum. Berlin 2004. S. 81). Das, was aus Werbung eine spannende Geschichte macht, bezeichnen sie als Momentum, man könnte auch Uniqueness dazu sagen. Den Unterschied zur reinen „Aufmerksamkeitshascherei" sehen Jung und von Matt deutlich: „Momentum bezeichnet exakt die Schnittstelle zwischen Unterhaltung und Überzeugung. Den Moment, in dem eine Werbeidee die Aufmerksamkeit in einen didaktischen Erfolg umwandelt. Ein hohes Momentum spricht nicht nur die Sinne an, sondern gibt dem Denken einen neue Richtung. Momentum dreht nicht nur Köpfe, sondern es dreht in den Köpfen etwas." (Aus: Jung / von Matt. 2004. S. 12f.)

Bei Betrachtungen zum Thema Involvement bzw. Interesse der Adressaten an werblichen Informationen kommt es auch deshalb so oft zu Fehleinschätzungen, weil die Absender der Werbebotschaft (beim Unternehmen: Geschäftsführer, Produktmanager etc.; in der Agentur: Berater, Kreative etc.) normalerweise highinvolviert sind, während es die Zielpersonen nicht sind. Der Auftraggeber liebt seine Produkte, ist vom Erfolg überzeugt und würde am liebsten zehn Dinge auf einmal in einer mehrere tausend Euro kostenden Anzeige unterbringen. Die Adressaten sind aber zu 90% nicht an der Werbung interessiert und wollen sich den Sinn einer Anzeige sicher nicht angestrengt erarbeiten. Hier passt das berühmte Bonmot von den Tennisbällen: Wenn man einem Menschen fünf Tennisbälle gleichzeitig zuwirft, wird er vermutlich keinen einzigen fangen. Wirft man ihm einen zu, dann wird es vermutlich klappen.

Das unterschiedliche Involvement von Sender und Empfänger wirkt sich auch bei der Beurteilung von Wear-out-Effekten aus, das heißt, das Produkt wird wegen seiner Werbung nicht gekauft, man geht davon aus, dass belästigende Werbung zu einer Reaktanz führt (vgl. dazu Abschnitt 7.4.5). Diese Wear-out-Effekte werden aber viel stärker von den Werbeverantwortlichen empfunden als von den Zielgruppen. Gerade bei beiläufiger Verarbeitung kommt der Reizwiederholung eine entscheidende Rolle zu, und nur weil den Werbeverantwortlichen ihr eigenes Werbemittel „zum Hals heraushängt", muss das für die Adressaten noch lange nicht gelten. Neben dem geringen Involvement der Verbraucher haben sich auch andere Rahmenbedingungen für werbliche Kommunikation, auf die schon hingewiesen wurde, im Laufe der Zeit verändert:

- Werbung erfolgt auf Massenmärkten austauschbarer Güter (Me-too-Produkte), die häufig zudem gesättigt oder sogar schrumpfend sind. Das bedeutet: Erfolgreiche Differenzierung bzw. Positionierung einer Marke in den Köpfen der Verbraucher erfordert den Aufbau einer so genannten UAP (Unique Advertising Proposition) bzw. UCP (Unique Communication Proposition), d. h. man muss versuchen, sich durch eine einzigartige werbliche Darstellung von der Konkurrenz zu unterscheiden. Es kommt also weniger darauf an, was gesagt wird als vielmehr darauf, wie es gesagt (oder gezeigt) wird. Oder für den Erfolg/Misserfolg einer Marke ist nicht die reale Alleinstellung (= Unique Selling Proposition/USP), sondern die emotionale Alleinstellung (= UAP/UCP) in den Köpfen der Verbraucher verantwortlich.

Nicht nur was gesagt wird, sondern wie es gesagt wird, entscheidet über den werblichen Erfolg

- Es herrscht Informationsüberlastung der Zielgruppen, das heißt, die menschliche Aufmerksamkeit stellt die knappste Ressource dar. Das bedeutet: Der Mensch wird zum Flaschenhals der modernen Informationsgesellschaft, denn ca. 98% aller dargebotenen Informationen werden nicht bewusst wahrge-

Bewusste Informationsaufnahme ist nicht die Regel, sondern die Ausnahme

nommen. Unser Bewusstsein muss Informationen vernichten (selektive Wahrnehmung), um die tägliche Reizüberflutung überhaupt aushalten zu können. So wird geschätzt, dass auf die menschlichen Sinneskanäle zeitweise pro Sekunde rund 100 Milliarden Bits an Reizen einwirken. Wir sind aber nur dazu in der Lage, in einer Sekunde ca. 100 Bits bewusst wahrzunehmen, das entspricht einem Selektionsfaktor von 1 zu 1 Milliarde (vgl. zu den Zahlen Lachmann, a.a.O., S. 11). Die bewusste Hinwendung eines Menschen zu einem Reiz/Gegenstand ist also eher die Ausnahme als die Regel.

- Es gibt eine zunehmende Fragmentierung der Zielgruppen. Daraus resultiert: Klare Abgrenzung mithilfe soziodemografischer Kriterien (Alter, Einkommen, Bildung, etc.) ist kaum noch möglich, stattdessen müssen eher psychografische Kriterien (Einstellungen, Interessen, Freizeitverhalten, Einkaufsverhalten etc.) herangezogen werden (vgl. dazu auch Kapitel 3 über Zielgruppen im Band „Kommunikationspolitik"). Angesichts der zunehmenden Komplexität wird in verstärktem Ausmaß auf sog. Typologien zurückgegriffen, deren Einsatz zwar eine Menge Vor- aber auch Nachteile mit sich bringt (Gefahr der Klischeebildung ↔ UAP/UCP).

Es wird schwieriger Zielgruppen zu definieren

Die Wirkung von Werbung unterliegt zunächst einmal allgemeinen physiologischen und psychologischen Aspekten der Wahrnehmung und Verarbeitung von Informationen wie Wahrnehmung, Lernen und Motivation, wozu hier und in den folgenden Abschnitten jeweils kurze Exkurse an den entsprechenden Stellen eingefügt sind.

EXKURS: VERTIEFENDES ZUR WAHRNEHMUNG

1. Wahrnehmung: psychologischer Aspekt
- Wahrnehmung ist *subjektiv*.
  - Die gleiche Situation, der gleiche Vortrag und das gleiche Produkt werden von verschiedenen Personen mehr oder weniger unterschiedlich wahrgenommen.
- Wahrnehmung ist *kontextabhängig*.
  - Sie wird nicht nur durch psychische Prozesse (Emotionen, Erinnerungen, Denken), sondern auch durch die Wahrnehmungssituation beeinflusst.
- Wahrnehmung ist *selektiv*.
  - Von allen wahrnehmbaren Reizen wird nur ein kleiner Teil tatsächlich wahrgenommen.

Selektionsprinzipien bei der Wahrnehmung:
Erster Selektionsgrundsatz: Selektion der Reizart
Durch die Evolution wurden bevorzugt die Rezeptoren entwickelt, die für den Organismus am informativsten sind. Für den Menschen sind das Augen und Ohren.

Integrationsaspekt
Die Umweltinformationen werden durch verschiedene Kanäle aufgenommen, im Bewusstsein wird jedoch eine einheitliche Widerspiegelung der Umwelt gebildet.

Differenzierungsaspekt
Durch Konzentration können Sinne so gehemmt werden, dass die Informationen im Wesentlichen nur durch einen Kanal eingehen. Ein Lernerfolg wird gehemmt, wenn durch verschiedene Kanäle unterschiedliche Inhalte eingehen. Er wird gefördert, wenn die Inhalte gut aufeinander abgestimmt sind.

Zweiter Selektionsgrundsatz: Bereichsselektion
Die für die Lebenserhaltung wesentlichen Informationen müssen möglichst ungestört wahrgenommen werden. Das ist nicht möglich, wenn

Werbung als Gestaltungsprozess

zu viele Reize empfangen werden können, da die Informationsverarbeitungskapazität beschränkt ist. Daher werden die Rezeptoren bevorzugt so entwickelt, dass nur die relevante Bandbreite der verschiedenen Reizarten wahrgenommen wird.

Dritter Selektionsgrundsatz: psychologische Selektion
Im Rahmen der wahrnehmbaren Reize gibt es subjektiv wichtige und unwichtige Stimuli. Es werden bevorzugt die Reize kognitiv verarbeitet, die subjektiv wichtig sind.

2. Wahrnehmung: physiologischer Aspekt

Für Menschen ist das Auge der mit Abstand wichtigste Sinneskanal, die Forschung geht davon aus, dass 90 % aller sensorischen Informationen über das Sehen vermittelt werden (vgl. Hans Mayer / Tanya Illmann: Markt- und Werbepsychologie. Stuttgart 2000. S. 427).

Neben dem Sehen spielt vor allem das Hören für die Gestaltung und den Empfang von Werbung eine wichtige Rolle, weshalb im Folgenden vor allem diese beiden Wahrnehmungsmodi beschrieben werden sollen.

Um Wahrnehmung zu ermöglichen, müssen optische Reize im Frequenzspektrum zwischen 760 und 400 Nanometer liegen, für akustische Reize liegen die Wahrnehmungsschwellen bei 20 Hertz und zum Ultraschallbereich bei 15.000 Hertz. Weitere Voraussetzungen sind eine zeitliche Mindestdauer, räumliche Mindestgröße oder physikalische Intensität.

Außerdem hängt Wahrnehmung noch von der aktuellen körperlichen und geistigen Verfassung des Reizempfänger (Wachheitsgrad, Motivation zur Informationsaufnahme/Involvement) sowie situativen Komponenten (Ablenkung, konkurrierende Reize als Störgrößen) ab.

Wenn man unterschwellige Wahrnehmung als Wahrnehmung unterhalb der absoluten Reizschwellen versteht, muss man heute davon ausgehen, dass keine Information vermittelt wurde bzw. auch keine Beeinflussung stattfinden konnte. Einer der Gründe, warum über das Phänomen unterschwelliger Wahrnehmung bis heute gestritten wird, liegt vermutlich darin, dass die absolute Reizschwelle, das heißt, bis wo kann ein Reiz überhaupt noch wahrgenommen werden, von Mensch zu Mensch verschieden ist.

Sehen
Auf der Netzhaut ist eine Zone des scharfen Sehens, die so genannte Fovea vorhanden, die nur etwa 2° des Sehfeldes ausmacht. Bei normalem Leseabstand (ca. 30 cm) deckt die Fovea damit ca. zwei cm² – das sind rund sechs bis zehn Buchstaben – ab. Hans Erdmann Scheler hat auf der Basis dieser Angabe die These formuliert, dass es bei Vergrößerung des Leseabstandes zu einer in geometrischer Reihe wachsenden Vergrößerung des Fixationsfeldes kommt und ermittelte folgende Werte:

Entfernung in cm	Fixationsfeldgröße in cm²
30	2
60	4
90	8
120	16
150	32
180	64
210	128
240	256
270	512
300	1.024
330	2.048
360	4.096

(Aus: Hans Erdmann Scheler: Die Wirkungspotenziale der Medien. Burda Verlag. Rote Reihe 2000. S. 38)

Dies ist eine durchaus interessante These, die sich mit der Seh-Erfahrung deckt, die man macht, wenn man im Kino in der ersten Reihe sitzt. Gerade für die Gestaltung von Kino-Spots oder Außenwerbung lohnt sich deshalb unter Umständen ein Blick in diese Tabelle, um bei der Anordnung der Bild- und Textelemente oder bei der Bestimmung von Textgrößen keine Fehler zu machen. Bei der Zuwendung zu einem Reiz verengt sich die Pupille, das heißt, es findet eine so genannte Fixation statt. Die anderen nicht am scharfen Sehen beteiligten Bereiche der Netzhaut erfassen die Umgebung eher unscharf (peripheres Sehen), sind aber wichtig, da sie bestimmen, wo die nächste Fixation hingehen soll. Dann springt das Auge in so genannten Sakkaden zum nächsten Fixationspunkt, wobei das Auge während der Sprünge praktisch blind ist. Allerdings nehmen wir dies auf Grund des Tempos – es kommt zu etwa vier Fixationen pro Sekunde – sowie Ausgleichsmechanismen unseres Gehirns nicht wahr. Pro Sekunde können wir daher ungefähr vier mittellange Wörter aufnehmen, Bilder können allerdings wesentlich schneller erfasst werden, da sie parallel (gleichzeitig, ganzheitlich) und nicht wie Text sequenziell (der Reihe nach) ablaufen.

Von der Netzhaut wird der Impuls anschließend über die Nervenbahnen an die visuellen Zonen der Großhirnrinde (Cortex) weitergegeben, wo sie im Kurzzeitgedächtnis in weniger als einer halben Sekunde mit bekannten Schemata verglichen wird, um zu entscheiden, ob dem Reiz weiter Aufmerksamkeit geschenkt werden muss.

Wo Fixationen – etwa in einer Anzeige – erfolgen, hängt von verschiedenen Faktoren ab, die man in interne und externe Faktoren einteilen könnte (in Anlehnung an Lachmann, a.a.O., S. 65):
- Interne Faktoren, wie Involvement oder Gewöhnung (antizipatorisch): Die Marke oder das Logo wird meist rechts unten erwartet.
- Externe Faktoren, wie Aktivierungspotenzial, Größe der Elemente, Blickführung, Farbe oder Prägnanz (Figur-Grund-Differenzierung).

Forschungsergebnisse zeigen zum Beispiel, dass prägnante Reize wesentlich schneller identifiziert werden als unprägnante, die teilweise noch nicht einmal wahrgenommen werden.

Allerdings kann auch bei peripherem Sehen etwas gelernt werden, das heißt die Zielgruppe lernt praktisch aus dem Augenwinkel. In diesen Fällen handelt es sich aber meistens um bekannte oder sehr prägnante Markenlogos, die auf Grund dessen keine Fixationen mehr nötig haben, um erkannt zu werden.

Hören
Bei der Gestaltung von Werbung mit akustischen Reizen müssen neben physikalischen Gesetzmäßigkeiten (Botschaft kann akustisch verstanden werden) auch psychologische Aspekte der auditiven Wahrnehmung berücksichtigt werden, denn Gehörtes löst relativ unmittelbar Emotionen hervor. Sie können als angenehm erlebt/empfunden werden und dann evtl. die Werbezielsetzung unterstützen oder als unangenehm erlebt werden. Dies gilt vor allem für die gezielte Auswahl einer musikalischen Begleitung, die am besten nicht zu viel Aufmerksamkeit auf sich selbst lenkt, sondern die Werbebotschaft sinnvoll unterstreicht. Weitere Hintergrundinformationen bietet das Buch „Wahrnehmung" von G. Kebeck, Weinheim 1997.

3. Aufmerksamkeit: Selektive Wahrnehmung
Aufmerksamkeit ist die zusammenfassende Bezeichnung für einen Zustand erhöhter Wachheit und die Ausrichtung der menschlichen Informationsverarbeitung auf einen bestimmten Gegenstand oder ein Thema. Die Sinne werden dabei fokussiert, Aktivierung und Reaktionsbereitschaft erhöht, Denken und Vorstellungsinhalte eingeengt. Aufmerksamkeit kann bewusst gelenkt, aber auch spontan durch innere (z.B. Interessen) und äußere Reize (z.B. intensive oder unerwartete Töne, Farbigkeit und Bewegungen) ausgelöst werden.

Funktion
Aufmerksamkeit hat eine Selektions- und Aktivierungsfunktion. Aus dem Informationsangebot werden die subjektiv bedeutsamen Informationen herausgefiltert. Gleichzeitig – und bei bedeutsamen Informationen ist diese Verbindung wichtig – werden Aktivierung und Reaktionsbereitschaft erhöht.

Die Aufmerksamkeit ist kein genau abgrenzbarer Prozess. Sie erfüllt eine Funktion, die sich wie andere psychische Funktionen im Laufe der

Evolution entwickelt hat. Dabei sind verschiedene Teilprozesse der Aufmerksamkeit entstanden, die sich ergänzen.

Auf zwei Teilprozesse soll hier näher eingegangen werden, die im Wesentlichen das abdecken, was wir heute unter „Aufmerksamkeit" verstehen: die in einer frühen Entwicklungsphase entstandene Orientierungsreaktion und die Filterprozesse, die sich später entwickelt haben. Wichtige Reize lösen außerhalb des Bewusstseins einen Prozess aus, der die Aufmerksamkeit reflexiv auf diese Reize richtet. Diesen Prozess der reflexiven Aufmerksamkeitsänderung nennt man „Filterprozess". Die **Orientierungsreaktion** ist ein angeborener, in einer frühen Entwicklungsphase entstandener, biologisch verwurzelter Mechanismus, der auch bei Tieren zu finden ist. Er ist nicht anpassungsfähig, d.h., er wird unabhängig von Umweltveränderungen nur durch bestimmte Reize ausgelöst. Andererseits ist dieser Selektionsmechanismus kaum störanfällig. Er funktioniert daher relativ sicher.

Der **Filterprozess** ist dagegen ein gelernter Selektionsprozess, der eine hohe biologische Entwicklungsstufe voraussetzt. Er wird durch Inhalte ausgelöst, die durch Sozialisation und durch persönliche Interessen erworben werden. Daraus ergibt sich eine Anpassungsfähigkeit an veränderte Umweltbedingungen, aber auch eine erhebliche Störanfälligkeit. Während die Orientierungsreaktion durch die entsprechenden Stimuli relativ sicher auszulösen ist, wird die selektive Aufmerksamkeit durch die entsprechenden Stimuli nur mit einer mehr oder weniger großen Wahrscheinlichkeit ausgelöst. (Schlussfolgerungen für die Kreation von Werbemitteln werden im Weiteren in diesem Kapitel gezogen).

8.2 Vorbereitung der Kreation

Wie man aus Abb. 1.1 am Buchanfang entnehmen kann, bildet die Botschaftsgestaltung nur einen – wenn auch sehr wichtigen – Teil einer Werbekonzeption, der neben dem Briefing ganz stark von der Positionierung beeinflusst wird (vgl. Abschnitt 1.7).

Briefing
Als Vorbereitung der Kreation dient ein Briefing (vgl. zum Begriff Briefing auch Abschnitt 1.6). Das Briefing fasst die Ergebnisse der Werbeanalyse und der Werbestrategie zusammen und bildet die theoretische und praktische Basis für die Kreation. Es enthält alle relevanten Fakten, die „die Kreativen" für ihre Arbeit benötigen.

Im Gegensatz zum Kunden-Briefing handelt es sich beim Kreativ-Briefing um ein internes Briefing (vgl. Abschnitt 1.6), das heißt, es wird normalerweise nicht extra mit dem Kunden abgestimmt. Vielmehr wird es intern von der „Beratung" und/oder der „strategischen Planung" (Account Planning) geschrieben – wie die Mitarbeiter/innen der betreffenden Abteilungen im internen Jargon genannt werden. Die Forderung, dass ein Briefing knapp sein sollte (engl. brief = kurz) heißt allerdings nicht, dass es unvollständig sein darf, sondern es muss möglichst präzise sein.

Im folgenden Exkurs finden sich einige Empfehlungen, die durch Übersetzung und Anlehnung an das – für jeden Planer oder Berater interessante – Buch des erfahrenen amerikanischen Planners Jon Steel entstanden sind (Jon Steel: Truth, Lies&Advertising. The Art of Account Planning. Wiley&Sons. New York 1998). Die formulierten Leitfragen sollen dem Briefing-Schreiber helfen, denn sie zwingen ihn dazu, nach Antworten zu suchen, die für die Kreativen den Rahmen abstecken, innerhalb dessen sie ihre Kreativität entfalten können. Ein gut geschriebenes Kreativ-Briefing liest sich wie gute Literatur, das heißt es regt zum Weiterdenken an. Insofern ist das Briefing eben keine Einschränkung, sondern hilft dem Kreativ-Team, das Hauptaugenmerk auf die wesentlichen Dinge zu lenken. Es ist im Grunde genommen der Startschuss für die Kreation, deshalb sollte es nur die Basis-Informationen über alle wichtigen Sachverhalte, die für die kreative Umsetzung nötig sind, enthalten. Das heißt, nicht zu wenig, aber auch nicht mehr als nötig. Peter John Mahrenholz – Geschäftsführer einer großen Agentur und früher Chefstratege bei Jung von Matt – schlägt vor, den Umfang eines Kreativ-Briefings auf eine Seite zu beschränken (vgl. auch Abb. 8.3), eine Forderung, die sehr sinnvoll ist, aber sicherlich nicht immer und überall eingehalten werden kann und wird.

Es gutes Briefing ist ähnlich wie Literatur: Anregung zum Weiterdenken

Exkurs: Leitfragen zur Erstellung eines Kreativ-Briefings

1. Warum machen wir überhaupt Werbung? (für das Produkt/für die Dienstleistung)

Wie kann mir Werbung bei der Lösung meiner Marketing-Probleme/-Ziele helfen? Zum Beispiel: Welche Rolle spielt Werbung im Kaufentscheidungsprozess?

2. Was will ich mit Werbung bei der Zielgruppe erreichen? (Zielsetzung)

Die Wahl des Werbeziels beeinflusst die Ideenfindung und die kreative Umsetzung. Auf jeden Fall müssen Prioritäten gesetzt werden, denn der Versuch, mit einer Kampagne verschiedene Werbeziele zu erreichen, misslingt fast immer.

Beispiele

a) Ziel: Verwendungsintensität des Produktes erhöhen. Dazu:
Ansprache von Produkt-Verwendern. Diese müssen davon überzeugt werden, das Produkt häufiger zu verwenden, d. h., es müssen neue (Verwendungs-)Gewohnheiten erzeugt werden.

b) Ziel: Probekäufe erzielen. Dazu:
Ansprache von Nicht-Verwendern. Diese müssen davon überzeugt werden, das Produkt zu testen, d. h. es müssen möglicherweise Vorurteile, psychologische Kauf-Barrieren oder Missverständnisse aus dem Weg geräumt werden.

Weitere mögliche Werbeziele:
- Bekanntheit steigern,
- Image aufbauen,
- Image verändern,
- Bewusstseinspräsenz erlangen,
- aus dem Wettbewerbsfeld herausstechen (relevant set oder auch evoked set),
- Einstellungen zum Produkt ändern,
- Kaufentscheidungsprozess beeinflussen etc.

Bei der Festlegung des Zieles sollten nur Effekte aufgeführt werden, die von Werbung direkt beeinflussbar sind.

Beispiel: Dachkampagne für Milch

a) Menschen überzeugen, darüber nachzudenken, welche Rolle Milch für sie spielt (Verwendung).
b) Menschen überzeugen, mehr Milch zu verwenden (neue Verwendungsarten aufzeigen).
c) Milchverwendungsmöglichkeiten zu Nachfrage nach Milch machen.

Auch ist gestuftes Vorgehen – in der Reihenfolge a), b), c) – vorteilhafter, als direkt alle Ziele in einer Kampagne realisieren zu wollen.

3. Zu wem reden wir? (Zielgruppen-Definition)

Die Zielgruppen-Definition ist abhängig von der Produktkategorie (beim Verbrauchsgut Milch anders als z. B. beim Luxusgut Schmuck).

Beispiele für relevante Kategorien

- Verbrauchsgut (des täglichen Bedarfs) / FMCG (Fast Moving Consumer Goods = schnelldrehendes Konsumgut): Hier spielt die Frage, wer ist Käufer, wer Verwender, wer Nicht-Verwender und wer Nicht-Käufer (aber Kauf-Beeinflusser) bei der ZG-Definition eine besondere Rolle.
- Gebrauchsgut: Hier spielt die Frage, wer ist Käufer, wer Besitzer, wer Nicht-Besitzer und wer Nicht-Käufer (aber Kauf-Beeinflusser) bei der ZG-Definition eine besondere Rolle.
- Dienstleistung: Hier spielt die Frage, wer ist Nutzer, wer Nicht-Nutzer und wer ist Mit-Entscheider (vor allem im b2b-Bereich) bei der ZG-Definition eine besondere Rolle.
- Neuprodukt ⇔ Produkt befindet sich bereits im Markt
- USP (unique selling proposition) ⇔ me-too
- High-Involvement/-Interest ⇔ Low-Involvement/-Interest (abhängig von Preis, Lebensdauer des Produktes oder Status durch die Produktverwendung, aktueller Bedarf)

Die Fragen, wer erreicht werden soll und wer nicht, sind gleich wichtig, denn eine zu breite ZG-Definition führt zu Botschaften, die für alle akzeptabel sind, aber niemanden wirklich zum Kauf motivieren.

4. Was wissen wir über die Zielgruppe? (Zielgruppen-Beschreibung)

Zur ZG-Beschreibung müssen neben quantitativen Kriterien (meist soziodemografischen) auch qualitative Kriterien (meist psychografische) herangezogen werden, denn erst dadurch entsteht ein plastisches Bild von der ZG, das den Kreativen weiterhelfen kann. Man könnte auch sagen, die soziodemografischen Kriterien bilden das Skelett und die psychografischen sowie verhaltensbeschreibenden Kriterien Herz und Seele der ZG. Erst durch Beschreibung von Verhalten, Einstellungen, Motiven, Interessen und Lebensstil werden aus einer anonymen Masse Individuen.
Die Kreativen müssen beispielsweise wissen,
- welches Verhältnis die Zielgruppen zur Produktkategorie und zum Produkt haben,
- warum und wie sie sich mit dem Produkt beschäftigen,
- welchen Bestandteil/Stellenwert es in ihrem Leben ausmacht bzw., wofür sie es verwenden („How it fits together with their lives"),
- ob der Konsum des Produktes in der Öffentlichkeit stattfindet und wie die ZG darüber denkt („demonstrativer Konsum"/Status),
- ob es einfach oder schwierig ist über die Verwendung des Produktes zu reden („Welche Sprache wird dazu verwendet? Evtl. Tabus).

5. Wie lautet die Haupt-Idee, die wir kommunizieren müssen? (Positionierung)

Diese Frage ist die wichtigste, denn die Antwort darauf beinhaltet alles andere, was man herausgearbeitet hat und enthält bereits die ersten kreativen Ansätze zur Umsetzung. Am besten ist hier eine einzige Idee, die sich in einem einzigen Satz ausdrücken lässt (Positioning Statement). Diese Idee sollte nach Möglichkeit nicht austauschbar sein, sondern einen **UAP (unique advertising proposition)** darstellen.

Bei der Formulierung sollte der Fokus beim Adressaten (der ZG) liegen. Nicht das, was das Unternehmen sagen will, sondern das, was die ZG mitnimmt, ist wichtig! Dies können Ideen sein,
- die die Meinung der ZG zum Produkt bestätigen oder
- die neue Meinungen/Einstellungen zu neuen Produkten entwickeln helfen,
- die eine Handlung auslösen.

Diese Ideen können entstehen:
- aus dem Produkt,
- aus einem Attribut der Produktkategorie (Gefahr der Austauschbarkeit),
- aus der Beobachtung der ZG (Verhalten, Einstellungen etc.).

Vor dem Hintergrund des Briefings können sich die Kreativen detaillierte Überlegungen zur Gestaltung der konzeptionellen Vorgaben machen. Wie das voranstehende Briefing-Beispiel zeigt, sind vor allen Dingen die Zielsetzung, das Denken und Fühlen der Zielgruppen sowie der Hauptnutzen des Produktes wichtig.

```
                        Kreativ-Briefing
Kunde:                                    Werbemittel:
Marke/Produkt:                            erstellt:
Job:                                      geprüft:
```

Hintergrund
(echte Kontextinformationen, Situationsbeschreibungen, Aufgabe der Werbung ...)

Wer soll angesprochen werden?
(hier keine Statistik, sondern lebendiges Porträt der ZG, Einstellung zu Produkt/Marke usw.)

Wie lautet die Botschaft?
(ein Gedanke, Positioning-Statement)

Begründung
(alles was dabei hilft, die Botschaft plausibel zu machen)

Tonalität
(nicht das Markenprofil, sondern Anforderungen ans Werbemittel, keine Leerformeln)

Pflichtbestandteile
(zum Beispiel Slogan, Logo und weitere CI-Bestandteile)

Abb. 8.3: Aufbau eines Kreativ-Briefings/Formulars (entsprechend Rubriken, wie man sie ähnlich findet in Jörn Winter / Hrsg., Handbuch Werbetext, Deutscher Fachverlag, Frankfurt 2008)

> Für die Zielgruppenansprache kommen grundsätzlich alle Sinne des Menschen infrage, auch wenn gewisse Werbeträger praktisch bestimmte Reizkombinationen vorgeben.

Das gilt vor allem für audio-visuelle Medien, aber der Blick über den Tellerrand lohnt sich immer, denn ungewohnte Werbemittel erhöhen die Aufmerksamkeit.

Bei der Kreation von Werbemitteln gibt es sowohl formale als auch inhaltliche Komponenten., die sich in ihren Effekten zur Erreichung des Werbeziels idealerweise unterstützen, die sich aber auch neutralisieren können.

Zu den **formalen Komponenten** zählen beispielsweise
- Spot-Längen (TV, Kino und Funk),
- Spot-Arten (Einzel, Tandem, Split-Screen),
- Anzeigenformate (2/1, 1/1, 1/2, Platzierung im Heft und auf der Seite, etc.),
- Farbe (4c, 2c, s/w etc.),
- Schrift (Typen, Größe, Zeilenlänge, Zeichenabstand, Zeilendurchschuss etc.), was unmittelbar die Lesbarkeit und die Wirkung beeinflusst.

Zu den **inhaltlichen Komponenten** zählen beispielsweise
- inhaltliche Aussage,

Werbemittel sind immer eine Kombination aus formalen und inhaltlichen Komponenten

- Art der Argumentation (z.B. rational versus emotional, einseitig versus zweiseitig),
- Nutzung besonderer Instrumente (z.B. Humor, Angst/Furcht, Erotik, Warentestergebnisse),
- Verwendung besonderer Stile (Slice-of-Life, Einsatz von Testimonials, vergleichende Werbung, Product-the-hero, Branding etc.).

8.3 Kategorien der Werbewirkung

An dieser Stelle soll noch einmal ganz kurz auf den Bereich der Werbewirkungsmodelle zurückgegriffen werden, der im Kapitel 7 schon eingehend untersucht wurde. Die Darstellung der Kreation von Anzeigen im Folgenden wendet ein Stufenmodell von Gundolf Meyer-Hentschel an (Erfolgreiche Anzeigen. Wiesbaden 1988), denn dieses Modell eignet sich sehr gut, um die Grundzüge der Anzeigengestaltung darzustellen. Der Rückgriff auf dieses eher senderorientierte Stufenmodell soll aber nicht dazu dienen, unzulässige Verallgemeinerungen hinsichtlich des Phänomens Werbewirkung vorzunehmen, denn dass Werbewirkung sich sehr komplex darstellt, wird aus Kapitel 7 sicher hinreichend deutlich.

Beim Versuch, Werbewirkung zu kategorisieren, kann man sowohl auf den möglichen zeitlichen Abstand zwischen Reiz (Werbung) und der erwünschten Reaktion als auch auf die Art der Reaktion (beobachtbares Verhalten versus nicht-beobachtbares Verhalten) zurückgreifen (vgl. Abb. 8.4).

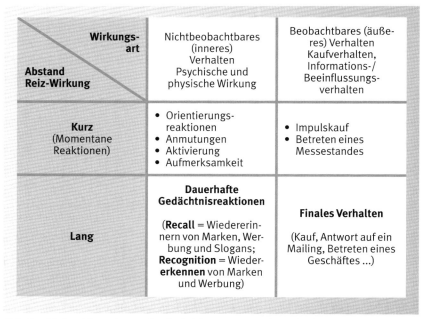

Abb. 8.4: Werbewirkungskategorien (in Anlehnung an Hartwig Steffenhagen, Wirkungen der Werbung, Aachen 2000)

Es lässt sich also deutlich zwischen momentanen, dauerhaften und finalen Wirkungen von Werbung unterscheiden, wobei sich diese unterschiedlichen Kategorien natürlich gegenseitig beeinflussen. So beeinflussen Erfahrungen bei der Verwendung / beim Konsum des Produktes nicht nur die dauerhaften Gedächtniswirkungen wie Kenntnisse, Einstellungen oder Interessen (vgl. Abb. 8.5), sondern sind auch dazu in der Lage, momentane Reaktionen wie die Aufmerksamkeit auf Werbung des Herstellers zu begünstigen. Auf der anderen Seite kommt es bei sog. Impulskäufen zu Kaufverhalten, ohne dass dabei auf Inhalte des Langzeitgedächtnisses zurückgegriffen wird.

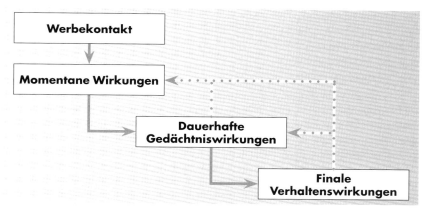

Abb. 8.5: Zusammenhänge zwischen Werbewirkungskategorien (in Anlehnung an H. Steffenhagen, a.a.O.)

Bei genauerer Betrachtung der kurz- und langfristigen Wirkungen von Werbung ergeben sich die in den Abb. 8.6 und 8.7 dargestellten Zusammenhänge, die im Laufe des vorliegenden Kapitels an entsprechender Stelle immer wieder aufgegriffen werden sollen. Die Idee, momentane von langfristigen Werbewirkungen zu unterscheiden, basiert auf der Vorstellung des „3-Speicher-Modells" unseres Gehirns (siehe Kapitel 7, insbesondere Abb. 7.6).

Der in Abb. 8.6 dargestellte Bezugsrahmen momentaner Werbewirkungen greift auf die Erkenntnisse der Aktualgenese zurück. Dabei geht man davon aus, dass komplexes Reizmaterial (z. B. eine Anzeige oder ein TV-Spot) nicht schlagartig erfasst wird, sondern dies allmählich erfolgt. Schon erste, vorbewusste Anmutungen steuern die Wahrnehmung und beeinflussen, wie Tachistoskoptests bei sehr kurzen Betrachtungsdauern (ab 1/1000 s aufwärts) mit gleichzeitiger Befragung ergeben haben, auch die Einstellung zur Werbung bzw. Marke.

Aktualgenese: Komplexeres Reizmaterial wird nicht schlagartig erfasst

Die unbewusst wahrgenommenen ersten Eindrücke können eben schon positiv oder negativ besetzt sein und führen im schlimmsten Fall bereits zum Abbruch der Wahrnehmung. Sie können aber das gefühlsmäßige Erfassen der Anzeige verstärken und dadurch zu einer klareren und intensiveren Wahrnehmung führen. Aus gestalterischer Sicht sollte man deshalb unter anderem auf die in der Anzeige verwendeten Farben achten, da sie oft schon positive oder negative Assoziationen auslösen können (auf das Thema Farbassoziationen wird später noch eingegangen). Noch ein weiterer Hinweis: Häufig wird klischeehafte Werbung schon aus den Augenwinkeln als Werbung erkannt und deshalb direkt überblättert, das heißt im Umkehrschluss:

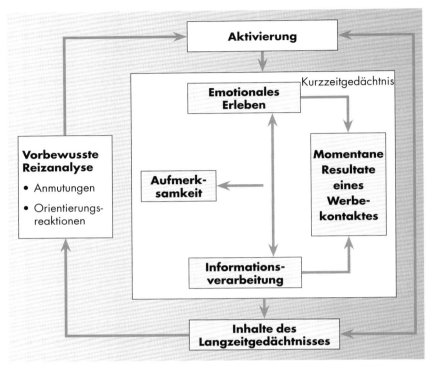

Abb. 8.6: Bezugsrahmen zu momentanen Werbewirkungen (in Anlehnung an H. Steffenhagen, a.a.O.)

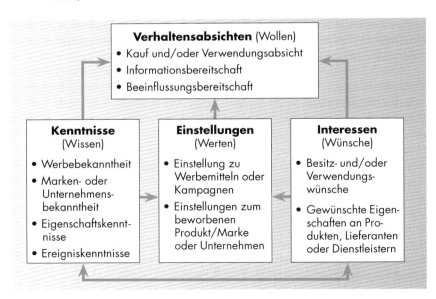

Abb. 8.7: Dauerhafte Gedächtniswirkungen der Werbung (ebenfalls Steffenhagen)

Klischees sind zu vermeiden, denn ein ganz zentraler Faktor für die Wahrnehmung und Wirkung von Werbung ist die Aktivierung.

Bei den in Abb. 8.7 dargestellten dauerhaften Gedächtniswirkungen der Werbung handelt es sich um Inhalte des Langzeitgedächtnisses, die sich nur langfristig von Werbung beeinflussen lassen. Werbung versucht bei den Zielgruppen, die Kenntnisse über Marke und Produkteigenschaften zu erhöhen, das Interesse am Produkt zu wecken und eine möglichst positive Einstellung zur Werbung und Marke zu schaffen. Wenn dies gelingt, kommt es zur Aufnahme der Marke in die Gruppe der Kaufalternativen (relevant set), und wenn ein Kauf ansteht, möglicherweise zum Kauf. Werbung hilft also, Kaufverhalten vorzuprägen, auch wenn zuvor nicht von Werbung zu beeinflussende Hürden (fehlende finanzielle Mittel, schlechte persönliche Zukunftsaussichten) zu nehmen sind.

8.4 Basisstrategien

Aus Sicht der Unternehmen besteht die wichtigste Reaktion auf Werbung im ökonomischen Erfolg (Kauf/Umsatz, Marktanteil etc.) der beworbenen Produkte. Dies stellt eine – zugegebenermaßen sehr wichtige – Reaktion der Zielgruppe auf Werbeaktivitäten von Unternehmen dar, doch letztendlich muss der Kauf eines Produktes erst durch viele verschiedene Marketing- und Kommunikationsmaßnahmen vorbereitet werden.

Käufe müssen mit Marketing- und Kommunikationsmaßnahmen vorbereitet werden

Die Wirkungen kommunikativer Maßnahmen wie Werbung lassen sich aber häufig nicht mithilfe ökonomischer Kriterien erfassen, und es dürfte unstreitig sein, dass es beispielsweise bei einer Produktneueinführung zunächst auf Zielsetzungen wie Steigerung der Bekanntheit, Image-Bildung, Gewinnung von Sympathie oder Anregung zum Probieren ankommt, bevor sich ökonomischer Erfolg überhaupt einstellen kann. Außerdem kommt es häufig zu Zeitverzögerungen zwischen Werbekontakt und Werbewirkung, in diesen Fällen zahlt Werbung gewissermaßen in ein Depot im Langzeitgedächtnis ein, wodurch die Marke kurz vor der Kaufentscheidung als relevante Alternative gilt (relevant set) und dann möglicherweise zu einer Präferenz führt (evoked set/top-of-mind). Es geht bei Werbung daher neben dem Aspekt des Verkaufs vor allem um Vorprägungen, das heißt, die Vorbereitung späterer Käufe. Diese Überlegungen lassen sich auch mit den bereits erwähnten Involvement-Arten verknüpfen (vgl. Abb. 8.1). Denn egal, ob es sich um den gezielten Kauf von High-Interest-Produkten oder um Spontan- oder Gewohnheitskäufe im Low-Involvement-Bereich handelt, die Verbraucher müssen zunächst Vorstellungsbilder (Images) von den Marken im Kopf haben, bevor sie einen Kauf tätigen.

Werbung bringt Marken in den „relevant set" der Zielgruppe

Wie bereits im Kapitel „Werbewirkungsmodelle" erwähnt, festigen sich Images, deren Bedeutung für die Markenwahl gerade bei austauschbaren Produkten (me-too) immer mehr zunimmt, sehr langsam. Bei Spontan- und Gewohnheitskäufen kommt es vor allem darauf an, dass der Verbraucher die Marke wiedererkennt, das heißt, auch hier muss eine Vorprägung im Langzeitgedächtnis stattfinden, bevor ein Kauf erfolgen kann. Angesichts der hohen Bedeutung der Vorprägung und ihres eher langfristigen Ansatzes muss vor kurzfristigen Aktionen

*Werbung hilft bei der **langfristigen** Vorprägung von Kaufentscheidungen*

zur Absatzsteigerung (z. B. Rabattaktionen) gewarnt werden, da die Gefahr besteht, den Markenaufbau zu beschädigen.

Ulrich Lachmann entwickelt auf dieser Basis vier strategische Möglichkeiten für die Gestaltung von Werbemitteln, die im Folgenden kurz dargestellt werden sollen (umfassendere Informationen in Lachmann, a.a.O.). Auf die Involvement-Situation zum Zeitpunkt des Werbeempfangs, das heißt, mehr als 90% der Verbraucher sind an werblichen Informationen zu diesem Zeitpunkt nicht interessiert (vgl. Abb. 8.8), können die Werbetreibenden mit vier verschiedenen Strategien reagieren:

1. Kommunikation mit den wenigen Verbrauchern, für die das Thema gerade höchste Priorität hat (beispielsweise wenn die Waschmaschine kaputt gegangen ist ...). Werbung trifft auf Empfänger, die nach Informationen suchen.
⇒ **Strategie I „Engagement"** unterstützt die zentrale Reizverarbeitung bei High-Involvement.
2. Kommunikation mit der kleinen Gruppe an Verbrauchern, für die das Thema zwar wichtig ist, aber noch nicht höchste Priorität hat (beispielsweise geplanter Autokauf innerhalb des nächsten Jahres). Werbung trifft auf Empfänger, die grundsätzlich an Informationen zum Produktfeld interessiert sind.
⇒ **Strategie II „High-Involvement"** führt zu zentraler Reizverarbeitung bei der hoch involvierten Zielgruppe.
3. Kommunikation mit der low-involvierten Mehrheit der Verbraucher. Werbung trifft auf Empfänger, die nicht nach Informationen suchen (beispielsweise für Güter des täglichen Bedarfs/FMCG).
⇒ **Strategie III „Aktivierung"**. Das ist die aktive bzw. aggressive Strategie, das heißt, Werbung versucht die Verbraucher, trotz Low-Involvement, zu zentraler Reizverarbeitung zu aktivieren.
4. Ebenfalls Kommunikation mit der low-involvierten Mehrheit der Verbraucher (beispielsweise für Güter des täglichen Bedarfs/FMCG), die nicht auf Empfänger trifft, die nach Informationen suchen, aber im Gegensatz zu III als
⇒ **Strategie IV „Low-Involvement"**, nämlich als passive bzw. beiläufige Strategie. Das heißt: Werbung belässt es bei peripherer Reizverarbeitung unter Low-Involvement (vgl. unbewusste Wahrnehmung, Abschnitt 8.1.1 / Mere-Exposure-Effekt, Abschnitt 7.4.3).

Bei engagierten Empfängern kommt es zur Pull-Kommunikation

Am einfachsten haben es werbetreibende Unternehmen, wenn sich durch den Informationshunger der Verbraucher die Situation einer Pull-Kommunikation ergibt (Abb. 8.9), denn in solchen Fällen muss das Unternehmen lediglich die Informationen in geeigneter Form gut zugänglich bereitstellen. Lachmann benutzt für die Steuerung der Empfänger-Suche auf die vom Unternehmen bereitgestellten Informationsfelder den Begriff „Channelising" (vgl. Abb. 8.10). Hier kommt dem Internet, Kundenbindungs-Strategien (ECR= Efficient Customer Relationship, z.B. Datenbank für gezielte Mailingaktionen), aber auch Katalogen und Prospekten eine besondere Bedeutung zu. In der Mehrzahl der Fälle (ca. 99%) müssen werbetreibende Unternehmen aber mithilfe von Maßnahmen der Push-Kommunikation (vgl. Abb. 8.9) versuchen, mehr oder weniger uninteressierte Verbraucher mit werblichen Informationen zu erreichen.

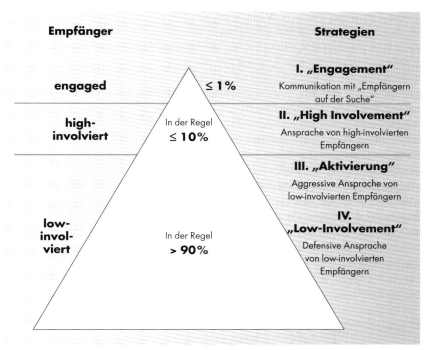

Abb. 8.8: Involvement-Situation zum Zeitpunkt des Werbeempfangs. Aus: Lachmann, Ulrich: Wahrnehmung und Gestaltung von Werbung. Stern Bibliothek. Gruner+Jahr. Hamburg 2003

	Strategie I „Engagement"	**Strategie II** „High-Involvement"	**Strategie III** „Aktivierung"	**Strategie IV** „Low-Involvement"
Wahrnehmungsziel	Information der engaged Sucher, um zum Kauf zu führen bzw. persönlich Involvierte zu überzeugen.	Bereits erhöht Involvierte zum Engagement zu bringen (Strategie I als Folge). „Anstoß-Kommunikation"	Auslösung von Engagement bei Low-Involvierten als Vorstufe zur Kaufentscheidung „Feuerwerk-Kommunikation"	Kommunikation via peripherer Reizverarbeitung beim Empfänger. „Niesel-Kommunikation"
	Pull-Kommunikation	Push-Kommunikation		

Abb. 8.9: Wahrnehmungsziele der vier Strategien. Aus Lachmann, a.a.O.

	Strategie I „Engagement"	**Strategie II** „High-Involvement"	**Strategie III** „Aktivierung"	**Strategie IV** „Low-Involvement"
Problem	Channelising Wie können wir präsent sein, wenn Sucher gerade kommunizieren wollen?	Selektion Wie erreichen wir die kleine Minderheit der High-Involvierten?	Reizstärke Wie kann diese hoch genug sein, um Desinteresse und Priorität anderer Themen zu überwinden?	Gestaltung Wie muss diese aussehen, um von Low-Involvierten wenigstens peripher wahrgenommen zu werden?
Risiko	Empfänger trifft nicht auf unser Angebot	Auslöse-Reiz trifft nicht gezielt genug auf die wenigen High-Involvierten	Reizstärke reicht nicht aus. Es bleibt bei Strategie IV. „Starke Medizin" hat Nebenwirkungen: • Reaktanz • Ablenkung vom Produkt/Botschaft	• zu geringer Werbedruck (Frequenz/Dauer) • Nichteinhaltung der Low-Involvement-Kommunikationsregeln („3K" = Konsistenz, Kontrast, Klarheit)

Abb 8.10: Probleme und Risiken der vier Strategien. Aus: Lachmann, a.a.O.

Bei involvierten Empfängern gibt Werbung Anstöße

Bei der High-Involvement-Stategie (II) geht es darum, diese kleine Zielgruppe möglichst genau zu treffen, das heißt durch eine ausgefeilte Media-Auswahl sollen Streuverluste minimiert werden. („Anstoß-Kommunikation" in Abb. 8.9 und 8.10). Neben der „klassischen" Anzeigen-Werbung, die vor allem der langfristigen Vorprägung der Verbraucher dienen soll (am besten in Special-Interest-Titeln), kommen hier wieder verstärkt Dialog- und Suchmedien wie das Internet, Mailings, E-Mails, Kataloge und Prospekte zum Einsatz.

„Feuerwerk"-Kommunikation: Bei der Mehrheit low-involvierter Empfänger muss Werbung aktivieren

Die Aktivierungs-Strategie (III) stellt vermutlich die wichtigste Strategie dar, weil sie zum einen auf die Mehrheit der low-involvierten Verbraucher anwendbar ist und zum anderen auch bei hoch involvierten Verbrauchern nicht schadet. Denn das Engagement und damit das Interesse an meiner werblichen Botschaft zu erhöhen, dürfte vermutlich niemals schaden. Durch besondere werbliche Ansprache in allen „klassischen" Medien, das heißt Print, Plakat und AV-Medien (TV, Kino, Funk), gelingt es den werbetreibenden Unternehmen, die Aufmerksamkeit der Zielgruppen zu gewinnen. Das Hauptproblem liegt dabei in der Dosierung der Aktivierungsversuche, sind sie zu schwach oder austauschbar, wird die Werbung weiterhin nicht oder nur beiläufig wahrgenommen. Im Falle der Überdosierung kann es wie bei der Schockwerbung (ein bekanntes Beispiel bot und bietet Werbung von Benetton) zur gezielten Kaufverweigerung kommen. Außerdem kann es bei übertriebenen und nicht den Produktnutzen unterstützendem Einsatz von Erotik, Angst oder Humor zur Ablenkung von der eigentlichen Botschaft kommen (sog. „Vampir-Effekt"). Das wichtige Thema Aktivierung wird später in diesem Kapitel noch einmal aufgegriffen.

„Niesel"-Kommunikation: Auch bei beiläufiger Wahrnehmung von Werbung wird etwas gelernt

Ob es sich bei der Low-Involvement-Strategie (IV) überhaupt um eine Strategie handelt, ist fraglich, denn wer gibt schon freiwillig und mit Absicht viel Geld aus, um dann nur beiläufig wahrgenommen zu werden. Doch auch hier gibt es einige gestalterische Grundregeln, die bei Beachtung gewissermaßen eine Art

„Rettungsfallschirm" für das investierte Geld darstellen. Dazu mögen hier nur einige kurze Hinweise angefügt werden, wie auch bei beiläufiger Wahrnehmung noch etwas gelernt wird, wobei diese Tipps natürlich auch auf Werbung im Sinne der Aktivierungsstrategie (III) zutreffen. Man sollte sich um Kontrast, Klarheit, Konsistenz und eine relativ hohe Schaltfrequenz (vgl. Lachmann 2003) bemühen, das heißt, durch die Gestaltung und/oder häufige Wiederholung soll die Werbung dem Empfänger auffallen (Uniqueness, Aktivierungsschemata), dann sollten die Informationen schnell und klar übermittelt werden (Prägnanz, Lesbarkeit und Verständlichkeit des Textes) und zu guter Letzt sollte Werbung eine gewisse Konsistenz bzw. Beständigkeit aufweisen (ständiger Wechsel der grundsätzlichen Strategie verwirrt die ohnehin nicht an Werbung interessierten Verbraucher).

Wenn man sich jetzt den wichtigsten Bereich der Low-Interest-Käufe vor dem Hintergrund der Werbeziele Verkauf und Vorprägung anschaut, stellt man fest, dass sich verschiedene Alternativstrategien anbieten (vgl. Abb. 8.11), die sich nicht ausschließen, sondern teilweise auch additiv verfolgt werden können. So ist in allen Fällen die Vorprägung der Marke von entscheidender Bedeutung, denn nur bekannte Marken, die mit einem gewissen Image verbunden sind, werden im Kaufentscheidungsprozess als relevante Alternativen berücksichtigt und später evtl. bevorzugt (relevant bzw. evoked set vgl. zur Bedeutung von Marken in Kapitel 7). Letztlich gilt dies auch für Gewohnheitskäufe bzw. Markenbindung, die sich irgendwann auch aus vorgeprägten Marken ergeben hat (wie ebenfalls im Kapitel 7 schon angesprochen).

Nur bekannte Marken spielen im Kaufentscheidungsprozess eine Rolle; Ausnahme: reine Preiskäufe

Es lohnt sich mit Sicherheit im Sinne der Idee einer integrierten Kommunikation, die Marke auch über andere Kanäle erlebbar zu machen, wie z.B. über Events (vgl. dazu Kapitel 7 Sponsoring/Event im Band „Kommunikationspolitik").

Ziel	Strategie I „Engagement"	Strategie II „High-Involvement"	Strategie III „Aktivierung"	Strategie IV „Low-Involvement"
Verkauf			Hauptfeld: **Aktions-Werbung**	Hauptfeld: **Routine-Werbung**
Vor-prägung (Image)			Hauptfeld: **Umweg-Strategien** (z.B. Sponsoring und Event)	Hauptfeld: **Marke**

Abb. 8.11: Strategiefelder bei Low-Interest-Produkten. Aus: Lachmann, a.a.O.

Bei High-Interest-Produkten steht ein viel breiteres Spektrum an strategischen Alternativen zur Verfügung, doch auch hier dürfte eine bereits vorgeprägte Marke bessere Chancen haben. Es müssen aber Hinweise auf Response- bzw. Informationsmöglichkeiten gegeben werden, damit sich die Zielgruppen informieren können. Darüber hinaus gilt auch hier, dass die Werbemittel aus dem Konkurrenzfeld herausstechen sollten (Uniqueness), um die Kontaktchancen zu erhöhen. Der einzige Unterschied zu Strategie II oder IV besteht darin, dass es sich um das Herausstechen in engen Mediakanälen (special interest) handelt.

Ziel	Strategie I „Engagement"	Strategie II „High-Involvement"	Strategie III „Aktivierung"	Strategie IV „Low-Involvement"
Verkauf	Hauptfeld: **Kommunikation im Kaufprozess**	Hauptfeld: **Kommunikation vor dem Kaufprozess**	Nebenfeld: **Attraktive Angebote**	Hauptfeld: **Routine-Werbung**
Vorprägung (Image)	Nebenfeld: **Kommunikation** mit Dauer-Involvierten	Nebenfeld: **Allgemeine Kommunikation** mit high-Involvierten	Nebenfeld: **Umweg-Strategien** (z.B. Sponsoring und Event)	Hauptfeld: **Marke**

Abb. 8.12: Strategiefelder bei High-Interest-Produkten. Aus: Lachmann, a.a.O.

	Low-Involvement	High-Involvement
Ziel/Voraussetzung für Wirkung	Zielgruppe oft kontaktieren („überreden", aktivieren oder unbewusst beeinflussen)	Zielgruppe überzeugen
Inhalte der Botschaft	„etwas", wenig, Beachtung des 3-K-Prinzips (Kontrast, Konsistenz, Klarheit) z.B. Sichtbar- oder Hörbarkeit des Logos – wichtig	alles Wichtige
Länge der Botschaft	kurz	ausführlich
Einstellungsänderung via	Emotionen und periphere Merkmale wie Sympathie für Testimonials oder die Marke	Argumente (zentrale Merkmale)
Vorrangig zu nutzende Kommunikationselemente	Nichtsprachliche Codes wie Bilder, Musik, Düfte, Symbole, Logos, Farben, Design	Sprache, Grafiken und Bilder, die den Nutzen transportieren
Anzahl an Wiederholung	hoch	gering
Timing	Konstantes Werben (vgl. „Niesel"-Kommunikation)	Möglichst nah am Entscheidungszeitpunkt
Verstärkung der Wirkung durch Kombination mit	Verkaufsförderung am POS, Sponsoring, Events	Persönlicher Verkauf, Informationen auf der Homepage
Wirkungskontrolle	Recognition (Wiedererkennen), qualitative Methoden (vgl. Kapitel 10 und 16 im Band „Marketing")	Recall (Wieder-Erinnern), Einstellung

Abb. 8.13: Involvement: Konsequenzen für Werbung

Zusammenfassend lässt sich feststellen, dass es neben der Vorprägung von Marken, die auch schon durch beiläufiges Lernen erfolgen kann, vor allem auf die Aktivierungskraft einer Anzeige ankommt, weshalb dieser Aspekt im folgenden Abschnitt besonderes eingehend dargestellt werden soll.

Einige weitere Konsequenzen für die Gestaltung von Werbung, die sich aus dem Involvement-Modell ergeben, sind in der Abb. 8.13 exemplarisch dargestellt und werden im folgenden Abschnitt näher erläutert (vgl. auch die Abschnitte 7.3 und 7.11.2).

8.5 Grundprinzipien der Anzeigengestaltung

Der Leser liest, was ihn interessiert – manchmal sind es Anzeigen (Howard Gossage, amerikanischer Kreativer)

Die Struktur der folgenden Ausführungen wendet nun, wie oben schon gesagt, das Werbewirkungsmodell von Gundolf Meyer-Hentschel an (Erfolgreiche Anzeigen. Wiesbaden 1998). Die Hauptthese Meyer-Hentschels ist, dass Anzeigen schnell sein müssen (vgl. die Fragen zu den einzelnen Phasen in Abb. 8.14). Diese Annahme beruht auf der Beobachtung, dass Anzeigen durchschnittlich weniger als zwei Sekunden betrachtet werden, was nicht heißt, dass die Beschäftigung mit einer Anzeige nicht auch länger dauern kann.

Eine längere Beschäftigung mit Anzeigen finden wir natürlich bei allen am Thema hoch involvierten Adressaten. Für die Mehrzahl der Fälle (Low-Involvement) ist die Beachtung des „zwei-Sekunden-Problems" von großer Bedeutung, denn nur, wenn die Anzeige durch aktivierende Reize schnell gesehen wird (möglicherweise Uniqueness), besteht überhaupt die Möglichkeit, dass low-involvierte Betrachter in die Anzeige einsteigen. Anschließend sollte es die Anzeige dem Betrachter nicht schwerer machen als nötig, das heißt, man sollte die Informationen schnell und bequem aufnehmen können (Prägnanz der wesentlichen Anzeigenelemente, Blickführung, Lesbarkeit des Textes).

Um die Information gut verarbeiten und anschließend abspeichern bzw. lernen zu können, muss der Text verständlich sein, das Bild möglichst den Produktnutzen unterstreichen oder visualisieren und die Botschaft häufig wiederholt werden (Branding, Konsistenz).

Aus diesen Phänomenen lassen sich Grundprinzipien der Anzeigengestaltung ableiten, die im folgenden Abschnitt erläutert werden sollen. Im Grunde genommen geht es also verstärkt um die Kommunikation mit Low-Involvierten, doch auch bei der Kommunikation mit High-Involvierten schadet die Beachtung der Grundprinzipien nicht, zumal Anzeigen in der Regel nicht nur für High-Involvierte gestaltet und geschaltet werden können, das heißt, man sollte dafür sorgen, dass die Adressaten auch im schlechtesten Fall – der nur peripheren Reizverarbeitung bei beiläufiger Wahrnehmung – noch etwas aus der Anzeige mitnehmen.

Nur wer die Norm kennt, findet die Abweichung (Prof. Werner Goede, UdK Berlin)

 Die Ergebnisse der Werbewirkungsforschung legen den Schluss nahe, dass bei jedem erfolgreichen Werbewirkungsprozess alle vier Phasen durchlaufen werden.

Dabei ergeben sich natürlich individuell oder auch produkt- und werbespezifisch sehr unterschiedliche Geschwindigkeiten und diese Phasen werden in sehr unterschiedlichen zeitlichen Abständen zur Werbemaßnahme durchlaufen. Ein empirischer „Gesamtbeweis" existiert nicht. Als gesichert gelten kann jedoch die Erkenntnis, dass der Sprung von einer Wirkungsebene auf die nächste nicht zwangsläufig oder automatisch erfolgt. Eine im Sinne der Werbemaßnahme erfolgreiche Verarbeitungsleistung ist noch keine Garantie für die Produkt- bzw. Markenverwendung. Das ist unmittelbar einsichtig, da auch Faktoren wie die Produktverfügbarkeit oder die Ausgabenspielräume der potenziellen Verwender eine Rolle spielen.

Anzeigen müssen schnell sein

Meyer-Hentschel betrachtet in seinem Modell „Wahrnehmung" als eine eigene Wirkungsebene, man könnte aber bei näherer Betrachtung auch zu dem Schluss kommen, dass Wahrnehmung als ein Oberbegriff für die ersten drei Ebenen verstanden werden kann (Aktivierung, Informationsaufnahme, Informationsverarbeitung). Ein Streit über die genaue Verwendung des Begriffes „Wahrnehmung" ist letztlich für die Betrachtung der Grundprinzipien der Anzeigengestaltung unerheblich und deshalb folgt dieses Kapitel der engeren Begrifflichkeit des Modells.

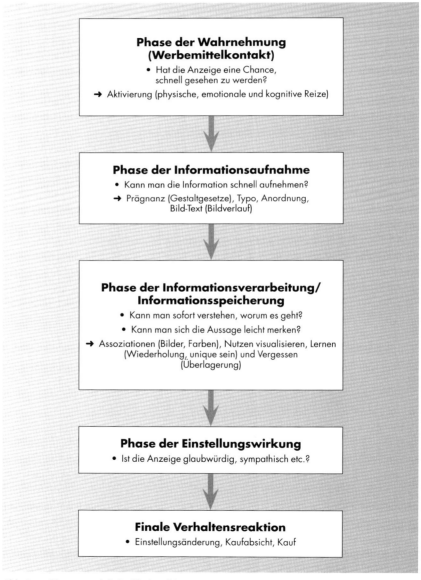

Abb. 8.14: Phasenmodell der Werbewirkung

8.5.1 Wahrnehmungsphase

Schon mehrfach wurde das Bild gebracht, dass die menschliche Wahrnehmung den „Flaschenhals" der Informationsgesellschaft darstellt. Der Verbraucher muss aus dem täglichen Informationsüberangebot, das ja nicht nur aus Werbung besteht, auswählen: nur ein Grund, warum Werbung auffallen muss. Dies kann durch Bilder oder Bild-Text-Kombinationen gelingen, die den Blick und damit die Aufmerksamkeit der Verbraucher möglichst schnell „fangen" sollen.

Kommunikation mit Low-Involvierten sollte das **3-K-Prinzip** beachten

Dabei eignen sich Bilder besonders gut als Blickfang, wenn sie Orientierungsreaktionen oder Filterprozesse auslösen können.

Der Unterschied wurde eingangs in diesem Kapitel erläutert, und wird im nachfolgenden Exkurs weiter vertieft. Professor Werner Gaede hat das Grundprinzip für eine bessere Anzeigenwahrnehmung und -erinnerung zum Titel seines für die Anzeigengestaltung fundamentalen Buches gemacht, es heißt: „Abweichen von der Norm" (Enzyklopädie kreativer Werbung. München 2002). Er zeigt in seinem Buch an Hunderten von Beispielen, welche Normen es gibt und wie man bewusst kreativ dagegen verstößt um dadurch letztlich eine höhere Werbewirkung zu erzielen, getreu nach dem Motto: „You have to know the rules to break them."(vgl. Abb. 7.34).

Für die Kommunikation mit Low-Involvierten empfiehlt Lachmann die Berücksichtigung des 3-K-Prinzips. „Die 3-K stehen für
- **Kontrast** zur Erzeugung von Aufmerksamkeit,
- **Konsistenz** zur Erleichterung der Anknüpfung an Speicher (LZS)-Inhalte und für
- **Klarheit**, um rechts-hemisphärische Verarbeitung

[Anmerkung des Verfassers: rechte Hirnhälfte ist unter anderem für die Verarbeitung von Bildern; Musik und Emotionen zuständig] zu ermöglichen." (Lachmann, 2003).

Elemente zur Aktivierung
Sowohl bei Lachmanns Kontrast als auch bei Gaedes Forderung nach Abweichung von der Norm geht es im Grunde genommen um die Erhöhung des Aktivierungspotenzials von Anzeigen. Darüber hinaus kann durch besonders kreative bzw. von der Norm abweichende Ansätze versucht werden, die Einzigartigkeit des Werbetreibenden (Positionierung) hervorzuheben.

In Fällen des beiläufigen Lernens verhindern aber allzu kreative Ansätze zur Aktivierungssteigerung häufig den Lernerfolg, während eine gewisse Eigentypik – Gestalter sprechen in diesem Zusammenhang auch von Selbstähnlichkeit – sogar bei peripherer Reizverarbeitung erfolgreich sein kann. Der Aufbau von Eigentypik erfordert allerdings eine gewisse Kontinuität im werblichen Auftritt, was wiederum nicht besonders aktivierend wirkt, da es häufig zur Reaktion „Kenn' ich schon, weiterblättern" kommt. Auf der anderen Seite wurde hier zumindest bemerkt, wer geworben hat.

Exkurs: Physiologische und psychologische Grundlagen der Anzeigengestaltung

Die Erregung von Aufmerksamkeit führt immer zu einer kurzzeitigen Erhöhung der Aktivierung. Die Aktivierung wird durch das Aktivierungszentrum gesteuert, das seinen Sitz im Stammhirn hat.

Ursache für Aktivierungsreaktionen
Es existieren im Wesentlichen zwei Reaktionsarten, die eine reflexartige Aktivierungsreaktion auslösen.

1. *Orientierungsreaktionen*
a) Reaktionen auf Grund biologisch vorgeprägter Schemabilder
   Die wichtigsten Schemabilder sind:
   - Schemabilder zum weiblichen und männlichen Geschlecht,
   - Kindchenschema,
   - Augenschema,
b) unerwartete, neuartige Stimuli (Beispiel: unerwartete Autogeräusche),
c) intensive Stimuli.
   Sie lösen reflexiv Orientierungsreaktionen aus. Sie müssen als Blickfänge nicht besonders gestaltet werden, sondern nur intensiv genug sein. Dabei sind nicht die absoluten Intensitätswerte entscheidend, sondern der Kontrast zum Umfeld. In einem sehr stillen Raum lenkt schon ein leises Geräusch die Aufmerksamkeit auf sich. Im umgekehrten Fall kann in lauten Umfeldern wie z.B. in Werbeblöcken auch durch plötzliche Stille eine Orientierungsreaktion ausgelöst werden.
⇒ Orientierungsreaktionen sind weitgehend interpersonell, teilweise sogar interkulturell.

2. *Filterprozesse*
Stimuli mit einer erheblichen Bedeutung für das Individuum (z.B. Interessen, Hobbys etc.) lösen außerhalb des Bewusstseins einen Prozess aus, der die Aufmerksamkeit reflexartig auf diese Stimuli richtet. Diesen Prozess der reflexiven Aufmerksamkeitsänderung nennt man „Filterprozess".

Beispiel

Wenn wir uns auf einer Party mit jemand unterhalten, werden alle anderen Dinge nur als Hintergrundgeräusch wahrgenommen. Falls wir aber plötzlich in einem anderen Gespräch unseren Namen hören, findet eine reflexartige Reaktion des Wahrnehmungssystems statt, da unser Name für uns wichtig ist und wir wissen wollen, was da über uns gesagt wird. Bei dieser Form der selektiven Wahrnehmung gelingt es manchen Leuten sogar, das eigene Gespräch locker fortzusetzen.

Entsprechendes gilt für andere subjektiv wichtige Stimuli. Bei Experimenten mit Bildmotiven hat man festgestellt, dass einige Stimuli wie Sexsymbole und Kinder (vgl. Exkurs Kindchenschema im Folgenden) bei fast allen Menschen die Aufmerksamkeit mit einer Wahrscheinlichkeit auf sich lenken, die nicht mehr zufällig ist. Es gibt aber auch Stimuli, die nur individuell in entsprechender Weise wirksam werden.

So kann ein Filterprozess durch Blickfänge ausgelöst werden, die auf subjektiv wichtige Gegenstände und Themen hinweisen. Durch solche Blickfänge kann man Personen mit spezifischen Interessen ansprechen. Die Aufmerksamkeit von Fußballfans kann z.B. durch ein Foto auf eine Werbeanzeige gelenkt werden. Im Gegensatz zu den intensiven Stimuli haben diese Blickfänge eine inhaltliche Dimension, die bei geschickter Auswahl zur Produktaussage hinführen oder sie sogar unterstützen. Lachmann spricht in diesem Zusammenhang von Framing und meint damit, dass verwendete Bilder zur Werbebotschaft bzw. zum Produkt oder zur Anbietermarke passen müssen. Ansonsten kann es – übrigens auch bei nicht passender Verwendung von Bildern, die Orientierungsreaktionen auslösen – dazu kommen, dass sich das Bild selbstständig macht und von der eigentlichen Werbebotschaft ablenkt. Die Forderung, dass die Darstellung von Erotik in Bezug zum Produkt stehen sollte, damit sie nicht nur vom Produkt ablenkende Aufmerksamkeit erzeugt („Vampireffekt"), kann man in diesem Zusammenhang nur unterstreichen.

Abb. 8.16

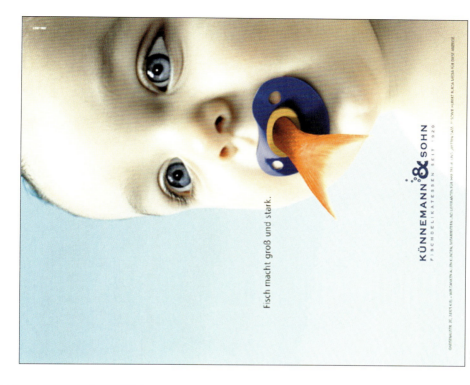

Abb. 8.17

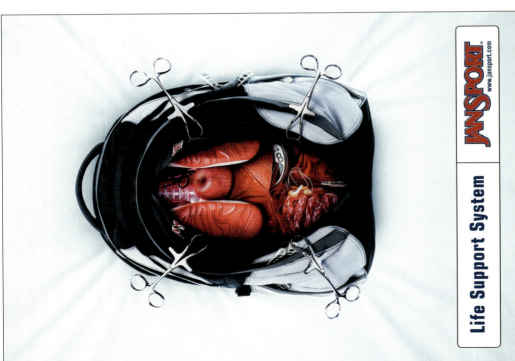

Abb. 8.18

Abb. 8.19

Abb. 8.20

Abb. 8.22

Abb. 8.21

Aktivierung ist die Intensität der physiologischen Erregung im zentralen Nervensystem. Aktivierung bedeutet die innere Reaktionsbereitschaft der physiologischen Systeme, man könnte auch sagen: Mit wie viel Interesse oder Wachheit werden wahrgenommene Reize verarbeitet? – wobei eben auch werbliche Reize die schon vorhandene Aktivierung positiv beeinflussen können. Die Nähe des Aktivierungsbegriffs zum Thema Involvement wird direkt deutlich, wobei die Stärke des aktivierenden Auslösereizes bei hoch involvierten Zielpersonen wesentlich geringer sein muss als bei wenig involvierten (Normalfall). Um etwas zu lernen, ist ein Mindestmaß an Aktivierung notwendig, aber zu starke Aktivierung verhindert genau wie zu geringe mögliche Lerneffekte (vgl. Abb. 8.16).

Aktivierung bedeutet innere Reaktionsbereitschaft des Organismus

Als physiologisches Phänomen lässt sich die Aktivierung an Reaktionen des Körpers messen (z.B. über Hautwiderstandsmessung/EDR-Verfahren, Hirnstrommessung/EEG oder weitere Möglichkeiten zur Messung des Aktivierungspotenzials wie Pupillometrie).

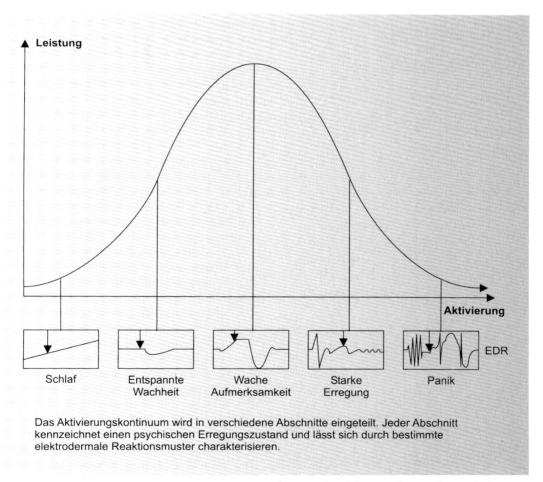

Das Aktivierungskontinuum wird in verschiedene Abschnitte eingeteilt. Jeder Abschnitt kennzeichnet einen psychischen Erregungszustand und lässt sich durch bestimmte elektrodermale Reaktionsmuster charakterisieren.

Abb. 8.15: Zusammenhang zwischen Aktivierung und Leistung (nach Kroeber-Riel aus: Heribert Meffert, Marketing, Gabler Verlag, Wiesbaden 2007. Gabler-Grafik)

Grundprinzipien der Anzeigengestaltung | 385

Im Zusammenhang mit der Aktivierung unterscheidet man üblicherweise drei große Gruppen von Reizarten:

a) Emotionale Reize:
- Reize durch biologisch geprägte Schemabilder (Erotik, Kindchenschema, Augenschema),
- andere emotionale Kategorien (Glück, Freundschaft, Freiheit, Heimat, Tierliebe, Vertrauen, Liebe, Vorbilder, Geborgenheit, Trennung, Angst etc.),
- Zielgruppenspezifische emotionale Kategorien (sie ergeben sich zum Beispiel aus Hobbys oder Freizeitinteressen).

Die allgemeinen biologisch geprägten Schemabilder und emotionalen Kategorien sind in ihrer Funktionsweise inzwischen weitgehend bekannt und werden von vielen Unternehmen eingesetzt (Gefahr der Austauschbarkeit und Abstumpfung bei den Adressaten), aber auch hier kann man wieder frei nach Gaede von der Norm abweichen.

b) Kognitive/gedankliche (Lachmann bezeichnet diese Kategorie als überraschende oder kollative) Reize sind gekennzeichnet durch:
- Neuartigkeit/ Neuheit,
- Überraschung,
- Inkonsistenz,
- Unklarheit,
- Verfremdung,
- Konflikt etc.

Der Verstoß gegen vorhandene Erwartungen und Schema-Vorstellungen gelingt häufig durch eine besondere Bild-Text-Kombination, kann sich aber auch auf einen Bereich beschränken.

c) Physische Reize: wie intensive Stimuli, z.B. durch
- Größe (der Anzeigen-Elemente, der gesamten Anzeige oder von Plakaten)
  – die Anzeigengröße und die Größe des Bildes haben einen entscheidenden Einfluss auf die Kontaktwahrscheinlichkeit, die Nutzungsdauer und auf die Erinnerung (Recall, Recognition),
- Länge des Spots in TV, Kino, Funk,
- Farbe (Farben des Rot-Gelb-Bereichs aktivieren am stärksten und Blau am geringsten), und Farbton, Helligkeit und Sättigung bestimmen die beim Adressaten ausgelöste Aufmerksamkeitswirkung,
- Kontrast,
- Lautstärke etc.

Die Aktivierungskraft physischer Reize hängt stark vom jeweiligen Umfeld ab. So fallen in einer Fachzeitschrift wie der „w&v", in der fast alle Anzeigen auf der vermeintlich wahrnehmungstechnisch besseren rechten Seite platziert sind, vermutlich Anzeigen auf der linken Seite mehr auf. Ähnliche Überlegungen lassen sich problemlos auf den Einsatz von Farbe, Format oder auch auf Lautstärke übertragen.
Physische Reize werden selten allein, sondern häufig zusätzlich zu anderen Reizarten eingesetzt.

Da Anzeigen selten nur mit einem Aktivierungsmittel arbeiten, sollte deshalb bei einer Bestimmung des Aktivierungspotenzials eine getrennte Beurteilung hinsichtlich ihrer emotionalen, kognitiven sowie physischen Reize erfolgen. Darüber hinaus sollte versucht werden, auch das Aktivierungspotenzial einzelner Anzeigenbestandteile, wie z.B. der Bilder oder der Headline bzw. ihrer Kombination, zu beurteilen.

Beispiele (zum Teil auf den vorangegangenen Tafeln abgebildet)

Für die aufgeführten Prinzipien sollen hier positive und negative Beispiele genannt bzw. beschrieben werden, vgl. dazu auch die Abbildungen auf den Farbtafeln.

1. Die Zeitschrift „Wirtschaftswoche" nimmt in einer Anzeige augenzwinkernd Bezug auf bekannte Schlüsselreize. Die Anzeige für die „Werbeklimastudie 1998" zeigt nebeneinander einen treuherzig schauenden Hund, eine unbekleidete Frau und ein lachendes Kleinstkind – drei unterschiedliche Reize, die den Slogan: „Was außerdem verkauft wird, steht in unserer Werbeklimastudie" illustrieren. Neben erotischen Elementen (emotional) aktiviert die Anzeige durch die überraschende Kombination (kognitiv).

2. Eine Anzeige für eine Slipeinlage arbeitet mit dem Einsatz von emotionalen Reizen (hier konkret Erotik), passend zum Produkt (Abb. 8.16).
Dass man darüber, was an emotional-erotischen Reizen den guten Geschmack verlässt oder gar anstößig ist, geteilter Meinung sein kann, ist landläufig bekannt. Man findet aber sogar Beispiele, wo emotional-erotische Reize noch nicht einmal zum Produkt passen und allein schon aus werblicher Sicht ungünstig sind, weil sie eher ablenken.

3. Ein Fischdelikatessengeschäft setzt kognitive Reize in einer überraschenden Kombination mit einem emotionalem Reiz (Kindchenschema) ein (Abb. 8.17). Ungewöhnlich ist hier auch, den Bezug zum Produkt über den als Fisch gestalteten Schnuller herzustellen.

4. Ein Rucksackhersteller erzielt kognitive und emotionale Reize durch einen überraschenden Pack-shot, kombiniert mit dem physischen Reiz (rot) ergibt sich ein sehr hohes Aktivierungspotenzial (Abb. 8.18).

5. Ein Web-Portal verwendet kognitive Reize mit einer verfremdeten, überraschenden Story, passend zur Kernbotschaft (Abb. 8.19).

6. Der Hersteller von Jeep® arbeitet in einer Anzeige teils mit kognitiver Ansprache, aber vor allem mit einem physischen Reiz, hier wird ein überraschendes Detailbild groß auf einer Doppelseite präsentiert, die das Produkt selbst nur andeutungsweise erkennen lässt (Abb. 8.20).

7. Eine Scotch-Whisky-Marke nutzt kognitive Reize und verbindet diese mit emotionalen Reizen (Assoziation Strandurlaub) – bewusst unpassend zum Produkt und passend zur Kernbotschaft, die im Slogan „Just fine" steckt (Abb. 8.21).

8. Ein Sportschuhhersteller erzielt durch das grelle Gelb physische Reize. Die ungewöhnliche Darstellung der Mückenjagd (kognitiver Reiz) passt zum Slogan „Genau dahin wo du willst" und überträgt humorvoll auch Eigenschaften wie Präzision, Lässigkeit, Überlegenheitsgefühl, Können etc. (emotionale Reize) (Abb. 8.22).

EXKURS: KINDCHEN-SCHEMA

Babys und Kleinkinder wecken in uns das so genannte Brutpflegeverhalten.

Sie ziehen uns in ihren Bann und entlocken uns so Schutz, Zuwendung und Nahrung. All das geben wir gerne. Grund ist nicht nur das tollpatschige Verhalten des Nachwuchses. Die kleinen Verführer locken mit einer Reihe äußerer Merkmale, die wir als „süß" und „niedlich" – kurz: unwiderstehlich – empfinden.

Verhaltensforscher sprechen bei diesen Merkmalen von Schlüsselreizen: Der Kopf kleiner Kinder und Tiere ist im Vergleich zum restlichen Körper noch sehr groß, mit hoher, vorgewölbter Stirn und auffällig großen, strahlenden Augen. Die Pausbacken quellen rund hervor. Arme und Beine sind kurz, dick und stramm. Und auch am restlichen Körper sorgen viel Wasser im Gewebe sowie eine ordentliche Portion Fett für rundliche Formen und weiche, elastische Oberflächen.

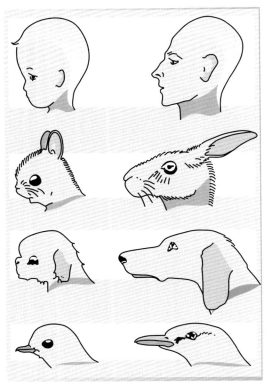

Abb. 8.23: Kindchenschemata

Der bekannte Verhaltensbiologe Konrad Lorenz fasste diese Eigenschaften 1943 als „Kindchenschema" zusammen (Abb. 8.23). Die Reaktion auf das Kindchenschema ist angeboren. Und sie ist dem Menschen eigen. Das ist von der Natur so gewollt, denn der kleine Homo sapiens ist extrem lange auf Hilfe angewiesen. Das entsprechende Schema, die Begeisterung für kleine Wonneproppen, bildet sich schon im dritten Lebensjahr heraus, also bei den nur wenig älteren Geschwistern. Sein Ursprung liegt in einer entwicklungsgeschichtlich sehr alten Gehirnstruktur, dem limbischen System, das unsere Gefühle steuert. Hinzu kommt der Einfluss der Hormone: Oxytocin und Prolaktin zum Beispiel fördern mütterliches Verhalten. Sie entstehen vor allem gegen Ende der Schwangerschaft sowie durch die Saugbewegung des Babys an der Brust. Je mehr dieser Hormone im Blut kreisen, desto intensiver die Reaktion auf das Kindchenschema. Das weibliche Geschlechtshormon Östrogen begünstigt das Brutpflegeverhalten ebenfalls. Unempfindlicher gegen Pausbacken und Kulleraugen machen dagegen Stresshormone wie Adrenalin, Noradrenalin und Endorphine sowie das männliche Geschlechtshormon Testosteron.

Da Männer und Frauen beide Geschlechtshormone in unterschiedlicher Gewichtung haben, reagieren Frauen in der Regel intensiver auf das Kindchenschema. Es gibt aber Ausnahmen. Vor der Pubertät ist der hormonbedingte Unterschied nicht festzustellen. Und auch Männer bilden Oxytocin, wenn auch in kleinen Mengen. In der Literatur wird dieses Hormon manchmal salopp als „emotionaler Alleskleber" bezeichnet. Es macht in gewisser Weise süchtig nach Nähe. Es bindet Eltern an Kinder und Paare aneinander.

Je mehr Merkmale des Kindchenschemas zusammentreffen, desto stärker fühlen wir uns angesprochen. Doch selbst einzelne Signale wie ein runder Kopf oder große Augen lösen die entsprechenden Gefühle aus – auch wenn sie bei Tieren vorkommen. So sind kleine, runde Rotkehlchen beliebter als langschnäbelige Drosseln. Dabei ist es unerheblich, ob das Tier jung oder alt ist. Hauptsache, es weist kindliche Merkmale auf. Wir finden zum Beispiel ausgewachsene Braunbären recht niedlich, obwohl sie ziemlich gefährlich sind. Eisbären mit ihrem länglichen Kopf und den kleineren Augen wirken dagegen eher furchteinflößend.

Die Tatsache, dass unser Gemüt so leicht anzusprechen ist, nutzen Hersteller entsprechender Figuren seit langem: Teddys, Puppen und Micky Maus sichern hohe Verkaufsraten durch Kulleraugen, runde Köpfe und große Ohren. Haustierzüchter nutzen die angeborene Sympathie für „weich und knuddelig" mit Züchtungen wie Pekinesen oder Perserkatzen.

Die Werbewirkung des Kindchenschemas umfasst sowohl eine Aktivierungs- als auch eine Einstellungswirkung (zur Anzeige und zum Produkt). Neuere Forschungsergebnisse haben die Gültigkeit bzw. Wirksamkeit des Kindchenschemas bestätigt (vgl. Artikel von Heribert Gierl und Christina Eleftheriadou in Planung+Analyse 3/2002, S. 74ff.). In einer empirischen Studie wiesen die beiden nach, dass das Kindchenschema:
- immer noch stark wirkt,
- auf Frauen eine stärkere Wirkung hat als auf Männer,
- auf Personen mit Kindern eine stärkere Wirkung hat als auf kinderlose,
- auf Personen mit vergleichsweise niedriger Bildung stärker wirkt als auf Personen mit hoher Bildung.

Als ideale Zielgruppe für Werbung, die mit dem Kindchenschema arbeiten möchte, können demnach ältere Frauen, die eigene Kinder hatten und eine vergleichsweise geringe Bildung aufweisen, angesehen werden. Aber wenn es zur Werbebotschaft bzw. zum Produktnutzen und zum Absender der Werbebotschaft passt, wird eine Verwendung grundsätzlich empfohlen.

Weitere Berücksichtigung von Kontrast, Konsistenz und Klarheit
Falls es nicht gelingt, die low-involvierten Adressaten zu aktivieren, kommt es nur zu beiläufiger Wahrnehmung der Anzeige. Damit sich in diesen Fällen die Anzeige überhaupt lohnt, sollte man vor allem zwei Dinge berücksichtigen.

Zum einen sollten die wichtigsten Elemente der Anzeige (zum Beispiel das Markenlogo) groß genug und prägnant abgebildet werden (eine Art innerer Kontrast der Anzeige, mehr zum Prägnanzbegriff im nächsten Abschnitt). Zum anderen sollte man auf gewisse Konsistenz achten, das heißt, versuchen, den werblichen Auftritt über eine längere Zeit relativ konstant zu gestalten. Erfolgreiche Marken wie Nivea, Sixt, Lucky Strike oder Marlboro machen das seit Jahrzehnten vor, wobei man Konsistenz nicht mit Stillstand verwechseln darf, denn auch Nivea, Marlboro etc. haben sich veränderten Zeiten angepasst, aber langsam, organisch und eben nicht sprunghaft. Der Vorteil liegt auf der Hand, denn selbst bei beiläufiger Wahrnehmung, z.B. beim Durchblättern einer Zeitschrift im Wartezimmer eines Arztes, erkennt man, dass für Nivea geworben wurde. Selbst dieser flüchtige Kontakt zahlt schon im Sinne der Vorprägung auf das Markenkonto ein, was sich in einer späteren Kaufphase auszahlen kann.

Konsistenz im Markenauftritt bedeutet nicht Stillstand

 Konsistenz in der werblichen Gestaltung darf aber nicht zur Austauschbarkeit führen, denn dann wird bei beiläufiger Wahrnehmung meistens nur noch Werbung für die Produktgattung gemacht.

Dies kommt in der Regel, dafür gibt es Beispiele, dem Marktführer zugute. Im Übrigen gilt diese Aussage auch für Formen der vergleichenden Werbung, bei denen beispielsweise der Wettbewerber namentlich genannt oder durch bekannte Farben, Slogans oder Logos dargestellt wird. Vergleichende Werbung setzt eigentlich High-Involvement voraus, denn bei Personen, die nicht bewusst in die Anzeige einsteigen, kommt es zu Fehlzuordnungen, die den unangenehmen Effekt haben können, für die Konkurrenz geworben zu haben. Wenn also die Wahrscheinlichkeit hoch ist, dass der Großteil der Zielgruppe die Anzeige nur beiläufig registriert, sollte man die Finger von vergleichender Werbung lassen.

Während es bei Kontrast vor allem auf das Auffallen im Wettbewerbsfeld ankommt, geht es bei Konsistenz um Wiedererkennbarkeit.

Konsistenz garantiert die Wiedererkennbarkeit

Dies erfordert neben gewisser Kontinuität im kommunikativen Auftritt eine bestimmte Wiederholungsfrequenz – dies gilt vor allem im Falle der beiläufigen Wahrnehmung. Hier können richtig aufeinander abgestimmte Formen der integrierten Kommunikation sehr hilfreich sein (vgl. zum Begriff der integrierten Kommunikation Kapitel 1 im Band „Kommunikationspolitik"). Wenn es gelingt, durch kontinuierliche Markenführung einzigartige Markenwelten in den Köpfen der Verbraucher zu verankern (Positionierung), entstehen so genannte Markenschemata, die anschließend nur noch durch geeignete Schlüsselbilder aktiviert werden müssen. Dann wird die Marke selbst bei völlig beiläufigem Lernen wahrgenommen und im Kopf des Adressaten werden viele Bedeutungen, Bilder, Assoziationen, Emotionen usw. hervorgerufen, die im Idealfall die Positionierung weiter stärken und insofern helfen, späteres Kaufverhalten vorzuprägen. Die Wirkung von biologisch geprägten Schemata für Orientierungsreaktionen haben wir am Beispiel des Kindchen-Schemas gesehen.

Doch Schemata können auch zielgruppenspezifisch festgelegt, emotional aufgeladen und durch wiederholte Darbietung in den Köpfen der Verbraucher verankert werden.

Marken-Schemata müssen ausreichend großen Kontrast zur Konkurrenz aufweisen (Einzigartigkeit)

Dass dies nur gelingt, wenn sich das Marken-Schema von der Konkurrenz unterscheidet, dürfte selbstverständlich sein. Trotzdem noch einige kurze Hinweise zum Begriff „Schema": „Schemata sind große, komplexe Wissenseinheiten, die typische Eigenschaften und feste standardisierte Vorstellungen umfassen, die man von Objekten, Personen oder Ereignissen hat, auch von Marken und Unternehmen. Sie enthalten nicht nur Sachverhalte, Semantisches, sondern auch Bildhaftes, Emotionales, Haptisches, Gerüche usw." (Lachmann, 2003). Ein Großteil unseres Wissens wird im Gehirn durch Schemata repräsentiert. Durch bestimmte Schlüsselreize wird dann das entsprechende Schema mit all seinen Elementen abgerufen. Dabei gibt es Schemata wie „Weihnachten" oder „Karibik", die meist emotional positiv besetzt sind, als auch negativ besetzte wie „Krieg" oder „11. September". An diesem Beispiel sieht man schon, dass Schemata unsere Wahrnehmung steuern, denn sie verändern unsere Erwartungen an die aufzunehmende Information. Von besonderer Bedeutung sind dabei Schlüsselreize, die bei fast allen das entsprechende Schema auslösen, wobei die konkrete Ausgestaltung des Schemas sehr individuell sein kann. Eine Abbildung des Eiffelturms wird bei (fast) jedem das Schema „Paris" auslösen, was der Einzelne damit verbindet, hängt stark von individuellen Erfahrungen, Urteilen, Vorurteilen oder Erwartungen ab.

Unternehmen müssen zunächst versuchen, im jeweiligen Marktsegment und für die Zielgruppe wichtige Schemata zu finden. Anschließend muss ein eigenständiges Markenschema entwickelt, emotional aufgeladen und häufig wiederholt werden, damit die Markenwelt in den Köpfen verankert wird. Dabei kommt der Festlegung und Penetration des Schlüsselreizes eine besondere Bedeutung zu, schließlich soll dieser später den Abruf des Markenschemas auslösen.

Beispiel

Der Anfang des 20. Jahrhunderts von Suchard entwickelten Schokoladenmarke Milka – schon der Markenname eine geniale Verknüpfung der Inhaltsstoffe **Mil**ch und **Ka**kao – gelang es, von Anfang an das allgemeine Schema „Alpenmilch" durch die lila Farbe für sich zu variieren und so eine eigenständige Position zu besetzen. Aber als dann in den 70er-Jahren noch die „Lila Kuh" (Agentur: Young&Rubicam) als Schlüsselbild hinzukam, war der Markterfolg nicht mehr zu stoppen.

Nur wenigen Marken gelingt der Aufbau von Marken-Schemata und die Verankerung geeigneter Schlüsselbilder. Die Unternehmen mit Marken wie beispielsweise Marlboro, Bacardi, Milka oder Langnese, denen dies gelingt, sind am Markt äußerst erfolgreich. Zur Vertiefung folgen noch einige Beispiele:

Beispiele

1. Marlboro benutzte einen Kino-Spot, in dem 30 Sekunden lang nichts zu sehen, aber eine vorbeigaloppierende Pferdeherde zu hören war. Jeder im Kino wusste, dass es sich um Werbung für Marlboro handelte. An diesem Beispiel sieht man außerdem, dass Schlüsselbilder nicht auf einzelne Symbole oder Personen beschränkt sind, sondern ganze Bilder – teilweise auch Musikwelten (wie z. B. auch bei Bacardi) – beinhalten können.
2. Erfolgreich verankerte Markenwelten bringen auch Synergieeffekte bei Produktdifferenzierungen. Während sich die klassische Marlboro-Welt stark durch Freiheit, Autonomie und Risikobereitschaft auszeichnet, wurde bei der Einführung der Light-Zigarette mit leicht veränderten Motiven aus der Markenwelt geworben (z. B. Einsatz von Cow-Girls oder kleine von Cow-Boys gestreichelte Hunde), die die „klassische" Marlboro-Welt in Richtung Harmonie erweiterten. Diese Veränderung sollte Frauen als Kernzielgruppe der Lights erreichen, was auch gelang.
3. Es gibt auch verankerte Schlüsselreize, die außer dem Markennamen nichts transportieren. Das akustische Logo und die Farbe Magenta der Telekom kennt zwar inzwischen jeder, aber es fehlt noch ein Markenschema. Dies in den Köpfen der Verbraucher zu verankern, ist für ein stark diversifiziertes Unternehmen wie die Telekom eine schwierige Aufgabe, an der aber im Hinblick auf den langfristigen Markterfolg kein Weg vorbeiführt.

Im Zusammenhang mit Schlüsselbildern kann man auch das von Werner Kroeber-Riel geprägte Konzept der inneren Bilder (Imagery) sehen.

EXKURS: INNERE BILDER/IMAGERY

Werner Kroeber-Riel spricht inneren Bildern neben besserer Wahrnehmung, Verarbeitung und Speicherung auch einen starken Einfluss auf unser Verhalten zu. Seine Sichtweise ist knapp in einem seiner Aufsätze zusammengefasst, der in einem Katalog zur Ausstellung „Wunderbare Werbewelten" erschienen ist.

Als innere Bilder sieht man visuelle Vorstellungen eines Menschen an, die man mit „inneren Augen" betrachtet. Wir kennen dies alle: Wir denken an ein Bauwerk, das wir besichtigt oder auch nur besucht haben und vergegenwärtigen uns gedanklich die Lage der Räume.

Ein Wahrnehmungsbild entsteht dann, wenn der Gegenstand oder ein Bild/Foto davon vom Betrachter direkt sinnlich aufgenommen wird. Ein Wahrnehmungsbild ist zum Beispiel das innere Bild des Gebäudes, das entsteht, wenn wir vor diesem Gebäude stehen und es betrachten und uns vergegenwärtigen, wie die große, geschwungene Treppe verläuft etc.

Nur ein kleiner Teil der Bilder, die wir wahrnehmen, wird im Gedächtnis länger festgehalten. Solche inneren Bilder, die ohne Gegenstand oder Bild davon aus dem Gedächtnis abgerufen werden können, werden Gedächtnisbilder (memory image oder mental images) genannt. Sie haben einen Einfluss auf unser Verhalten und das macht sich das Marketing zu Nutze.

Wahrnehmungsbilder und Gedächtnisbilder verfestigen sich gleichermaßen als innere Bilder (visuelle Vorstellungen) – mit den entsprechenden Wahrnehmungsqualitäten (farbig, komplex, spannend etc.).

Um innere Bilder auszulösen, braucht man äußere Reize und in der Werbung kommt dafür Zahlreiches infrage: Bezeichnungen (gelesen oder gehört), typische Geräusche, Gerüche u.a. Wahrnehmungs- und Gedächtnisbilder entfalten dann
- kognitive Wirkungen und
- emotionale Wirkungen

und sie verbinden sich mit sachlichen oder emotionalen Vorstellungen.

Bei den kognitiven Wirkungen ist für die Werbung die Speicherung von sachlichem Wissen (z.B. Produktion) und räumlichem Wissen (z.B. die Orientierung in Verkaufsräumen, die Anordnung von Produkten im Supermarkt u.Ä.) von Interesse.

Bevorzugt erzeugen innere Bilder aber emotionale Wirkungen (was die Gehirnforschung damit begründet, dass die rechte Gehirnhälfte bevorzugt sowohl für bildliche Vorstellungen als auch für emotionales Verhalten zuständig ist). Reale emotionale Reize werden in der menschlichen Vorstellungswelt eher durch innere Bilder repräsentiert („simuliert") als durch sprachliche Vorstellungen.

 Wer Gefühle vermitteln will, ist bevorzugt auf eindrucksvolle Bilder angewiesen.

Einen Ersatz kann bildhafte Sprache bieten. Wie stark das Verhalten durch innere Bilder beeinflusst wird, hängt von deren Eigenschaften ab, wie zum Beispiel
- die Lebendigkeit des inneren Bildes oder
- das Gefallen des inneren Bildes.

Lebendigkeit (Vividness) meint Deutlichkeit und Klarheit, mit der ein Gedächtnisbild vor dem inneren Auge steht. Je lebendiger ein inneres Bild empfunden wird, umso stärker beeinflusst es das Verhalten. Werbung ist gut beraten, äußere Bilder zu gestalten und durch die Medien so darzubieten, dass sie im Empfänger lebendige (klare) Gedächtnisbilder hinterlassen.

Im Gefallen der Gedächtnisbilder spiegelt sich wider, ob eine positive oder negative Haltung das innere Bild begleitet. Davon hängt es ab, ob der Sachverhalt, den das Bild darbieten möchte, anziehend oder abstoßend empfunden wird.

Mehr zu diesem Thema kann man im Aufsatz von Werner Kroeber-Riel nachlesen, der unter dem Titel „Bilder sind schnelle Schüsse ins Gehirn. Wirkungsgesetze der Bildkommunikation" in: Wunderbare Werbewelten. Heidelberg 2001. S. 112 ff. veröffentlicht wurde und in einem sehr lesenswerten Buch des Göttinger Neurobiologen Gerald Hüther (S. 435).

8.5.2 Phase der Informationsaufnahme

In der Phase der Informationsaufnahme sollen die Adressaten schnell erkennen, worum es in der Anzeige geht. Zu diesem Zweck

- müssen die wesentlichen Anzeigen-Elemente prägnant sein,
- das Auge muss durch die Anordnung der Elemente schnell und gezielt durch die Anzeige geführt werden und
- der Text muss gut lesbar sein.

Den grundsätzlichen Aufbau einer Anzeige zeigt Abbildung 8.24 und auf alle drei Aspekte soll im folgenden Abschnitt kurz eingegangen werden. Im Vordergrund steht die Klarheit der Anzeige (vgl. 3-K-Schema von Lachmann). Gerade unter Low-Involvement-Bedingungen müssen Anzeigen schnell sein, denn an der erstmals von Kroeber-Riel Anfang der 90er-Jahre ermittelten durchschnittlichen Anzeigenbetrachtungsdauer von weniger als zwei Sekunden hat sich bis heute sicherlich nichts geändert. Die folgenden Überlegungen basieren auf der Annahme des bereits beschriebenen Reiz-Überangebotes (Information overload), dem die Menschen mit selektiver Wahrnehmung begegnen (müssen). Situationen, in denen Reizarmut vorherrscht, das heißt, in denen Menschen nach Informationen suchen, um Langeweile zu vermeiden, sollen nicht weiter beachtet werden, auch wenn der Bereich Ambient-Media, z. B. Werbung auf Toiletten, Gullys oder Pizzadeckeln, immer stärker wächst.

Adressaten müssen schnell erkennen können, worum es in der Anzeige geht

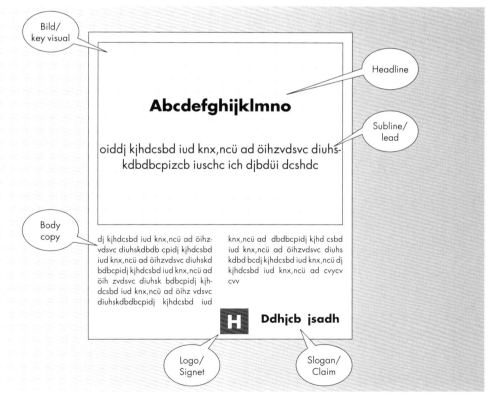

Abb. 8.24: Elemente einer Anzeige

Auch der Anzeigenaufbau kann langfristige Konsistenz aufweisen

Die in Abbildung 8.24 gezeigten Grund-Elemente einer Anzeige können natürlich in allen erdenklichen Ausgestaltungen verknüpft werden. Es gibt Unternehmen wie z. B. Porsche, Sixt oder Lucky Strike, die schon seit Jahren einen konstanten Anzeigenaufbau haben, der dem in der Abbildung ähnelt.

Zum Beispiel bei Porsche findet sich die Headline immer unter dem Bild, eine insofern gute Methode, weil Forschungsergebnisse zeigen, dass Bildunterschriften häufiger gelesen werden als Überschriften. Eine mögliche Erklärung liegt darin, dass Menschen aus anderen Zusammenhängen wie Zeitschriften und Zeitungen oder auch Museumsbesuchen (Titel von Bildern) die Bedeutung bzw. Beachtung von Bildunterschriften gelernt haben (Neugier). Sublines oder Leads findet man häufiger in journalistischen Textformen als in Anzeigen.

Bei Logo/Signet auf Platzierung, Prägnanz und Größe achten

Die verwendeten **Bilder** werden, wie bereits erwähnt, nur in seltenen Fällen zu Key Visuals und insofern zu Auslösereizen für das Markenschema. Als ein Blickfang/Eye-Catcher sind sie aber in jedem Fall unerlässlich, zumal sie wesentlich schneller wahrgenommen, verarbeitet und gespeichert werden können als Text (vgl. Abschnitt 8.5.3).

Im **Logo/Signet** und **Slogan/Claim** werden die zentralen Merkmale des Absenders noch einmal verdichtet, damit selbst bei beiläufigem Lernen noch etwas aus der Anzeige mitgenommen werden kann. Die Unterscheidung zwischen Logo und Signet und noch stärker zwischen Slogan und Claim kann sich von Agentur zu Agentur oder Land zu Land unterscheiden (in England werden Slogan und Claim genau umgekehrt verwendet).

- Unter Logo werden Wortmarken, die Unternehmens- oder Markennamen ästhetisiert darstellen, wie der Coca-Cola-Schriftzug, das Bayer-Kreuz oder Nivea verstanden.
- Signets sind Bild- oder Buchstabenmarken (Formzeichen) ohne weitere verbale Inhalte, wie z.B. der Mercedes-Stern oder der Kasten mit aufwärts strebendem Strich der deutschen Bank.
- Es finden sich aber auch häufig Kombinationen von Signet + Logo, wie z. B. das Kranich-Symbol der Lufthansa und der Schriftzug.

Da gerade bei beiläufiger Wahrnehmung zumindest der Absender erkannt werden soll, wird der Gestaltung von Signets bzw. Logos nennenswerte Aufmerksamkeit geschenkt, was helfen soll, die Wahrnehmungs- und Erinnerungschancen zu erhöhen. Wesentliche Hinweise dazu sind:

- Die Platzierung des Logos erfolgt meist in der Griffecke (rechts unten) – was von den Rezipienten inzwischen gelernt wurde – oder sie erfolgt in der Nähe des Eye-Catchers (vgl. Gesetz der Nähe).
- Das Logo wird vielfach frei gestellt, zumindestens wird auf ausreichenden Kontrast zum Hintergrund geachtet (vgl. Prägnanz).
- Das Logo oder Signet braucht eine ausreichende Größe.

Die Unterscheidung von Claim und Slogan sorgt immer wieder für Begriffsverwirrung.

  Die Mehrzahl der deutschen Agenturen versteht unter Claim ein eher kurzfristig, zum Beispiel für eine Kampagne, eingesetztes Motto, das sich aber bei längerfristigen Einsatz zum Slogan entwickeln kann.

Der möglichst nicht austausch- bzw. verwechselbare Slogan beinhaltet das längerfristige Positionierungs-Statement des Unternehmens oder der Marke.

 Ein guter Slogan stellt den Markenkern möglichst kurz dar, löst positive Assoziationen aus und ist gut erinnerbar.

(Nach Meinung des Verfassers) gute Slogans wie „Wir machen den Weg frei" (Volks- und Raiffeisenbanken) oder „Freude am Fahren" (BMW) haben sich durch konstante Wiederholung bei den Zielgruppen eingeprägt („Branding") und sind zum unverwechselbaren Schlüsselreiz für die entsprechende Markenwelt geworden.

Slogans helfen beim Auslösen des Markenschemas

Vor dem Hintergrund von Reizüberflutung und wenig involvierten Adressaten lassen sich schon einige Hinweise zum Anzeigenaufbau geben:

Einige Grundregeln zum Aufbau von Anzeigen

- Hoher Bildanteil ⇒ Bilder sind schnelle „Schüsse" ins Gehirn.
- Nicht zu viele Informationen auf einmal, also Konzentration auf das Wesentliche ⇒ Wie viele Tennisbälle fangen Sie, wenn Ihnen fünf Bälle gleichzeitig zugeworfen werden?
- Auf Text sollte nicht verzichtet werden ⇒ Auch wenn Text nicht gelesen wird, wirken Anzeigen mit Textelementen glaubwürdiger als ohne (vgl. Lachmann, 2003).
- Nicht zu komplexer Anzeigenaufbau, also Prägnanz ⇒ Zu viele Elemente lenken von der Kernbotschaft ab („Vampir-Effekt"), das heißt, die Erinnerungswerte sinken (vgl. Lachmann, 2003).
- Konsistenz bzw. Kontinuität über einen längeren Zeitraum ⇒ Erhöhung des Wiedererkennungswertes auch bei beiläufiger Wahrnehmung.
- Einzigartiger Auftritt („Uniqueness") also sich von der Konkurrenz abheben ⇒ Höhere Aktivierung führt zu verbesserter bzw. intensiverer Wahrnehmung.

In Abbildung 8.25 sind die unterschiedlichen Aufgaben, die Text und Bild in der Werbung haben, kurz zusammengefasst. Dabei werden Bilder vor allem von der rechten Hirnhälfte und Texte von der linken wahrgenommen, verarbeitet und gespeichert (darauf kommen wir in Abschnitt 8.5.3 noch zurück). Allerdings sind bei diesen Prozessen immer beide Hirnhälften beteiligt, das heißt, sowohl Texte als auch Bilder werden doppelt gespeichert, dies gilt im Übrigen bei Texten vor allem für bildhafte und konkrete Wörter. Dieser Aspekt wird ebenfalls in Abschnitt 8.5.3.3 unter dem Stichwort „Textverständlichkeit" noch vertieft.

Bilder und Texte werden doppelt abgespeichert

Nur wenn das Auge fixiert ist, kann es Informationen aufnehmen. In jeder Sekunde kommt es zu ca. vier Fixationen, das heißt, die Pupille verengt sich. Die anderen nicht am scharfen Sehen beteiligten Bereiche der Netzhaut erfassen die Umgebung eher unscharf (peripheres Sehen), sind aber wichtig, da sie bestimmen, wo die nächste Fixation hingehen soll. Dann springt das Auge in sog. Sakkaden zum nächsten Fixationspunkt, wobei es während der Sprünge praktisch blind ist.

Aufgaben des Bildes	Aufgaben des Textes
• Aktivierung • Interesse wecken • Übermittlung von Emotionen • Als Schlüsselreiz Abruf des gewünschten Markenschemas auslösen • Mit dem Aussehen des Produktes vertraut machen • Wiedererkennbarkeit sichern • Produktnutzen demonstrieren/visualisieren • Einstellung zum Produkt verbessern • Im Text Geäußertes belegen/beweisen • Im Text Geäußertes verdeutlichen	• Argumentation für das Produkt und seinen Kauf (rational) • Darstellung von Produktvorteilen/-eigenschaften • Bereitstellung zusätzlicher Informationen für High-Involvement-Kunden Das Zusammenspiel von Bild und Headline soll Spannung erzeugen, die die Leser zur weiteren Beschäftigung mit der Werbebotschaft veranlasst.

Abb. 8.25: Aufgaben von Text und Bild in der Werbung

Allerdings nehmen wir dies wegen des Tempos sowie Ausgleichsmechanismen unseres Gehirns nicht wahr. Pro Sekunde können wir ungefähr vier mittellange Wörter aufnehmen. Eine Studie des Max-Planck-Instituts Berlin zeigt, dass Texte mit Großschreibung schneller gelesen wurden als Texte mit reiner Kleinschreibung. Möglicherweise kamen die Leser mit kürzeren Fixationen aus, weil das groß geschriebene Substantiv zusätzliche Informationen für die schnellere Verarbeitung enthält oder man die Weite des nächsten Augensprungs nach dem nächsten Großbuchstaben richtet: Man hat ihn unscharf schon im Voraus wahrgenommen und weiß, dass er ein wichtiges Wort einleitet.

Bilder werden ganzheitlich und deshalb schneller aufgenommen als Texte

Bilder können wesentlich schneller erfasst werden, nämlich parallel (gleichzeitig, ganzheitlich) und nicht wie Text sequenziell (der Reihe nach). Von der Netzhaut wird der Impuls über die Nerven an die visuellen Zonen der Großhirnrinde (Cortex) weitergegeben, wo er im Kurzzeitgedächtnis in weniger als einer halben Sekunde mit bekannten Schemata verglichen wird, um zu entscheiden, ob dem Reiz weiter Aufmerksamkeit geschenkt werden muss. Wo Fixationen erfolgen, hängt von verschiedenen internen und externen Faktoren ab:
- Interne Faktoren, wie Involvement oder Gewöhnung (antizipatorisch): Die Marke oder das Logo wird z. B. meist rechts unten erwartet.
- Externe Faktoren, wie Aktivierungspotenzial, Größe der Elemente, Blickführung, Farbe oder Prägnanz (Figur-Grund-Differenzierung).

An den internen Faktoren können Werbetreibende natürlich nichts ändern. Auf der anderen Seite sollte man aber bei der Anzeigengestaltung immer vom schlimmsten Fall ausgehen, das heißt, wenig involvierte Personen, die dadurch, selbst wenn sie geübte Leser sind, wenig Lust haben, sich mit komplizierten Rätselanzeigen, schlecht lesbaren oder unverständlichen Texten auseinander zu setzen. Diese Erkenntnis führt zu den zu beeinflussenden externen Faktoren und den folgenden Forderungen:

- Die Zielpersonen müssen schnell erkennen können, worum es geht.
  ⇒ Prägnanz und Figur-Grund-Differenzierung
- Die Zielpersonen müssen durch die Anordnung der Anzeigenelemente durch die Anzeige geführt werden,
  ⇒ Steuerung des Blickverlaufs, z. B. durch Beachtung bestimmter gestaltpsychologischer Gesetze.
- Die Zielpersonen müssen den Text leicht und bequem erfassen können.
  ⇒ Lesbarkeit bzw. Einhaltung typografischer Grundregeln.

Auf alle drei Aspekte soll im Folgenden kurz eingegangen werden, wobei zunächst auf Erkenntnisse der Gestaltpsychologie und dabei insbesondere auf die Begriffe „Figur-Grund-Differenzierung" und „Prägnanz" eingegangen wird.

Im Zusammenhang mit „Figur-Grund-Differenzierung" und „Prägnanz" muss man sich noch einmal mit den Themen Wahrnehmungssteuerung und Wahrnehmungstäuschung beschäftigen, die in einem Exkurs behandelt werden. Die wesentlichen und typischen Beispiele findet man vielfach in der Literatur und eine gebündelte, gut lesbare Zusammenstellung bietet das Werk von Günther Kebeck: „Wahrnehmung. Theorien, Methoden und Forschungsergebnisse der Wahrnehmungspsychologie", Weinheim 1997.

EXKURS WAHRNEHMUNGSSTEUERUNG UND WAHRNEHMUNGSTÄUSCHUNG

Die gelernten Schemata – im Grunde genommen könnte man auch Vorurteile sagen – die unsere Wahrnehmung steuern können, da sie die Erwartung an die aufzunehmende Information verändern, wurden zwar schon erwähnt, doch noch einleuchtender erscheint diese Tatsache, wenn man sich das folgende Beispiel vor Augen führt, das der Unternehmensberater und Psychologe Stephen R. Covey in seinem Buch: „Die sieben Wege zur Effektivität" (München 2006) beschreibt. Ein Professor von Covey an der Harvard Business School wollte seinen Studenten beweisen, dass zwei Menschen dasselbe sehen, sich darüber uneinig sein können und doch jeder für sich Recht haben kann. Er verteilte an die eine Hälfte der Studenten das Bild einer jungen Frau (Abb. 8.26a, nebenstehend) und an die andere das Bild einer alten Frau (Abb. 8.26b, erst auf der folgenden Seite abgedruckt, damit Sie das Experiment nachspielen können). Beide Gruppen konzentrierten sich etwa zehn Sekunden auf ihr Bild und gaben es dann zurück. Anschließend zeigte er allen das Kipp-Bild (Abb. 8.26c, ebenfalls auf der nächsten Seite), in dem beide Frauen enthalten sind. Die Gruppe, die sich vorher mit der jungen Frau beschäftigt hatten, sahen nur die junge Frau und umgekehrt, erst nach einigen Minuten und heißen Diskussionen waren die Gruppen in der Lage, auch die „andere" Frau zu entdecken.

Abb. 8.26a: Junge Frau

Das wahrnehmungspsychologische Phänomen dieser Kipp-Bilder basiert auf der Figur-Grund-Differenzierung (man sieht die junge Frau als Figur/Gestalt und den Rest als Grund oder umgekehrt). Auch Abb. 8.27 ist eine Kipp-Figur.

Abb. 8.27: Rubinsche Becherfigur – man sieht einen Becher oder zwei Frauengesichter (Rubin 1921)

Abb. 8.26b: Alte Frau

Im Zusammenhang mit Wahrnehmungssteuerung stehen auch Abb. 8.28 und 8.29. Hier kann man erkennen, dass unser Wahrnehmungssystem selbst bei zunächst diffus erscheinenden Punktmustern nach Figuren (Gestalten) sucht, und wenn sie einmal mit einem Begriff belegt sind (Pferd und Hund), steuern sie die weitere Wahrnehmung. Man könnte sagen, wir sind als „Sinnfindungs-Maschine" konstruiert.

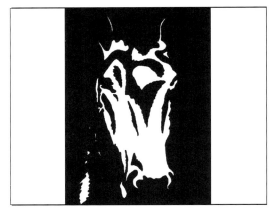

Abb. 8.26c: Kipp-Bild

Abb. 8.28: Konzeptgesteuerte Wahrnehmung (Figur-Grund-Differenzierung), Abdruck nach Kebeck, s. S. 305

Die mit freundlicher Genehmigung aus „Kebeck" wiedergegebenen optischen Täuschungen stammen aus: Günther Kebeck, Wahrnehmung. Juventa Verlag. Weinheim und München 1997.

Abb. 8.29: Konzeptgesteuerte Wahrnehmung (Figur-Grund-Differenzierung), nach Kebeck

Abb. 8.30: Anzeigenbeispiel für Displays von LG (Flatron)

Grundprinzipien der Anzeigengestaltung

Die abgebildete Anzeige (Abb. 8.30) verweist auf ein Phänomen der Wahrnehmungstäuschung. Je nachdem, welche Bezugsgröße man für einen Reiz verwendet, ändert er seine Gestalt. In diesem Fall wird der Punkt, der von den kleineren Punkten umgeben ist, deutlich größer geschätzt als der andere, obwohl beide eigentlich gleich groß sind. Ein weiteres Beispiel bietet Abb. 8.31.

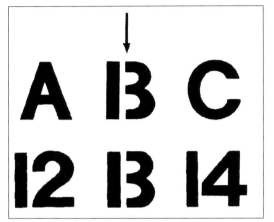

Abb. 8.31: Kontextabhängige Wahrnehmung – das gleiche „Bild" als B oder als 13 (nach Goldstein 1984, übernommen aus Kebeck, a.a.O., S. 169)

Abb. 8.32: Ponzo-Täuschung: Welcher Baumstamm ist länger? (aus Kebeck)

Dieses Phänomen zeigt sich im Übrigen nicht nur bei objektiven Eigenschaften wie Größe, Höhe, Länge oder Gewicht, sondern auch bei subjektiven Einschätzungen wie Attraktivität oder Sympathie. Auch wenn das mit Vorsicht zu behandeln ist, ein Beispiel: Wenn Sie in einem exotischen Land Urlaub machen und dort einen Deutschen treffen, begegnen Sie dieser Person vermutlich zunächst einmal mit Interesse und Sympathie, obwohl Sie diese Person in Deutschland vielleicht niemals angesprochen hätten.

In den Abbildungen 8.32 und 8.33 (messen Sie nach!) und 8.34 (gerade Linien, ein exakter Kreis bzw. ein Quadrat) sind weitere interessante Wahrnehmungstäuschungen dargestellt.

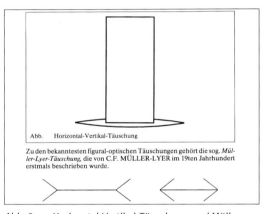

Abb. 8.33: Horizontal-Vertikal-Täuschung und Müller-Lyer-Täuschung (aus Kebeck)

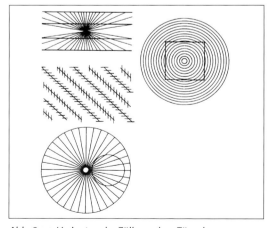

Abb. 8.34: Varianten der Zöllnerschen Täuschung

Verschiedene psychologische Ansätze und ihre Konsequenzen für die Werbung
Auch die Psychologie versucht mithilfe verschiedener theoretischer Modelle, Wahrnehmung zu erklären. Dabei lassen sich grundsätzlich vier Ansätze unterscheiden, die sich nicht gegenseitig ausschließen, sondern unterschiedliche Phänomene betrachten. Weiter gehende Informationen zu diesen Modellen finden interessierte Leser in den einschlägigen Büchern zum Thema Markt- und Werbepsychologie (u.a. Klaus Moser: Markt- und Werbepsychologie. Göttingen 2002; Georg Felser: Werbe- und Konsumentenpsychologie. Stuttgart 2007 oder Hans Mayer / Tanya Illmann: Markt- und Werbepsychologie. Stuttgart 2000).

Vier psychologische Modelle im Überblick

1. *Elementenpsychologie*
   Grundthese: Wahrnehmung hängt ausschließlich von physikalischen Reizen ab.
   ⇒ Konsequenzen für Werbung: Berücksichtigung von Wahrnehmungsschwellen und Verwendung möglichst reizstarker Werbemittel (groß, laut, bunt, oft wiederholen etc.).

2. *Ganzheitspsychologie*
   Grundthese: Wahrnehmung wird schon von ersten (oft nur gefühlsmäßigen bzw. emotionalen) Anmutungen geprägt, das heißt, Wahrnehmung erfolgt nicht schlagartig, sondern allmählich (Aktualgenese).
   ⇒ Konsequenzen für Werbung: besondere Sorgfalt bei der Auswahl von Farben und Bildern, da Anzeigen oft nur beiläufig wahrgenommen werden, sowie Einsatz aktualgenetischer Testverfahren vor der Anzeigenschaltung (z. B. Tachistoskop).

3. *Gestaltpsychologie*
   Grundthese: Wahrnehmung basiert auf Gesetzmäßigkeiten, die von den physikalischen Rahmenbedingungen unabhängig sind.
   ⇒ Konsequenzen für Werbung: möglichst prägnante Darstellung der zentralen Bild-, aber auch Text-Elemente (Lesbarkeit), gezielte Blicksteuerung durch Beachtung elementarer Gestaltgesetze (mehr dazu im nächsten Abschnitt).

4. *Kognitionspsychologie*
   Grundthese: Wahrnehmung wird weniger unter dem physikalischen Gesichtspunkt (wie bei 1. bis 3.), sondern verstärkt unter dem Aspekt der Informationsverarbeitung betrachtet.
   ⇒ Konsequenzen für Werbung: Aufbau von möglichst eigenständigen Markenschemata in den Köpfen der Verbraucher, Verständlichkeit von Bild und Text, Visualisierung des Produktnutzens in der Anzeige, Bestimmung optimaler Kontaktdichten, um Lernen zu erleichtern und Vergessen zu verhindern (weitere Informationen zu diesen Themen finden Sie in den Abschnitten über Informationsverarbeitung und -speicherung).

Auf Elementenpsychologie und Ganzheitspsychologie soll nicht weiter eingegangen werden, da sie im Gegensatz zur Gestalt- und zur Kognitionspsychologie nur eine geringere Bedeutung für die konkrete Anzeigengestaltung haben.

Das Ganze ist mehr als seine Teile

Die Gestaltpsychologie geht von der Annahme aus, dass das Ganze mehr ist als seine Teile. Insofern besteht Wahrnehmung nicht nur aus der Aufnahme und Verarbeitung physikalischer Reize, sondern wird von anderen Faktoren (aktuelle Stimmung, Einstellungen, Erwartungen) stark beeinflusst. Trotzdem gibt es eine Tendenz unseres Wahrnehmungsapparates, eintreffende physikalische Reize zu organisieren bzw. zu strukturieren. Man könnte auch sagen, wir sind ständig auf der Suche nach Zusammenhängen oder nach Sinn.

 Nach den Gesetzen der Gestaltpsychologie ist das grundlegendste Organisationsprinzip der Wahrnehmung die Untergliederung des Wahrnehmungsfeldes in Figur und Grund.

Figur-Grund-Differenzierung erleichtert die schnelle Orientierung

Hierher gehört der schon mehrfach erwähnte und für die Gestaltung von Werbemitteln fundamentale Begriff der „Prägnanz", der auch auf theoretischen Überlegungen zur Gestaltpsychologie basiert. Dies lässt sich vereinfacht wie folgt darstellen. Unser visuelles System fasst bestimmte Elemente als Figuren auf, den Rest als Grund. Diese Figur-Grund-Differenzierung funktioniert normalerweise sehr gut und bildet die Voraussetzung für eine schnelle Orientierung. Diese Differenzierung lässt zu einem Zeitpunkt immer nur eine Interpretation des Reizmusters zu – es wird vorrangig die Figur oder der Grund wahrgenommen. Dieses Phänomen zeigt sich deutlich bei den schon betrachteten „Kipp-Bildern" (Abb. 8.26 und 8.27), deren Prinzip auch der Maler M. C. Escher in seinem Werk immer wieder aufgegriffen hat. Dabei wird normalerweise zunächst die Figur, die „Gestalt" aufweist, wahrgenommen (vgl. zum Gestalt-Begriff den nachfolgenden Exkurs). Eine Gestalt weist Prägnanz auf, wenn man schnell erkennen kann, worum es sich handelt. Prägnante Elemente werden also leichter wahrgenommen und weniger stark von Umgebungsreizen beeinträchtigt.

 Im Sinne von Werbung sind prägnante Darstellungen (z. B. Produktabbildung, Logo) „schnell" wahrnehmbar und „stabil" im Hinblick auf ihre Wiedererkennung.

Prägnanz: schnell erkennen können worum es geht

Das sind zwei Faktoren, die gerade bei beiläufiger Wahrnehmung sehr wichtig sind. Eine Möglichkeit, zu prägnanten Figuren zu gelangen, liegt in einem ausreichend hohen Maß an Einfachheit, denn dann wird die Gestalt, obwohl sie nicht dem Ideal – beispielsweise eines Kreises, Dreiecks oder Quadrats entspricht – trotzdem als Kreis, Dreieck oder Quadrat erkannt (vgl. Abb. 8.35).

Abb. 8.35: Obwohl es keine exakten Figuren sind, erkennen wir sie wegen ihrer prägnanten Einfachheit

Um hohe Prägnanz zu erzielen, muss sich die Figur deutlich vom Grund abheben (Figur-Grund-Differenzierung), erst dann kann der Betrachter schnell erkennen, worum es sich handelt (Abb. 8.35). Die Forderung nach Prägnanz einer Anzeige gehört zu den zentralen Voraussetzungen für eine Werbewirkung. Wahrnehmung ist immer nur so gut – einfach, stabil und konsistent –, wie es die Reizgegebenheiten zulassen. Völlig überladene Anzeigen (wie „Schweinebauch"-Anzeigen für Supermärkte) verhindern eine Auseinandersetzung mit dem Werbemittel („Schweinebauch"-Anzeigen funktionieren aber für ihren Zweck gut, da sie dem Verbraucher inzwischen vertraut sind und er gezielt nach „Schnäppchen" sucht = High-Involvement). In allen anderen Fällen, wo mit Low-Involvement zu rechnen ist, sollte man auf auf diesen Anzeigentyp verzichten. Ergänzend sei erwähnt: Prägnanz ist nicht auf Visuelle beschränkt, sondern man findet sie auch bei Musik.

Je prägnanter die Anzeigenelemente, umso höher die Wahrnehmungschance

EXKURS: GESTALTPSYCHOLOGISCHE GESETZE

Gestalt
Einzelne Wahrnehmungsgegenstände werden bei der Wahrnehmung häufig spontan verbunden und als Gestalt wahrgenommen.

> *Eine Gestalt ist eine komplexe, von ihrer Umgebung abgehobene Wahrnehmungsganzheit, die nicht auf ihre Komponenten reduziert werden kann.*

Die wichtigsten Gestaltgesetze

1. *Gesetz der Ähnlichkeit*
   Ähnliche oder gleiche Elemente werden als zusammengehörend wahrgenommen. Die Ähnlichkeit kann sich auf Größe, Form, Farbe, Helligkeit, Klangfarbe etc. beziehen.

2. *Gesetz der Nähe*
   Elemente, die dicht beieinander liegen, werden zusammengefasst.

3. *Gesetz der Geschlossenheit*
   Es besteht die Tendenz, die Wahrnehmung zu ganzen, kontinuierlichen Figuren zu organisieren. Ist das Reizmuster unvollständig, so besteht die Wahrnehmungstendenz, die fehlenden Bestandteile zu ergänzen.

Das Gesetz der Geschlossenheit dominiert das Gesetz der Nähe.

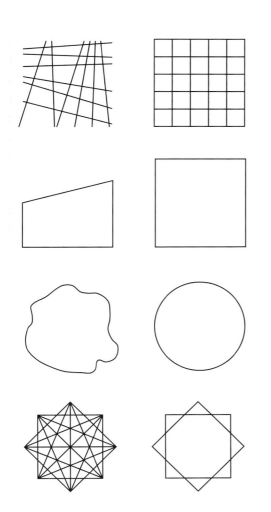

Abb. 8.36: Beispiele für prägnante/unprägnante Figuren

4. *Gesetz der Kontinuität*
Elemente, die man kontinuierlich fortführen kann, werden zusammengefasst.

5. *Gesetz der guten Gestalt*
Können Reize verschieden organisiert werden, schiebt sich die beste Reizkonfiguration in den Vordergrund. Die beste ist bezügl. Ähnlichkeit, Kontinuität, Nähe, Symmetrie zu sehen.

Prägnanz

Gestaltpsychologen sehen im Prägnanzgesetz eine zusammenfassende Verallgemeinerung der Gestaltgesetze. Unter folgenden Bedingungen erhält man prägnante Darstellungen:

a) *Einfachheit*
- Einfache Figuren sind regelmäßig, geschlossen und symmetrisch.
- Einfache Figuren sind z. B. Kreise, Rechtecke, Quader, Zylinder.
- Einfache, prägnante Figuren weisen die folgenden Merkmale auf: Gesetzmäßigkeit, Eigenständigkeit, Integrität (es fehlt etwas, es ist etwas zu viel oder es ist etwas falsch).

b) *Einheitlichkeit*
Einheitliche Flächen sind solche, die farblich und grafisch in sich wenig strukturiert sind.

c) *Kontrast*
Kontrast wird durch flächig aufgetragene Farben erzielt, die sich deutlich voneinander abheben.

d) *Figur-Grund-Differenzierung*
Die Figur-Grund-Differenzierung ist ein erster Ordnungsprozess, durch den bestimmte Teile des Wahrgenommenen hervorgehoben werden, die man Figur nennt. Der Rest bildet den Grund. Die Figur scheint vor dem Grund zu stehen bzw. auf dem Grund zu liegen. Die Figur-Grund-Differenzierung gliedert sich in Teilprozesse:
- Durch Abgrenzung werden Grenzlinien gebildet, die das Wahrnehmungsfeld – einem Puzzle vergleichbar – in Teilstücke zerlegen. Die Abgrenzung erfolgt durch Farb- und Helligkeitskontraste oder mittels Grenzlinienbildung durch Gestaltgesetze.
- Durch die Differenzierung treten einige Teilstücke hervor (Figur). Der Rest bildet den Grund.
- Die Figuren werden im Verlauf der kognitiven Informationsverarbeitung weiter differenziert, der Grund wird dagegen homogenisiert.
- Verbessert wird die Figur-Grund-Differenzierung durch Farb- und Helligkeitskontraste zwischen Figur und Grund.

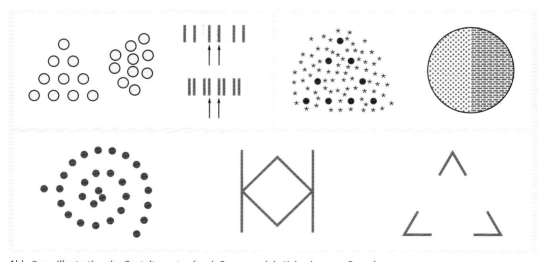

Abb. 8.37: Illustration der Gestaltgesetze (nach Coren, auch in Kebeck, a.a.o, S. 152)

Folgende Eigenschaften werden Figur und Grund zugeschrieben:
- Die Figur wird als Gestalt gesehen, der Grund nicht.
- Der Grund liegt hinter der Figur und reicht anschaulich unter ihr hindurch.
- Die Figur besitzt Objektcharakter (auch als abstraktes Gebilde).
- Die Farbe der Figur erscheint substanzieller und härter als die des Grundes.
- Die Figur ist dominanter, eindrucksvoller und wird besser behalten.
- Die Grenzlinien zwischen Figur und Grund gehören zur Figur.

Blickverlauf

Ein weiterer wichtiger Aspekt bei der Anzeigengestaltung ist die Steuerung des Blickverlaufs. Untersuchungen mithilfe von Blickaufzeichnungsgeräten wie Eye-Mark-Recordern oder versteckte Video-Aufnahmen durch einen Spiegeltisch führten zu folgenden Ergebnissen im Hinblick auf den Blickverlauf in Anzeigen:
- Bilder werden vor Text betrachtet,
- Personen vor Landschaften,
- Gesichter vor Körper, dabei Augen, Mund und Nase zuerst.
- Auffällige optische Elemente (groß, bunt, starker Kontrast, zentral, vgl. dazu auch das Thema Aktivierung) werden bevorzugt erfasst und
- das Auge geht am liebsten nach rechts unten (vermutlich wg. Leserichtung), den Rückwärtsgang nach links oben mag es nicht.

Es gibt aber keine typischen Blickverläufe und das heißt:

Der Blickverlauf in einer Anzeige hängt sehr stark von der Blick-/Reizsteuerung durch die eingesetzten Anzeigenelemente ab.

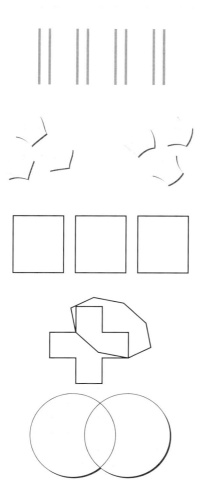

Abb. 8.38: Weitere Beispiele für Gestaltgesetze

Abb. 8.39: Aufmerksamkeit im Vordergrund

Grundprinzipien der Anzeigengestaltung

Die Anzeige in Abb. 8.39 (auf der vorhergehenden Seite) ist sehr aufmerksamkeitsstark konzipiert, was deutlich zu Lasten der Figur-Grund-Differenzierung und der Prägnanz geht, die hier wohl keine große Rolle gespielt haben. Auch ist Aufmerksamkeit ganz klar vor Blicksteuerung gestellt, sie fehlt bei dieser Anordnung der Elemente und bildlichen Umsetzung.

Anders wurde in dem folgenden Beispiel vorgegangen, das allerdings auch eine wesentliche umfangreichere Botschaft transportiert:

Beispiel

In der Anzeige in Abb. 8.40 könnte der Blickverlauf in folgender Reihenfolge ablaufen: Erst wird die Verbindung zwischen Stewardess und Kind betrachtet, dann springt das Auge zur Headline (gut eingehaltenes Gesetz der Nähe), dann wird der Blick erneut durch die diagonale Armverbindung gesteuert und landet entweder über den Umweg (Gesicht der Frau) oder direkt beim Copy-Text, der den Hauptnutzen transportiert. Falls der Copy-Text nicht gelesen wird, wird die Diagonale einfach zum Logo verlängert und man steigt aus der Anzeige aus.

Blickverlauf möglichst rasch beurteilen um unverfälschte Ergebnisse zu bekommen

Bei der Beurteilung des Blickverlaufs sollte man sich aber nicht zu lange mit der Anzeige beschäftigen, da es sich dann um High-Involvement-Blickverläufe handelt, die nicht typisch sein müssen. Bei einer Analyse kommt es vielmehr darauf an, den Blickverlauf rasch und relativ spontan nachzuvollziehen.

Denn es muss wieder das Involvement des Adressaten beachtet werden, da es höchstens bei hoch involvierten Personen, die aktiv nach Informationen suchen, zu einer Art Leselinie von links oben nach rechts unten kommen kann. Diese so genannte „Z-Linie" ist aber selbst bei Anzeigen, die mit hoch involvierten Adressaten rechnen dürfen, eher selten.

 Stattdessen erfolgt die erste Fixation einer Anzeige meist über das interessanteste Element, das häufig ein als Blickfang eingesetztes Bild ist.

Das periphere Sehen (der Begriff wurde im Exkurs über vertiefende Wahrnehmung erläutert) führt dann zur nächsten Fixation usw. Deshalb ist es bei einer Anzeige also wichtig, dass die für die Übermittlung der Werbebotschaft bedeutsamen Elemente
- prägnant bzw. kontraststark sind (leicht und schnell identifizierbar),
- sich in der Nähe zueinander befinden (vgl. Gesetz der Nähe),
- nicht zu zahlreich sind, denn zu viele aufmerksamkeitsbindende Elemente führen zu Ablenkungseffekten („Vampir-Effekt") oder sogar zum Abbruch der Wahrnehmung.

Wichtig ist ferner, wie das Produkt oder die Marke gezeigt wird, hier besteht die Gefahr der Austauschbarkeit (es wird Werbung für die Gattung und nicht für die Marke gemacht) oder von Gewohnheitseffekten („ist ja nur wieder Werbung, also schnell weiterblättern").

Abb. 8.40: Anzeigenbeispiel zur Erläuterung des Blickverlaufs

Wie man Abb. 8.41 entnehmen kann, kommt es bei der Aufnahme und Verarbeitung von Textelementen einer Anzeige sowohl auf die Form (Lesbarkeit vgl. dazu im folgenden Exkurs) als auch auf den Inhalt an (Verständlichkeit des Textes vgl. dazu den Abschnitt 8.5.3 über Informationsverarbeitung).

- Beim Lesevorgang kommt es zunächst zum Erkennen von Wörtern, das heißt, die wichtigste Voraussetzung für eine weitere Beschäftigung mit der Anzeige bildet die Lesbarkeit der eingesetzten Schriften und ihre Wort- und Textanordnung.
- Anschließend geht es um das Verstehen von Sätzen und Satzfolgen, was durch einen Sprachstil mit kurzen, klaren Sätzen und dem Vermeiden von Schachtelsätzen erleichtert werden kann.
- Den abschließenden Einbau in das Vorwissen unterstützen bildhaftes Schreiben, adressatengerechte Wortwahl und eine klare Gliederung in der Textstruktur (vgl. auch schon Abb. 8.49, Merkmale der Verständlichkeit weiter vorn im Text).

Stufen des Lesevorgangs	Geistige Prozesse	Gestaltungsansatz
Erkennen von Wörtern	1. Visuelles Entziffern 2. Umkodierung in Lautsprache 3. Aktivierung von Begriffen	**Leserlichkeit** durch drucktechnische Beeinflussung von Text und Textanordnung
Verstehen von Sätzen und Satzfolgen	1. Grammatikalische Struktur 2. Herstellung inhaltlicher Bezüge, „roter Faden" 3. Anknüpfen an eigenes Wissen, Abruf geistiger Bilder	**Verständlichkeit** durch sprachliche und stilistische Gestaltung
Einbau in das Vorwissen (sich zu Eigen machen)	1. Verarbeiten (Assoziationen, Verknüpfungen) 2. Zusammenfassung des Wesentlichen	**Stimulanz** durch Stil, Wortwahl, rhetorische MIttel und klare Textstruktur

Abb. 8.41: Stufen des Lesevorgangs (aus: Jörn Winter/Hrsg.: Handbuch Werbetext. Deutscher Fachverlag. Frankfurt am Main 2008)

Einsteigen, dranbleiben, behalten: Der Text muss dies dem Adressaten so leicht wie möglich machen

Im Sinne der Lesbarkeit der Textelemente sollte also versucht werden, es den Adressaten nicht schwerer zu machen als nötig, da ansonsten gerade bei Low-Involvement die Gefahr des Abbruchs der Wahrnehmung besteht. Die Typografie (als Lehre von der Gestaltung der Schrift) stellt Lesbarkeit als Kriterium oben an und hat dafür ein umfassendes Regelwerk entwickelt. Es enthält zum einen Grundregeln und zum anderen aber auch Zeitgeist. Denn als weitere Forderung an Typo ist zu stellen, dass sie nicht altbacken anmuten darf. Das Thema ist umfassend und der folgende Exkurs muss sich auf einige grundlegende Hinweise beschränken, die bei der leserfreundlichen Gestaltung von Textelementen helfen können.

EXKURS: TIPPS ZUM THEMA TYPOGRAFIE UNTER DEM ASPEKT DER LESBARKEIT VON TEXTEN

1. Allgemeines
Wichtige Einflussfaktoren auf die Gestaltung der Typografie:
- Zeit: Wie lange wird das Werbemittel von der ZG voraussichtlich betrachtet?
- Zielgruppe: Welche Lesegewohnheiten hat die ZG?
- Lesedistanz: In welchem Abstand nimmt die ZG das Werbemittel auf?
- Ort des Kontaktes: Wo erfolgt der Werbemittelkontakt durch die ZG? (unter anderem Blickwinkel, Beleuchtung)

Weitere Einflussfaktoren:
- Platzierung des Textes auf der Seite: *Wo kommt was hin?*
- Umfeld des Textes auf der Seite: Bildelemente
- Größe der Schrift: Wie groß kann/darf sie sein?
- Größenverhältnisse zwischen der No.1- und No.2-Message: am besten im harmonischen Verhältnis / „Goldener Schnitt"

Die Typografie von Werbemitteln sollte anwendungsorientiert, d.h. zunächst für den jeweiligen Zweck einfach, klar und gut lesbar sein.

Darüber hinaus sollte sie aber auch für den Einsatzbereich richtig und schön sein, denn die richtige Schrift (für ein Produkt oder einen Kunden) beeinflusst die Werbewirkung. Es gibt zahlreiche Beispiele dafür, dass Unternehmen durchgehend bestimmte Schriften verwenden (z.B. findet man dies bei Mercedes-Benz, VW, Aral, SIXT, MediaMarkt, Apple, IBM und vielen anderen).

2. Schriftgrößen/-arten
- Text gehört grundsätzlich immer auf Volltonflächen.
- Bilder sollten nur unter eine Headline (ab 16 Punkt) gelegt werden, wenn helle Partien nachgedunkelt werden.
- Schriftgrößen zwischen 10 und 12 Punkt sind für Erwachsene (bei normalem Leseabstand, z.B. einer Anzeige in einer Zeitschrift) am besten lesbar.
- Es sollte möglichst wenig Negativschrift (z.B. weiß auf schwarz) eingesetzt werden und wenn, nie unter 10 Punkt. Aber auch Positivschriften unter 8 Punkt verbieten sich, wenn sie gelesen werden sollen.
- Es sollte möglichst wenig Kursivschrift zur Hervorhebung verwendet werden, lieber fett setzen oder unterstreichen, aber auch nicht ganze Sätze fetten bzw. unterstreichen.
- Es sollten möglichst wenig Worte in VERSALIEN (Großbuchstaben) gesetzt werden. Ein wesentlicher Grund liegt darin, dass Erwachsene ein Wort als Ganzes und nicht Buchstabe für Buchstabe aufnehmen. Lesend identifizieren wir deshalb Wörter und vertraute Wortgruppen in ihrer spezifischen Gestalt und kommen dadurch rasch voran. Mit der beim Lesen so hilfreichen Wortgestalt, die durch eine charakteristische Verteilung von Ober- und Unterlängen entsteht, ist es aber bei Versalien nicht weit her, wie man sieht, wenn man durch Umrahmungen die Ober- und Unterlängen sichtbar macht:

Stopped   STOPPED

- Sehr lange Wörter schreibt man lieber mit Bindestrich (z.B. statt Unfallverhütung lieber Unfall-Verhütung), auch wenn dies evtl. von Rechtschreibregelungen abweicht. Werbung nimmt sich hier die Freiheit eigenständiger Schreibweisen.
- Manche Schriften lassen sich nach Verkleinerungen/Vergrößerungen nicht mehr gut lesen. Beim Entwurf sollte man nach jeder größeren Veränderung der Typo die erwartete Lesedistanz der ZG (Print-Anzeigen, Folder, Außenfläche 18/1, TV-Spot etc.) einnehmen und die Lesbarkeit überprüfen. Die Entscheidung für die Verwendung einer Schrift erfolgt am besten erst nach Beantwortung der Leitfrage: Wie gut lesbar ist die Schrift in der kleinsten Anwendung, für die sie benötigt wird?

- Aber auch zu große Schriften (für die jeweilige Lesedistanz) sind schlecht zu lesen.
- Der Abstand zwischen den Wörtern ist wichtiger als die Sperrung zwischen den Buchstaben (Spationierung), weil nicht einzelne Buchstaben, sondern ganze Wörter/Wortgruppen gelesen werden.

3. Fließtexte
- Kurze Zeilen, die mit wenigen Fixationen erfasst werden können, sind angenehmer zu lesen als lange Zeilen.

> *Eine Faustformel für die Zeilenlänge: Nie mehr als 6 bis 8 Zeilen à max. 60 Anschläge (ideal 40 bis 45 Anschläge).*

- Flattersatz ist bei kurzen Zeilen (weniger als 6 cm) besser lesbar als Blocksatz, sieht aber oft nicht gut aus.
- Zeilenabstand (Durchschuss) nicht zu groß wählen (weite Sprünge sind für das Auge unbequem), aber auch nicht zu klein (Gefahr des Verrutschens in der Zeile erfordert höhere Konzentration beim Lesen). Je kürzer die Zeile, desto geringer kann der Abstand zwischen den Zeilen ausfallen.

> *Eine Faustformel für den Zeilenabstand: Der Raum zwischen den Zeilen soll die Höhe der Mittellängen betragen (= Höhe der Buchstaben ohne Ober- und Unterlänge wie a, o, u).*

- Fehlende Absatzeinzüge führen zu Strukturlosigkeit des Textes, aber auch zu kurze Absätze sind leseunfreundlich. Absätze sollten abhängig von der Zeilenlänge nach 4 bis 7 Zeilen erfolgen.
- Es sollte kein Schriften-Mix in der Headline erfolgen.
- Traditionell sind die Headlines oft fett und sans serif (z.B. Grotesk, Arial), die Copy-Texte sind dagegen häufig Serifen-Schriften (z.B. Garamond – diese Schrift wurde 1532 von Claude Garamond erfunden oder auch klassisch und schlicht: Times).

Es besteht aber eigentlich keine Notwendigkeit für diese Regelung, wie die erfolgreiche Praxis einiger Unternehmen zeigt, die nicht zwischen Heads und Copy die Schrift wechseln.
Allerdings wird Serifen-Schriften vor allem bei längeren Texten bessere Lesbarkeit bescheinigt, da die kleinen Anstriche dem Auge bei den Fixationen Anhaltspunkte geben.

- Headlines unter dem Bild haben eine etwas höhere Beachtung als Headlines über dem Bild.
- Copy-Text, der rechts neben dem Bild steht, wird häufiger gelesen als links vom Bild stehender Text.
- Nicht alle Schriften behalten ihre Qualität/Lesbarkeit, wenn sie fett gedruckt werden, beispielsweise:

Times Times

In diesen Fällen sollte man für fette Headlines obige Regel beachten und eine andere Schrift verwenden (z.B. eine Grotesk oder eine Futura, die z.B. die Basis der Hausschrift von VW ist), während die Times für den Fließtext genommen wird.

- Klassischer Aufbau: Headline und Copy-Text werden in einer Schrift, aber verschiedenen Größen gestaltet, was das Auge durch die Anzeige bzw. die Textelemente lenkt.

In der Praxis werden die Regeln der Typo oft unwissentlich, aber auch oft wissentlich missachtet, Letzteres, weil man mit einer regelabweichenden Gestaltung besondere Effekte erzielen möchte und diesen Vorrang gibt.

Die Anzeige in Abb. 8.42 zeigt ein Beispiel, wo keine Figur-Grund-Differenzierung vorhanden ist und ein sehr volles Layout gestaltet wurde (für den Geschmack des Verfassers ist es sogar überladen). Die negative Schrift und der wechselnde farbliche Untergrund erschweren deutlich die Lesbarkeit.

Was eine einheitliche oder, wie es unter Gestaltern heißt, selbstähnliche Typografie alles leisten kann, zeigen eindrucksvoll die in den Abb. 8.43 und 8.44 zusammengestellten Beispiele. In diesen Fällen schafft die Typografie nicht nur einen höheren Wiedererkennungswert, sondern unterstützt sogar die Marken-Positionierung.

An der Schrift sollt ihr sie erkennen
An der Schrift sollt ihr sie erkennen
An der Schrift sollt ihr sie erkennen
An der Schrift sollt ihr sie erkennen

Abb. 8.42: Beispiel einer Anzeige, die dem komplexen Bildinhalt und der Kombination unterschiedlicher grafischer Elemente Vorrang vor der Typografie gibt.

Abb. 8.43: Schrift ist Marke (von oben nach unten: Daimler Benz, Audi, Volkswagen, Marlboro)

links:
Typo zur Ansprache des klassischen Business-Managers

mittig:
Typo zur Ansprache der Mode-Interessierten, die den Trend kennen

rechts:
Typo für den reifen Mann, der gut ausgestattet ist und auf beste Qualität achtet

BOSS ist, bezeichnung. Doch auch **Winner.** Der Mann, de neugierigen Lesern von **Mode-Vorlieben** si falle votiert er für den kla fallen möchte er eigentlic was Everybody's Darling **keineswegs unter**

Seine Welt ist die ganz gern fern und liebt überh Als Arbeitsbereiche bevo Brutstätten wie Agenture Pressestellen. Sein Beruf Arbeit verabscheut er. Tre Lieblingsbeschäftigungen Cyberspace und die jüngs weiß er zumeist Bescheid

WENN *der BOSS-TYP rei*

BALDESARINI. Ist das

sondern eine Persönliche

Charisma und Souveränit

Qualitätsanspruch steht.

Abb. 8.44: Typografie ist Kommunikation – Beispiel von Hugo Boss (abgedruckt aus Förster, Hans-Peter: Corporate Wording. Konzepte für eine unternehmerische Schreibkultur. Campus. Frankfurt 1994, S. 34)

8.5.3 Informationsverarbeitung

8.5.3.1 Das Verhältnis von Bild und Text

Schnell verstehen worum es in der Anzeige geht – keine „Rätsel"-Anzeige

In der Phase der Informationsverarbeitung sollten die Adressaten schnell verstehen, worum es in der Anzeige geht. Dies betrifft die Verständlichkeit von Bild und Text. Bei den Bildern muss man sich vorher fragen, welche Assoziationen die verwendeten Abbildungen und Farben bei den Betrachtern auslösen sollen bzw. könnten. Bei den Texten muss man versuchen aus der Sicht der Adressaten zu schreiben, damit die Texte leicht verständlich sind. Man muss sich darüber im Klaren sein, dass Text und Bild unterschiedlich verarbeitet werden, aber auch unterschiedliche Funktionen für den werblichen Erfolg wahrnehmen.

Die Wahrnehmung, Verarbeitung und Speicherung von Anzeigen ist ein ganzheitlicher Prozess, d.h., dass dabei sowohl die linke als auch die rechte Gehirnhälfte beteiligt sind. Das liegt an der Arbeitsteilung des Gehirns, wie sie in Abb. 8.45 kurz dargestellt wird.

Der Mensch verarbeitet und speichert Informationen unterschiedlich. So wird Text sequenziell (nacheinander) aufgenommen und verarbeitet, während Bilder parallel in unser Gehirn gelangen, was natürlich wesentlich schneller gelingt. Tatsächlich kann ein Bild mittlerer Komplexität in weniger als zwei Sekunden aufgenommen und verarbeitet werden, während man in der gleichen Zeit höchstens sieben Wörter erfassen kann, insofern ist die Volksweisheit: „Ein Bild sagt mehr als 1.000 Worte" zutreffend.

Die Ursache liegt in den unterschiedlichen Verarbeitungsgeschwindigkeiten unseres Gehirns. Während Bilder mit einer Geschwindigkeit von ca. drei Millionen Bits pro Sekunde verarbeitet werden können, liegt die Lesegeschwindigkeit nur bei 15 Bits pro Sekunde. (vgl. zu den Zahlen Lachmann, 2003).

links	**rechts**
• Analyse, Planung, Organisation, Kritik → Rationale Seite • Worte (verbale Kommunikation) → Wichtige Sprachzentren für Lesen, Verstehen und Sprechen • Zahlen, Mathematik • Sprach- und Zahlgedächtnis • Digitale bzw. sequenzielle (schrittweise) Informationsaufnahme/-verarbeitung → logisches Denken • Vor allem bei High-Involvement aktiv, meist nur dann wichtig → Wird bei Bedarf zugeschaltet	• Synthese, Eindrücke, Empfindungen → Emotionale Seite • Bilder (visuelle Kommunikation) • Musik, Rhythmus, Tanz, Bewegungsabläufe, Körpersprache • Motorisches und Erlebnisgedächtnis (auch für Personen und Sachen) • Analoge bzw. parallele (gleichzeitige) Informationsaufnahme/-verarbeitung → ganzheitliches Denken • Vor allem bei Low-Involvement wichtig → Ist immer aktiv, d.h. auch bei High-Involvement

→ Für alle Aufgaben ist das Zusammenspiel beider Hirnhälften erforderlich, auch wenn eine dabei die wichtigere ist.

Abb. 8.45: Aufgaben der Hirnhemispären

Bei der Verarbeitung und Speicherung sind aber immer beide Hirnhälften beteiligt, sodass sowohl Bilder als auch Texte in beiden Hirnhälften verkodet sind. Dies gelingt Texten jedoch nur dann, wenn sie bildhaft und nicht abstrakt sind, denn nur unter Begriffen wie „Baum" oder „plätschernder Bach" können wir uns etwas vorstellen bzw. wird bei uns etwas ausgelöst (vgl. hierzu auch zum Begriff des Schemas und den Exkurs über innere Bilder). Abstrakte Begriffe wie „Richtlinie" oder „Einzelverbindungsübersicht" lösen vermutlich gar nichts aus. Logischerweise muss eine Forderung an gute Werbetexte eine hohe Bildhaftigkeit sein (ein Aspekt, der an späterer Stelle noch vertieft wird).

Bild und Text müssen sich ergänzen

Genau wie es bei unseren Hirnhälften keine gibt, die „besser" ist als die andere, muss man den Einsatz von Bild und Text in der Werbung sehen. Jedes der Elemente hat seine Berechtigung und entsprechende Vorteile (vgl. Abb. 8.46).

Vorteile	
des Bildes	**des Textes**
• hohe Kommunikationsgeschwindigkeit (2 Sekunden für ein Bild mittlerer Komplexität)	• eindeutiger als das Bild (kann sich selbst Zusammenhang schaffen)
Bilder sind schnelle „Schüsse" ins Gehirn	• kann argumentieren und dadurch wirklich verkaufen (Verarbeitung in der linken Hirnhälfte, dadurch eher rationale Ansprache)
• fast automatische Aufnahme (parallel) ohne größere gedankliche Anstrengung	
• wird in der Regel zuerst fixiert und steuert den Blickverlauf	• kann Argumente wiederholen (unter Umständen in anderer Form)
• besonders effiziente Informationsverarbeitung (längere und bessere Erinnerung als bei Text)	• kann Schwerpunkte setzen und Einzelaspekte betonen
• können besser und schneller wiedererkannt werden, weil sie in beiden Gehirnhälften abgespeichert sind	• kann den Leser direkt ansprechen
• Einstellungen und Emotionen können intensiver, aber auch subtiler vermittelt werden (rechte Hirnhälfte für die Verarbeitung zuständig)	• kann den Leser auf vielfältige Weise zum Handeln (Dialog, Kauf etc.) auffordern (Verwendung des Imperativ)
• höhere Glaubwürdigkeit	• gute Vermittlung zeitlicher Vorstellungen
• höhere Anschaulichkeit (dadurch auch bessere Verstehbarkeit)	
• viele spezifische Informationen auf wenig Raum, allgemein tlw. internationale Verständlichkeit	
• gute Vermittlungen räumlicher Vorstellungen	

Abb. 8.46: Text und Bild in der Werbung

Wie man die beiden Elemente einsetzt, hängt stark vom jeweiligen Produkt, dem angestrebten Werbeziel und dem Involvement der Zielgruppe ab. Im Hinblick auf das Involvement sollte man die von der Gehirnforschung entwickelte Modellvorstellung kennen, dass das Bewusstsein (=Pilot) nur dann „zugeschaltet" wird, wenn etwas nicht stimmt, eine Überraschung erlebt wird oder eine Kaufentscheidung ansteht. Nur dann setzt sich der Betreffende aktiv mit der Werbebotschaft auseinander, das heißt, bei Low-Involvement kann man nicht damit rechnen, dass bewusste Prozesse automatisch aktiv werden. Das kann in bestimmten Fällen zwar sogar erwünscht sein (vgl. Mere-Exposure-Effekt), da keine Gegenargumentation zu den werblichen Informationen stattfindet. In den meisten Fällen müssen die Kreativen diese Hürde aber bei der Gestaltung der Werbemittel be-

Das Bewusstsein wird nur bei Bedarf zugeschaltet, das Unterbewusstsein ist immer aktiv

rücksichtigen. Das heißt, die Anzeige muss vor allem über die Verwendung überraschender und/oder emotionaler Reize Aufmerksamkeit erzeugen (vgl. Aktivierung) und unbewusste, emotionale Prozesse auslösen. Ein Grund für die hohe Bedeutung von Bildern liegt darin, dass sie besonders schnell und gut Emotionen erzeugen können (am besten noch Schlüsselbilder für das Markenschema).

Völliger Verzicht auf Text geht allerdings zu Lasten der Glaubwürdigkeit. Bei High-Involvement suchen die Adressaten nach Informationen, sodass diese auch mittels Text geliefert werden müssen, das heißt, in diesem Fall müssen auf jeden Fall beide Seiten angesprochen werden.

Bild und Text müssen leicht verständlich sein

Die Verständlichkeit von Bild und Text ist für Verarbeitung der werblichen Informationen und damit für die Werbewirkung ganz zentral, denn die Anzeigen müssen richtig entschlüsselt, das heißt, verstanden werden, um ihre Funktion zu erfüllen. Bei der Anzeigengestaltung muss deshalb alles vermieden werden, was diesen Prozess be- oder sogar verhindert. Man muss sich also bei der Anzeigengestaltung fragen, ob Bild und Text schnell und richtig verstanden werden. Außerdem lohnt ein Blick auf mögliche Ablenkungseffekte oder ungewollte Verständnisprobleme durch die Kombination von Bild und Headline.

Die verwendeten Bilder sollten folgende Anforderungen erfüllen:
- Bilder müssen aktivieren,
- Bilder müssen prägnant sein,
- Bilder dürfen nicht zu komplex sein (Ablenkungsgefahr/„Vampir"-Effekt),
- Bilder müssen eindeutig sein, das heißt, sie sollten in Bezug zum Produkt oder zur Werbebotschaft stehen – im Idealfall visualisieren sie den Produktnutzen oder es handelt sich um Schlüsselbilder,
- Bilder sollten eigenständig/unique sein (sonst Gefahr der Austauschbarkeit),
- Bilder sollten leicht wiedererkennbar sein (z. B. Schlüsselbilder) – Voraussetzung ist meist häufige Wiederholung über einen längeren Zeitraum (Kontinuität/Konsistenz).

8.5.3.2 Farbe

Farben beeinflussen die Wahrnehmung und die Einstellungsbildung

Zur Frage nach der Bildaussage kommt immer auch die Frage, welche Assoziationen durch die eingesetzten Farben ausgelöst werden. Es gilt als anerkannt, dass sich Farben auf die Wahrnehmung von Personen, Räumen oder anderen Gegenständen auswirken. Die Erkenntnisse sind nicht ganz eindeutig, aber es herrscht Übereinstimmung, dass manche Farben sogar Stimmungsverbesserungen bzw. -verschlechterungen bewirken.

Ein Beispiel für die Wirksamkeit der in der Werbung eingesetzten Farben wurde vor einigen Jahren dokumentiert. Bei einer großen Malaktion sollten mehrere Tausend Kindergartenkinder ein Bauernhofposter ausmalen. Das Ergebnis, das in diesem Fall eigentlich eher erschreckt: Jedes dritte Kind malte die Kühe lila aus.

Existierende Forschungsergebnisse beziehen sich auf allgemeine Farb-Assoziationen sowie die Beeinflussung unserer Sinneswahrnehmung bei der Verwendung bestimmter Farben (zahlreiche Ergebnisse wurden aus Studien zusammengetragen, die bei Klaus Moser: Markt- und Werbepsychologie. Göttingen 2002. dokumentiert sind).

Allgemein bekannt und zu beachten ist, dass die Farbsymbolik vom jeweiligen Kulturkreis abhängig ist. Typisches Beispiel: Während Weiß in westlich geprägten Regionen für Reinheit und Unschuld steht, dokumentiert die Verwendung von Weiß im asiatischen Raum Trauer.

Es gibt zahlreiche Gründe für den gezielten Einsatz von Farben, von denen die folgende Auflistung einige wichtige enthält:
- Farbe beeinflusst das Erlebnisempfinden.
- Farbe erreicht höhere Aufmerksamkeit (vgl. dazu Aktivierung mithilfe von physischen Reizen).
- Farbe erreicht bessere Erinnerungswirkung (Beispiele sind Firmen- oder Markenfarben wie Nivea-Blau, Marlboro-Rot, Telekom-Magenta oder das Gelb-Rot von Maggi). Besonders gut funktioniert dies bei zusätzlicher Verknüpfung mit einer Werbefigur wie der lila Kuh, dann unterstützt die Farbe die Markenwelt bzw. die Positionierung.
- Farbe hat hohe Kennzeichnungsfunktion – Beispiele für hohe Farb-Bekanntheit sind: orange-schwarz von Sixt, grün von BP, gelb für Shell, rot für Eon, blau für RWE, gelb für Yello usw. (siehe auch die Beispiele zur Erinnerungswirkung).
- Farbe erhöht den Realismus der Abbildung, das ist besonders wichtig in Branchen wie Lebensmittel oder Tourismus.
- Farbe fördert die Gliederung einer Anzeige (siehe dazu auch Figur-Grund-Differenzierung und Prägnanz).

Farben können Marken-Schemata auslösen und die Positionierung unterstützen

Einen besonders interessanten Einblick in die gesamte Thematik erhält man durch das Buch von Eva Heller: Wie Farben auf Gefühl und Verstand wirken. München 2000. (Aus den darin vorgestellten Untersuchungen werden auf der folgenden Doppelseite einige Ergebnisse zitiert.)

Im Hinblick auf Prägnanz gibt es einen Zusammenhang zwischen Text und Farbe. Steht Text auf Farbe, kommt es auf einen möglichst hohen Kontrast zwischen Figur (Schrift) und Grund an. Man sollte in jedem Fall auf die Lesedistanz achten, denn Texte, die aus größerer Entfernung gelesen werden sollen (z.B. Plakate), erfordern einen stärkeren Kontrast als beispielsweise Anzeigentexte. Die beste Fernwirkung hat schwarze Schrift auf gelbem Grund – eine Begründung für diese Farbstellung bei wichtigen Verkehrsschildern (vgl. Heller, 2000, S. 94 f.). Bei der Nahwirkung kann nur gesagt werden, dass alle bunten Farben stören, da sie das Auge zu sehr anstrengen.

Insbesondere bei der Wahl einer Firmenfarbe sollte man sich gut überlegen, ob die verwendete Farbe hilft, die Positionierung zu unterstreichen, wobei auch hier wieder auf die Problematik der Austauschbarkeit eingegangen werden muss. Vor der Entscheidung für den Einsatz bestimmter Farben, beispielsweise bei einem Neuprodukt, müssen Symbolgehalt, allgemeine Assoziationen und die sinnesbezüglichen Assoziationen überprüft werden (siehe Tabelle ebenfalls auf der folgenden Doppelseite).

Christiane Seuhs-Schoeller empfiehlt in ihrem Buch „NLP und Werbung" (Wien 2002), das bewusste Verankern (ein Begriff aus dem Neurolinguistischen Programmieren) von Farben in den Köpfen der Verbraucher und rät zur Benutzung der folgenden Checkliste (vgl. a.a.O., S. 164 f.):

- Welche Farben sind in Zusammenhang mit Ihrem Unternehmen bereits beim Konsumenten verankert?
- Für welche Farben steht die Konkurrenz?
- Gibt es eine typische Farbe für Ihre Produktgruppe?
- Welche Farben oder Farbkombinationen weist Ihr Logo auf?
- Gibt es eine markante Farbgestaltung auf der Produktverpackung?
- Fordert diese Farbe zum Kauf auf?
- Welches Produktimage signalisiert diese Farbe im Konkurrenzumfeld?
- Hilft Farbgebung Ihrer Werbung, das Produkt leicht und rasch zu erkennen?
- Können Sie mit der gewählten Farbe maximales Kauf- und/oder Probierinteresse hervorrufen?
- Signalisiert die Farbe korrekt die Produktqualität, die Produktwerte?
- Stimmt die Farbwahl Ihrer Werbung mit der Farbwahl ihrer Produkte überein?

	Auslösung von Anmutungsqualitäten (allgemeine Assoziationen)	Beeinflussung von Objekteigenschaften (sinnesbezügliche Assoziationen)
Rot	warm, sympathisch, gesund, aktiv, erregend, leidenschaftlich, herausfordernd, herrisch, energisch, fröhlich, mächtig	heiß, laut, voll, fest Geschmack: würzig, stark, süß, brennend, wenn es ins Braune übergeht, knusprig
Rosa	modern, weiblich, freundlich, exklusiv	leicht, zart, sehr weich (Babywäsche), süßlich (bei Geschmack)
Orange	herzhaft, leuchtend, lebendig, freudig, heiter	warm, satt, nah, glimmend, trocken, mürbe
Gelb	hell, klar, frei, bewegt, strahlend, warm	glatt, sauer Gewicht: leicht (je heller, umso leichter) Tastsinn: weich, wenn es ins Rötliche geht (Margarine, Teigwaren); Geschmack: süß, wenn es ins Rote geht, bitter bei Grünstich; Temperatur: warm, heiß, mit rötlicher Färbung, je weißer, umso kälter
Grün	beruhigend, geborgen, erfrischend, knospend, gelassen, friedlich; Besonnenheit, Harmonie, Natur, Hoffnung	kühl, saftig, feucht, sauer, giftig, jung, frisch, bitter, salzig
Blau	passiv, zurückgezogen, sicher, friedlich, technisch; Autorität, Zuverlässigkeit, Respekt, Ernst, Treue	kalt, nass, glatt, fern, leise, voll, stark, tief, groß; Gewicht: variiert mit der Helligkeit – hellblau – sehr leicht (Luft), dunkelblau – sehr schwer (Blei)
Violett	würdevoll, düster, zwielichtig, mystisch, originell, unglücklich	samtig, narkotischer Duft, faulig-süß
Weiß	sauber modern, freundlich, klar, wahr	
Schwarz	elegant, edel, erotisch; Erfolg, Brutalität	

Abb. 8.47: Farbassoziationen

Bei der Wahl seiner Farbgebung muss ein Unternehmen nicht nur darauf achten, dass die Farbe oder Farb-Kombination nicht schon in seinem Produktsegment vergeben ist, sondern auch auf andere Branchen blicken. Zum Beispiel ist das Magenta der Telekom sicherlich auf Grund seiner hohen Bekanntheit auch für andere Branchen nicht mehr einsetzbar. Ein schönes, schon früher zitiertes Beispiel für die Gefahr von austauschbarer Farbgebung liefert die Einführungskampagne für Zigaretten der Marke WEST in den 80er-Jahren. WEST stellte dabei sehr stark die rot-weiße Produktverpackung in den Vordergrund. Der Effekt war, dass Marlboro trotz gleich bleibender Werbeaufwendungen erhebliche Marktanteilssteigerungen verzeichnen konnte, weil anscheinend zahlreiche Verbraucher die rot-weiße Verpackung falsch zugeordnet hatten. Erst im Anschluss an diesen Flop gelang es WEST mit der TEST IT!-Kampagne einen einzigartigen kommunikativen Auftritt zu verfolgen.

Farbassoziationen zu verschiedenen emotionalen Schlüsselwörtern

Eva Heller hat Untersuchungen durchgeführt, welche Farbassoziationen mit Begriffen verbunden werden. Berücksichtigt sind Nennungen über 5 %, die Stichprobe umfasste 2.000 Personen in Deutschland (aus: Eva Heller: Wie Farben auf Gefühl und Verstand wirken. München 2000).

Die Wahrheit	Die Lüge	Die Kühle	Die Wärme
weiß 42 %	gelb 22 %	blau 44 %	rot 47 %
blau 18 %	violett 18 %	weiß 23 %	gelb 26 %
gold 15 %	schwarz 16 %	silber 15 %	orange 23 %
	grün 11 %	grau 11 %	
	braun 10 %		

Die Eleganz	Die Brutalität	Die Treue	Die Leidenschaft
schwarz 30 %	schwarz 47 %	blau 35 %	rot 62 %
silber 20 %	rot 20 %	grün 18 %	orange 12 %
gold 16 %	braun 14 %	gold 10 %	violett 8 %
weiß 13 %		rot 8 %	gelb 8 %

Die Sicherheit	Die Eifersucht	Das Vertrauen	Das Verführerische
grün 27 %	gelb 35 %	blau 35 %	rot 35 %
blau 22 %	grün 17 %	grün 24 %	violett 14 %
weiß 10 %	schwarz 15 %	gold 11 %	rosa 12 %
braun 9 %	violett 8 %	gelb 11 %	schwarz 10 %
gold 9 %			gold 8 %

Abb. 8.48: Empirisch ermittelte Farbassoziationen

8.5.3.3 Textverständlichkeit

Die Kommunikationsforscher und Lernpsychologen Langer, Tausch und Schulz von Thun haben vier Merkmale der Textverständlichkeit ermittelt (Abb. 8.49):

Einfachheit	Gliederung/Ordnung
• kurze, einfache Sätze • einfache Wortwahl • keine Fremdwörter • anschaulich, konkret	• folgerichtig, logisch • übersichtlich • „roter Faden" • optische Gliederung
• auf Wesentliches beschränkt • knapp, konzentriert • jedes Wort notwendig	• anregend • interessant • abwechslungsreich (durch Vergleiche, Beispiele)
Kürze	Anregende Zusätze

Abb. 8.49: Merkmale der Textverständlichkeit (nach Langer/Schulz von Thun/Tausch: Sich verständlich ausdrücken. München 1993. S. 26)

_{Verständliche Texte sollten sehr einfach und gut gegliedert sein}

Die Bedeutung dieser vier Merkmale hängt zwar von der jeweiligen Textart ab (ob Headline oder Copy-Text und für welches Werbemittel), aber das wichtigste Merkmal ist die Einfachheit, denn ein komplizierter Text ist immer schlecht verständlich. Neben Einfachheit sollte das Merkmal Gliederung/Ordnung stark ausgeprägt sein, was sich gleichermaßen auf die äußere optische Gliederung (Absätze, Unterstreichungen, Fettungen, Aufzählungszeichen etc.) und die innere Ordnung (Sachlogik, Argumentationsstruktur, „roter" Faden) beziehen sollte.

Je nach Textart wird auch mehr die äußere Ordnung oder die innere Ordnung im Vordergrund stehen. Da sprachliche Informationen im Gedächtnis in hierarchischen Strukturen abgelegt werden, erleichtert eine systematische Ordnung eines neuen Textes in jedem Fall die Abspeicherung der Information.

Im Hinblick auf Kürze/Prägnanz ist ein mittleres Niveau anstrebenswert, denn auch kurze Texte bieten keine automatische Garantie für Verständlichkeit. Sie können leicht zu abstrakt und dann doch unverständlich ausfallen.

Bei den „anregenden Zusätzen" optimal vorzugehen ist ebenfalls schwierig. Denn diese Forderung steht in gewissem Widerspruch zu den anderen: Die geforderte Hinzunahme etwa von Beispielen geht zu Lasten der Kürze und ggf. klarer Gliederung. Die Ausprägung dieses Merkmals hängt insofern in ganz besonderem Maße vom zu textenden Werbemittel ab, aber auch hier dürfte eine mittlere bis starke Ausprägung die Text-Verständlichkeit fördern.

Grundsätzlich bleibt die wesentliche Forderung beim Texten von Werbemitteln, sich in die Köpfe der Zielgruppen zu versetzen, dann zu überlegen, welchen Nutzen das zu bewerbende Produkt der Zielgruppe bietet, und insofern aus der Perspektive und mit dem Sprachschatz der Adressaten zu schreiben.

Hinweise zur konkreten Textarbeit

Setzen Sie verbale Verstärker ein – dabei handelt es sich um sprachliche Merkmale, die sich besonders gut zur Vermittlung der Botschaft eignen. Vermeiden Sie demgegenüber möglichst verbale Filter, da sie Texte langsamer und häufig auch langweiliger machen.

Beispiele für verbale Verstärker

- aktive Verben
- bildhafte Wörter
- positive Wörter
- konkrete Wörter
- persönliche Ansprache
- gemeinsamer Nenner
- Zitate und Testimonials
- Vergleiche
- Zeitdruck
- Bindewörter
- rhythmische Headline
- verbale Wegweiser

Beispiele für Filter

- Hilfsverben
- Passivkonstruktionen
- „dass"-Nebensätze
- Hauptwort-Stil
- doppelte Verneinung, Negation
- Modewörter
- schreiende Superlative
- Wiederholung von Wörtern

Insbesondere beim Texten von Headlines sollte darauf geachtet werden, verbale Verstärker zu verwenden, da sie den Leser zum Weiterlesen (des Copy-Textes, des Mailings etc.) animieren können. Bei Headlines kann zu Gunsten der Kürze auf Verben verzichtet werden, allerdings sollten dann konkrete, bildhafte und unverwechselbare Substantive verwendet werden (Vorteil: Verarbeitung und Speicherung in beiden Hirnhälften).

Also lieber Head-Words als Head-Lines, wobei dies besonders für Panorama-Anzeigen (Doppelseiten) gilt.

Bei Fließtexten sollten möglichst aktive Verben an den Anfang des Satzes, damit der Leser schnell erfährt, worum es geht – gerade bei wenig involvierten Lesern ein wichtiger Aspekt. Vermeiden Sie deshalb Schachtelsätze oder, um einen Claim einer „Bild"-Zeitungs-Kampagne zu zitieren: „Wer etwas Wichtiges zu sagen hat, macht keine langen Sätze." Ein wichtiger Grund für die Richtigkeit dieser Aussagen liegt in der Speicherkapazität unseres Kurzzeitgedächtnisses, das nur sieben ± zwei Sinneinheiten verarbeiten kann. Aus diesem Grund gibt es so genannte Obergrenzen der optimalen Verständlichkeit, die z. B. bei der Deutschen Presseagentur (DPA) mit neun Wörtern angegeben wird, für die gesprochene Sprache gelten 14 Wörter (weitere Beispiele finden sich in Wolf Schneider: Deutsch für Profis. München 2001).

Allerdings kommt es natürlich auch darauf an, wie viele Silben die einzelnen Wörter haben bzw. ob die Wörter schnell wiedererkannt werden, dann kann sich diese Obergrenze nach oben oder unten verschieben.

Hier eine Daumenregel für die Wortlänge: „Im Schnitt zweisilbige, maximal viersilbige Wörter. Und wenn's doch länger sein muss, trennen Sie durch Umschreibung [Anm. d. Verfassers: statt Außendienstschulung besser Schulung des Außendienstes] oder Bindestrich [Anm. d. Verf.: statt Zielgruppensegmente besser Zielgruppen-Segmente]." (aus: Jörn Winter: Handbuch Werbetext. Frankfurt 2008).

Vor dem Hintergrund, dass die emotionale Ansprache der Zielgruppen eine der wichtigsten Aufgaben von Werbung darstellt, noch ein weiteres Argument für kurze Wörter: Wichtige, emotional stark besetzte Substantive sind fast alle ein- oder zweisilbig:
Hunger, Liebe, Tod, Hass, Neid, Geiz, Geld, Gier, Angst, Pech, Glück, Qual etc.

Dass Aktivsätze besser aufnehmbar sind als Passivsätze, ist eine weitere wichtige Erkenntnis für das Texten von Werbung. Das liegt natürlich auch daran, dass in Aktivsätzen normalerweise das Verb als sinntragende Einheit früh im Satz erscheint, während Passivsätze häufig das Verb splitten und insofern eine Tendenz zu komplizierten Sätzen hervorbringen. Plakativer ausgedrückt: Der Unterschied zwischen Aktiv und Passiv ist der Unterschied zwischen Leben und Tod.

Wer mehr über die Grundlagen und das Texten verschiedener Werbemittel erfahren möchte, sollte sich im bereits erwähnten „Handbuch Werbetext" informieren.

Die in Abbildung 8.50 dargestellten Beurteilungskriterien für gute Werbetexte geben einen ersten Orientierungsrahmen für die Qualität von Texten. Dabei sollten die Bild-Text-Kombinationen nicht zu kompliziert ausfallen, da Werbung häufig nur beiläufig wahrgenommen wird und die Betrachter keine Lust haben, komplizierte Rätsel zu lösen.

Dass es trotzdem so viele „Rätsel"-Anzeigen gibt, deren Sinn sich erst bei genauerem Hinschauen bzw. Nachdenken erschließt, hängt vielleicht damit zusammen, dass der Texter durch die intensive Beschäftigung mit der Materie hoch involviert ist.

Beurteilungskriterien für gute Werbetexte
- hohe Bildhaftigkeit,
- Verständlichkeit (nach von Thun/Tausch/Langen durch Einfachheit, Gliederung, Prägnanz, Kürze ...),
- Aufmerksamkeitsstärke (ohne Aufmerksamkeit keine Werbewirkung!),
- Unverwechselbarkeit („Uniqueness").
- aus der Perspektive der Zielgruppe (Adressat), nicht aus der Perspektive des Auftraggebers (Senders) texten,
- Ansatz bei den Problemen der Zielgruppe bzw. Suche nach Lösungen für die Probleme der Zielgruppe (Nutzenorientierung),
- „Zeige nie, was du sagst. Sage nie, was du zeigst" (also keine Doppelung von Text und Bild),
- ungewöhnliche Text-Bild-Kombinationen finden.

Abb. 8.50

Dies trifft auf die Adressaten nicht zu – letztlich also ein Problem professioneller Deformation.

Für den Zusammenhang von Text und Gesamtkonzeption bei der Anzeigengestaltung folgen zehn Tipps, die die GfK auf Grund von über 600 getesteten Anzeigen formuliert hat (Abb. 8.51, zitiert nach Lachmann, 2003).

10 TIPPS ZUR ANZEIGENGESTALTUNG

1. Die Hauptaussage sollte durch ein Bild transportiert werden.
2. Es sollten prägnante Bilder verwendet werden (Figur-Grund beachten).
3. Es sollten aktivierende Reize eingesetzt werden – dabei auf Framing achten, das heißt die Nähe zum Produkt oder zur Kernbotschaft.
4. Nicht damit rechnen, dass der Fließtext (vollständig) gelesen wird.
5. Logo und Produkt müssen in den zentralen Blickverlauf platziert werden.
6. Keine komplexen Analogien oder Rätsel verwenden.
7. Die Anzeigen eigenständig gestalten.
8. Weniger in die Anzeige packen.
9. Die Headline sollte kurz und prägnant sein.
10. Der Markenname sollte in der Headline möglichst genannt werden.

Abb. 8.51 (nach Lachmann, a.a.O., S. 175)

8.5.4 Informationsspeicherung

In der Phase der Informationsspeicherung finden Lernvorgänge statt, hier entscheidet sich, was der Rezipient behält und was er wieder vergisst. Das führt auf die Anforderungen, dass sich die Adressaten die Informationen der Anzeige leicht merken können müssen. Anschließend muss verhindert werden, dass die Botschaft wieder vergessen wird. Wenn es also gelingt, Bilder zu finden – am besten noch Schlüsselbilder –, die den Produktnutzen visualisieren, wird die Speicherung der werblichen Information wesentlich leichter gelingen, als wenn es sich um austauschbare Bildwelten handelt. Auch unter dem Blickwinkel stellt sich wieder die Forderung nach einem einzigartigen werblichen Auftritt (UAP): Was einzigartig ist, wird weniger schnell vergessen, auch wenn es durch ähnliche Reize überlagert wird.

Inhalte einer Anzeige müssen leicht merkbar sein

Beispiele

In den Abb. 8.52 bis 8.54 auf der folgenden Seite finden sich Beispiele für eine witzige Visualisierung des Produktnutzens, diese Bilder stellen das zu lösende Problem übertrieben oder humorvoll dar:
- schmerzende Füße, sehr eindrucksvoll und einprägsam durch den Stacheldrahtkranz dargestellt, wogegen Hühneraugenpflaster helfen sollen (8.52),
- humorvolle Übertreibung bei der Werbung für einen Energydrink (8.54) oder
- ein symbolhafter Packshot für Knäckebrot (8.53) zum Abnehmen.

Der Vorteil eines visualisierten Produktnutzens liegt in der höheren Eingängigkeit der Werbebotschaft. Die Botschaft – vor allem der Produktnutzen – wird selbst bei beiläufiger Wahrnehmung transportiert, wesentlich leichter abgespeichert und besser erinnert. Dies hängt unter anderem mit der durch die Visualisierung erreichten doppelten Speicherung in beiden Hirnhälften zusammen (vgl. die Ausführungen weiter vorn in diesem Kapitel). Eine weitere wichtige Voraussetzung für Werbewirkung bei niedrig (low) involvierten Adressaten ist die häufige Wiederholung der Werbebotschaft, damit sie auch bei beiläufiger Wahrnehmung gelernt werden kann – darauf wird nachfolgend im Zusammenhang mit Lerntheorien noch näher eingegangen.

Visualisierungen des Produktnutzens verbessern die Speicherung und Erinnerung der Werbebotschaft

Als theoretischer Hintergrund zum Thema Informationsspeicherung dienen Erkenntnisse aus der Lernpsychologie, wie das bekannte Drei-Speichermodell des menschlichen Geistes (vgl. Abb. 7.6 an früherer Stelle). Betrachten wir die drei Verarbeitungsschritte:

1. Sensorischer Speicher

Über die Sinnesorgane, man könnte in Anlehnung an den Aufbau von Computern auch von der „Benutzeroberfläche" sprechen, gelangen die Reize/Informationen in den sensorischen Speicher. In diesem Trichter werden alle Sinneseindrücke gesammelt und innerhalb von weniger als einer Sekunde entschieden, ob den eingehenden Reizen Aufmerksamkeit geschenkt wird oder nicht. Der sensorische Speicher fungiert demnach als eine Art Türsteher für die Weiterverarbeitung von Informationen.

Sensorische Speicher sind „Türsteher" zum Gehirn

Abb. 8.52 – Abb. 8.54: Visualisierung des Produktnutzens

Wie im echten Leben gibt es auch für Informationen Möglichkeiten, den „Türsteher" davon zu überzeugen, den Weg frei zu machen.

In der nachfolgenden Auflistung sind noch einmal einige wichtige Aspekte zusammengefasst, die Aufmerksamkeit erleichtern:

- Erwartungshaltung/Bedürfnislage/Motivation der Zielgruppe:
  Bei hoch involvierten Adressaten (Situations- oder Dauerinvolvement) ist das Interesse an Informationen sehr hoch ⇒ Werbung in entsprechenden Umfeldern platzieren (z. B. Special-Interest-Titel oder spezielle redaktionelle Umfelder), Werbemittel mit ausreichenden Informationen versehen und Hinweise auf weitere Informationen (Hotline, Internet, Händler etc.) geben.
- Überraschende Reize:
  Aus dem Wettbewerbsumfeld herausstechen, das heißt, „Abweichen von der Norm" ⇒ besondere Größe, Farbigkeit, außergewöhnliche Formate, Bild-Text-Kombination, ungewöhnliche Perspektive (Bild und/oder Text), Lautstärke etc.
- Appelle an bereits gelernte Schemata des Langzeitgedächtnisses:
  An Bekanntes anknüpfen, um passende neue Reize hinzuzufügen (ebenfalls wichtig für Lernen).
- Mittleres Aktivierungsniveau:
  Eine zu geringe emotionale Ansprache verringert die Aufmerksamkeit, zu starke auch.

2. Aufnahme in den Kurzzeitspeicher

Anschließend erreichen die Reize/Informationen den Kurzzeitspeicher, der den zentralen Arbeitsspeicher (und „Prozessor") des Menschen bildet und die komplexen Verbindungen zwischen der Außenwelt und unserem Bewusstsein regelt. Die Kapazität des Kurzzeitspeichers ist sehr begrenzt, einige Forscher gehen davon aus, dass nur fünf bis neun Sinneinheiten gleichzeitig im Kurzzeitspeicher verarbeitet werden können. Bei unbekannten, komplizierten Wörtern, aber auch bei ungeübten Lesern (vgl. das Thema Augenfixationen an früherer Stelle) wird diese Kapazitätsgrenze natürlich schneller erreicht als bei geübten Lesern, die Wörter oder Wortteile schnell wiedererkennen und sinngerecht erfassen (vgl. dazu die Stufen des Lesevorgangs Abb. 8.41). Weiter vorn in diesem Kapitel waren schon einmal die Obergrenzen der optimalen Verständlichkeit erwähnt worden, die z. B. nach Studien der Deutschen Presseagentur (DPA) mit neun Wörtern angegeben wird, für die gesprochene Sprache werden häufig 14 Wörter angesetzt. Der Begriff „Sinn-Einheiten" bezieht sich aber nicht nur auf Text, sondern auch auf Bilder, nur dass Bilder wesentlich schneller und einfacher – man könnte auch sagen, kapazitätsschonender – erfasst werden. Trotzdem enthält eine durchschnittliche Anzeige mit Bild, Headline, Slogan, Logo, Marke und Copy-Text meistens deutlich mehr als fünf bis neun Sinneinheiten, sodass ein Teil dieser Informationen selbst bei High-Involvement noch nicht einmal den Kurzzeitspeicher erreichen werden.

Andere Forscher bilden etwas andere Modelle und sehen unseren Kurzzeitspeicher eher als zeitliches Fenster, das eingehende Reize im Drei-Sekunden-Takt zu Gestalten zusammenfasst bzw. verarbeitet (vgl. Lachmann, 2003).

Kurzzeitspeicher – zentraler Arbeitsspeicher und „Prozessor" des Menschen

Das Kurzzeitgedächtnis entscheidet über die Aufnahme und die Weitergabe von Informationen

Da fortwährend neue Reize in den Kurzzeitspeicher gelangen, entscheidet unser Arbeitsspeicher nicht nur, welche Reize aus dem sensorischen Speicher uns überhaupt bewusst werden, sondern auch, was generell eine Chance bekommt, ins Langzeitgedächtnis zu gelangen. Ob ältere Reize weitergegeben oder gelöscht werden, hängt von sehr vielen Faktoren ab. Neben der empfundenen persönlichen Bedeutsamkeit einer neuen Information (was eng mit Involvement zusammenhängt) spielen auch Störungen eine wichtige Rolle, denn das Kurzzeitgedächtnis ist bei diesen Entscheidungsprozessen sehr störungsanfällig.

> Es kommt häufig zu so genannten Interferenzen, das heißt, ein Reiz wird durch einen vor- oder nachgelagerten Reiz überlagert und damit gelöscht. In der Lernpsychologie spricht man in diesem Zusammenhang von pro- oder retroaktiver Hemmung.

Als empirischen Beweis fand man den so genannten Primacy-Recency-Effekt, der das Phänomen umschreibt, dass die am Anfang und zum Schluss wahrgenommenen Reize einer Abfolge besser vom Rezipienten erinnert werden als die sich zeitlich in der Mitte befindlichen Reize. Hier zeigt sich ein gerade für Werbeblöcke im Fernsehen nicht zu unterschätzendes Problem. Das Phänomen des Vergessens wird als ein Versagen des Zugriffs verstanden (Interferenztheorie). Empirische Forschungen zeigen, dass dieser Interferenzeffekt vor allem bei als ähnlich definiertem Speichermaterial auftritt. Es gibt also so etwas wie eine Ähnlichkeitshemmung, bei der die Zielperson Probleme hat, die eintreffenden Informationen richtig einzuordnen.

Das Kurzzeitgedächtnis hat eine natürliche Kapazitätsgrenze und ist sehr störanfällig

Aus der Kapazitätsgrenze sowie der Störanfälligkeit unseres Kurzzeitspeichers lassen sich Forderungen an die Gestaltung von Werbung ableiten, die sich letztlich wieder auf das von Lachmann benutzte und schon an früherer Stelle vorgestellte „3-K-Prinzip" (Kontrast, Konsistenz, Klarheit) bringen lassen. Die Botschaft / das Werbemittel sollte

- sich klar von anderen Reizen abgrenzen (Kontrast zum Wettbewerbsfeld, aber auch zu anderen werblichen Botschaften). Es gilt, Klischees oder austauschbare Botschaften zu vermeiden, da sie vermutlich dem nützen, der diese Klischees am stärksten besetzt hat;
- nicht zu viele Informationen auf einmal enthalten (formale und inhaltliche Klarheit): Informationen sollten auf überschaubare, strukturierte Einheiten verdichtet werden. Das gilt sowohl für die Anzahl an Informationen als auch für die gesamte Anzeige (übersichtlich, aufgeräumt, gegliedert);
- die Einordnung in Kategorien des Langzeitgedächtnisses erleichtern (inhaltliche Klarheit). Durch die Visualisierung des Nutzens wird die Botschaft in beiden Hirnhälften gespeichert. Informationen sollten im Hinblick auf ihre Wichtigkeit für den Empfänger hierarchisch strukturiert werden (adressaten- bzw. zielgruppengerechte Werbemittelgestaltung). Die Botschaft sollte an bereits gelernte Markenschemata anknüpfen und, falls vorhanden, mit Schlüsselbildern arbeiten;
- sollte oft genug wiederholt werden (Konsistenz). Dabei sollte auf Kontinuität geachtet werden. Wenn Wear-Out-Effekte oder Reaktanz befürchtet werden, reichen oft kleine Modifikationen in der Gestaltung aus.

3. Übergang ins Langzeitgedächtnis

Das Kurzzeitgedächtnis enthält auch Daten aus dem Langzeitgedächtnis, unserer „Festplatte", zum Beispiel, um neue Reize mit bereits bekannten Reizen aus dem Langzeitgedächtnis zu vergleichen und somit ihre Bedeutsamkeit zu überprüfen. Das Langzeitgedächtnis spiegelt die Persönlichkeit und Individualität des Menschen wider, weil hier alle wichtigen Erfahrungen gespeichert bleiben. Das Langzeitgedächtnis setzt sich aus drei Untereinheiten zusammen:

Langzeitspeicher – die „Festplatte"

- Das episodische Gedächtnis speichert bildhafte Inhalte bzw. sensorische Vorstellungen, die aus unseren Sinnesorganen kommen.
- Das semantische Gedächtnis speichert verbal kodierte Inhalte (z.B. Wörter, Begriffe, Definitionen, Markennamen, Slogans etc.).
- Das prozedurale Gedächtnis speichert Abläufe, Verhaltenssequenzen (z.B. Bewegungsabläufe beim Sport oder Tanzen etc.)

Bei den Inhalten des Langzeitgedächtnisses handelt es sich um Vorwissen, Schemata, Images, Vorurteile, Kenntnisse, Produkterfahrungen, Einstellungen, Interessen, Motive etc., die sich alle im Laufe der Zeit entwickelt haben und mehr oder weniger stabil sind. Allerdings befindet sich das menschliche Langzeitgedächtnis in ständiger Bewegung, das heißt, die abgespeicherten Inhalte werden durch innere und äußere Einflüsse beeinflusst, verändert, ergänzt, in neue Zusammenhänge gestellt oder gelöscht.

Die Inhalte des Langzeitgedächtnisses sind zwar stabil, aber trotzdem beeinflussbar bzw. veränderbar

Hierzu ein kurzes Beispiel: In der Rückschau erleben wir unser eigenes Leben als eine logische Abfolge von Ereignissen, obwohl jeder weiß, dass es an mehr als einer Stelle andere Möglichkeiten gegeben hätte oder sich sogar Widersprüche finden lassen. Bei diesem Verhaltensmuster handelt es sich um eine Form der kognitiven Dissonanz (vgl. dazu Abschnitt 7.4.4), das heißt, wir wollen unser Verhalten am liebsten im Einklang mit unseren Einstellungen bringen. Dazu ist es manchmal nötig, ein wenig „Geschichts-Klitterung" zu betreiben. Oder etwas plakativer formuliert: Im Zweifel lügen wir uns unsere Realität zurecht. Insofern werden Erinnerungen an Ereignisse, Personen oder Marken immer durch spätere Erinnerungen beeinflusst bzw. verändert, das heißt aber auch, dass alle eingehenden Außenreize in unser individuelles Weltbild eingepasst werden. Man könnte auch sagen: Jeder sieht die Welt durch seine Brille und besitzt seine persönlichen Schubladen, um diese Welt einzuordnen.

Hauptfunktionen des Langzeitgedächtnisses

- Identifizieren
  Erkennen und Wiedererkennen (= Recognition) aktueller Informationen aus dem Kurzzeitgedächtnis (Marke und oder Verpackung wird im Regal wiedererkannt und deshalb gekauft, dies ist vor allem unter Low-Involvement-Bedingungen wichtig, wie z.B. bei Konsumgütern des täglichen Bedarfs/FMCG).
- Reproduzieren
  Das betrifft das Wiedererinnern gespeicherter Inhalte (= Recall). Bei manchen Produkten muss meine Werbebotschaft hohe Recall-Werte erzielen, das heißt, die Marke wird aktiv erinnert (z.B. wichtig bei teuren Gebrauchsgütern), da das Produkt, um überhaupt gekauft zu werden, erst in die engere Wahl gelangen muss (relevant set).

- Produzieren
  Umformung gespeicherter Inhalte oder Konstruktion neuer Gedächtnisinhalte, beispielsweise Aufbau und Veränderung eines Marken-Images.

Abrufen von gespeicherten Inhalten:
- *Recall = Wieder-Erinnern*
- *Recognition = Wieder-Erkennen*

Beim Abrufen von gespeicherten Informationen lassen sich aktives Sich-Erinnern (Recall) und von außen angestoßenes Wieder-Erkennen (Recognition) unterscheiden. Dabei soll hier im Sinne der Werbewirksamkeit keine Wertung zwischen diesen beiden – auch in der Werbewirkungsforschung immer wieder verwendeten Konzepten – erfolgen, da beide für unterschiedliche Produktgruppen von Bedeutung sind.

Man kann sich das Langzeitgedächtnis modellartig wie ein Netz vorstellen, in dem Knoten durch einzelne Fäden miteinander verbunden sind. Manche Knotenpunkte repräsentieren Objekte (zum Beispiel Produkte), andere repräsentieren bestimmte Eigenschaften (Qualität, Komfort, …), Emotionen oder Bewertungen. Wird ein Knotenpunkt aktiviert, breitet sich dies zunächst auf benachbarte und dann – mit abnehmender Stärke – auch auf weiter entfernt liegende Knotenpunkte aus. Welche Assoziationen ein Individuum überhaupt zu einem Objekt hat, ist durch sein Wissen und seine Erfahrungen bestimmt. Welche Verbindungen aktiviert werden, hängt ebenfalls vom Vorwissen, aber auch von der konkreten Situation ab. Jeder eingehende Auslösereiz, wie z. B. ein Markenlogo, löst den Abruf gewisser Inhalte – am besten stabile Markenschemata – aus, wobei es sich bei diesen Inhalten sowohl um rationale als auch emotionale Informationen handeln kann.

Lernen und Schutz vor Vergessen erfordern wiederholte Kontakte mit Werbebotschaft

Beim Lernen müssen neue Informationen an diese vorhandenen Inhalte des Langzeitgedächtnisses angedockt werden. Auf der anderen Seite muss einmal gelerntes Material immer wieder aufgefrischt werden, um Vergessen zu verhindern. Das heißt, sowohl das Lernen als auch das Verhindern des Vergessens erfordern eine gewisse Anzahl von Wiederholungen, wobei für das Lernen eine höhere Kontakthäufigkeit notwendig ist als für den Schutz vor dem Vergessen. Auch empirische Versuche zum Einbau von Informationen in das Langzeitgedächtnis zeigten einen signifikanten Zusammenhang zwischen der Anzahl der Kontakte mit der Werbebotschaft und dem Ausmaß der Gedächtnisleistungen. In der Mediaplanung gehört die S-förmige Lernkurve (als Response- oder Werbewirkungsfunktion) inzwischen zum Standardrepertoire und hilft, wirksame Reichweiten für Mediapläne auszuweisen (vgl. auch Kapitel 4 „Mediaplanung").

Auch aus den Besonderheiten des Langzeitgedächtnisses und dem erörterten Phänomen des Lernens und Vergessens lassen sich Forderungen an die Gestaltung von Werbung ableiten:

- Die Botschaft / das Werbemittel sollte versuchen, der Zielgruppe das Abspeichern der Botschaft zu erleichtern.
  - Man verwendet Mnemo-Techniken wie Reime, „Eselsbrücken" oder Visualisierungen des Nutzens. Durch die Visualisierung des Nutzens wird die Botschaft im Gehirn ganzheitlich gespeichert.
  - Je anschaulicher und konkreter ein Reiz ist, desto leichter wird er behalten (das – prägnante – Bild einer Müslischale mit frischen Früchten ist besser als der anschauliche Begriff „Haferflocken", der aber immer noch besser ist als der abstrakte Begriff „Frühstücks-Cerealien").

- Die Botschaft/das Werbemittel sollte versuchen, der Zielgruppe das Wiedererkennen des Absenders, Markennamens oder der Verpackung zu erleichtern.
    - Dazu schafft man Möglichkeiten, neue Informationen mit schon Bekanntem zu verknüpfen oder an bestehende Kategorien (Schemata) anzuknüpfen. Die Botschaft sollte an bereits gelernte Markenschemata anknüpfen, und falls vorhanden, mit Schlüsselbildern arbeiten.
    - Die Informationen sollten im Hinblick auf ihre Wichtigkeit für den Empfänger hierarchisch strukturiert werden (adressaten- bzw. zielgruppengerechte Werbemittelgestaltung), das heißt, das Produktfeld, der Hauptnutzen des Produktes und die Marke müssen schnell erkennbar sein. Es sollten typische Merkmale des Produktfeldes verwendet werden, dies hilft dem Adressaten, die Information in die richtige „Schublade" zu stecken, das darf aber nicht zu Austauschbarkeit führen, da man sonst Werbung für die Gattung und nicht für die eigene Marke macht.
- Die Botschaft / das Werbemittel sollte oft genug wiederholt werden (Konsistenz),
    - Es sollte auf Kontinuität geachtet werden. Wenn Wear-Out-Effekte oder Reaktanz befürchtet werden, reichen auch hier oft kleine Modifikationen in der Gestaltung aus.

Abb. 8.55 stellt wichtige Formen des Lernens zusammen und macht deutlich, dass es bei jeder Art des Lernens auf Wiederholungen ankommt, wobei deren Wichtigkeit variieren kann. Auf die nicht in der Abbildung aufgeführten Formen des unbewussten Lernens wie die Priming- und Mere-Exposure-Effekte soll hier nicht weiter eingegangen werden. Denn nur die wenigsten Unternehmen setzen bewusst auf unbewusst wahrzunehmende Werbung. Wer sich näher für die beiden Effekte interessiert, findet dazu in den Abschnitten 7.4.1 bis 7.4.3 einige grundlegende Ausführungen.

In der Abbildung wird als grundlegende Unterscheidung die zwischen absichtlichem und beiläufigem Lernen genannt. Bei der seltener vorkommenden zentralen Reizverarbeitung unter High-Involvement kommt es zu Formen des absichtlichen Lernens. Wenn die Logik komplexerer Sachverhalte wirklich eingesehen wurde, also wirklich verstanden wurde, worum es bei dem Sachverhalt geht, benötigt man anschließend nur noch wenige Wiederholungen, um die Informationen zu behalten bzw. später vor dem Vergessen zu schützen. Anders sieht es beim Auswendiglernen (Memorieren) aus, hier werden – wie jeder aus eigener Erfahrung bestätigen wird – deutlich mehr Wiederholungen benötigt, damit das Gelernte wirklich sitzt. Außerdem wird vieles, was eben nicht eingesehen wurde, anschließend wieder relativ schnell vergessen.

<small>Bei Werbung kommt es selten zu absichtlichem Lernen</small>

Gerade bei Werbung geht es aber viel häufiger um Formen des beiläufigen Lernens, das heißt, man bekommt eben trotz geringer eigener Motivation zur Informationsaufnahme etwas mit. Dabei wirken die Adressaten beim so genannten S-R-Lernen (Stimulus-Response) häufig mit, während sie bei Formen der Konditionierung eher passiv bleiben. Beim S-R-Lernen unterscheidet man die aktivere Form des Lernens nach dem Verstärker-Prinzip von der passiveren des Lernens durch Beobachtung (Modell-Lernen).

<small>Beiläufiges Lernen – häufigste Form des Lernens in der Werbung</small>

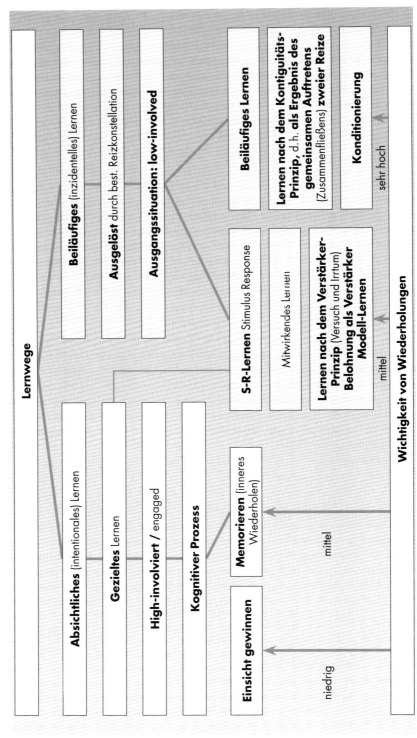

Abb. 8.55: Arten des Lernens (aus: Lachmann, Ulrich: Wahrnehmung und Gestaltung von Werbung, Stern Bibliothek, Gruner+Jahr, Hamburg 2003)

Beim Modell-Lernen geht es darum, sich etwas von anderen abzuschauen oder nachzuahmen, um die Fähigkeiten oder Verhaltensmuster anschließend selbst in sein „Repertoire" aufzunehmen. Im Sinne der Werbung ist dabei häufiger die Aneignung neuer Fähigkeiten oder Verhaltensmuster als die Hemmung gelernter Verhaltensmuster angestrebt. In beiden Fällen müssen aber Verhalten oder die Folgen der Produktverwendung vorgeführt werden. Bei Sozialkampagnen wie „Keine Macht den Drogen" oder „Gib AIDS keine Chance" soll der Einsatz positiver Vorbilder zum gewünschten Lern-Effekt führen. In anderen Fällen zeigen oder beschreiben Testimonials oder Presenter die Vorzüge der Produktverwendung. Peter Beike unterscheidet in der Broschüre: Lernprozesse 2000. Lernprozesse in der Werbung (Bild Edition, ASV Hamburg 2000) zwei Aspekte des Modell-Lernens:

Modell-Lernen = Lernen von Vorbildern

1. Verhaltens-Aneignung (Aufmerksamkeit und Speicherung)
   Im Sinne der Erregung von Aufmerksamkeit kommt es vor allem auf die Attraktivität des Modells (nicht nur körperliche Attraktivität, sondern auch Macht, Prestige, Kompetenz, Sympathie etc.), die Nützlichkeit und Effektivität des vorgeführten Verhaltens an. Die Glaubwürdigkeit wird noch unterstrichen, wenn das Modell Ähnlichkeit zum Denken, Aussehen oder Verhalten der Zielgruppe aufweist (denken Sie bespielsweise an Testimonials wie die in einer Kampagne der Hypo Vereinsbank: „Leben Sie, wir kümmern uns um die Details").
   Im Sinne der Verbesserung der Speicherung gelten die schon mehrfach erwähnten Prinzipien der Wiederholung und der Anknüpfung an vorhandene Strukturen.
2. Verhaltens-Ausführung (Ausprobieren und Motivation)
   Modell-Lernen soll nicht nur gespeichert werden, sondern auch zur Ausführung des geänderten Verhaltens führen. Die Verhaltensänderung kann darin bestehen, dass Verhalten gegenüber Konkurrenzwerbung gehemmt oder gegenüber der eigenen Marke verstärkt werden soll. Dabei bildet das Verhalten des Vorbildes den Auslöser zu eigenen Versuchen. Auch hier spielt natürlich die Motivation der Zielpersonen eine besondere Rolle, denn nur, wenn die Zielperson positive Folgen von einer Verhaltensänderung erwartet, wird das neue Verhalten ausprobiert. Dabei kann es sich um Belohnungen (durch das soziale Umfeld, aber auch für sich selbst „Ich gönne mir was" oder „Ich verwöhne mich"), aber auch um Hilfen bei der Problembewältigung handeln (z. B. keine Schuppen mehr nach Verwendung des Produktes). Das Ausprobieren des Verhaltens erfolgt dann nach dem im Folgenden dargestellten Prinzip von Versuch und Irrtum.

Lernen nach dem Verstärker-Prinzip erfordert Versuch und Irrtum (Trial-Error). Dabei funktionieren erfolgreiche Versuche als Belohnung, wodurch Informationen, aber auch Verhaltensmuster und Bewegungsabläufe reproduzierbar gelernt werden. Wer je Kindern beim Erlernen des Gehens zugesehen hat, weiß, wie wichtig dabei Wiederholungen sind, aber auch, wie erfolgreich das Prinzip von Versuch und Irrtum sein kann.

Lernen nach dem Verstärker-Prinzip = Versuch und Irrtum

 Das „klassische" beiläufige Lernen kommt bei Werbung am häufigsten vor.

Beiläufiges Lernen braucht häufige Wiederholung und damit Zeit

Gerade hier spielt Wiederholung eine entscheidende Rolle, damit überhaupt etwas gelernt wird. Vom Werbetreibenden wird Geduld verlangt, beiläufiges Lernen benötigt Zeit, Werbung führt hier nicht zu kurzfristigem Anstieg der Abverkäufe, sondern prägt idealerweise Marken vor, die zu einem späteren Zeitpunkt als Auswahlmöglichkeit herangezogen (relevant set) und gekauft werden.

Das Lernen nach dem Kontiguitäts-Prinzip funktioniert durch die gleichzeitige Darbietung zweier Reize, die ursprünglich keinen Bezug hatten, ihn aber durch häufige Wiederholung bekommen. In diesem Zusammenhang spricht man von Konditionierung. Idealerweise führt die Darbietung des unkonditionierten (neutralen) Reizes in zeitlicher und räumlicher Nähe zum konditionierten Reiz (= Kontiguität) zu den vom Werbetreibenden beabsichtigten Assoziationen beim Adressaten, die sich bei ausreichenden Wiederholungsfrequenzen stabilisieren können. So wird der ursprünglich unkonditionierte (neutrale) Reiz des Cowboys inzwischen von der Mehrheit der Verbraucher mit dem konditionierten Reiz Marlboro verbunden. Dieses Beispiel zeigt schön, wie wirksam und wichtig Formen der emotionalen Konditionierung im modernen Marketing geworden sind. Auf der anderen Seite sieht man auch, dass es sogar Jahrzehnte dauern kann, bis aus unkonditionierten (neutralen) Reizen durch kontinuierliche Verwendung (Konsistenz) Schlüsselbilder für ein Marken-Schema (Marken-Welt) werden können. Zusammenfassend noch einmal einige wichtige Voraussetzungen für erfolgreiche Konditionierung (vgl. auch Lachmann, 2003):

- Kontiguität: Darbietung des unkonditionierten/neutralen Reizes (z.B. emotionale Bilder) in zeitlicher und räumlicher Nähe zum konditionierten Reiz (Marke).
- Reihenfolge: Gerade in AV-Medien (TV, Kino) sollte der konditionierte Reiz vor dem unkonditionierten/neutralen Reiz erfolgen.
- Wiederholung – oft genug und lange genug
- Anforderungen an den unkonditionerten/ neutralen Reiz
  - starker Reiz („unter die Haut gehen")
  - ausreichende Prägnanz im Werbemittel
  - möglichst eigenständig, das heißt, nicht austauschbar sein

Vergessen ist der natürliche Feind des Lernens

Der natürliche Feind des Lernens ist das Vergessen. Dies gilt in besonderem Maße für beiläufig gelernte Informationen wie Werbebotschaften, weshalb auch hier die Wiederholung des Reizes zur Auffrischung (Aktualisierung) eingesetzt werden muss. Das Vergessen betrifft sowohl das Kurzzeit- als das Langzeitgedächtnis. Dabei lassen sich zwei Mechanismen unterscheiden:

1. Spuren-Zerfall, d.h. physischer Verfall von Gedächtnisspuren (vor allem im Kurzzeitgedächtnis), dies durch starke vorangehende Reize (= proaktive Hemmung) oder nachfolgende Reize (retroaktive Hemmung).
⇒ Lässt sich, z.B. im Werbeblock, nicht völlig verhindern, aber evtl. durch Einsatz von Remindern (Tandem-Spot) verringern. Auch sollte man ablenkende Elemente in der eigenen Werbung vermeiden („Vampir-Effekt").
2. Interferenzen, d.h. kein physischer Verfall (vor allem im Langzeitgedächtnis). Auch hier können bereits gelernte Inhalte durch neue Spuren überlagert oder durch Umorganisationsprozesse „verschüttet" werden. Die Gegenmaßnahmen sind die, die aus anderen Kriterien abgeleitet und näher beschrieben wurden: Uniqueness anstreben und für vielfältige Verknüpfung sorgen.

Neben dem beschriebenen Drei-Speicher-Modell des Gedächtnisses hat sich ergänzend dazu in den letzten Jahren vor allem durch Untersuchungen an Patienten mit Gedächtnisstörungen (Amnesien) ein weiteres Modell über den Aufbau des Gedächtnisses durchgesetzt. Der deutsche Neurobiologen Roth geht davon aus, dass das Gehirn nicht hierarchisch, sondern distributiv aufgebaut ist. Das heißt, es gibt keine obersten Zentren des Bewusstseins, sondern je nach Aufgabe werden verschiedene Bereiche des Gehirns zur Verarbeitung der Information oder Lösung des Problems „zugeschaltet". Man kann zunächst einmal zwischen dem deklarativen (expliziten) und dem prozeduralen (impliziten) Gedächtnis unterscheiden (vgl. Abb. 8.56).

Gerhard Roth charakterisiert diese beiden Systeme des Gehirns wie folgt:
„ Automatisierte bzw. implizite Prozesse sind
1) unabhängig von der Begrenzung kognitiver Ressourcen;
2) ihre willentliche Kontrolle ist schwach oder nicht vorhanden;
3) Aufmerksamkeit und Bewusstsein sind nicht notwendig oder stören bei ihnen sogar;
4) sie laufen schnell und mühelos ab;
5) sie sind meist unimodal;
6) ihre Fehleranfälligkeit ist gering;
7) sie verbessern sich durch Übung, sind allerdings gleichzeitig schwer veränderbar, wenn sie erst einmal eingeübt bzw. konsolidiert sind;
8) sie sind in ihren Details sprachlich nicht berichtbar.

Die Informtionsverarbeitung dieser unbewusst ablaufenden Prozesse wird überwiegend als „flach" angesehen, d.h. diese Prozesse orientieren sich an einfachen bzw. hervorstechenden Merkmalen und verarbeiten einfache Bedeutungen. Ihnen liegt – so wird meistens angenommen – eine überwiegend parallele Informationsverarbeitung zugrunde. (...)

Kontrollierte bzw. explizite Prozesse hingegen hängen
1) stark von der Bereitstellung kognitiver Ressourcen ab (ein gutes Beispiel ist die notorische Begrenztheit des Arbeitsgedächtnisses);
2) sie benötigen Aufmerksamkeit und Bewusstsein;
3) sie laufen langsam ab, d.h. im Bereich von Sekunden bis Minuten, und sind häufig mühevoll;
4) sie benötigen einen intensiven Zugriff auf das Langzeitgedächtnis;
5) sie sind sehr störanfällig;
6) sie zeigen nur geringe Übungseffekte; sie sind jedoch
7) schnell veränderbar und
8) sprachlich berichtbar.

Allgemein zeigen sie eine „tiefe", d.h. multimodale, auf die Verarbeitung komplexer und bedeutungshafter Inhalte ausgerichtete Informationsverarbeitung. Sie beruhen nach Auffassung der meisten Autoren auf serieller Informationsverarbeitung (...)" (Gerhard Roth: Fühlen, Denken, Handeln. Suhrkamp 2007. S. 237 f.).

In einem ersten Schritt untersucht ein unbewusst arbeitendes System neu ankommende Reize auf Wichtigkeit und Neuheit. Dies geschieht durch den schnellen Rückgriff auf die verschiedenen Gedächtnisarten. Unwichtiges wird nicht weiter beachtet. Wichtiges, aber Bekanntes aktiviert vorhandene Schemata, wird mühelos einsortiert und löst ggf. automatisiertes Verhalten aus (Heuristiken vgl. Abschnitt 7.11.2). Nur bei Neuem und Wichtigem wird unser Bewusstseins- und Aufmerksamkeitssystem eingeschaltet, was auch energieökonomisch sinnvoll ist, denn gerade geistige Arbeit benötigt besonders viel Stoffwechselenergie.

Das deklarative Gedächtnis umfasst alles bewusst mehr oder weniger leicht abrufbare Wissen, während es beim nicht-deklarativen Gedächtnis eher um das „Wissen wie" handelt. So gehören hier unter anderem alle kognitiven und motorischen Fertigkeiten hin, d.h. sowohl Handlungsabläufe, die beim Gehen, Tanzen, Einkaufen etc. benötigt werden, als auch problemlösendes Denken. In diesen Fällen fällt es uns sehr schwer zu erklären, wie wir das eigentlich machen.

Verständlicherweise stand daher das deklarative Gedächtnis schon immer im Mittelpunkt des Marketings, denn Faktenwissen wie z.B. die aktive Markenbekanntheit (Recall) lässt sich natürlich viel leichter messen als eher beiläufig Gelerntes. Das implizite bzw. nicht-deklarative Gedächtnis blieb dagegen bisher weitgehend unbeachtet. Und das obwohl neueste Erkenntnisse aus Neurologie und Psychologie nachweisen, dass die hier gelernten und abgespeicherten Inhalte für das Kaufverhalten eine sehr wichtige, vielleicht sogar wichtigere Rolle als das Wissen des deklarativen Gedächtnis spielen (vgl. Abschnitt 7.11 und 8.1.1 zur Rolle von Selbst und Ich sowie der Bedeutung des Unbewussten). Um an Informationen über diese unbewussten Inhalte des prozeduralen Gedächtnisses zu gelangen, könnte sich in Zukunft der Schwerpunkt der Marktforschung deutlich hin zu den qualitativen Methoden (vgl. Kapitel 10 im Band „Marketing") verschieben.

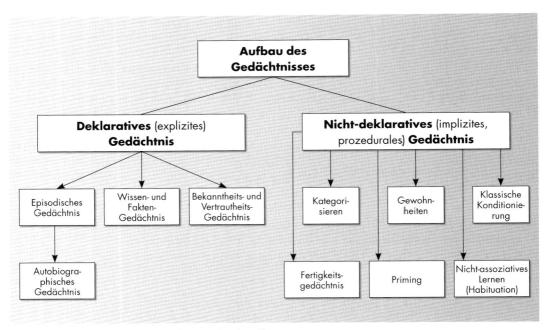

Abb. 8.56: Aufbau des Gedächtnisses (nach Gerhard Roth)

Bestandteile des deklarativen Gedächtnisses
- Bekanntheits- und Vertrautheitsgedächtnis
  - arbeitet eher unbewusst, denn meistens kommt uns etwas bekannt oder unbekannt vor, ohne dass wir lange darüber nachdenken müssen. Der Aufbau von Bekanntheit und Vertrautheit wird erleichtert, wenn eine Marke kontinuierlich mit konstanten Elementen wie z.B. Logos, Verpackungs- und Produktdesign, aber auch selbstähnlicher Kommunikation arbeitet. Dabei ist Vertrauen das Produkt aus Erfahrung und Wissen, d.h. eine stabile Markenbindung benötigt neben der Bekanntheit der Marke eben auch wiederholt positive Markenerfahrungen.
- Wissens- und Faktengedächtnis
  - beinhaltet sowohl Fakten (wie Barcelona liegt in Spanien, Spee ist von Henkel) als auch Regeln (Straßenverkehr, Sportarten, Mathematik, aber auch ein hoher Preis weist auf hohe Qualität hin).
- Episodisches Gedächtnis
  - hier werden Ereignisse und zeitlich festmachbare Erfahrungen abgespeichert. Eine „Unterabteilung" stellt das autobiographische Gedächtnis dar, in dem wir wichtige persönliche Daten, Erlebnisse und Erfahrungen abgespeichert haben. Das wiederholte Erzählen dieser Geschichten benötigen wir für die Aufrechterhaltung unseres Selbstkonzeptes (Selbst- und Fremdbild vgl. Abschnitt 7.11.1). Dabei erzählen nicht nur alte Menschen besonders gerne Geschichten über sich selbst. Marketing und Werbung haben darauf inzwischen mit dem Bereich des Storytelling reagiert (Literatur zu diesem Thema finden Sie im Literaturverzeichnis). Selbst gemachte Erfahrungen haben natürlich einen noch stärkeren Einfluss auf (Kauf-)Entscheidungen als z.B. über Werbung erzählte Geschichten. „Erzähle es mir – und ich werde es vergessen, zeige es mir – und ich werde mich erinnern, lass es mich tun – und ich werde es behalten." (Konfuzius) Im Übrigen einer der Gründe, warum die Inszenierung von Marken durch Events immer beliebter wird.

„Alle drei Gedächtnisse hängen hierarchisch miteinander zusammen, d.h. das autobiographische Gedächtnis baut auf dem Faktengedächtnis auf und dieses seinerseits auf dem Bekanntheitsgedächtnis. Ich kann mich nicht an ein bestimmtes Geschehen aus meinem Leben erinnern, ohne dass ich bestimmte Fakten kenne und ohne dass mir bestimme Dinge bekannt vorkommen. Umgekehrt ist dies sehr wohl möglich. Man kann sich deshalb vorstellen, dass sich episodische Vorgänge zunehmend in das Faktenwissen und von dort in das Bekanntheitswissen verlagern. Zuerst erinnern wir uns noch an viel Details eines Vortrages einer bestimmten Person, später wissen wir nur noch, dass wir von der bestimmten Person irgendwann einmal über irgendetwas einen Vortrag gehört haben, und in noch größerem Zeitabstand könnte es sein, dass uns diese Person irgendwie bekannt vorkommt, ohne dass wir wissen warum." (Gerhard Roth, 2007)

Bestandteile des prozeduralen Gedächtnisses:
- Kategorisieren
  - dient der Strukturierung der Inhalte des Gedächtnisses nach einem hierarchischen System, z.B. das Klassifizieren von Bildmaterial anhand geläu-

figer Schemata bzw. Prototypen. Dieses Gedächtnis arbeitet hochgradig automatisiert und geschieht ohne Nachdenken. Die Forderung an das Marketing lautet daher: Marken müssen durch kontinuierliche Markenführung erst zu einer eigenständigen Kategorie werden, um überhaupt als Andockstelle für weitere Erfahrungen und Informationen fungieren zu können (vgl. Abb. 8.57: Markenschemata BMW).

- Gewohnheiten
  - entstehen unbewusst, können uns aber durch andere bewusst gemacht werden und dann auch verändert werden. Gewohnheiten werden über positive oder negative Verstärkung gelernt. Denn die meisten Gewohnheiten sind uns anfangs noch bewusst, sinken aber über mehrfache Wiederholung, bei denen positive Erfahrungen gemacht wurden oder negative Konsequenzen vermieden werden konnten, ins Unbewusstsein ab (vgl. die Erläuterungen zu den Heuristiken in Abschnitt 7.11.2). Auch im Kauf- und Konsumverhalten haben wir zahlreiche Gewohnheiten wie z.B. die Häufigkeit von Einkäufen, Einkaufsstättenwahl, Kaufmengen, Reihenfolge der Einkäufe, Vorratshaltung, Aufbewahrung der Produkte etc. Die nähere Erforschung dieser Gewohnheiten (z.B. durch Beobachtungen oder qualitative Befragungen) wird in Zukunft eine der wichtigste Aufgaben der Marktforschung sein.
- Nicht-assoziatives Lernen (Habituation)
  - regelt die Ausbildung von Gewohnheiten.
- Klassische Konditionierung
  - Das so genannte klassische Konditionierung wurde bereits auf S. 430 beschrieben und stellt eine Art des Signal-Lernens dar, denn der Organismus reagiert wie die Pawlowschen Hunde bereits auf das Signal. Wenn Werbung wirklich nach diesem Schema arbeiten wollte, müsste die Marke bei TV-Spots immer vor dem Reiz, der mit der Marke verbunden werden soll (z.B. Erotik, Genuss, Musik etc.), gezeigt werden. Diese Anforderung erfüllt Werbung aber nur selten, denn in den meisten Fällen wird die Marke erst am Schluss gezeigt. Außerdem muss der angenehme Stimulus spezifisch für die Marke eingesetzt werden, da sich ansonsten kein Signal-Lernen ergibt. Der inflationäre Gebrauch populärer Musik oder Prominenter in der Werbung widerspricht dieser Anforderung ebenfalls (vgl. dazu auch Felser in Florack/Scarabis, 2007.)

    In der Werbung wird viel stärker das Prinzip des evaluativen Konditionierens benutzt, bei dem ein Zielstimulus und ein Kontextstimulus zeitgleich präsentiert werden, wobei dann der Kontextstimulus auf den Zielstimulus übertragen wird. Hier muss man keine Zusammenhänge zwischen Signalreiz und Reaktion lernen, sondern es wird nur eine bewertende Reaktion z.B. auf eine Marke übertragen. Angesichts der bereits mehrfach beschriebenen Bedeutung unbewusster Wahrnehmung bzw. beiläufigen Lernens ein enormer Vorteil. Dies zeigt sich auch daran, dass evaluatives Konditionieren viel seltener wiederholt werden muss und auch deutlich langsamer abgebaut bzw. vergessen wird wie die klassische Konditionierung.

- Fertigkeitsgedächtnis
  - enthält wie bereits erwähnt alle motorischen und kognitiven Fertigkeiten. Dazu gehören neben den bereits erwähnten motorischen Fertigkeiten wie Fußballspielen oder Fahrradfahren auch kognitive Fertigkeiten wie erlernte Fremdsprachen oder Mischformen wie die Fertigkeit, ein Billy-Regal aufzubauen.
- Priming
  - unbewusstes Wahrnehmen und Lernen von Inhalten z.B. durch Werbung, die uns später helfen, andere Inhalte leichter zu identifizieren bzw. zumindest wiederzuerkennen (vgl. Abschnitt 7.4.1). In gewisser Weise ist Priming eine Vorbereitung des bewussten Lernens und Erinnerns (Lachmann benutzt dafür den verwandten Begriff Vorprägung, vgl. Abschnitt 8.4)

Lernen heißt eigentlich nichts anderes, als bestehende Netzwerke/Schemata zu ergänzen oder zu verändern. Dazu müssen die neuen Informationen zunächst einmal neu und vor allem wichtig sein, da sie ansonsten als uninteressant eingestuft gar nicht erst wahrgenommen werden. Neue Informationen, Bilder oder Emotionen werden zunächst immer unter Rückgriff auf bereits abgespeicherte innere Vorstellungsbilder verarbeitet. Anschließend müssen sie natürlich oft genug wiederholt werden, um selbst zu einem neuen Knotenpunkt im semantischen Netzwerk der Marke zu werden.

„Die Hirnforscher vermuten, dass die ankommenden Sinnesdaten auch bei uns im Gehirn zunächst ein inneres ‚Wahrnehmungsbild' erzeugen. Gleichzeitig werden dazu passende, in den höheren Arealen der Hirnrinde bereits angelegte innere Bilder benutzt, um ein bestimmtes Erwartungsbild in Form eines charakteristischen Aktivierungsmusters zu generieren. Falls diese beiden Erregungsmuster identisch sind, bleibt alles beim Alten. Da das neue Bild das vorhandene nur bestätigt, sind die eingegangenen Sinnesdaten für das Hirn uninteressant (...) Wirklich interessant wird es nur dann, wenn das alte bereits vorhandene Muster und das neue eben entstandene Aktivierungsmuster zumindest teilweise übereinstimmen und überlagerbar sind. Das im Kortex entstandene ‚Erwartungsbild' muss dann geöffnet und entsprechend modifiziert werden. Anschließend wird es erneut mit den von den eintreffenden Sinnesdaten erzeugten Erregungsmustern verglichen. Dieser Prozess wiederholt sich so lange, bis ein neues erweitertes inneres ‚Erwartungsbild' entstanden ist, das sich nun endlich mit dem tatsächlichen Wahrnehmungsbild deckt. Die neue Wahrnehmung ist dann in den Schatz der bereits vorhandenen inneren Bilder integriert worden. Man hat etwas dazugelernt."(Hüther, 2006. S. 76 f.).

„Ein Schema ist die nach und nach und nach gelernte, schließlich standardisiert verfestigte ganzheitliche Vorstellung von einem Objekt (einem Produkt, einer Firma, Person, Idee, Aktion)" (Lachmann/Trommsdorf in: Florack/Scarabis, 2007. S. 162)

Eine Marke wird bei allen Personen, die die Marke kennen, von einem Schemata repräsentiert, wobei diese semantischen oder besser synaptischen Netzwerke individuell sind, da eine Marke in jedem Bewusstsein mit anderem Wissen und Erfahrungen verbunden wird (vgl. Abb. 8.57 BMW).

Ein Markenschemata besteht, wie man auch in der Abbildung sieht, aus rationalen und emotionalen Inhalten, die teilweise bewusst und teilweise unbewusst sind. Letztere müssen dann erst über geeignete Marktforschungsmethoden sichtbar gemacht werden. Marken werden stets ganzheitlich mit allen Sinnen erlebt und sind insofern ständig im Fluss, denn sie bilden immer nur die jeweils aktuelle Konstruktion unseres Bewusstseins ab.

Schemata nehmen Einfluss auf unterschiedliche Stufen der Informationsverarbeitung:
- Steuerung der Aufmerksamkeit,
- Selektive Wahrnehmung,
- Tiefe der Informationsverarbeitung,
- Interpretation von Informationen;
- Resistenz gegenüber Änderungen.

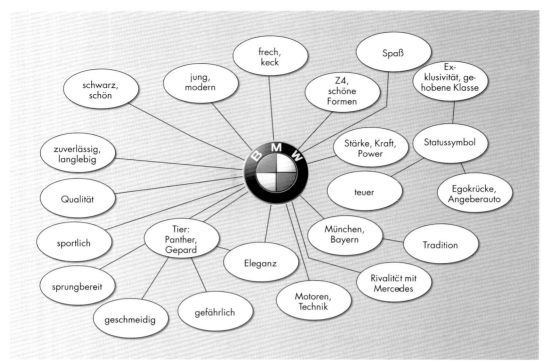

Abb. 8.57: Semantisches Markennetzwerk/-Schemata BMW

„Wenn Menschen keine Notwendigkeit sehen, ihr Schema zu ändern, dann richten sie ihre Aufmerksamkeit weniger auf Informationen, die relevant für eine Änderung des Schemas wären. (...) Tatsächlich zeigen Menschen häufig eine große Kreativität darin, ihre Schemata und Überzeugungen auch entgegen widerlegenden Informationen aufrechtzuerhalten." (Florack/Scarabis 2007. S. 180.)

Die Verankerung eines stabilen Markenimages ist daher eine der anspruchsvollsten Aufgaben, die ein Unternehmen zu bewältigen hat, denn nur wenn eine Marke von einem Großteil der Zielgruppe immer wieder „gleich" wahrgenommen wird und zum Selbstkonzept dieser Menschen passt, kann sie auf Dauer erfolgreich sein.

Grundsätzlich bedeutet Lernen auch Vergessen. Doch das Vergessen von Informationen ist gar nicht so schlimm wie immer angenommen. Denn wir haben nicht alles vergessen, woran wir uns nicht mehr erinnern können. Studien haben erwiesen, dass einmal gelerntes Material sich später wesentlich leichter und schneller wieder auffrischen lässt als komplett Neues (vgl. Sommer, 2007 und die Beispiele zu beiläufigem Lernen im Abschnitt 8.1). Außerdem lässt sich der bereits mehrfach erwähnten Effekt des Priming beobachten, der erwiesenermaßen in der Lage ist, zukünftige Wahrnehmung zu beeinflussen. „Die Wiedererinnerung werblicher Gestaltung oder die Verknüpfung dieser mit dem Markenbild hat allein den Vorteil, dass der Aktivierungsprozess durch erneute Schaltung vereinfacht wird." (Sommer, 2007. S. 210).

ZUSAMMENFASSENDE CHECKLISTE

Fragen, die die Lernforschung dem Praktiker bei Gestaltung und Planung von Werbung anbietet
(Peter Beike: „Lernprozesse 2000: Lernprozesse in der Werbung", Bild Edition. ASV Hamburg o.J., S. 47 f.)

Selbstverständlich können nicht alle Fragen bei allen Konzeptionen in gleicher Weise gestellt werden. Es geht vielmehr darum, ein Repertoire anzubieten, aus dem man die geeigneten Fragen herausgreifen kann. Je mehr der zutreffenden Fragen positiv und je weniger negativ zu beantworten sind, umso größer ist die Chance, dass die Konzeption unter den Aspekten der Lernforschung erfolgreich zu arbeiten verspricht.

1. Wie macht die Konzeption auf sich aufmerksam?
2. Durch welche Aufmerksamkeitsfaktoren?
   - Größe und Farbe
   - Kreatives Niveau
   - Gewisse Schrägheit
   - Außergewöhnliches
   - Gewisse Lautstärke
3. Werden Erwartungshaltungen der Betrachter (Produkt-Interesse) erkennbar bedient?
4. Bezieht sich die Botschaft auf die konkrete Bedürfnis-Lage?
5. Wird an Gespeichertes/Vorwissen appelliert?
6. Wird ein mittleres Erregungsniveau erzielt?
7. Schafft die Kampagne Vertrautheit beim Betrachter?
8. Wird die Botschaft lebendig gemacht? Wie?
9. Ist die Botschaft positiv aufgeladen?
10. Spricht die Kampagne Emotionen an?
11. Aktiviert die Kampagne den Betrachter?
12. Regt die Kampagne Beschäftigungslust an?
13. Ist die Darstellung abwechslungsreich?
14. Wird an sachliche Motivationen appelliert?
15. Wird wichtige Bedürfnisbefriedigung versprochen?
16. Wird nicht zu viel auf einmal dargeboten?
17. Wird die Information als geschlossene, abgegrenzte Einheit erlebt?
18. Ist die Botschaft
    - einfach?
    - klar gegliedert?
    - kurz und prägnant?
    - glaubwürdig?
19. Besteht ein gemeinsames Repertoire in der Sprache und den Symbolen?
20. Werden keine Tabus verletzt?
21. Kann man Eselsbrücken bilden?
22. Wird systematische Einordnung erleichtert?
23. Ist die Aussage anschaulich genug?
    - durch Bilder
    - bildhafte, anschauliche Begriffe
24. Ist die Darbietung multivalent (stellt viele assoziative Bezüge her)?
25. Werden typische Merkmale und Darstellungsformen des Produktbereiches gezeigt?
26. Werden unerwünschte Vermischungen mit bestehenden Gedächtnisinhalten (Interferenzen) vermieden:
    - wird Ungewöhnliches gezeigt?
    - hat die Botschaft etwas Einzigartiges?
    - werden komplexe Assoziationen gestiftet?
27. Arbeitet die Konzeption mit Vorbildern?
    - Ist das Modell attraktiv?
    - Zeigt es nützliches Verhalten?
    - Besteht hinreichende Nähe zwischen Modell und Betrachter?
    - Besteht Nähe zwischen Modell und Produkt?
28. Ist die Gestaltung werbeträgerspezifisch?
29. Werden die Info-Kanäle variiert?
30. Werden die Kontakte unregelmäßig gesetzt?
31. Werden Sinneskanäle und Medien gewechselt?
32. Ist die Zielgruppe mit den Medien vertraut?
33. Wird im Media-Mix geschaltet?
34. Ist das Werbeklima der Medien positiv?
35. Werden die Appelle hinreichend, aber nicht zu oft wiederholt?
36. Ist für hinreichende kurzfristige Wiederholung der Appelle gesorgt (Tandems, Mehrfachkontakte im Heft)?

8.5.5 Einstellungswirkung

Werbung soll Einstellungen dauerhaft positiv beeinflussen

Für die Phase der Einstellungswirkung besteht das Ziel darin, die Einstellung der Zielgruppen möglichst dauerhaft positiv zu beeinflussen, sodass sich eine Präferenz für die beworbene Marke herausbilden kann. Einstellungen sind Ausdruck einer Bewertung, das heißt sie entscheiden mit darüber, ob wir bestimmte Objekte positiv oder negativ einschätzen. Den Begriff „Objekt" muss man in diesem Zusammenhang sehr vielschichtig betrachten. Er umfasst so unterschiedliche Dinge wie Personen, Gegenstände (Unternehmen, Produkte, Marken, Werbung, Einkaufsstätten) oder Themen und Ideen. Dass Einstellungen einen verhaltensrelevanten Aspekt beinhalten, wird von einigen Wissenschaftlern angenommen, andere betonen dagegen, dass man diesen auf konkretes Handeln gerichteten Aspekt eher dem Motivationsbegriff zuordnen sollte. Für die letztere Annahme spricht auch die Tatsache, dass es Kaufverhalten wie Gewohnheitskäufe oder Käufe unter Zeitdruck gibt, bei denen Einstellungen mit Sicherheit kein Rolle spielen, auch wenn man hier natürlich einwenden kann, dass der Kauf auf die durch Werbung vorgeprägte positive Einstellung zur Marke zurückführbar ist. In jedem Fall sind die folgenden beiden Fassetten einer Einstellung unstritting (vgl. Hartwig Steffenhagen: Wirkungen der Werbung. Aachen 2000):

- gefühlbetonte oder emotionale Fassette – Ausdruck des Fühlens als Folge einer Vielfalt innerer Gefühlsbilder (Mögen ⇔ Nicht-Mögen, Gefallen ⇔ Nicht-Gefallen, Sympathe ⇔ Antipathie, angenehm ⇔ unangenehm, Vertrauen ⇔ Misstrauen etc.) und
- verstandesbetonte oder kognitive Fassette – Ausdruck des Beurteilens als Folge einer Vielfalt erworbener Eindruckswerte (vorteilhaft ⇔ unvorteilhaft, gut ⇔ schlecht, perfekt ⇔ unperfekt, nützlich ⇔ überflüssig, richtig ⇔ falsch etc.)

Jede Einstellung enthält kognitive und emotionale Komponenten

Jede Einstellung enthält demnach sowohl emotionale als auch kognitive Komponenten, wobei die Einstellungsbildung bei hoch involvierten Verbrauchern stärker von der kognitiven Fassette geprägt wird, obwohl auch hier emotionale Gesichtspunkte Einfluss nehmen werden. Demgegenüber sind unter Low-Involvement-Bedingungen fast ausschließlich die emotionalen Komponenten für die Einstellungsbildung verantwortlich.

Bei Low-Involvement sind Sympathie und Glaubwürdigkeit besonders wichtig

Man muss also vor allem die emotionale Fassette von Einstellungen bei der Gestaltung beachten und dem Faktor Gefallen kommt bei der Gestaltung von Werbung große Bedeutung zu. Dies gilt natürlich besonders bei Low-Involvement, denn bei beiläufiger Wahrnehmung (peripherer Reizverarbeitung, vgl. dazu das ELM-Modell von Petty und Cacioppo im Kapitel 7) spielt beim Verbraucher die Sympathie (Likeability) für den Absender der Botschaft eine große Rolle. Aber auch die Einschätzung der Glaubwürdigkeit des Absenders kann die Werbewirkung beeinflussen. Zu diesem Zweck werden in der Werbung zum Beispiel häufig sympathische Testimonials oder Prominente eingesetzt. Durch den Einsatz von Experten, Testurteilen oder vermeintlichen Experten soll die Glaubwürdigkeit der werblichen Information erhöht werden. Im Low-Involvement-Bereich konnte eine Beziehung zwischen Gefallen an der Werbung und späteren Abverkäufen nachgewiesen werden, allerdings gilt dieser Zusammenhang vermutlich nur dann, wenn die Inhalte oder Personen, die Sympathie erzeugen sollen, zum Produkt bzw. zur Werbebotschaft passen, ansonsten besteht auch hier die Gefahr der Ablenkung.

Bei High-Involvement und demnach zentraler Reizverarbeitung kommt der Qualität der Argumente eine entscheidende Bedeutung zu. Im Hinblick auf die Glaubwürdigkeit der werblichen Aussagen sollte auf einseitige Argumentationen verzichtet werden, da diese eine Gegenargumentation oder sogar Reaktanz provozieren könnten. Man liefert dann also lieber selbst einige Gegenargumente mit und widerlegt sie dann im Text. Der Einfluss emotionaler Komponenten ist bei High-Involvement niedriger als bei beiläufiger Wahrnehmung, aber trotzdem vorhanden.

Bei High-Involvement kommt es auf die Qualität der Argumente an

Grundsätzlich lässt sich allerdings feststellen, dass die Einstellung zur Werbung die Einstellung zur Marke beeinflusst. Bei neuen Marken tritt dieser Effekt besonders stark auf, da sich hier durch die Werbung erst neue Schemata (Wissen und Assoziationen zur Marke) bilden müssen. Aber auch bei etablierten Marken muss die Werbung die bereits bestehenden Markenschemata bestätigen bzw. auffrischen (vgl. auch Abschnitt 8.5.4 zur Informationsspeicherung). In diesen Fällen kommt es ferner zu umgekehrten Effekten, das heißt, die Einstellung zur Marke bestimmt die Einstellung zur Werbung. In diesem Zusammenhang sei nur kurz auf das interessante Phänomen verwiesen, dass die Stammkunden einer Marke – vor allem bei Produkten des demonstrativen Konsums – der Werbung „ihrer" Marke eine besonders hohe Aufmerksamkeit schenken. Dies hängt vermutlich damit zusammen, dass sie das Produkt zur Darstellung ihrer Persönlichkeit nutzen und sich insofern als Teil der Markenwelt verstehen.

8.5.6 Verhaltensreaktion/-steuerung

In der Phase der Verhaltensreaktionen/-steuerung ist es das Ziel, bei den Zielgruppen eine stabile Einstellungsänderung zu erzeugen, die idealerweise zur Kaufabsicht (relevant set) und letztlich zum Kauf des Produktes (evoked set) führt. (Grundsätzliche Überlegungen zu diesen Themen finden Sie im Kapitel 7 über Werbewirkung.) Nach den bisherigen Ausführungen dürfte klar sein, dass Werbung, die die grundsätzlichen Regeln – wie das „3-K-Prinzip" (Kontrast, Konsistenz, Klarheit) – beachtet, selbst unter den ungünstigsten Bedingungen der Vorprägung von Kaufverhalten dienen kann. Einzelne Anzeigen im Hinblick auf ihre konkrete Steuerungskraft für Kaufverhalten zu beurteilen, macht insofern keinen Sinn, als Werbung eher langfristige Effekte hat. So ergab eine aktuelle amerikanische Studie, dass die Kurzzeit-Effekte der Werbung auf den Verkauf etwa drei bis vier Wochen reichen und dann stark nachlassen. Langfristige Verkaufs-Effekte wirken sich bis zu einem halben Jahr aus, wobei die Dauer stark von der Marktsituation (u. a. Konkurrenzdruck in der Werbung), den ausgewählten Werbeträgern und den eingesetzten Werbemitteln abhängt (vgl. Klaus Schönbach: Werbewirkung. Eine Inventur der Inventare. Frankfurt am Main 2002. S. 100).

Werbung muss Kaufabsichten und Käufe hervorrufen

Werbung hat eher langfristigen Effekt auf das Kaufverhalten

Es ist daher wichtig, zu wissen, dass Einstellungen, die durch sorgfältige Analyse der Argumente für oder gegen ein Produkt zu Stande gekommen sind, länger beibehalten werden und das Verhalten mit größerer Wahrscheinlichkeit beeinflussen als eher beiläufig gewonnene Ansichten. Für eine nachhaltige Änderung von Einstellungen erweist es sich als günstig, stichhaltige Argumente

Man muss Werbung nicht glauben, man muss ihr glauben wollen (Holger Jung / Jean Remy von Matt)

Kaufverhalten hängt stark von eigenen Produkterfahrungen ab, Werbung kann Probiermöglichkeiten liefern/hervorrufen

zu präsentieren und die Konsumenten dazu zu motivieren, sich bewusst mit ihnen auseinander zu setzen. Der Zusammenhang zwischen den Gedächtnisstrukturen beziehungsweise einer einmal gewonnenen Einstellung einerseits und konkretem Verhalten andererseits ist nicht so eindeutig, wie man vielleicht zunächst vermutet. Denn die konkrete Wahl eines Produkts wird natürlich auch durch unsere Umwelt beeinflusst (vgl. dazu ebenfalls Kapitel 7). So mag ein Kunde im Geschäft sogar genau entgegen seiner ursprünglichen Einstellung der geschickten Verkaufsstrategie eines Verkäufers erliegen oder ein bestimmtes – eigentlich nicht favorisiertes – Produkt erwerben, nur weil er den Erwartungen seiner sozialen Umwelt entsprechen möchte. Kaufverhalten hängt aber vor allem von eigenen Erfahrungen mit dem Produkt ab. Unwillkürlich werden sie aus dem Gedächtnis abgerufen, wenn eine erneute Kaufentscheidung ansteht. Die große Bedeutung erfahrungsbasierter Assoziationen zu einem Produkt gegenüber solchen Gedächtnisinhalten, die durch die Rezeption von Werbung gebildet wurden, erklärt sich durch die leichtere Aktivierbarkeit. Sie können schneller aus dem Gedächtnis abgerufen werden und haben somit größeren Einfluss auf die Beurteilung. Daher ist es durchaus sinnvoll, dem Verbraucher durch Gratispackungen, Probe-Abos oder Testfahrten Gelegenheit zu geben, eigene Erfahrungen mit dem Produkt zu sammeln. Dadurch wird die positive Einstellung zum Produkt gestärkt, und die Wahrscheinlichkeit steigt, dass er es später auch erwerben möchte.

8.6 Besondere Aspekte bei der Gestaltung von Werbemitteln

8.6.1 Grundsätzliches zu speziellen Stil-Elementen

Bei der Gestaltung von Werbemitteln gibt es bestimmte Elemente wie
- Emotion,
- Musik,
- Erotik,
- Humor,
- Angst oder Furcht,

die sehr häufig eingesetzt werden, weil sie auch bei beiläufiger Reizverarbeitung gut funktionieren oder helfen können, die Positionierung der Marke besser zu transportieren. Die wichtigste Voraussetzung für den erfolgreichen Einsatz dieser Instrumente bildet die Affinität dieser Reize – es ist also immer zu fragen, ob sie zum Produkt bzw. zur Kernbotschaft passen.

In diesem kurzen Abschnitt können im Rahmen dieses Buches nur einige kurze ergänzende Hinweise gegeben werden. Weitergehende Informationen finden interessierte Leser in einschlägigen Büchern zum Thema (z.B. in folgenden: Klaus Moser: Markt- und Werbepsychologie. Göttingen 2002; Georg Felser: Werbe- und Konsumentenpsychologie. Stuttgart 2007 oder Hans Mayer / Tanya Illmann: Markt- und Werbepsychologie. Stuttgart 2000). In die nachfolgenden Zusammenfassungen sind auch Ergebnisse aus dem Buch von Klaus Schönbach (Werbewirkung. Eine Inventur der Inventare. Frankfurt am Main 2002) eingeflossen.

8.6.2 Übersicht über ausgewählte Stilelemente

Emotion in der Werbung

Der Einsatz von Emotionen in der Werbung kann darauf beschränkt sein, dass bestimmte Emotionen wie Spaß, Liebe, Geborgenheit im Werbemittel gezeigt werden. In diesen Fällen dient die gezeigte Emotion lediglich als Rahmen um die eigentliche Produktbotschaft herum.

In anderen Fällen löst die Verwendung oder Nutzung des Produktes bzw. der Dienstleistungen bestimmte Emotionen aus. Außerdem kann es darum gehen, dass die Adressaten auf die Werbung in emotionaler Weise reagieren. Insofern lohnt sich der Einsatz von Emotion in der Werbung eigentlich immer, egal ob sie lediglich zur Verbesserung der Darstellung, zur Aktivierung, zur Verstärkung der Kernbotschaft oder zum Ausdruck der Positionierung eingesetzt wird (vgl. Abb. 8.58). Gerade in gesättigten Märkten mit austauschbaren Produkten (me-too) spielt die emotionale Alleinstellung der Markenwelt (UAP = Unique Advertising Proposition) in den Köpfen der Verbraucher die entscheidende Rolle für Erst- und Wiederkaufraten. In diesem Zusammenhang wird immer wieder davon gesprochen, dass eine Marke emotional aufgeladen werden muss, etwas, das nur durch Formen der Konditionierung gelingen kann. Ohne emotionale Nähe der Verbraucher zu ihrem Produkt (zur Markenwelt bzw. zur Community) kann Kundenbindung gar nicht erst entstehen. Der Verbraucher liebt die Marke oder besser den noch plakativeren Slogan (z.B. „Viva liebt dich"). Außerdem lassen sich low-involvierte Adressaten fast nur noch emotional zur bewussteren Anzeigenwahrnehmung aktivieren. Aber auch die High-Involvierten wollen ihr Lieblingsthema oder Hobby leidenschaftlich präsentiert sehen, da sie es ja auch selbst mit Leidenschaft verfolgen.

Randnotiz: Einsatz von Emotionen lohnt sich in der Werbung immer

Emotion als Tonalität	Emotion als Wirkbestandteil		Emotion als Inhalt/Thema
Eigentlich immer angebracht, selbst bei High-Involvement	Als Aktivierungsmittel (direkt oder über Umweg)	Zur Verdeutlichung bzw. Verstärkung der Botschaft	Wenn die **Positionierung des Angebotes** (im Wesentlichen) **emotional definiert ist**
Beispiele			
Atmosphärisch fotografiertes Produkt	Babys in der Werbung, Erotik, Furcht/Angst, Humor. Achtung: bei fehlendem Bezug zum Produkt Gefahr eines „Vampir-Effekts" (Ablenkung von eigentlicher Botschaft)	Grundsätzlich die gleichen Möglichkeiten wie bei Aktivierung (s. links), aber Produkt- bzw. Nutzen-Bezug gegeben. Cliff, Axe, „Wir machen den Weg frei" (Volksbank)	Erlebniswelt wie von Marlboro, Bacardi, Langnese

Abb. 8.58: Emotionen in der Werbung (aus: Lachmann, Ulrich: Wahrnehmung und Gestaltung von Werbung, Stern Bibliothek, Gruner+Jahr Hamburg 2003)

Man kann verschiedene Ansatzpunkte für emotionale Werbung unterscheiden:
- Emotionen sind unmittelbare affektive Reaktionen auf Reize (z. B. Kindchenschema, Erotik, Farben, Schlüsselbilder etc.),
- Emotionen sind positive affektive Reaktionen auf Grund der Vertrautheit bzw. Bekanntheit eines Reizes (vgl. Mere-Exposure-Effekt, Priming).
- Emotionen knüpfen an vorhandene oder an erst durch die Werbung gelernte Assoziationen an (in letzterem Fall handelt es sich um eine Form der Konditionierung),
- Emotionen werden durch Geschichten erzeugt, die uns nahe gehen, die Filmindustrie stellt dafür genügend Beispiele und Darstellungsmuster bereit

Einsatz von Musik

<small>Musik beeinflusst unsere Psyche</small>

Der Einsatz von Musik in TV-, Funk- und Kinospots oder am POS beeinflusst selbst bei beiläufiger Wahrnehmung unsere Psyche. Musik kann uns in unserem Innersten berühren, uns aufheitern oder auch mit sich „in die Tiefe" ziehen. Be-

<small>Musik kann als Schlüsselreiz den Abruf des Marken-Schemas auslösen</small>

sonders gut funktioniert der Einsatz von Musik, wenn es gelingt, beim Verbraucher akustische Logos, Jingles, bestimmte Songs oder auch Hintergrundmusik durch häufige Wiederholung mit der Marke zu verankern. Im Grunde genommen handelt es sich bei diesem Prozess um eine Form der bereits beschriebenen Konditionierung. Gerade akustische Logos (Beispiele bieten die Telekom, Mc Donald's u.a.), aber auch Jingles (z.B. „Nichts ist unmöglich ...") oder Songs (wie bei Bacardi, Langnese) können so zu Schlüsselreizen zum Abruf des Markenschemas werden. Bei Funk spricht man in diesem Zusammenhang häufig vom „visual transfer", das heißt, gelernte Inhalte aus TV- oder Kino-Spots werden dem Hörer durch die Verwendung eines akustischen Schlüsselreizes wieder vor Augen geführt.

Darüber hinaus verleitet gerade fröhliche Musik dazu, Informationen peripher zu verarbeiten, das heißt, eine eingehendere Kontrolle der werblichen Argumente findet nicht statt, was bleibt, ist das gute, durch die Musik ausgelöste Gefühl, das anschließend mit der Marke verbunden wird.

Auch der Einfluss von Musik am POS ist inzwischen wissenschaftlich nachgewiesen worden (vgl. auch Kapitel 7).

Einsatz von Erotik

<small>Erotik muss zum Produkt oder zur Kernbotschaft passen, sonst lenkt sie nur ab</small>

Auf die besonderen Vor- und Nachteile beim Einsatz von Erotik wurde schon an eingen Stellen hingewiesen, deshalb hier nur eine kurze Auflistung:
- Erotik wirkt stark aktivierend, sie erhöht die Aufmerksamkeit für das Werbemittel.
- Erotik erhöht bei affinem Einsatz (passend zu Produkt oder Kernbotschaft) nicht nur die Erinnerung an die Werbung, sondern auch an die Marke.
- Erotik fördert bei affinem Einsatz (passend zu Produkt oder Kernbotschaft) das Image, Sympathie und Einstellung zur Marke sowie die Kaufabsicht.
- Erotik führt bei unpassendem Einsatz (lediglich Eye-Catcher, Garnierung) zur Ablenkung vom Produkt oder von der Kernbotschaft („Vampir"-Effekt).
- Erotik kann bei austauschbarem Einsatz auch zu Gleichgültigkeit (rasches „Überblättern") gegenüber dem Werbemittel führen, meist wird dann nichts erinnert.

Einsatz von Humor

Dass Werbung, die mit Komik und Humor arbeitet, nicht wirkt, ist falsch. Ein beliebtes Argument vieler Strategen ist, dass man über die Pointe das Produkt vergisst. Wenn jedoch die Pointe auf dem Produkt „sitzt", dann wird das Produkt erinnert. Ansonsten gilt das Gleiche wie für die Erotik:

- Humor erhöht die Aufmerksamkeit und steigert die Beliebtheit der Werbung.
- Humor erhöht die Recall-Werte der Werbung. Das muss sich aber nicht auf den Marken-Recall auswirken (siehe nächster Punkt).
- Humor, der keine Verbindung zur Werbebotschaft hat, lenkt ab. Humor, der nur um des Gags willen geschrieben wird (Garnierung), ist nicht gut (l'art pour l'art).
- Eine Pointe ist nicht deshalb tot, weil man sie schon kennt. Im Gegenteil, sie wird häufig besser.
- Beim Einsatz von Humor müssen geschlechtsspezifische Unterschiede berücksichtigt werden: Männer amüsieren sich gerne auf Kosten anderer. Außerdem kann der Humor etwas derber sein. Frauen amüsieren sich dagegen lieber über Charaktere, mit denen sie sich identifizieren können.
- Intelligenter Humor, der von der Zielgruppe verstanden wird, beinhaltet eine Art Belohnungseffekt („Hab ich verstanden") und fördert dadurch die Sympathie für die Marke und stärkt ihre Positionierung.
- Humor stärkt die Präferenz für die Marke.
- Der Einsatz von Humor am Schluss von TV-, Kino- und Funkspots dient häufig dazu, eine bewusste Auseinandersetzung mit den Argumenten zu verhindern. Außerdem kann Humor bei peripherer Reizverarbeitung die Glaubwürdigkeit der Quelle erhöhen (vgl. ELM-Modell in Kap. 7).
- Humor darf nicht zu kompliziert sein, das heißt, er muss adressatengerecht eingesetzt werden.
- Humor wirkt sich vor allem bei emotionsbehafteten Produkten und Low-Involvement-Gütern (FMCG) positiv aus. Bei teuren Gebrauchsgütern und industriellen Gütern (b2b-Bereich) lohnt sich der Einsatz von Humor dagegen nicht.

Zusammengenommen: Humor funktioniert besonders gut in AV-Medien, da sich hier leichter Spannung aufbauen lässt.

> Humor muss die Werbebotschaft unterstützen

Einsatz von Angst oder Furcht

Der Unterschied zwischen Angst und Furcht liegt darin, dass bei beiden Gefühlen Gefahrreize wahrgenommen werden, die aber nur bei Furcht zu Fluchtgedanken führen. Furchtappelle in der Werbung enthalten Informationen über die schädlichen Konsequenzen von Verhalten und Empfehlungen, wie man diese Konsequenzen durch geändertes Verhalten oder durch den Kauf des Produktes bzw. die Inanspruchnahme der Dienstleistung vermeiden oder zumindest verringern kann. In diesen Bereich fällt Werbung zur Aufklärung vor Gesundheitsrisiken (Anti-Raucher-Kampagnen, Anti-AIDS-Kampagnen, Nutzung bestimmter Zahncremes etc.), aber auch zur finanziellen Vorsorge (Banken und Versicherungen).

In einigen Fällen setzt auch die Konsumgüterbranche erfolgreich Angst oder Furcht als Ansatzpunkt für die Lösungskompetenz ihrer Produkte ein. Besonders

> Wenn Angst oder Furcht eingesetzt wird, muss das Produkt schnell als Lösung genannt werden

beeindruckend ist das Beispiel von Melitta Toppits – Plastikbeutel zum Einfrieren von Lebensmitteln – bei dem es dem Hersteller gelang, sowohl das Problem des „Gefrierbrandes" und den damit verbundenen Angstappell als auch die Lösung für dieses „virtuelle" Problem, nämlich die Marke Melitta Toppits, erfolgreich in den Köpfen der Verbraucher zu verankern. Die Wirkung von Furchtappellen hängt von verschiedenen Faktoren ab:

- Inhalt: Botschaft, Stil, Realisierbarkeit der Verhaltensempfehlung, Ausmaß bzw. Gefährlichkeit der Bedrohung,
- Absender: Glaubwürdigkeit, vom Empfänger zugesprochene Problemlöse-Kompetenz,
- Adressaten: Ängstlichkeit, Involvement, Selbstbewusstsein, empfundene Eintrittswahrscheinlichkeit der Bedrohung und der Reaktionsmöglichkeiten.

ZUSAMMENFASSUNG: WIE WIRKEN ANZEIGEN?

1. **Farbe**
   Mehrfarbige Anzeigen produzieren deutlich höhere Beachtungswerte als s/w-Anzeigen (dies gilt vor allem für Anzeigen bis zu 1/1).

2. **Format**
   Je größer die Anzeige, desto höher ist die Nutzungschance (aber kein proportionaler Zusammenhang). Zugleich werden Doppelseiten nicht nur als auffälliger, sondern auch als anspruchsvoller und bedeutungsvoller erlebt.

3. **Textmenge**
   Je mehr Text, desto geringer die Nutzungschance und die Bereitschaft, den Text zu lesen. Wenn viel Text zur Übermittlung der Werbebotschaft (beispielsweise Erklärung des Produktes; Abbau von Ängsten ...) notwendig ist, sollten die Formate vergrößert und/oder optische Eye-catcher verwendet werden.

4. **Bildelemente**
   Anzeigen, die auffällige Bildelemente verwenden, werden leicht überdurchschnittlich beachtet, insbesondere, wenn es sich um Prominente oder klassische Symbolfiguren (Kinder, Babys, kleine Tiere, nackte Körper) handelt.

5. **Beachtungswerte**
   Es besteht ein starker Zusammenhang zwischen Beachtung und Emotionalität der Anzeige. Anzeigen, die nur wenig an das Gefühl appellieren, erreichen weit geringere Beachtungswerte.

6. **Heftumfang**
   Der Umfang eines Heftes hat keinen signifikanten Einfluss auf die Beachtung von Anzeigen.

7. **Platzierung**
   Es gibt keine Beachtungsunterschiede zwischen Anzeigen auf rechten Seiten und Anzeigen auf linken Seiten.

8. **Heftfünftel**
   Ebenso hat die Positionierung einer Anzeige im Heft – gemessen am Heftfünftel – keinen deutlich messbaren Einfluss.

9. **Umfeld**
   Ein themenverwandtes oder nicht-verwandtes Umfeld spielt eine geringe Rolle für die Anzeigenbeachtung.

10. **Konkurrenzanzeigen**
    Die Beachtung der Anzeige wird durch viele Anzeigen der gleichen Branche im selben Heft nicht beeinträchtigt.

11. **Produktinteresse**
    Für Anzeigen, bei denen ein Produktinteresse bei Befragten vorliegt, steigen die Erinnerungs- und Wiedererkennungswerte deutlich. Aber auch Anzeigen mit im Durchschnitt geringem Produktinteresse können durch eine kreative Anzeigengestaltung hohe Aufmerksamkeitswerte erzeugen.

(Zusammengestellt nach Stern-Bibliothek, „Wie wirken Anzeigen", Hamburg 2001; in dieser Publikation findet man auch Informationen dazu, wie diese Ergebnisse mittels Argus-Copy-Test langfristig ermittelt wurden.)

Allgemein empfiehlt es sich, bei hoher Ängstlichkeit eher schwache Appelle zu verwenden, während bei geringer Ängstlichkeit ein starker Appell wirksamer sein dürfte. Das Problem bei zu schwachem Furchtappell wird meist unterschätzt, aber zu starker Appell führt zu einer Leugnung des Problems oder zumindest zu einer starken Abwehrhaltung. Dies ist ein Phänomen, das sich im Übrigen auch unter Bedingungen des High-Involvement und damit zentraler bzw. intensiver Beschäftigung mit der Werbebotschaft zeigt, denn gerade dann tritt häufig Reaktanz auf. Bei beiläufiger Wahrnehmung muss dagegen darauf geachtet werden, dass die Lösung schnell klar gemacht wird, denn sonst bleibt häufig nur das in der Werbung aufgegriffene Problem hängen.

8.7 Besonderheiten bei der audiovisuellen Werbung

Viele der für Anzeigen dargestellten Grundsätze lassen sich sicherlich auch auf audiovisuelle Medien übertragen, doch im Grunde genommen müsste sich ein eigenes Buch mit diesem Thema auseinander setzen. Im Folgenden wird in einem Exkurs eine Übersicht über Darstellungsmuster des Werbefilms gegeben, die in Anlehnung an das – allen am Werbefilm interessierten Lesern empfohlene – Buch von Albert Heiser zusammengestellt wurde (Albert Heiser: Bleiben Sie dran! Konzeption, Produktion und Rezeption von Werbefilmen. Bergisch Gladbach 2001).

Exkurs:
Darstellungsmuster des Werbefilms

Werbefilme zeichnen sich durch bestimmte Erzählstrukturen aus, die teilweise aus der Rhetorik stammen oder sich über Jahrzehnte aus dem Genre des Spielfilms und der Werbefilme als effektiv herauskristallisiert haben.

Diese Erzählstrukturen oder Darstellungsmuster sollen Spannung erzeugen und dabei helfen, die angestrebten Werbeziele zu erreichen.

Welche dieser Darstellungsarten eingesetzt werden kann, hängt stark von den angestrebten Werbezielen bzw. der konkreten Aufgabe des Werbefilms innerhalb des Kommunikationskonzeptes ab.

Grundsätzlich lassen sich vier verschiedene Darstellungsarten unterscheiden, die sich dann mithilfe spezieller Darstellungsmuster spezifizieren lassen:

1. Argumentative Darstellungsarten
Das Grundschema der argumentativen Darstellung ist das Prinzip Behauptung ⇒ Beweis.

Als Darstellungsmuster kommen unterschiedliche Beweisformen infrage, wie der Beweis durch Erfahrung, Autorität, Testurteil, Mehrheit, Tradition oder Beweis durch nachvollziehbare und überprüfbare Beispiele zur Anwendung, Wirkung oder allgemein zu dem Nutzen des Produkts (Demonstration).

a) Logische Beweise
b) Beweis durch das Gegenteil
   Indem die Nachteile des Konkurrenzprodukts dargestellt werden, steht das eigene Produkt besser da.
c) Beweis durch Gegenüberstellung
   Side-by-side-Vergleich, dabei können Einzelaspekten des Produktes (z. B. Eigenvergleich der neuen mit der alten Version), aber auch Systeme (z. B. Einweg- und Mehrwegverpackungen) verglichen werden. Eigentlich lässt sich hier auch die vergleichende Werbung zwischen Konkurrenzprodukten einsortieren, die aber nicht nur wegen der rechtlichen Problematik (vgl. Kapitel 9 „Werberecht") eine Sonderstellung einnimmt.

d) Der Vorher-Nachher-Beweis
   Die Vorher-Nachher-Methode demonstriert die Wirkung beim Gebrauch des Produkts im Vergleich zum Nicht-Gebrauch.
e) Experimenteller Beweis, evtl. Beweis durch Übertreibung
   Beim experimentellen Beweis wird die Werbebotschaft durch ein Experiment nachprüfbar. Beim Torture-Test muss das Produkt in realen oder in Extremsituationen seinen Nutzen und seinen Vorteil unter Beweis stellen.
f) Beweis durch Normen

2. Rhetorische Darstellungsarten
In der Rhetorik gibt es viele Methoden, um die Wirksamkeit einer Kommunikation zu erhöhen. Vier Prinzipien: Die Verknüpfung, die Umwandlung, die Anordnung und die Adaptation werden mit ihren Darstellungsmustern hier vorgestellt.

- Die Verknüpfung

Für die effektive Gestaltung der Werbebotschaft werden Personen, Sachverhalte, Symbole oder Zeichen so verknüpft, dass sie zu einer gesteigerten kommunikativen Wirkung führen. Die einzelnen Darstellungsmuster sind:

a) Analogie
   Visuelle Analogie arbeitet mit Ähnlichkeiten, zwischen denen ein Bezug hergestellt wird.
b) Assoziation
   Assoziationen sind gedankliche Verbindungen auf Grund von Bedeutungs-, Erfahrungs- und Wissenszusammenhängen. Sie entstehen durch das Zusammenspiel von Text und Bild und funktionieren immer dann sehr gut, wenn Text oder Bild gegensätzlich sind oder sich ergänzen. Dabei entsteht ein neues Bild im Kopf des Betrachters.
c) Verkopplung
   Es werden unerwartete Zusammenhänge hergestellt.
d) Personalisierung – bekannte Persönlichkeiten
   Die Verknüpfung von Werbebotschaften mit Prominenten des öffentlichen Lebens soll meist zu einer Erhöhung der Bekanntheit und einem Imagetransfer auf das Produkt führen.
e) Personalisierung – der Presenter
   Der klassische Presenter stellt das Produkt vor und spricht über seine Vorteile beziehungsweise seinen Nutzen.
f) Personalisierung – das Testimonial
   Das echte Testimonial zeigt den realen Verwender des Produkts, zum Beispiel Erna K. aus B., in der authentischen Kauf- oder Anwendungssituation. Die Filme sind meist im Interviewstil gehalten, da tatsächliche Verbraucherbefragungen und Spontanäußerungen der Käufer gezeigt werden sollen. Der Informationsgehalt ist häufig sehr hoch, und der Zuschauer erfährt viele Details über die Anwendung und die Vorteile der Produkte. Hier lassen sich inzwischen deutliche Wear-out-Effekte beobachten.
g) Symbolisierung
   Wenn die Werbebotschaft mithilfe eines Symbols dargestellt wird, spricht man von Symbolisierung.
h) Aktualisierung
   Aktuelle Trends und Entwicklungen aus Politik (Steuererhöhung), Mode oder Gesellschaft werden oftmals zum Thema von Werbespots. Die Marken versuchen dadurch brandaktuell zu wirken und den Zeitgeist für sich zu nutzen.

- Die Umwandlung

Bei dem zweiten Prinzip der rhetorischen Darstellungsart wird die Werbebotschaft ins Unterhaltsame oder Überraschende umgewandelt.

a) Die Dramatisierung
   Wiederholungen und die vielfältigen rhetorischen Steigerungsmuster, wie zum Beispiel die Klimax, die Übertreibung, der Superlativ, die Antithese und die Lüge, nennt man Dramatisierungen.
   – Klimax: Die Klimax ist eine Steigerung des Ausdrucks, zum Beispiel vom Unwichtigen zum Wichtigeren.
   – Hyperbel oder Übertreibung: Übertreibungen sind meist überhöhte Abbildungen der Realität. Dabei können visionäre Welten geschaffen werden und neue Mythen entstehen.

- Antithese: Gegensätzliche Meinungen und Überlegungen werden häufig als Provokation verstanden. Setzt man sie gezielt ein, kann man die Menschen durchaus in ihrer Meinung oder ihrem Verhalten bestärken.
b) Verfremdung
Die Abweichung von der Norm nennt man Verfremdung. Dieses Abweichen kann inhaltlicher oder formaler Natur sein und führt in der Regel zu überraschenden Effekten. Sie verhilft dem Betrachter zu neuen, überzeugenden Erkenntnissen.
c) Komik und Humor:
In der Komik gibt es viele dramaturgische Muster. Die Ironie, die Parodie, die Groteske, der Nonsens oder der Cartoon zum Beispiel.
d) Teaser oder Rätsel
Zur Komik und Unterhaltung zählen auch die Teaserwerbung und das Rätsel. Die klassische Teaserwerbung soll den Rezipienten neugierig machen und seine Aufmerksamkeit wecken. Über das Produkt oder den Absender lässt man den Verbraucher im Ungewissen. Als Beispiel kann hier die Fusionskampagne von Eon angeführt werden, die mit roten Plakatflächen in Deutschland startete. Auf die Teaserfilme oder Anzeigen folgten Spots, die das Rätsel auflösten und der Botschaft einen Sinn geben.
Das Rätsel selbst ist ein dramaturgisches Muster, das sehr unterhaltsam sein kann. Allerdings benötigt es am Thema interessierte Adressaten (High-Involvement).
e) Ironie
Ironie ist zwar ein beliebtes Stil-Element, bleibt aber oft unverständlich und lenkt dann von der eigentlichen Botschaft ab.

• Die Anordnung
Dies ist das dritte Prinzip der rhetorischen Darstellungsart. Die Anordnung bedient sich semantischer Ordnungsprinzipien. Beispiele: Frage/Antwort, Problem/Lösung, Ursache/Wirkung

a) Grund und Folge
Aus A folgt B. Diese semantische Anordnung ist uns in Fleisch und Blut übergegangen, so-

dass wir den gedanklichen inhaltlichen Schluss automatisch ziehen.
b) Reihung
Eine Reihung kann vom Speziellen zum Allgemeinen gehen oder umgekehrt. Es kann aber auch ein zeitlicher Ablauf (z.B. das Älterwerden von Personen im Zeitraffer) dargestellt werden.
c) Gegenüberstellung
In der Gegenüberstellung entfalten Gegensätze ihre volle Wirkung. Dabei kristallisieren sich durch diese Methode allmählich die Vorteile der einen oder anderen Seite heraus.

• Die Adaptation
Die vierte Möglichkeit der rhetorischen Darstellungsart ist die Adaptation. Sie übernimmt Muster aus den Bereichen des klassischen Films und überträgt sie auf die Werbung, wie zum Beispiel das Krimi- oder Westerngenre, den Sciencefiction-Film, die Dokumentation oder den Actionfilm.

3. Psychologische Darstellungsarten
Die psychologische Darstellung appelliert an Sehnsüchte, Furcht, Mitleid, Neid oder Ästhetik (vor allem emotionale Appelle). Diese Motive prägen unser Verhalten und werden deshalb in tiefenpsychologischen Befragungen von Verwendern und Nicht-Verwendern eines Produkts erforscht. Denn wer die Motive kennt, kann diese durch die entsprechende Kommunikation gezielt ansprechen.

4. Informative Darstellungsarten
Nicht unerwähnt soll im Gegensatz zu den vorherigen hoch-emotionalen Darstellungsarten die informative, eher rationale Darstellung bleiben. Solche Darstellungsmuster sind zum Beispiel Berichte, Gebrauchsanweisungen oder sachliche Beschreibungen.

Zusammenfassend kann man feststellen, dass die Darstellungsmuster in Reinform und Mischform vorkommen. Die Reinform hält sich strikt an das dramaturgische Muster und erzielt dadurch die entsprechende Wirkung. Die Mischform ist vor allem dann interessant, wenn sie eine deutliche Ausprägung besitzt.

Die Analyse und Unterscheidung der Muster ist nicht immer einfach, aber sie ist außerordentlich hilfreich bei der Gestaltungsstrategie und der Frage: Welche Botschaft braucht welche beeinflussende Wirkung?

Die Darstellungsmuster haben sich über Jahrzehnte entwickelt und sind für die Längen der Spots ideal. Die Ideen sind immer wieder neu, aber neue Muster sind selten. Wie bereits erwähnt, haben sich im Lauf der Zeit bestimmte Muster abgenutzt, andere sind beliebter geworden. All dies ist abhängig von der Bedeutung der Werbung, von den Kommunikationszielen, den Umgangsformen, dem jeweiligen Zeitgeist, der Mode sowie von wechselnden Motiven.

Tonality/Darstellungsstile von Werbefilmen

Neben den Tonalitäten im Kreativ-Briefing (erzählend, plakativ, sachlich informativ usw.), spricht die Werbeumwelt von typischen Stilen. Zwei dieser speziellen Ausdrucksweisen sind:

1. Slice of Life
Damit bezeichnet man eine Geschichte mitten aus dem Leben. Sie wirkt keinesfalls übertrieben, hat einen erzählenden Charakter und spielt im Alltag der Zielgruppen. Ziel ist es, eine glaubhafte Darstellung des Problems und seiner Lösung zu finden. Oft spielen darin Menschen wie du und ich. Slice-of-Life-Spots leben oft von der Sprache. Die Kunst, Dialoge zu schreiben, besteht darin, gesprochene Sprache niederzuschreiben. Dialoge dürfen nicht vom Schriftdeutsch geleitet werden – das hört sich schnell unnatürlich an. Der Film wirkt künstlich und ist dann das Gegenteil von dem, was ein Slice of Life sein möchte.

2. Dokumentarische Stile
Der Dokustil ist ein Trend des Jahrtausendwechsels. Nach wilden „Computer- und Post-Produktion-Orgien" in den 90er-Jahren, wo kein Filmbild am Ende so aussah, wie es fotografiert wurde, kam die Gegenreaktion. Dokumentarische Bilder und ungeschönte Geschichten wurden als formales und inhaltliches Ausdrucksmittel genutzt. Die Tonalität der Filme ist einerseits informativ und andererseits hochemotional. Dieser Stil wirkt im Gegensatz zu den Bildverfremdungen der 90er-Jahre extrem authentisch. Die Werbung hat dieses Format von den Dokumentarfilmen übernommen.

(Mit geringfügigen Änderungen aus: Albert Heiser: „Bleiben Sie dran!" Konzeption, Produktion und Rezeption von Werbefilmen, Bastei-Lübbe, 2001.)

Stil-Elemente und Darstellungsmuster Funk	
Stilelemente	**Darstellungsmuster**
• Musik • Geräusche (Sfx = sound effects) • aktustische Logos (Radio bewirkt „Visual Transfer" aus anderen Medien) • Sprecher, Dialoge • Slice-of-life (siehe oben bei Film) Grundsatz: Am Anfang des Spots muss klar sein, wo man sich befindet (durch Geräusche oder Wording) • ⇒ „Kino im Kopf", Hörbilder sind individuell	• Telefonanrufe • Befragungen • Interviews • Hörspiel • Comedy • Witze • Anlehnung an TV-Formate (Quiz) • Testimonials • Prominente (Stimmen) • Nachrichtensprecher • übertriebenes Anpreisen • Spiel (evtl. Verfremdung) mit bekannten Werbespotformaten

8.8 Zusammenfassung

Abschließend sollen wesentliche Ergebnisse zu generellen Erkenntnissen aus den letzten 25 Jahren Werbewirkungsforschung knapp zusammengefasst werden. Diese Zusammenstellung fußt auf dem (jedem Praktiker zu empfehlenden) Buch: „Eine Inventur der Inventare", das vom Internationalen Zentrum für Werbe- und Medienforschung herausgegeben wurde (vgl. Klaus Schönbach: Werbewirkung. Eine Inventur der Inventare. Frankfurt am Main 2002. S. 28 f.).

Die Zielsetzung dieser Meta-Studie war, einen Gesamtüberblick über die Ergebnisse von mehr als 100 nationalen und internationalen Forschungsstudien zum Thema Werbewirkungsforschung zu geben.

Der dabei ermittelte harte Kern gesicherter Erkenntnisse zur Werbewirkung findet sich in der folgenden Aufstellung:

Zusammenstellung wesentlicher Erkenntnisse zur Werbewirkung
(nach Schönbach)

- Anzeigen sollten groß und farbig sein. Ihre Platzierung im Heft (vorn/hinten, rechts/links) ist meistens nicht so wichtig. Oft lesen wir, dass die Bebilderung wichtiger als der Anzeigentext sei.
- Werbung arbeitet öfter mit so genannten „fringe benefits"; sie bietet Belohnungen für die Beachtung des Werbemittels an. Im Wesentlichen gibt es hier vier Möglichkeiten:
Preisausschreiben, die eine Beschäftigung mit der Anzeige fordern; Humor; Sex/Erotik sowie „Zuwendungsobjekte", also niedliche, goldige, unseren Beschützerinstinkt weckende Figuren (Babys, kleine Tiere usw.).
Davon ist lediglich der Faktor Humor so hinreichend untersucht worden, um dafür Rezepte zu liefern:
  - Offenbar steigert Humor tatsächlich Aufmerksamkeit und Erinnerungsvermögen – sowohl für die Werbung als auch für das beworbene Produkt.
  - Humor kann aber auch vom Werbeziel ablenken.
  - Humor ist wohl eher bei Low-Involvement-Produkten wirksam.
- Zur vergleichenden Werbung erfahren wir:
  - Sie erzeugt mehr Aufmerksamkeit für das Werbemittel.
  - Vergleichende Werbung ist besonders gut für neue Marken geeignet, die sich gegen etablierte durchsetzen wollen.
  - Allerdings besteht Verwechslungsgefahr.
  - Die Glaubwürdigkeit des Werbetreibenden, der sie einsetzt, kann in Mitleidenschaft gezogen werden.
- Werbung, die gefällt, ist auch gut für das Image des beworbenen Produkts.
- Im Intermedia-Vergleich bekommt Printwerbung wiederholt einige wichtige Eigenschaften zugeschrieben:
  - Printwerbung ist in ihren Wirkungen nachhaltiger; Effekte dauern länger an; Sättigung (wear-out) wird verzögert, deshalb eignet sich Printwerbung besonders für den Markenaufbau.
  - Printwerbung erreicht Zielgruppen effektiver, mit weniger Streuverlusten.

- Printwerbung spricht ihr Publikum stärker rational, weniger emotional an (als z.B. Fernsehen), ist deshalb besonders gut für High-Involvement-Produkte geeignet (die z.B. sehr teuer sein können)
- Über die Wirksamkeit von Werbekampagnen lehren uns die Zusammenfassungen der vergangenen 25 Jahre Folgendes:
  - Die optimale Häufigkeit einer bestimmten Werbung liegt irgendwo zwischen 2 und 20. Die Mehrheit der Zusammenfassungen, die darüber eine Aussage machen, legt allerdings eher drei bis vier Kontakte nahe. Ein Mehr verursacht Sättigung/Abstumpfung (wear-out), ja sogar Widerstand/ „Reaktanz", vgl. Abschnitt 7.4.5.

  Diesen negativen Effekten von zu großer Kontakthäufigkeit lässt sich allerdings, auch das lesen wir immer wieder, durch Variation in Werbemotiven begegnen.
  - „Pulsing", also die Massierung von Werbung in Abständen, ist wirksamer als ihre Gleichverteilung über den Kampagnenzeitraum. Bei einer Neueinführung eines Produkts sollt der erste „Puls" allerdings besonders massiv sein.
  - Kampagnen, die nicht auf einen einzelnen Werbeträger setzen, sondern mehrere davon kombinieren („Media-Mix"), sind wirksamer. Daraus entstehen Synergie- und Komplementär-Effekte; Werbeträger ergänzen einander in ihrer Wirkung.
- Für die Eigenschaften des spezifischen Print-Werbeträgers (Zeitschrift oder Zeitung) als Einflussfaktor ergeben sich eine Reihe von Null-Resultaten. Laut unseren Zusammenfassungen haben folgende Faktoren keinen eindeutigen Einfluss: das redaktionelle und das Anzeigenumfeld, der Heftumfang, das Ausmaß an Konkurrenzwerbung und an Anzeigen generell.
- Wie der Werbeträger genutzt wird, das verursacht allerdings Unterschiede in der Werbewirkung. So sind Kaufleser beeinflussbarer als Mitleser. Die Leser-Blatt-Bindung, die Lesemenge, die Intensität der Nutzung und die Sympathie für den Werbeträger fördern Werbewirkungen.
- Für das Publikum gilt:
  - Werbung für Produkte, für die sich die Zielgruppe interessiert, hat größere Wirkung.
  - Die Akzeptanz von Werbung, eine neutrale oder gar positive Einstellung ihr gegenüber, fördert Wirkungen.
- Es gibt keine feste Wirkungshierarchie, das heißt, Werbung muss nicht unbedingt Kenntnisse vor Einstellungen, Einstellungen vor Verhaltensweisen beeinflussen. Häufig kommen auch andere Reihenfolgen vor. Oft hängen sie von der Art des beworbenen Produkts und dem Interesse daran ab.

  So unterscheiden sich hier beispielsweise High- und Low-Involvement-Produkte. Bei Letzteren sind oft nicht so viele Zwischenschritte bis zu einem Kauf nötig.

8.9 Copy-Analyse und Anzeigen-Analyse

Die Copy-Analyse ist eine qualitative Untersuchung und Beurteilung der strategischen und gestalterischen Inhalte von Werbemitteln.

Sie stellt einen Teilbereich der Werbeanalyse dar und ist damit im Rahmen der Kommunikations- und Wettbewerbsanalyse ein Element der Marketing- und Werbeplanung, dabei werden in der Regel mehrere Werbemittel eines Konkurrenten gleichzeitig analysiert.

Ziele:
- Aufschluss geben über Copy-Strategien, Positionierungen, gestalterische Umsetzungstechniken und Inhalten von Konkurrenzmarken und Kampagnen.
- Bei Relaunches und Neueinführungen von Konkurrenz-Produkten Hinweise auf eventuell notwendige Reaktionen innerhalb des Marketing-Mix des eigenen (zu betreuenden) Produktes geben.
- Analytische Isolation von Faktoren für den Erfolg bzw. Misserfolg von Kampagnen vornehmen.

Aufbau:

1. Hintergrundinformationen (Formalia)
- Zeitpunkt des Kampagnenstarts (Erscheinungstermin/Medium; Bestandteil einer Kampagne)
- [Höhe und Einsatz der Werbeaufwendungen]
- Produkteigenschaften (Produkt/Marke)
- [Marktanteil, Distribution, Preis]
- [Agenturbeziehung]

2. Angenommene Copy-Strategie der Konkurrenzmarke /des Konkurrenzproduktes
- Zielgruppe
- Benefit
- Reason Why
- Tonality
- Positionierung

3. Beurteilung der Copy-Strategie
(womit die Copy-Analyse endet)
- Stärken und Schwächen

In einer anschließenden Anzeigenanalyse, sie umfasst die unten stehenden Schritte 4 bis 7, geht es dann eher um eine Beurteilung der gestalterischen Umsetzung (Execution) der Werbemittel. Eine Anzeigen-Analyse kann sowohl von Werbemitteln der Konkurrenz als auch im Rahmen eines ersten Pre-Tests von eigenen Werbemitteln vorgenommen werden.

Anzeigenanalyse

4. Beschreibung der Copy-Execution (gestalterischen Umsetzung) Anzeigen-Analyse
- Werbepsychologische Einschätzung (Aktivierungspotenzial, Impact, Prägnanz/Gestaltgesetze, Blickverlauf, Textwahrnehmung, Bildelemente, Farbgestaltung, Visualisierung der Werbebotschaft),
- bei den Bildelementen evtl.
  - Key-Visuals
  - Farbigkeit
  - Platzierung Logo/CD-Konstanten
  - Platzierung Text-Bild-Elemente
- bei der Textwahrnehmung vor allem
  - Lesbarkeit (Typografie, Formatierung, Claim, Copy...)
  - Verständlichkeit (Wortwahl, Satzlänge, Syntax in Headline und Copy-Text)

5. Beurteilung der Copy-Execution (gestalterischen Umsetzung)
- Stärken und Schwächen

6. Zusammenfassung der Ergebnisse und Schlussfolgerungen

7. Ggf. Maßnahmenempfehlung

8.10 Übungsaufgaben zur Anzeigen-Analyse

1. Aufgabe
Im Rahmen einer Konkurrenzanalyse sollen Sie die nebenstehend abgebildete, seinerzeit in der Zeitschrift „Stern" geschaltete Anzeige untersuchen (die Anzeige ist im Orginal vierfarbig/4c, wobei die Gesamtanmutung in Weiß/Grau/Blau gehalten ist, während der C1 in Rot heraussticht).

a) Ermitteln Sie die Copy-Strategie und die Positionierung des werbenden Unternehmens.
b) Untersuchen Sie die Anzeige außerdem nach wahrnehmungs- und werbepsychologischen Aspekten.

Wie bei einer „echten" Konkurrenzanalyse werden Sie sich Hintergrundinformationen zum Unternehmen und zum Produkt aus Ihnen zugänglichen Quellen suchen. Wir nehmen Ihnen einen Teil der Arbeit ab und drucken (mit freundlicher Genehmigung der Firma BMW) einige Auszüge aus der Homepage des C1 ab (www.bmw-c1.de/de) ab:

Fahrspaß auf die sichere Art.
Einer für alles – einer für jeden. Der BMW C1 mit 125 ccm darf bereits ab 16 Jahren mit dem Zweirad-Führerschein A1 (früher 1b) gefahren werden. Noch nicht volljährige Fahrer müssen allerdings mit 80 km/h Höchstgeschwindigkeit vorlieb nehmen. Der BMW C1-Partner hebt die Drosselung dann zum 18. Geburtstag wieder auf. Auch allen Inhabern eines Pkw-Führerscheins, die diesen vor dem 01.04.1980 erworben haben und ohne Unterbrechung in Besitz haben, steht der sichere Fahrspaß auf zwei Rädern offen. Für den BMW C1 200 ist mindestens der „große" Zweirad-Führerschein A beschränkt (früher 1a) erforderlich.

Große Technik im kleinen Format.
Der BMW C1 wirkt nicht nur äußerlich zukunftsweisend, sondern überzeugt auch durch innere Werte. Automatikgetriebe, Vierventiltechnik, Kraftstoffeinspritzung und Digitale Motor-Elektronik sind in dieser Fahrzeugklasse einzigartig. Der C1 mit 125 ccm verfügt mit 11 kW (15 PS) schon über eine respektable Motorleistung, beim C1 200 mit seinen 176 ccm Hubraum kommen noch 2 kW (3 PS) dazu, die für mehr Durchzug und ein neues Klangbild sorgen. Modernste Bremstechnologie, optional mit ABS, bringt den C1 dabei sicher zum Stehen. Umweltfreundlich ist er nicht nur dank eines geregelten Drei-Wege-Katalysators, sondern auch, weil er mit einem Verbrauch von 2,9 l bzw. 3,2 l auf 100 km sparsam unterwegs ist.

Sicherheitskonzept
Der BMW C1 ist das erste Zweirad der Welt mit einer stabilen Fahrgastzelle in Alu-Space-Frame-Technik, die leicht gebaut ist, aber gleichzeitig den Insassen zuverlässig schützt. Mit Überroll- und Schulterbügel, speziellen Crash-Elementen und einem ausgeklügelten Gurtsystem, das – wie die Unfallforschung beweist – den Fahrer immer sicher in der Fahrgastzelle hält, bietet der C1 einen für Zweiräder einzigartigen Sicherheitsstandard, der bei Frontalcrashs dem eines Kleinwagens in nichts nachsteht. Für die aktive Sicherheit sorgen das als Sonderausstattung erhältliche ABS und die serienmäßige Telelever-Vorderradführung, die den C1 auch bei schlechten Straßenverhältnissen fest und sicher am Boden hält.

Abb. 8.59: Zu Übung 1

LÖSUNGSHINWEISE

(Nur zu Lehr- und Übungszwecken, keine Produktinformation!)

a) Copy-Strategie
Benefit:
C1-Fahrer sind mobiler als alle andern Verkehrsteilnehmer (objektiver Benefit) und deshalb smarter (subjektiver Benefit).

Reason Why/Alternativen:
- weil man mit ihm die täglichen Hindernisse des Berufsverkehrs spielend und sicher umfahren kann,
- weil die Synthese aus Auto und Motorrad die Vorteile beider Systeme vereint (Sicherheit, Komfort und Schnelligkeit bzw. Wendigkeit)

Tonality:
- Seriös, klar, ruhig, sympathisch, augenzwinkernd, intelligent

Positionierung/Alternativen:
- C1 – das moderne Mobilitätskonzept, das sicheren Fahrspaß garantiert,
- C1 – die clevere Alternative,
- C1 löst die Probleme im Straßenverkehr mit Spaß und Sicherheit.

Zielgruppe:
- ab Mitte 20 mit höherem Bildungsniveau und Einkommen,
- offen für technische Neuheiten, Trendprodukte, Individualisten, designorientiert,
- Stadtmenschen mit Verkehrsproblemen (evtl. Berufspendler, die vom Auto auf den C1 umsteigen sollen),
- vermutlich eher high-involviert.

b) Wahrnehmungs- und werbepsychologische Analyse

1. Wahrnehmungsphase
Die Anzeige hat nur ein schwaches Aktivierungspotenzial. Eine physische Aktivierung findet nur über den roten C1-Roller statt, der als kleiner „Farbklecks" in Frontal-Ansicht gezeigt wird. Eine kognitive Aktivierung erfolgt über die Bild-Headline-Kombination, die im Vergleich zum ebenfalls quer zu parkenden Pkw Smart die Überlegenheit des C1 ausdrücken möchte („Smarter!").

2. Phase der Informationsaufnahme
Der Blickverlauf wird vermutlich in der Mitte beim roten C1 beginnen, dann über den Turm im Hintergrund (peripheres Sehen) zur Headline („Smarter") geführt. Ab hier ergeben sich je nach Interesse des Adressaten zwei unterschiedliche Varianten.

Die wenig Interessierten werden über die Bild-Unterschrift („Der BMW C1. Jetzt Probefahren") und das Logo aus der Anzeige aussteigen.

Die Interessierten werden über die Platzierung und Ausrichtung der Bild- und Text-Elemente zum Fließtext geführt und steigen dann ebenfalls über die Bildunterschrift und das Logo aus.

Als Figuren/Gestalten werden der C1, die beiden Pkw und evtl. das gesamte Bild-Element (in Form eines Rückspiegels) wahrgenommen, da alle gut vom Grund differenziert werden können (Figur-Grund-Differenzierung). Des Gesetz der Nähe wird zur Blickführung vom C1 über den Turm hin zur Headline verwendet, lässt sich aber auch auf die Blickführung von der Headline am Bildrand vorbei zum Fließtext anwenden. Die Pkw-Teile werden auf Grund des Gesetzes der guten Gestalt bzw. Gesetz der Geschlossenheit vervollständigt.

Insgesamt weist die Anzeige eine hohe Prägnanz auf, weil der sehr einheitliche, helle Hintergrund (viel Weißraum) zu einem hohen Kontrast zu den Bild- und Text-Elementen führt (Figur-Grund-Differenzierung). Die Anzeige ist sehr einfach und aufgeräumt, das heißt, es gibt nur wenige gut aufeinander abgestimmte Elemente, bei denen nichts von der Kernbotschaft ablenkt.

Der gesamte Text hat einen sehr guten Kontrast zum Hintergrund und ist insofern sehr gut lesbar. Die Schriftgröße des Fließtextes ist ausreichend. Die Headline könnte noch etwas größer sein, um die Aufmerksamkeitsstärke zu erhöhen. Für die Headline und den Fließtext wird eine Serifen-Schrift verwendet, die nicht nur gut lesbar ist, sondern außerdem die Tonality der Anzeige unterstreicht. Der Zeilendurchschuss des Fließtextes ist groß genug und angenehm fürs das Auge. Die rechtsbündige Anpassung des Fließtextes an die Form des Bild-Elementes verlangsamt zwar den Lesefluss etwas, aber durch den Bildrand findet das Auge relativ problemlos den jeweils nächsten Zeilenanfang.

Die Bild- und Textelemente sind klar, fast „klassisch" angeordnet (Headline über Bild, Fließtext rechts neben dem Bild, Absender unter dem Bild) und daher schnell erfassbar. Auch das Zusammenspiel von Bild und Text erleichtert die Informationsaufnahme (Klarheit und Strukturiertheit).

3. Informationsverarbeitung/-speicherung

Die Bild- und Text-Elemente unterstützen sich gegenseitig, dadurch wird die Kern-Botschaft klar und deutlich transportiert. Das Bild visualisiert den Nutzen, indem es auf die erhöhte Mobilität durch bequemes Parken (keine lästige Parkplatz-Suche mehr) verweist. Farbassoziationen fallen eher weg, es sei denn, man assoziiert mit der großzügigen Verwendung von Weißraum eine gewisse Souveränität der Marke. Der Text ist inhaltlich schnell verständlich, da er auf Fremdwörter, Negationen und Passivformulierungen verzichtet. Es werden zwar lange, aber einfache Sätze verwendet (Hauptsatz oder Hauptsatz-Nebensatz), aber vor dem Hintergrund der Zielgruppe dürfte es keine Verständnisprobleme geben. Der Text ist sehr argumentativ und unterstützt dadurch die Kernbotschaft („Deshalb, sondern, ob, dank; ist sicher; feststellen, dass").

Hinzu kommt ein sehr starker Appell-Charakter („Jetzt Probe fahren"). Die Angabe von Telefonnummer und Internet-Adresse kommt einem möglichen Informationsbedürfnis der Zielgruppe entgegen. Insofern kann man sofort verstehen, worum es eigentlich in der Anzeige geht, und kann sich die Kernaussage leicht merken.

4. Phase der Einstellungsbildung

Der Leser fühlt sich ernst genommen und der augenzwinkernde Vergleich zum „Smart" macht die Marke sympathisch, insofern könnte sich eine positive Einstellung zur Marke entwickeln.

5. Gesamtbeurteilung

Das einzige Problem der vorliegenden Anzeige liegt in ihrem geringen Aktivierungspotenzial. Bei einer durchschnittlichen Anzeigenbetrachtungsdauer von weniger als zwei Sekunden wird es dieser Anzeige nur bei wirklich am Thema interessierten Lesern (High-Involvement) gelingen, Aufmerksamkeit zu bekommen.

Diese Leser erhalten aber im Fließtext sehr viele Informationen, der darüber hinaus einen sehr starken Aufforderungscharakter besitzt und auf weitere Informationsquellen (Tel.-Nr. und Internet) verweist. Die zentralen Aussagen und Begründungen der Anzeige werden schnell deutlich. Selbst bei beiläufiger Wahrnehmung wird zumindest der Markenname und das Logo wahrgenommen.

Abb. 8.60: Zu Übung 2

2. Aufgabe

Im Rahmen einer Konkurrenzanalyse sollen Sie die umseitig abgebildete, seinerzeit im Focus erschienene Anzeige untersuchen. Die Anzeige ist im Original vierfarbig/4c, wobei das verwendete Muster in kräftig Grün und kräftig Gelb gehalten ist und die an sich weiße Waschmaschine ins Bläuliche getönt wurde.
a) Ermitteln Sie die Copy-Strategie und die Positionierung des werbenden Unternehmens.
b) Untersuchen Sie die Anzeige außerdem nach wahrnehmungs- und werbepsychologischen Aspekten.

LÖSUNGSHINWEISE

a) Copy-Strategie

Benefit
- Zeitersparnis beim Bügeln durch knitterfreie Wäsche mit dem Siwamat XL von Siemens (objektiver Benefit).

Reason Why
- Weil die Maschine ein neues Schleudersystem und ein Auflockerungsprogramm hat,
- weil die Maschine ein größeres Bullauge und Fassungsvermögen hat.

Tonality
- schrill, auffallend, ungewöhnlich

Positionierung
- Eine familienfreundliche Innovation aus dem Hause Siemens.

Zielgruppe
- Jüngere Familien mit Kindern, aber auch Doubles (eher keine Singles) ab 30 Jahren mit höherem Bildungsniveau und Einkommen,
- offen für technische Neuheiten.

b) Wahrnehmungs- und werbepsychologische Analyse:

1. Wahrnehmungsphase
Die Anzeige hat ein starkes Aktivierungspotenzial. Die Aktivierung erfolgt vor allem durch physische Reize wie die verwendeten Farben und den Kontrast zwischen den beiden Bildhälften (links: hektisch ⇔ rechts: ruhiger). Eine kognitive Aktivierung liegt in der Neuartigkeit und Ungewöhnlichkeit der Darstellung für das Produktsegment. Eine emotionale Aktivierung findet sich nicht.

2. Phase der Informationsaufnahme
Der Blickverlauf wird vermutlich im Zentrum des Wirbels auf der linken Seite beginnen, dann über die Spirale nach oben zum Siemens-Logo führen. Anschließend „freut" sich das Auge auf die ruhige rechte Bildhälfte, in deren Zentrum die Waschmaschine steht.

In unmittelbarer Nähe zur Waschmaschine sind alle Text-Elemente angeordnet, die jetzt bei hohem Interesse alle wahrgenommen werden (vermutlich Headline → Fließtext → Slogan) oder bei geringem Interesse ohne den Fließtext beachtet werden.

Als Figuren/Gestalten werden die Waschmaschine, alle Text-Elemente, aber auch der Wirbel wahrgenommen. Vor allem die Waschmaschine, die umrahmten Text-Elemente und das freigestellte Logo weisen eine hohe Figur-Grund-Differenzierung auf. Des Gesetz der Nähe wird zur Blickführung von der Waschmaschine zu den Text-Elementen verwendet, lässt sich aber auch auf die Blickführung vom Wirbel zum Logo anwenden.

Insgesamt weist die Anzeige eine hohe Prägnanz auf, weil alle wichtigen Elemente einen hohen Kontrast zum jeweiligen Hintergrund aufweisen. Die Anzeige wirkt zwar zunächst sehr unruhig, enthält aber durch die unterschiedlichen Bildhälften und die umrahmten Text-Elemente eine klare Struktur, die die Kernbotschaft unterstützt. Der gesamte Text hat durch die klaren Umrahmungen ausreichenden Kontrast zum Hintergrund und ist insofern sehr gut lesbar. Die Schriftgröße des Fließtextes ist etwas zu klein. Außerdem ist die Aufzählung mithilfe von „bullet points", die hintereinander statt untereinander stehen, nicht sehr lesefreundlich. Die serifenlose Schrift ist gut lesbar und passt zu diesem technischen Produkt. Der Zeilendurchschuss des Fließtextes ist etwas zu gering, d. h. der Leser muss sich beim Lesen schon sehr konzentrieren.

3. Phase der Informationsverarbeitung/-speicherung

Die Bild- und Text-Elemente unterstützen sich gegenseitig, dadurch wird die Kern-Botschaft klar und deutlich transportiert. Das Bild visualisiert den Nutzen, indem es durch den unterschiedlichen Seiten-Aufbau den Waschprozess und das anschließende Ergebnis symbolisiert. Die Farbgestaltung ist sehr auffallend, aber nicht unangenehm, vor allem die rechte Seite hat beinah eine beruhigende Wirkung.

Der Text ist inhaltlich schnell verständlich, da er auf Fremdwörter, Negationen und Passivformulierungen verzichtet. Es werden einfache Sätze verwendet (Hauptsatz oder Hauptsatz-Nebensatz), sodass es keine Verständnisprobleme geben dürfte.

Durch die gekonnte Visualisierung des Nutzens, der in der Headline und im ersten Satz des Fließtextes verbalisiert wird, kann man sofort verstehen, worum es eigentlich in der Anzeige geht und kann sich die Kernaussage leicht merken.

4. Phase der Einstellungsbildung

Der Leser könnte durch die wohltuende Abweichung von „normaler" Waschmaschinen-Werbung Sympathie für die Marke entwickeln. Außerdem wirkt die Argumentation des Textes in Verbindung mit der Visualisierung des Nutzens glaubwürdig, insofern könnte sich eine positive Einstellung zur Marke entwickeln.

5. Gesamtbeurteilung

Die Gefahr, dass die Anzeige übersehen wird, ist dank der hohen Aktivierungsstärke relativ gering. Das einzige Problem der vorliegenden Anzeige liegt in der Gestaltung des Fließtextes, in dem die entscheidenden Argumente etwas versteckt sind. Nur wirklich am Thema interessierte Leser (High-Involvement) werden in den Text einsteigen, allerdings erhalten sie dann viele Argumente und Hinweise auf weitere Informationsquellen (Fachhändler, Tel.-Nr. und Internet). Die zentrale Aussage der Anzeige wird durch die Visualisierung des Nutzens schnell deutlich, sodass selbst bei beiläufiger Wahrnehmung der Benefit und der Markenname wahrgenommen wird.

Kapitel 9

Rechtliche Grundlagen der Werbung

„Es gibt drei Arten von Werbung: laute, lautere und unlautere"

Werner Mitsch (deutscher Aphoristiker und Schriftsteller)

9.1	Einführung	460
9.2	Beispiele unlauteren Wettbewerbs laut § 4 UWG	465
9.3	Irreführende geschäftliche Handlung laut § 5 UWG	476
9.4	Vergleichende Werbung (§ 6 UWG)	483
9.5	Unzumutbare Belästigung laut § 7 UWG	488
9.6	Durchsetzung wettbewerbs- und markenrechtlicher Ansprüche	490
9.7	Schutz des geistigen Eigentums	493
9.8	Markengesetz	498
9.9	Persönlichkeitsrechte	505
9.10	(Übungs-)Fälle zu den gewerblichen Schutzrechten	507
9.11	Freiwillige Selbstkontrolle der Werbewirtschaft	509
9.12	Lösungen zu den Übungsaufgaben zum UWG	510

9.1 Einführung

Werbung hilft Unternehmen dabei, sich von den Wettbewerbern abzugrenzen und damit in den Köpfen der Verbraucher zu positionieren. In den Kapiteln 7 und 8 zur Werbewirkung und Kreation tauchte deshalb immer wieder die Forderung auf, dass Werbung neue Wege gehen muss, um die Aufmerksamkeit der Verbraucher zu erlangen. Werbung soll möglichst einzigartig und außergewöhnlich sein, man könnte auch sagen, erfolgreiche Werbung lebt davon, Regeln zu brechen. Bevor man Regeln brechen kann, muss man sie kennen. Kennen sollte man nicht nur die kreativen Regeln, sondern gleichermaßen die juristischen. Denn während der Verstoß gegen kreative Regeln „erlaubt" ist und möglicherweise werblichen Erfolg verspricht, darf natürlich nicht gegen rechtliche Regeln verstoßen werden.

Dass dies in der Praxis dennoch häufig geschieht, geht auf Unwissen, auf absichtliches Ausreizen von Grenzfällen oder sogar auf bewusste Verstöße zurück, bei denen man darauf setzt, dass dort kein Richter ist, wo kein Kläger ist. Das kann freilich sehr teuer werden.

Eigentlich sollte jeder, der im Bereich Marketing und Werbung arbeiten möchte, über Grundkenntnisse zu den wichtigsten Gesetzen wie
- dem Gesetz gegen den Unlauteren Wettbewerb,
- dem Urheberrechtsgesetz
- oder dem Markengesetz verfügen.

Denn ein Kreativer oder ein Berater, der schon weiß, dass er ein Behauptung aufstellt, die er nicht halten kann oder dass die Idee eigentlich „geklaut" ist, kann sich, der Agentur und dem Kunden von vornherein eine Menge Ärger ersparen. Bei diesem „Ärger" geht es im Bereich Werbung vor allem um zivilrechtliche Auseinandersetzungen zu den gerade aufgezählten drei Gesetzen. Es kann zwar auch zu strafrechtlichen Folgen auf Grund von Verstößen gegen diese Gesetze kommen (z.B. Herstellung von Plagiaten/ „Produktpiraterie"), die aber in der täglichen Praxis der Kommunikationsberufe eher eine untergeordnete Rolle spielen und deshalb hier nicht weiter abgehandelt werden.

Das vorliegende Kapitel beschränkt sich auf einen kurzen Überblick über diese wichtigen Gesetze, kann, soll und darf (!) aber den juristischen Rat nicht ersetzen.

 Gerade bei konkreten Problemen mit Wettbewerbern oder Dritten sollte nicht zuletzt wegen der Komplexität immer ein spezialisierter Jurist hinzugezogen werden.

Neben den deutschen Rechtsvorschriften spielt im Zuge der europäischen Integration in immer mehr Fällen EU-Recht eine Rolle. Die wichtigsten aktuellen Beispiele waren die europaweite Freigabe vergleichender Werbung, das Werbeverbot für Tabakerzeugnisse, die Health-Claims-Verordnung (regelt unter anderem die Auslobung gesundheitsfördernder Effekte bei Lebensmitteln) oder die anstehende Neuregelung der TV-Richtlinie (sieht möglicherweise eine Freigabe von Product Placement in TV-Produktionen vor). Aber auch beim Schutz des geistigen Eigentums wurde durch die Gründung des europäischen Markenamtes mit Sitz in Alicante neue Möglichkeiten zum internationalen Markenschutz geschaffen.

Die deutschen Rechtsvorschriften beinhalten sowohl Werbebeschränkungen als auch Schutz vor Nachahmung oder Einschränkung. Die folgende Übersicht soll einen ersten Überblick geben, bevor im Anschluss die wichtigsten Rechtsvorschriften kurz dargestellt werden:

1) Beschränkungen im Hinblick auf:
a) die Kreation (Gestaltung der Werbebotschaft)
- Unzulässigkeit, die Entscheidungsfreiheit der Verbraucher oder anderer Marktteilnehmer durch Druck oder sonstigen unangemessenen unsachlichen Einfluss zu beeinträchtigen (§ 4 Abs. 1 UWG)
- Unzulässigkeit, die geschäftliche Unerfahrenheit von Kindern, Jugendlichen, die Leichtgläubigkeit, die Angst oder die Zwangslage von Verbrauchern auszunutzen (§ 4 Abs. 2 UWG)
- Unzulässigkeit, den Werbecharakter von Wettbewerbshandlungen zu verschleiern (§ 4 Abs. 3 UWG)

- Verbot die Kennzeichen, Waren, Dienstleistungen, Tätigkeiten oder persönlichen/geschäftlichen Verhältnise eines Wettbewerbers herabzusetzen oder zu verunglimpfen (§§ 4 Abs. 7 und 4 Abs. 8 UWG)
- Strafbarkeit bei übler Nachrede oder Verleumdung (im StGB= Strafgesetzbuch)
- deliktsrechtlicher Haftung bei falschen Werbeangaben (im BGB = Bürgerliches Gesetzbuch)
- Verbot der irreführenden Werbung (§ 5 UWG)
- Einschränkungen bei vergleichender Werbung (§ 6 UWG)
- Einschränkungen bei besonderen Produktbereichen wie Lebensmitteln (im LMBG = Lebensmittelbedarfsgesetz), Tabakerzeugnisse (im LMBG), Kosmetika (im LMBG), Weine (im Weingesetz), Heil- und Arzneimittel (im HWG = Heilmittelwerbegesetz und AMG = Arzneimittelgesetz)

b) die Mediaplanung (Auswahl der Werbemittel und -träger)
- Täuschung und Irreführung durch redaktionell getarnte Werbung (§§ 4 Abs. 3 und 5 UWG)
- Pflicht zur deutlichen Trennung von Anzeigen und redaktionellem Teil (Landespressegesetze)
- medienrechtliche Grenzen für Product Placement oder Sonderwerbeformen (z.B. Sponsoring, Split-Screen oder virtuelle Werbung) ⇒ vor allem im RfStV = Rundfunkstaatsvertrag)
- Verbot der Werbung für Tabakerzeugnisse in TV und Funk (im LMBG)
- Einschränkungen im Bereich Außenwerbung (z.B. bei Bauzaunplakatierung, Verkehrsmittelwerbung oder der Inbetriebnahme neuer Außenwerbungsstandorte) ⇒ in der StVO = Straßenverkehrsordnung, im Landesfernstraßengesetz, Vorschriften der öffentlich-rechtlich organisierten Verkehrsträger, Polizeirecht, Landesbauordnungen etc.)

c) die Veranstaltung von Gewinnspielen
- Verbot bei Gewinnspielen, die Teilnahmebedingungen nicht klar und eindeutig anzugeben (§ 4 Abs. 5 UWG)
- Verbot die Teilnahme an einem Gewinnspielen, an den Kauf der Ware oder Inanspruchnahme der Dienstleistung zu koppeln (§ 4 Abs. 6 UWG)
- Verbot unsachlicher Einflussnahme auf Verbraucher („psychologischer Kaufzwang/übertriebenes Anlocken" (§ 4 Abs. 1 UWG)
- Verbot irreführender Gewinnspiele (§ 3 UWG)
- Strafbarkeit nicht genehmigter Lotterien und Ausspielungen (StGB)

d) die Verwendung von Zugaben
- Verbot bei VkF-Maßnahmen wie Rabatten, Zugaben oder Geschenken, die Bedingungen für ihre Inanspruchnahme nicht klar und eindeutig anzugeben (§ 4 Abs. 4 UWG)
- Verbot unsachlicher Einflussnahme auf Verbraucher („psychologischer Kaufzwang" (§ 4 Abs. 1 UWG)
- Verbot des übertriebenen Anlockens z.B. durch zu attraktive Neben- oder Vorspannware (§§ 4 Abs. 1 oder 4 Abs. 2 UWG)

e) die Abgabe von Warenproben
- Verbot unsachlicher Einflussnahme auf Verbraucher („psychologischer Kaufzwang" (§ 4 Abs. 1 UWG)
- Verbot der zu breiten Streuung von Warenproben wegen Gefahr der „Marktverstopfung" (§ 4 Abs. 1 UWG)

f) die Einflussnahme und Warenpräsentation im Handel
- Verbot der gezielten Behinderung der Wettbewerber (§§ 4 Abs. 10 oder § 4 Abs. 1 UWG)
- Verbot der unsachlichen Beeinflussung der Verbraucher (§ 4 Abs. 1 UWG)
- Irreführung der Verbraucher über Zugehörigkeit des Verkaufspersonals oder Empfehlungsverhalten des Handels (§ 5 UWG)

g) die Zielgruppenauswahl
- Verbot der Laienwerbung für Heil- und Arzneimittel (im HWG = Heilmittelwerbegesetz und AMG = Arzneimittelgesetz)

2) Schutzpositionen im Bereich Marketing und Werbung (Schutz des geistigen Eigentums):
a) Urheberrechtsschutz
   - vor allem für eigenständige geistige Schöpfungen aus den Bereichen Literatur, Wissenschaft, Kunst, wird aber seit neuestem vermehrt auch Werbeslogans und Gestaltungskonzeptionen zugestanden
b) Geschmacksmusterschutz
   - bezieht sich auf gewerbliche Muster und Modelle, das heißt die räumliche Gestaltung eines Erzeugnisses. Es lassen sich also ästhetische Formen wie Produkt- oder Verpackungsgestaltungen, Farben oder die Typographie schützen
c) Markenrechtsschutz
   - nationales und internationales Markenrecht ⇒ Voraussetzung für Markenschutz (§§ 1, 3 MarkenG), Erlangung des Markenschutz (§ 4 MarkenG), Schutzdauer (§ 47 MarkenG), Ansprüche gegen Verletzer einer Marke (§§ 14, 15, 16, 18, 19, 20, 21, 22, 143, 146 ff. MarkenG)
d) Schutz von Werbeideen und -maßnahmen vor Ausbeutung (vor allem Nachahmung und unmittelbare Übernahme)
   - § 4 Abs. 7 UWG, aber evtl. auch Ansprüche aus BGB oder sogar StGB
e) Schutz von Waren oder Dienstleistungen (vor allem vor Nachahmung, unmittelbare Übernahme, Anlehnung/Rufausbeutung und vermeidbare Herkunftstäuschung, Herabsetzung)
   - § 4 Abs. 9 UWG, aber evtl. auch Ansprüche aus BGB oder sogar StGB

Das 1906 in Kraft getretene und zuletzt 2004 geänderte Gesetz gegen den unlauteren Wettbewerb (= UWG) ist wichtigste gesetzliche Grundlage für das deutsche Werberecht. Es dient dazu, Verhaltensregeln aufzustellen, die Wettbewerber zu beachten haben, wenn sie im geschäftlichen Verkehr tätig werden. Wettbewerbsrecht dient dem Schutz:
- der Wettbewerber untereinander,
- der Verbraucher und
- der Allgemeinheit.

Beim Schutz der Wettbewerber untereinander geht es darum, dass sich kein Unternehmen durch unlautere bzw. unsachliche Methoden einen Wettbewerbsvorsprung gegenüber der Konkurrenz verschaffen soll. Die Verbraucher sollen mithilfe des UWG vor unsachlicher Beeinflussung (Irreführung, Erzeugen eines psychologischen Kaufzwanges etc.) geschützt werden, wobei diese Aufgaben im Wettbewerbsrecht nicht vom einzelnen Verbraucher, sondern von den Verbraucherschutzverbänden, an die sich der Einzelne im Beschwerdefall wenden kann, übernommen werden. Schutz der Allgemeinheit soll das Ausufern bestimmter belästigender Verhaltensweisen (z.B. „aktives" Telefonmarketing) verhindern.

Das UWG basiert auf Einzelfallentscheidungen, das heißt es handelt sich um ein Richterrecht (case law), wie man es aus dem angloamerikanischen Rechtssystem kennt.

Im deutschen Rechtssystem gibt es nur wenige Bereiche, in denen die einzelnen Gerichte einen so weiten Gestaltungsspielraum haben wie im Wettbewerbsrecht. Aus diesem Grund sollte man sich hier mit Verallgemeinerungen sehr zurückhalten. Daran ändert voraussichtlich auch die deutlich präzisierte Gesetzesnovelle von 2004 nichts. Dabei wurden viele der über Jahre aus höchstrichterlichen Einzelfallentscheidungen gewachsenen Leitnormen in das UWG übernommen. Auf der anderen Seite bleibt immer noch einiges ungeklärt und die Dynamik des Wettbewerbs macht es ebenfalls weiterhin notwendig, dass strittige Fragen den Weg durch die Instanzen nehmen. Die letztinstanzlichen Entscheidungen des BGH (= Bundesgerichtshof) werden dann wieder den Gerichten der unteren Instanzen als Orientierung für schwigie Einzelfälle als Orientierung dienen.

Während in § 1 UWG der Schutzbereich des Gesetzes definiert wird, befasst sich § 2 UWG mit grundlegenden Definitionen:

Allgemeine Bestimmungen

§ 1 Zweck des Gesetzes:
a) Schutz der Mitbewerber, Verbraucher und sonstiger Marktteilnehmer vor unlauterem Wettbewerb
b) Schutz des Interesses der Allgemeinheit an einem unverfälschten Wettbewerb

§ 2 Definitionen:
- Geschäftliche Handlung: jedes Verhalten einer Person zugunsten des eigenen oder eines fremden Unternehmens vor, bei oder nach einem Geschäftsabschluss, mit Förderung des Absatzes oder des Bezugs von Waren
- Marktteilnehmer: Mitbewerber, Verbraucher, alle Personen, die Waren/Dienstleistungen anbieten oder nachfragen
- Mitbewerber: Unternehmen, die zum eigenen Unternehmen in einem konkreten Wettbewerbsverhältnis stehen
- Nachricht: Informationsaustausch zwischen einer endlichen Zahl von Beteiligten über öffentlich zugängliche elektronische Kommunikationsdienste
- Verbraucher-/Unternehmerbegriff: Verweis auf die §§ 13 und 14 BGB

§ 3 UWG enthält eine so genannte Generalklausel die sehr flexibel ist und immer dann herangezogen werden kann, wenn sich keine spezielle Rechtsnorm im UWG findet, die einfach 1:1 auf den strittigen Fall angewendet werden kann. In der fehlenden Präzisierung liegt insofern der Vorteil eines solchen „Gummiparagraphen", denn er ermöglicht es den Gerichten, in jedem einzelnen Fall zu prüfen, ob das Wettbewerbsverhalten unlauter ist oder nicht. Außerdem muss das Gesetz nicht bei jeder aktuellen Entwicklung vom Gesetzgeber angepasst werden. Die Generalklausel des § 3 UWG steht selbstständig neben den anderen Rechtsnormen des Wettbewerbsrechtes, das heißt, die anderen Paragraphen des UWG stellen keine Sonderfälle des § 3 UWG dar, sondern regeln unter anderem die auf der nächsten Seite dargestellten eigenständigen Sachverhalte.

Bei konkreten Problemen sollte man daher versuchen, zunächst im UWG einen Paragraphen zu finden, der sich genau mit der vorliegenden Problemstellung beschäftigt, sich aber sicherheitshalber auch auf einen Verstoß gegen die Generalklausel nach § 3 UWG zu berufen. Das Gericht prüft dann zunächst, ob der spezielle Paragraph des UWG (z.B. § 6 Vergleichende Werbung) greift oder nicht. Falls sich der spezielle Paragraph auf den Fall anwenden lässt, kann das Gericht schnell eine Entscheidung treffen. Falls nicht muss das Gericht überprüfen, ob das Wettbewerbsverhalten nach § 3 UWG unlauter ist.

§ 3 Unlautere geschäftliche Handlungen, die geeignet sind, den Wettbewerb zum Nachteil der Mitbewerber, der Verbraucher oder der sonstigen Marktteilnehmer nicht nur unerheblich zu beeinträchtigen, sind unzulässig.

Bei der Überprüfung, ob ein geschäftliches Handeln das zentrale Merkmal des § 3 UWG Unlauterkeit erfüllt, überprüft das Gericht immer den Gesamtcharakter der Handlung. Dabei ist es nicht so wichtig, was sich evtl. auf einem Markt inzwischen als geschäftliches Handeln eingebürgert hat (Ist), sondern das, was sein sollte. Noch wichtiger ist aber, wie eine bestimmte Handlung aus der Sicht der beabsichtigen Adressaten (Zielgruppen) verstanden wird. Entscheidend ist also der Empfängerhorizont und nicht die Sicht des Absenders. Als Zielgruppen kommen die Mitwettbewerber, die Verbraucher und sonstige Marktteilnehmer in Frage.

Bei einer geschäftlichen Handlung, die sich an die Verbraucher richtet, kommt es für das Verständnis der Unlauterkeit zunächst darauf an, für welche Zielgruppe das angebotene Produkt gedacht ist. Es macht natürlich einen Unterschied, ob es sich z.B. um medizinische Fachgeräte oder um Konsumgüter des täglichen Bedarfs handelt. Im ersten Fall geht es um eine sehr spezifische und vermutlich mit Fachwissen ausgestattete Zielgruppe, während es im zweiten Fall um sämtliche Verbraucher geht. Im ersten Fall müssten unter Umständen Befragungen der spezifischen Zielgruppe erfolgen, um herauszufinden, wie die beteiligten Verkehrskreise (=Zielgruppen) die Wettbewerbshandlung verstehen. Im zweiten Fall würde das Gericht vermutlich auf externe Gutachter verzichten, um die Unlauterkeit einer Wettbewerbshandlung zu überprüfen, da die Richter selbst zur Zielgruppe gehören.

Wenn es um das Verständnis der beteiligten Verkehrskreise geht (auch bei § 6 UWG Irreführung wichtig), sollte man inzwischen eher auf das Verbraucherbild des Europäischen Gerichtshof (EUGH) zurückgreifen, das sich inzwischen auch in Deutschland durchgesetzt hat. Der EUGH geht von einem durchschnittlich informierten, aufmerksamen, verständigen und kritisch prüfenden Verbraucher aus (vgl. dazu und weitergehende Quellen in: Dirk Lehr: Wettbewerbsrecht. Müller Verlag. Heidelberg 2007). Bei den Mitwettbewerbern geht es vor allem darum, ob es sich bei der Wettbewerbshandlung um Leistungs- oder Nichtleistungswettbewerb handelt. Während der Leistungswettbewerb grundsätzlich erlaubt ist, handelt es sich beim Nichtleistungswettbewerb grundsätzlich um unlautere und damit verbotene Wettbewerbshandlungen.

UWG § 3 Generalklausel
„Unlautere geschäftliche Handlungen, die geeignet sind, den Wettbewerb zum Nachteil der Mitbewerber, der Verbraucher oder der sonstigen Marktteilnehmer nicht nur unerheblich zu beeinträchtigen, sind unzulässig."

§ 4 Beispiele unlauteren Wettbewerbs	§ 5 Irreführende geschäftliche Handlung	§ 6 Vergleichende Werbung	§ 7 Unzumutbare Belästigung
1. Beeinträchtigung der Entscheidungsfreiheit 2. Ausnutzung geschäftlicher Unerfahrenheit 3. Verschleierung des Werbecharakters von Werbemaßnahmen 4. unklare Bedingungen bei Vkf-Maßnahmen 5. unklare Teilnahmebedingungen bei Preisausschreiben/Gewinnspielen 6. Kopplung der Teilnahme am Gewinnspiel an den Kauf der Ware 7. Herabsetzung Verunglimpfung von Mitbewerbern 8. schädigende Behauptungen über Waren/Unternehmen eines Mitbewerbers, falls diese nicht erweislich wahr sind 9. Nachahmungen von Waren eines Mitbewerbers anbieten 10. gezielte Behinderung von Wettbewerbern 11. Verstoß gegen gesetzliche Vorschriften	1. Irreführung ist ein Verstoß gegen § 3 UWG ⇒ Auch das Verschweigen von Tatsachen kann irreführend sein (Einzelfallprüfung notwendig) 2. Formen/Irreführung über: • die Qualität und Beschaffenheit der Ware oder Dienstleistung • den Preis (Höhe und Bestimmung) • die Menge/Verfügbarkeit/Lieferbedingungen • Testergebnisse • Herkunft (geographisch, betrieblich) • den Anlass des Verkaufs • die geschäftlichen Verhältnisse des Werbenden (z.B. Eigenschaften, Vermögen, Befähigungen etc.) • Zwecktauglichkeit/Verwendungsmöglichkeit oder die zu erwartenden Ergebnisse • die Menge des Warenvorrates bei Aktionen • Preisaktionen („Mondpreise")	1. Voraussetzung: Mitbewerber oder dessen Ware/Dienstleistung wird unmittelbar oder mittelbar kenntlich gemacht 2. Vergleichende Werbung ist nur zulässig, falls: • die Waren/Dienstleistungen dem gleichen Bedarf/Zweckbestimmung dienen • der Vergleich sich auf objektiv nachprüfbare, wesentliche, relevante und typische Eigenschaften oder den Preis bezieht • keine Verwechslungsgefahr besteht (Unternehmen, Produkte/Dienstleistungen oder z.B. Marken) • z.B. das Markenzeichen der Konkurrenz nicht ausgenutzt oder beeinträchtigt wird • Mitbewerber nicht herabgesetzt oder verunglimpft werden • Waren oder z.B. Marken nicht imitiert oder nachgeahmt werden • bei Angeboten Beginn und Ende der Aktion sowie ein Hinweis auf die Verfügbarkeit angegeben werden	• Erkennbar unerwünschte Werbung • Telefonwerbung an Endverbraucher ohne vorherige Einwilligung des Angerufenen; bei Geschäftskunden muss eine mutmaßliche Einwilligung erwartet werden • E-Mail, Fax oder Werbung ohne klaren Absender oder bei der eine Aufforderung zur Einstellung für den Adressaten mit Kosten verbunden ist • Werbung per Fax, E-Mail oder automatischen Anrufmaschinen ist nur mit Einwilligung des Adressaten möglich Ausnahmen für E-Mails: • die E-Mail-Adresse ist dem Unternehmen aus einer Geschäftsbeziehung bekannt • Adresse wird zur Bewerbung ähnlicher Angebote genutzt und der Kunde hat nicht widersprochen • In jeder E-Mail gibt es einen Hinweis darauf, dass der Kunde jederzeit widersprechen kann

Unter Leistungswettbewerb versteht man jede Form des Wettbewerbs in dem sich die Leistungen der Wettbewerber frei und ungehindert am Markt entfalten können und die Nachfrager die freie Wahl haben, sich für eine der Alternativen zu entscheiden.

Im Gegensatz dazu wird beim Nichtleistungswettbewerb versucht, den Wettbewerb zu verfälschen oder die freie Willensentscheidung der Verbraucher zu beeinträchtigen. Zu den dabei möglichen Formen hatte schon das alte UWG zahlreiche Fallgruppen herausgebildet, die sich inzwischen teilweise in den §§ 4, 5, 6, 7 wiederfinden (vgl. Tabelle). Trotzdem sollte man zusätzlich in jedem Einzelfall prüfen, ob die Wettbewerbshandlung nicht auch noch zu den Fallgruppen des Nichtleistungswettbewerbs nach § 3 UWG gehört, da sich dadurch eine weitere Anspruchsgrundlage gegenüber dem Beklagten ergeben könnte. Fallgruppen des Nichtleistungswettbewerbers nach § 3 UWG (vgl. Lehr S. 28):

- Kundenfang durch Manipulation der Entscheidungsfreiheit der Verbraucher (z.B. Täuschung, Irreführung, Ausüben psychologischen Kaufzwanges, Zusendung unbestellter Ware, aktives Telefonmarketing, zu wertvolle Zugaben/Preise etc.; auch geregelt in §§ 4, 5, 7)
- Individuelle Behinderung der Mitwettbewerber (z.B. Abfangen von Kunden, gezieltes Preisdumping, d.h. Verkauf unter Einstandspreis …; auch geregelt in § 4)
- Ausbeutung fremder Leistung (wird normalerweise vom Marken-, Geschmacksmuster- oder Urheberrechtsschutz geregelt, bei besonders schwerwiegenden Fällen wie z.B. dem Vertrieb illegal kopierter Musik-CDs kann aber zusätzlich das UWG herangezogen werden; auch geregelt in § 4)
- Vorsprung durch Rechtsbruch (z.B. Verstoß gegen Gesetze zum Gesundheitsschutz führt zu besonders günstigen Preisen: „Gammelfleisch"; auch geregelt in § 4) und
- Marktstörung/Marktbehinderung der Mitwettbewerber (z.B. durch massenhaftes kostenloses Verteilen von Originalwaren; auch geregelt in § 4)

Ein Verstoß gegen den § 3 UWG führt regelmäßig bei Androhung einer Vertragsstrafe zur Verpflichtung, das wettbewerbswidrige Verhalten in Zukunft zu unterlassen. In seltenen Fällen, bei denen Vorsatz oder Fahrlässigkeit und damit Verschulden festgestellt werden kann, sogar zur Forderung von Schadensersatz, wobei natürlich hier oft das Problem der konkreten Bezifferung des Schadens auftaucht.

9.2 Beispiele unlauteren Wettbewerbs laut § 4 UWG

In Anlehnung an den personellen Schutzbereich des Wettbewerbsrechtes soll hier eine Einteilung der Beispiele vorgenommen werden:
- solche, die sich mit dem Schutz der Wettbewerber untereinander beschäftigen und
- solche, bei denen es um den Schutz der Verbraucher bzw. der Allgemeinheit geht.

9.2.1 Behinderung im Wettbewerb (Schutz der Wettbewerber untereinander)

a) Nachahmungen im Wettbewerb sind unlauter, wenn mit ihnen eine vermeidbare Herkunftstäuschung verbunden ist (§ 4 Abs. 9).

Dass Werbemaßnahmen oder Produkte von Wettbewerbern nachgeahmt werden, kommt in der Praxis relativ häufig vor. „Sofern für eine Leistung kein Sonderrechtsschutz besteht, ist die Nachahmung fremder Leistung, selbst die identische, grundsätzlich zulässig." (Dirk Lehr: Wettbewerbsrecht. Müller Verlag. Heidelberg 2004. S. 93) Aus diesem Grund sollten sich Unternehmen bzw. einzelne Personen ihre geistigen Leistungen auf unterschiedliche Weise schützen lassen:
- Patent-, Gebrauchs-, Geschmacksmusterschutz,
- Markenschutz,
- Urheberrechtschutz etc.

Grundsätzlich ist im Wettbewerbsrecht nur eine so genannte „vermeidbare Täuschung der Abnehmer über die betriebliche Herkunft" (§ 4 Abs. 9.a) wettbewerbswidrig. Bei diesen Fällen kann aber auch § 5 Irreführung herangezogen werden. Was am Ende erfolgversprechender erscheint, liegt an den spezifischen Gegebenheiten des jeweiligen Falles und sollte mit dem Anwalt abgesprochen werden. Der Tatbestand der vermeidbaren Herkunftstäuschung setzt voraus, dass das nachgeahmte Produkt Gestaltungsmerkmale (z.B. Markenname, Produkt- oder Verpackungsgestaltung) aufweist, die so bekannt sind, dass ein größerer Teil der Verbraucher von diesen Merkmalen auf eine bestimmte betriebliche Herkunft oder auf besondere Eigenschaften des Produktes schließt. Eine Marke muss einem nicht unerheblichem Großteil der Verbraucher bekannt sein, damit sie über § 4 Abs. 9 UWG vor vermeidbaren Herkunftstäuschungen geschützt ist. Feste Prozentzahlen lassen sich zwar nicht aufstellen, da immer die genauen Umstände des Einzelfalls berücksichtigt werden müssen, aber in der Literatur findet sich schon die Forderung nach 60 bis 80% Bekanntheitsgrad (vgl. Dirk Lehr: Wettbewerbsrecht. Müller Verlag. Heidelberg 2004. S. 92). Beim Erreichen dieser Werte hätte eine Marke aber auch schon Verkehrsgeltung oder sogar notorische Bekanntheit im Sinne des § 4 Markengesetz erlangt und könnte daher, selbst wenn die Marke nicht ins Markenregister eingetragen wurde, Markenschutz bzw. Ausstattungsschutz verlangen (vgl. Abschnitt 9.8).

b) Das Sich-Anhängen an neue und eigenartige Werbemaßnahmen des Konkurrenten verstößt im Regelfalle gegen die guten Sitten, weil hier oft versucht wird vom Image des Wettbewerbers zu profitieren (Rufausbeutung).

Häufig versuchen Unternehmen – vor allem aggressive Newcomer – vom guten Ruf (Image) eines fremden Unternehmens, einer fremden Ware, Leistung oder Marke zu profitieren. Das fremde Unternehmen hat sich dieses gute Image bei den Verbrauchern aber in der Regel erst durch jahrelange Anstrengungen bzw. Investitionen (unter anderem in Marketing und Werbung) erworben. Das Unternehmen, das sich jetzt an das gute Image des anderen anlehnt, verhält sich in gewisser Weise wie ein Schmarotzer oder Trittbrettfahrer. Dass ein solches Wettbewerbsverhalten unlauter bzw. verboten ist, leuchtet unmittelbar ein.

Bei der Ruf-/Imageausbeutung lassen sich mit der Ausbeutung durch Täuschung und der Ausbeutung durch Anlehnung zwei Formen unterscheiden. Bei der Ausbeutung durch Täuschung versucht das rufausbeutende Unternehmen, die Verbraucher durch Verwendung bestimmter Merkmale oder Nachahmung der fremden Ware/Leistung zu täuschen, denn der „durchschnittliche" Verbraucher wird fälschlicherweise annehmen, dass die beworbenen Waren/Leistungen vom gleichen Unternehmen stammen. Dadurch ergibt sich natürlich in erheblichem Maße eine Verwechslungsgefahr, die vor allem dem „Original"-Hersteller schadet. Diese Fälle lassen sich vermutlich sehr einfach auch mit § 5 UWG (Irreführung) klären. Im Falle der Ausbeutung durch Anlehnung wird das gute Image des fremden Unternehmens, der fremden Produkte oder der fremden Marken zur Empfehlung der eigenen Ware ausgenutzt, ohne dass eine Herkunfts- oder Warenverwechslung vorliegt. Die Anlehnung kann in offener oder verdeckter Form erfolgen. Bei einer offene Anlehnung könnte die eigene Marke im Zusammenhang mit der anderen Marke genannt werden und etwa als gleichwertige Alternative angepriesen werden. Die offene Anlehnung nimmt also immer erkennbaren Bezug auf eine fremde Ware/Marke, um die Güte der eigenen Leistung durch eine Gleichstellung mit der fremden Ware/Leistung hervorzuheben. Hierin liegt der entscheidende Unterschied zu der unter bestimmten Voraussetzungen inzwischen zulässigen vergleichenden Werbung (vgl. § 6 UWG).

Während Fälle der offenen Anlehnung relativ schnell entschieden werden können, wird es bei Formen der verdeckten Anlehnung schwieriger. Hier nur ein Fall, der vom BGH letztinstanzlich als wettbewerbswidrig eingestuft wurden:

- Ein Whiskyhersteller platziert in einer Werbeanzeige die von ihm beworbene Whiskyflasche mit zwei gefüllten Gläsern vor der Kühlerpartie eines Rolls-Royce, sodass die Kühlerfigur, das Emblem „RR" und der charakteristische Kühlergrill deutlich zu erkennen sind (BGH 86, 90/95 Rolls-Royce)

c) (§ 4 Abs. 10) Der Kaufmann ist in seiner Preisgestaltung grundsätzlich frei. Er darf aber nicht Konkurrenten durch planmäßige Preisunterbietungen vom Markte verdrängen oder vernichten (Behinderung durch Vernichtungswettbewerb/„ruinöser" Preiswettbewerb).

Dieser Tatbestand wird in jedem Fall angenommen, wenn nachgewiesen werden kann, dass Produkte unter Einstandspreis, das heißt unter den Einkaufskosten angeboten werden, wobei in diesem Fall gleichzeitig ein Verstoß gegen das Gesetz gegen Wettbewerbsbeschränkungen (GWB/„Kartellgesetz") vorliegt.

9.2.2 Unlautere Beeinflussung (Schutz der Verbraucher)

a) Im Wettbewerb kann die Entscheidungsfreiheit der Verbraucher durch Ausübung von Druck oder durch unangemessenen unsachlichen Einfluss beeinträchtigt werden (§ 4 Abs. 1 UWG). Ein solches Wettbewerbsverhalten, durch das beim Verbraucher ein psychologischer Kaufzwang ausgelöst werden kann, ist unlauter und damit verboten.

Der § 4 Abs. 1 UWG versammelt wohl die größte Zahl unterschiedlicher Fallgruppen und ist in gewisser Weise eine Art „Generalnorm", vergleichbar mit § 3 UWG. Das liegt natürlich auch daran, dass es unzählige Möglichkeiten gibt, die Entscheidungsfreiheit der Verbraucher im Sinne der eigenen Produkte oder Dienstleistung beeinflussen zu wollen.

Unter den § 4 Abs. 1 fallen unter anderem als extreme Beispiele die belästigende Straßenwerbung (das Ansprechen von Verbrauchern auf der Straße und Aufforderung, das Geschäft zu besuchen), das Zusenden nicht bestellter Ware, aber auch Vertreterbesuche gegen den Willen des Kunden oder unter einem vorgetäuschten Vorwand. Das Zusenden schriftlicher Werbeunterlagen („Briefkastenwerbung") ist grundsätzlich als zulässig anzusehen, wenn nicht ein entgegenstehender Wille des Adressaten geäußert wurde (z.B. mit einem Aufkleber auf dem Briefkasten) oder Werbebriefe als Privatbriefe getarnt werden. Ein solches Verhalten würde auch den Tatbestand des § 7 UWG (Unzumutbare Belästigung) erfüllen.

Dass der Einsatz physischer oder psychischer Mittel zum Abschluss eines Geschäfts wettbewerbswidrig sein muss, dürfte klar sein, denn in diesem Fall erwirbt der Kunde die Ware nicht auf Grund freier Entscheidung, sondern wegen des auf ihn ausgeübten Drucks. Da der Sinn und Zweck von Werbung in der Beeinflussung von Verbrauchern zum Kauf bestimmter Produkte liegt, muss man bei der Verwendung des Schlagwortes „psychologischer" Kaufzwang vorsichtig sein. Die Grenze zur unlauteren Beeinflussung wird erst dann überschritten, wenn die Entscheidungsfreiheit des Kunden spürbar beeinträchtigt und er eigentlich gegen seinen Willen zum Kaufabschluss gedrängt wird.

Beim psychologische Kaufzwang ist dem Kunden zwar klar, dass der Erhalt der Vergünstigung nicht vom Kauf einer Ware abhängt, aber die Werbung oder VkF ist hier so geschickt aufgezogen, dass die Umworbenen durch die Vergünstigung in eine psychologische Zwangslage geraten, in der sie es als unanständig oder peinlich empfinden, nichts zu kaufen. Sie haben das Gefühl, sich wegen der ihnen gemachten Zuwendungen erkenntlich zeigen zu müssen und haben daher Hemmungen, nicht zu kaufen, sodass die Ware nicht wegen ihrer Güte, sondern „anstandshalber" gekauft wird (vgl. zu diesem psychologischen Phänomen die „Fuß-in-der-Tür-Technik", die im Kapitel 7 „Werbewirkungsmodelle" beschrieben wird). Im Grunde genommen arbeiten alle umsonst abgegebenen Warenproben, aber eben auch z.B. privat oder beruflich erhaltene Geschenke nach diesem psychologischen Grundmuster. Wir fühlen uns dem Geber bzw. Schenker verpflichtet. Dieses zutiefst menschliche und für soziale Beziehungen sehr wichtige Prinzip des Gebens und Nehmens nennt man Reziprozitätsregel. Sie besagt, dass wir uns beim Erhalt von Gefälligkeiten, Geschenken oder Einladungen zu einer Gegenleistung verpflichtet fühlen (vgl. Robert B. Cialdini: Die Psychologie des Überzeugens. Huber. Bern 2006. S. 44 ff.). Die Ausnutzung dieses psychologischen Prinzips durch Unternehmen ist an sich natürlich nicht verboten, denn schließlich möchte ein Hersteller z.B. durch die Abgabe von Warenproben Konsumenten kostenlos erste Produkterfahrungen ermöglichen und erhofft sich natürlich Erst- und Wiederholungskäufe davon. Erst wenn der Verbraucher durch geschickten psychologischer Druck dazu gebracht wird, Produkte nur anstandshalber zum regulären Preis zu kaufen, wird dieses Wettbewerbsverhalten unlauter.

Beispiele

für unlautere Einschränkungen der Entscheidungsfreiheit der Verbraucher:
- Gutschein in Höhe von 30 % des bestellten Warenwertes
- Einwöchige Gratisreise bei Überschreiten eines Mindestbestellwertes von 1.500,– €

Ein anderes aktuelles Beispiel zeigt, dass es auch so etwas wie kollektiven psychologischen Kaufzwang geben kann. Ein bekannter deutscher Keksshersteller warb unter der Überschrift „Sammeln für die Klassenfahrt" damit, dass auf den Produkten des Herstellers befindliche Punkte, von Schulklassen gesammelt und gegen Geld für eine Klassenfahrt eingetauscht werden können. Das Gericht befand, dass auf Schüler und Eltern ein unzulässiger Kaufzwang ausgeübt werde. Denn wenn sich eine Klasse für eine auf diese Weise subventionierte Klassenfahrt entscheide, stünden Schüler und Eltern unter psychischem Druck, Produkte dieses Herstellers zu kaufen (21.07.2005 OLG Celle Az 13 U 13/05).

Der BGH hat unter Berücksichtigung des neuen Verbraucherleitbildes (= durchschnittlich informierter, aufmerksamer, verständiger und kritisch prüfender Verbraucher) den Einsatz von Laienwerbern aus dem Bekannten- und Verwandtenkreis (Kunden werben Kunden) weitgehend freigegeben. Einschränkungen gibt es nur noch in Bereichen, in denen besondere Schutzgesetze gelten wie z.B. bei Arznei- und Heilmitteln (BGH vom 6.7.2006; Az.I ZR 145/03).

Werbegeschenke beeinflussen unsachlich, wenn ihr Wert im Verhältnis zur Ware oder Dienstleistung zu hoch ist. Denn dann macht der verständige Durchschnittsverbraucher seine Kaufentscheidung eben nicht mehr von Preis und Qualität der konkurrierenden Produkte abhängig, sondern nur noch davon, wie er an das Geschenk kommt.

In bestimmten Bereichen, zum Beispiel in der Verlagsbranche, haben sich inzwischen bestimmte Handelsbräuche in Bezug auf Werbegeschenke etabliert. So überschreiten solche Abonnementzugaben dann die Grenzen, wenn sie die Hälfte des Wertes des Abonnements übersteigen. Diese 50 % des Wertes des Hauptproduktes sind auch in vielen anderen Branchen die Obergrenze, die bisher von Richtern akzeptiert wurden. Diese Handelsbräuche dienen den Gerichten normalerweise als Richtschnur für ihre Entscheidung, sind aber nicht bindend.

Warenproben dürfen nur in dem Umfange gewählt werden, der zur sachgemäßen Erprobung der Ware erforderlich ist.

Auch so genannte Kopplungsangebote, bei denen mehrere Waren oder Leistungen zu einem Gesamtpreis angeboten werden, können im Sinne des § 4 Abs. 1 UWG unlauteren Wettbewerb darstellen. Eine Sonderform der Kopplungsgeschäfte stellt das Anbieten von Nebenwaren dar, die einen besonderen Anreiz zum Kauf der Hauptware bieten sollen. Diese Vorspannangebote dürfen nicht vom Erwerb der Hauptware abhängig gemacht werden, da dieses Wettbewerbsverhalten ansonsten wettbewerbswidrig ist.

Warenproben sind nicht an den Kauf der Ware gebunden und sollen den Verbrauchern die Möglichkeit geben, erste Produkterfahrungen zu sammeln. Gerade bei Neuprodukteinführungen gelten Probekäufe bzw. Probiermöglichkeiten als eines der wichtigsten Ziele, um im Markt bestehen zu können. Im Übrigen sind Probiermöglichkeiten keineswegs auf Konsumgüter des täglichen Bedarfs beschränkt, sondern spielen auch bei Dienstleistungen (z.B. Probebesuch im Sonnen- oder Fitnessstudio) oder Gebrauchsgütern (Probefahrt bei einem Pkw) eine wichtige Rolle.

Wettbewerbsrechtlich spielt vor allem die Probemenge, die Probestreuung und die Probedauer eine Rolle. Die Probemenge darf nur für mehrmaliges Probieren ausreichen, da ansonsten die Gefahr besteht, dass der Bedarf der Verbraucher an dieser Produktkategorie über einen längeren Zeitraum gedeckt ist und keine Neukäufe getätigt werden. Weil die Verbraucher durch die zu große Probemenge in der nächsten Zeit keine Neukäufe tätigen müssen, ergibt sich ebenfalls eine wettbewerbswidrige Marktverstopfung, da dadurch die Mitbewerber gezielt am Verkauf ihrer Produkte behindert werden (§ 4 Abs. 10).

Das gleiche Problem kann leichter auftreten, wenn die Proben an eine breite Masse gestreut werden, eine Abgabe an Einzelpersonen, wie z.B. in Parfümerien üblich, ist dagegen meistens unproblematisch. Bei längerfristigen Probieraktionen empfiehlt es sich, (kleinere) Sonderpackungen zu verwenden oder sich geringere Mengen sogar bezahlen zu lassen (häufig bei Drogerieartikeln üblich).

Bei den Kopplungsgeschäften lassen sich offene und verdeckte Kopplungen unterscheiden. Während bei verdeckter Kopplung die Waren ohne Nennung von Einzelpreisen nur zusammen zu einem Gesamtpreis angeboten werden, kommt es bei offener Kopplung zur Nennung der Einzelpreise. Grundsätzlich sind Kopplungsgeschäfte erlaubt. Da aber die Verbraucher bei verdeckten Kopplungsgeschäften die Preise nicht mehr wirklich vergleichen können, wird diese Form häufig von den Gerichten als wettbewerbswidrig eingestuft. Dabei kommt es auf die Umstände des Einzelfalls an. Unlauter wird die Kopplung vor allem dann, wenn branchenverschiedene Waren oder Leistungen von unterschiedlicher Art und Beschaffenheit gekoppelt zu einem Gesamtpreis angeboten werden und es ohne Kenntnis der Einzelpreise dem Publikum nicht möglich ist, den Wert der zusammen angebotenen Waren oder Leistungen zu schätzen. In solchen Fällen kann der ausgewiesene Gesamtpreis den „durchschnittlichen" Verbraucher dazu verleiten, das „Kombi"-Angebot für sehr preisgünstig zu halten.

Beispiele (wettbewerbswidrig)

Hier hat der Bundesgerichtshof letztinstanzlich eine Wettbewerbswidrigkeit angenommen:
- das Angebot von Urlaubsreisen und Skiausrüstung zu einem Gesamtpreis
- das Angebot eines Möbeleinzelhändlers beim Kauf bestimmter Artikel und einem Mindestbestellwert von 3.500 DM eine einwöchige Gratis-Traumreise an die türkische Riviera zu erhalten (NJW-RR 2002, 835).

Nur wenn der Verbraucher die Einzelpreise ohne weiteres in Erfahrung bringen kann, können Kopplungsangebote verschiedener Waren zulässig sein. Außerdem sollte ein Gebrauchszusammenhang (Gebrauchsnähe) zwischen den aneinandergekoppelten Waren vorhanden sein. So dürfte der Verkauf eines Päckchen Tees mit einer Tasse oder einer Zahnpasta mit einer Zahnbürste rechtlich unbedenklich sein.

Die beiden letzten Beispiele könnten auch als Vorspannangebote dienen. Bei Vorspannangeboten handelt sich um Lockangebote, bei denen versucht wird, den Verkauf des Hauptproduktes durch die Zugabe einer Nebenware (= Vorspannware) zu fördern, die dem Kunden als sehr preisgünstig erscheint. Nach dem Wegfall der Zugabeverordnung bestand vielerorts das Missverständnis, dass Zugaben jetzt beliebig möglich seien. Das ist aber nur dann gegeben, wenn sie nicht die Entscheidungsfreiheit der Verbraucher beeinträchtigen.

Das ist besonders häufig bei branchenfremden Vorspannangeboten der Fall, bei denen kein direkter Zusammenhang zum Hauptprodukt (fehlende „Gebrauchsnähe") zu erkennen ist.

Übertriebenes Anlocken: Dass Werbung Käufer anlocken will, ist natürlich nicht wettbewerbswidrig – wohl aber das Übertreiben.

Wenn ein Anbieter auf Verbraucher durch das Ausloben unverhältnismäßig großer Vorteile eine so starke Anziehungskraft erzeugt, dass die Umworbenen sich noch nicht einmal mit konkurrierenden Angeboten beschäftigen, kann es sich um wettbewerbswidriges Verhalten handeln

So sind z.B. Ausflugsfahrten in Verbindung mit Verkaufsveranstaltungen – man kennt sie unter der Bezeichnung Verkaufs-("Kaffee"-)Fahrten – nur dann zulässig, wenn sie keinen übertriebenen Anlockeffekt haben und auf die Kunden kein psychologischer Kaufdruck ausgeübt wird. Auch darf kein zu niedriger Preis verlangt werden und der Verkaufscharakter der Fahrt muss in der Ankündigung deutlich herausgestellt werden. Außerdem darf niemand zur Teilnahme an der Verkaufsveranstaltung gezwungen werden.

Beispiel

Letztinstanzlich vom BGH als übertriebenes Anlocken wurden entschieden:
- Ankündigung eines „Mittsommer-Festes" durch einen Möbelmarkt mit dem Hinweis, dass es erst einmal umsonst ein „unmögliches Frühstück" gibt (BGH GR 83,163)

Aber auch hier zeigen neuere Entscheidungen, dass das veränderte Verbraucherbild eine weitere Liberalisierung erwarten lässt. In einer BGH-Entscheidung vom 22.9.2005 (Az I ZR 28/03 WRP 2006, S. 69) wurde eine Klage abgewiesen, in der ein Unternehmen gegen eine Aktion eines Konkurrenten geklagt hatte, in der dieser durch wettbewerbswidriges übertriebenes Anlocken Zeitschriften an Jugendliche verkauft habe. Zum Fall:

Eine an weibliche Teenager gerichtete Zeitschrift erschien im August 2001 zum Preis von 4,50 DM mit einer auf der Titelseite befestigten Sonnenbrille. Der Kläger behauptet, dass eine solche Sonnebrille ca. 30 DM wert sei und dass viel Käuferinnen die Zeitschrift nur wegen der Sonnenbrille gekauft hätten. Der BGH sah beim Preis von 4,50 DM keinen übertriebenen Anlockeffekt, da sich der Preis im Rahmen des üblichen Taschengeldes bewege, die Kopplung der beiden Waren aneinander wurde ebenfalls nicht beanstandet und die geschäftliche Unerfahrenheit der Jugendlichen werde nicht ausgenutzt (§ 4 Abs. 2 UWG). An diesem Beispiel kann man darüber hinaus die Dauer wettbewerbsrechtlicher Verfahren bis zu einer dann letztinstanzlichen Klärung sehen, wozu in diesem Fall vier Jahre benötigt wurden.

Gefühlsbetonte Werbung: Appelle an Gefühle der Zielgruppe wie Hilfsbereitschaft, Mildtätigkeit, Nächstenliebe, soziale Verantwortung, Spendenfreudigkeit, Trauer, Empörung, Tierschutz oder Umweltbewusstsein sind immer dann wettbewerbswidrig, wenn sie als unsachliche Beeinflussung der Verbraucher gedacht sind und insofern die freie Entscheidung der Verbraucher beeinträchtigen.

Allerdings scheint sich auch hier nach der Reform des UWG und einiger BGH-Entscheidungen eine deutliche Liberalisierung abzuzeichnen. Bisher kam es sehr darauf an, dass ein sachlicher Zusammenhang zwischen der werblichen Aussage und der angebotenen Ware oder Leistung besteht. So wurde z.B. 1994 einem Optiker untersagt, unter Abbildung eines Papageis darauf zu verweisen, dass er die „Aktionsgemeinschaft Artenschutz" unterstütze. Das OLG Stuttgart sah darin einen unzulässigen Appell an die Gefühle der Verbraucher, zumal kein sachlicher Zusammenhang zwischen dem Geschäft eines Optikers und dem Artenschutz bestehe. Diese Entscheidung wurde elf Jahre später vom BGH aufgehoben, der zwar auch den fehlenden sachlichen Zusammenhang feststellte, aber die Werbung schränke nicht die freie Entscheidung des Verbrauchers ein. Gefühlsbetonte Werbung z.B. durch Appelle an die soziale Verantwortung, die Hilfsbereitschaft, das Mitleid oder das Umweltbewusstsein sei auch dann zulässig, wenn es keinen sachlichen Zusammenhang zum beworbenen Angebot gebe. Die Schwelle zur Unlauterkeit werde erst dann überschritten, wenn eine Maßnahme geeignet sei, unangemessenen, unsachlichen Einfluss auszuüben und dies in einem solchen Maß, dass sie geeignet sei, die freie Entscheidung zu beeinträchtigen (BGH vom 20.9.2005; Az. I ZR 55/02 WRP 2006, S. 67).

In diesem Sinne hob der BGH auch die Urteile unterer Instanzen gegen den Bierproduzenten Krombacher auf, der 2003 in seiner Werbung versprach, für jeden gekauften Kasten Krombacher einen Quadratmeter Regenwald zu schützen (BGH 26.10.2006 Az I ZR 97/04).

Ein besonderes Feld der gefühlsbetonten Werbung sind Fälle so genannter Schockwerbung wie sie in den letzten Jahre vor allem von italienischen Bekleidungsherstellern wie Benetton und Sisley praktiziert wurden. Diese Fälle führen häufig neben wettbewerbsrechtlichen Verfahren zu Rügen durch den deutschen Werberat – dem wichtigsten Selbstkontrollorgan der deutschen Werbewirtschaft (vgl. Abschnitt 9.11).

> **Beispiel**
>
> Im Falle Benetton kam es sogar zu zivilrechtlichen Prozessen, bei denen letztendlich der BGH entscheiden mussten, ob Benetton gegenüber seinen Franchise-Nehmern zu Schadenersatz verpflichtet war, da diese auf Grund der Werbung des Franchisegebers deutlich Umsatzeinbußen hinnehmen mussten (Benetton gewann den Prozess, BGH, NJW 1997, 3304). Wettbewerbsrechtlich wurden einige der Motive (Abbildung eines menschlichen Gesäßes mit Stempel HIV positiv; BGH NJW 1995, 2493, ölverschmierter Seevogel; BGH NJW 1995, 2491, sterbender, aufgebahrter Aids-Kranker, blutverschmierte Militäruniform) zunächst als sittenwidrig eingestuft, später wurden diese Urteile aber durch das Bundesverfassungsgericht wieder aufgehoben, da es die Presse- und Meinungsfreiheit nach Artikel 5 Grundgesetz höher einschätzte als den Schutz der Allgemeinheit vor dieser Art von Schockwerbung (BverfG NJW 2001, S. 591 ff.).

Die Werbung durch Hervorrufen oder Ausnützen von Angstgefühlen ist unzulässig.
Allerdings ist es grundsätzlich zulässig, auf eine künftige Preissteigerung oder Rohstoffverknappung wahrheitsgemäß hinzuweisen, denn dann handelt es sich um eine sachliche Information, die dem Interesse des Kunden dient. Unlauterer Wettbewerb kann vorliegen, wenn durch die Art der Schilderung beim Kunden besondere Angstgefühle hervorgerufen oder bereits bestehende verstärkt werden, die dann wieder die Entscheidungsfreiheit des Verbrauchers einschränken können ...

> **Beispiele:**
>
> Ein unzulässiges Schüren der Angst von Verbrauchern liegt in folgenden Fällen vor:
> - Werbeaufforderung eines Möbelhaus: „Kaufen Sie bei uns erstklassige Möbel zum niedrigen Lagerpreis, bevor die Industrie die Preise heraufsetzt. Jetzt kaufen, solange es noch billig ist!"
> - Kapitalangebote mit dem Hinweis auf Geldverluste infolge Inflation.
>
> Zugelassen wurde dagegen die Werbung mit der Angabe:
> - „Erkältung und grippale Infekte überrollen Berlin – xx sofort besorgen!" für einen als altes Hausmittel geltenden Kräutersirup, weil diese Werbung nicht geeignet sei, ernsthafte Angstgefühle zu erzeugen (BGH GR 86, 902).

b) Ausnutzung geschäftlicher Unerfahrenheit (§ 4 Abs. 2)

Hier geht es vor allem um den Schutz von Kindern und Jugendlichen, aber auch um das Ausnutzen einer Zwangslage. Zu diesem Bereich gibt es bisher wenige Urteile, die vorhandenen bestärken allerdings den Eindruck, dass die Gerichte auch hier das liberale Verbraucherleitbild des EUGH zu Grunde legen, auch wenn hier natürlich ein höherer Schutz angestrebt wird.

> **Beispiele:**
>
> - Unzulässig: Eine Zeitschriftenanzeige für den Download von Klingeltönen, bei der nur der Minutenpreis, nicht aber die Dauer des Downloads angegeben war.
> - Zulässig: Eine Sammelaktion eines Schokoladenherstellers, bei der nach dem Kauf von 25 Schokoriegeln und dem Sammeln von Verpackungsteilen ein 5-Euro-Gutschein eines Internet-Buchhändlers ausgelobt wurde.

Diese Aktionen zielten eindeutig auf Kinder und Jugendliche. Bei den Sammelaktionen scheint es besonders wichtig zu sein, dass der geldmäßige

Wert der Prämien nicht zu hoch ist, damit diese Aktionen zulässig sind. Insofern kann man hier deutliche Parallelen zu den Fällen des psychologischen Kaufzwangs oder des übertriebenen Anlockens nach § 4 Abs. 1 UWG feststellen. Allerdings wird man hier auch in Zukunft jeden Einzelfall sehr genau prüfen müssen, da das Interesse an einem effizienten Schutz von Kindern und Jugendlichen vor unzulässigen Marketingpraktiken besonders groß ist.

c) Verschleierung des Werbecharakters von Werbemaßnahmen (§ 4 Abs. 3)

Schleichwerbung (redaktionelle Werbung): Es ist wettbewerbswidrig, eine Werbemaßnahme so zu tarnen, dass sie als solche vom „durchschnittlichen" Verbraucher nicht erkennbar ist.

Besonders häufig tritt dieses Phänomen im Fernsehen auf (sog. Product Placement), lässt sich in letzter Zeit aber auch verstärkt in Print-Publikationen – vor allem in Frauentiteln – beobachten, wo einige Verlage vor dem Hintergrund sinkender Werbeeinnahmen anscheinend bereit sind, über „Sonderwerbeformen" zu verhandeln, bei denen die Trennung zwischen redaktionellem und Anzeigenteil nicht mehr eindeutig ist.

Die Trennung von Werbung und redaktionellem Text beruht sowohl auf gesetzlichen Regelungen wie dem Rundfunkstaatsvertrag oder den Landespressegesetzen als auch auf freiwilligen Regelungen, die Zeitungsverleger, Journalisten und Werbungtreibende aufgestellt haben.

Um ihre Informationsaufgabe zu erfüllen, müssen Medien auch über bestimmte Unternehmen und ihre Erzeugnisse im redaktionellen Teil berichten. Eine solche unentgeltliche Berichterstattung verletzt so lange nicht das Gebot der Trennung von redaktionellem Teil und Werbung, wie die sachliche Unterrichtung der Adressaten im Vordergrund steht und die unvermeidlich damit verbundene Werbewirkung nur als eine in Kauf zu nehmende Nebenfolge erscheint. Von Schleichwerbung spricht man erst dann, wenn die Produkte eines einzelnen Herstellers in einem redaktionellen Beitrag einseitig über das durch eine sachliche Information bedingte Maß werblich herausgestellt werden. Die Wettbewerbswidrigkeit liegt dann darin begründet, dass der „durchschnittliche" Verbraucher einem redaktionell gestalteten Beitrag in der Regel eine größere Glaubwürdigkeit beimisst als den Angaben des Werbenden in seiner Werbung. Genau deshalb betreiben die Unternehmen aktive Öffentlichkeitsarbeit / Public Relations. Wo dabei die sachliche Information aufhört und die (Schleich-)Werbung beginnt, lässt sich nur auf Grund einer Gesamtbetrachtung von Anlass und Inhalt des einzelnen Berichts feststellen.

Beispiel:

So berichtete das Nachrichtenmagazin „Focus" in einer Titelstory über die „die besten Ärzte Deutschlands", wobei diese in einer Rangliste namentlich genannt wurden, ohne dass sachliche und überprüfbare Beurteilungskriterien offengelegt wurden. Bei einer solchen Berichterstattung handelt es sich um getarnte Werbung, die als sittenwidrige Förderung fremden Wettbewerbs gegen § 1 UWG verstößt (BGH GR 97,912); ebenso für „die 500 besten Anwälte" (BGH GR 97, 914).

Unter Product Placement wird der gezielte Einbau von Markenwaren in Fernsehsendungen oder Filmen als Requisiten zur Verbesserung des Produktimages verstanden. Bei Kinofilmen ist das rechtlich unproblematisch, auch wenn es schon Fälle gegeben hat, bei denen der spätere TV-Einsatz problematisch war („Fire and Ice" von Willy Bogner, BGH WRP 1995, 923; BGK, GRUR 1995, 774). Bei Fernsehsendungen und Fernsehfilmen gilt aber das im Rundfunkstaatsvertrag verankerte Trennungsgebot zwischen Film und Werbung – im Übrigen ebenfalls der Grund für die Trailer zwischen Film und Werbeblöcken. Das heißt allzu offenkundige Verstöße werden von den zuständigen Landesmedienanstalten verfolgt und mit Bußgeldern bestraft.

Beispiel:

„Marienhof": 2004 sorgte gezieltes und im großen Stil betriebenes Product Placement in der ARD-Vorabend-Serie „Marienhof" über Monate für Schlagzeilen. Die öffentlich-rechtliche Produktionsfirma Bavaria hatte jahrelang Produkte, Dienstleistungen, aber auch Themen gegen Bezahlung in der Sendung platziert. Da wurden gezielt Produkte in Szene gesetzt, Reisebüros im Original-Design gezeigt und sogar komplette Dialoge im Sinne der Auftraggeber gestaltet.

Allerdings könnte sich in näherer Zukunft eine Liberalisierung ergeben, da momentan an einer neuen EU-Fernsehrichtlinie gearbeitet wird, die Product Placement auch im Fernsehen legalisieren möchte, es den Mitgliedsstaaten aber freistellt, wie weit das gehen soll. Dass das Themenplacement, d.h. die bewusste Gestaltung von Szenen und Dialogen, um Themen unbewusst in den Köpfen zu verankern, auf jeden Fall verboten werden soll, ist geplant und wird hoffentlich auch umgesetzt.

d) Verkaufsförderungsmaßnahmen wie Preisnachlässe, Zugaben oder Geschenke (§ 4 Abs. 4). Weiterhin Gewinnspiele und Preisausschreiben (§ 4 Abs. 5 und 6.)

Bei Verkaufsförderungsmaßnahmen muss den Verbrauchern klar und eindeutig angegeben werden, wie sie an die ausgelobten Preisnachlässe, Zugaben oder Geschenke kommen. Das Gleiche gilt für die Teilnahmebedingungen an Gewinnspielen und Preisausschreiben. Außerdem darf diese auf keinen Fall mit dem Warenabsatz gekoppelt werden. Diese Kopplung kann schon mittelbar beispielsweise durch eine erforderliche Kontaktaufnahme zum Verkaufspersonal geschehen.

Wenn ein Unternehmen zur Bekanntmachung oder Aufmerksamkeitssteigerung von Produkten, Preisausschreiben, Preisrätsel und Gratisverlosungen oder Gewinnspiele einsetzen möchte, ist dies grundsätzlich möglich, das heißt auch werbetreibende Unternehmen dürfen die Spielleidenschaft der Verbraucher für ihre Zwecke nutzen. Ein wettbewerbsrechtliches Problem ergibt sich bei derartigen Gewinnspielen jedoch dann, wenn über die tatsächliche Gewinnchance irregeführt wird, wenn in übertriebenem Maße die angesprochenen Verkehrskreise angelockt werden oder wenn psychologischer Kaufzwang ausgeübt wird. Denn in diesen Fällen wird angenommen, dass der Verbraucher in seiner Kaufentscheidung unlauter beeinflusst wird, das heißt er erwirbt das Produkt nicht mehr wegen seines Interesses am Produkt, sondern vor allem wegen der Gewinnchance.

Zur klaren und eindeutigen Angabe der Teilnahmebedingungen gehören in jedem Fall Angaben, wer von der Teilnahme ausgeschlossen ist, auf welche Weise die Teilnahmekarten erhältlich sind, wann Einsendeschluss ist, was es zu gewinnen gibt und dass über die Gewinne das Los entscheidet. Weitere Angaben wie die Modalitäten der Gewinnübergabe sind in einzelnen Fällen z.B. bei der Verlosung einer Reise ebenfalls nötig. Es muss aber auf jeden Fall vermieden werden, die Teilnahme am Gewinnspiel an den Warenbezug oder eine sonstige Leistungen zu koppeln. Denn eine derartige Kopplung kann sogar als strafrechtlich verbotene Lotterie und Ausspielung angesehen werden, auf der anderen Seite ist sie in jedem Fall wettbewerbsrechtlich unzulässig. Dabei kommt es natürlich nicht zuletzt auch auf die Handelsbräuche in der einschlägigen Branche an. Je mehr Wettbewerber ähnliche Gewinnspiele veranstalten, desto eher werden diese zulässig sein.

Wettbewerbswidrigkeit kann vor allem in folgenden Fällen vorliegen:
- Täuschungen des Kunden
- Kopplung mit dem Absatz
- Psychologischer Kaufzwang

Als Täuschung des Kunden kommt eine Täuschung über die Gewinnchancen oder -höhe in Betracht. Eine unzulässige Kopplung mit dem Absatz liegt neben den Fällen der Lotterie oder Ausspielung, bei denen zu Beginn des Spiels ein Einsatz zu leisten ist, auch dann vor, wenn ein Warenbezug zu günstigeren Bedingungen bei der Gewinnabgabe führt (z.B. kein Porto, schnellere Gewinnübersendung) oder wenn bei Bezug der Ware Hilfestellungen im Hinblick auf den Lösungsweg gegeben werden. Muss der Gewinner seinen Gewinn in einem Geschäft abholen oder nach Lösungshinweisen in einem Geschäft suchen, liegt ein psychologischer Kaufzwang vor, da der Gewinner sich für diesen Fall verpflichtet fühlen könnte, zumindest eine Kleinigkeit zu kaufen.

Gewinnspiele sollten daher auch ohne Absatzkopplung eher „unspektakulär" gehalten werden. Die Teilnahmebedingungen sollten klar und unmissverständlich zum Ausdruck kommen, wobei in keinem Fall die Leistung eines Einsatzes gefordert werden darf. Weiterhin sollte den Teilnehmern die Teilnahme von Beginn an bis hin zum Bezug des Gewinns möglichst einfach gemacht und der Warenbezug nicht mit dem Spiel verknüpft werden. Hier kann schon ein Hinweis in der Werbung oder auf der Verpackung genügen, der darauf verweist, dass die Verbraucher auch im Internet oder telefonisch am Gewinnspiel teilnehmen können.

9.2.3 Sonderfälle

a) Vorsprung durch Rechtsbruch (Schutz der Allgemeinheit)

Verstöße gegen gesetzliche Normen zum Schutze der Allgemeinheit, die sich im Wettbewerb auswirken, sind unzulässig. Dies gilt auch bei bewussten Verstößen gegen Ordnungsvorschriften, die zum Nachteil des Konkurrenten gereichen.

Beispiele:

Unzulässig sind:
- Werbung für gestohlene, unterschlagene oder gehehlte Ware,
- Werbung für jugendgefährdende oder pornographische Texte/Schriften/Abbildungen
- Verstöße gegen das Heilmittelwerbegesetz, welches zum Schutze kranker Menschen Arzneimittelwerbung verbietet, einschränkt oder Pflichtangaben vorschreibt,
- Verstöße gegen diverse Vorschriften des Lebensmittelrechts

- Verstöße gegen Bezeichnungsvorschriften, z.B. Inverkehrbringen von Kosmetika ohne Angabe bestimmter Stoffe auf den Behältnissen unter Verstoß gegen die Kosmetik-VO oder Werbung für Schlankmacher, die gegen die Verordnung über Nährwertangaben in Lebensmitteln verstößt.

In § 4 Abs. 10 UWG geht es um den Schutz vor gezielter Behinderung durch den Wettbewerber, die auch darin bestehen kann, dass sich die Konkurrenz über gesetzliche Vorschriften hinwegsetzt (§ 4 Abs. 11). Das können vor allem gezielte Verstöße gegen das Ladenschlussgesetz oder die Preisangabenverordnung sein, wobei letzteres häufig auch gleichzeitig eine nach § 5 UWG verbotene Irreführung der Verbraucher darstellt.

Viele Maßnahmen, die zum immer populärer werdenden Bereich des Guerilla-Marketings gehören (näheres dazu im Kapitel 1 / Band „Marketing und Marktforschung"), verstoßen auch gegen § 4 Abs. 11 UWG. Dies nutzt dem Kläger aber in der Regel nicht viel, da das beklagte Unternehmen auf Grund der Einmaligkeit dieser Aktionen die in einer Abmahnung geforderte strafbewehrte Unterlassungserklärung unterschreibt und die zu zahlenden Abmahnkosten klaglos akzeptiert, zumal diese im Vergleich zur Aufmerksamkeitswirkung der Aktion meistens relativ niedrig sind.

b) Geschmacklose Werbung (Schutze der Allgemeinheit)
- Nicht jede geschmack- oder taktlose Werbung ist wettbewerbswidrig, denn § 3 UWG ermöglicht keine Geschmackszensur. Für die moderne Werbung ist kennzeichnend, dass sie durch drastische Schlagworte, frivole Texte oder sexbetonte Bilder die Aufmerksamkeit des Publikums zu erwecken sucht. Daran ist das Publikum heute gewöhnt und empfindet ein solches Werben nicht als grobe Belästigung. Auch Werbung mit sexuellen Anspielungen ist nicht automatisch sittenwidrig. Erst wenn eine Werbung das sittliche Empfinden des Durchschnittsbürgers und der Allgemeinheit

verletzt, insbesondere in groben Maße gegen Pietät und Takt verstößt und dadurch ärgerniserregend und belästigend wirkt, ist sie sittenwidrig. Dies wurde beispielsweise bei Likörfläschchen mit der Bezeichnung „Busengrapscher" oder „Schlüpferstürmer" gesehen, weil dadurch der diskriminierende und die Menschenwürde verletzende Eindruck sexueller Verfügbarkeit der Frau als mögliche Folge des Genusses des angepriesenen alkoholischen Getränks vermittelt werde (BGH GR 95, 592/594). Meistens kommt es in diesen Fällen aber zunächst zu einem Verfahren vor dem deutschen Werberat (vgl. Abschnitt 9.11), was häufig zur Einstellung der Kampagne führt.

c) Gesundheitsbezogene Werbung (Schutz der Verbraucher und der Allgemeinheit)

Die Erhaltung oder die Wiederherstellung der Gesundheit ist für die meisten Menschen von besonderer Bedeutung.

Aus diesem Grund vertrauen viele den Empfehlungen kompetenter Ratgeber (z.B. Ärzte, Apotheker, aber auch Medienberichte) fast blind. Wegen dieses Sachverhaltes und der besonderen Schutzwürdigkeit der menschlichen Gesundheit gelten für die Werbung in diesem Bereich besonders strenge Regeln. Beispiele bieten auch hier mehrere BGH-Urteile (BGH 47, 257 „gesunder Genuss", BGH GR 73, 429 „Idee Kaffee 1", BGH GR 75, 664 „Idee Kaffee III", BGH GR 93,756 „Mild-Abkommen".)

Ab Sommer 2007 gilt darüber hinaus europaweit die Health-Claims-Verordnung (1924/2006), in der unter anderem geregelt ist, was gesundheitsbezogene Werbung darf und was nicht. Als zentraler Aspekt für Werbung und Marketing gilt, dass Werbung, die gesundheitsfördernde Aspekte von Produkten oder Dienstleistungen auslobt, diese wissenschaftlich nachweisen muss. Das heißt wenn beispielsweise ein Hersteller von Margarine auf die cholesterinsenkende Wirkung dieser Margarine hinweisen möchte, muss er diese Wirkung auch wissenschaftlich nachweisen können.

Im Heilwesen gilt das Gesetz über die Werbung auf dem Gebiet des Heilwesens vom 19.10.1994 (HMWG). In diesem Gesetz wird die Möglichkeit zu werben stark eingeschränkt, indem für Arznei- und sonstige Heilmittel detailliert geregelt wird, welche Werbung zulässig ist, welche Angaben die Werbung enthalten muss und welche Werbung an welchen Adressatenkreis (z.B. Fachkreise) gerichtet werden darf.

Allgemein gilt für jede Art von Gesundheitswerbung, dass die Werbeangaben gesicherten wissenschaftlichen Erkenntnissen entsprechen müssen und keine Begriffe verwendet werden dürfen, die unklare Vorstellungen über ihren Inhalt hervorrufen und dadurch geeignet sind, das Publikum zu verunsichern oder irrezuführen.

9.2.4 (Übungs-)Fälle zum § 4 UWG
(Lösungen in 9.12)

Geben Sie jeweils an, ob die folgenden Maßnahmen nach § 4 UWG zulässig oder verboten sind.

1. Durchführung von so genannten Werbefahrten zu sehr verbilligten Preisen, mit der Möglichkeit an einer Verkaufsveranstaltung teilzunehmen.
2. Ein Zeitschriftenverlag lobte als Werbegeschenk für das Werben eines neuen Abonnenten unter anderem einen Reisetrolly aus, dessen Wert den Preis eines Jahresabonnement deutlich übersteigt (keine Zuzahlung).
3. McDonald's wirbt damit, dass am McHappy-Tag von jedem verkauften Big Mac eine Spende an das Deutsche Kinderhilfswerk abgezweigt werden soll.
4. Verkauf von branchenfremder Ware zu sehr günstigen Preisen durch Kaffeeröstereien
5. Werbung eines Kaffeerösters: „Kaufen Sie jetzt, bevor der Kaffeepreis am Weltmarkt steigt!"
6. In einer Werbeanzeige für die Whisky-Marke „Jim Beam" werden drei Männer gezeigt, die auf der Kühlerpartie eine Rolls-Royce sitzen und Karten spielen. Im Vordergrund sieht

man eine Whisky-Flasche mit zwei gefüllten Gläsern.
7. Eine Fernsehzeitschrift veranstaltete in Zusammenarbeit mit Jägermeister ein Preisrätsel, in dem als Hauptpreis ein Ferrari zu gewinnen war. Dieser Ferrari gehörte der Firma Jägermeister. In Werbeanzeigen wurde der Ferrari abgebildet, allerdings befand sich auf dem Kühler nicht das Ferrari-Zeichen sondern das Jägermeister-Emblem. Das Unternehmen Ferrari klagte gegen diese Aktion.
8. Ein Computerhersteller wirbt mit der Bezeichnung „IBM-kompatibel"
9. Anzeigentext: „Auf Grund der enormen Nachfrage und der damit verbundenen Lieferschwierigkeiten empfiehlt sich Ihr baldiger Besuch bei ..."
10. Das Kaufhaus xy wirbt damit, dass jeder 1. Sonntag im Monat verkaufsoffen sei.
11. Die zweitgrößte Optikerkette Deutschlands führte bundesweit in seinen 240 Filialen von November bis Dezember mittwochs bis freitags zwischen 13 und 15 Uhr eine „Happy Hour" ein: Kunden konnten die Brillenfassungen der Eigenmarke um 25 % billiger kaufen. Die Zentrale zur Bekämpfung des unlauteren Wettbewerbs klagte.
12. Ein Kosmetikhersteller hatte in verschiedenen Zeitschriften und Werbeanzeigen mit einer kostenlosen Haartönung beim Friseur geworben. Dagegen klagte ein Mitbewerber.
13. Werbung mit Hinweis „Sonderaktion: Sicherheits-Check: Wir überprüfen kostenlos die Bremsen, die Reifen, die Stoßdämpfer ... Ihres Pkws!"
14. Werbung eines Bekleidungsunternehmens für ein Produkt: Die Bedingungen gelten „nur heute".
15. Ein französischer Kosmetikhersteller vertreibt in Deutschland ein recht erfolgreiches Parfum unter dem Markennamen „Opium". Ein Parfum-Discounter vertreibt unter dem Namen „Optimum" in einer ähnlichen Verpackung ein günstiges Parfum. Der französische Kosmetikhersteller klagte dagegen.
16. Ein Elektronikhändler wirbt damit, dass er die UNICEF-Aktion „Bringt Kinder durch den Winter" unterstützt und deswegen für jeden eingehenden Auftrag einen festen Betrag an die Hilfsorganisation überweise.
17. Ein Möbelhaus wirbt für ein Gewinnspiel mit folgendem Text: „Urlaubsgewinnspiel. Gewinnen Sie einen Traumurlaub für zwei Personen – zwei Wochen in die Karibik oder 100 Warengutscheine à 100 EUR, zwanzig Warengutscheine à 50 EUR, 10 Warengutscheine à 100 EUR". Und weiter hieß es: „Gewinnspielkarten erhalten Sie vor dem Möbelzentrum oder fordern Sie diese unter Nr. ... an. Mitarbeiter des Möbelzentrums sind von der Teilnahme ausgeschlossen. Einsendeschluss: 24.8.2004. Es entscheidet das Los."
18. In einem Werbe-Comic, der sich an Kinder im Grundschulalter richtet, werden diese aufgefordert, bei einer gebührenpflichtigen Hotline anzurufen.
19. Eine marktmächtige Supermarktkette verkauft dauerhaft Lebensmittel unter Einstandspreis.
20. Redaktioneller Artikel über ein ortsansässiges Unternehmen in einer regionalen Tageszeitung aus Anlass des zehnjährigen Bestehens dieses Unternehmens.
21. In einer Fernsehserie, die in einem Krankenhaus spielt, wurden gegen Bezahlung durch Pharmakonzerne Dialoge in die Drehbücher geschrieben, in denen es um bestimmte Krankheitsbilder, ihre Symptome und um namentlich genannte Medikamente zu ihrer Behandlung ging.
22. Durchführung von Verkaufsveranstaltungen in Übergangswohnheimen von Aussiedlern.
23. Kunden, die im Begriff sind, das Geschäft eines Mitbewerbers aufzusuchen, werden gezielt angesprochen.

9.3 Irreführende geschäftliche Handlung laut § 5 UWG

9.3.1 Rechtslage

§ 5 UWG enthält ein Irreführungsverbot für Werbung (Absatz 1), das selbst eine Art Generalklausel darstellt und auf § 3 UWG verweist. Bei der

Beurteilung, ob Werbung irreführt wird im Absatz 2 eine Aufzählung über im Einzelfall vom Gericht zu prüfende Bestandteile aufgeführt. Dabei sollen besonders folgende Angaben berücksichtigt werden:

- § 5 Abs. 2 Satz 1. Merkmale der Waren und Dienstleistungen
  - Verfügbarkeit
  - Art
  - Ausführung
  - Zusammensetzung
  - Verfahren und Zeitpunkt der Herstellung oder Erbringung
  - die Zwecktauglichkeit
  - Verwendungsmöglichkeit
  - Menge
  - Beschaffenheit
  - geographische oder betriebliche Herkunft
  - die von der Verwendung zu erwartenden Ergebnisse
  - Ergebnisse und wesentlichen Bestandteile von Tests der Waren oder Dienstleistungen
- § 5 Abs. 2 Satz 2.
  - Anlass des Verkaufs
  - Preis
  - Art und Weise der Preisberechnung
  - Lieferbedingungen der Ware oder Bedingungen unter denen die Dienstleistung erbracht wird.
- § 5 Abs. 2 Satz 3. die geschäftlichen Verhältnisse:
  - Art
  - Eigenschaften wie Identität, Vermögen, Befähigungen oder Auszeichnungen und Ehrungen
  - Rechte des Werbenden wie geistige Eigentumsrechte

Im § 5 wird in den Absätzen 4 und 5 vermutlich auf Grund der besonderen Wirksamkeit und Verbreitung solcher Maßnahmen noch einmal besonders auf die Problematik von Preisaktionen sowie so genannter Lockvogelangebote hingewiesen. Bei Preisaktionen darf der ursprünglich geforderte Preis nicht nur kurzfristig vor der Aktion gegolten haben (§ 5 Abs. 4) und der Warenvorrat bei Sonderaktionen muss für mindestens zwei Tage reichen (§ 5 Abs. 5). Darüber hinaus verweist der § 5 UWG darauf, dass auch ein Verschweigen irreführend sein kann (§5 Abs. 2 Satz 3.), wobei das im Einzelfall von der Bedeutung der verschwiegenen Tatsachen für die Kaufentscheidung abhängt. Bei einem Ski-Auslaufmodell, bei dem diese Tatsache den Käufern verschwiegen wurde, hat der BGH schon darauf verwiesen, dass dieses Verschweigen wettbewerbswidrig war, da es für die Kaufentscheidung ausschlaggebend gewesen sein kann. (BGH GRUR 1982, 374).

Grundsätzlich stellen nur objektiv nachprüfbare Aussagen, das heißt Tatsachenbehauptungen – in Werbetexten, aber auch in Wörtern, Zahlen und Zeichen sowie in bildlichen Darstellungen sowie Kombinationen – Angaben im Sinne von § 5 UWG dar. Reine Werturteile und bloße Anpreisungen (z.B. für Waschmittel: „Das strahlendste Weiß meines Lebens") sind keine Angaben im Sinne des § 5 UWG. Entscheidend ist auch, ob die Werbeäußerung von den beteiligten Verkehrskreisen als eine auf die Richtigkeit ihres Inhalts hin nachprüfbare, dem Beweis zugängliche Aussage aufgefasst wird.

Die Bezeichnungen als „größtes Möbelhaus" einer Region oder als „größte und modernste Kaffeerösterei Europas" enthält dagegen nachprüfbare Aussagen über geschäftliche Verhältnisse und sind daher „Angaben". Ob eine Angabe irreführend ist, richtet sich danach, ob die Gefahr besteht, dass ein nicht unerheblicher Teil der Konsumenten – prozentuale Spezifizierung stark vom Einzelfall abhängig – die Botschaft falsch versteht. Dabei ist es völlig egal, ob die Angabe objektiv falsch oder objektiv richtig ist, aber falsch verstanden werden kann. Allerdings sind objektiv unrichtige Aussagen grundsätzlich irreführend, während es im andern Fall auf die Beurteilung der angesprochenen Verkehrskreise ankommt.

 Bei der Beurteilung muss auch hier wieder das Verbraucherleitbild berücksichtigt werden.

Zum Verbraucherbild des EUGH finden sich eingangs des Kapitels bereits Ausführungen. Normalerweise reicht es schon aus, wenn zehn bis 15 Prozent der beteiligten Verkehrskreise oder Befragten – im Pharmabereich sogar noch weniger – die Angabe falsch verstehen können, um von irreführender Werbung auszugehen (vgl. Dirk Lehr: Wettbewerbsrecht. Müller Verlag. Heidelberg 2007). Nach der Rechtsprechung des BGH ist es nicht nötig, dass die beteiligten Verkehrskreise tatsächlich durch eine werbliche Aussage getäuscht wurden, sondern schon die Gefahr einer Irreführung reicht aus, um Werbeaussagen unzulässig zu machen. Von einer Irreführungsgefahr wird ausgegangen, wenn die angesprochenen Verkehrskreise über die Angabe zweifelnd nachdenken oder die Angabe geeignet ist, Zweifel aufkommen zu lassen.

Bei der Feststellung, ob eine Werbung irreführend ist, empfiehlt es sich daher, nach folgender Methodik vorzugehen:
- Prüfung, an welche Verkehrskreise (Zielgruppen) sich die Werbung richtet
- Ermittlung, wie diese Kreise die Werbeangabe verstehen (nicht unbeachtlicher Teil genügt!), d.h., man muss auf den Adressatenbezug achten
- Feststellung, ob die bei einem nicht unbeachtlichen Teil der Verkehrskreise erweckte Vorstellung mit den wirklichen Verhältnissen übereinstimmt, d.h. schon, wenn ein nicht unbeachtlicher Teil der Zielgruppe die Angabe falsch versteht, genügt das, um Irreführung anzunehmen

Auf der anderen Seite kann es schon genügen, wenn aus den in der Werbung verwendeten Formulierungen deutlich wird, dass es sich nicht um eine objektive Tatsachenbehauptung, sondern um ein subjektives Werturteil handelt. Dass Haribo Kinder froh macht oder ein Schokoriegel, die längste Praline der Welt ist, wird der durchschnittlich informierte, aufmerksame und verständige Verbraucher nicht für eine Tatsachenbehauptung halten und ist insofern rechtlich völlig unbedenklich.

Der § 5 UWG dient wie die Generalklausel des § 3 UWG dem Schutz der Mitbewerber, der Verbraucher und der Allgemeinheit. Irreführende Werbung vermittelt den Verbrauchern falsche Informationen, sodass sie nicht die richtigen Kaufentscheidungen fällen können. Diese Störung bzw. Verfälschung des Wettbewerbs geht dann zu Lasten der ehrlichen Konkurrenten, die mithilfe des § 5 UWG ihre Wettbewerbsposition verteidigen können. Auch beim § 5 UWG haben sich auf Grund der Rechtsprechung verschiedene Leitnormen entwickelt, sodass man im Wesentlichen die folgenden Fallgruppen der Irreführung unterscheidet:

a) Alleinstellung und Superlativ-Werbung
- bei Alleinstellungswerbung muss der alleinstehende Werbeanspruch wahr und der behauptete Vorsprung beachtlich sowie dauerhaft sein (Beispiel oben: ... das größte Möbelhaus in ...) (BGH GR 91, 850/851; GR 96, 910/911)
- werbliche Übertreibungen sind dann zulässig, wenn ein subjektives Werturteil als solches sofort erkennbar ist (z.B.: „Der spannendste Actionfilm der letzten 20 Jahre"). Formulierungen wie „Es gibt keinen Besseren", „den und keinen anderen" oder „unschlagbar" sind jedoch unzulässig.

Mit der Alleinstellungswerbung möchte der Werbetreibende suggerieren, dass seine Produkt wesentlich besser sind als die der Konkurrenz. Das führt bei einem großen Teil der Verbraucher zum gewünschten psychologischen gruppendynamischen Nachahmungseffekt, das heißt, wenn dieser Marke so viele andere Verbraucher vertrauen, dass sie die Nr. 1 im Markt werden konnte, dann kaufe ich sie auch. Der Mensch ist eben ein Herdentier und wenn alle in eine bestimmte Richtung laufen, dann läuft die Masse eben auch in diese Richtung. Alleinstellungswerbung erkennt man meist an der Verwendung von Superlativen oder des Komparativs. Wenn Unternehmen in ihrer Werbung darauf hinweisen, dass das Unternehmen das „größte", das „erste" oder das „älteste" sei bzw. seine Produkte oder Dienstleistungen als „beste", „unerreichbar", „einzigartig" bezeichnet oder behauptet, dass keine gleichwertigen Produkte oder Dienstleistungen auf dem Markt erhältlich sind, handelt es sich meistens um Alleinstellungswerbung. Als Ausdrucksmittel kommen häufig Superlative, wie z.B. „die beste Zigarette", „das berühmteste Parfüm der Welt", „die meistgelesene Zeitung", „Das Beste, was ein Baby braucht" bzw. „Mutti gibt mir immer nur das Beste". Auch ein Komparativ kann mitunter zu einer Alleinstellung insbesondere bei Übertreibungen führen. Beispiele hierfür sind Sprüche wie „... die Wäsche sitzt besser, bleibt länger sauber, bügelt sich leichter" oder „keiner bietet mehr als ...".

Grundsätzlich ist eine Spitzen- und Alleinstellungswerbung zulässig, wenn sie wahr ist, das heißt wenn das, was behauptet wird, sachlich richtig ist.

Hierfür muss der Werbende einen deutlichen Vorsprung gegenüber seinen Mitbewerbern haben und dieser Vorsprung muss die Aussicht auf eine gewisse Dauerhaftigkeit bieten. Wer zum Beispiel seine Ware als „meistverkaufte" anpreist, muss einen Marktanteil haben, der erheblich über den Marktanteilen der Mitbewerber liegt.

b) Irreführung über Ware und Leistung
- Angaben zur Beschaffenheit oder Qualität (z.B.: Lederart, Echtpelz)
- geographische Herkunft (z.B.: italienische Schuhe)
- betriebliche Herkunft (z.B.: Verwendung eines oder Anlehnung an einen bekannten Markennamen)
- Herstellungsart (z.B.: handgefertigt)
- stoffliche Zusammensetzung (z.B.: 100 % Baumwolle)
- Umweltfreundlichkeit (z.B.: Verwendung von Vorsilben wie Öko oder Bio)

Geographische Herkunftsangaben sind Angaben zum geographischen Ursprung von Waren und Leistungen, deren Verwendung wie die betrieblichen Herkunftsangaben grundsätzlich im Markengesetz (§ 1 Abs. 2, 126 ff. MarkenG) geregelt sind. Während es beim Markenrecht um die Ansprüche des Markeninhabers geht, muss bei wettbewerbsrechtlicher Betrachtung nach § 5 UWG untersucht werden, ob es zu einer Täuschung der Verbraucher bzw. der Allgemeinheit kommen kann. Denn sowohl mit betrieblichen als auch mit geographischen Herkunftsangaben verbinden die Verbraucher bestimmte Gütevorstellungen, die unter Umständen die Kaufentscheidung erheblich beeinflussen können. Neben unmittelbaren geographischen Herkunftsangaben wie Aachener Printen, Lübecker Marzipan, Schwarzwälder Schinken, Düsseldorfer Senf oder Solinger Klingen gibt es auch noch mittelbare geographische Herkunftsangaben wie die Verwendung von Symbolen (Kölner Dom, New Yorker Freiheitsstatue). Beide Arten der Herkunftsangaben sind gesetzlich geschützt und müssen normalerweise aus der jeweiligen Region stammen. Nicht geschützt sind allgemeine Gattungsbegriffe wie Berliner, Hamburger oder Wiener Würstchen, da der durchschnittliche Verbraucher in diesen Fällen eher an eine bestimmte Produktgruppe als an einen Herkunftsort denkt. Diese Gattungsbegriffe gelten als gemeinfrei, d.h. die Allgemeinheit kann sie frei verwenden. Das kann für Hersteller bekannter Marken wie z. B. Tempo oder Uhu durchaus ein Problem sein, denn wenn ein Markenname zum Gattungsbegriff geworden ist, kann er unter Umständen seinen wettbewerbs- und markenrechtlichen Schutz verlieren.

Zur Problematik der Verwendung betrieblicher Herkunftsangaben wurde im Zusammenhang mit § 4 UWG schon einiges gesagt.

Mit bestimmten Angaben über die Herstellungsart verbindet der Verbraucher eine höherwertige Qualität, so kann man davon ausgehen, dass der Verbraucher für handgestrickte Pullover eher bereit ist mehr auszugeben als für maschinell gefertigte. Gleiches gilt für Nahrungsmittel (Bäckernudeln, selbstgemachte Marmeladen etc.), Bekleidung (Maßanzüge, -hemden, -schuhe) und für Dienstleistungen (Gebäudereiniger, der vorspiegelt Handwerker zu sein, ohne dass er in der Handwerksrolle eingetragen ist). In all diesen Fällen muss die Angabe der Herstellungsart der

Wahrheit entsprechen, da ansonsten eine Irreführung nach § 5 UWG vorliegt.

Umweltwerbung kann als gefühlsbetonte Werbung nach § 4 UWG wettbewerbswidrig sein, häufiger aber treten wettbewerbsrechtliche Probleme im Zusammenhang mit der Irreführung nach § 5 auf. Dies kann immer dann der Fall sein, wenn ein nicht unbeachtlicher Teil der angesprochenen Verkehrskreise auf Grund der Umweltwerbung besondere Umweltfreundlichkeit erwartet, die tatsächlich nicht oder zumindest nicht in dem zu erwartenden Umfang gegeben ist. Unternehmen, die so handeln, verschaffen sich einen wettbewerbswidrigen Vorteil, da es inzwischen viele Verbraucher gibt, die bewusst umweltfreundliche Produkte kaufen. Wenn beispielsweise der Hersteller eines WC-Reinigers den Namen „„Bio-Fix" verwendet, ohne dass durch den Reiniger ein biologischer Abbau des Schmutzes stattfindet, handelt es sich um eine solche Irreführung der Verbraucher.

 Die Vorspiegelung qualitativer Eigenschaften kann auch mittelbar erfolgen.

Das kann der Fall sein durch Werbung mit Testergebnissen, die zeitlich überholt sind oder bei denen ohne klarstellenden Hinweis auf den Qualitätsrang der Mitbewerber ein falscher qualitativer Eindruck erfolgt.

 Werbung mit einem wahren Testergebnis ist grundsätzlich zulässig.

Damit keine Irreführung erfolgen kann, muss es sich aber um das Ergebnis von neutralen und sachkundigen Untersuchungen handeln und der getestete Artikel darf nicht zwischenzeitlich durch neuere Entwicklungen überholt sein (BGH GR 85, 932). Bei Verwendung von Testergebnissen (z.B. Stiftung Warentest) muss die Fundstelle der Veröffentlichung mit angegeben werden (BGH GR 91,679). Außerdem darf man z.B. nur dann mit der Note „gut" werben, wenn diese Note auch über dem Durchschnitt des Tests liegt, d.h. in einem Test, in dem von 20 getesteten Produkten 14 mit „sehr gut" und 6 mit „gut" abgeschnitten haben, darf man nicht mehr mit seinem „gut" werben.

Warenmenge, Auflagenhöhe, Warenvorrat („Lockvogelwerbung"): Der Begriff „Lockvogelwerbung" taucht zwar nicht direkt im UWG auf, doch im § 5 Absatz 5 wird genau dieser Fall beschrieben und als wettbewerbswidrig gekennzeichnet. Immer wieder versuchen Unternehmen mithilfe von Werbung für Waren, die überhaupt nicht (reine Scheinangebote) oder nur in unzureichender Menge zu dem beworbenen Preis vorhanden sind, Kunden zum Kauf anzulocken. In diesen Fällen handelt es sich eigentlich immer um eine konkrete und typische Irreführungsgefahr. Typische Lockvogelwerbung zeichnet sich besonders dadurch aus, dass die Anbieter zwar die Preise einiger Waren, die beworben werden, tief ansetzen bzw. weit herabsetzen, durch diese Lockvogelangebote sollen aber eben auch die nicht verbilligten, oft sogar übertreuerten Waren verkauft werden. Ein ganz wichtiger Aspekt, der bisher immer wieder für Rechtsstreitigkeiten sorgte, ist inzwischen im § 5 Absatz 5 geregelt: „Angemessen ist im Regelfall ein Vorrat für zwei Tage, es sei denn, der Unternehmer weist Gründe nach, die eine geringere Bevorratung rechtfertigen." Hier bleibt zwar immer noch ein gewisser Spielraum durch die Beweislastumkehr, schließlich muss der Unternehmer nachweisen, warum er weniger als den vorgeschriebenen Zweitagesvorrat hat, so wird der Missbrauch deutlich eingeschränkt.

c) Irreführung über den Preis
- Preis selbst
- Preisschlagwörter („Sonderpreis oder Höchstrabatt")
- Anlass und Zweck des Verkaufs

Preisangaben sind für den Verbraucher bei seiner Kaufentscheidung von besonderer Bedeutung, weshalb sie auch durch die Preisangabeverordnung besonders geregelt werden.

Grundsätzlich müssen Preisangaben, die ein Wettbewerber im geschäftlichen Verkehr macht, wahr und klar sein.

Eine Irreführung über den Preis stellt einen besonders groben Verstoß gegen das Wettbewerbsrecht dar, weil er in besonderem Maß zur Störung des Marktes geeignet ist.

Eine Irreführung liegt vor,
- wenn der alte (durchgestrichene) höhere Preis nicht eine angemessene Zeit lang für die Ware tatsächlich verlangt worden ist (§ 5 Absatz 4),
- wenn der Anfangspreis zuvor bewusst überhöht angesetzt wurde, um eine echte Preisherabsetzung vorzutäuschen,
- wenn der Verbraucher durch die Unbestimmtheit der Ankündigung irregeführt wird (z.B. Preisherabsetzung um ca. 20%),
- wenn bei Preisherabsetzungen unklar bleibt, ob sie sich auf das gesamte Sortiment oder nur einzelne Waren beziehen,
- wenn bei einer Geld-zurück-Garantie für den Fall, dass die Ware irgendwo anders billiger zu bekommen ist, Waren angeführt werden, die exklusiv beim Werbenden vertrieben werden
- wenn bei besonders hohen Preisherabsetzungen (z.B. 20% auf das gesamte Sortiment) diese Preise nur sehr kurzfristig gelten sollen,
- wenn eine zu hohe Herstellerpreisempfehlung angegeben wird, die dann mit dem eigenen Angebot verglichen wird,
- wenn die Preissenkung längere Zeit zurückliegt oder
- wenn der neue Preis nicht für die gleiche, bisher angebotene Ware gilt.

d) Irreführung über das Unternehmen (§ 5 Absatz 3)

Dies Kategorie betrifft die Größe und die Bedeutung des Unternehmens (Beispiele: Falsche Angaben über Höhe des Umsatzes, Größe der Verkaufsfläche, Anzahl der Mitarbeiter, Auszeichnungen etc.)

Auszeichnung im Sinne von § 5 UWG ist alles, was den Gewerbetreibenden aus der Menge der Gleichartigen, der Mitbewerber, als etwas Besonderes heraushebt (z.B. Diplome, behördliche Anerkennungsschreiben, Medaillen, Preismünzen, Gütesiegel/TÜV-Prüfzeichen), aber auch Bezeichnungen wie „Hoflieferant"), weil hiermit von weiten Bevölkerungskreisen besondere Merkmale (z.B. besondere Tüchtigkeit und Zuverlässigkeit) verbunden werden. Entscheidend kommt es im Hinblick auf Irreführung nach § 5 UWG darauf an, dass die entsprechenden Gütesiegel und Auszeichnungen dem werbenden Unternehmen auch tatsächlich verliehen wurden. Auch ist es wichtig, dass das beworbene Produkt nach entsprechenden Normen von neutralen Stellen überprüft wurde.

e) Irreführung durch Selbstverständlichkeiten
- Besondere Betonung von gesetzlichen oder branchenüblichen Garantieleistungen, Zutaten einer Ware, Herstellungsverfahren

Auch objektiv richtige Angaben können unzulässig sein, wenn sie bei einem nicht unbeachtlichen Teil der angesprochenen Verkehrskreise einen unrichtigen Eindruck erwecken, weil sie z.B. etwas Selbstverständliches betonen.

Beispiele

- Irreführend ist, wenn eine Brotfabrik ankündigt, es würden „keine chemisch behandelten Mehle verwendet", obwohl kein Mitbewerber solche Mehle verwendet
- Auch Werbung mit der hervorgehobenen Angabe „... incl. MwSt." wurde vom BGH als Irreführung wegen Betonung einer Selbstverständlichkeit (siehe Preisangaben-VO) angesehen (BGH GR 90, 1027/1028)

9.3.2 Konsequenzen bei irreführenden geschäftlichen Handlungen

Wer gegen das Verbot der irreführenden Werbung verstößt, kann auf Unterlassung und bei Verschulden auch auf Schadensersatz in Anspruch genommen werden. Wissentlich unwahre irreführende Werbung, die in öffentlicher Form erfolgt oder für einen größeren Personenkreis bestimmt ist, kann mit Freiheitsstrafe bis zu einem Jahr oder mit Geldstrafe bestraft werden.

Hinsichtlich der Kaufverträge können private oder gewerbliche Abnehmer vom Vertrag zurücktreten, wenn sie durch bewusst unwahre und zur Irreführung geeignete Werbeangaben über vertragswesentliche Umstände zur Abnahme bestimmt worden sind. Das Rücktrittsrecht muss unverzüglich nach Kenntnis des Kündigungsgrundes, spätestens aber binnen sechs Monaten ab Vertragsschluss ausgeübt werden. Die empfangenen Leistungen sind dann zurückzugewähren. Bei irreführender Herstellerwerbung besteht das Rücktrittsrecht, wenn der Händler die Unwahrheit und ihre Eignung zur Irreführung kannte oder sich eine solche Werbung durch eigene Maßnahmen zu eigen gemacht hat.

9.3.3 (Übungs-)Fälle zum § 5 UWG
(Lösungen in 9.12)

Ordnen Sie die folgenden Fälle jeweils der zugehörigen Fallgruppe der Irreführung zu. Beachten Sie dabei, dass die Rechtsprechung einer subjektiven Betrachtungsweise folgt. Missverständlich ist das, was der Umworbene falsch versteht, auch wenn es objektiv oder dem reinen Wortsinn nach richtig ist.

1. Ein Geschäftsinhaber hatte auf Werbefaltblättern für sein Toilettenpapier mit dem Slogan geworben: „Hygienekrepp aus Altpapier ist umweltfreundlich. Denn die Verwendung von Altpapier schont unsere Baumbestände." In einem kleingedruckten Text wurde unter anderem erläutert, dass für Hygienekrepp, welches mindestens zu 51 Prozent aus Altpapier bestehe, der Umweltengel vergeben worden sei. Hiergegen klagte ein Wettbewerbsverein. Er sah in dieser Art der Werbung Verbraucher irregeführt, weil der Eindruck erweckt werde, das Produkt bestehe zu 100 Prozent aus Altpapier.
2. Ein Waschmittel-Hersteller nannte sein neues Produkt „BIO GOLD".
3. Werbung für Schuhe: „Zwei Jahre Garantie. Beweis für hochwertige Material- und Verarbeitungsqualität".
4. Ein Modehändler verkaufte Kunstlederjacken unter der Bezeichnung Nappalederjacken.
5. Werbung für eine Lebensversicherung: „Bei uns bekommen Sie im Versicherungsfall mehr Geld als Sie eingezahlt haben."
6. Die bildliche Darstellung einer großen Fabrik, obwohl der Werbende nur einen Teil davon gemietet hat.
7. Ein Nudelhersteller wirbt mit der Bezeichnung „Bäckernudeln" für industriell gefertigte Nudeln.
8. Werbung für Bier: „Ein klitzekleiner Tick Alkohol" Das Bier hat einen Alkoholgehalt von 3 % zum Vergleich: normales Bier hat einen Alkoholgehalt zwischen 4 und 5 %.
9. Werbung mit dem Zusatz „de Paris" für ein in Deutschland hergestelltes Parfum.
10. Werbung mit den Bezeichnungen „Restposten, nur noch Einzelstücke" bei wohlgefülltem Lager.
11. Verwendung des Werbeslogans: „Red Bull verleiht Flügel".
12. Bei Pauschalreisen Angabe des Reisepreises ohne Flughafengebühr und Treibstoffzuschlag.
13. Ein großer deutscher Kaffeeröster bietet in seinen Filialen ein Prepaid-Handy (mit vorab bezahlten Gebühren) eines Markenherstellers für 20 €. Im Preis enthalten sind ein Startguthaben von 10 € sowie Ohrhörer, Akku und Ladegerät. Bis zu 100 Menschen warteten vor manchen Filialen – in denen maximal zehn Handys bereitlagen.
14. Ein Klodeckel-Hersteller warb: „Unsere Brillen sind aus Echtholz". Ein konkurrierender Deckelfabrikant untersuchte eine Klobrille genauer und stellte fest: unter der farbigen Lackschicht der vermeintlich geschnitzten Brillen befanden sich lediglich zusammengepresste Holzschnitzel. Der Konkurrent klagte.
15. In einer Werbebroschüre eines badischen Energieversorgers fanden sich einige recht „vollmundige" Angaben. Unter der Überschrift „Qualität mit Auszeichnung – Wasserkraft von B.!" wurde behauptet: „Eines steht fest, Stromgewinnung aus Wasserkraft ist ein wichtiger Beitrag zur Umweltschonung. Des-

halb setzt B. konsequent auf diese Energiequelle. Zurzeit produziert B. in 113 Laufwasser-, drei Pumpspeicherwasserkraftwerken und einem Speicherkraftwerk. Wir garantieren daher mit Brief und Siegel: AQUAPOWER liefert Ihnen zu 100 % Strom aus Wasserkraft – bestätigt und beglaubigt vom international anerkannten TÜV".

16. Ein großer deutscher Lebensmitteldiscounter bietet in einem Sonderangebot einen Computermonitor zu einem günstigen Aktionspreis an. Diese Monitore waren schon am ersten Tag schnell vergriffen.
17. Eine große deutsche Optikerkette warb mit einer Geld-Zurück-Garantie: „F-Geld-Zurück-Garantie. F-Brillen zum F-Preis. Die großen Marken günstig garantiert. Wenn Sie innerhalb von sechs Wochen eine bei uns gekaufte Marke anderswo günstiger sehen, nehmen wir die Brille zurück und erstatten den Kaufpreis. Das sollten Sie wissen: F bietet internationale Brillenmode mit Geld-zurück-Garantie". Einige der angebotenen Brillenfassungen sind nur bei F erhältlich. Ein Wettbewerbsverein klagte dagegen.
18. Ein Computer-Fachhändler (Filialen in Ludwigshafen, Mannheim und Kaiserslautern) schaltete eine Werbeanzeige für ein bestimmtes Notebook. Am Erscheinungstag der Anzeige hatte er jedoch weder das Notebook noch ein Vorführgerät vorrätig. Die Konkurrenz bestand auf Unterlassung der Werbung.

9.4 VERGLEICHENDE WERBUNG (§ 6 UWG)

Vergleichende Werbung ist in Deutschland grundsätzlich möglich, da ein sinnvoller Vergleich zwischen den Angeboten von Wettbewerbern auch im Interesse der Verbraucher liegt. Denn es ermöglicht ihnen, die schnellere und effizientere Auswahl zwischen konkurrierenden Angeboten. Allerdings beinhaltet der § 6 UWG einige Voraussetzungen, die beim werblichen Vergleich von Angeboten beachtet werden müssen. In Absatz I wird zunächst der Begriff der vergleichenden Werbung definiert, § 6 Abs. II UWG zählt Verbotsmerkmale auf, die zu einer Wettbewerbswidrigkeit führen. § 6 Abs. III UWG regelt Pflichtangaben bei Sonderpreisen und Sonderangeboten, was vor allem seit dem Wegfall der Regelungen für Sonderverkäufe wichtig ist.

9.4.1 Gesetzestext § 6 UWG mit Kommentar

§ 6 UWG Vergleichende Werbung:

(1) Vergleichende Werbung ist jede Werbung, die unmittelbar oder mittelbar einen Mitbewerber oder die von einem Mitbewerber angebotenen Waren oder Dienstleistungen erkennbar macht.

(2) Unlauter im Sinne von § 3 handelt, wer vergleichend wirbt, wenn der Vergleich
  1. sich nicht auf Waren oder Dienstleistungen für den gleichen Bedarf oder dieselbe Zweckbestimmung bezieht;
  2. nicht objektiv auf eine oder mehrere wesentliche, relevante, nachprüfbare und typische Eigenschaften oder den Preis dieser Waren oder Dienstleistungen bezogen ist;
  3. im geschäftlichen Verkehr zu Verwechslungen zwischen dem Werbenden und einem Mitbewerber oder zwischen den von diesen angebotenen Waren oder Dienstleistungen oder den von ihnen verwendeten Kennzeichen führt;
  4. die Wertschätzung des von einem Mitbewerber verwendeten Kennzeichens in unlauterer Weise ausnutzt oder beeinträchtigt;
  5. die Waren, Dienstleistungen, Tätigkeiten oder persönlichen oder geschäftlichen Verhältnisse eines Mitbewerbers herabsetzt oder verunglimpft oder
  6. eine Ware oder Dienstleistung als Imitation oder Nachahmung einer unter einem geschützten Kennzeichen vertriebenen Ware oder Dienstleistung darstellt.

(3) Bezieht sich der Vergleich auf ein Angebot mit einem besonderen Preis oder anderen besonderen Bedingungen, so sind der Zeitpunkt des Endes des Angebots und, wenn dieses noch nicht gilt, der Zeitpunkt des Beginns des Angebots eindeutig anzugeben. Gilt das Angebot nur so lange, wie die Waren oder Dienstleis-

tungen verfügbar sind, so ist darauf hinzuweisen.
Einen Freibrief stellt der § 6 UWG also nicht dar, denn Vergleiche sind nur unter bestimmten Voraussetzungen zulässig. Die Bedingungen im einzelnen:

Zu Absatz 2 Satz 1. Vergleichbarkeit:
Die Waren/Dienstleistungen, die miteinander verglichen werden, müssen den gleichen Bedarf, dieselbe Zweckbestimmung befriedigen oder, wenn die Produkte nicht identisch sind, funktionsidentisch sein, das heißt der sprichwörtliche Vergleich zwischen Äpfeln und Birnen soll ausgeschlossen werden. In Grenzfällen (z.B. bei einer Gegenüberstellung einer Digitalkamera und einer normalen Kamera) ist es Sache der Gerichte zu entscheiden, ob der Vergleich erlaubt ist oder nicht. Aber falls es sich um nicht substituierbare Produkte handelt, muss regelmäßig von einem unzulässigen Vergleich ausgegangen werden. Eine namentliche Nennung der Konkurrenz ist nicht nötig, es reicht schon aus, wenn ein nicht unbeachtlicher Teil der angesprochenen Verkehrskreise – die prozentuale Auslegung dieses Begriffs hängt vom Einzelfall ab – die Konkurrenz eindeutig erkennen kann.

Zu Absatz 2 Satz 2. Verglichene Eigenschaften:
Die Waren/Dienstleistungen, die verglichen werden, müssen objektiv vergleichbar sein und es müssen wesentliche, relevante, nachprüfbare und typische Eigenschaften sein. Es muss sich also im Grunde genommen um Eigenschaften handeln, die für die Kaufentscheidung von Bedeutung sind. Außer den Eigenschaften von Waren oder Dienstleistungen (z.B. Herkunftsbezeichnungen, Größe, Inhaltsstoffe, Energieverbrauch, Lebensdauer, Motorleistung, Herstellungsjahr; Umsätze oder Mitarbeiterzahlen eines Unternehmens etc.) kann sich der Vergleich auch auf den Preis dieser Waren und Dienstleistungen beziehen. Die verglichenen Eigenschaften/Preise müssen objektiv nachprüfbar sein, das heißt es muss sich um Tatsachenbehauptungen handeln, deren Richtigkeit festgestellt werden kann. Sobald es sich um subjektive Werturteile handelt wie z.B. die Freundlichkeit der Mitarbeiter oder der Geschmack von Produkten, wird der Vergleich unzulässig. Außerdem dürfen Vergleiche die Konkurrenz nicht herabsetzen oder die Verbraucher irreführen (vgl. § 5 UWG).

Zu Absatz 2 Satz 3. Schutz vor Verwechslungen/Irreführung:
Der Vergleich darf im Verkehr nicht zu Verwechslungen zwischen dem Werbenden und einem Mitbewerber oder zwischen den von ihnen angebotenen Waren/Dienstleistungen oder den von ihnen verwendeten Kennzeichen führen. Unter den Begriff des Kennzeichens fallen ebenso wie nach dem Markengesetz sowohl geschäftliche Bezeichnungen als auch geographische Herkunftsangaben. Auch hier muss man wieder vom mündigen Durchschnittsverbraucher ausgehen (vgl. dazu Abschnitt 9.1). Eine Verwechslungsgefahr liegt erst dann vor, wenn die angesprochenen Zielgruppen aus der Werbung den Eindruck gewinnen, die beworbenen Waren oder Dienstleistungen stammen vom gleichen Anbieter. In diesen Bereich gehören insofern natürlich auch die Formen anlehnender Werbung, das heißt Produkte werden so stark in die Nähe des Konkurrenzprodukts gerückt, um vom guten Ruf des Konkurrenten zu profitieren werden (vgl. auch § 4 UWG). Diese Fälle verstoßen regelmäßig auch gegen § 5 UWG (Irreführung).

Ein Beispiel: Eine Anzeige von Mobilcom enthält die Farbe Magenta der Telekom sowie einen abtrennbaren Coupon mit dem Text „Ja, ich beauftrage die Deutsche Telekom, meinen Anschluss auf Mobilcom 01019 einzustellen". Diese Anzeige ist möglicherweise unzulässig, da der Verbraucher sie für eine Anzeige der Telekom halten könnte. Ob eine solche Form der Werbung unter marketing- oder kommunikationsstrategischen Gesichtspunkten überhaupt Sinn macht, ist eine ganz andere Frage. Hier nur so viel, bei wenig involvierten Konsumenten – heutzutage in den meisten Produktkategorien der Normalfall – wird Werbung nur beiläufig wahrgenommen (vgl. im Kapitel 7 „Werbewirkungsmodelle" den ELM-Ansatz von Petty und Cacciopo), das heißt der flüchtige Betrachter hält die oben erwähnte Mobilcom-Anzeige fälschlicherweise für eine Telekom-Anzeige. Diese Form der Irreführung ist also in mehrfacher Hinsicht ungeeignet.

Zu Absatz 2 Satz 4. Keine Ausnutzung oder Beeinträchtigung der Wertschätzung eines Kennzeichens:
Das Image des von einem Mitbewerber verwendeten Kennzeichens (z.B. Marke, Verpackung, Slogan, Produktdesign etc.) darf nicht in unlauterer Weise ausgenutzt oder beeinträchtigt werden. Das setzt allerdings voraus, dass das im Vergleich „zitierte" Kennzeichen bei den mit der Werbung angesprochenen Verkehrskreise bzw. Zielgruppen überhaupt über eine ausreichend hohe Bekanntheit verfügt. Dies muss im Zweifelsfall erst durch Marktforschungsstudien belegt bzw. nachgewiesen werden. Unter das Kriterium in unlauterer Weise fällt nicht schon das Merkmal der Herabsetzung. Es kommt darauf an, ob über die mit jedem Vergleich verbundenen negativen Wirkungen hinaus im Einzelfall noch besondere Umstände hinzutreten, die den Vergleich in unangemessener Weise abfällig, abwertend oder unsachlich erscheinen lassen (BGH GR 99,501/514 „Vergleichen Sie").

Es darf kein unlauterer Vorteil aus dem Ruf einer Marke, des Handelsnamens oder anderer Unterscheidungszeichen eines Mitbewerbers oder aus Ursprungsbezeichnungen von Konkurrenzbezeichnungen gezogen werden. So dürfen fremde Kennzeichnungsrechte nicht ausgenutzt werden, z.B. durch einen Slogan wie „So gut wie Coca-Cola".
Bei Waren mit Ursprungsbezeichnungen muss sie sich auf Waren mit der gleichen Bezeichnung beziehen. Ein Beispiel: Sekt oder Prosecco dürfen sich nicht mit Champagner vergleichen. Im Falle des Champagners ist sogar der Begriff für das Herstellungsverfahren geschützt.

Zu Absatz 2 Satz 5. Keine Herabsetzung oder Verunglimpfung:
Waren, Dienstleistungen oder Tätigkeiten eines Mitbewerbers oder persönliche/geschäftliche Verhältnisse eines Mitbewerbers dürfen nicht herabgesetzt oder verunglimpft werden. Lediglich ein sachbezogener kritischer Vergleich der Waren oder Dienstleistungen eines Mitbewerbers ist zulässig. Ein Preisvergleich, der die eigenen Erzeugnisse als preisgünstiger als die eines Mitbewerbers herausstellt, ist nicht zu beanstanden. Allerdings sollte man darauf achten, dass die verglichenen Preise der Konkurrenz auch noch aktuell sind, denn sonst dauert es nicht lange bis man eine Abmahnung auf dem Tisch hat. Herabsetzend oder verunglimpfend ist auch hier eine vergleichende Werbung nur dann, wenn über die mit jedem Werbevergleich grundsätzlich verbundenen negativen Wirkungen hinaus besondere Umstände hinzutreten, die den Vergleich in unangemessener Weise abfällig, abwertend oder unsachlich erscheinen lassen. Der Konkurrent wird immer dann herabgesetzt, wenn dessen Produkt im Vergleich als minderwertig herausgestellt wird.

Beispiele:

- Die Bewerbung von Leitungswasser als Trinkwasser unter der Abbildung eines Wasserhahns, der ein Etikett trägt, das sich stark an die üblicherweise für Mineralwasserflaschen verwendeten Etiketten anlehnt und den Werbetext „Hängen Sie noch an der Flasche?" verwendet
- Das Wirtschaftsmagazin „Euro" wirbt mit dem Slogan „Fanden Sie die Wirtschaftswoche langweilig?".

Zu Absatz 2 Satz 6. Keine Imitation oder Nachahmung:
Vergleichende Werbung darf nicht eine Ware/Dienstleistung als Imitation oder Nachahmung einer unter einem Kennzeichen geschützten Ware/Dienstleistung darstellen. Der Aspekt des wettbewerbsrechtlichen Leistungsschutzes spielt nur eine untergeordnete Rolle, da die hier angesprochenen Leistungen meist schon von Sondergesetzen geschützt sind. So werden Erfindungen durch das Patent- oder Gebrauchsmustergesetz, gewerbliche Muster oder Modelle im Geschmacksmustergesetz, Marken und geschäftliche Bezeichnungen im Markengesetz und eigenständige geistige Leistungen im Urheberrechtsgesetz ge-

schützt (vgl. Abschnitt 9.7). Im Regelungsbereich dieser Sondergesetze ist das UWG grundsätzlich nicht anwendbar.

Eine andere Form der bezugnehmenden Werbung wurde schon im Zusammenhang mit § 1 UWG erläutert. Es kommt nämlich auch vor, dass ein Unternehmen versucht, den guten Ruf eines anderen Unternehmen für sich selbst auszunutzen, dabei handelt es sich häufig noch nicht einmal um einen unmittelbaren Wettbewerber. In jedem Fall handelt es sich um eine unzulässige positive Bezugnahme, die sowohl nach § 4 UWG als auch nach § 6 UWG verboten ist.

Nach wie vor zulässig bleiben die bisherigen Ausnahmen zur bezugnehmenden Werbung. Zu diesen Ausnahmen gehören:

- Der Vergleich zur Abwehr rechtswidriger Werbemaßnahmen in den Grenzen des Erforderlichen (Abwehrvergleich).
- Der Auskunftsvergleich zur Beantwortung von Kundenfragen. Beinhaltet in der Werbung auch die Aufforderung, allgemein zu vergleichen („Mach den Pepsi-Test") oder den Vergleich mit einer Vielzahl von Mitbewerbern („Fürstenberg, eines der besten Biere der Welt").
- Der Fortschritts- und Systemvergleich zur Verdeutlichung des technischen Fortschritts oder von Systemunterschieden zwischen verschiedenen Produktarten (z.B. koffeinfreier ⇔ „normaler" Kaffee, digitale ⇔ analoge Kameras).
- Der Eigenvergleich, das heißt den Vergleich eines neuen Produktes mit einem älteren des gleichen Herstellers („Das beste Persil, das es je gab").

Resumee
Diese kurze Darstellung zeigt schon, wie schwierig es ist im Einzelfall zu entscheiden, ob ein Vergleich zulässig oder unzulässig ist, denn wann genau ein Vergleich herabsetzt, verunglimpft, unlauter oder irreführend ist, sagt § 6 UWG nicht. Im Einzelfall ist dies eine Frage der Auslegung – und somit Sache der Gerichte. Wie kompliziert die Materie ist, zeigt schon, dass auch Pressemitteilungen dem Wettbewerbsrecht unterliegen. So wurde ein Unternehmen, das in einer Pressemitteilung die Preise der namentlich genannten Konkurrenz als lächerlich hoch bezeichnete, von einem Gericht zur Unterlassung verurteilt.

In der Praxis läuft es deshalb meist darauf hinaus, dass strittige Motive von vorneherein nur einmal geschaltet werden. Im TV-Bereich am liebsten freitags nach 17 Uhr, da dann kein Gericht mehr angerufen werden kann, um eine einstweilige Verfügung zu erhalten. Kommt es zu einer Abmahnung oder einstweiligen Verfügung, wird eine Unterlassungserklärung abgegeben. Ein neues Motiv wird geschaltet. Diese Taktik kann die Unternehmen allerdings teuer zu stehen kommen: Ständig müssen neue Kampagnen entwickelt und Rechtsanwälte hinzugezogen werden. Einziger Trost: Schadensersatzzahlungen an die Konkurrenz sind unwahrscheinlich, da ein konkreter Schaden kaum nachweisbar ist. Vor allem von kleineren, aber auch von größeren Konkurrenten in sehr wettbewerbsintensiven Märkten (Telekommunikation, Autovermietung, Billigfluglinien) wird vergleichende Werbung immer wieder erfolgreich eingesetzt, wobei man Marktführern normalerweise rät, nicht auf die Angriffe der Konkurrenz zu reagieren, da diese sonst aufgewertet werden.

9.4.2 (Übungs-)Fälle zur vergleichenden Werbung § 6 UWG

(Lösung in 9.12)

1. Anzeigentext
   Der Staubsauger xyz ist einfach besser als alle vergleichbaren Modelle der Konkurrenz.
2. Ein Hersteller von Elektrogeräten hatte gegen ein Niedrigpreisgeschäft, das seine empfohlenen Richtpreise nicht beachtete, durch Rundschreiben an ca. 3.500 Elektrogroßhändler eine Liefersperre verhängt. Das betroffene Unternehmen wehrte sich nicht nur gegen die Liefersperre, sondern veröffentlichte gleichzeitig in einer regionalen Tageszeitung zwei Anzeigen, in denen es darauf hinwies, dass der namentlich genannte Hersteller zwar wegen der niedrigen Preise eine Liefersperre gegen es verhängt habe, es aber weiterhin die Geräte des Herstellers anzubieten in der Lage sei.

3. Ein Hersteller hat einem Produkt durch eine technische Neuerung andere, bessere Eigenschaften verliehen. Er wirbt mit dem wahrheitsgemäßen Hinweis, dass er der einzige Anbieter sei, dessen Produkte diese neuen Eigenschaften haben.
4. Ein Handelsunternehmen wirbt mit dem Hinweis: „Unser Lieferservice ist jetzt noch schneller und billiger."
5. In einem Werbefilm führt ein jugendlicher Cola-Trinker einen Blindtest mit nicht benannten Cola-Getränken durch und stellt fest, dass Pepsi seinen Geschmack am besten trifft.
6. Ein Heimwerkermarkt wirbt mit der Aussage: „Bohrmaschine xy jetzt bei uns 20 % billiger als bei Bauhaus und OBI."
7. Der Autohersteller xy vergleicht in einem Werbespot allgemein die Qualität seiner Autos mit denen von Mercedes-Benz.
8. Ein Kunde fragt einen Kaufmann, worin sich das von ihm angebotene Produkt von dem seines Konkurrenten unterscheidet. Der Kaufmann stellt daraufhin die Merkmale der beiden Konkurrenzprodukte sachlich wertend gegenüber.
9. Ein Hersteller von Computeranlagen, die eine sichere Spracherkennung erlauben, vergleicht in seiner Werbung diese Computer mit anderen, die diese Eigenschaft nicht besitzen.
10. Die Bahn warb in einer Anzeige mit einem im Stau stehenden Auto, aus dessen Lenkrad ein Stück herausgebissen war. DaimlerChrysler antwortete darauf mit einer Anzeige für ein Cabrio. Das Bild zeigte einen Blick aus einem Zugfenster auf ein vorbeifahrendes Cabrio, hier war ein Stück aus dem heruntergezogenen Zugfenster herausgebissen.
11. Ein Schokoladenhersteller wirbt mit dem Slogan: „Das, was andere in die Werbung investieren, kommt bei uns der Schokolade zugute …".
12. Ein Bierhersteller, der sein Bier ausschließlich in Mehrwegflaschen vertreibt, zeigt in einer Anzeige neben einer eigenen Bierflasche eine zerbeulte Bierdose, auf der kein Herstellername zu erkennen ist. Im Bereich der Flasche wurde der Slogan: „Her damit" und im Bereich der Dose „Weg damit" angebracht.
13. Ein Einzelhandelsunternehmen bildet in einem Werbeprospekt Uhren und Schmucksachen, mit den fabrikempfohlenen Einzelhandelspreisen ausgezeichnet, ab und fügt folgenden Werbehinweis hinzu:
„Bei allen in diesem Prospekt abgebildeten Gegenständen können Sie 40 % vom fabrikempfohlenen Einzelhandelspreis sparen, wenn Sie bei mir kaufen. Beweis: Prüfen Sie die Rückseite des Prospekts." Dort befand sich eine Preisliste, in der angegeben war, zu welchen Preisen der Händler die abgebildeten Gegenstände verkaufte. Diese Werbeangaben entsprachen den Tatsachen.
14. Ein Baumarkt wirbt mit der Aussage: „Bei uns steht der Mensch im Mittelpunkt, im Bauhaus steht er nur im Weg."
15. Ein wöchentlich erscheinendes, kostenlos verteiltes Anzeigenblatt warb damit, dass es eine um das Vierfache höhere Auflage habe als die in dieser Region führende Tageszeitung. Werbende Schlussfolgerung: Eine Anzeige in diesem Blatt erreiche besonders viele Verbraucher. Die zum Vergleich herangezogene Tageszeitung sah hier einen Wettbewerbsverstoß und zog vor Gericht.
16. Ein Hersteller von Autowaschanlagen (Reinigung der Fahrzeuge, durch rotierende Bürsten mit vielen Textilstreifen, die auf rotierenden Wellen befestigt sind) warb an Waschanlagen:
„ Ja zur Autowäsche mit weichem Textil: Nein zu Kratzern im Lack."
Die Konkurrenz klagte: Es liege verbotene vergleichende Werbung vor.
17. Der Autovermieter S verglich sein Angebot in Tageszeitungen mit jenen der Konkurrenz, indem er vor dem Mitbewerber-Farben sein Angebot für einen Mercedes mit jenen der Konkurrenz verglich, wobei der Preis jeweils bei der entsprechenden Farbe im Kasten stand. Slogan:
„Erstaunlich, wie die Farbe eines Autovermieters den Mietpreis beeinflusst."

Hinweis: Bei dem werbenden Unternehmen (Sixt) handelt es sich bei dem angegebenen Preis um eine Anmietung über das Internet, bei den anderen Unternehmen um eine Anmietung im Ladenlokal.

18. Das Sportgeschäft P, das unter anderem auch Tennisartikel vertreibt, warb für Tennisschläger mit folgender Aussage: „Jedes P-Racket besteht aus Werkstoffen, der neuesten High-Tech-Linie (z.B. Graphit, Ceramic und Kevlar). Billige Composite-Rackets muten wir Ihnen nicht zu."
Ein Konkurrent, der unter anderem Composite-Rackets vertreibt, klagte dagegen.

19. Der Autovermieter S wirbt auf Gepäckwagen, die am Flughafen eingesetzt werden, mit folgendem Slogan: „Die beste Werbung für S sind die Angebote der Konkurrenz."

20. Eine große Fast-Food-Kette hatte damit geworben, dass 62 Prozent der Deutschen ihr Produkt besser schmecke als das der Konkurrenz. Dies hatte eine repräsentative Umfrage des Marktforschungsinstituts Infratest Burke unter 1.000 Testpersonen ergeben. Die Konkurrenz klagte auf Unterlassung.

21. Anzeige:
Fließtext kleingedruckt: „Von 1.348.519 befragten Katzenhaltern antworteten 116.284. 81% von ihnen bestätigten: Ihre Katzen mögen den W-Frischebeutel lieber als Futter aus Dosen."
Hinweis: Der Hauptkonkurrent K vertrieb zum Zeitpunkt, zu dem die Anzeige erschien, sein Katzenfutter ausschließlich in Dosen.

9.5 Unzumutbare Belästigung laut § 7 UWG

9.5.1 Rechtslage

Der neue § 7 UWG soll die Verbraucher deutlich besser als bisher vor unzumutbaren Belästigungen durch Unternehmen schützen. Aber nicht alles, was lästig ist, ist auch belästigend. Die Grenze wird aber regelmäßig dann überschritten, wenn Unternehmen durch Telefonanrufe, Fax-, E-Mail Werbung ungebeten, d.h. ohne Einwilligung bzw. bestehender Geschäftsverbindung in die Privatsphäre der Verbraucher eindringt. Während die drei genannten Werbearten explizit im Gesetz genannt werden, fehlt der immer mehr an Bedeutung gewinnende Bereich der SMS-Werbung (Mobile Marketing), der aber genauso behandelt werden dürfte wie die anderen Bereiche, d.h. unerbetene SMS zur Anbahnung von Geschäftsabschlüssen sind grundsätzlich wettbewerbswidrig und damit verboten.

So ist Telefonwerbung nur dann zulässig, wenn der Kunde hierzu sein ausdrückliches Einverständnis erklärt hat, das heißt aktives Telefonmarketing (ohne vorherige Einwilligung des Angerufenen) verstößt gegen § 7 UWG und ist daher verboten. Selbst die schriftliche Anforderung von Informationsmaterial gilt nicht als stillschweigende Einverständniserklärung für einen Anruf (BGH-Urteil vom 08.11.1989, Az. I ZR 55/88 und GRUR 1990, 280f.). Das Verbot der aktiven Kontaktaufnahme ohne Einwilligung gilt auch für Fax-, E-Mail- und SMS-Werbung. Bei der E-Mail-Werbung präzisiert der § 7 UWG das Vorgehen im Absatz 3: „Abweichend von Absatz 2 Nr. 3 ist eine unzumutbare Belästigung bei einer Werbung unter Verwendung elektronischer Post nicht anzunehmen, wenn

1. ein Unternehmer im Zusammenhang mit dem Verkauf einer Ware oder Dienstleistung von dem Kunden dessen elektronische Postadresse erhalten hat,
2. der Unternehmer die Adresse zur Direktwerbung für eigene ähnliche Waren oder Dienstleistungen verwendet,
3. der Kunde der Verwendung nicht widersprochen hat und
4. der Kunde bei Erhebung der Adresse und bei jeder Verwendung klar und deutlich darauf hingewiesen wird, dass er der Verwendung jederzeit widersprechen kann, ohne dass hierfür andere als die Übermittlungskosten nach den Basistarifen entstehen."

Hier muss der Verbraucher also einer weiteren Nutzung seiner E-Mail-Adresse durch das Unternehmen widersprechen, die er z.B. bei Käufen im Internet oft angeben muss. Bei anderen Formen wie z.B. bei abonnierten Newslettern, muss der Absender den Abonnenten das Abbestellen des Newsletter möglichst einfach und kostengünstig ermöglichen.

Das strikte Verbot aktiver Kontaktaufnahme gilt allerdings nur im Zusammenhang mit Endverbrauchern, im Business-to-business-Bereich, muss es Unternehmen im Rahmen ihrer Akquise möglich sein, anderen Unternehmen auch ohne vorherige Geschäftsbeziehung Angebote per Telefon, Fax oder E-Mail zu machen. Dafür muss aber ein stillschweigendes Einverständnis des Kontaktierten vermutet werden können. Dies wird in der Regel dann angenommen, wenn zum Beispiel auf Grund seiner Geschäftstätigkeit ein Interesse an den angebotenen Waren oder Dienstleistungen besteht.

Bei Praktiken der Straßenwerbung, d.h. das aktive Ansprechen von Verbrauchern im öffentlichen Raum, kann man immer von einer unzumutbaren Belästigung ausgehen. Eine unzumutbare Belästigung kann auch angenommen werden, wenn unbestellte Waren zugesandt werden, eine Methode, die besonders gern bei älteren Verbrauchern angewandt wird, da diese sich oft verpflichtet fühlen die beiliegende Rechnung zu bezahlen (vgl. auch § 4 Abs. 1), anstatt die unbestellte Ware einfach zu behalten. Denn selbst zu einem Zurückschicken dieser Ware ist man gesetzlich nicht verpflichtet. Wenn der Wille, bestimmte Werbeformen wie Hauswurfsendungen oder Mailings nicht mehr zu erhalten, eindeutig zum Ausdruck gebracht wurde (beispielsweise durch einen Aufkleber auf dem Briefkasten oder durch eine Eintragung auf die „Robinson"-Liste des Deutschen Direktmarketingverbandes), muss dieser Wille von den Werbetreibenden respektiert werden. Ansonsten handelt das Unternehmen wettbewerbswidrig und kann sogar mit einer Klage wegen Verletzung der Persönlichkeitsrechte (vgl. Abschnitt 9.9) rechnen. Letzteres ist auch die einzige Möglichkeit, wie sich der Verbraucher direkt gegen diese Werbeformen wehren kann. Denn das Wettbewerbsrecht (UWG) sieht keine Klagemöglichkeit der Endverbraucher vor (vgl. Abschnitt 9.6), sondern bietet nur die Möglichkeit über Verbraucherverbände vorzugehen. Wenn ein entgegenstehender Wille nicht sofort erkennbar ist, kommt es auf eine Einzelfallprüfung an, in der nicht die Sicht des Betroffenen entscheidet, sondern wieder vom durchschnittlich informierten, aufmerksamen und verständigen Verbraucher ausgegangen wird.

9.5.2 (Übungs-)Fälle zum § 7 UWG
(Lösung in 9.12)

1. Es werden Personen angerufen, zu denen bisher keine geschäftlichen Beziehungen bestanden, und die zum Abschluss von Warentermingeschäften gebracht werden sollen.
2. Ein Weinhändler rief eine Privatperson an, die früher einmal Wein bei ihm bestellt hatte, um sie zu einer erneuten Bestellung zu bewegen. Anstatt zu bestellen, fühlte sich der Angerufene belästigt und verklagte den Weinhändler.
3. Ein Papierhändler ruft im Rahmen der Kundenakquise bei einer Druckerei an.
4. Ein Versicherungsunternehmen schickt einem Privatunternehmer, der nicht Kunde dieses Unternehmens ist, unverlangt eine Werbemail, in der auf die Vorteile der Gebäude-, Feuer- und Lebensversicherungen der Versicherung hingewiesen wird.
5. Telefonanruf zur Vereinbarung eines Besuchstermins eines Versicherungsvertreters bei einer Privatperson, um diese zum Abschluss eines Versicherungsvertrages zu bewegen. Es bestand bisher noch keine Geschäftsbeziehung.
6. Ein Internetbuchhändler schickt an Kunden Werbemails für Bücher. Er weist in jeder Mail deutlich darauf hin, dass die Zusendung unterbleibt, wenn die Kunden diese nicht wünschen. Dazu muss eine entsprechende E-Mail an den Internetbuchhändler geschickt werden.
7. Mitarbeiter eines Telekommunikationsunternehmen sprachen Passanten auf Straßen, Plätzen und in Einkaufszentren an, um sie auf die Möglichkeit eines pre-selection-Vertrages aufmerksam zu machen.
8. Es werden Werbezettel an Passanten auf der Straße verteilt

9.6 Durchsetzung wettbewerbs- und markenrechtlicher Ansprüche

9.6.1 Klagebefugnis, Unterlassungs- und Schadenersatzansprüche, §§ 8, 9 UWG

Die Voraussetzungen für einen Unterlassungsanspruch sind eine konkrete Verletzungshandlung und eine Wiederholungsgefahr. In seltenen Fällen besteht auch die Möglichkeit eines vorbeugenden Unterlassungsanspruchs, das heißt, noch bevor ein Konkurrent ein wettbewerbswidriges Verhalten gezeigt hat, wird schon ein Unterlassungsanspruch erwirkt. Dann müssen allerdings ernsthafte und greifbare Anhaltspunkte dafür vorliegen, dass der Wettbewerber beabsichtigt, sich in naher Zukunft wettbewerbswidriger Methoden zu bedienen. Dies kann z.B. angenommen werden, wenn ein Unternehmen in Werbemitteln auf eine noch nicht gestartete Aktion hinweist, die nach Meinung des Wettbewerbers aber wettbewerbswidrig ist.

Unterlassungs- und Beseitigungsansprüche (§ 8 UWG)

Der Unterlassungsanspruch stellt den Normalfall dar, da er sowohl im Wettbewerbsrecht als auch beim Schutz des geistigen Eigentums wie z.B. beim Markenrecht (vgl. Abschnitt 9.7) am häufigsten verlangt wird. Denn wenn jemand in seinen Rechten beeinträchtigt wird, kann er grundsätzlich verlangen, dass diese Beeinträchtigung eingestellt (unterlassen) wird. Dabei spielt es keine Rolle, ob der Beklagte schuldhaft oder schuldlos gehandelt hat.

Als gewohnheitsrechtliche Ergänzung des Unterlassungsanspruchs kann auch ein Beseitigungsanspruch bestehen (z.B. müssen beanstandete Plakate entfernt oder überklebt werden).

Die Bekämpfung von Wettbewerbsverstößen liegt natürlich vor allem im Interesse der Wettbewerber, aber auch im Interesse der Verbraucher bzw. der Allgemeinheit. Verbraucher sind allerdings nicht klagebefugt, können aber ihre Beschwerden an Verbraucherverbände weitergeben, die ihrerseits klagebefugt sind.

Ein Anspruch auf Unterlassung (z.B. aus §§ 3, 4, 5, 6 und 7 UWG) kann daher nach § 8 Abs. III UWG geltend gemacht werden:
- von Gewerbetreibenden, die Waren oder gewerbliche Leistungen gleicher oder verwandter Art auf demselben Markt vertreiben (Mitbewerber),
  – gleicher Markt, wesentliche Beeinträchtigung des Wettbewerbs
- von rechtsfähigen Verbänden zur Förderung gewerblicher Interessen (z.B. Zentrale zur Bekämpfung unlauteren Wettbewerbs e.V.),
  – es müssen eine erhebliche Anzahl von Gewerbetreiben des gleichen Marktes vertreten sein, ausreichende finanzielle und personelle Ausstattung gegeben sein, es muss eine wesentliche Beeinträchtigung des Wettbewerbs vorliegen
- von Verbraucherverbänden (z.B. Verbraucherzentralen oder andere Verbraucherverbände, die mit öffentlichen Mitteln geführt werden)
  – nur wenn Verbraucherinteressen verletzt sind
- von Industrie- und Handelskammern oder den Handwerkskammern

Schadenersatz (§ 9 UWG)

Falls dem in seinen Interessen Verletzten durch die Handlung ein Schaden entstanden ist, kann er Schadenersatzansprüche geltend machen. Darüber hinaus muss der Beklagte schuldhaft gehandelt haben, d.h. er muss den Schaden fahrlässig (die im Verkehr erforderliche Sorgfalt außer Acht gelassen) oder vorsätzlich (bewusst/willentlich) verursacht haben.

Gewinnabschöpfung (§ 10 UWG)

Mit diesem Paragraphen schafft der Gesetzgeber die Möglichkeit, z.B. unrechtmäßige Gewinne, die bei einer Vielzahl von geringfügig Geschädigten erzielt wurden, einzuziehen. Die Tauglichkeit dieses Mittels muss sich erst noch erweisen.

Freiheitsstrafe (§ 16 UWG)

Besonders schwerwiegende Wettbewerbsverstöße, in § 16 UWG wird neben gravierenden Formen der Irreführung (Absatz I) vor allem progressive

Kundenwerbung nach dem so genannten „Schneeballprinzip" (Absatz II) explizit genannt, können mit Freiheitsstrafe bis zu zwei Jahren bestraft werden. Bei dieser Form der Werbung werben Kunden weitere Kunden und steigen in der Hierarchie des Systems auf, was mit erhöhten Rückzahlungen verbunden ist. Bei einem solchen System können nur die Initiatoren gewinnen, denn ab einem gewissen Zeitpunkt bricht das System mangels neuer Teilnehmer unwiderruflich zusammen, sodass spät Eingestiegene ihre Einzahlungen verlieren.

 Ansprüche aus dem UWG verjähren bereits nach 6 Monaten (§ 11 UWG), sodass rasches Handeln notwendig ist.

Maßnahmen (§ 12 UWG)
Wettbewerbsrechtliche Ansprüche können direkt gerichtlich geltend gemacht werden. Es ist aber meistens – auch aus Kostengründen – üblich, zunächst eine außergerichtliche Einigung zu suchen und erst bei einem Scheitern die Gerichte zu bemühen. Eine direkte Klage kann selbst im Erfolgsfall dazu führen, dass der Kläger auf den Prozesskosten sitzen bleibt, vor allem wenn der Beklagte den Vorwurf sofort anerkennt. Denn in diesem Fall trägt der Kläger laut ZPO die Prozesskosten, da der Beklagte ja nie die Chance hatte, sich vorher mit dem Vorwurf auseinander zusetzen (vgl. Dirk Lehr: Wettbewerbsrecht. C. F. Müller Verlag. Heidelberg 2007). In der Praxis erledigen sich ca. 90 % aller Wettbewerbsstreitigkeiten durch Abmahnung und Abgabe einer strafbewehrten Unterlassungserklärung (vgl. Thomas Zerres: Marketingrecht. Vahlen Verlag. München 2002. S. 241).

9.6.2 Außergerichtliche Maßnahmen
Abmahnung (§ 12 Absatz I)
Die Abmahnung ist die außergerichtliche Aufforderung an einen werbenden Unternehmer, eine bestimmte Werbung zu unterlassen. Sie wird verbunden mit dem Versprechen, für den Wiederholungsfall eine Vertragsstrafe zu zahlen. Die Abmahnung ist „handelsüblich" und muss daher vor weiteren Schritten gerichtlichen Schritten (z.B. Erwirkung einer einstweiligen Verfügung oder Unterlassungsklage) erfolgen.

In § 8 Absatz 4 wird ausdrücklich darauf verwiesen, dass Abmahnungen unzulässig sind, wenn sie nur dazu dienen, eine Abmahngebühr zu kassieren. Diese Gefahr hatte der Gesetzgeben schon immer gesehen, weshalb Endverbraucher keine Möglichkeit haben, Abmahnungen zu verschicken, und der Kreis der Anspruchs- und damit Abmahnberechtigten im § 8 Absatz 3 genau umrissen ist.

Eine Abmahnung muss wegen der Wiederholungsgefahr des wettbewerbswidrigen Verhaltens in relativ kurzer Frist erfolgen.

Das Abmahnschreiben sollte folgende Punkte beinhalten:
- die Beschreibung des behaupteten Wettbewerbsverstoßes,
- die Aufforderung zur Abgabe der Unterlassungserklärung, die der Abgemahnte innerhalb einer gesetzten Frist (abhängig von der Dringlichkeit zwischen 24 Stunden und 14 Tagen) abzugeben hat,
- eine Klausel über die Zahlung einer Vertragsstrafe im Falle der schuldhaften Zuwiderhandlung (meistens vier- bis fünfstellige Summen, u.U. noch höher),
- die Androhung gerichtlicher Schritte,
- die Geltendmachung der Abmahnkosten.

Einigungsstellen (z.B. IHK nach § 15 UWG)

Anrufung einer Schiedsstelle, die versucht die streitenden Parteien an einen Tisch zu bringen und eine außergerichtliche Lösung zu finden (häufig beim lokalen Einzelhandel).

9.6.3 Gerichtliche Maßnahmen
Einstweilige Verfügung (§ 12 Absatz II)
Die einstweilige Verfügung stellt ein beschleunigtes Rechtsverfahren dar (Rechtsgrundlage § 12 Absatz II UWG), um die gegnerische Partei bei dringenden Rechtsangelegenheiten durch eine gerichtliche Anordnung aufzufordern, bestimmte Handlungen vorzunehmen bzw. zu unterlassen. Sie ist die schnellste und wirksamste und damit auch die am meisten gebräuchliche gerichtliche Maßnahme, um einen Unternehmer, der sich wettbewerbswidrig verhalten hat, zur Unterlassung dieser Maßnahme zu zwingen.

Eine einstweilige Verfügung wird nur in dringenden Fällen erlassen (zuständig ist in der Regel in erster Instanz die Zivilkammer des Landgerichtes am Ort des Beklagten), wobei der Kläger diese Dringlichkeit nicht beweisen, sondern nur glaubhaft machen muss. Dies wird von den Gerichten bei wettbewerbsrechtlichen Fällen grundsätzlich angenommen, sodass das normalerweise kein Problem darstellt.

Stellt sich später heraus, dass die einstweilige Verfügung einer sachlichen Grundlage entbehrte, wird derjenige, der den Antrag gestellt hat, schadenersatzpflichtig.

Mit dem Erlass einer einstweiligen Verfügung erhält der Kläger einen Rechtstitel, mit dem er in der Regel sehr schnell seinen Unterlassungsanspruch geltend machen kann. In diesem Zusammenhang sei noch einmal auf die gängige Praxis verwiesen, wettbewerbsrechtlich bedenkliche TV-Spots (z.B. vergleichende Werbung) erstmals freitags nach 17 Uhr zu schalten, da zu diesem Zeitpunkt die Gerichte geschlossen sind und keine einstweilige Verfügung erwartet werden muss. Meistens werden diese Spots auch nur an einem Wochenende geschaltet.

Unternehmen, die den Erlass einer einstweiligen Verfügung gegen sich erwarten, können beim zuständigen Amtsgericht vorsorglich eine Schutzschrift hinterlegen. Das präventive Verteidigungsmittel der Schutzschrift ist zwar gesetzlich nicht geregelt, hat sich aber gewohnheitsrechtlich durchgesetzt. Die Schutzschrift dient der Verteidigung gegen den Vorwurf des wettbewerbswidrigen Verhaltens und soll entweder zur Abweisung der einstweiligen Verfügung durch den Richter oder zumindest zur Anberaumung einer mündlichen Verhandlung führen. In dieser Schutzschrift sind deswegen alle rechtlichen und sachlichen Argumente vorzutragen, die gegen die Richtigkeit des zu erwartenden Antrages sprechen. So kann es sein, dass der Abmahnende von falschen Fakten ausgeht, zum Beispiel weil eine Aussage gar nicht oder nicht so oder auch nicht mehr aufgestellt wird.

Die Schutzschrift sollte so schnell als möglich nach Erhalt einer Abmahnung hinterlegt werden, damit sie dem zuständigen Gericht, am besten sowohl am Ort des abgemahnenden Wettbewerbers als auch am eigenen sowie allen in Frage kommenden Gerichten (Kammer für Handelssachen, Kammer für Wettbewerbssachen etc.), bereits vorliegt, wenn der Antrag auf Erlass einer einstweiligen Verfügung eingeht, also auf jeden Fall vor Ablauf der in dem Abmahnschreiben vom Gegner gesetzten Frist.

Die einstweilige Verfügung bedeutet in jedem Fall nur eine vorläufige Regelung, das heißt es besteht weiterhin die Möglichkeit Klage zu erheben. Erst wenn der Beklagte eine Abschlusserklärung unterschreibt, bekommt die einstweilige Verfügung endgültigen Charakter (zum Verfahrensablauf vgl. Abb. 9.1).

Klage
Falls ein abgemahnter Unternehmer die Unterlassungserklärung nicht abgibt oder sich widersetzt, mit einem Abschluss-Schreiben die erlassene einstweilige Verfügung als endgültig anzuerkennen, kann eine zivilrechtliche Klage eingereicht werden. Die Verjährungsfrist wird dadurch unterbrochen, d.h. sie beginnt von neuem zu laufen.

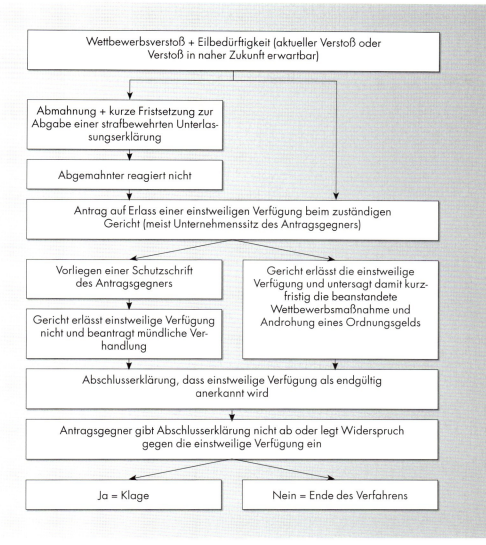

Abb. 9.1: Verfahrensablauf bei einer einstweiligen Verfügung

9.7 Schutz des geistigen Eigentums

Unter den Schutz des geistigen Eigentums fallen so unterschiedliche Dinge wie
- Erfindungen (Patentgesetz),
- technischer Gebrauchsfortschritt (Gebrauchsmustergesetz),
- gewerblich verwertbare Muster und Modelle (Geschmacksmustergesetz),
- Markenzeichen (Markengesetz) oder
- selbstständige geistige Leistungen aus den Bereichen Kunst, Literatur und Musik (Urheberrechtsgesetz).

Im Folgenden sollen vor allem die Bereiche eingehender betrachtet werden, die für den Bereich Marketing und Werbung von besonderem Interesse sind.

Von geringerer Bedeutung dafür sind das Patentgesetz für neu erfundene Gegenstände und Verfahren sowie das Gebrauchsmustergesetz für neue Arbeitsgerätschaften, Ge-/Verbrauchsgegenstände (z.B. elektrische Schaltungen / chemische Stoffe) und technische Anlagen. In beiden Fällen geht es um den Bereich der Technik. Das eintragende Unternehmen erwirbt durch die Eintragung in die Patentrolle bzw. Gebrauchsmusterrolle beim Patentamt Schutz gegen Verwertung durch andere, wobei sich dieser Schutz beim Patent auf 20 Jahre und beim Gebrauchsmuster auf maximal zehn Jahre erstreckt. Die Erteilung eines Patents sichert dem Unternehmen für diesen Zeitraum praktisch ein Monopol für die Vermarktung des Produktes. Dadurch soll dem Unternehmen die Möglichkeit gegeben werden, die unter Umständen erheblichen Investitionskosten bei der Entwicklung des neuen Produktes (z.B. im Pharma-Bereich) oder Verfahrens wieder hereinzuholen. Aus diesem Grund ist die Erteilung eines Patents an bestimmte Voraussetzungen gebunden, die vom nationalen oder auch vom europäischen Patentamt geprüft werden, und hier kurz aufgelistet sind:

- Neuheit (Erfindung, Verfahren etc. darf in der Öffentlichkeit noch nicht bekannt sein)
- gewerbliche Verwertbarkeit
- bei Patenten wird eine bestimmte Erfindungshöhe vorausgesetzt („erfinderische Tätigkeit")
- bei Gebrauchsmustern ist der Anspruch an die Erfindungshöhe geringer („erfinderischer Schritt" also eine Art „Mini-Patent")

Nach Ablauf der Schutzfrist kann das Produkt oder Verfahren von jedem anderen Unternehmen genutzt werden, was im Pharma-Bereich von so genannten Herstellern von Generika genutzt wird. Diese Generika weisen die gleiche Wirkstoffkombination wie das Originalpräparat auf sind aber deutlich billiger. Wenn sich ein Produkt wie Aspirin, dessen Patentschutz schon lange abgelaufen ist, trotzdem am Markt durchsetzen kann, beweist das eindrucksvoll die Kraft von Marken.

9.7.1 Urheberrechtsgesetz

Ein für Werbung ganz zentraler Schutzbereich wird im Gesetz über Urheberrecht und verwandte Schutzrechte (UrhG) geregelt. Das Urheberechtsgesetz soll die Interessen der Urheber von neuen Ideen bzw. Werken, der Unternehmen, die diese Ideen/Werke verwerten wollen und der Allgemeinheit unter einen Hut bringen. Deshalb wird das Urheberrecht im Zusammenhang mit der Bedeutung von neuen Ideen für die entwickelten Volkswirtschaften im 21. Jahrhundert schon mal als Verfassung der Informationsgesellschaft bezeichnet.

> *Das Urheberrechtsgesetz schützt das geistige Eigentum an schöpferischen Werken.*

Die Schutzfrist dauert nach deutschem Recht 70 Jahre nach dem Tod des Urhebers. Anschließend gelten die Werke als gemeinfrei, d.h. sie können von der Allgemeinheit frei benutzt werden. Das ist aber leichter formuliert, als es in der Realität aussieht, denn an der Musik von Mozart haben zwar die möglicherweise noch existierenden Nachfahren von Mozart keine Rechte mehr, dafür aber die Dirigenten und Orchester, die die Stücke von Mozart eingespielt haben. Im Gegensatz zu anderen Schutzrechten kann man das Urheberrecht nicht beantragen, sondern muss es sich in gewisser Weise durch eine persönliche, geistige Schöpfungen verdienen. Um den Urheberrechtsschutz zu erlangen, ist nämlich keine Eintragung erforderlich, sondern er entsteht unmittelbar mit dem Zeitpunkt der Werkschöpfung. Das Urheberrecht schützt den Urheber gegen unbefugte wirtschaftliche Ausbeutung seines Werkes und gilt auch in den übrigen europäischen Ländern. Nur in den USA ist zu Erlangung des Urheberrechtschutzes die Anbringung des Copyright-Vermerks erforderlich. Wenn das in Europa trotzdem geschieht, dann hat dieser Hinweis weniger eine rechtsbegründende, sondern vielmehr eine warnende Funktion.

Urheberrecht kann für persönliche, geistige Schöpfung aus dem Gebiet der Literatur, Wissenschaft oder Kunst bestehen, wobei man diesen Begriff sehr weit interpretieren kann. Selbst die schon weit gefasste Basis des §2 UrhG, die im Folgenden aufgelistet wird, kann im Einzelfall noch erweitert werden. Außerdem können die im Folgenden aufgeführten Werke Urheberrechtsschutz genießen, müssen es aber nicht. Dies hängt stark vom Grad der gestalterischen Neuigkeit ab.

- Sprachwerke, wie Schriftwerke, Reden und Computerprogramme
- Werke der Musik
- pantomimische Werke einschließlich der Werke der Tanzkunst
- Werke der bildenden Künste einschließlich der Werke der Baukunst und der angewandten Kunst und Entwürfe solcher Werke
- Lichtbildwerke einschließlich der Werke, die ähnlich wie Lichtbildwerke geschaffen werden
- Filmwerke einschließlich der Werke, die ähnlich wie Filmwerke geschaffen werden
- Darstellungen wissenschaftlicher oder technischer Art, wie Zeichnungen, Pläne, Karten, Skizzen, Tabellen und plastische Darstellungen

Ein durch das Urheberrecht geschütztes Werk muss sich vom durchschnittlichen Können abheben, dadurch eine gewisse Schöpfungshöhe erreichen und sinnlich wahrnehmbar sein. An diesen Anforderungen scheitern viele Claims, Slogans, Logos oder Soundlogos. Schutzlos steht man aber nicht da, da diese Kommunikationselemente auch durch das Wettbewerbs- und/oder das Markenrecht geschützt sein können (vgl. Abschnitte 9.6 und 9.8).

Der Urheberrechtsschutz besteht, wie oben schon erwähnt, zeitlebens und bis zu 70 Jahre nach dem Tod des Urhebers, das heißt er kann auf die Erben übergehen.

In diesem Zusammenhang einige kurze Hinweise zur Übertragbarkeit des Urheberrechts.

Grundsätzlich kann das Urheberrecht nicht übertragen werden, das heißt der Schöpfer eines urheberrechtlich schutzfähigen Werks bleibt zeitlebens Inhaber des Urheberrechts.

- Übertragbar ist das Nutzungsrechte an einem Werk.
  Dies kann sogar so weit gehen, dass dem eigentlichen Urheber die Nutzung seines eigenen Werks untersagt wird (Total-buy-out-Verträge).
  Das mögliche Verbot der Nutzung des eigenen Werkes gilt auch für die Kreativen in den Agenturen.
- Nutzungsrechte an den eigenen Ideen kann man durch Arbeitsvertrag an die Agentur abtreten.
  Trotzdem bleiben die Kreativen Urheber (und werden dafür hoffentlich in Berlin und Cannes goldenen Nägel bzw. Löwen abräumen …).
- Im Zusammenhang mit Werbung kann die Verletzung fremder Urheberrechte eine große Rolle spielen.
  Das ist der Fall, weil und wenn teilweise allgemein bekannte und gebräuchliche Ideen variiert werden. Ein nach §2 UrhG geschütztes Werk, wie z.B. ein Bild, eine Musiktitel oder ein Text, darf aber ohne Zustimmung des Urhebers nicht für Werbzwecke übernommen werden.

Insofern ist einer der wichtigsten Aufgaben von Art Buying und FFF-Produktion die Klärung von Rechten. Hier noch einige Hinweise zum (auch durch den Erfolg von Internet-Plattformen wie YouTube) immer mehr in Mode kommenden Bereich, die Zielgruppen in Gestaltung der Kommunikation einzubeziehen (Consumer generated advertising oder User generated content).

Beispiel:

Auch bei privaten, selbst gedrehten Spots, die z.B. bei YouTube zum Download bereit stehen, muss ein Unternehmen, das diese in der Unternehmenskommunikation einsetzen will, die Rechte klären. Denn die Urheber dieser Spots können bestimmen, was, wo und wie damit passieren soll. Das Unternehmen benötigt eine möglichst schriftliche Einverständniserklärung der Urheber und diese können dafür selbstverständlich je nach Zweck und Umfang der Nutzung (z.B. national oder international) eine angemessene Vergütung verlangen. Das Unternehmen muss aber nicht nur die Urheber ermitteln und die Nutzungsrechte mit ihnen klären, sondern auch die Rechte aller im Spot gezeigten Personen, abgebildeten Marken oder zu hörender Musik müssen geklärt werden. Das heißt beispielsweise, dass die mitspielenden Personen ebenfalls ihre Einwilligung geben müssen, für unterlegte Musik müssen GEMA-Gebühren (Gesellschaft für musikalische Aufführungsrechte) gezahlt und auf die nicht verunglimpfende Darstellung abgebildeter Marken (vgl. § 4 Abs. 7 UWG im Abschnitt 9.6) muss geachtet werden. Das gilt auch für Spots, die im Rahmen eines vom Unternehmen selbst veranstalteten Gewinnspiels oder Wettbewerbes ausgewählt und prämiert werden. Allerdings kann hier bei den Teilnahmebedingungen schon darauf geachtet werden, dass alle Einsender ihre Rechte abtreten. Aber auch hier kann man nicht erwarten, dass die „Amateure" z.B. an die Klärung der Musikrechte oder das Wettbewerbsrecht gedacht haben, sodass vor einer Verwendung der Spots auf jeden Fall eine juristische Überprüfung erfolgen sollte.

Auch in der Werbung werden mitunter Leistungen vollbracht, die urheberrechtlich schutzfähig sind, aber nur wenn sie hinreichend originell sind und das Können eines durchschnittlichen Grafikers oder Texters erkennbar übersteigen.

Die bloße Werbeidee oder Konzeption ist aber grundsätzlich nicht geschützt. Geschützt sein kann nur die konkrete Gestaltung einer Idee. Insofern können nur konkretisierte Werbeideen, die in bestimmten Werbemaßnahmen oder Gestaltungen ihren Ausdruck gefunden haben und als solche existent und wahrnehmbar sind, geschützt sein. Eine Werbeidee konkretisiert sich also im jeweiligen Werbemittel, das heißt in Bild und Text.

Werbefilmen und Funkspots wird relativ schnell urheberechtlicher Schutz zugestanden, ebenso grafischen Gestaltungen (Anzeigen, Plakaten, Prospekten). Lediglich Werbetexten (gesprochen oder gedruckt) wird nur selten Urheberrechtsschutz zugestanden. Dabei könnte sich der Schutz sowohl auf die Form als auch den Inhalt beziehen. Ein strittiger Bereich sind Slogans, denen selten urheberechtlicher Schutz zugestanden wird, denn nach Meinung der Gerichte sind Slogans meist zu kurz, um die erforderliche Schöpfungskraft zu besitzen.

Nach den Kriterien der bisherigen Rechtssprechung wurden aber folgende Werbeslogans urheberrechtlich geschützt:
- „ein Himmelbett als Handgepäck"
- „Persil bleibt Persil"
- „Der Tag geht, Johnnie Walker kommt"
- „Dash wäscht so weiß, weißer geht's nicht"
- „Pack den Tiger in den Tank"
- „Biegsam wie ein Frühlingsfalter bin ich im Forma Büstenhalter"

Kein Urheberschutz wird einfachen Aufforderungen und Anpreisungen eingeräumt:
- „Das aufregendste Ereignis des Jahres"
- „Tadellos frisiert mit Wellaform"
- „Togal millionenfach bewährt"
- „... in der Tat eines der besten Biere der Welt"
- „Aktiv leben, vergnügt genießen"

Wie man sieht, tritt anscheinend besonders bei gereimten Versen die eigenschöpferische Leistung deutlicher hervor, sodass hier eher ein Urheberschutz in Betracht kommt. Aber auch wenn Werbetexte nicht die Minimalvoraussetzungen für einen Urheberschutz genießen, können sie Schutz über das Wettbewerbsrecht (Rufausbeutung, Nachahmung, Irreführung) oder das Markenrecht (Erlangung von Verkehrsgeltung) genießen. Gerade in den letzten Jahren sorgten einige Urteile des BGH dafür, dass Slogans vom Patentamt als Marke eingetragen werden mussten, obwohl dieses zunächst eine Eintragung verweigert hatte („Radio von hier, Radio wie wir" oder „Früher an später denken"). Der entscheidende Streitpunkt war die im Markenrecht erforderliche Unterscheidungskraft, die von den Richtern des BGH auch bei „Wortfolgen, die keinen vollständigen Satz bilden" im Gegensatz zum Patentamt angenommen wurde.

Werden die Rechte des Urhebers verletzt, dann kann der Urheber Unterlassungs-, Vernichtungs- und Schadenersatzansprüche gegen den Verletzer geltend machen (vgl. dazu die Ausführungen in Abschnitt 9.6).

Allerdings ist es für Urheber oft nahezu unmöglich, gegen Urheberrechtsverletzungen in anderen Ländern oder auch im Internet vorzugehen. In beiden Fällen benötigt der Urheber in der Regel kostenpflichtige anwaltliche Hilfe, um nachzuweisen, dass seine Urheberschaft besteht und um den Verletzer im Ausland verklagen zu können. Außerdem reicht in vielen Fällen eine Ähnlichkeit der umgesetzten Idee allein nicht aus, schließlich entsteht Neues sehr häufig erst durch die kreative Variation von schon Dagewesenem. Man muss schon nachweisen, dass ein Anderer komplett „abgekupfert" hat.

9.7.2 Geschmacksmustergesetz

Von größerer Bedeutung für den Bereich Marketing und Werbung ist der Schutz gewerblich verwertbarer Muster und Modelle. Ästhetisch ansprechende Farb- und/oder Formgestaltungen gewerblicher Erzeugnisse werden nach dem Geschmacksmustergesetz vom Urheber geschützt. Schutzfähig sind unter anderem folgende Bereiche:
- grafische Muster (z.B. Stoffe, Teppiche, Tapeten)
- Farbmuster (z.B. Farbkombinationen, einzelne Farben, den reinen Grundfarben kommt jedoch kein Schutz zu)
- Typografie (z.B. Druckschriften, Schriftzeichen oder das Schriftbild einer Druckseite)
- Etiketten (die Industrie macht vom geschmacksmusterrechtlichen Schutz für Etiketten in großem Umfang Gebrauch, da er in den meisten Fällen die einzige Schutzmöglichkeit bietet)
- räumliche Gestaltungen neben dem Produkt (Verpackungen)
- Produktdesign (z.B. Lampen, Vasen, Geschirr, Besteck, Schmuck, Uhren, Möbel etc.)

 Der Schutz vor ungenehmigten Nachbildungen kann seit neuestem auf zweierlei Weise erlangt werden.

Zum einen kann das Unternehmen beim deutschen Patent- und Markenamt die Eintragung in das Musterregister erreichen. Dazu muss das zu schützende Geschmacksmuster durch Fotos oder Zeichnungen – im Bereich Typographie werden mindestens drei Zeilen Text verlangt – dargestellt und beim Patentamt hinterlegt werden. Die Schutzdauer beträgt zunächst nach der Anmeldung fünf Jahre, lässt sich aber bis auf 20 Jahre ausdehnen. Für die Eintragung in die Musterrolle des deutschen Patentamts gelten folgende Voraussetzungen:
- Neuheit: Die Gestaltungselemente, die die Eigentümlichkeit begründen, dürfen in inländischen Fachkreisen nicht bekannt sein
- Eigentümlichkeit: Eine schutzfähige Gestaltung muss sich von durchschnittlichen Erzeugnissen, die im Können eines jeden Menschen liegen, durch einen, wenn auch geringen Grad schöpferischer Eigenart abheben.
- Gewerbliche Verwertbarkeit: Möglichkeit, das Muster gewerblich herzustellen oder zu verwenden. Es besteht jedoch kein Ausführungszwang, das heißt eine vorsorgliche Eintragung ist möglich. Häufig wird deshalb von einer rein vorsorglichen Anmeldung Gebrauch gemacht, um eine spätere Nutzung zu sichern oder durch ein sog. „Sperrmuster" Konkurrenten zu behindern.
- Musterfähigkeit: Nur konkrete Gestaltungen, die wiederholbar sind, können Geschmacksmusterschutz genießen.

Die zweite Möglichkeit, Geschmacksmusterschutz zu erlangen, eröffnet seit Anfang 2002 die Umsetzung einer EU-Richtlinie, denn seitdem kann Geschmacksmusterschutz auch ohne Eintragung beim Patentamt entstehen. Dazu ist allerdings eine „ausreichende" Verkehrsgeltung nötig, das heißt eine Mehrheit der angesprochenen Verbraucher (Zielgruppe) – genaue Prozentzahlen sind einzelfallabhängig – muss mit dem Geschmacksmuster einen bestimmten Hersteller verbinden.

> **Beispiel**

Das Unternehmen Lindt&Sprüngli konnte mithilfe einer Marktforschungsstudie nachweisen, dass der Osterhase mit der roten Schleife und dem Glöckchen von Verbrauchern auch dann dem Unternehmen zugeordnet wurde, wenn kein Markenname aufgedruckt war. Insofern hat dieser Osterhase auch ohne Eintragung ins Markenregister Geschmacksmusterschutz erlangt und jeder Nachahmer kann von Lindt&Sprüngli auf Unterlassung verklagt werden.

9.8 Markengesetz

Die Marke ist neben dem Patent das zweite wichtige gewerbliche Schutzrecht, das vom Deutschen Patent- und Markenamt (DPMA) und für die Europäische Union vom Harmonisierungsamt für den Binnenmarkt (HABM) erteilt und verwaltet wird.

Unter einer Marke versteht man ein Kennzeichnungsmöglichkeit für Produkte und Dienstleistungen, die geeignet sind, Waren oder Dienstleistungen eines Unternehmens von denjenigen anderer Unternehmen zu unterscheiden. Es handelt sich gewissermaßen um die Visitenkarte, mit dem Produkte und Dienstleistungen im Wettbewerbsleben auftreten. Die Marke ermöglicht die Unterscheidung von Konkurrenzangeboten und damit den Wiederholungskauf von Waren bzw. die wiederholte Inanspruchnahme von Dienstleistungen desselben Unternehmens.

 Während beim Urheberrecht geistige Schöpfungen als Werk geschützt werden, schützt das Markenschutz die Kennzeichnungskraft eines Zeichens.

Als Marken kommen verschiedene Formen von Kennzeichnungen in Betracht (Übersicht in Abb. 9.2):

Vor der Eintragung der Marke prüft das Deutsche Patent- und Markenamt die Schutzfähigkeit der Anmeldung.

Voraussetzungen (§ 3 MarkenG)
- Unterscheidungskraft von Marken
- Selbstständigkeit, d.h. selbstständige geistige Leistung neben dem Produkt (Originalität)

Absolute Schutzhindernisse sind
- für die allgemeine Benutzung freizuhaltende beschreibende Angaben (= Freihaltebedürfnis im Interesse der Allgemeinheit)
- ersichtliche Irreführungsgefahr
- Wappen und Flaggen von Staaten, Ländern und Gemeinden
- Verstoß gegen die guten Sitten oder die öffentliche Ordnung
- Amtliche Prüf- und Gütezeichen

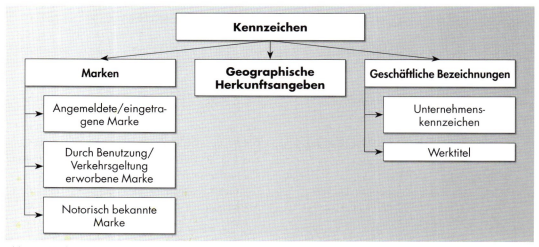

Abb. 9.2: Markengesetz

Geltungsbereich (§§ 3, 5, 126 ff. MarkenG):
Markenzeichen für Waren und Dienstleistungen (§ 3 MarkenG):
- Wortmarke (z.B. „Siemens", „Nivea", Slogans wie „Hoffentlich Allianz versichert")
- Bildmarke (z.B. die springende Raubkatze von „Puma", Stern von Mercedes-Benz, Comic-Figuren wie der Bausparfuchs von Schwäbisch-Hall)
- Wort-Bild-Marke (z.B. das „Bayer-Kreuz")
- Dreidimensionale Formen (z.B. die Kühlerfigur von Rolls-Royce, Michelin-Männchen, Form einer Ware oder ihrer Verpackung wie die Coca-Cola-Flasche)
- Hörmarken (z.B. Erkennungsmelodien wie bei Radiosendern, akustische Logos wie bei der Telekom)
- Farben (Sonderfarben, keine Grundfarben, Ausnahme lila für Milka), Farbkombinationen (magenta/grau der Telekom oder blau-weiß von Aral) (vgl. auch Geschmacksmusterschutz)
- Zahlen (4711, 8x4)
- Buchstaben (Einzelbuchstaben oder Gruppen von Buchstaben wie bei AEG, BP, hp, IBM)

Inzwischen wurde diese Aufzählung durch das europäische Markenamt in Alicante noch um Gerüche erweitert, dort wurde nämlich der Geruch frisch geschnittenen Grases für Tennisbälle als eintragungsfähig angesehen.

Geschäftliche Bezeichnungen (§ 5 MarkenG)
- Unternehmenskennzeichen/Firma (= Name unter dem der Kaufmann oder das Unternehmen im geschäftlichen Verkehr auftritt) auf, Logo (z.B. Kasten mit Schrägstrich von der Deutschen Bank, Telefonnummern, Internet-Domains)
- Werktitel (Titelschutz) = Produktbezeichnungen von Druckschriften (Bücher und Presseerzeugnisse), Filmwerken, Tonwerken (Opern und Musicals), Bühnenwerken und Software (z.B. Powerpoint für Microsoft) etc.

Unternehmenskennzeichen erlangen grundsätzlich mit der ersten Benutzung im Geschäftsverkehr Schutz, wenn sie unterscheidungskräftig sind. Bei fehlender Unterscheidungskraft muss nachgewiesen werden, dass Verkehrsgeltung besteht.

Geographische Herkunftsbezeichnungen (§ 126 ff. MarkenG)
- schützen alle Unternehmen eines bestimmten Gebietes, die die Ware oder Dienstleistung anbieten, auf die die geschützte Herkunftsbezeichnung zutrifft. Als schutzfähige geographische Herkunftsbezeichnung wird zum Beispiel die Bezeichnung „Schwarzwälder Uhren" angesehen, das heißt nur Uhren, die in der Region des Schwarzwaldes hergestellt werden, dürfen diese Bezeichnung verwenden. Weitere Beispiele sind „Dresdner Christstollen" oder „Spreewaldgurken", aber auch internationale Herkunftsbezeichnungen wie Champagne oder Cognac.

In der Praxis kommt der Frage der Unterscheidungskraft, der Selbstständigkeit – vor allem bei Slogans interessant – und der Prüfung, ob eine freihaltungsbedürftige beschreibende Angabe vorliegt, die größte Bedeutung zu. Hierbei muss die Marke immer mit Blick auf die vom Anmelder zur Kennzeichnung vorgesehenen Waren oder Dienstleistungen beurteilt werden.

> *Waren und Dienstleistungen werden heute gemäß internationalen Abkommen (EU-Richtlinien und Verordnungen: Pariser Verbandsübereinkunft, Madrider Abkommen, Weltweit: WIPO = World Intellectual Property Organization) in ein 45 Klassen umfassendes Verzeichnis eingeteilt.*

(Vgl. dazu Wolfgang Berlit: Das neue Markenrecht, München 2008) Bei einer Neueintragung können vom Anmelder drei der Klassen ausgewählt werden, in denen das Markenzeichen dann Markenschutz genießt. Es ist möglich, die Marke in weiter Klassen eintragen zu lassen, für die aber jeweils eine weitere Gebühr erhoben wird.

> **Beispiel**
>
> Bekannt ist die Marke „Bounty", die schon seit Jahren für einen Schokoriegel (Hersteller Mars) eingeführt ist. Dieser Name wird aber seit einiger Zeit auch für eine Küchenrolle (Hersteller Procter&Gamble) verwendet.

Eine Marke ist dann unterscheidungskräftig, wenn die Mehrheit der Verbraucher in der Marke nicht nur eine allgemeine und übliche Sachaussage in Bezug auf die Ware (z.B. Art, Eigenschaft und Verwendungszweck) sehen, sondern mit der Marke einen Herkunftshinweis verbinden. Das heißt die Verbraucher identifizieren anhand der Marke das Produkt von Konkurrenzprodukten.

Eine geringe Unterscheidungskraft wohnt zwar eigentlich jeder Marke inne, doch in diesem Zusammenhang wird vor allem eine mögliche Verwechslungsgefahr von besonderer Bedeutung sein. Bei der Beurteilung, ob eine Verwechslungsgefahr vorliegt, muss man wieder den Einzelfall betrachten, das heißt an welche Adressaten richtet sich das einzutragende Markenzeichen. Bei Waren und Dienstleistungen, die sich an die Allgemeinheit richten, ist das wieder der Durchschnittsverbraucher (vgl. zum Verbraucherleitbild am Anfang des Kapitels). An dieser Stelle nur ein aktuelles Beispiel.

> **Beispiel**
>
> Der Berliner Tageszeitung „TAZ" wurde der Vertrieb von Werbeartikeln aus dem Outdoor-Bereich mit dem aufgedruckten Logo der Zeitung – einer Tatze – verboten, da das Landgericht Hamburg eine Verwechslungsgefahr zum Logo des Klägers (Jack Wolfskin) annahm. Ein durchschnittlichen Betrachter oder Käufer stelle eine gedankliche Verbindung im Sinne einer geschäftlichen Beziehung zwischen der „TAZ" und Jack Wolfskin her, die aber so nicht existiere, denn die „TAZ" sei den beteiligten Verkehrskreisen als Zeitung und nicht als Händlerin für Textilien und verwandte Produkte bekannt. Besonders interessant ist dieser Fall dadurch, dass die „TAZ" nachweisen konnte, die Erfinderin der „Tazze" zu sein, aber in der Gründungsphase schlicht vergessen hatte, sich das Logo als Marke eintragen zu lassen. Das Unternehmen Jack Wolfskin wählte die Tatze in den Achtzigerjahren als Logo aus und ließ es sich ins Markenregister eintragen. (Detailliertere Ausführungen zum Thema Verwechslungsgefahr finden Sie in Wolfgang Berlit: Das neue Markenrecht. Vahlen Verlag. München 2008)

Ausnahmsweise können aber auch Marken, die nicht unterscheidungskräftig oder lediglich beschreibend sind, eingetragen werden, wenn sie sich im Verkehr als Marke durchgesetzt haben. Eine solche Feststellung ist jedoch an sehr strenge Voraussetzungen gebunden (u.U. demoskopische Umfrage.)

Werbeslogans sind dann unterscheidungskräftig, wenn sie mehrdeutig und interpretationsbedürftig sind. Ein Werbeslogan ist dann als Marke eintragungsfähig, wenn er inhaltlich Kürze, Originalität und Prägnanz aufweist. Das ist regelmäßig kein Problem, wenn der Markenname in dem Slogan enthalten ist wie bei „Lass dir raten, trinke Spaten" . Grundsätzlich vertritt sowohl das DPMA als auch das HABM (Harmonisierungsamt für den Binnenmarkt) seit Jahren eine sehr strenge, oft ablehnende Haltung bei der Entscheidung, ob Slogans ins Markenregister eingetragen werden. Dies führt immer wieder zu Gerichtsverfahren zwischen den eintragungswilligen Unternehmen und den öffentlichen Institutionen, die aber sehr häufig zugunsten der Markenämter entschieden werden. Zur Veranschaulichung der bisherigen Entscheidungspraxis zwei in letzter Zeit entschiedene Fälle:

- das HABM lehnte die Eintragung des Werbeslogans „Vom Ursprung her vollkommen" als Marke in der Klasse 32 und 33 für alkoholfreie bzw. alkoholische Getränke ab. Der Slogan habe keine Unterscheidungskraft, sondern sei bereits auf den ersten Blick als Beschaffenheitsangabe zu verstehen. (HABM vom 17.11.2005 ; Az. R 1179/2004 – 2 GRUR – RR 2006, S. 93)

- auf der anderen Seite hielt das HABM den Slogan „cook & more" als Marke für Waren der Klasse 7 (u.A. Maschinen), 9 (u.A.Messgeräte) und 11 (u.A. Kochgeräte) für eintragungsfähig, da die Marke das erforderliche Maß an Unterscheidungskraft besitze. Der Slogan sei auch nicht lediglich beschreibend und damit eintragungsfähig (HABM vom 20.4.2005; R 79/2005 – 2 GRUR - RR 2006, S. 92)

Neben dem Vorwurf mangelnder Unterscheidungskraft wird der Markenanmeldung häufig ein vorhandenes Freihaltebedürfnis entgegengehalten. Die besondere Bedeutung des Freihaltebedürfnis liegt darin, dass der Wirtschaftsverkehr vor Behinderungen geschützt werden soll, denn wenn eine lediglich beschreibende Angabe eingetragen würde, könnte der Markeninhaber allen anderen die Verwendung dieses Begriffs untersagen.

Beispiel

In diesem Zusammenhang kann man verstehen, dass die Bezeichnung „today" als Handelsmarke eines Lebensmittelhändlers für Hygieneartikel, Wasch- und Putzmittel nicht eingetragen wurde, weil sie als allgemeiner Hinweis auf die Aktualität einer Ware oder Dienstleistung verstanden wird und deshalb für die Allgemeinheit freigehalten werden muss (BGH, NJW-RR 1998, 1261).

Allerdings spielen in Markenrechtsfällen auch immer wieder Fragen des Wettbewerbsrecht – vor allem Rufausbeutung – eine Rolle.

Beispiel

So wurde Ford durch das Landgericht Köln (AZ 81088/98) zunächst die Verwendung des Markennamens „Focus" verweigert, weil das gleichnamige Nachrichtenmagazin aus München (Burda Verlag) dadurch eine Verwässerung seines Images bzw. eine unzulässige Anlehnung befürchtete und dies vom Gericht bestätigt wurde. Außergerichtlich einigten sich Ford und Burda: Gegen eine Spende von 1 Mio. Mark für das Entwicklungsprojekt „Ärzte für die Dritte Welt" und weiterer Regelungen, die eine Verwässerung oder Verwechslung des Markennamens „Focus" ausschließen, durfte Ford den Namen verwenden.

Entstehung von Markenschutz

Markenschutz entsteht nach (§ 4 MarkenG) durch
- Eintragung in das Markenregister beim Patentamt (für Deutschland: München; für Europa: Harmonisierungsamt für den Binnenmarkt Alicante) – für eine Schutzdauer von 10 Jahren (Verlängerung um jeweils 10 Jahre möglich)
- Benutzung und Erlangung von Verkehrsgeltung – in Einzelfällen reichen schon 20 %, aber meistens müssen mehr als 50 % der beteiligten (Verkehrs-)Kreise bzw. Zielgruppen mit einer beschreibenden Angabe einen bestimmten Hersteller verbinden (vgl. auch Wolfgang Berlit: Das neue Markenrecht, Vahlen Verlag. München 2008)
- Notorische Bekanntheit einer Marke – dies gilt vor allem für ausländische Marken, die in Deutschland nicht eingetragen sind. (Kennzeichen im Sinne des Artikels 6 der Pariser Verbandsübereinkunft zum Schutz des gewerblichen Eigentums). Hier muss der Bekanntheitsgrad noch deutlich über den für die Verkehrsgeltung geltenden 50 % liegen, einige Autoren nennen hier sogar 70 % (vgl. Thomas Zerres: Marketingrecht. Vahlen Verlag. München 2002. S. 63).

Die beiden letzen Bereiche zeigen, dass Markenschutz auch ohne Eintragung beim Patent- und Markenamt entstehen kann. Als Voraussetzung gilt die Erlangung von Verkehrsgeltung, das heißt der Produktname oder die Ausstattung (= alles, was eine Ware unterscheidungskräftig kennzeichnet z.B. ihre Verpackung, Umhüllung, Ankündigung, Werbung) muss bei einer Mehrheit der angesprochenen Zielgruppe mit dem Hersteller verbunden werden. (Die Prozentzahlen sind wie schon erwähnt einzelfallabhängig und müssen mithilfe von Marktforschungsstudien belegt werden können.) Die Rechtsansprüche aus einem so erlangten Markenschutz sind selbstverständlich die gleichen wie bei einem eingetragenen Markenzeichen.

Beispiel

Das Unternehmen Ferrero wollte 2006 einem konkurrierenden Süßwarenhersteller verbieten lassen, Schokoriegel in der Form des Duplo-Riegels zu vertreiben, da eine Verwechslungsgefahr bestehe. Bis zu diesem Zeitpunkt war natürlich die Marke Duplo längst ins Markenregister eingetragen, aber die Form des unverpackten Riegels natürlich nicht. Die Form des Duplo-Riegels ähnelt einem längs halbierten Baumstamm und weist eine Oberflächenstruktur auf, die an Baumrinde erinnert. Und genau diese Form hatte das konkurrierende Unternehmen kopiert. Um die Verkehrsgeltung der Form des Duplo-Riegels nachzuweisen, ließ Ferrero eine repräsentative Befragung bei 814 Personen durchführen. Von diesen ordneten 533 Personen (=65,5 %) den unverpackten Riegel der Konkurrenz der Marke Duplo zu, weitere 101 Personen nannten Ferrero (=gesamt 77,9 %), sodass die Richter zu dem Schluss kamen, dass eine Verwechslungsgefahr bestehe und Ferrero daher markenrechtliche Ansprüche gegenüber der Konkurrenz geltend machen könne (OLG Köln, vo. 3.3.2006 –6W 5/06).

Wie man sieht, hilft eine hohe Markenbekanntheit nicht nur dem Verkauf von Produkten, aber in manchen Fällen wird aus dem Segen einer hohen Bekanntheit auch ein Fluch. Dann, wenn die Marke so bekannt geworden ist, dass sie zum Gattungsbegriff geworden ist wie z.B. bei Tempo oder UHU. Wenn dann in der Werbung mit diesen Markennamen geworben wird, kann es schwer werden dies untersagen zu lassen. In extremen Fällen wäre sogar denkbar, dass eine Marke aus dem Markenregister gelöscht werden muss, weil sich auf Grund der Verwendung der Marke als Gattungsbegriff ein Freihaltebedürfnis für die Allgemeinheit (absolutes Schutzhindernis § 3 MarkenG) ergeben hätte.

Verfahren der Eintragung

Die eingereichte Markenanmeldung durchläuft im DPMA zwei verschiedene Verfahrensabschnitte:

1. Das Eintragungsverfahren

In diesem wird geprüft, ob die Anmeldung den Anmeldungserfordernissen entspricht und der Eintragung keine absoluten Schutzhindernisse entgegenstehen.

Die Eintragung ins Markenregister hängt von folgenden Faktoren ab:
- graphische Darstellbarkeit
- Unterscheidungskraft
- kein Freihaltebedürfnis

Zunächst muss die Marke graphisch darstellbar sein, d.h. durch Figuren, Schriftzeichen, Abbildungen etc. eindeutig identifiziert werden können. Probleme tauchen in dieser Hinsicht vor allem bei den dreidimensionalen Gestaltungen, den Hörzeichen und den Geruchsmarken auf. **Dreidimensionale Gestaltungen** wie z.B. die Verpackung oder das Produktdesign müssen über Fotografien wiedergegeben werden, da das DPMA dreidimensionale Modelle nicht akzeptiert. **Hörzeichen** sind als Marken nur dann eintragungsfähig, wenn bei der Anmeldung die Notenschlüssel und Noten graphisch dargestellt werden. In der Werbung werden aber immer häufiger **akustische Logos** verwendet. Diese kurzen Tonfolgen (z.B. Telekom, Intel) oder Geräusche erlangen keinen Urheberrechtsschutz, da meist die gestalterische Schöpfungshöhe fehlt, können aber als Marken beim DPMA oder beim HABM eingetragen werden.

Die fehlende graphische Darstellbarkeit verhindert bisher auch die Eintragung von Geruchsmarken, die Hinterlegung einer Duftprobe oder die Beschreibung eines Geruchs reicht nicht. Selbst die Hinterlegung der chemischen Formel reicht nicht aus, da die Richter die Unterscheidungskraft der menschlichen Nase angesichts einer nur geringfügig veränderten chemischen Formel – vermutlich zu Recht – als sehr gering einschätzen. Der Registerstand wäre in diesem Fall nicht geeignet, die Öffentlichkeit richtig zu informieren.

Bei **Bild-/Farbmarken** ist zu beachten, dass der Anmeldung ein Farbmuster sowie die Bezeichnung der Farbe nach einem Kennzeichnungscode beizufügen ist. Das gilt besonders für konturlose Farbtöne.

Anschließend erfolgt die Eintragung der Marke in das Register. Dabei wird nicht geprüft, ob es relative Schutzhindernisse, das heißt eine Identität oder Ähnlichkeit mit prioritätsälteren Marken gibt, da man davon ausgehen kann, dass sich die Besitzer älterer oder ähnlicher Marken schon melden werden, wenn sie mit der neu eingetragenen Marke Probleme haben. Falls das der Fall sein sollte, muss zunächst innerhalb von drei Monaten nach der Eintragung der neuen Marke ein Widerspruch eingelegt werden (§ 42 MarkenG).

Auch deshalb ist eine ausgiebige Markenrecherche durch spezialisierte Anwälte sehr wichtig, auch wenn das bei geplanter internationaler Verwendung einer Marke schnell teuer werden kann. Wenn sich aber auf Grund einer schlechten Markenrecherche nach einer Eintragung später andere Unternehmen mit prioritätsälteren Rechten melden und auf Unterlassung oder Schadenersatz klagen, kann der finanzielle Schaden deutlich höher ausfallen (vgl. dazu auch das „Focus"-Beispiel). Man sollte also bei der Markenrecherche sowie bei der Festlegung der einzutragenden Warenklassen schon im Blick haben, wofür man die Marke innerhalb der nächsten fünf Jahre (Benutzungsschonfrist) einsetzen möchte, was angesichts der Schnelllebigkeit des heutigen Marketings eine anspruchsvolle Aufgabe darstellt.

2. Das Widerspruchsverfahren
Das Widerspruchsverfahren ist in der Praxis von großer Bedeutung, wobei sehr häufig auf die Verwechslungsgefahr verwiesen wird. Im Rahmen der Prüfung werden die Kriterien Warenähnlichkeit, Maß der Kennzeichnungskraft und Zeichenähnlichkeit überprüft.

Bei einem erfolgreichen Widerspruch wird die zuletzt eingetragene Marke wieder gelöscht.

Das Deutsche Patent- und Markenamt prüft bei der Eintragung nicht, ob sich in dem Register bereits Marken befinden, die mit der angemeldeten verwechselbar ähnlich sind.

Schutzdauer
Die Schutzdauer beginnt mit dem Anmeldetag, das heißt noch vor der eigentlichen Eintragung und endet zehn Jahre nach dem Ablauf des Monats, in den der Anmeldetag fällt (§ 47 MarkenG). Sie kann jedoch um jeweils zehn weitere Jahre gegen Zahlung entsprechender Gebühren verlängert werden. Das heißt Markenschutz endet nie, wenn der Markenanmelder das nicht möchte.

Verletzung von Markenrechten
Bei der Verletzung von Markenrechten hat der Inhaber des Markenrechts gegen den Verletzer Unterlassungs- und Schadenersatzansprüche, Vernichtungsansprüche und Auskunftsansprüche. Werbetreibende können hierbei sowohl Anspruchssteller (Geschädigter) als auch Anspruchsgegner (Beklagter) sein.

Im Einzelnen hat der Markeninhaber oder der Inhaber einer geschäftlichen Bezeichnung das Recht vom Verletzer Folgendes zu verlangen:
- Unterlassung (§§ 14, 15 MarkenG), dies unabhängig vom Verschulden – evtl. besteht auch Anspruch auf Löschung der Marke aus dem Markenregister (§§ 51, 55 MarkenG)
- Schadenersatz (§§ 14, 15 MarkenG) – dies nur bei Vorsatz oder Fahrlässigkeit
- Vernichtung der widerrechtlich gekennzeichneten Waren (§ 18 MarkenG) – z.B. bei Produktpiraterie
- Auskunft über die Herkunft und den Vertriebsweg der widerrechtlich gekennzeichneten Waren bzw. Verpackungen (§ 19 MarkenG)
- Beschlagnahme (§§ 146 ff. MarkenG)

(Wesentlich detailliertere Ausführungen zum Thema Ansprüche bei Markenverletzung finden Sie in Wolfgang Berlit: Das neue Markenrecht. Vahlen Verlag. München 2008)

Am häufigsten dürfte der Unterlassungsanspruch vorkommen, der vor allem bei Verwechslungsgefahr oder Rufausbeutung angewendet werden wird. Die Möglichkeiten zur Durchsetzung des Markenschutzes decken sich mit den gerichtlichen Maßnahmen im Wettbewerbsrecht, das heißt eine einstweilige Verfügung erwirken und/oder eine Klage vor dem Markensenat des zuständigen Gerichts (vgl. Abschnitt 9.6). Dabei dient die einstweilige Verfügung auch hier der kurzfristigen Sicherung der Rechtsposition, das heißt kurzfristigen Schaden zu vermeiden. Im Markenrecht bleibt es aber im Gegensatz zum Wettbewerbsrecht nicht aus, seine Ansprüche vor Gericht durchzusetzen, dabei handelt es sich in der Regel um langwierige Verfahren. Schon in der ersten Instanz kann sich die Verhandlung schon über mehrere Monate, teilweise sogar Jahre erstrecken.

In letzter Zeit haben einige Gerichte versucht, den Missbrauch bei der Verwendung eingetragener Marken oder Internet-Adressen („Domain-Grabbing") einzuschränken. In diesen Fällen hat der Inhaber der Marke oder Internet-Adresse keinen ernsthaften Benutzungswillen, er will vielmehr von einem Dritten, der den Markennamen oder die Internet-Adresse wirklich benötigt, Geld erhalten.

Beispiele

1. Zu Beginn des Internets sollen einige findige Personen sich die Namen bedeutender Unternehmen oder entsprechend ähnliche oder nützliche Domains erworben haben und beim anschließenden Verkauf Beträge in zweistelliger Millionen-Dollar-Höhe erhalten haben.
2. Ein anderer sehr bekannter Fall aus dem Markenrecht trat bei der internationalen Einführung der E-Klasse von Mercedes-Benz auf, bei dem die Marketing-Manager des Konzerns anscheinend vergessen hatten, die Marke auch im übrigen europäischen Ausland zu schützen. Diesen Fehler versuchte ein französischer Geschäftsmann gewinnbringend auszunutzen. Seit Mitte des Jahres 1993 verwendete die Daimler Benz AG bzw. DaimlerChrysler die angelehnte Bezeichnung „E-Klasse". Am 24.11.1992 ließ ein in Frankreich lebender Anmelder das Zeichen „Classe E" unter anderem für Fahrzeuge in Frankreich anmelden. Mit Antrag vom 19.04.1993 erfolgte die Registrierung mit Schutz für die Schweiz und für Deutschland. Das Kalkül des nunmehr Beklagten, der sich auch als Markenhändler bezeichnet, ging zunächst auf. Daimler-Chrysler zahlte im August 1994 für die Gewährung einer ausschließlichen Lizenz an der französischen Marke einen nennenswerten Betrag und im März 1995 für eine Lizenz an der IR-Marke für die Schweiz einen weiteren Betrag. Als er dann auch eine Lizenz für Deutschland forderte, kam es zum Rechtsstreit. Die Firma Chrysler verklagte den Markeninhaber und beantragte Feststellung, dass diesem keine Ansprüche gegen DaimlerChrysler aus der international registrierten Marke in der Bundesrepublik Deutschland zustehen. Schon das Landgericht Frankfurt gab dem Begehren statt. Dem folgte auch das OLG Frankfurt und auch der Bundesgerichtshof entschied in letzter Instanz, dass es sich bei der Eintragung der Marke um einen Markenmissbrauchsfall gehandelt habe, der nicht unter die grundsätzliche Erlaubnis des § 25 Abs. 1 Markengesetz fällt, sich fünf Jahre lang Zeit lassen zu dürfen bevor man entscheidet, was man mit einer eingetragenen Marke macht.

 Die Praxis, Marken auf Vorrat zu parken, um sie später einzusetzen, ist für Werbeagenturen, Markendesigner und Unternehmen wichtig und grundsätzlich nicht zu beanstanden.

Übrigens kann die Benutzung auch im Rahmen eines Lizenzvertrages erfolgen, wodurch im Grunde genommen erneut fünf Jahre Benutzungsschonfrist gelten.

Dass Marken in der eingetragenen Form und in den eingetragenen Warenklassen tatsächlich benutzt werden, ist für die Aufrechterhaltung des Markenschutzes von extrem wichtiger Bedeutung. So musste der Otto-Versand die Marke Otto für verschiedene Warenklassen löschen, weil er sie in diesen Klassen nicht innerhalb der Schonfrist von fünf Jahren benutzt hatte (BGH 21.07.2005 – I ZR 293/02). Auch eine Veränderung einer Marke z.B. im Rahmen eines Relaunches kann für den Markenschutz gefährlich werden, da sie dann nicht mehr in der eingetragenen Form genutzt wird. Man kann dann zwar die veränderte und damit eigentlich neue Marken erneut schützen lassen, dieser Schutz gilt aber nur vor Nachahmern, die Produkte nach der neuen Eintragung auf den Markt bringen. Für den Fall, dass eine Marke für die Warenklasse

25 eingetragen wird, in der Bekleidungsstücke, Schuhwaren und Kopfbedeckungen zusammengefasst sind, und anschließend die Marke nur für Damenoberbekleidung benutzt, erlischt nach fünf Jahren der Markenschutz für die nicht genutzten Bereiche. Das heißt bei einer geplanten Ausweitungen der Marke z.B. auf Schuhe, aber vermutlich auch schon auf Herrenbekleidung, könnte kein Markenschutz geltend gemacht werden.

Die Marke ist ein Vermögensgegenstand des Markeninhabers. Insofern ist es nur folgerichtig, wenn das Markenrecht veräußer- und vererbbar ist. Es kann aber auch als Lizenz vergeben werden, so besitzt Licensing bzw. Merchandising in einigen Branchen wie der Mode- und Duftindustrie eine enorm hohe Bedeutung.

Beispiel

Das Markenrechte einzeln veräußerbar sind, musste zuletzt die Volkswagen AG beim Streit mit BMW um die Übernahme von Rolls-Royce schmerzlich erleben. Während die Volkswagengruppe zwar das Unternehmen Rolls-Royce aufgekauft hatte, sich aber nicht die Rechte an der Marke sicherte, erwarb BMW die Markenrechte am Namen „Rolls-Royce". Dies führt zu der kuriosen Situation, dass die Volkswagen AG zwar die Produktionsanlagen von Rolls-Royce besitzt, dort aber keine Rolls-Royce mehr vom Band laufen dürfen, stattdessen werden dort inzwischen nur noch Pkws der Marke Bentley produziert.

Die besondere Bedeutung von Markeneintragung und Markenschutz lässt sich außerdem daran erkennen, dass heute der Markenwert eines Unternehmens häufig den Vermögenswert an Sach- und Kapitalanlagen übersteigt. Weitergehende Informationen zum Thema Marke und Markenwert, der übrigens nach amerikanischen Bilanzierungsregeln (US-GAAP) im Gegensatz zu Europa als Vermögen ausgewiesen werden darf, findet man unter anderem auf der Homepage von Interbrand, einem Marktforschungsinstitut, das jedes Jahr die wertvollsten Markennamen ermittelt (http://www.interbrand.com).

9.9 Persönlichkeitsrechte

Über die bisher dargestellten Sachverhalte hinaus gibt es mit dem Recht am eigenen Bild noch einen weiteren Schutzbereich, der gerade bei der Kreation von Anzeigen berücksichtigt werden muss, um höhere Schadenersatzforderungen zu vermeiden. Die freie Entfaltung der Persönlichkeit ist durch Artikel 2 Grundgesetz geschützt. Dieser Schutz erstreckt sich nach aktueller Rechtslage auf den gesamten Ausstrahlungs- und Wirkungskreis einer Person und schützt sie vor ehrverletzenden Werturteilen oder unerlaubtem Eindringen in die Privatsphäre. Mit anderen Worten:

> *Die Privatsphäre jedes Menschen ist geschützt und darf auch durch Werbung nicht angetastet werden.*

Eine Ausnahme kann allenfalls im Rahmen der Pressefreiheit (Art. 5 GG) in Betracht kommen, aber auch nur in Grenzen, wie zahlreiche Urteile zu Gunsten prominenter Personen zeigen, über die in der Boulevard- oder Yellow-Presse berichtet wurde.

> *Eine besondere Erscheinungsform des Persönlichkeitsrechts ist das Recht „am eigenen Bild".*

Dies ist in § 22 KunstUrhG verankert. Um eine Abbildung einer Person verbreiten zu dürfen, benötigt eine Agentur grundsätzlich die Einwilligung des Abgebildeten oder nach seinem Tode die Einwilligung seiner Angehörigen. Eine Ausnahme besteht im Informationsinteresse der Allgemeinheit für Abbildungen einer Person der Zeitgeschichte. Niemand, auch nicht eine in der Öffentlichkeit bekannte Person, braucht es daher zu dulden, dass sein Name oder sein Bild ohne seine Zustimmung zu Werbezwecken oder sonstigen wirtschaftlichen Zwecken benutzt wird.

Eine Verletzung des allgemeinen Persönlichkeitsrechts kann Schadensersatzansprüche nach §§ 823 ff. BGB, aber auch Unterlassungsansprüche oder Ansprüche auf Widerruf nach sich ziehen. Gerade Politiker sind in letzter Zeit häufig Opfer einer solchen Werbepraxis geworden.

Beispiel

Als Beispiel sei hier die nur einmal im „Stern" geschaltete, aber dennoch unvergessene Sixt-Anzeige für ein Cabrio erwähnt, in der neben dem Slogan „Lust auf eine neue Frisur" Angela Merkel mit einer Sturmfrisur zu sehen war. Auch wenn Frau Merkel sympathisch entspannt darauf reagiert hat, musste der Kunde der Agentur als Entschädigung für den Eingriff in die Persönlichkeitsrechte von Frau Merkel einen höheren Betrag an eine gemeinnützige Stiftung spenden.

Im Bereich Marketing und Werbung bestehen auch hinsichtlich der Verwendung von Namen gewisse Einschränkungen, wobei natürlich vor allem der Schutz des Markennamens von besonderer Bedeutung ist. Schon aus § 12 BGB ergibt sich ein Schutz vor Namensanmaßung, das heißt, Personen werden davor geschützt, dass jemand unbefugt ihren Namen gebraucht.

Ergänzt wird dieser Schutzbereich durch § 15 MarkenG und für die Firma (= Handelsname des Kaufmanns) durch handelsrechtliche Vorschriften (§ 37 Abs. II HGB) geschützt, welche hier jedoch nicht weiter dargestellt werden.

Mitunter kann es recht schwierig sein zu beurteilen, ob eine Bezeichnung als Name geschützt ist. Grundsätzlich sind folgende Bezeichnungen als Namen geschützt:

- Namen natürlicher Personen,
- Decknamen (= Pseudonym) natürlicher Personen (z.B. Künstlername),
- Firma (= Name) eines Einzelkaufmanns, einer Gesellschaft (z.B. OHG, GmbH oder AG) oder eines eingetragenen Vereins,
- Wappen und Vereinsembleme, sofern sie geeignet sind, auf den Namensträger hinzuweisen (z.B. Kölner Geißbock für den FC Köln)
- Unternehmensbezeichnungen, die unabhängig vom Namen bzw. der Firma geführt werden, jedoch unterscheidungskräftig und nach der Verkehrsauffassung geeignet sind, wie ein Name zu wirken (z.B. Meisterbrand als Bezeichnung eines Spirituosenherstellers) oder Hotel- und Gaststättenbezeichnungen, die vom Haus geschützt sind, wenn es Phantasiebezeichnungen sind (z.B. Hotel Adlon, Hotels mit Tiernamen wie Goldener Hirsch)
- Marken (hier Warenbezeichnungen), wenn sie im Geschäftsverkehr als Name des Inhabers oder seines Unternehmens angesehen werden. Dies wird am häufigsten zutreffen, wenn eine Firma (Name des Unternehmens) gekürzt als Zeichen verwendet wird (z.B. hp, Mercedes). Ist der Name nicht aus der Marke ersichtlich, so liegt keine Namensverletzung vor.
- Gebäudebezeichnungen, wenn sie Namensfunktion besitzen oder wenn sie zugleich das Unternehmen oder einen Teil des Unternehmens bezeichnen.
- Abkürzungen und Schlagworte, wenn sie namensmäßige Unterscheidungskraft besitzen.

Aus dem Wesen des Namens als Individualisierungsmittel folgt, dass er namensmäßige Unterscheidungskraft besitzen muss. Deshalb muss er seiner Art nach geeignet sein, Personen oder Gegenstände von anderen zu unterscheiden. Gängige Nachnamen (z.B. Müller, Meier, Schmidt, Schulz, u.ä.) sind so weit verbreitet, dass sie wenig über den Namensträger aussagen und ohne einen weiteren Zusatz (z.B. Vornamen) keine Unterscheidungskraft haben. Anders sieht es aber anscheinend mit Spitznamen aus, wie folgendes Beispiel zeigt

Beispiel

Ein Fleischgroßhändler hatte sich 2005 für eine Sorte Schweinswürste den Namen „Schweini" markenrechtlich schützen lassen. Diesen Namen hatten Journalisten während des Confed-Cups 2005 für den Fußballspieler Sebastian Schweinsteiger geprägt, der sich anfangs noch selber gegen die Verwendung dieses „Spitznamens" wehrte. Kurze Zeit später „erfand" der Unternehmer auch das Würstchen „Poldi" und ließ sich auch diesen Markennamen schützen. Das Landgericht gab einer Klage des Fußballspielers nach Löschung der Marke statt und verpflichtete den Großhändler sogar zur Auskunft über die mit den Würsten erzielten Umsätze, da Schweinsteiger Schadensersatz zustehe. Denn spätestens mit den Medienberichten im Rahmen des Confed-Cups habe es sich bei dem Namen „Schweini" um einen gesetzlich geschützten individualisierbaren Namen gehandelt, der unter besonderem rechtlichen Schutz stehe (LG München I Az.: 4HK O 12806/06).

9.10 (Übungs-)Fälle zu den gewerblichen Schutzrechten
(Lösung 9.12)

1. Die „Frankfurter Allgemeine Zeitung" (FAZ) wirbt seit Jahren mit einer gestalterischen Konzeption, in der Prominente in einer für sie typischen oder interessanten Umgebung lesend hinter einer Ausgabe der FAZ verschwinden. Die Auflösung, um welchen Prominenten es sich handelt, steht links untern in einer kleinen Bildunterschrift. Dazu gehört der Slogan „Dahinter steckt immer ein kluger Kopf". Ein Verlag, der Frauentitel aus dem Bereich der Yellow-Press vermarktet, kopierte diese Konzeption, in dem eine Frau gezeigt wird, die sich im Düsseldorfer Stadttor befindet und hinter einer Ausgabe eines Frauentitels lesend verschwindet. Die Auflösung, dass es sich um die Chefsekretärin des Verlags handelt, steht links unten als Bildunterschrift. Dazu gehört der Slogan „Dahinter steckt immer ein kluger Zopf". Beurteilen Sie diesen Fall unter rechtlichen Gesichtspunkten.
2. Eine Grafikerin hatte für die Verpackung von Salz ein Logo entworfen. Dafür erhielt sie 100 € und eine „Vorbehaltserklärung", in der es hieß: „Im Fall, dass das Logo wirtschaftlich verwertet wird, ist zuzüglich zum vereinbarten Arbeitshonorar eine Nutzungsvereinbarung zu schließen". Diese Nutzungsvereinbarung wurde nicht geschlossen, die Verpackung mit dem Logo wurde unter anderem in großen Kaufhäusern vertrieben. Das Logo bestand aus einer stilisierten Sonne mit Flammen, vom runden Körper der Sonne getrennte Sonnenstrahlen, goldene Farbe, umlaufende schwarze Schrift der Produktbezeichnung auf blauem, pastellfarbenem Hintergrund.
Beurteilen Sie diesen Fall unter rechtlichen Gesichtspunkten.
3. Ein Designer kreiert einen neuartigen „Wackelkopfhund", der eine rasseübergreifende Gestalt besitzt, das heißt sich nicht ohne weiteres einer bestimmten Rasse zuordnen lässt. Könnte dieses Produkt Geschmacksmusterschutz genießen?
4. Ein pharmazeutische Unternehmen stellt ein Multivitaminpräparat her. Auf den Probepackungen, die an Ärzte und Apotheker abgegeben werden, steht „Unverkäufliches Geschmacksmuster". Handelt es sich um ein Geschmacksmuster in juristischem Sinne?
5. Für das Unternehmen U ist die Marke TALKO für Putz- und Poliermittel eingetragen. Zwei Jahre später beginnt das Chemiewerk W den Vertrieb eines Bodenreinigers unter der Marke TALKOB.
Ist U berechtigt, von W die Unterlassung dieser Bezeichnung zu verlangen?
6. Das Unternehmen K bringt ein Mundwasser in einer Flasche auf den Markt, die mit der bekannten Odol-Mundwasser-Flasche identisch ist.
Ist der Hersteller von Odol berechtigt, K die Benutzung der Flasche für Mundwasser zu untersagen?
7. Die Maschinenfabrik Mayer (M) wirbt seit kurzem mit einem Zeichen, das dem Bayer-Kreuz nachempfunden ist, also mit einem senkrecht und einem waagerecht gestellten Mayer, wobei sich die beiden Worte im y schneiden.
Kann die Firma Bayer mit Erfolg gegen das Mayer-Kreuz vorgehen?
8. Ein Unternehmen erfindet ein Gütesiegel, um seinen Produkten dadurch den Anschein einer höheren Qualität zu geben. Ist die Platzierung eines solchen Gütezeichens zulässig?
9. Ein Grafiker hat ein relativ einfaches Tapetenmuster entwickelt und einer Herstellerfirma angeboten. Die Firma lehnte den Ankauf des Musters zwar ab, verwendete es jedoch spä-

ter trotzdem für ihre Produktion. Beurteilen Sie die rechtliche Situation des Graphikers.

10. Ein Hersteller fordert mehrere Agenturen auf, im Rahmen einer Wettbewerbspräsentation Werbekonzeptionen vorzustellen.
Der Hersteller lehnt zwar alle Vorschläge ab, realisiert aber später durch seine eigene Werbeabteilung eine der vorgestellten Konzeptionen.
Beurteilen Sie die rechtliche Situation der Agentur.

11. Geben Sie jeweils an, ob für die folgenden Kennzeichnungen Markenschutz möglich ist?
    a) eine spezielle Farbe
    b) die Erkennungsmelodie von McDonald's
    c) ein bestimmter Geruch
    d) der Bär von Bärenmarke
    e) die Form der Dove-Seife
    f) die Gestaltungskonzeption der Marlboro-Werbung
    g) die folgenden Werbeslogans
        – Du darfst
        – Mach mal Pause, trink Coca Cola
        – Persil bleibt Persil
        – Der Name sagt alles
        – McDonald's: Leckt echt schmecker
        – Nicht immer, aber immer öfter
        – In der Tat eines der besten Biere der Welt

12. Ist es möglich, dass eine nicht eingetragene Kennzeichnung Markenschutz genießt?

13. Geben Sie an, ob die folgenden Kennzeichnungen als geschäftliche Bezeichnungen geschützt werden können:
    – Firmenname
    – bürgerlicher Name
    – ein Jingle
    – das Unternehmenszeichen der Deutschen Bank

14. Geben Sie an, ob es sich in den folgenden Fällen um geographische Herkunftsangaben im Sinne des § 1 Markengesetz handelt.
    – Champagner
    – Frankfurter Würstchen
    – Cognac
    – Wiener Schnitzel

15. Ein Kosmetikunternehmen führt den Firmennamen MABA Kosmetik GmbH und hat MABA als Marke für ihre Kosmetikartikel eingetragen und vertreibt diese über den Handel. B firmiert unter MABA Musik GmbH und vertreibt Schallplatten, Musikkassetten und CDs. Er hat eine eingetragene Marke für Tonträger. K ist seit 1958 in das Handelsregister eingetragen, B erst seit 1980. Bei einer Umfrage hat sich ergeben, dass 80 % der Befragten MABA der Kosmetikbranche zuordnen. Die MABA Kosmetik GmbH möchte von der B die Löschung der MABA Musik GmbH die Löschung der Marke MABA verlangen. Nehmen Sie hierzu Stellung.

16. K hat eine Marke „Sana" für Kaffee eingetragen. B hat eine prioritätsjüngere Marke „Schosana" ebenfalls für Kaffee eingetragen. Kann der K dem B die Benutzung der Marke verbieten?

17. Ein sehr bekannter Hersteller von modischen Armbanduhren hat eine Uhr mit einem typischen Design entwickelt und vertreibt diese Uhr seit 15 Monaten mit großem Erfolg. Das Unternehmen besitzt für das Uhrendesign kein eingetragenes Schutzrecht. Die Gestaltungsmerkmale der Uhr reichen nicht aus um als angewandte Kunst zu gelten.
    a) Ist das Design dieser Uhr vor Nachahmung geschützt? Begründen Sie Ihre Angabe.
    b) Ein Konkurrenzunternehmen möchte ein Uhrendesign, das sich nur unwesentlich von dem der Stündlich GmbH unterscheidet, als Geschmacksmuster eintragen lassen. Ist das möglich? Begründen Sie Ihre Angabe.

18. Ein Schirmhersteller möchte die Bezeichnung „umbrella" als Marke für einen Schirm eintragen lassen.
    a) Begründen Sie, warum das Patentamt die Eintragung vermutlich verweigern wird.
    b) Unter welcher Voraussetzung wäre evtl. doch eine Eintragung ins Markenregister möglich?

19. Sind die folgenden Schöpfungen durch das Urheberrecht geschützt? Begründen Sie jeweils Ihre Ansicht.

a) ein künstlerisch gestaltetes Schmuckstück
b) die Verhüllung eines Bauwerkes im Rahmen einer Kunstaktion
c) ein längerer Fließtext in einer Werbeanzeige
d) der Werbeslogan „Der Tag geht, Jonny Walker kommt"
e) für Werbekampagnen speziell erdachte Einzelworte, z. B. unkaputtbar oder aprilfrisch
f) die konzeptionelle Idee für eine Werbekampagne
g) ein Werbejingle
h) ein sehr einfaches Tapetenmuster, z.B. regelmäßige Anordnung von Punkte
i) Pläne für den Bau eines Hauses
j) eine normale Geige

9.11 Freiwillige Selbstkontrolle der Werbewirtschaft

Der Deutsche Werberat arbeitet als Konfliktregler zwischen Beschwerdeführern aus der Bevölkerung und werbenden Firmen. Er ist Dachorganisation von 39 Verbänden aus den vier Gruppen
- Werbungtreibende,
- Werbungdurchführende,
- Werbeagenturen,
- Werbeberufe.

Der Werberat setzt sich aus zwölf Personen aus Agenturen, Medien und werbetreibenden Unternehmen zusammen und arbeitet nach dem System eines Schiedsrichters. Berechtigte Kritik an Werbeaktivitäten vermittelt das Gremium an die Entscheider in den Unternehmen mit dem Ziel, dass die Werbemaßnahme eingestellt oder geändert wird.

Bei ungerechtfertigter Kritik, zum Beispiel bei gesellschaftspolitischen Extrempositionen, stellt sich der Werberat schützend vor die angegriffene Firma. Die Menge der zu einer einzelnen Werbemaßnahme eingehenden Beschwerden ist nicht entscheidend für das Tätigwerden des Gremiums: Eine einzelne Beschwerde kann eine Werbeaktivität stoppen. Vorbeugend wird das Gremium tätig, indem es werbende Firmen, Werbeagenturen und die Medien ständig über seine Spruchpraxis und auch über Urteile deutscher Gerichte informiert.

In der folgenden Auflistung sind die vielfältigen Aufgaben des deutschen Werberates kurz zusammengefasst:

1. Behandlung von Einzelfällen
Auf Grund von Beschwerden aus der Bevölkerung, aber auch auf Grund eigener Initiative wird der Werberat tätig, um Werbemaßnahmen zu überprüfen.

Damit sollen Missstände festgestellt und beseitigt werden. Der Werberat versucht, die Grauzonen im Vorfeld der gesetzlichen Grenzen auszuleuchten und Darstellungen, die anstößig oder unzuträglich sind, zum Schutze der Umworbenen abzustellen. Dazu erhält das beschuldigte Unternehmen zunächst eine Beanstandung, mit der Aufforderung die beanstandete Werbemaßnahme einzustellen. Dies geschieht auch in der Mehrzahl der beanstandeten Fälle. Falls sich das Unternehmen uneinsichtig zeigt, kann der Werberat auch eine öffentliche Rüge erteilen und die Medien auffordern z.B. das beanstandete Motiv nicht mehr zu schalten.

Bei den Entscheidungen des Werberats bilden vier zentrale Maßstäbe die Grundlage:
a) Die allgemeinen Gesetze,
b) die zahlreichen werberechtlichen Vorschriften – sie verbieten z.B. Unlauterkeit und Irreführung in der Werbung (§3 und 5 UWG),
c) die Verhaltensregeln des Deutschen Werberats zu einigen Spezialbereichen – zum Beispiel für die Werbung mit und vor Kindern in Fernsehen und Hörfunk oder für die Bewerbung von alkoholischen Getränken,
d) die aktuell herrschende Auffassung über Sitte, Anstand und Moral in der Gesellschaft. Dazu zählen nicht nur die Verhaltensweisen der Bürger im öffentlichen Leben, sondern auch die dargestellte Wirklichkeit in den redaktionellen Teilen der Medien.

2. Entwicklung von Verhaltensregeln
Aus der jährlichen Spruchpraxis ergeben sich schon einige Verhaltensregeln zur inhaltlichen Gestaltung von Werbemaßnahmen.

Darüber hinaus hat der Werberat in den letzten Jahren in einigen Bereichen freiwillige Verhaltensregeln aufgestellt, die den lauteren und leistungsgerechten Wettbewerb in besonders gesellschaftsrelevanten Bereichen unterstützen sollen. Die Texte dieser Verhaltensregeln – sowie weitere Informationen z.B. zu aktuellen Fällen – können Sie auf der Homepage des deutschen Werberates (http://www.werberat.de) nachlesen.

3. Information nach innen und außen
Information aller Gruppen der Werbewirtschaft über Auffassungen und Entwicklungen in der Verbraucherpolitik, Unterrichtung von Medien, Unterrichtung von Politikern und Unterrichtung von anderen öffentlichen Bereichen.

Ein weiteres wichtiges Gremium, das sich auch mit der freiwilligen Selbstkontrolle der Werbewirtschaft beschäftigt, ist der Zentralausschuss der Werbewirtschaft (ZAW), dessen Aufgaben hier nur kurz aufgelistet werden sollen, auch hier empfiehlt sich ein Besuch auf der Homepage http://www.zaw.de.

Die Aufgaben des Werberats im Überblick
- Forum für Interessenausgleich aller am Werbegeschäft Beteiligten
- Vertretung der Werbewirtschaft in allen grundsätzlichen Positionen nach außen, z.B. gegenüber Gesetzgebungsorganen
- Förderung der Werbewirtschaft
- Regelungen zur Selbstbeschränkung und Selbstkontrolle der Werbewirtschaft
- Informationsaustausch mit ausländischen Organisationen, Mitarbeit in internationalen Organisationen (vor dem Hintergrund zunehmender europaweiter Werbeverbote immer wichtiger)

9.12 Lösungen zu den Übungsaufgaben zum UWG

Lösungen zu den Fällen § 4 UWG
1. Zulässig, wenn die Möglichkeit besteht, nicht an der Verkaufsveranstaltung teilzunehmen.
2. Unzulässig, § 4 Abs. 1 unlautere Beeinflussung – psychologischer Kaufzwang bzw. unlauteres Anlocken.
3. Zulässig.
4. Zulässig, wenn der Erwerb dieser Waren nicht an den Kauf von Kaffee gebunden ist.
5. Zulässig, wenn es sich um eine sachlich richtige Information handelt.
6. Unzulässig, Verstoß gegen § 4 Abs. 9.b) das Image der Ursprungsmarke Rolls-Royce wird hier ausgenutzt bzw. durch den Bezug zu alkoholischen Getränken beeinträchtigt.
7. Zulässig, auch Markenwaren können als Preis bei einem Rätsel ausgelobt werden. Auch der gute Ruf von Ferrari wird nicht ausgenutzt. Die Branchenferne zwischen Autos und Kräuterlikör löst bei den angesprochenen Zielgruppen auch keine Verbindung zwischen den beiden Marken aus. Daher gibt es auch keine markenrechtlichen Ansprüche (BGH 3.11.2005 I ZR 29/03 WRP 2006, S. 470).
8. Zulässig, allgemeines Qualitätsmerkmal.
9. Zulässiger Hinweis auf Lieferengpass.
10. Unzulässig, § 4 Abs. 11, Vorteil durch Rechtsbruch.
11. Unzulässig, § 4 Abs. 1, unlautere Beeinflussung.
12. Unzulässig, § 4 Abs. 1, psychologischer Kaufzwang. Bei einer Gratisleistung entstehen bei den Kunden gewisse Peinlichkeitsgefühle, die sie möglicherweise dadurch kompensieren, dass sie andere Dinge kaufen, die sie sonst nicht gekauft hätten.
13. Unzulässig, § 4 Abs. 1, übertriebenes Anlocken und psychologischer Kaufzwang, denn wenn bei der Überprüfung etwas festgestellt wird, werden die meisten Kunden das beim Anbieter reparieren lassen.

14. Unzulässig, § 4 Abs. 1, übertriebenes Anlocken, Kunde denkt, er müsse möglichst schnell „zuschlagen".
15. Unzulässig, Verstoß gegen § 4 Abs. 9a durch die ähnliche Verpackung und den ähnlichen Namen wird bei den Verbrauchern eine vermeidbare Täuschung über die betriebliche Herkunft verursacht. Außerdem könnte gegen § 4 Abs. 9b das Image der Ursprungsmarke ausgenutzt worden sein. Darüber hinaus könnten auch noch markenrechtliche Ansprüche geltend gemacht werden.
16. Zulässig.
17. Zulässig. Teilnahmebedingungen klar und eindeutig, keine Kopplung an den Warenkauf.
18. Verstoß gegen § 4 Abs. 2 (geschäftliche Unerfahrenheit von Kindern wird ausgenutzt).
19. Unzulässig, Verstoß gegen § 4 Abs. 10 (gezielte Behinderung der Wettbewerber).
20. Zulässig, reguläre PR-Arbeit, solange sachlich über das Unternehmen berichtet wird und deren Waren nicht übermäßig in den Vordergrund gestellt werden.
21. Unzulässig, Verstoß gegen § 4 Abs. 3 (Verschleierung des Werbecharakters). Es handelt sich um verbotenes Themen-Placement (Schleichwerbung, die auch nach Rundfunkstaatsvertrag verboten ist).
22. Unzulässig, Verstoß gegen § 4 Abs. 2 (Unerfahrenheit und Zwangslage wird ausgenutzt).
23. Unzulässig, Verstoß gegen § 4 Abs. 10, gezielte Behinderung des Wettbewerbers.

Lösungen zu den Fällen zur irreführenden Werbung (§ 3 UWG)
1. Unzulässig. § 5 Abs. 2 S. 1 Irreführung über Ware oder Dienstleistung (Zusammensetzung), unter der Herstellung aus Altpapier versteht der Verbraucher, dass der Altpapieranteil bei 100 % liegt (BGH GRUR 1991, 546).
2. Unzulässig. § 5 Abs. 2 S. 1 Irreführung über Ware oder Dienstleistung (zu erwartende Ergebnisse), das Waschmittel suggeriert mit der Bezeichnung BIO Chemiefreiheit oder vollständige biologische Abbaubarkeit, diese Angaben kann aber letztlich kein Waschmittel erfüllen.
3. Unzulässig. § 5 Abs. 2 S. 1 Irreführung über Ware oder Dienstleistung, eine zweijährige Gewährleistungsfrist ist im BGB grundsätzlich vorgesehen.
4. Unzulässig. § 5 Abs. 2 S. 1 Irreführung über Ware oder Dienstleistung (Zusammensetzung).
5. Unzulässig. § 5 Abs. 2 S. 1 Irreführung über Ware oder Dienstleistung (dass bei einer Lebensversicherung am Ende mehr ausgezahlt wird als eingezahlt wurde sollte „normal" sein).
6. Unzulässig. § 5 Abs. 2 S. 3 Irreführung über das Unternehmen (Größe und Bedeutung).
7. Unzulässig. § 5 Abs. 2 S. 1 Irreführung über Ware oder Dienstleistung (Herstellungsverfahren).
8. Unzulässig. § 5 Abs. 2 S. 1 Irreführung über Ware oder Dienstleistung (Zusammensetzung).
9. Unzulässig, § 5 Abs. 2 S. 1 Irreführung über Ware oder Dienstleistung (Geographische Herkunftsangabe), der durchschnittliche Verbraucher erwartet von einem Parfum mit dem Zusatz „de Paris", dass es auch aus Paris stamme oder von einem in Paris ansässigen Unternehmen hergestellt wird.
10. Unzulässig, § 5 Abs. 5 („Lockvogelwerbung").
11. Zulässig, keine Tatsachenbehauptung (nicht objektiv nachprüfbar), also lediglich eine subjektive/werbliche Meinungsäußerung.
12. Unzulässig, § 5 Abs. 2 S. 2 Irreführung über den Preis (außerdem nach der Preisangabeverordnung verboten).
13. Unzulässig, § 5 Abs. 5. Es muss mindestens die Vorratsmenge von zwei Tagen vorhanden sein.
14. Unzulässig, § 5 Abs. 2 S. 1 Irreführung über Ware oder Dienstleistung (Zusammensetzung), denn nur dort, wo Echtholz enthalten ist, darf „Echtholz" draufstehen.
15. Unzulässig, § 5 Abs. 2 S. 1 Irreführung über Ware oder Dienstleistung. Die Werbeangabe „Aquapower liefert Ihnen zu 100 % Strom aus

Wasserkraft" verstößt gegen das Verbot irreführender Werbung, da sie bei einem nicht unbeachtlichen Teil der potenziellen Stromkunden den Eindruck erweckt, auf Grund eines Vertragsabschlusses mit der Beklagten seien die Kunden künftig in der Lage, dem Netz ausschließlich umweltfreundlich erzeugten Strom zu entnehmen. Tatsächlich entnehme der Verbraucher, wenn er sich auf Grund der Werbung für Aquapower entscheide, dem Leitungsnetz den gleichen Strommix aus allen möglichen Energiequellen, nämlich u.a. Stein- und Braunkohle, Gas, Wasser, Windkraft und atomarer Kernspaltung, wie er ihn bisher entnommen habe. Hier würden jedoch erhebliche Teile der angesprochenen Verkehrskreise die Aussagen wörtlich nehmen und dies werde durch die Garantie mit „Brief und Siegel" und „bestätigt und beglaubigt vom international anerkannten TÜV" bekräftigt. (OLG München 29 U 1534/01)

16. Unzulässig. § 5 Abs. 5 („Lockvogelwerbung"). Ein Computermonitor, der mit Aktionspreisen beworben wird, muss auch bei branchenfremden Produkten mindestens 2 Tage ab Verkaufsstart vorrätig sein (OLG Düsseldorf, 20 U 130/00).

17. Unzulässig. § 5 Abs. 2 S. 2 Irreführung über den Preis, Die Verbraucher gehen bei einer allgemein gehaltenen Geld-Zurück-Garantie davon aus, dass sie sich auf das komplette Sortiment des Unternehmens beziehen. Da das Sortiment aber auch Brillen enthält, die exklusiv bei F angeboten werden, kann der Verbraucher hier logischerweise keinen Preisvergleich durchführen und die Geld-Zurück-Garantie läuft ins Leere. Die Verbraucher werden also insofern in die Irre geführt. Interessanterweise hat der zuständige Senat in diesem Fall kein übertriebenes Anlocken nach § 1 UWG (heute § 4 Abs. 1) erkannt. (BGH NJW 1993, 3060 ff.)

18. Unzulässig. § 5 Abs. 5 („Lockvogelwerbung).

Lösungen zu den Fällen zur vergleichenden Werbung (§ 6 UWG)

1. Unzulässig, § 6 Abs. 2 S. 5 pauschale Herabsetzung der Konkurrenz.
2. Zulässig, Abwehrvergleich.
3. Zulässig, Aufklärungsvergleich.
4. Zulässig, kein Vergleich mit Wettbewerbern.
5. Unzulässig, § 6 Abs. 2 S. 2 subjektives Geschmacksurteil (Geschmack ist keine objektiv nachprüfbare Eigenschaft).
6. Zulässig, objektiver Preisvergleich.
7. Unzulässig, § 6 Abs. 2 S. 4 unzulässige Bezugnahme auf den guten Ruf eines Wettbewerbers.
8. Zulässig, Auskunftsvergleich.
9. Zulässiger Vergleich (objektive, wesentliche, relevante und typische Eigenschaft).
10. Beides zulässiger Systemvergleich.
11. Unzulässig, § 6 Abs. 2 S. 5 pauschale Herabsetzung der Konkurrenz.
12. Systemvergleich ist zwar zulässig, trotzdem besteht Irreführungsgefahr, weil die Anzeige den Beweis schuldig bleibt, dass Mehrwegverpackungen grundsätzlich umweltfreundlicher sind als Einwegverpackungen. Insofern handelt es sich um einen pauschalen Vergleich sowie eine Herabsetzung der Einwegverpackungen, die irreführend ist. (KG GRUR 1995, 360 f.)
13. Zulässig, kein unmittelbarer Vergleich mit Wettbewerbern unzulässig, Verunglimpfung eines Mitwettbewerbers.
14. Unzulässige Bezugnahme, § 6 Abs. 2 S. 1 (die verglichenen Presseerzeugnisse decken nicht den gleichen Bedarf).
15. Zulässig: Kein Verstoß gegen das Verbot vergleichender Werbung.
16. Zulässig. Es fehlt die erkennbare Bezugnahme auf einen Konkurrenten bzw. dessen betriebenes Autowaschsystem. In einer Hervorhebung ist nicht zwangsläufig, ein Vergleich mit der Konkurrenz zu sehen. BGH v. 18.9.1997 Az.: 1 ZR 119195.
17. Verstoß gegen § 6 Abs. 2 S. 1 und 2 wegen unterschiedlicher Preisgrundlagen. Es wird nicht der Preis für die exakt gleiche Leistung verglichen.

18. Unzulässig, § 6 Abs. 2 S. 5 Herabsetzung der Konkurrenz.
19. Unzulässig, § 6 Abs. 2 S. 5 pauschale Herabsetzung der Konkurrenz (auch wenn die Konkurrenten gar nicht genannt werden, da es sich bei den auf dem Flughafen tätigen Anbietern um einen überschaubaren Kreis handelt, pauschale Herabsetzung, weil die angesprochenen Verkehrskreise die Werbung dahingehend verstehen könnten, dass die Angebote der Konkurrenz überteuert und/oder minderwertig sind).
20. Unzulässiger Vergleich § 6 Abs. 2 S. 2 Nach Ansicht der Richter ist Geschmack subjektiv und daher auch nicht durch sauber erhobene Umfrageergebnisse belegbar.
21. Zulässiger Vergleich (§ 6), da die verglichenen Waren (Katzenfutter in Frischebeuteln und Katzenfutter in Dosen) die gleiche Zweckbestimmung haben. Voraussetzung ist natürlich, dass die Angaben zutreffend und beweisbar sind, was aber hier mit dem Hinweis auf eine Befragung als gegeben erscheint.

Lösung zu den Fällen zum § 7 UWG
1. Unzulässig, § 7 Abs. 2 S. 2 unzumutbare Belästigung (aktives Telefonmarketing).
2. Unzulässig, § 7 Abs. 2 S. 2 unzumutbare Belästigung (aktives Telefonmarketing).
3. Zulässig.
4. Zulässig.
5. Unzulässig, § 7 Abs. 2 S. 2 unzumutbare Belästigung (aktives Telefonmarketing).
6. Zulässig.
7. Unzulässig, § 7 Abs. 1 und § 4 Abs. 1 unzumutbare Belästigung und unlautere Beeinflussung, die wenn man sie zuließe zu einer Ausweitung dieser Methoden führen würde und damit zu einer unerträglichen Beeinträchtigung der umworbenen Verbraucher führen würde (BGH vom 1.04.2004; Az. I ZR 227/001, NJW 2004, S. 2593).
8. Zulässig.

LÖSUNG ZU DEN ÜBUNGSAUFGABEN ZUM SCHUTZ DES GEISTIGEN EIGENTUMS UND ZUM MARKENGESETZ

1. **Urheberrecht**: Schützt nur konkretisierte werbliche Ideen, das heißt, die grundsätzliche konzeptionelle Idee lässt sich nicht schützen. Da sich das von der Konkurrenz verwendete Motiv von den bisher verwendeten FAZ-Motiven unterscheidet, lässt sich hier kein urheberrechtlicher Schutz ableiten. Höchstens auf den geringfügig veränderten Slogan könnte das Urheberrechtsgesetz Anwendung finden. Dazu müsste aber der ursprüngliche FAZ-Slogan schon eine für den Urheberrechtsschutz ausreichende Originalität (Schöpfungshöhe) besitzen, was fraglich sein dürfte.

    Markengesetz: Schützt eingetragene Marken und Marken, die Verkehrsgeltung erhalten haben oder notorisch bekannt sind. Eine Werbekampagne lässt sich nicht eintragen, höchstens der Slogan, der aber auch für das Markenrecht nicht die nötige Selbstständigkeit aufweisen dürfte. Allerdings könnte die Kampagne wegen ihrer hohen Bekanntheit Verkehrsgeltung erlangt haben, sodass sie zwar keinen Marken-, aber zumindest Ausstattungsschutz genießen dürfte. Ausstattungsschutz ist auch für Werbekampagnen möglich und begründet ebenfalls einen Unterlassungsanspruch.

    Wettbewerbsrecht: Gemäß § 4 Abs. 9b UWG ist eine Anlehnung an das gute Image eines Wettbewerbers wettbewerbswidrig, da die Gefahr besteht, dass der gute Ruf des Wettbewerbers ausgebeutet wird oder, im Umkehrschluss, das Image des Wettbewerbers durch die Anlehnung verwässert werden könnte. Eine solche Form der positiven Bezugnahme könnte in diesem Fall vorliegen, denn durch die weitgehende Kopie der Werbekonzeption der FAZ versucht der Yellow-Press-Verlag, am guten Ruf der FAZ zu partizipieren. Eventuell könnte auch eine Irreführung nach § 5 UWG vorliegen. Da die beworbenen Titel vermut-

lich völlig unterschiedliche Zielgruppen haben, ist das sehr unwahrscheinlich.
2. Das Kammergericht Berlin stellte zunächst fest, dass das Logo die für urheberrechtlichen Schutz erforderliche Schöpfungshöhe nicht erreiche. Dafür müsse die vorliegende Gestaltung in ihrem individuellen, geistigen, schöpferischen Gehalt das Werk eines Durchschnittsdesigners überragen. Hier seien jedoch vorbekannte Gestaltungsmittel verwendet worden. Allerdings sei das Logo als Geschmacksmuster geschützt. Unabhängig von der Schutzfähigkeit des Designs hätten die Parteien zudem vereinbart, dass eine wirtschaftliche Verwertung eine noch abzuschließenden Nutzungsvereinbarung erfordere, die hier fehlte. KG Berlin vom 19.11.2004; Az. 5 W 170/04 Computer und Recht 2005, S. 672.
3. Ja, dieses Produkt könnte Geschmacksmusterschutz genießen, das OLG Hamm sah in der konkreten Gestaltung des rasseübergreifenden Welpen auch die erforderliche Neuheit realisiert, obwohl es natürlich schon zahlreiche Varianten des „Wackeldackels" auf dem Markt gibt. Daneben besteht weiterhin die Möglichkeit des Markenschutzes, da sich auch dreidimensionale Formen schützen lassen.
4. Nein, es handelt sich nicht um ein Geschmacksmuster im juristischen Sinne, denn es geht nicht um den Geschmack eines Produktes, sondern um die ästhetische Form gewerblicher Erzeugnisse.
5. Ja, denn es besteht nach § 14 Abs. 2 S. 2 MarkenG Verwechslungsgefahr (Waren- und Zeichenähnlichkeit).
6. Ja, denn auch eine Verpackung kann nach § 3 MarkenG als Marke eingetragen werden. Falls Odol dies unterlassen haben sollte, kommt hier aber mit Sicherheit die Erlangung von Verkehrsgeltung infrage, da weite Teile der Bevölkerung mit der Flaschenform Odol verbinden werden. Es besteht auch für Verpackungen nach § 14 Abs. 4 S. 2 MarkenG Verwechslungsgefahr (Waren- und Zeichenähnlichkeit sowie hohes Maß an Kennzeichnungskraft bei der Odol-Flasche gegeben).

Außerdem kann hier noch Geschmacksmusterschutz herangezogen werden (mit Eintragung oder über Verkehrsgeltung).
7. Ja, denn es besteht nach § 14 Abs. 2 S. 2 MarkenG Verwechslungsgefahr (Zeichenähnlichkeit hohes Maß an Kennzeichnungskraft beim Bayer-Kreuz).
8. Nein, denn die Verwendung oder Nachahmung amtlicher Prüf- und Gütezeichen stellt ein absolutes Schutzhindernis nach § 3 MarkenG dar.
9. Dieses Produkt könnte Geschmacksmusterschutz genießen, denn selbst ein geringer Grad schöpferischer Eigenart genügt. Der Grafiker kann Unterlassung verlangen oder sich die Nutzungsrechte abkaufen lassen.
10. Urheberrecht: schützt nur konkretisierte werbliche Ideen, das heißt die grundsätzliche konzeptionelle Idee lässt sich nicht schützen. Es hängt also davon ab, ob der Hersteller einen der vorgestellten Entwürfe kopiert hat oder nicht. Bei einer Kopie besteht ein urheberrechtlicher Anspruch bei einer Weiterentwicklung der konzeptionellen Idee. Bei einer Kopie könnte sich auch aus dem Wettbewerbsrecht ein Anspruch ableiten lassen, nach § 4 Abs. 9a UWG stellen solche Nachahmungen eine wettbewerbswidrige Täuschung der Abnehmer über die betriebliche Herkunft dar.
11. Nach § 3 MarkenG eintragbar:
    a) Farbe
    b) Hörmarken
    c) Geruch (unter Hinterlegung der chemischen Formel möglich)
    d) Bildmarke evtl. auch als dreidimensionale Form
    e) Dreidimensionale Form
    Die Gestaltungskonzeption der Marlboro-Werbung (f) ist nicht eintragfähig, sie kann aber durch Verkehrsgeltung Ausstattungsschutz genießen. Auf der andern Seite, wer hat was davon, außer wenn man die Marke verunglimpfen will (Bsp.: Anti-Raucher-Kampagne, aber Achtung: evtl. nach § 4 Abs. 7 UWG sittenwidrig)

g) Eingetragen wurden folgende Slogans (ausreichende Originalität und Unterscheidungskraft):
„Du darfst"
„Persil bleibt Persil"
Strittig sind:
„Nicht immer, aber immer öfter" (evtl. aber bereits Verkehrsgeltung)
„McDonald's: Leckt echt schmecker" (wurde nur kurzfristig als Claim verwendet, daher kein Schutzbedarf)

12. Ja, denn nach § 4 MarkenG sind Warenzeichen, die Verkehrsgeltung erlangt haben (meistens ist eine mehr als 50%-ige Bekanntheit beteiligter Verkehrskreise notwendig) oder ausländische Warenzeichen, die notorisch bekannt sind (meistens ist eine mehr als 70%-ige Bekanntheit inländischer Verkehrskreise notwendig) eintragfähig.

13. Als geschäftliche Bezeichnungen können nach § 5 MarkenG geschützt werden: Firmenname und das Logo. Das Jingle fällt eher unter § 3 MarkenG, könnte aber bei weiter Auslegung des § 5 MarkenG auch zu den geschäftlichen Bezeichnungen gehören.

14. Als geographische Herkunftsangabe im Sinne des § 126 ff. MarkenG gelten Champagner und Cognac. Bei den beiden anderen Bezeichnungen offenbart sich das Problem, dass die Unterscheidung schwierig ist. Während das Wiener Schnitzel – das von der Mehrheit der beteiligten Verkehrskreise für allgemeine Angaben gehalten wird – keine Herkunftsangabe darstellt, sondern eine Zubereitungsart charakterisiert, handelt es sich bei den Frankfurter Würstchen um den Fall, dass die Bezeichnung als geschützt gilt (das Produkt muss einem bestimmten Rezept entsprechen und aus einem umrissenen lokalen Bezirk kommen). Analoge Fragen lassen sich immer nur im Einzelfall durch Überprüfen klären!

15. Ja, denn es besteht nach § 9 Abs. 1 S. 2 MarkenG ein relatives Schutzhindernis ⇒ Verwechslungsgefahr (Zeichenähnlichkeit). Darüber hinaus zeigt schon die durchgeführte Befragung, dass die ältere Marke die bekanntere ist und insofern nach § 9 Abs. 1 S. 3 MarkenG die Gefahr der Rufausbeutung bzw. Verwässerung der Marke besteht.

16. Ja, denn es besteht nach § 9 Abs. 1 S. 2 MarkenG ein relatives Schutzhindernis ⇒ Verwechslungsgefahr (Waren- und Zeichenähnlichkeit).

17.
a) Das Uhrendesign ist nach dem Gemeinschafts-Geschmacksmuster übereinkommen der EU als nicht eingetragenes Gemeinschaftsgeschmacksmuster geschützt. Die Schutzdauer beträgt hier allerdings nur insgesamt drei Jahre seit dem Zeitpunkt der Veröffentlichung bzw. des Inverkehrbringens. Evtl. besteht auch ein Ausstattungsschutz nach dem Markenrecht. Der Ausstattungsschutz würde ohne zeitliche Begrenzung bestehen, setzt aber einen bestimmten Bekanntheitsgrad (Verkehrsgeltung) voraus, die ist hier aber gegeben.

b) Die Konkurrenz könnte das Uhrendesign nicht eintragen lassen, da hierbei gegen das Erfordernis der Eigenart verstoßen würde, weil das Uhrendesign sich nur unwesentlich vom Wettbewerber unterscheidet.

18.
a) Die Eintragung ist wegen fehlender Unterscheidungskraft nicht möglich, da es sich ausschließlich um eine beschreibende Angabe handelt (umbrella ist das englische Wort für Schirm).

b) Eine Eintragung ist evtl. möglich, wenn die Bezeichnung Verkehrsdurchsetzung erlangt hat. Dazu muss das Unternehmen die Schirme unter der Bezeichnung „umbrella" in Verkehr bringen. Mangelnde Unterscheidungskraft kann durch Verkehrsdurchsetzung überwunden werden. Verkehrsdurchsetzung ist von der Verkehrsgeltung zu unterscheiden. Verkehrsdurchsetzung muss im ganzen Inland, für das die eingetragene Marke ja wirksam ist, vorliegen, während Verkehrsgeltung auch auf einen Teil des Inlands beschränkt sein kann. Bei national vertriebenen Waren stimmen beide Begriffe aber überein. Maßgebend für das Vorliegen von Verkehrsdurchsetzung ist die Ansicht der beteiligten Verkehrskreise, an die sich die Marke wendet. Das Ausmaß der Verkehrsdurchsetzung beurteilt sich nach dem Einzelfall

19.
a) Das Schmuckstück ist als Gebrauchskunstwerk oder Werk der angewandten Kunst durch das Urheberrecht geschützt.
b) Es handelt sich hier um ein Werk der bildenden Kunst, das durch das Urheberrecht geschützt ist.
c) Falls der Text eine ausreichende Schöpfungshöhe hat, um als persönliche geistige Schöpfung zu gelten, ist er durch das Urheberrecht geschützt. In der Regel kann man bei längeren Texten von einer ausreichenden Schöpfungshöhe ausgehen.
d) Die Schöpfungshöhe ist vermutlich ausreichend, sodass Urheberrechtsschutz besteht.
e) Einzelne Worte genießen grundsätzlich keinen Urheberrechtsschutz, unabhängig davon, wie kreativ die Wortschöpfungen sind.
f) Es besteht kein Urheberrechtsschutz, da Ideen nicht geschützt, sondern nur konkrete Werke.
g) Es besteht Urheberrechtsschutz als Werk der Musik.
h) Wegen fehlender Schöpfungshöhe besteht kein Urheberrechtsschutz. Evtl. könnte das Muster als Geschmacksmuster eingetragen werden.
i) Es besteht Urheberrechtsschutz als Werk der Baukunst. Auch Entwürfe dazu sind durch das Urheberrecht geschützt.
j) Es besteht kein Schutz durch das Urheberrecht, da es sich um einen Gebrauchsgegenstand handelt. Eine besonders kunstvoll gestaltete Geige wäre allerdings als Gebrauchskunst geschützt.

Anhang

518 Anhang: Detaildaten zur Faktorenanalyse in Kap. 1.10.2

Anhang: Detaildaten zur Faktorenanalyse in Kap. 1.10.2

Literaturverzeichnis

Becker, Jochen: Marketing-Konzeption. Vahlen. München 2006

Behrens, Gerold: Konsumentenverhalten. Physica Verlag. Heidelberg 1991

Beike, Peter: Lernprozesse 2000. ASV. Hamburg 2000

Berlit, Wolfgang: Das neue Markenrecht. Beck. München 2008

Blackmore, Susan: Die Macht der Meme. Elsevier. München 2005

Bolz, Norbert: Die Wirtschaft des Unsichtbaren. Econ. München 1999

Buchholz, Andreas / Wördemann, Wolfram: Was Siegermarken anders machen. Econ. München 1998

Cialdini, Robert B.: Die Psychologie des Überzeugens. Huber Verlag Bern 2006

Covey, Stephen R.: Die sieben Wege zur Effektivität. Heyne Verlag. München 2006

Felser, Georg: Werbe- und Konsumentenpsychologie. Schäffer-Poeschel. Stuttgart 2007

Felser, Georg / Kaupp, Peter / Pepels, Werner: Käuferverhalten. Fortis. Köln 1999

Florack, Arnd/ Scarabis, Martin/ Primosch Ernst: Psychologie der Markenführung. Vahlen. München 2007

Föll, Kerstin: Consumer Insight. DUV. Wiesbaden 2007

Förster, Hans-Peter: Corporate Wording. Konzepte für eine unternehmerische Schreibkultur. Campus. Frankfurt am Main 1994

Franck, Georg: Ökonomie der Aufmerksamkeit. Hanser. München 1998

Frenzel, Karolina/ Müller, Michael/ Sottong, Hermann: Storytelling. Hanser. München 2004

Fuchs, Werner T.: Tausend und eine Macht. Orell Füssli. Zürich 2005.

Gaede, Werner: Abweichen von der Norm. Enzyklopädie kreativer Werbung. Wirtschaftsverlag Langen Müller Herbig. München 2002

Großklaus, Rainer H. G.: Arbeitshandbuch Werbestrategie und -Konzeption. Stamm. Essen 1990

Haedrich, Günther / Tomczak, Torsten: Strategische Markenführung. Haupt. Bern 2003

Häusel, Hans-Georg: Think Limbic. Haufe. Planegg 2005

Häusel, Hans-Georg: Brain View. Warum Kunden kaufen. Haufe. München. 2007

Heath, Chip/ Heath, Dan: Was bleibt. Wie die richtige Story Ihre Werbung unwiderstehlich macht. Hanser. München 2008

Heiser, Albert: „Bleiben Sie dran". Konzeption, Produktion und Rezeption von Werbefilmen. Bastei Lübbe. Bergisch Gladbach 2001

Heller, Eva : Wie Farben auf Gefühl und Verstand wirken. Droemer. München 2000

Hess, Eva-Maria: Die Leser. Konzepte und Methoden der Printforschung. Burda Medien Forschung. München 1996

Hüther, Gerald: Die Macht der inneren Bilder. Vandenhoeck&Ruprecht. Göttingen 2006

Jung, Holger / von Matt, Jean Remy: Momentum. Lardon. Berlin 2004

Kebeck, Günther: Wahrnehmung. Theorien, Methoden und Forschungsergebnisse der Wahrnehmungspsychologie. Juventa. Weinheim 1997

Kloss, Ingomar: Werbung. Vahlen. München 2007

Koschnick, Wolfgang J.: Standard-Lexikon Werbung, Verkaufsförderung, Öffentlichkeitsarbeit. K.G. Saur. München, New Providence, London, Paris 1996

Koschnick, Wolfgang J.: Standard-Lexikon für Mediaplanung und Mediaforschung in Deutschland. K.G. Saur. München, New Providence, London, Paris 1995

Kroeber-Riel, Werner: Strategie und Technik der Werbung. Kohlhammer. Stuttgart 2004

Kroeber-Riel, Werner: Bildkommunikation. Vahlen. München 1996

Kurt Schumacher GmbH (Herausgeber): Lexikon der Außenwerbung. Kurt Schumacher GmbH. Hofheim 1996

Kuß, Alfred / Tomczak, Torsten: Käuferverhalten. Lucius&Lucius. Stuttgart 2007

Lachmann, Ulrich: Wahrnehmung und Gestaltung von Werbung. Gruner+Jahr. Hamburg 2003

Laufer, Jörg / Müller-Schroth, Armin: Wie wirken Anzeigen?. Gruner + Jahr. Hamburg 2001

Lehr, Dirk: Wettbewerbsrecht. C.F. Müller. Heidelberg 2007

Lipschutz, Seymour: Wahrscheinlichkeitsrechnung. McGraw-Hill. New York 1999

Löffler, Jens-Thomas: Media – Planung für Märkte. Axel Springer. Hamburg 2004

Mayer, Hans / Illmann, Tanya: Markt- und Werbepsychologie. Schäffer-Poeschel. Stuttgart 2000

Meffert, Heribert: Marketing. Gabler. Wiesbaden 2007

Meyer-Hentschel, Gundolf: Erfolgreiche Anzeigen. Gabler. Wiesbaden 1998

Moser, Klaus: Markt- und Werbepsychologie. Hogrefe. Göttingen 2002

Niepmann, Carsten: Wirkungsmodelle der Werbung. Marketing Journal. Hamburg 1999

Pflaum, D. / Bäuerle, F. / Laubach, K.: Lexikon der Werbung. Moderne Industrie. München 2002

Pickert, Mike: Die Konzeption der Werbung. Sauer. Heidelberg 1994

Pricken, Mario: Kribbeln im Kopf. Verlag Hermann Schmidt. Mainz 2004

Randa-Campani, Sigrid (Herausgeberin): Wunderbare-WerbeWelten. Es. Braus. Heidelberg 2001

Reins, Armin: Corporate Language. Verlag Hermann Schmidt. Mainz 2007

Reiter, Wolfgang Michael (Hrsg): Werbeträger. Handbuch für die Mediapraxis. Verlag MD Medien Dienste. Frankfurt am Main 1999

Ries, Al / Trout, Jack: Positioning. The Battle for Your Mind. McGraw-Hill. New York 2000

Rogge, Hans-Jürgen: Werbung. Kiehl. Ludwigshafen 2004

Roth, Gerhard: Fühlen, Denken, Handeln. Wie das Gehirn unser Verhalten steuert. Suhrkamp. Frankfurt am Main 2003

Sawtschenko, Peter / Herden, Andreas: Rasierte Stachelbeeren. So werden Sie die Nr. 1 im Kopf Ihrer Zielgruppe. Gabal. Offenbach 2000

Scheier, Christian: Wie Werbung wirkt. Haufe. Freiburg 2007

Scheler, Hans-Erdmann: Die Wirkungspotentiale der Medien. Burda Medien Forschung. München 2000

Schneider, Wolf: Deutsch für Profis. Wege zu einem guten Stil. Goldmann. München 2001

Schönbach, Klaus: Werbewirkung. Eine Inventur der Inventare. Deutscher Fachverlag. Frankfurt am Main 2002

Schweiger, Günther / Schrattenecker, Gertraut: Werbung. Lucius&Lucius. Stuttgart 2007

Schlossbauer, Stefanie: Handbuch der Außenwerbung. MD Mediendienste. Frankfurt am Main 1997

Seuhs-Schoeller, Christiane: NLP und Werbung. Ueberreuter. Wien 2002

Sommer, R.: Consumer's Mind – Die Psychologie des Verbrauchers. Deutscher Fachverlag. Frankfurt am Main 2007

Simoudis, Georgios: Storytising. Sehnert. Groß-Umstadt 2004

Steel, Jon: Truth, Lies & Advertising. Wiley&Sons. New York 1998

Steffenhagen, Hartwig: Wirkungen der Werbung. Verlag der Augustinus Buchhandlung. Aachen 2000

Unger, Fritz: Werbemanagement. Physica. Heidelberg 1998

Unger, Fritz / Durante, Nadia / Gabrys, Enrico / Koch, Rüdiger / Wailersbacher, Rainer: Mediaplanung. Physica. Heidelberg 2007

Vaughn, R. (1980): How advertising works: A planning model. Journal of Advertising Research, 20(5), pp. 27–33
(Hinweis: das Modell von Vaughn wird vielfach in der Literatur zusammengefasst, diese Fundstelle dürfte die Original-Quelle sein)

Winter, Jörn (Hrsg.): Handbuch Werbetext. Deutscher Fachverlag. Frankfurt am Main 2008

Zaltman, Gerald: How customers think. Harvard Press. Boston 2003

ZAW (Herausgeber): Werbung in Deutschland 2006. Zentralverband der deutschen Werbewirtschaft. Bonn 2006

Zerres, Thomas: Marketingrecht. Vahlen. München 2002

Nützliche Internetadressen

Zielgruppenzählungen *aus verschiedenen Untersuchungen und allgemeine Informationen über Werbung:*
www.mediapilot.de
(Axel Springer Verlag)
www.tdwi.de
(Burda Community Network)
www.medialine.focus.de
(Focus Magazin Verlag)

Verlage und Institutionen
Verlag Gruner + Jahr
www.gujmedia.de
Spiegel-Verlag
www.media.spiegel.de
Fachverband Außenwerbung
www.faw-ev.de
Informationsgemeinschaft zur Feststellung der Verbreitung von Werbeträgern (IVW)
www.ivw.de
Publikumszeitschriften im Internet
www.pz-online.de
Informationen zum Fernsehen und Online-Werbung
www.sevenonemedia.de
www.ard-werbung.de
Radiowerbung
www.rms.de
Internet-Lexikon
www.kleines-lexikon.de
ZMG Zeitungs Marketing Gesellschaft
www.zmg.de
Media-Daten-Verlag
www.media-daten.de
Zentralverband der deutschen Werbewirtschaft
www.zaw.de
Deuscher Werberat
www.werberat.de
Arbeitsgemeinschaft Mediaanalyse (AGMA)
www.agma-mmc.de
Arbeitsgemeinschaft Fernsehforschung
www.agof.de
IP Deutschland (Vermarkter von RTL)
www.ip-deutschland.de
Informationsplattform über den Werbeträger Fernsehen
www.wirkstoff-tv.de
RMS (Vermarkter privater Hörfunksender
www.rms.de
Wettbewerbszentrale
www.wettbewerbszentrale.de
Art Directors Club
www.adc.de

Stichwortverzeichnis

A
Abgrenzungskriterien 16
Ability 354
Abmahnung 491
Abspannsplit 166
Ad Trend 135
AdClick 179
AdReporting 187
Adressbuchwerbung 207
Affektive Wirkung 278
Affinität 104 f.
Affinitätsindex 107 f.
Agenturbriefing 33
AIDA-Modell 281
AIDA-Schema 278
Aktivierung 383
Aktivierungsreaktion 384
Akustisches Logo 502
Alleinstellung 54
Alleinstellungswerbung 479
Allensbacher Werbeträgeranalyse 260
Allgemeinstelle 197 f.
Ambient Media 203
Analyse der Marktsituation 11
Analyse des Unternehmens 11
Angst 443
Anlocken 469
Anmutungsqualität 416
Ansätze, psychologische 340, 401
Anzeige 148, 406
Anzeige, Aufbau einer 393
Anzeigen-Analyse 451 f.
Anzeigenberechnung 150
Anzeigenblätter 206
Anzeigengestaltung 381 f., 384, 420
Arbeitsgemeinschaft Fernsehforschung 182, 262
Archivexemplare 78
arme Hunde 12
Attribution 279
Audiovisuelle Werbung 445 f.
Aufbau einer Anzeige 393
Aufforderungsgradient 55
Auflage 78
Auflagearten 78
Auflagenbegriffe 77 f.
Auflagenhöhe 78
Aufmerksamkeit 296, 297, 367
Auge 366
Außenwerbung 196 f.
Außergerichtliche Maßnahmen 491

B
Backloading 221

Banner 185
Basisstrategien 375 f.
Baumdiagramm 90
Bedürfnis 314
Bedürfnispyramide 282
Beeinflusser 18
Beeinflussung 15
Behaviorismus 281
Behinderung durch den Wettbewerber 474
Behinderung im Wettbewerb 465 f.
Bekanntmachung 15
Belästigung, unzumutbare 488
Belegexemplare 78
Beobachtetes Kauf- und Konsumverhalten 20
Beseitigungsansprüche 490
Bezugsgruppen 336
Bezugsrahmen 374
Bilder, innere 392
Bildmarke 499, 502
Binomialkoeffizient 94
Binomialverteilung 96
Blickverlauf 405 f.
Bogen 196 f.
Bogentagpreis 197
Bordexemplare 78
Botschaft 426
Brand Awareness 314
Branding 360
Briefing 32 f., 212, 368 f.
Bruttoreichweite 117, 120
Budget 21 f.
Budgetbestimmung 22
Budgetverteilung 31 f.
Bumerang-Effekt 312
Bursts 222
Button 186
Buying Center 18

C
Cache 187
City-Light-Board 200
City-Light-Poster 199
Claim 63, 394
Click-Through-Rate 187
Client 187
Clusteranalyse 51
Consumer Benefit 58 f.
Contentsplit 166
Cookie 187
Copy-Analyse 63, **451 f.**
Copy-Strategie 58 f.
Copy-Text 410
Crawl 166

Customer Relationship Management 327
Cut in 166

D
Darstellungsstile 448
Datenfusion 263 f.
Dekade 196
Deklarative Gedächtnis 432
Demografische Merkmale 20
Deutscher Werberat 509
Diary 166
Dienstleistung 16
Digitales Fernsehen 161
Dissonanz 309
Dissonanz, kognitive 283, 309, 327
Domain 187
Domain-Grabbing 504
Donoren 263, 264
Dreier-Index 112
Druckauflage 78
Durchschnittskontakte 117, 120, 124, 143
DVB-T 162

E
Effektive Reichweite 136 f.
Eigentum, geistiges 493 f.
Einfachheit 404
Einführungsphase 12
Einheitlichkeit 404
Einkäufer 18
Einkaufsroutinen 330
Einstellung 15, 300, 314
Einstellungsmodell 324
Einstellungswirkung 438 f.
Einstweilige Verfügung 491, 492
Einzelfallentscheidungen 462
Einzigartigkeit 360
Elaboration 300
Elaboration-Likelihood-Modell 302
Elektronische Medienwände 200
Emotion in der Werbung 441
Endowment-Effekt 311
Entscheider 18
Ereignis 90
Erfolgskontrolle 275
Erinnerung 292
Erinnerungsleistung 169
Erlebtes Risiko 325
Erotik 442
Erscheinungsintervall 79
Etat 21 f.
Etatbestimmung 22
EU-Recht 460

Europäische Fernsehrichtlinie 168, 473
Externe Überschneidungen 116 f.

F
Fachzeitschriften 157 f.
Faktorenanalyse 48, 52, 68 **f.**
Faktorinterpretation 69
Faktorladungsmatrix 68
Fakultät 93
Farbassoziationen 416 f.
Farbe 414 f.
Farbmarke 502
Fassadenwerbung 200
Fehlkauf 325
Fernsehen 160 f.
Fernsehen, digitales 161
Fernsehpanel 135
Fernsehrichtlinie, europäische 168
Figur-Grund-Differenzierung 402, 404
Filter 419
Filterprozess 368, 384
Flair 60
Flash 188
Flash Layer 186
Fließtext 410
Flighting 222
FMCG-Marken 137
Forced-Compliance-Paradigma 311
Format 150
Fortschreibungsmethode 24
Fragezeichen 12
Freiheitsstrafe 490
Freiwillige Selbstkontrolle der Werbewirtschaft 509 f.
Frontloading 221
Funkspot 496
Funkwerbung 174
Furcht 443
Fuß-in-der-Tür-Technik 311

G
Ganzsäule 198
Gedächtnis, deklaratives 432
Gedächtnis, prozedurales 433
Gedächtniswirkung 374
Gefühlswelt 59
Gegenereignis 90
Geistiges Eigentum 493 f.
General-Interest-Zeitschrift 154
Geographische Herkunftsangaben 479, 508
Geographische Herkunftsbezeichnungen 499
Gerichtliche Maßnahmen 491
Geschäftliche Unerfahrenheit 471
Geschmacklose Werbung 474
Geschmacksmustergesetz 497
Geschmacksmusterschutz 462
Gesetz gegen den unlauteren Wettbewerb 462
Gestalt 404
Gestaltgesetze 404
Gestaltpsychologie 402 f.
Gestaltung 58, 440
Gestaltung von Werbemitteln 440 f.
Gestaltungsprozess 359 f.
Gesundheitswerbung 475
Gewinnabschöpfung 490
Gewinnfunktion 29
Gewinnspiele 474
Gewohnheiten 329, 434
Gewohnheitskäufe 339
GfK-Fernseh-Panel 168, 261
GfK-Nettoreichweite 170
Großfläche 199
Gross-Rating-Point 123, 141
Guerilla-Marketing 474
G-Wert 203

H
Halbbelegung 197
Halo-Effekt 305
Headline 410
Herkunftsangaben, geographische 479, 508
Heterarchie der Effekte-Modelle nach Rossiter und Percy 313 f.
Hierarchy-of-Effects-Modell 285
High-Interest-Produkte 330
High-Involvement 279
High-Involvement-Güter 344
Hirnhemispäre 412
Hörfunkwerbung 174 f.
Hörmarke 499
Hörzeichen 502
Humor 443
Hunde, arme 12
Hypergeometrische Verteilung 99

I
Image 15, 305
Imagemodell 324
Imagery 392
Images 325
IMAX-Theater 192
Imitation 483
Impulskäufe 332, 333
Index 112
Indexsumme 112 f.
Indikator 292
Informationsaufnahme 393 f.
Informationsgemeinschaft zur Prüfung der Verbreitung von Werbeträgern 78
Informationsoverload 294
Informationsquellen 326
Informationsquellen zur Verbreitung von Werbeträgern 259 f.
Informationsselektierer 18
Informationsspeicherung (mental) 421 f.
Informationsüberlastung 364
Informationsverarbeitung 304f., 412 f.
Innere Bilder 392
Innovationen 18
Interferenz 424
Intermediavergleich 223 f., 268
Interne Überschneidungen 115 f.
Internet Panel 181
Internetnutzung 178, 184
Internet-Protokoll-TV 163
Interstitial 186
Intramediavergleich/-selektion 224 f.
Involvement 280, 292, 293, 301, 320, 322, 338, 341, 344, 362, 376, 380
IP-Adresse 180, 188
Irreführende geschäftliche Handlung 476 f.
Irreführung 479, 481
IVW 179

K
K1-Wert 80
Kabel 162
Kampagnenrecall 141 f.
Kampagnenstrategie 221 f.
Kampagnenstrategien mit kontinuierlichem Werbedruck 221 f.
Kategorien der Werbewirkung 372 f.
Kaufabsicht 316
Kaufentscheider 17
Kaufentscheidung 333 f., 336, 338, 344
Käufer 17
Kauferleichterung 316
Kaufhäufigkeit 330
Kaufmotive 315
Kaufverhalten 307, 439
Kaufverhaltenssteuerung 340 f.
Kaufzwang, psychologischer 468
Kennziffern der Mediaplanung 101 f.
Kennziffern von Mediaplänen 115 f.
Kennziffern zu Werbeträgern 78 f., 102 f.
Key-Visual 63
Kindchen-Schema 388
Kinospot 194
Kinowerbung 191 f.
Kipp-Bild 398
Klage 492
Klagebefugnis 490
Klischee 375

Kognitiven Dissonanz 283, 309 f., 327
Kognitiven Wirkung 278
Kollektive Kaufentscheidungen 334
Kombinatorik 92 f.
Kommunikations-Effekte 314
Komponentenmatrix 68
Konative Ebene 278
Konditionierung 434
Konfessionelle Presse (Konpress) 208
Konkurrenzanalyse 11, 63, 213 f.
Konkurrenzwerbedruck 208
Konsequenzen bei irreführenden geschäftlichen Handlungen 481
Konsistenz 309, 389, 390, 424
Konsumentenanalyse 11
Konsumentenverhalten 318 f., 323, 340, 343
Konsumgüter 16
Konsumverhalten 320
Kontaktdichte 135, 215 f.
Kontaktoptimum 216
Kontaktverteilung 120 f.
Kontaktwahrscheinlichkeit 95
Kontaktzahlen 77 f.
Kontiguitäts-Prinzip 430
Kontinuität 404
Kontrast 390, 404
Kontrast-Effekt 305
Kontrolle, soziale 334
Kopplungsangebote 468
Kopplungsgeschäft 469
Kostenplan 232 f.
Kreation von Werbemitteln 359 f.
Kreation 368 f.
Kreativ-Briefing 369
Kreativität 356
Kundenbriefing 33
Kundennettobetrag 151
Kundenzeitschriften 207
Kurzzeitgedächtnis 424
Kurzzeitsspeicher 423

L
Langzeitgedächtnis 425, 426
Laplace-Experiment 88
Lernen 426
Lernpsychologie 286
Lesbarkeit 409
Lesefrequenz 80
Leser pro Ausgabe 82
Leser pro Exemplar 82
Leser pro Nummer 80
Leser pro Werbung führende Seite 112
Leserschaftsanalyse 87
Leserschaftsbegriffe 79 f.
Leserzahlen 77

Leserzahlen 77 f.
Lesevorgang 408
Lesezirkel 78, 207
Lifestyle 59
Lifestyle-Typologien 20 f.
Lockvogelwerbung 480
Logfileanalyse 180
Logo 394
Logo, akustisches 502
Low-Ball-Taktik 311
Low-Interest-Produkte 330

M
Marginalanalytische Verfahren 27
Marke 135, 285, 299, 314, 329, 364, 498
Markenanmeldung 502
Markenbekanntheit 314, 325, 502
Markengesetz 498 f.
Markenimage 325, 436
Markenkern 395
Markenkommunikation 349 f.
Markennetzwerk 436
Markenrecherche 503
Markenrechtsschutz 462
Marken-Schemata 390
Markenschutz 501
Marketingziele 14
Marketingzielgruppe 214
Marktanteil 172
Markt-Media-Analysen 260
Marktnische 55
Marktsegment 54
Marktsegmentierung 51
Maslow 282
Massenmärkte 364
Media 313
Mediaanalysen 259 f.
Mediabegriffe 102
Mediabriefing 212
Medialeistung 147
Mediaplan 118
Mediapläne 228 f.
Mediaplanung 102, 111, 211 f.
Mediaziele 215 f.
Mediazielgruppe 214
Mediengattungen 145 f.
Medienwände 200
Mega-Light-Poster 200
Mehrspeichermodell 286
Meinungsführer 20, 334, 335
Mengennachlass 151
Mere-Exposure-Effekt 307 f.
Mere-Ownership-Effekt 311
Methoden der Budgetbestimmung (Etatbestimmung) 22 f.
Me-too 279, 296, 364
Milchkühe 12
Millimeterpreis 150

Mobile Marketing 488
Modell der Wirkungspfade 318
Modell des erlebten Risikos 325
Modell-Lernen 429
Motivation 354
Motive 315
Movesplit 166
Multiplex 192
Multiplying-Effekt 247
Musik 442

N
Nachahmung 483
Nachkaufwerbung 311
Nettoreichweite 117, 119, 124
Netzbelegung 197
Neues Produkt 19
Neukundengewinnung 327
Neuner-Teilung 206

O
Öffentlich-rechtliche Sender 174
Ökonomie der Aufmerksamkeit 296
Online Ads 166
Onlinepanel 182
Online-Werbung 178 f.
Operationalisierung 15, 21
Opportunity 354

P
PageImpression 178 f.
Panel 168, 261
Partialmodelle des Konsumentenverhaltens 323 f.
Patentrolle 494
Penetration 363
Persönlichkeitsrechte 505 f.
Pfadadditionsregel 92
Pfadmultiplikationsregel 92
Phasenmodell der Werbewirkung 382
Physiologische Reaktion 284
Pixel-Technologie 181
Plakatarten 197
Plakatwerbung 196 f.
Planungstools 214
PopUp 186
Portfolioanalyse 12
Positionierung 43 f., 287, 364, 370
Positionierungsanlässe 45
Positionierungsanlässe 45 f.
Positionierungsdiagramm 53
Positionierungsmethoden 45 f.
Positionierungsmodell 51
Positionierungsstrategie 54
Positionierungsstrategien 54 f.
Power Layer 186
Präferenz 15
Prägnanz 402

Preisangaben 481
Preisangabeverordnung 480
Preisgestaltung 467
Premierenspot 166
Pre-Split 166
Primacy-Recency-Effekt 424
Priming-Effekt 304 f., 435
Prinzip ABW 357
Product Placement 472
Produkt, neues 19
Produktionsgüter 18
Produktlebenszyklus 12, 327
Produktnutzen 422
Produktpersönlichkeit 59
Programmkino 192
Programmsplit 166
Prozeduralen Gedächtnis 433
Prozentverfahren 22
Psychografische Merkmale 20
Psychologische Ansätze 340, 401
Psychologische Konsistenz 309
Psychologische Phänomene 304
Psychologischen Kaufzwang 468
Publikumszeitschriften 154 f.
Pulsing 222

R
Rabattstaffel 151
Radioformate 176
Radionutzung 175
Rangreihen 225
Reaktanz 312
Reaktion, physiologische 284
Reason Why 59
Re-Briefing 33
Recall 135, 139, 141, 292
Recency Planning 217, 218, 323
Rechtliche Aspekte zur TV-Werbung 167
Rechtliche Grundlagen der Werbung 459 f.
Rectangle 186
Reichweite eines Mediums 102 f., 104, 123, 130, 136, 143, 215 f.
Reichweite, effektive 136
Reichweite, wirksame 130
Reichweitenforschung von Plakatwerbung 202
Reizarten 386
Relative Häufigkeit 89
Responsefunktion 27, 128
Restwertmethode 24
Risiko, erlebtes 325
Robinson-Liste 489
Rollendreieck 336

S
Saisonales Werben 222
Satellit 162

Sättigungsmenge 29
Schadensersatzansprüche 490
Schleichwerbung 167
Schlüsselbilder 391
Schneeballprinzip 491
Schockwerbung 471
Schöpferisches Werk 494
Schöpfung 495
Schriftart 409
Schriftgröße 409
Schutz der Verbraucher 467
Schutz des geistigen Eigentums 493 f.
Schutz von Waren oder Dienstleistungen 462
Schutz von Werbeideen 462
Schutzdauer 503
Schutzfrist 494
Schutzschrift 492
Schwellenkontaktzahl 127
Sehbeteiligung 171
Sehdauer 172
Sehen 366, 406
Seher 170
Selbstbelohnung 340
Selbstbezüge 358
Selbstkontrolle, freiwillige 510
Selektive Wahrnehmung 367
Senderbewertung 243
Senderrangreihen 244
Server 189
Share of Mind 213
Share of Advertising 213
Share of Voice 213
Signet 394
Single Split 166
Singlespot 166
Skyscraper 166, 186
Slogan 63, 394, 395
SMS-Werbung 488
Solospot 166
Soziale Kontrolle 334
Spalte 150
Spannung 358
Spartensender 161
Special Creation 165
Spezialzeitschriften 155
Spillover-Effekt 13
Splitboard 166
Split-Screen-Verfahren 308
Sponsoring 165, 167
Stadtillustrierte 207
Stammkäufer 331
Stars 12
Statussymbol 59
Stellenselektion 203
Stichprobe 92
Stil-Elemente 440 f.

Stimulus-Organism-Response-Modell 282
Straßenwerbung 489
Strategiefelder 380
Streudiagramm 70
Streuetat 21
Streuplan 232 f., 246
Streuverluste 104
Strong Theory 277
Strukturerhebung 168
Superlativ-Werbung 478
Superposter 200
Superstitial 187
Supplements 206

T
Tageszeitung 147
Tarif 152
Tarifkombination 225
Täuschung, optische 400
Tausend-Auflagenpreis 111
Tausender-Preis 110
Tausend-Kontaktpreis 111, 173
Tausend-Nutzerpreis 111
Telefonbuchwerbung 207
Telefonwerbung 488
Teleshopping 167
Teletext 166
Terrestrische Verbreitung 162
Testimonials 303, 335
Text 420
Textart 418
Textteilanzeigen 149
Textverständlichkeit 418
Titelschutz 499
Tonality 60, 448
Total-Modell 290
Trackingstudien 135 f.
Trailer-Split 166
TV-Begriffe 170 f.
TV-Planung 245 f.
TV-Spot 165
TV-Werbung 160 f.
Typografie 408, 409 f.
Typologie der Wünsche Intermedia 260

U
Überall-Fernsehen 162
Überschneidungen 115
Umweltwerbung 480
Unerfahrenheit, geschäftliche 471
Unique advertising proposition 370
Uniqueness 360
Unlautere Beeinflussung 467 f.
Unlauterer Wettbewerb 465 f.
Unlauterkeit 463
Unterlassungsansprüche 490
Unterlassungserklärung 492

Unternehmenskennzeichen 499
Unterscheidungskraft 500
Unterschwellige Werbung 308
Unzumutbare Belästigung 488
Urheberrechtsgesetz 494
Urheberrechtsschutz 462
USP 59, 283, 364

V
Verbraucher 467
VerbraucherAnalyse (VA) 261
Verbraucherleitbild 477
Verbraucherschutz 467 f.
Verbrauchsgut 17
Verfahren, marginalanalytische 27
Verfügung, einstweilige 491, 492
Vergleichende Werbung (§ 6 UWG) 483 f.
Verhalten 317
Verhaltensdeskriptionen 19
Verhaltensdispositionen 19
Verhaltensreaktion/-steuerung 439 f.
Verkaufseinheitsmethode 23
Verkaufsförderungsmaßnahmen 473
Verkaufsveranstaltungen 470
Verkehrsmittelwerbung 200 f.
Verschleierung des Werbecharakters 472
Verständlichkeit 414
Verstärker 419
Verteilung, hypergeometrische 99
Verunglimpfung 485
Verweildauer 172
Verwender 17
Visit 178, 179
Visualisierung 422, 424
Vollbelegung 197
Vollprogrammsender 161
Vorbilder 429
Vorjahresmethode 24
Vorspannangebot 469
Vorsprung durch Rechtsbruch 474

W
Wahrnehmung 60, 360, 365
Wahrnehmung, selektive 367
Wahrnehmungsphase 383
Wahrnehmungssteuerung 397, 398
Wahrnehmungstäuschung 397
Wahrscheinlichkeit 89
Wahrscheinlichkeitsbegriffe 88
Wahrscheinlichkeitsrechnung, Anwendung 95 f.
Wahrscheinlichkeitstheorie 87 f.
Warenpräsentation 461
Warenprobe 461, 468
Waving 221
Weak Theory 277, 283

Wear-out-Effekt 312, 364
Webbrowser 189
Webseite 186
Web-Server 189
Weitester Leserkreis 79
Werbeanalyse 10 f.
Werbedruck 213, 221
Werbedruckverteilung 249
Werbe-Erfolgskontrolle 275
Werbefilm 193, 445, 448, 496
Werbemittel 58, 359, 371
Werbemittelkontakt 111
Werbeobjekte 11 f.
Werbepausen 139
Werberaster 316
Werberat 509 f.
Werbeslogan 496, 500
Werbestrategie 9 f.
Werbetext 420
Werbeträger 78, 102
Werbeträgerkontakt 79, 111
Werbewirkung 123, 127, 136
Werbewirkung 372 f.
Werbewirkung/Phasenmodell 382
Werbewirkungsfunktionen 126
Werbewirkungsfunktionen 126 f.
Werbewirkungskategorien 373
Werbewirkungsmodelle 273 f., 278, 289
Werbewirkungsprozess 274
Werbewirkungstheorie 291 f.
Werbewirtschaft 509
Werbeziele 14 f.
Werbung 317
Werbung als Gestaltungsprozess 360
Werbung als Werbewirkungsprozess 274
Werbung, audiovisuelle 445
Werbung, rechtliche Grundlagen 459
Werbung, unterschwellige 308
Werbung, vergleichende 483
Werbungsplanungsmodell 338
Werbungsplanungsmodell (von Vaughn) 338 f.
Werk, schöpferisches 494
Werktitel 499
Wettbewerb, unlauterer 465
Wettbewerbsmethode 25
Wiederholungen 428
Wiederholungsdichte 31
Wiederholungsfrequenz 363
Wirkung, affektive 278
Wirkung, kognitive 278
Wirkungskette 303
Wirkungspfade (Modell nach Kroeber-Riel) 317 f.
Wochenzeitungen 147
Wortmarke 394, 499
Wunschbild 358

Z
Zeilenabstand 410
Zeilenlänge 410
Zeitliche Verteilung des Werbedrucks 221 f.
Zeitungen 146 f.
Zeitungsformat 150
Ziel-Aufgaben-Methode 26
Zielgruppen 16 f., 370
Zielgruppenanalyse 16
Zielgruppenmerkmale 19 f.
Zielgruppenzeitschriften 155
Zielhierarchien 14
Zufallsexperiment 88
Zufallsversuch 93
Zugabe 461
Zusatznutzen 58
Zuschauermessung 168

Für Strategen
Prüfungswissen kompakt

Hier ist drin, was draufsteht: das Basiswissen des Fachgebiets. Kompakt und verständlich, mit Übungen – so bereiten Sie sich gezielt auf die Abschlussprüfungen vor!

Eva Froese
Grundwissen Kaufmännisches Rechnen
184 Seiten, kartoniert
ISBN 978-3-589-23725-8

Uwe Engler/Ellen Hautmann
Grundwissen Marketing
200 Seiten, kartoniert
ISBN 978-3-589-23715-9

Heinz-Werner Göbel/Kurt Morawa
Grundwissen Wirtschaft
240 Seiten, kartoniert
ISBN 978-3-589-23705-0

Erhältlich im Buchhandel. Weitere Informationen zum Programm gibt es dort oder im Internet unter www.cornelsen.de/berufskompetenz

Cornelsen Verlag • 14328 Berlin
www.cornelsen.de

Individueller Kundennutzen

Die Grundlagen des Marketings sind in diesem Lehr- und Arbeitsbuch aktuell und praxisnah zusammengestellt. Es gibt zahlreiche Vertiefungen und handlungsorientierte Übungen sowie Fallbeispiele.

Josef Schnettler/
Gero Wendt
Marketing und Marktforschung
3., aktualisierte und erweiterte Auflage
384 Seiten, kartoniert
ISBN 978-**3-589-23726-5**

Erhältlich im Buchhandel. Weitere Informationen zum Programm gibt es dort oder im Internet unter www.cornelsen.de/berufskompetenz

Cornelsen Verlag • 14328 Berlin
www.cornelsen.de